대학생을 위한
한국사산책

저자약력

강대민 : 1953년생. 1989년 부산대에서 『조선후기 영남지방의 향교 연구』로 박사학위를 받았고, 부산 산업대 교수를 거쳐 현재 경성대 인문학부 교수로 재직중이며, 더불어 경성대 부설 한국학연구소의 소장으로 일하고 있다. 주요논문으로는 「성재 허전문도의 의병운동」(1998)·「백산 안희제의 대동청년단운동」(1998)·「일봉 김대지의 항일독립운동」(1995) 등 다수가 있고, 저서로는 『한국사특강』(경성대출판부)·『논개사적연구』(신지서원) 등 다수가 있다.

한규철 : 1950년생. 1991년 고려대에서 『발해의 대외관계 연구』로 박사학위를 받았고, 경성대 인문학부 교수로 재직중이다. 한국고대사학회 회장을 역임했다. 주요논문으로는 「古墳文化를 통해 본 渤海國」(國史館論叢, 1999)·「中國 黑龍江省의 渤海遺蹟」(汕耘史學, 1998)·「渤海의 서경압록부 硏究」(韓國古代史硏究, 1998) 등 다수가 있고, 저서로는 『발해사의 종합적 고찰』(고대 민족문화원)·『渤海의 對外關係史』(신서원) 등 다수가 있다.

김인호 : 1963년생. 1997년 고려대에서 『일제의 조선공업정책과 조선인자본의 동향』으로 박사학위를 받았고, 동경경제대학 객원연구원을 거쳐 현재 경성대 교양과정부 교수로 재직중이다. 주요논문으로는 「태평양전쟁기 북방엔블록과 조선간의 경제적 연관」(한국민족운동사연구, 2002)·「1940년대 조선공업의 대외적 성격과 조선인자본의 중국침략」(한국독립운동사연구, 2000) 등 다수가 있고, 저서로는 『식민지 조선경제의 종말』(2000)·『태평양전쟁기 조선공업연구』(1998)가 있다.

대학생을 위한 한국사산책

2002년 9월 10일 초판1쇄 인쇄 2002년 9월 15일 초판1쇄 발행
2003년 10월 1일 초판2쇄 인쇄 2003년 10월 10일 초판2쇄 발행

지은이 : 강대민·한규철·김인호
펴낸곳 : 도서출판 신서원
펴낸이 : 임성렬
　　　주소:서울시 종로구 교남동 47-2 협신빌딩 209호
　　　전화:739-0222·3 팩스:739-0224
　　　등록번호:제1-1805(1994.11.9)

ISBN 89-7940-116-7 93910

신서원은 부모의 서가에서
자식의 책꽂이로 '대물림'할 수 있기를 바라며
책을 만들고 있습니다.
잘못된 책은 연락주십시오.

대학생을 위한
한국사산책

강대민 · 한규철 · 김인호 지음

● ● ● ● ● 책머리에

청년학생이라는 이름값

매 학기마다 대학 새내기들이 제각기 무언가 각오와 희망을 안고 학교 이곳저곳을 호기심 어리게 둘러보는 것을 보면 입가에 저절로 미소가 돈다. 이런 때 평생 잊지 못할 추억을 만들어갈 청년학생들에게, 같이 생각할 무언가를 쓴다는 것은 무척 즐거운 일이다.

청년학생들은 이런 생각을 해본 적은 없는지 모르겠다. 동래산성 망대의 기와는 몇 개이고 경복궁 담벼락의 벽돌은 얼마나 있는지…. 하지만 그런 것을 안다고 대단한 역사학자는 아닐 것 같다.

또 퇴계와 율곡은 '주리설'·'주기설'이니를 주장하여 그것으로 청사에 이름을 날렸다. 그런데 그처럼 꼭 사서에 이름을 남겨야 진정한 역사일까?

자세히 보면 아무리 퇴계와 율곡이 하늘의 도를 깨우쳤다고 해도 각종 전염병과 가뭄·홍수 등으로 수십 만 민중이 죽어가던 16세기 조선사회를 치유하는 데는 한계가 있었다. 일제 말 청록파 시인이 아무리 '술 익는 마을마다 타는 저녁놀'을 목가적으로 읊었어도 태평양전쟁으로 형제자매가 정신대로, 징용으로 사지로 끌려가고 공출·배급으로 파괴된 당시 농촌의 참상을 담지는 못했다.

한때 레닌은 "모든 이론은 회색이고 푸른 것은 저 언덕의 소나무"라고 말한 적이 있다. 그것은 학문과 이론이 지식인 삶의 모든 것이 아니라 인간 삶의 발전에 실질적인 동력이 되고 보다 나은 사회를 구성하는 밑거름이 될 때 학문의 진정한 의미가 있다는 뜻이다.

    항간에서는 대학을 상아탑이라고도 말하는데 그 말을 세상과 동떨어져 사는 그런 폐쇄된 수도원 같은 공간으로 이해하면 오산이다. 은밀한 곳에 감춰진 코끼리 상아무덤을 비유한 이 말은, 현실을 외면한 도학자들만의 동아리가 아닌 잘못된 봉건체제와 학정을 피한 양심적 지사와 지식인들이 사회변혁과 인간해방의 이론을 궁리하기 위해 만든 세속과 다른 특별한 공간이었다. 자주 듣게 되는 '진리탐구'라는 말은 그러한 상아탑에서 관념의 허상을 좇는 것이 아니라, 구체적인 사회발전의 이론과 기술 그리고 인간성 회복의 비책을 얻고자 매진하는 것이며, 그러한 신념을 자유로운 공간에서 단련한다는 뜻이다.

    최근 여러 매체를 통해 대학생들을 N·Y·X세대 등으로 부르고 그들의 신선미와 튀는 개성에 많은 찬탄을 보내는 경우를 본다. 아울러 최근의 하이테크 문화는 양심과 공동체적 가치보다는 개인주의화, 인간의 상대주의화를 한층 더 가속화한다.

    그 여파로 학문이·보편적 공동체적 가치보다는 개별적·상대적 가치에 기울어 버린다면 학문의 근거는 실종될 것이고, 거기서 창출된 결과물 또한 사회적 강자와 기득권을 소유한 지배질서를 위한 수단으로 쓰여질 것임이 자명하다. 비록 모든 사회적 관심이 자본과 그 움직임에 쏠려서 현실의 여러 모순을 외면하고 있더라도 적어도 청년학생이라면 이름도 빛도 없이 역사를 위해 신음했던 그 억울하고 아픈 역사와 현실의 변화를 위해 고민하고, 바람직한 그 날이 올 것이라는 낙관을 확고히 할 필요가 있다. 학문과 그 수양에 정의가 있고 진리가 있다면, 그것이 바로 정의이자 진리이다.

    그러기에 청년학생이라는 이름값에는 누천년 약소국으로서 혹은 후진적 사회질서 아래서 힘겹게 살아온 우리 조상의 아픔이 있고, 다시는 그것을 되풀이하지 말라는 그들의 애달픈 하소연이 담겨 있다는 사실을 한시도 잊어선 안될 것이다. 그래서 청년학생들은 공부해야 한다.

최근 한국사학계의 한국사에 대한 활발한 연구성과로 한국사학은 꾸준히 성장하여 질적·양적으로 일정한 수준을 견지하고 있다. 이러한 성과를 바탕으로 여러 대학에서 국사교육을 위한 다양한 저작물이 나오고 있다. 그런데 우리 역사에 관한 많은 교양서 가운데 구체적으로 200만 한국의 대학생을 대상으로 그들의 눈높이에서 좀더 흥미롭고 진취적이며 효율적인 역사인식을 높여주기 위해 기획된 책은 좀처럼 찾아볼 수가 없다. 그 이유는 대체로 한문세대가 쓴 한글 역사책이라는 세대차이에서도 구할 수 있겠고, 또는 지나치게 현학적 문구에 겁을 먹은 인터넷 세대 젊은이들의 독서장애에서도 찾을 수 있겠다. 그러나 무엇보다 역사적 사실의 나열위주 역사책이 주는 건조함이 가장 큰 이유라 하겠다.

일반교양인들이 바라는 역사란 무엇인가를 곰곰이 생각해 보면, 사실과 인식의 상호작용이자 역사가가 만든 과거이다. 사실을 어떻게 해석하고, 어떻게 인식하며, 삶의 바람직한 영역에서 이용할 수 있을 것인지에 일말의 도움을 주는 역사일 것이다. 삶의 교훈을 넘어서 삶과 사회의 과학적 해석을 위한 노력이 역사공부라고 한다면, 사실의 이면에 내재하는 과학적 근거와 합리적 해석을 이해하는 재미는 단순히 과거사실을 아는 이상의 재미를 던져줄 것이다.

이 책은 서명에서도 알 수 있듯이 『대학생을 위한 한국사산책』이다. 어떤 교양서는 지나치게 사실기술 중심이기에 사실의 연대기에 대해선 상세하지만, 역사적 사실의 이면에 깔린 중요한 역사의식이나 역사적 의미에 대해선 그다지 깊이있게 다루지 못한 경우가 있다.

반면 일부 교양서는 지나치게 사론중심으로 사실에 대한 과학적 인식과 사실근거가 뒷받침되지 않은 채 일방적인 역사적 도덕성만을 부각시킴으로써 역사공부의 참다운 재미를 퇴색시키는 경우가 많았다. 따라서 그런 두 가지 문제를 극복하고, 사론과 사실인식이 골고루 배분됨으로써 사실로서의 역사와 의식으로서의 역사, 그 두 가지 매력을 한 권의 책에 담아 보고자 이 책을 기획했다.

하지만 저자에게 역사적 사실과 역사의식 가운데 무엇이 중요한지 묻는 독자들도 있을 것이다. 그에 대한 대답은 당연히 역사의식이다. 우리는 역사가 단순한 과거의 사실이 아니라 오늘날의 의식이 반영된 과거로서 결국 오늘의 이야기라는 마음을 한시도 버린 적이 없다.

이 책은 우리 역사를 관념과 영웅의 이야기로 둔갑시키지 않았다. 늘 저자들의 마음은 과학적이며 주체적인 역사발전법칙이 작동하는 우리 역사를 서술해 보고자 했다. 그런 의미에서 이 책은 종래의 획일적인 목차로 서술된 교재에서 탈피하여 한국사의 중요부분을 시대순 및 주제별로 나누어 서술했고 본문 중간중간에 '쉼터'를 넣었다.

본문은 역사의식의 고양과 한국사의 전반적인 인식의 폭을 확대할 수 있도록 'Ⅰ. 자주적 역사학의 길'을 넣었고, 각론은 통사식이지만 당대 역사가 당면한 시대적 갈등의 핵심을 생각하며 주제를 달았다. 즉 그 동안 개화기니 현대사회니 하는 단선적 시대구분법을 배제하고, 개화기는 '근대와 민족의 기로에서'라는 주제로, 분단시대는 '자주화와 세계화의 길목에서'라는 주제를 달고 시대의 움직임을 조망했다. 그것은 주제를 통해서 당시대인들이 당면했던 구체적인 시대적 고민들을 정확히 독자들에게 전달하자는 의도였다.

한편 본문 사이사이에 본문에서 빼놓았던 생생한 역사의 뒷마당 혹은 특별한 사론을 '쉼터'라는 이름으로 첨가하였다. 그것은 사실에 기초한 역사만이 대학강단에서 검증된 역사라는 선입견을 배제하고, 역사란 독자 및 교양인들 누구나 자유롭게 자신의 인생관과 철학을 통하여 자유롭게 사유될 수 있는 모든 이의 공유물이라는 관심에서 그렇게 했다. 정설화된 도그마가 아니라 자유롭게 기왕의 정설을 한번쯤 거꾸로 뒤집어보기도 하면서, 역사란 우리 현실의 변화에 따라 다양하게 해석될 수 있으며 그럴 때만이 진정한 역사라는 사실을 보여주고 싶었다. 그렇다고 근거없이 무조건 소설 쓰듯 하는 것이 아니라 과학적인 근거에 기초하여 기왕의 논리를 반박하거나 새롭게 해석한다는 측면에서 무게없이 날아가는 속류 역사소설과는 다르다는 점을 알아두기 바란다.

이러한 노력이, 대학생들의 교양한국사 수업의 발전적인 내실을 기하는 데 기여할 수 있기를 바라며 아울러 한국사에 대한 관심을 새로운 각도에서 불러일으켜 우리 민족의 역사적 현실을 직시하는 데 조금이라도 도움이 되었으면 한다.

이 책은 한규철이 고대사를, 중세-근대사는 강대민 그리고 현대사 및 '쉼터'부분은 김인호가 맡아 저술했다. 만드는 과정에서 1987년에 간행된 『한국사특강』(경성대 출판부)을 많이 참조했으며, 여러 의논을 모아 『대학생을 위한 한국사산책』이라는 이름으로 이 책을 세상에 내어놓는다. 책을 만드는 동안 엄격한 역사주의적 서술자세의 필요성을 조언하신 경성대 조만제 교수와 동·서양사와 관련하여 많은 조언을 주신 백윤목·이연규 교수께 감사드리며, 박진감있게 역사연구에 매진하는 박철규·나철회·강미자·김준권 선생의 힘이 컸음도 밝힌다. 아울러 인간성 좋은 늦깎이 대학원생 배진영 선생과 권승주 조교의 도움도 많은 힘이 되었다. 무엇보다도 책을 꾸며서 세상에 나오게 힘써 준 도서출판 신서원 여러분께 깊은 감사를 드린다.

2002년 8월
저자 일동

목 차

I. 자주적 역사학의 길 15

   1. 역사의 이해…17
      역사란 무엇인가? • 17 / 한국사학의 임무 • 25

   2. 주체적 역사인식을 위하여…29
      '주체적 역사인식'의 시대적 요구 • 29 / 민주적 역사관 • 32 / 자주적 역사관 • 35 /
      한국문화를 보는 바람직한 시각 • 40

II. 원시시대의 우리 민족 47

   1. 한국원시문화의 역사적 가치…49
      선사시대에 대한 몰가치적 인식 • 49 / 자연에 대한 인간의 자각이 역사의 출발 • 51

   2. 채집사회에서 생산사회로 전환…53
      채집사회의 성립 • 53 / 생산사회의 성립과 민족의 형성 • 57

   3. 우리 민족의 형성…59

III. 우리 고대사의 진전 67

   1. 동북아 원시문화의 결산, 조선…69
      단군조선, 동북아 원시문화의 결산 • 69 / 중국영향을 받게 된 후기 조선 • 71 /
      고조선 주민의 삶과 사회구성 원리 • 74

   2. 고대국가의 성립과 확대…78
      고구려 사회의 성립과 팽창 • 78 / 백제의 성립과 개방성 • 83 /
      신라의 성립과 후발성의 이익 • 85 / 가야제국(伽倻諸國)의 성립과 발전 • 87

   3. 삼국의 정치사와 역사성…89
      고구려 : 귀족사회와 약육강식 • 89 / 백제 : 귀족제에서 관료제로 • 92 /
      신라 : 역사발전의 압축성 • 93

   4. 남북국시대의 역사성…97
      대신라의 성장 • 97 / 발해의 성립 • 100 / 남북국 사이의 대립과 교섭 • 103

5. 삼국시대의 문화사적 가치…107
   치국의 도 : 유학의 전래 • 107 / 국가통합의 도 : 불교의 수용 • 108

6. '남북국시대'의 이해…116
   대신라 사회의 발전 • 116 / 발해문화의 성격과 발전 • 118

7. 고대사회의 사회구성과 지배법칙…124
   삼국시대 : 노동력의 직접적인 지배의 시대 • 124 /
   남북국시대 : 토지를 통한 인신지배의 강화 • 126

8. 대신라의 분열과 발해의 멸망…130
   골품체제의 붕괴와 후삼국 성립 • 130 / 발해의 멸망과 그 유민의 활동 • 133

Ⅳ. 통일국가 고려의 출현과 한민족의 정체성 ··· 137

1. 고려 귀족제 사회의 성립…139
   후삼국의 역사적 성격 • 139 / 후삼국의 통일과 호족 • 142 /
   왕권강화와 귀족제 사회의 성립 • 144 / 고려 초의 역사적 성격 • 147

2. 귀족제 사회의 지배구조…149
   황제의 나라, 3성6부 • 149 / 과거제와 음서제, 귀족제와 관료제 • 152 / 신분제와 군사제도 • 154

3. 무신정권과 반봉건민중운동…160
   귀족사회의 동요 • 160 / 무신정권의 지배기구 • 162

4. 귀족사회의 물적 기반…169
   토지를 통한 지배구조 확립 • 169 / 공전·사전과 민전 • 171 /
   토지를 통한 인간의 지배의 실행 • 173 / 국제교역의 활성화 • 175

5. 귀족독점체제의 사상적 기반…180
   귀족지배의 정당화, 풍수설과 교종 • 180 / 결사의 불교, 선종 • 183 / 성리학과 선종의 동맹 • 184

6. 북진론의 좌절…189
   연송정책과 대거란항쟁 • 189 / 여진과의 관계 • 192 / 몽골과의 항쟁 • 193

7. 몽골압제하의 고려…198
   몽골의 정치간섭 • 198 / 부원세력의 매국과 기득권 계급의 안정판 • 199 /
   신흥사대부와 고려왕조의 붕괴 • 202

Ⅴ. 양반관료국가와 민족문화 ·· 207

1. 양반관료국가의 통치구조…209
   조선 양반관료사회의 역사적 성격 • 209 / 왕조개창의 여파 • 213 / 왕조의 지배조직 • 217

2. 봉건적 신분질서의 재구성…223
   양반불역 구조의 정착 • 223 / 농민의 신분추락 • 225

3. 봉건적 토지지배 질서의 재구성…229
   토지분급 구조의 재구성, 과전법 • 229 / 토지세 지배를 향하여 • 231 /
   억상주의와 어용상인에 의한 봉건상업의 전개 • 232 / 전통기능기술의 전승과 관영수공업 • 234

4. 사림세력의 등장 및 성리학의 융성…236
   부국강병파의 부패 • 236 / 부국강병과 이국편민의 기로에서 • 238 /
   보수유학의 요새, 서원과 향약 • 240 / 보수세력의 분화와 붕당 • 242

VI. 북학이냐, 북벌이냐? …………………………………………………… 249

1. 임진왜란을 겪고서…251

2. 대동법과 균역법의 역사적 가치…256
   조선 후기 최고의 정책변화, 대동법 • 256 / 양반불역론을 꺾지 못한 균역법 • 261

3. 자본주의 맹아의 성장과 내재적 발전…266
   농업부르주아의 등장과 생산력 확충 • 266 / 자영농층의 확충과 상업적 농업의 대두 • 268 /
   지대수취법의 변화와 이윤동기의 부여 • 270

4. 억상정책하의 중상주의…275
   어용에서 자유상업으로 -도가상업 • 275 / 혁명적 근대화의 길 • 279 /
   근대공업화를 위한 보험, 조선후기의 광업 • 281

5. 왜 실학(實學)인가?…283
   성리학의 반역사성에 대한 도전 • 283 / 토지개혁과 중상주의 • 286

6. 양반신분체제의 동요와 민중의 성장…289
   신분질서의 변화와 해체 • 289 / 민중의 성장 • 293

VII. 아래로부터의 길과 위로부터의 길 ……………………………………… 299

1. 절대주의를 향한 노력…301
   대원군 정권의 등장과 그 역사성 • 301 / 절대주의체제를 위한 도전 • 304 /
   쇄국정책과 중상주의 • 306 / 대원군을 어떻게 볼 것인가? • 308

2. 개항과 개화…310
   개항과 세계자본주의로의 편입 • 310 / 자본주의화의 기점, 강화도조약 • 311 /
   서구제국과의 연계 • 313 / 개화정책의 추진과 역풍 • 314

3. 척사위정사상과 운동…318
   벽이숭정, 존왕양이 • 318 / 척사위정론의 변질 • 320 / 오두는 가단이라도 • 321

4. 개화논리와 반봉건운동…327
   봉건사회에 대한 적개심, 개화론 • 327 / 개화세력과 부르주아사상의 전파 • 329 /
   개화파의 근대주의운동 • 331

5. 동학농민전쟁이냐, 갑오농민전쟁이냐?…335
   교조신원에서 반봉건 투쟁으로 • 335 / 반봉건 개혁의 추진 • 339 / 반침략투쟁으로 전환 • 340

6. 근대주의적 개혁의 시금석, 갑오개혁…345
   갑오농민전쟁의 결과물 • 345 / 갑오개혁의 추진과정 • 346 /
   근대주의 개혁의 내용과 역사성 • 349 / 갑오개혁의 한계 • 353

7. 독립협회와 대중민주주의의 확대…355
   독립협회의 성립 • 355 / 근대부르주아 대중운동의 논리 • 356 / 독립협회의 종말 • 359 /

8. 의병전쟁과 반제·반침략운동의 확산…364
   반침략 의병투쟁과 반봉건운동의 결합 • 364 / 의병전쟁의 실패원인 및 의의 • 369

9. 구한말 문화운동은 과연 반침략·반봉건운동이었는가?…370
   문화운동의 맥락 • 370 / 문화운동의 사상적 맥락 • 372 / 문화운동 • 374

Ⅷ. 근대와 민족의 기로에서 ………………………………………………………… 379

1. 부르주아민족운동의 전개…381
   3·1운동의 역사성 • 381 / 민주공화국에 의한 조국해방, 임시정부 • 385

2. 문화정치와 식민지 지배체제의 재편 • 389
   문화정치의 본질 • 389 / 산미증식계획과 농촌지배의 강화 • 391 /
   일본자본의 유입과 노동자의 실태 • 394

3. 민족운동의 성장…399
   문화주의운동의 확산과 부르주아민족운동 • 399 / 사회주의운동의 진전 • 400 /
   계급투쟁의 확산과 대중적 사회운동 • 403 / 통일전선운동과 신간회 • 404

4. 전시파쇼체제와 조선사회의 파탄…409
   침략전쟁과 파쇼통치 • 409 / 대공황과 식민지 농정의 변화 • 412 /
   중일전쟁과 조선공업의 전시재편 • 415 / 태평양전쟁과 북방권의 물동기지화 • 417 /
   조선인 자본의 전시경제 참여와 침략전쟁의 첨병화 • 421

5. 민족해방투쟁의 확산…426
   혁명적 노조·농조운동 • 426 / 북방의 민족해방구 건설과 항일무장투쟁 • 431 /
   중국관내 항일 무장세력의 동태 • 434

Ⅸ. 자주화와 세계화의 길목에서 ………………………………………………………… 441

1. 분단국가의 형성…443
   8·15는 해방인가, 분단인가? • 443 / 좌우대립 격화 • 445 / 6·25전쟁과 분단의 고착화 • 449

2. 분단체제의 형성과 민주민족운동의 고양…453
   분단극복가능성의 실패-좌우합작·남북협상의 실패 • 453 / 이승만 독재와 4·19혁명 • 455 /
   6·3한일협정 반대운동 • 457 / 유신반대운동 • 458 / 광주민주화운동 • 460 /

6월항쟁과 6·29선언 • 462

3. 분단체제하 사회-경제적 발전…467
　　적산의 재구성과 농지개혁 • 467 / 이승만정권의 경제성장론과 경제개발계획 • 469 /
　　장면 정권의 경제개발계획 • 470 / 박정희 정권의 경제개발정책과 중화학공업화 • 470 /
　　전두환·노태우 정권의 경제안정론과 거품경제 • 474 /
　　김영삼·김대중 정권의 시장경제중심정책 • 476 / 북한의 경제개발과 경제난 • 480

【쉼 터】

1. 고대국가의 기원을 어떻게 생각할까?…64
2. 한사군 문제 어떻게 볼 것인가?…76
3. 고수(高隋)·고당(高唐)전쟁은 요동쟁탈전…81
4. 삼한(三韓)은 어디일까?…95
5. 삼국시대 중국과는 사대관계가 아니었다…105
6. 고대 한일관계를 어떻게 볼 것인가?…112
7. 발해사를 어떻게 이해해야 하는가?…120
8. 장보고, 어떻게 볼 것인가?…128
9. 고려시대 노비와 피어린 해방투쟁(1)…157
10. 고려시대 노비와 피어린 해방투쟁(2)…165
11. 벽란도…179
12. 민족주의와 『삼국유사』…186
13. 최충헌이 왕이 되지 못한 이유…195
14. 인수대비는 한국현대의 여성상…220
15. 소나무와 우리 역사…245
16. 장희빈을 어떻게 볼 것인가?…254
17. 조선시대 남성은 대부분 귀고리를 했다(1)…264
18. 조선시대 남성은 대부분 귀고리를 했다(2)…273
19. 우리나라에 왕이 없는 이유…361
20. 근대 우리나라 여성 문제의 해법(1)…377
21. 만해 한용운의 고민…386
22. 근대 우리나라 여성 문제의 해법(2)…397
23. 식민지근대화론의 함정…406
24. 해방후의 식민지공업화의 유산…425
25. 일제하 조선인 노동자의 고단한 삶(1)…429
26. 일제하 조선인 노동자의 고단한 삶(2)…435
27. F-15K와 군축의 역사성…464
28. 독점체제의 종말을 위하여…485

Ⅰ. 자주적 역사학의 길

1. 역사의 이해

역사란 무엇인가?

 '역사(歷史)란 무엇인가?' 이 질문은 '인간'이란 무엇인가? 혹은 '우주'가 무엇인가? 하는 심오한 철학적 의문과 마찬가지로, 정의하기 무척 어려운 질문이다. 그 심오한 문제를 자신있게 정의하기란 그 누구라도 여간 어려운 문제가 아닐 것이다. 그렇지만 그 동안 역사학의 발전과정에서 논의된 것은 대체로 '역사란 인류생활의 과거에 일어난 일들'이라든지 '모든 역사는 현재의 역사'라고 보는 두 가지 경향이라 할 수 있다. 즉 전자가 과거사실의 복원·재구성을 강조하는 역사주의적 정의라면, 후자는 역사가 오늘날의 가치관과 역사적 과제해결을 위하여 구성된 가공의 과거라는 현재주의적 정의라 할 수 있다.

 이 두 가지 경향을 종합하여 사회과학으로서 역사학을 뿌리내린 사람이 영국의 카아(E.H. Carr)였다. 그는 역사를 '과거와 현재의 끊임없는 대화'라고 하여 랑케식 역사주의적 가치중립성[몰가치]을 비판하고, 역사의 현재성과 법칙성을 강조하여 20세기 문명사회의 구조적 왜곡에 대한 저항의 역사를 언급했다. 요컨대 20세기 역사학은 이른바 사회과학으로서의 역사학이 정립되고 자본주의 사회의 비인간성과 구조적 모순을 파헤치는 수단으로 강조되었던 시기였다. 그러나 이러한 현재주의적 역사학은 최근의 포스트모더니즘 계열의 다원주의 역사학이 대두하면서 큰 시련에 봉착하고 있다. 이들은 그동안 풍미하던 과제지향적 역사학 혹은 법칙론적·일반론적 역사학 등이 지나치게 사회적·국가적 과제(중심이론 혹은 중심과제라 부른다)에만 관심을 기울임으로써 다양한 인간의 다원적인 삶을 왜곡하고, 역사학을 마치 시대적 과제해결의 수단으로 전락시켰다고 비판하면서 다원적이고, 미시사(微時史)적인 관점의 역사학 정립을 요구하고 있다. 물론 이러한 정의는 주로 서양사학에서의 결론이다.

동양에서 역사를 보는 눈은 '역사'라는 용어 그 자체에서 이미 나타난다. 즉 '역(歷·曆)'은 하늘의 뜻이 있는 말이고, '사(史)'란 공평하다는 '가운데 중(中)'에서 파생된 말로서, 역사란 하늘의 천명(天命)사상에 입각하여 공정하게 기록한다는 의미이다. 즉, 동양에서의 역사는 사마천의 『사기(史記)』 이후 "하늘과 인간의 관계를 규명하여 시간(古今)의 변화를 밝히고, 그것이 시간이 지배하는 인간세계에 어떻게 작용하였는지 살피려는 것"이었다. 이른바, 천명(하늘의 뜻)을 인간이 어떻게 잘 지켜왔는가 하는 문제가 역사를 기록하는 중요한 이유였고, 천명은 바로 민심 속에서 찾아야 한다는 것이었다. 이른바 민본사상에 입각한 역사였다는 내용이지만, 근대적 시각으로 보자면, 민본이란 민주가 아니라 전제왕권이나 귀족적 사회체제를 유지하려는 통치이념으로 이용되었다. 아울러, 역사서술은 불편부당한 춘추필법(春秋筆法)의 공정한 서술이어야 한다고 보았다. 이는 옛날의 역사서술 방법이 국가(官)가 중심이 된 것이기에 공정하지 않다는 점을 지적한 것이다.

요컨대 동양의 역사관은 위와 같은 유교적 천명사상을 바탕으로 역사가 주는 교훈과 역사의 순환구조를 강조하였다. 그러나 근대 이후 동양의 역사학은 사건 자체의 역사성이나 법칙적 역사인식을 강조하는 서양사학의 강한 영향을 받고 있다. 서양사학에도 동양의 그것과 비슷한 전근대적 순환사관과 교훈적 역사서술 그리고 신(神)중심의 역사서술 등이 있었으나, 이러한 것들은 이미 오래 전부터 역사 자체에 대한 인식을 심화시켜 왔던 서양에서는 일회성과 개별성을 강조하는 19세기의 '역사주의' 연구방법에 의해 대체로 극복되었다. 아무튼 오늘날 역사 자체에 대한 생각은 동양에서도 대개 서양의 그것을 수용하고 있는 입장이라 하겠다.

적어도 현재까지 동양이든 서양이든 역사의 일반적인 법칙성을 이해하고, 역사의 변증법적인 발전가능성을 확신하며, 나아가 오늘날의 역사적 과제를 고민하고 그 극복할 방안을 찾는 것에 역사학의 중요한 임무가 있다는 점은 별반 이의가 없을 것이다. 물론 중심해체를 지향하는 포스트모던 계열의 역사학은 분절적이고, 단편적인 미시사와 신변잡기의 역사, 소외된 영역의 탐험을 강조하면서 역사학의 탈역사화를 주장하지만 여기서는 논외로 한다.

우리는 역사의 현재성에 관한 풍부한 이해를 필요로 하고 있다. 즉 인간의 생활에서 과거에 일어난 사건이란 수를 헤아릴 수가 없이 많았지만, 우리가 지금 기억하는 것들은 매우 적다. 이를테면, 우리 역사에서 1919년 3월 1일 정오에 일어났던 사건은 무수히 많았다. 그러나 우리는 그 날의 여러 사건 가운데 파고다 공원에서의 독립만세 사건을 쉽게 기억한다. 물론 이는 그 이후 많은 사람들이 그 날의 사건 가운데 가장 의미 있다고 '선택'한 것이고 여기에 그 사건이 갖는 역사적 의미를 감정이입한 데서 비롯하였다.

인류생활의 과거에 일어난 수많은 '사실(事實)' 모두가 역사는 아니다. '역사'란 지나간 '사실'들 가운데 그야말로 역사적 의미가 있는 사실(事實)들 즉, '사실(史實;역사적 사실)'만을 뽑아 모은 것이라고 말할 수 있으며, 나아가 그 '사실(史實)'이 가지고 있는 역사적 '진실'이 확인될 때 비로소 과거의 한 사건은 '역사'로서 자격을 갖추게 된다.

'사실(史實)'은 역사가의 역사의식에 의해서 선택된다. 따라서 역사가 과거의 '사실(事實)'을 소재로 하지만 그 내면에는 현재 살고 있는 인간의 역사의식이 호흡하고 있다. 그러므로 과거사건의 현장인물이 남긴 기록만이 곧 역사의 실체에 근접한다고는 말할 수 없다. 과거기록은 역사서술에 중요한 자료가 될 수는 있을지언정, 그 자체가 역사의 모든 것은 아니다. 독일의 근대 변증법 이론의 창시자인 헤겔(1770~1831)이 "역사란 사건을 의미하는 동시에 사건의 서술을 의미한다"고 한 것처럼 역사는 객관과 주관의 변증법적 종합으로 객관적 사건에 대한 역사인식의 가감에 의해서 전혀 새로운 모습의 역사로 부각될 수 있다. 어쩌면 '절대적 객관있을 것으로 믿는 과거의 진짜 복원'은 존재할 수 없을 수도 있을 것이다. 즉 역사란 역사의식이며, 역사의식은 역사가가 시대를 어떻게 고민하고 당면한 역사적 과제를 어떻게 극복할 수 있는지 끊임없는 고민의 결과로 파생하는 것이다.

물론 본래의 객관적 사건이 역사의식에 의해서 자의적 판단이나 변조될 가능성도 이야기할 수 있다. 흔히 이 부분에서 많은 사람들은 역사가의 주관이 개입된 역사기록에 대해 회의를 품게 된다. 왜냐하면 주관적 역사인식이 빠지기 쉬운 함정 즉 모든 역사를 상대화하려는 관점은 변화를 위한 학문으로서의 역사학의 존재 자체를 부정할 수 있기 때문이다.

역사학의 상대주의화는 역사의 다양성이라는 말로 역사학을 몰가치화하는 것이다. 투철한 역사의식에 의해서 항상 다시 쓰여지는 역사야말로 본래의 역사적 사건인 '객관적 진실'에 충실해지는 한 과정인 것이다. 요컨대 역사학의 존재이유는 객관적 진실의 확립이며, 그것은 단지 과거사실의 복원이 아니라 그것이 가지는 역사적 의미를 올바로 새기는 데 있기 때문이다.

'있었던 그대로의 사실'을 믿는 것은 무슨 의미가 있는가? 예를 들어 일간신문을 생각해 보자. 날마다 발생하는 수많은 사건 가운데서도, 특정사건이 그날 신문지면에 수록되는 것은 지극히 신문편집인의 '주관'에 달려 있다. 물론 독자들의 관심이나 사회적 이슈와 같은 다른 이유도 편집인의 주관에 영향을 주겠지만, 그마저도 인식하는 편집인의 몫이다. 중요한 것은 역사의식이 올바른 시대정신, 변화의 모습을 구현하는 것이다. 역사의식은 다양한 것에 다양한 생각에서 비롯되는 것이 아니다. 그렇게 된다면 역사의식은 결국은 상대주의의 그물에 빠지고, 역사의 길이 혹은 역사의 방향성이 제대로 설정될 수도 없다. 만약 신문편집인이 사욕에 물들고, 역사적 사건을 뽑아낼 능력이 없거나 권력의 간섭이나 사상적 독단에 빠져 있다면, 그러한 기록은 올바른 의미의 역사는 아닐 것이다. 진실로 '역사'가 되기 위해선 '현실'이 가지고 있던 여러 영향들이 진실된 모습으로 드러나고 제거되어 다시 쓰여질 때라야 비로소 가능한 것이다.

그렇다면 역사의식을 구성하는 역사적 진실에 대한 신념이란 무엇인가? 역사적 진실이란, 보는 각도에 따라 달라질 수 있겠지만, 한마디로 정리하자면, 우리의 역사학이 누구를 위한 역사학인가 하는 문제에서 비롯된다. 누구를 위한 역사, 무엇을 위한 역사인가를 생각할 때, 예를 들어 우리가 'IMF구제금융' 시기에 볼 수 있었던 것처럼, 구조적인 자본주의 사회의 모순에 가장 처절하게 고통받는 집단을 상정할 수 있을 것이다. 물론 모순의 담당자가 민중일 수도 있고 노동자일 수도 있겠다. 나아가 자신의 아버지·어머니가 될 수 있으며 친구·동료가 될 수 있다.

역사가의 문제의식에서 일차적인 고려대상은 올바르지 못한 것에 지배되는 인간을 해방시키기 위한 역사를 기술해야 한다는 의무감일 수도 있다. 즉 올바른 역사가는 인간의 자연적인 발전을 저해하는 모든 세력에 대하여 분노할 수 있어야 하며, 그 분노를 차분한 논리로 정의하고, 그 잘못을 지적하는 한편 미래의 대안을 항상 고민하는 그런 자세야말로 역사적 진실을 올바로 밝힐 수 있는 역사가의 역사의식이라 하겠다. 그러기에 역사가는 현재 살아가는 사람들의 삶의 구조를 분석할 줄 알아야 하고, 구조적 잘못에 대한 면밀한 검토가 필요하다.

그리고 '역사'란 곧 '무한한 사실(史實)'이 가지고 있는 '본래의 의미'인 '객관적 진실' 즉 '역사적 진실'을 추구하는 과정에서 형성된다. 그리고 이 '객관적 진실' 즉 '역사적 진실'은 어느 천재적 사람에 의해 일시에 밝혀지는 것이 아니며, 여러 각도의 눈과 오랜 역사경험을 필요로 한다. 여기에 역사가 항상 다시 쓰여질 수 있는 이유가 있으며, 이로써 역사는 본래의 진실된 모습에 가까워질 수 있다.

그렇다면 우리는 '역사적 진실'을 획득할 것인가? 물론 이 물음에 대해 극단적 입장을 취하는 사람들은 역사적 진실이란 존재할 수 없다고 주장하기도 한다. 즉 역사란 그 대상이 가지는 허위의식을 조장함으로써 현실에 대한 조종가능성을 높여줄 수 있는 도구로 이용될 뿐이라는 생각이다. 과거가 지금을 규정한다는 말이다. 어떤 사람은 사실(事實)이 가지고 있는 '본래의 의미' 안에서만 역사적 진실이란 존재한다는 데 의견을 같이하며 '어떻게' 그 진실을 포착할 수 있는가 하는 것만을 문제로 삼고 있다.

결론적으로 말해 역사적 진실에 접근하는 최선의 방법은 과학적인 역사인식의 자세이다. 과학으로서의 역사에 대해서 서구측 역사학자들은 대체로 수량적·계량적 데이터에 의한 역사학을 말하고 있지만, 사실 그것과는 다른 개념이다. 즉 서구적 개념의 과학에서는 인간이나 인간집단의 행위에 대해 개별적인 존재가치를 부여하는 대신 그들을 비인간화된 추상적 유형이나 수치로 취급하려는 경향이 강하다.

그러나 역사는 어느 특정한 시대, 특정한 지역에서 인간들이 어떠한 문화·풍습·언어·사상·사회조직·정치형태·경제를 이룩했던가 하는 것으로 끝나지 않고, 그것이 인류의 진화·발전에 어떠한 기여를 하고 있는지를 보려는 것이다. 그런 의미에서 과거의 사실을 정확히 재구성하고, 역사적 의미를 탐구하는 노력은 지금도 꾸준히 진행되고 있다. 하지만 과거사실을 완벽하게 복원하기 위한 역사만으로는 의미가 빈약하다는 점은 두말할 것도 없다.

그러기에 '역사적 진실'은 객관적인 데이터로 접근할 수 없을 수도 있다. 상대주의로 비평받는 역사가의 '주관성' 문제도 역사학 자체의 발달과 과학을 기초로 한 인접학문인 고고학·인류학·지질학·사회학·경제학·언어학·심리학 등의 발달로 인해 상당히 극복되고 있다. 그럼에도 불구하고 역사 속에 담겨진 기록자의 주관은 완전히 배제할 수 없다. 동양의 역사서술이 '술이부작(述而不作)' 즉 '[있는 그대로] 쓰되 [임의로] 짓지 않는다'는 정신을 내세우고 있으나, '선택' 자체는 주관이 필연적으로 개입된다는 사실을 인식할 필요가 있다. 우리나라 최고의 사서인 『삼국사기』나 『고려사』마저도 과연 '술이부작'하였다고 단언할 수 있을지는 의문이다. 그렇다면 역사기록에서 역사적 진실을 왜곡시킬 수 있는 기록자의 주관적 실수를 최소화할 방안을 모색해야 한다.

그 첫째 방안은 올바른 판단을 막는 여러 요인을 제거하려는 노력 즉, 주관을 정결히 하는 노력이 늘 필요하다. '역사가의 도덕성'이라 할 수도 있는 이 노력은 역사가의 주관에 미칠 수 있는 여러 독성 즉, 사회적 후진성의 산물인 나태와 불합리성, 무지와 무기력, 그리고 인간의 내면을 지배하는 사상적 독단 등을 제거하는 것이다. 독단의 제거는 올바른 삶에 대한 고민과 사람에 대한 사랑이다. 그러나 종교적 도그마를 현재를 분석하는 역사에 투영하는 일은 지극히 위험하다.

둘째, 올바른 역사의식은 투철한 양심을 기반으로 하며, 계급적 각성에 의해서 수행된다. 계급적 각성은 관념적인 민족주의의 포로가 아니라 자기가 처한 현실적 입장을 분명히 이해하고 부정적인 면을 청산하는 데 있다. 인류역사의 발전을 거부하고, 민주주의를 부정하는 일체의 것에 대한 고민과 해결책을 추구하는 것이다. 양심은 올바른 역사이론의 무장으로 가능해진다. 반역사적인 것에 대한 분노야말로 올바른 역사의식·계급의식을 함양하는 기초인 것이다.

셋째, 역사적 경험을 존중하는 것이다. 내가 경험하지 못하였지만, 다른 이들의 경험을 존중하고, 체득하려는 노력을 할 줄 알아야 한다는 것이다. 이러한 이유는 경험의 역사 속에서 인간의 생각과 행동을 보다 역사적으로 이해할 수 있기 때문이다. 하지만 그러한 경험만이 곧 올바른 역사의식을 갖게 하는 것은 아닐 것이다. 6·25전쟁을 겪은 사람이 오히려 6·25전쟁을 제대로 이해하지 못하고 편견과 오해로 반역사적인 자세를 견지하는 경우를 많이 볼 수 있는 것과 마찬가지이다.

넷째, 역사관과 서술방법이 보편성을 가져야 한다는 것이다. 역사가 사실의 선택과 서술과정에서 주관이 개입될 수밖에 없다면, 주관의 상대주의적 한계를 과학적으로 극복해야 한다. 이렇기에 역사적 판단에서 보편적 기준의 설정이 중요하다. 많은 역사경험을 통해 얻어진 보편적 기준은 역사의 발전방향이 인간을 위한 것이어야 한다는 큰 명제 아래 민주적이고 자주적인 사실에 의미를 두고 있다. 따라서 민주적이고 자주적인 역사관에 입각한 역사해석이라면 올바른 역사해석이고, 이에 따라 행동하는 것이 올바른 행위라고 간주한다.

이와 같이 역사가 되어 가는 과정, 즉 역사적 진실이 밝혀지는 과정에서 역사가의 인생관과 역사관 내지 세계관은 '사실(史實)'을 선택하고 의미를 부여하는 그의 역사서술에 지대한 영향을 미친다. '사관(史觀)'의 문제가 역사에서 중요하게 언급되는 것도 이러한 이유에서이다. 그런데 그의 인생관이나 세계관은 그가 살고 있는 시대적 환경의 물리적 조건들을 극복하는 용기가 필요할 뿐만 아니라, 사료의 발굴이나 주어진 사료에 대한 정확한 분석을 위해 정력과 시간을 바쳐야 한다. 요컨대, 올바른 인생관과 세계관을 갖기 위해서는 끊임없는 생각과 실천노력이 필요하다는 것이다.

올바른 인생관의 탐구는 철학의 귀결점이면서도 역사의 귀결점이기도 하다. 따라서 역사를 '과학의 이웃'으로 보기보다는 '철학의 이웃'이요, '문학의 이웃'으로 보는 이유도 여기에 있다. 단지 역사가 철학이나 문학과 다른 점이 있다면, 역사는 이들에 비해 철저하게 사료를 중시하고 그에 따른 과학적 분석을 전제로 하고 있다는 점이다. 역사란 '과거에 일어난 사건들'만을 의미하는 것이 아니라 과거의 사건과 현재의 인간의식이 끊임없는 대화를 통해 얻어낸 결과라 할 수 있다. 때문에 역사학이란 과거사건의 지식을 정리·습득하는 것을 주로 하는 학문이 아니라, 여기에서 한 발 더 나아가 사건 속에서 의미를 발견하는 '생각하는 학문'인 것이다.

한국사학의 임무

　역사학은 단순히 과거사실에 대한 조명이나 복원이 아니라 과거사실의 객관적 과학적 인식을 함양하고, 나아가 역사 발전법칙과 원리를 획득하여 현재의 우리 사회와 인류의 모순극복에 기여하는 것이다. 물론 역사학이 과제지향 일변도이고, 현실모순 극복의 수단으로만 존재할 수는 없다. 그 자체로 고유한 학문으로서의 영역이 존재한다. 왜냐하면 모든 학문이 그렇듯이 진리탐구와 이상향의 추구라는 학문적 목적성을 가지고 있어야 하기 때문이다. 그러므로 과거에 대한 충실한 복원도 크게 보면 역사 창조행위에 속하며, 학문의 고유한 영역이다.
　하지만 역사학의 존재가치를 철저히 과거사실의 탐구에 두는 자세 즉 이른바 실증주의적 자세 일변도의 역사학은 바람직한 역사학이라고 할 수 없다. 실증사학의 학자들은 역사학이 과거사실을 잘 정리·분석해서 이것들의 인과관계를 밝히는 것이 역사학의 존재이유라 믿고 있다. 그러나 역사학이란 정치사학이나 경제사학에서도 할 수 있는 그러한 작업에서 한발 더 나아가 각 시대마다의 종합적인 '시대성격'을 추출해내고 '역사발전의 법칙성' 즉 역사의 '원동력'을 이해하며, 역사의 '올바른 발전방향'이 무엇인가를 제시해 주는 데까지 나아가야 비로소 역사학으로서의 임무를 다했다고 할 수 있다.
　따라서 역사학은 다른 학문에서 하기 어려운 종합학문적 성격과 역사적 사실에 대한 최종적인 '역사적 판단'을 내려야 할 의무가 따른다. 이른바 발전·정체·안정·고정·혼란 등의 개념들도 결국은 역사적 판단 아래에서 가장 올바른 평가가 나올 수 있다. 예를 들어, 사관부재(史觀不在)의 실증사학이 단순한 지식의 축적이나 취미로 전락할 우려가 있다는 것은 바로 실증사학이 과학적인 역사관을 바탕으로 한 '역사적 판단'을 포기하거나 기피하고 있기 때문이다.

　실제로 실증주의적 역사학으로서는 침략자나 쿠데타 세력 혹은 독재자들이 이용대상 혹은 협조자로 여겨지기 쉬웠다. 왜냐하면 실증사학적 연구방법으로선 침략이나 쿠데타나 독재정치가 발생하게 된 과거의 인과관계만 규명하면 될 뿐이기 때문이다.

　그러나 현재와 미래의 바람직한 역사창조라는 측면에 역사학의 좌표를 설정하고 있다면 침략이나 쿠데타·독재정치를 준엄하게 반역사적 행위로 판결할 수 있다. 모든 학문의 경우 개별사실에 대한 과학적 [실증적] 분석은 기초적인 작업이다. 그런데 이것이 수단이 되지 않고 목적이 되어 이 작업에서 그친다면, 학문이 존립할 근거는 없다.

　그러면 세계사적 보편성을 띤 '역사적 판단'의 기준이란 무엇인가? 지금까지의 역사적 경험은 이것을 '인간해방'을 위한 민주성과 자주성으로 요약할 수 있다. 인간은 자기 자신을 포함하여 어떠한 다른 세력에게서도 정치·경제·사회·사상의 속박에서 벗어날 권리가 있으며 또한 인간 스스로 인간다운 대접을 받을 의무가 있다. 역사학의 존립이 세계사의 방향이 어떠해야 한다고 제시해 주는 것에 있다면, 한국사학은 한국사가 나아가야 할 방향을 제시해야 할 임무가 있다. 한국사도 세계사의 발전방향과 맥락을 같이해야 할 것이다. 즉 한국사학도 역사학으로써 과거 역사상(歷史像)의 복원에 진력하면서, 우리 역사가 '인간해방'을 위한 민주적이고 자주적인 길로 진행되어야 한다는 사실을 제시해야 한다.

　다시 말해서, 한국사는 민주와 자주운동에 기여하는 역사상을 확립하고 실천하는 것이어야 한다. 이 과정에서 조국통일은 그 모든 것에 우선하는 목표가 되어야 한다. 즉 우리 역사에서 조국통일을 성취하는 일은 누천년에 걸친 인간해방운동과 국제평화운동상 최초의 결실이 된다는 말이다. 이를 위해서 한국사학은 뒤에서 주장하는 바와 같은 '주체적 역사관' 혹은 '자주적 역사의식'에 의해 우리 역사를 계속 새롭게 하는 일이 급선무이다.

그런데 세계사나 한국사가 역사로서 주어진 임무를 다하기 위해선 명심해야 할 것이 있다. 세계사의 발전방향이 한국사의 발전방향에 큰 영향을 주듯이, 세계사의 진행법칙과 한국사의 진행원리는 서로 보완적인 관계가 필요하다. 즉 역사의 보편성과 특수성은 어느 한 쪽만 중요하다고 말할 수 없다. 보편과 특수는 언제나 보완되어야 하고, 상호보촉적 관계여야 한다. 그렇지만 보편성과 특수성을 사고할 경우 명심해야 할 것은 적어도 역사학에서는 보편적 입장에서 특수성을 고찰해야 한다는 점이다.

반대로 특수성의 입장에서 보편성을 생각할 경우, 그 역사는 자국중심주의 혹은 특수성론과 같은 기형적 역사를 양산하게 된다. 예를 들어 고인돌이 한국에서 많이 난다고 해서 특별히 청동기 문화의 발전이 한국에서 비롯되었다고 말할 수는 없는 것이다. 비록 한국사를 연구하지만 세계사의 발전법칙을 부정한 연구는 사실상 과학적 근거를 자주 상실한 영웅주의 혹은 낭만주의 역사학을 양산할 것이다.

문화적인 측면에서 보편과 특수성의 관계는 더더욱 보완적이어야 한다. 예를 들면, 힌두인이나 이슬람인은 소고기나 돼지고기를 금기로 하고 있다. 그러나 이들과 종교가 다른 지역의 사람들은 일상적으로 소고기나 돼지고기를 즐긴다. 그렇다고 힌두교인이나 이슬람인들이 이것을 구실로 외교문제를 일으키진 않는다. 심지어 같은 식탁에서조차 이를 묵인하기도 한다. 상대방의 생활풍속을 존중하기 때문이다. 따라서 세계사적 보편성이란 서로의 차이를 인정하는 한에 의미가 있다.

반면에 세계사가 자국사를 간섭할 수 있는 경우가 있을 수 있다. 예를 들면, 타국에 의해서 자국이 정치적·경제적·사회적·사상적 속박을 받는다면, 세계사는 가해자측에 대해 충고와 경고를 가할 수 있다. 인간은 더불어 자유를 누릴 권리가 있기 때문이다. 그러나 충고를 구실로 침략을 한다면 이 또한 큰 반(反)역사적 행위일 것이다. 방법은 어디까지나 평화적이어야 하고 순수한 동기에 입각해야 한다.

그렇다면 최근 아랍계로 여겨지는 테러조직이 미국 뉴욕과 워싱턴의 주요건물을 납치한 비행기로 공격하여 수많은 선량한 민중과 시민의 목숨을 앗아간 경우에도 평화적 해결법을 요구할 것인가? 그렇다. 이러한 경우에도 평화적으로 해결되어야 한다. 미국이 만약 자국이 받은 손실을 무차별 보복과 살육으로 앙갚음할 경우, 또 한번 죄 없는 현지의 선량한 민중들이 고난을 받게 되어 어쩌면 영원히 세계평화의 가능성은 상실될 수도 있기 때문이다. 요컨대 침략에 반대하는 침략이 결국 선량한 민중의 고혈을 요구할 때 우리는 그것마저도 반대해야 하는 것이 역사학도다운 자세라 할 수 있다.

또 하나 보편성과 특수성이 모순을 일으킬 경우 어떻게 해야 할까. 이 경우 보편성과 특수성의 변증법적인 이해방식이 도입되어야 한다. 보편에서 특수성[구체성]으로 상승하는 연구방법과 그 역사서술에서 특수[구체]에서 보편으로서 하강하는 연구방법이 끊임없이 상호작용을 이루어야 한다. 상호보완적이라는 말은 절충은 아니며, 보편과 특수 어느 것에 기울어진다는 것도 아니다. 언제나 구체적인 역사상이 보편과 특수의 결합으로 이뤄지며 전혀 새로운 화학반응이라는 점을 확인해 둘 필요가 있다.

보편에서 특수성을 살핀다는 말이 곧 보편우위의 원칙을 말하는 것은 아니다. 하나의 보편성으로서의 제국주의는 자국의 발전을 위해 침략전쟁을 벌였다. 보편적 역사발전[인간의 해방과정]에서 본다면 제국주의와 그것에 고용된 역사학은 역사발전을 왜곡했다.

반대로 3·1운동 등 우리의 민족해방운동은 제국주의 침략에 맞서 우리 조국을 해방시키려는 운동인 동시에 군국주의의 속박에서 일본민족을 해방시키는 데 도움을 준 운동이었으며 크게는 세계의 민주주의 발전에 이바지한 운동이었다. 해방 이후 우리 역사의 발전동력이라 할 수 있는 평화통일운동도 우리 역사상에선 통일민족국가를 수립하는 운동인 동시에 한반도를 둘러싼 국제분쟁을 해소시키는 운동으로서 결국 세계평화에 이바지한다는 의미도 함께 가진다.

어떤 나라의 역사발전 방향이 잘못되었을 경우 그것은 곧 세계사 발전을 저해하는 결과를 가져오며, 바른 방향일 경우 올바른 세계사 발전의 밑거름이 될 것이다. 역사발전의 기본적인 방향과 법칙성에서는 자국사와 세계사 사이에 차이가 있을 수 없기 때문이다. 자국사 혹은 세계사에서 올바른 역사발전의 법칙을 찾는 일이다, 상호 차이나 갈등은 있을지언정 본질적으로 다르다거나 배치되는 것은 있을 수 없다. 이 점을 분명히 하는 것이 한국역사학의 임무인 것이다.

그렇다면, 한국사의 주인공인 우리가 우리 역사를 알아야 하는 이유도 자명하다. 우리는 우리 역사를 앎으로써, 우리 역사가 과연 세계사적 발전방향인 인간해방과 국제평화에 얼마나 접근했는가를 확인하는 계기가 될 것이고, 우리가 앞으로 해야 할 과제와 그 실천방안까지도 생각하게 만들 것이다.

2. 주체적 역사인식을 위하여

'주체적 역사인식'의 시대적 요구

역사가의 인생관과 역사관은 자신이 다루는 과거의 사건 자체보다 클 수 있다. 또한 많은 제약 속에 남겨진 '기록'이 진실한 '역사'로 탈바꿈하려면 역사가의 꾸준한 탐구가 필요할 뿐만 아니라 투철한 역사의식과 올바른 역사관이 필요하다. 그런데 어느 개인이 자국의 역사를 서술할 경우, 그는 더욱 '객관적 진실'을 추구해야 할 사명과 임무를 담당해야만 한다. 그러므로 역사가는 자신의 역사서술에 영향을 줄지도 모를 현실적인 정신적·물리적 압력을 물리쳐야 하고, 나아가서는 세계사적 보편성을 의식한 자국사 서술이 필요하다. '주체적 역사인식' 아래 우리 역사를 서술한다는 사실이 무엇보다 중요함은 결코 일부 역사학자의 견해만은 아닐 것이다.

해방후 한국사학에서 '주체성' 문제가 대두된 것은 이른바 일제 관학자들이 구축한 '식민사관'의 극복에 근거를 두고, 논의를 전개하면서였다. 그 결과 해방후 한국사학이, 우리 민족의 현실문제와 거리를 두고 전개된 '실증사학(實證史學)' 일변도의 학풍에서 '민족사학'이나 '사회-경제사학'적 학풍을 회복하여 '역사의 현재성'을 규명하게 된 것은 무척 다행스러운 일이었다. 주로 식민사학이 세워놓았던 한국사에서의 중세부재론(中世不在論;우리나라 역사에서 중세적 사회관계는 존재할 수 없을 만큼 열등한 체제 아래에서 역사가 진행되었다는 논리)과 정체후진론(停滯後進論;세계사의 발전법칙이 조선의 역사에서는 무척 정체되고 뒤늦게 이해되고 있다고 하는 논리)을 비롯해서 중국·일본 등이 고대 때부터 한국을 여러 가지 형태로 식민지 지배했다는 이론 등을 극복하게 된 것은 민족사학 혹은 사회-경제사학의 성장덕택으로 생각할 수 있다.

그러나 이에 못지않게 그에 대한 역기능도 적지 않았다. 그 첫째는 민족사의 특수성이 지나치게 강조됨으로써 부분적이나마 세계사적 보편성에 소홀하게 된 점이다. 이 때 어떤 이들이 한국사학계에 국수주의적 일면이 있음을 경고하고 나선 것도 우연한 일은 아니었다. 이러한 결과는 한국사학계가 일제강점 이후 세계사적 보편성의 논리를 주로 서구중심적이거나 강대국 중심의 왜곡된 '세계주의(Cosmo-politanism)'로 잘못 인식하고, 반외세자주화운동이라는 입장에서 파악한 결과라고 볼 수 있다. 그러나 진정한 의미의 세계사적 보편성이란 그 자체로 인간의 진정한 해방을 목표로 한 것이며, 국제평화론적 성격을 갖는다. 그리고 약자에 대한 억압과 수탈을 반대한다는 인간을 중심에 놓고 생각한다는 의미이다.

'주체'를 강조함으로써 드러나는 또 하나의 역기능은 국가주의 풍조이다. 즉 민족의 자주를 강조하기보다는 국가중심적 성향을 강조하는 경향이 나타나기 때문이다. 하나의 민족에 두 개의 국가를 고착화하려는 안팎 세력의 책동에 손을 내밀었던 흔적이 남아 있음을 인정해야 하지 않을까 싶다.

한국사학의 '주체성론'이 자칫 분단국가의 필연성과 영구불변성, 그리고 통치권위의 최고성을 인정하는 일종의 국가주의를 강화하는 데 이바지한다면, 이것 역시 중요한 역기능의 하나이다. 북한의 이른바 정치적 '주체사상'도 이러한 부정적 국가주의의 한 표현임에 틀림없다. 따라서 이와 같은 주체성론이 역사학에 준 교훈은 우리 한국사학계가 분단체제를 철저히 객관화하고 청산하는 데 이바지해야 하며, 분단현상의 고착을 염두에 둔 이원적 역사풍토는 하루빨리 극복되어야 한다.

한편 이러한 '자주성론'이 '민족사학론'의 전개와 맥락을 같이했다는 사실도 주목할 만하다. 이미 '민족사학'은 민족해방운동 시기부터 '사회-경제사학'과 더불어 역사적 임무를 다했으며, 해방후에도 민족-민주화운동의 역사적 필요성을 소리높이면서 '시대의 거울'로서 한국사학의 역사적 임무를 수행해 왔다. 그 핵심은 '자주적 · 주체적 역사인식에 입각한 민족사학'이었다.

그리고 '자주적 역사인식'이란 '민족주의'적인 역사인식으로도 이해할 수 있다. 즉 '주체적 · 자주적 역사인식'이란 바람직한 민족주의적 역사인식이라는 의미이며, 이는 근대 이전의 절대군주를 둘러싼 귀족층과 근대의 특권계층이 그 주체를 이루는 국가주의적 민족주의와는 다른 형태이다. 즉 부르주아 시민계층이 그 주체를 이루는 근대 부르주아민족주의와는 다른 다수 민중이 주체가 되는 민중-민족주의적 성격을 갖는다. 또한 이것은 민족사의 특수성만을 강조하는 국수주의적인 것이 아닌 세계사적 보편성을 함께 생각하는 세계주의적 · 평화주의적인 것이다. 그런데 위의 올바르지 못한 민족주의의 개념들은 '주체성론'의 역기능에서도 나타났던 요소이었음을 확인할 수 있어, '주체성론'과 민족사학이 서로 밀접한 관련을 가지고 있음을 알 수 있다.

요컨대, '주체적 · 자주적 역사의식'이란 다수 민중의 이익을 중심으로 한 민주주의적 개념과 세계사적 보편성을 고려한 세계주의적 · 평화주의적의인

'올바른 의미의 민족중심적 역사인식'이라 할 수 있다.

●●●●● 민주적 역사관

　'민주주의'는 국가 혹은 개인의 자주적 의사결정이자 민중중심에 의한 정치라는 의미를 포괄한다. 그것은 우리가 당면한 삶의 제문제에 대하여 각 구성원의 적법하고 합리적인 의사집중을 통하여 합의를 도출함으로써 주어진 과제의 완전한 해결을 도모하는 것이다. 그것의 축적을 통하여 '민주적 역사'가 전개된다.
　한반도의 주민이 자주적으로 민족의 문제를 논의하고, 이의 원활한 해결을 도모하는 것이 바로 우리 역사의 발전이자 세계사의 발전이다. 즉 우리의 문제는, 우리 특히 민중이 주체가 되어 해결을 볼 때 다수인 '민중'의 이익이 확보되고, 다수 민중의 정치적 의사가 역사의 중심축이 될 수 있다. 나아가 소수 지배권력의 정치적·경제적·문화적 압박에서 진정한 자유를 얻게 된다. 따라서 '민주주의적 역사의식'을 바탕으로 쓰여진 역사라면 그것이 바로 '주체적·자주적 역사의식'이다. 뿐만 아니라, 세계사적 보편성에도 어긋남이 없을 것이다. 예를 들어, '민주주의적 역사관'을 통해 우리 근대역사를 보면, 당시의 '반봉건운동'은 곧 민중이 중심이 된 운동이었고, 민중의 진정한 자유를 획득하기 위한 운동이었다. 아울러 우리 역사의 발전을 위한 민족자주화의 운동이었다. 결국 '민주주의적'이라는 말과 통하는 것들로서는 '반봉건적'이라든지 '자유지향적'·'민중중심적'이라는 것들이 있다.
　그렇다면 우리가 경계해야 할 '비민주적 인식'은 어떤 것인가. 이를테면 '왕조중심' 혹은 '영웅중심'의 역사의식을 예로 들 수 있다. 우리의 옛 역사를 전해 주는『삼국사기』나『고려사』가 바로 이러한 비민주적 역사관에 크게 경도된 점은 부인할 수 없다. 나아가 중국의 『25사』를 비롯해서 전근대시기 동양의 역사서는 대체로 민주주의적 역사의식과는 거리가 있는 역사서라 해도 과언이 아닐 것이다. 그만큼 동양지역의 역사서술은 권력측근에서 그들 중심으로 기록된 것이 많았다.

이 같은 동양지역의 역사서술은 서양의 역사서술에서 주로 개인중심으로 반권력적 측면이 강조된 것과는 분명히 다르다. 물론 동양에서도 민주주의적 측면에서 서술된 저술이 있다. 시대적 한계는 있을지라도 주로 도가류(道家類)의 책들에서 백성의 이익을 대변하는 서술이 많고, 조선 후기 실학자(實學者)들의 글에서도 이러한 분위기를 느낄 수 있다. 그러나 이들의 역사서술이 곧 근대 민주주의적 역사서술이라고 보기에는 여러모로 한계가 있다. 다만 전제군주체제를 인정한 위에서, 거기에 안주하는 이른바 '민본적(民本的)' 역사서술 정도의 의미는 확보한 것으로 생각된다. 그런데 '민본'이란 민주가 아닌 군주체제하에서 동요하는 '민중세계의 상대적 안정화' 차원에서 선언적으로 주장되었다는 측면도 간과해서는 안된다. 그렇기에 근대적 민주주의와는 무척 다르다.

동양의 역사서술이 주로 비민주적이었다고 하는 것은 유가(儒家)의 영향 하에서 쓰여진 『사기(史記)』의 편찬에서도 나타난다. 왜냐하면 '본기(本紀)'와 '열전(列傳)' 중심의 기전체(紀傳體) 서술이 여기에서부터 출발하였기 때문이다. 『사기』에 흐르고 있는 유가의 역사관을 '도덕적 신분사회'와 '중국중심적 세계관'으로 정리한다면, 유가사상이야말로 동양 전근대의 비민주적 역사서술의 뿌리가 되었다고 말할 수 있다. 물론 당시 도덕적 이상사회를 건설하고자 하는 노력의 일환으로 그러한 인식이 확산되었고, 나아가, 근대 사회가 가져다 준 역사적 역기능에 대해서도 바로 이 도덕적 윤리사상으로 비판하기도 했다는 점을 이해할 필요가 있다. 따라서 당시의 '도덕적 신분사회'의 이론이 아주 부정적인 측면만으로 해석되어서는 안된다. 그렇지만 당시의 신분사회이론은 신분의 해방보다는 철저한 신분사회의 경직성을 합리화하고 사회적 역동성을 거부하는 것이었다.

그리고 우리는 오늘날 전제군주사회에서 소수의 왕이나 귀족들이 '덕치(德治)'나 '천명(天命)'을 내세워 다수의 백성[民]을 통치하며 스스로 역사의 주인으로 자처했던 사실은 잘 알려져 있다. 그러나 오늘날의 민주적 역사관 아래에서는 당시 다수였던 평민·천민이 바로 역사발전의 중요한 역할을 수행했다는 사실을 분명히 하고 있다. 비록 기록은 많지 않더라도 이들 민중사회의 역사상이 곧 우리 역사의 구체성이라 할 것이다.

'비민주적 역사관' 아래에서 쓰여진 또 다른 예로 토지제도의 문제를 생각할 수 있다. 대체로 고려·조선시대 '공전(公田)'·'사전(私田)'의 개념을 공전은 국유지요, 사전은 사유지라 생각한다. 그러나 『고려사』 등의 역사서술을 보면 그 구분의 기준이 지배자 중심이었다. 공전이란 국유지도 물론 있었으나 대부분은 농민들의 사유지[민전]였다. 단지 경작자는 국가에 대해서 조세납부의 의무만 다할 뿐이었다. 그런가 하면 사전은 귀족사유지·사원(寺院)사유지로서, 경작은 주로 농민들이 하고, 일부는 조세를 내기도 했으나 대부분은 면세특권을 누리는 이른바 특권층의 사유지였다. 그럼에도 불구하고 당시의 역사서술은 "하늘 아래 어느 곳도 왕의 땅이 아닌 곳이 없고, 땅끝 어느 누구라도 왕의 신하가 아닌 사람이 없다[傅天地下 莫非王土 率土之濱 莫非王臣]"라는 관념적 왕토사상 아래에서 모든 땅은 '왕토'이니 곧 '공전'이라 하였고, 단지 왕토에 사유를 인정할 수 있는 사람이란 일부 특권귀족에 제한된다는 생각이었다. 따라서 이렇듯 비민주적 역사관에 비추어 볼 때, 전시과(田柴科)나 과전법(科田法)과 같은 제도란 농민들을 위한 제도가 아닌 국가재정적 측면과 귀족·관료의 녹봉충당이라는 측면의 제도로 이해할 수 있는 것이다.

역사서술에 있어, 개인의 업적을 언급할 때 지나치게 영웅중심적인 해석을 가하는 것은 금물이다. 이를테면 이순신의 업적을 이야기하면서 그 지역주민들의 애국적 충정이나, 천민들이 대부분이었던 수군들의 활약을 빠뜨려서는 안된다. 아무튼 비민주적 역사인식으로 쓰여진 지난날의 기록들은 오늘날의 주체적 역사인식을 통해 새롭게 조명되어야 한다. 이러한 분위기는 역사학뿐만 아니라 다른 분야에서도 많이 나타난다. 이를테면 탈춤이나 판소리의 전통 대중문화에 대한 인식이 달라지고 있고, 놀이문화에서 민중이 스스로 참여하는 대동(大同)놀이가 되살아나는가 하면, 민중시대의 흐름이 반영된 피(皮)중심의 고스톱 놀이가 성행하는 것이 그 예라 하겠다.

자주적 역사관

'자주(自主)'란 널리 알려진 대로 '우리와 남'과의 문제가 서로 상호우호적으로 유지되는 국제평등의 관계를 의미한다. '우리'의 문제를 우리 스스로 해결하는 것을 '민주주의'로 생각했다면, '우리와 남'의 문제는 '자주'로 볼 수 있다. 즉 자국사와 타국사는 각기 구성원 스스로 독자의 역사를 영위할 권리가 있는데, 이를 '자주'라는 말로 대신한다는 것이다. 물론 각국은 정치적·경제적·사회적으로 독특한 체제와 역량의 차이를 드러낼 수도 있다. 그렇다고 하여 강대국이 약소국을 힘으로 굴복시키거나 간섭한다면, 이는 국제평화를 깨뜨리는 반역사적 행위이다. 국제교류는 힘을 통한 억압이나 굴복·체념으로 성립되는 것이 아니라, 상대방의 자주적 역사발전을 존중하는 위에서 이뤄져야 한다.

이를테면 개항기 이후 한국의 역사발전이 서구나 일본의 그것에 비해 뒤떨어졌다 해서, 그들에게서 간섭받거나 그들의 이해에 동화되어야 한다는 등의 논리는 그야말로 문명을 빙자한 적자생존논리이고, 나아가 '식민주의사관'은 세계사의 보편적 발전원리인 인간해방과 인간성의 향상, 국제평화의 개념에도 어긋나는 것이다. 따라서 자주적 역사인식이라는 측면에서 개항기 이후 우리의 반외세·반침략 운동은 당연히 '민족자주화운동'이요 '평화운동'이었으며, '민족해방운동'의 일부였다고 주장할 수 있다. 즉 한국의 독립운동은 일본의 '자주'를 침해하는 것이 아니라 오히려 일본 군국주의에서 일본국민의 해방을 의미함과 동시에 국제평화에 기여하는 '평화운동'인 것이다. 이렇게 볼 때 '자주'란 '반외세'·'반침략' 및 '국제평화'와도 같이 쓸 수 있는 용어라 하겠다.

그런데 '자주'의 의미는 인접국 사이의 외교관계에서 좀더 적극적으로 해석되어야 한다. 이른바 '원교근공(遠交近攻)'이나 침략을 위한 국가 사이의 '동맹외교' 같은 것은 바람직한 '자주외교'라 할 수 없고, 역사발전 측면에서도 이해를 달리하는 인접국 사이의 대화를 소중히 하는 '근친원교(近親遠交)'야말로 '자주외교'의 표본이라 할 수 있다. 그리고 이러한 시각은 오늘날 분단상황에서 더욱 절실한데, 통일의 길이란 원교근공적 동맹외교에 있는 것이 아니라 남북 당사자들의 평화적이고 발전적인 근친원교의 친선외교에 있다는 점이다.

'자주적 역사관'에 관한 의미를 보다 구체화하기 위해 한국사 속에 오염된 '비자주적' 요소를 살필 필요가 있다. '중국중심의 역사관', '일제관학자들의 식민사관' 그리고 '서구중심사관'들을 그 예로 들 수 있다.

우선 첫째로 우리 역사 속에 가장 많은 영향을 끼친 '중국중심의 역사관'에 따른 결과들을 생각해 본다. 동이(東夷)·서융(西戎)·남만(南蠻)·북적(北狄)과 서이(西夷)개념 자체가 중국중심적으로 우리에게 잘 알려져 있거니와, 우리 스스로 동쪽 오랑캐라는 '동이'의 용어를 그대로 사용하였음도 잘 알려진 사실이다.

한편 민주주의적 역사의식 측면에서도 중국중심의 역사관이 지배하게 된 배경에는 유가의 영향을 무시할 수 없다. 즉 유가의 '수신제가치국평천하(修身齊家治國平天下)'라는 어구에서도 알 수 있듯이 '치국' 이후의 '평천하' 논리는 곧 중국중심적 이념의 표상이라 할 수 있다. 물론 여기에서도 '덕치(德治)'

를 통한 천하평정이라는 도덕적 개념을 바탕에 깔기는 하나, 정치생리상 무력없이 천하를 평정한다는 사상은 진실로 허구적 관념일 뿐이었다.

실제로 유가사상으로 국교로 삼았던 한나라가 대외팽창정책을 추구했던 사실과, 당시 사마천(司馬遷)의 『사기』에 외국열전이 삽입된 것 역시 이러한 입장을 뒷받침하고 있다. 그런데 『사기』의 편찬은 이후의 모든 중국역사서에서 참고되었으며 우리의 『삼국사기』(고려, 1145)나 『고려사』(조선, 1451)에도 큰 영향을 미쳤다. 특히 『고려사』는 왕조역사를 중국과 같이 황제의 역사에 해당하는 '본기(本紀)'를 쓰지 못하고 제후에 해당하는 '세가(世家)'로 기록하여 스스로 중국을 종주국으로 인정하는 역사서술 태도를 취했다.

관리선발제도인 과거제도도 4서3경을 비롯한 중국의 문학·역사·철학을 필수시험과목으로 채택하여 '비자주적 역사관'이 한국사에 번성하게 만들기도 하였다. 한편 우리 역사에 오염된 이러한 '중국중심적 역사관'은 일제 관학자들의 식민사관을 태동시키는 데도 큰 역할을 했다.

'비자주적 역사관'의 두번째 실례로 '일제관학자들의 식민사관'을 꼽을 수 있다. 개항기 이후 서구열강의 제국주의 침략과 더불어 발생한 '서구적 식민주의사관'은 인종적·문화적 식민주의사관으로 압축할 수 있다. 그런데 이러한 강자의 침략사관은 일제에도 옮겨져 그들의 한반도 침략을 위한 이념적 도구로서 이용되었다. 그 이론에서 핵심은 무엇보다도 한국사의 타율성론(他律性論)이었다. 어차피 자율적으로 발전할 수 없는 한국사이기에 강국인 그들의 '온정적' 지배를 통해 한국사의 발전을 기약할 수 있다는 것이다.

둘째는 한국사의 정체성론(停滯性論)이었다. 20세기 초엽의 한국사가 봉건사회도 거치지 않은 일본의 노예제 사회였던 나라(710~784)나 헤이안(794~1192)시대와 같다는 논리에서 극명하게 드러난다. 이러한 이론은 한국의 근대화에 일본의 역할을 강조함으로써 그들의 침략을 합리화하려는 이론이었음은 두말할 나위가 없다.

세번째의 '비자주적 역사관'으로서는 오늘날 가장 심각하게 오염되고 있는 '서구중심적 역사관'을 들 수 있다. 서구중심적 역사관은 민주정치와 공화주의를 근간으로 하여 발달해 온 서구적 발전모델을 세계사적인 보편성이라는 측면에서 합리화하는 한편, 세계사 발전과정에서 서구적 경험이 가지는 선진성과 선도성을 특별히 강조하는 입장이다. 이러한 이론들은 우리 역사의 타율성과 정체성을 강조하는 '중국중심의 역사관'이나 '일제의 식민사관'을 어느 정도 비판하는 기능을 수행할 수 있었다.

또한 민주주의에 대한 신념을 강조한다는 측면에서는 서양사학이 결정적인 영향을 끼쳤다고 해도 과언이 아니다. 그러나 오늘날 서양사학에서 제시하는 역사인식을 한국사학에 적용할 때 적지 않은 무리가 따르고 있는 것도 사실이다. 최근 지나친 실증주의 일변도 혹은 다원주의 역사학 이론이 서구역사학에서 위세를 떨치고 있는 상황은 역사적 과제의 분석과 현실적 모순 해결을 과제로 하는 한국역사학의 현실과는 많은 괴리를 보이고 있다. 그렇지만 다양한 역사학 방법론이나 다원주의 역사인식 또한 우리 역사학의 미래상을 위하여 나름의 수용과 연구자세가 필요하다고 할 수 있다.

그러나 서구역사학 방법론이 무비판적으로 수용이 될 경우 주체적인 한국역사의 인식 혹은 객관적 기준에서 걸러진 서양역사학의 수용보다는 서양역사와 문화만을 중심에 놓고 변방에서 한국문화를 보려는 시각이 강한 영향력을 발휘할 것이다. 두말 할 것도 없이 자국문화의 자존과 자주성의 망실이 마치 세계사의 보편성에 가까운 것인 양 이해하는 태도야말로 서구역사학 방법론을 우상시하는 일부 한국역사학에서 나타나는 안타까운 현실이다.

이 같은 '서구이론만능론'은 서구에서 그렇게 제창되는 다양성 혹은 다원성을 존중하는 본연의 의미와는 다른 것이며, 역사발전의 보편원리를 상실하는 위험하고도 반역사적인 역사인식이다. 예를 들어 인디언에게는 용납될 수도 없는 '지리상의 발견'이라는 말들이 그대로 쓰인다든지, '아시아적 생산양식'이라 깔보고 서양사에서의 생산양식만을 역사발전의 전형인 양 생각하는 것, 나아가 '유색인종'이라는 용어가 아무렇지도 않게 통용된다든지, 대규모 문화재만이 우수한 것인 양하는 것, 유일신 종교를 갖는 서양만이 문명국이었고 진보의 역사를 소유하였다고 믿는다든지, "한국에서 미국으로 '들어' 간다"는 말 등이 아무런 거부감도 없다면, 이들은 모두 우리가 알게 모르게 서구 중심적 사고에 오염되었다는 증거이다.

하지만 한 가지 명심할 것은 우리 역사학에서는 오로지 위에서 언급한 것과 같은 주체적이지 못한 역사인식만이 존재했는가 하는 점이다. 과거 우리 역사는 대체로 자주적이고 주체적인 진행과정을 겪었다. 우리나라가 몇천 년 외세에 굴하지 않고 자주와 독립을 유지하면서 독특한 문화를 영위해 온 것만 보아도 증명할 수 있다. 다만 권력지향적 일부 정치가들이 우리의 바람과는 거리가 먼 사대적 언행을 일삼았던 것이고, 양인·천인 등의 농민과 일부 지식층을 포함한 다수의 민중세력은 오히려 우리 민족의 자주성을 높이기 위해 굳건히 단결하여 외압을 이기고, 새로운 사회시스템을 창출하기 위해 노력하였다. 그들은 구한말 역사단절의 위기 아래서 번번이 생명을 걸고 의병 혹은 독립군으로 전쟁에 참가하는 등 우리의 자주적 역사의 수호자들이었다. 따라서 '자주적·주체적 역사인식'이란 특권층 일부만이 주인이 되는 그런 역사관이 아니라, 대다수 민중을 주체로 보고 이들의 이상과 적극적으로 연대하는 그런 역사의식인 것이다.

요컨대, '자주적·주체적 역사인식'이란 민주주의 그리고 자존자립의 역사의식이 상호보완을 이루며, 민중의 삶의 질을 높여 가는 데 기여할 때 진정한 의미를 갖는다고 볼 수 있다. 그러므로 일제하 민족해방운동조차도 단순히 국권을 회복하기 위한 독립운동만으로 설명할 수 없는 것이다. 민족해방운동은 사회체제의 혁신적 개선과 해방후 재건될 조국이 보다 민중의 의사와 민중적 기대에 접근하는 것으로 볼 수 있다. 나아가 일정기간 식민지 지배로 인한 해독을 씻어내기 위한 민족자주화운동의 의미도 가지는 것이다. 따라서 민족해방운동은 민중의 자주와 민주주의를 향상시키는 차원에서 구상되고 진행되는 것이다. 그것이야말로 이 책에서 말하는 '주체적·자주적 역사인식' 바로 그것이다. 이러한 '주체적·자주적 역사인식'을 통하여 역사의 여러 문제를 명쾌하게 과학적이고 객관적으로 설명하는 것이 바로 '올바른 의미의 민족[주의]사학'이다.

●●●●● 한국문화를 보는 바람직한 시각

문화란 무엇인가? 사전적 의미에서 본다면 문화란 "인간의 공동사회가 이룩하여 그 구성원이 함께 누리는, 가치있는 삶의 양식 및 표현체계, 언어·예술·종교·지식·도덕·풍속·제도"이라 되어 있다. 라틴어의 쿨투라(cultura)에서 파생한 컬쳐(culture)를 번역한 말로 본래의 뜻은 '경작'이나 '재배'였는데, 이후 문화인류학의 발전과정에서 '지식·신앙·예술·도덕·법률·관습 등 인간이 사회의 구성원으로서 획득한 능력 또는 습관의 총체'라는 정의가 어쩌면 일반화된 문화에 대한 정의라고 할 수 있다. 즉 기왕의 문화에 대한 정의가 대체적으로 '인류가 주체가 되어 만든 모든 가치있는 양식'이라는 점으로 일반화된 것 같다.

특히 주목되는 규정은 문화란 인류에서만 볼 수 있는 사유(思惟), 행동의 양식 즉 생활방식 가운데 유전이 아니라 학습에 의해서 소속하는 사회[협동을 학습한 사람들의 집단]로부터 습득하고 전달받은 것, 그리고 그 전체를 포괄하는 총칭이라는 점이다. 이상의 정의가 문화를 정확하게 파악한 것이라 할 수 있을까?

우리는 몇 가지 문제에서 기존의 '문화론'을 재해석해야 한다. 즉 기존의 문화이론이 대체로 문화란 인간이 만들어낸 생활체제이자 정신적인 가치물이라는 입장을 피력한 데 대하여 일면 긍정할 수 있다. 바꿔 말해 문화는 자연현상에 대응한 다양한 인간 삶의 표현일 수도 있다. 그러나 이것은 무척 추상적인 정의이다. 문화는 자연과 인간간의 단순한 대응관계가 아니다. 진정한 문화란 구체적인 환경과 자연변화에 대한 인간의 투쟁과 삶의 질을 향상하고자 하는 노력 속에서 배태되는 것이다.

문화는 살다 보니 생긴 것이 아니라 살려고 투쟁하면서 생기는 것이다. 즉 정적인 형태로 규정되는 것이 아니라 늘 변화하고 변화해야만 하는 유기체이다. 그 말은 문화란 인간이 존재하면서 생긴 것이 아니라 인간이 더불어 삶을 살아가는 데서 필연적으로 발생하는 역사적 산물이라는 것이다.

문화란 역사를 구성하고 제작하는 인간들이 상호관계를 맺으면서 혹은 관계를 변화시키면서 발생한 산물이며, 단순한 자연현상에 대한 인간들의 화학반응은 아니다. 만약에 자연적인 환경에 대한 인간의 고유한 습속 정도로 문화를 정의한다면 비 오면 처마 밑에 숨는 고양이나 개의 습속도 문화가 될 수 있을 것이다. 오리가 비를 좋아하여 비 오는 날 뛰어다니고, 닭이 비를 싫어하여 처마 밑에 숨는 것만으로 문화적 차이라 설명할 사람은 없을 것이다. 요컨대 문화란 인간의 단순한 생활체계를 지칭하는 것은 아니다.

그렇다면 문화가 인류구성원 사이에 역사적으로 전승된 학습된 전통이라는 의미는 타당한 것인가? 교육의 역할이 인간발전에 중요하다는 것은 두말할 것도 없다. 그러나 많이 배운 사람이 결코 문화인다운 행동을 하는 것만은 아니라는 것은 삶의 경험 속에서 자주 발견된다. 일자무식이라 하더라도 높은 수준의 문화를 이해할 수 있고, 만들 수 있으며, 또한 학습이 아닌 경험을 통해서도 많은 문화를 창출할 수 있다. 아메리카 마야문명은 실로 높은 수준의 문화라고 격찬하지만, 정작 문자는 존재하지 않았다. 물론 그 탓에 스페인의 침략에 의해 하루아침에 몰락하였다는 제국주의 역사가들의 진단도 있고 보면 문자의 중요성이나 교육의 중요성을 완전히 부정할 수는 없다.

제도교육이나 부모교육을 제대로 받지 못한 사람들 가운데 공자나 예수와 같은 성인이 나오는 이유는 무엇인가? 이는 인간의 삶에서 교육이 차지하는 비중이 크고, 문화를 형성하는 중요한 요소는 될지언정 문화 그 자체를 규정하는 의미로는 지극히 '결과론'적 이해에 지나지 않는다는 반증이 될 것이다.

문화란 무엇인가? 적어도 여기에서는 문화란 불평등한 사회구조와 인간관계를 개선하기 위하여 나아가 인간의 한계를 드러내는 현재의 세상을 바꾸기 위해 그리고 궁극적으로는 인간의 삶의 질을 높이기 위해 인간들이 추구한 구체적이고 의식적인 활동과 그 소산이라고 할 수 있다. 따라서 문화란 고려시대 팔만대장경 목판본에서 발견되는 것이 아니라 어쩌면 팔만대장경을 만들고자 한 고려인들의 의식에서 찾을 수 있다. 올바른 의미의 문화는 인간이 잘못된 사회구조·사회체제에 대한 분노와 적개심 그리고 새로운 세상을 향한 그리움의 예술적 표현이다.

요즘 젊은이들 사이에 노랑머리·파란머리 등 다양한 자기 표현의 문화가 크게 발달하고 있다. 어떤 이는 그것이 청년문화라고도 하고, 21세기적 문화형태라고도 추켜세우기도 하지만, 적어도 의식이 거세된 풍속은 유행일지언정 문화는 결코 될 수 없다. 문화가 올바른 문화가 되려면, 문화의 본질에 접근할 수 있는 의식적·철학적 설명이 뒷받침되어야 한다. 즐거우니깐, 혹은 튀니깐 하는 그런 문화의식에서 결코 문화의 진보는 존재할 수 없다.

문화와 유행이 다른 이유는 그것이 영속성을 발할 수 없는 순간적이고 찰나적이라는 점에 있다. 즉 문화를 구성하는 본질적 핵심은 의식[역사의식]이다. 의식은 구체적인 인간관계의 설정에 대한 재인식이며, 경직된 사회구조에 대한 분석과 그것에 대한 재구성을 위해 형성되는 인간본성의 근본이라 할 수 있다.

우리가 아는 펑크족-히피족은 단순히 '튀어보이기' 혹은 '과시욕'에서 비롯된 풍조나 유행은 아니었다. 그 이면을 본다면, 계급적으로 경직화된 서구사회에서 나아가 사회적인 역동성이 철저히 봉쇄된 사회에서 발생하는 고도로 발전된 자본주의 국가에서 억눌린 계급들이 일으킨 반자본주의적이고, 반서구문명적인 저항의 문화였다. 염치와 에티켓 등의 서구적 도덕성은 양식과 교양을 강조함으로써 노동자와 하급민중들의 저항을 봉쇄하고자 하는 자본가 계급과 부유한 계급의 자기정체성을 위한 수단이었다.

이에 대하여 히피나 펑크는 자본주의적 도덕성에 반대하는 의미에서 몰염치와 일탈적인 행위로 저항하려 했다. 그들이 볶아 올린 머리모양은 서구적 근대의 산물인 단정하고, 판에 짠 듯한 문화에 대한 저항이었고, 각종 피어싱과 칼라풀한 치장은 획일화한 인간문제에 대한 문제제기였다. 그리고 마약과 폭주는 소외에 대한 분노의 표현이었다. 물론 외형적으로 본다면 한국의 대학생이 하는 노랑머리와 서구의 히피족 문화가 전혀 차이가 없을 수 있다. 과연 의식이 거세되고, 현실에 대한 분노가 거세된 젊은이의 노랑머리 유행이 과연 문화일 수 있겠는가?

인간이 동물과 다른 점은 바로 과거보다 더 나은 것을 추구하는 의식적 행위를 하는 데 있다. 단순히 말을 하고 도구를 사용하고 하는 정태적인 데서 동물과 차이가 나는 것이 아니다. 오히려 더 나은 자신을 창출하기 위해 인간들은 수많은 시도를 했고, 그 속에서 인간들은 자신의 주위에서 자신을 속박하는 여러가지 제도와 장치들을 재구성하고 재조직했다.

물론 그러한 시도 가운데 일부는 도태되기도 하고 일부는 더 나은 세상으로 간다. 즉 문화는 더 나은 세상으로 간 사람들만의 전유물은 아닐 것이다. 일제하에서 일본제국주의와 싸웠던 좌익 공산주의자들이 해방 이후 좌우분열과 남북분단·6·25전쟁으로 인해 식민지치하에서 일구었던 공로가 인정되지 못했고, 오히려 빨갱이 정도로 치부되고 있지만, 그래도 언젠가는 외적과 싸운 공산주의자들도 훌륭한 우리 조상으로 이해될 날이 올 것이다. 왜냐하면 일제하에서 최고의 목표는 민족해방이었고, 이에 좌익도 예외가 아니었기 때문이다.

요컨대 문화는 그렇게 역사발전을 위해 투쟁했던 사람들이 만드는 것이다. 문화란 현실에 대한 비판과 부정 그리고 미래를 향한 그리움의 산물인 것이다. 즉 문화는 양식이 아니라 역사의식인 것이다.

결론적으로 말해 바람직한 문화는 바람직한 인간관계에서 나온다. 문화란 단순히 인간습속이나 가치있는 생활체계 정신활동의 소산만은 아니라는 생각을 가지게 되었다. 즉 드러난 인류의 지난 수많은 활동의 찌꺼기 정도로 여기는 문화라면 그것은 관광사업에나 쓸 일이다. 그리고 문화란 보이지 않아도 좋다. 고구려 문화가 위대한 이유는 드러난 영토에 있었던 것은 아니다. 영토는 중국이 훨씬 넓었다. 또한 고려가 위대한 문화국가였다는 것은 단순히 팔만대장경이 실존하기 때문에 그런 것은 아닐 것이다.

그보다 웅장한 문화재는 세계의 지천에 깔려 있다. 그렇다면 문화란 무엇인가? 그것은 유행도 아니며, 문화재나 영토의 크기, 언어 등과 같은 요소에 의해 결정되는 것이 아니다. 세계사에 기여할 위대한 인간관계·사회구조·생활체계를 구축하는 것, 불의에 저항하고 잘못에 분노한 수많은 사람들의 노력이 진정한 문화인 것이다. 그런 의미에서 아테네의 민주정치는 인류사와 인류공동체 발전에 크게 이바지했다. 나아가 몽골침략하에서도 30년을 버틴 고려의 저력 뒤에는 당시 전 세계 어디에도 없는 고려민중의 게릴라 투쟁이 있었다. 당시 전 세계 어느 나라에도 몽골군과 직접 싸운 민중은 아직 발견되고 있지 않다.

고려민중이 역사 앞에서 불의와 침략을 이겨내는 그 자랑스런 전통에는 눈을 감으면서, 팔만대장경 경판크기와 수량만으로 고려문화를 재단한다면 그 때의 문화는 결코 올바른 문화가 아닐 것이다. 문화는 의식과 의미로 포장되어야 한다. 구경거리의 문화는 단순한 문화재이고 과거의 잔존물일 뿐이다.

비록 글로는 남아 있지 않아도, 문화재 형태로 남아 있지 않더라도 우리 민족이 적어도 부정과 불의 앞에서 도끼를 들고 궁궐 뜰 앞에서 죽음을 무릎 서면서 간언을 했던 그 모습이 진정한 우리 문화이다. 양심과 정의를 위하여 살신성인하고 멸사봉공하는 그 정신이 우리 문화이다. 문화는 곧 역사의식이라 할 수 있다. 그것은 비록 많은 사람들이 노랑머리를 하고 있어도 따르지 않아도 되는 것이지만, 유행은 따르지 않으면 '왕따'를 당하게 된다. 문화는 인간관계이다. 인간관계의 고도발전 속에서 비로소 부차적인 법률이나, 경제·생활양식의 변화는 초래되는 것이지, 인간관계의 변화없이 생활체계의 변화는 존재할 수 없다.

인간이란 무엇일까? 인간은 결국은 인간관계에 의해서 비로소 실현된다. 보통 '저 사람, 사람 됐구먼'이라고 말할 때 그 함축하는 의미는 그 사람이 사회에서 처신을 잘한다는 뜻으로도 쓰인다. 인간이란 인간관계 속에서 형성되는 인류를 말한다. 즉 우리는 인간관계 속에서 아버지의 아들 혹은 딸로서, 사회에서는 노동자·학생·농민 등등으로 각기 다른 관계를 맺고 있으며, 결국 인간관계의 구조에 따라 다른 대우를 받는다. 교수는 교수로서 취급당하고, 노동자는 노동자로서 취급당하고, 노숙자는 노숙자로서 취급을 당한다. 즉 한 사람의 아들로 취급될 때와 남편으로 취급될 때 그리고 노동자로 취급될 때 나아가 손님으로 취급될 때, 동창으로 취급될 때 우리는 같은 사람이면서도 그 대우와 인간관계는 전혀 다른 모습일 수밖에 없다.

이처럼 같은 사람인데도 우리는 너무나 다른 여러가지 인간관계를 맺고 있다. 어떤 한 사람이 친구를 만날 때의 언어와 학생과 면담할 때의 언어가 결코 같다고 할 수 없다. 이 말은 인간이 결국은 인간관계에 의해 규정되고 인간관계에 의해서 취급된다는 사실을 말함이다. 우리는 생물학적인 인류가 아니라 인간관계에 의해서 존재가 인정되는 인간이다. 그리고 이러한 인간관계가 역으로 인간의 삶을 규정하게 되면서 인간은 인간관계의 기형성과 파행성으로 인한 많은 삶의 질곡을 느끼게 될 것이고, 그러한 인간관계의 개선은 결국 보다 나은 인간관계를 위한 것이다.

보다 나은 인간관계를 위하여 사람들은 크게는 정치적·경제적인 개선의 노력을 위한 온갖 노력을 다할 뿐 아니라 적게는 주변생활의 개선을 위한 다양한 활동을 전개하게 된다. 그러한 다양한 시도 가운데 새로운 문화가 만들어지고, 새로운 문화는 구시대의 문화와 타협 혹은 대체되면서 주류문화로 나아간다. 옛날 품앗이하던 농촌문화가 도시에서 아파트 주민 사이의 계 모임으로 발전하는 것처럼 사회와 역사적 조건의 변화에 적응한 새로운 인간관계가 늘 시도되고 그것을 통해 새로운 인간관계가 형성된다.

요컨대 문화를 이해한다는 것은 곧 인간관계를 이해하는 것이고, 인간관계의 이해는 세상을 보다 나은 것으로 바꾸기 위한 것이다.

●●●●●● Ⅱ. 원시시대의 우리 민족

1. 한국원시문화의 역사적 가치

●●●●● 선사시대에 대한 몰가치적 인식

　선사시대를 어떻게 보아야 하는가? 일반적으로는 문헌사료가 존재하지 않는 시대, 즉 문헌사료에 의해 씌어진 역사에서 취급하는 시대와는 달리 19세기 이후 고고학의 발달로 새로이 알게 된 비(非)문자의 원시시대라는 의미로 사용되고 있다. 즉 대체로 문자나 그 기록이 없어서 고고학 혹은 인류학적인 성과 나아가 생물학적 성과에 기반을 두고 재구성된 시대 정도로 파악한다.
　그러나 원시사회의 의미를 되새길 필요가 있다. 원시사회에서 가장 주목해야 할 과제는 역시 인간이 어떻게 사회를 만들고, 조직을 구성하며, 권력을 형성했는가 하는 문제이다. 그렇지 않고 단순한 문화재, 고고학적 성과에만 마음이 기울어진다면, 무슨 무슨 토기의 발견에 시야가 집중되고 그것을 만들어야 했던 그 고단한 삶에 대해선 무척 소박하게 다룰 수밖에 없을 것이다.
　원시사회를 이해하는 가장 중요한 지침은 '인간이란 무엇인가?'에 대한 분석적・객관적 이해를 통해 원시사회가 인류역사에 무엇을 기여하는지 보는 것이다. 일부 종교단체에서는 인간은 하나님이 흙으로 빚었고, 생기를 불어넣어 생명을 주었고, 자연만물을 만들었다고 주장하기도 하며, 어떤 종교단체에서는 우주의 거대한 기가 인연이란 거대한 힘에 의해 이합집산하면서 인간상 즉 찰나의 인간세상을 구축했다고 믿기도 한다.
　과연 그런 것일까? 우리는 그러한 인간의 기원문제와 인간이란 무엇인가에 대한 철학적 토대 위에서 원시사회를 바라볼 필요가 있다. 모름지기 원시사회가 후세 역사에 끼친 가장 큰 가능성은 인간이 또 다른 인간의 존재를 자각하고, 인간 자신에 대한 자각은 어떻게 이뤄지는가를 보는 것이다. 그리고 인간이 인간관계를 맺으면서 어떻게 인간이 어떻게 도덕적 가치를 확립함으로써 인간들 사이의 지배질서를 확립하는 것인지 보는 것이야말로 원시사회에 대한 이해와 역사적 가치를 높이는 척도이다.

원시시대라는 개념은 시기적으로 고생물학 영역인 인간(유인원) 출현 이전의 시기까지 거슬러 올라갈 수도 있겠다. 하지만 이 책에서는 인간이 진정 다른 동물과 차이를 크게 하면서, 세상에 대한 자각을 시작하는 단계에서 진정한 원시라는 개념을 도출할 수 있다고 본다. 즉 짐승과 아무 것도 다를 것이 없는 시대는 인간의 진화단계는 분명하지만 천지만물에 대한 창조적 이해와 사물에 대한 객관적 인식이 가능한 단계까지는 도달하지 못했다. 그러므로 그 시대를 역사적 가치를 가진 원시시대로 상정할 수는 없다.

원시시대는 인간에 대한 자각과 자연에 대한 투쟁을 시작하면서, 나름의 세상에 대한 인지와 자각을 형성하는 단계부터 시작된다. 동물과 아무런 다를 것이 없는 시기의 인간은 부모와 자식에 대한 구분이 아직 없고, 단순히 먹이를 구하러 다니는 포유류 이상의 지능을 찾아보기 힘든 시기이다.

그렇다면 언제부터 진정한 원시시대가 시작되었다고 할 수 있는가? 인간이 원시시대를 형성하는 것은 '천지(天地)에 대한 자각'에서 시작한다고 할 수 있다. 『성서』 창세기 1장 1절에서 "태초에 하나님이 천지를 창조하시니라"라는 구절을 보자. 종교계에서는 이것이 마치 인간을 흙으로 만든 것을 의미한다고 말하고 있으나, 사실은 그렇지 않았다.

천지창조의 신화는 신이 인간을 흙으로 구웠다기보다는 인간이 비로소 동물적 본능단계를 지나 천지에 대한 객관적 자각을 한 것을 말한다. 천지에 대한 자각, 그리고 사물에 대한 자각을 통해서 인간은 비로소 사회와 인간관계를 구성할 수 있게 되었으며, 자연적 진화를 넘어 창조적 진화단계로 전환했고, 이로서 동물과 다른 진정한 인간의 모습을 나타낸다고 할 수 있다. 도가에서 말하는 "천지(天地)가 불인(不仁)하다"는 것은 천지가 인간의 눈에 하나는 아름다움과 동경의 대상으로 자리잡는 한편에서는 두려움과 공포의 대상이 되고 있음을 말한다. 그것으로부터 인간이 하늘과 자연현상에 대한 두려움에서 정령신앙이나 토테미즘 같은 원시종교가 발생하고, 인간사회에 도덕적 가치가 부여되기 시작한다. 종교적·도덕적 가치의 형성과정이 인간의 자연적 진화과정을 넘어선 진정한 인간의 과정이다.

인간은 한문에서 인(人)과 간(間)의 합성어이다. 즉 인간은 사람간의 관계를 말하며, 사회의 일원으로 사람과 관계를 맺는 가운데 인간이 형성된다는 의미로 생각할 수 있다. 즉 인간이 존재하는 이유는 바로 인간이 사회를 만들고, 사회를 운영하면서 동물계와 다른 독특한 도덕적 가치를 형성하기 때문이다. 여기서 도덕은 마치 성선설이나 최고선과 도덕적 덕목 같은 의미가 아니라, 지배자에 대한 피지배계급의 철저한 신뢰와 복종을 위한 모든 장치들도 포함했다.

●●●●● 자연에 대한 인간의 자각이 역사의 출발

우리는 원시사회에 대해서 무조건 미개라든가 야만이라는 말로 대신해 사용하기도 한다. 하지만 원시사회가 진정 역사 속에서 가치를 형성하는 것은 50억 년 긴 자연계의 진화과정에서 마침내 사물에 대한 자각을 이룬 인간부류가 당시에 출현했다는 것이다. 원시시대 인간은 더 이상 자연적 진화가 아니라 창조적 진화단계로 진입했기 때문에 역사 속에서 원시시대의 의미는 다른 무엇보다도 소중하다.

처음 도덕적 가치를 주창한 것은 동물계에서나 빚어지는 골육상쟁·적

자생존[자연도태]·친자불명·약탈경제와 같은 여러 모순에 대한 인간의 자각이 있었기 때문에 가능했다. 즉 진정한 천지창조는 바로 동물계의 일원에서 인간계의 독립을 달성하게 한 도덕적 가치의 형성 때문이었다.

그렇다면 도덕적 가치가 왜 인류사에서 수많은 문제를 야기한 계급사회를 여는 토대가 되었는가? 도덕적 가치는 인간 내부의 동물계적 질서에 대한 격멸에서 출발한다. 소돔과 고모라에서 탈출한 롯과 그의 딸이 한밤에 사통해 사생아를 낳는 것과 같은 동물계적 전통은 인간사회의 발전적 진화와 창조적 발전을 저지하고, 합리적 인간관계의 형성을 저해하는 것이었다. 즉 사람 사이의 합리적 관계를 열어내기 위해 수많은 당시 사람들의 노력을 통해 도덕적 가치가 제기되었다.

모세가 그토록 바라던 세상은 바로 도덕적 세계였고, 그것을 위해 하나님이라는 절대자의 이름을 빌렸다. 그것은 하나님의 뜻과 그 가치[십계명]로 인간세상의 동물적 속성을 제어하자는 것이었다. 그 과정에서 도덕적 가치를 수호하는 일군의 제사장 그룹과 하늘의 뜻을 계시받는 그룹이 신성한 종족으로 전환하게 되면서, 역사적으로 신성한 제사장 혹은 무당계급과 하늘의 뜻에 복종하는 상위계급이 형성되었다.

도덕적 가치의 자각과 인간간의 계급적 관계의 형성 사이에는 이처럼 밀접한 관계가 있었다. 물론 원시사회에서 지배계급은 신의 계시를 담당하는 종교적 색채를 강하게 내포하면서 피지배계급에 대한 완전한 계급적 지배를 달성하지 못했다. 왕살해[가뭄이나 천재지변으로 많은 사람이 죽거나 새로운 생활환경을 만들기 위해 왕을 살해하는 풍습]풍습이나 이방인 숭상 풍속과 같이 사회의 역동적 발전을 위해선 지배계급에 대한 조직적이고 관례적인 개편이나 제거가 뒤따랐다. 계급구조가 아직은 피지배계급에 대한 일방적 지배구조가 아니라, 인간사회의 발전적 모멘트로 이해되었고, 계급적 지배를 담당하는 사람은 언제고 하늘의 뜻을 이어갈 준비를 해야 했다. 오늘날에도 하늘의 뜻이 있어 임금이나 대통령이 된다는 신비주의적인 어구도 알고 보면 원시적 전통이 아직도 사라지지 않고서 계급지배의 도구로 이해된다는 말이다.

요컨대 문자로서 선사시대니 역사시대니 하고 구분하는 것은 문자에 의한 문명화를 신봉하고 문명국으로 진화한 서구 자신의 발전법칙을 마치 세계사적인 것인 양하면서 나온 제국주의적 이해의 산물이었다. 그리고 문자에 의한 기준은 선사시대는 원시시대와 병치되는 것으로 양자를 혼용하기도 했다. 하지만 그러한 문자에 의한 기준은 진정한 원시시대의 가치를 이해하는 데 한계를 보여준다.

원시시대의 역사적 가치는 바로 동물계와 아무런 다를 것이 없는 인간계가 자연적 진화의 영역을 벗어나 창조적 진화, 나아가 '끊임없는 진화 속에 창조적 발전을 꾀하는 인간'을 형성한 데서 찾을 수 있다. 세상에 대한 인간의 자각, 하늘과 땅에 대한 인간의 자각, 자연만물에 대한 나름의 해석이 가능해진 인간이 50억 년의 긴 자연적 진화를 거쳐 마침내 지구상에 출현했다는 데서 깊은 의미가 있다. 그리고 그러한 자각을 기초로 인간관계에 남아 있는 동물적 관계의 불합리성을 청산하기 위한 도덕적 자각은 더욱 강화되면서 종교적 형태의 지배·피지배의 계급구조가 형성되기 시작하였다.

2. 채집사회에서 생산사회로 전환

●●●●● 채집사회의 성립

인류의 선사고고학에서 3시기법(Three Age System)은 덴마크를 중심으로 한

스칸디나비아 지역의 역사학자들에 의해서 정립되었다. 먼저 톰센(C.J. Chomsen)은 문자 이전 문명의 척도를 도구사용에서 규명하고자 하면서 도구의 내용과 기술수준에 따라 선사시대를 석기시대·청동기시대·철기시대로 나누었다. 이와 같은 3시기법은 이후 고고학의 편년설정과 문화단계 구명에 결정적인 기준점이 되었고, 지금까지도 계속 유효하게 연구되고 있다.

그러나 고고학이 다른 보조과학의 도움을 받을 때는 단순한 유적·유물의 관계에서 떠나 자연환경 전체에 대한 생태학적 접근이 필수적인 요소가 되며, 단순히 시간의 원근이나 도구의 재료에 입각하여 기계적으로 시대를 명명하는 구분법으로는 만족할 수 없게 되었다. 이러한 단계를 극복해 보려는 의도에서 나타난 것이 사회-경제적 변동을 기준으로 새로운 시대구분이 시도되었다. 즉 선사시대를 양식채집단계(Food-gathering)와 양식생산단계(Food-production)로 구분하는 방법이다.

먼저, 양식채집 단계는 인류역사의 99%를 차지하는 시기로서 간단한 도구를 사용하여 수렵·어로·식물의 열매를 따는 등 야생의 동식물을 채취하였다. 이 기간이 바로 고고학적으로는 구석기시대에 해당된다. 일반적으로 서구의 양식채집 단계는 구석기시대라는 등식이 적용되지만 우리 역사의 경우에는 부합되지는 않는다. 왜냐하면 한국의 신석기시대인 빗살무늬토기 사회는 여전히 어로가 주된 식량수집활동이었기 때문이다. 물론 신석기시대 말기에는 황해도의 지탑리 유적이나 평남의 궁산리 유적에서 농경의 흔적을 확인할 수 있지만, 신석기시대 경제의 주류는 역시 양식채집이었다.

1960년대 초까지만 해도 한반도에서는 구석기시대의 존재가 인정되지 않고 있었다. 이미 1933년에 함북 동관진(潼關鎭)에서 홍적세의 동물화석과 인공이 가해진 몇 개의 뼈연장(骨角器)·석기가 발견되었으나 당시의 지배적인 식민사관의 분위기에서는 아예 무시되고 말았다. 한국의 구석기 유적에 대한 본격적인 발굴은 1960년대에 시작되었다. 1963년 웅기 굴포리에서 구석기시대의 유물이 발견되었고, 1964년에 공주 석장리에서 역시 구석기 유물이 발굴됨으로써 우리나라에 구석기의 존재가 확정되었다.

　그 뒤 상원의 검은모루동굴·청청암동굴, 평산의 해상동굴, 덕천의 승리산동굴, 제천의 점말동굴, 청원의 두루봉동굴, 연천의 금곡리 등에서 구석기 유물이 발굴되어 전국 각지에서 10여 개의 구석기 유적지가 확인되기에 이르렀다. 특히 석장리의 제1문화층은 60~50만 년 전의 것인데 단양 금굴유적의 맨 아래층은 그보다 앞선 70만 년 전의 것으로 확인되었다.

　이와 같이 빙하기인 홍적세의 한반도에는 동식물과 함께 인간이 살고 있었음은 의심의 여지가 없는 것이지만, 그들이 오늘 우리 민족이 직접 조상이었다는 직접적인 증거는 드물다. 대체로 빙하기에는 기후의 변동이 심하여 식량을 찾아 이동생활을 한 것으로 보인다. 더욱이 제3빙하기 무렵에는 중국대륙·한반도 그리고 일본열도가 하나로 붙어 있었으므로 이들의 이동생활은 대단히 심하였을 것이다. 한편 우리는 덕천인과 승리산인으로 불리는 구석기인의 인골을 가지고 있는데 각각 중기 구석기시대와 후기 구석기시대의 것으로 추정된다.

　기나긴 빙하기가 끝나 후빙기[충적세]가 되면 현재와 같은 온화한 기후가 나타나고, 해면도 점차 상승하여 새로운 신석기시대가 도래하였다. 신석기시대 유물의 특징은 간석기[마제석기]와 토기의 출현이라 할 수 있다. 구석기인이 주로 뗀석기[타제석기]만 제작한 데 반해 이들은 돌을 갈아 보다 정교하게 만든 간석기를 사용하기 시작하였다. 또한 진흙을 빚어 불에 구워 만든 토기를 사용하였다.

　그런데 우리 신석기시대 토기는 핀란드나 시베리아와 밀접히 연결되어 있는데, 토기제작에 사용되는 재료인 진흙만 다를 뿐 거의 같은 양상을 띠고 있다. 핀란드나 시베리아의 유적이 강가에 분포하는 것과 마찬가지로 우리나라의 빗살무늬토기도 압록강·대동강·한강·낙동강·두만강·서해 도서와 동해안에서 출토되고 있어 당시 사회의 생업경제가 어로와 수렵을 중심으로 한 양식채집 사회였음을 보여준다.

일반적으로 근동(Near East)이나 서구의 신석기시대의 특징을 농경출현이라는 관점에서, 그리고 그 의미가 뜻하는 역사발전의 중요성에 비추어, 영국의 고고학자 차일드(Childe)가 '신석기혁명(Neolithic Revolution)'이라 명명한 바 있다. 같은 맥락에서 브레이드우드(Braidwood)는 이를 농업혁명이라 부르기도 했다. 즉, 농경의 출현으로 양식을 일일이 채집하는 단계에서 이를 재배하는 단계로 생산양식이 발전했다는 것인데, 이것은 결국 고전문명의 흥기(興起)를 맞게 하는 중요한 역할을 했다.

그러나 우리나라의 신석기시대는 생업에 어로가 큰 비중을 차지하였고, 농경은 말기에 비로소 시작되므로 전반적으로 우리의 신석기시대는 양식 채집단계에 속한다고 볼 수 있다.

한편 한국의 신석기시대는 토기를 기준으로 하여 세 시기로 구분하기도 한다. 전기는 부산 동삼동 조개더미〔貝塚〕 및 양양 오산리유적에 해당하는 것으로 유적에 대한 방사선탄소 연대측정 결과 최고연대가 기원전 6천년경으로 올라가는 선즐문기로서, 이 시기의 토기는 알이 굵은 태토로 만들어지고 제조방법이 소박한 둥근바닥민무늬토기〔圓底無文土器〕와 솟은무늬토기〔隆起文土器〕이다. 중기는 기원전 3500년경에 시작되는 즐문 I 기로서, 그 형태가 둥근바닥 또는 뾰족바닥의 반계란형이고, 무늬로는 생선뼈무늬〔雷文〕가 나타나며, 바닥도 보다 평평해졌다. 중국계의 채도문화(彩陶文化)가 만주를 통해서 한반도에 영향을 끼쳐 변형된 빗살무늬토기가 나타난 것으로 이해된다.

이처럼 토기를 비롯한 유물의 성격변화는 단순한 문화의 전파에 의한 것이라기보다는 새로운 문화담당자들의 이주로 해석하는 것이 보통이거니와, 우리 민족의 형성을 논할 때 신석기시대인에서부터 논의가 출발되는 것이 대체적인 경향이다.

●●●●● 생산사회의 성립과 민족의 형성

    양식을 채집하는 단계에서 양식을 생산하는 단계로의 전환은 근동의 경우 신석기시대에 이루어졌음은 이미 언급한 바 있다. 소위 신석기 혁명이란 개념은 농경의 바탕 위에 성립한다. 농경과 가축의 사육은 신석기문화의 성격을 규정하는 데 가장 중요한 요소이며, 농경과 가축사육 가운데 양자의 선후관계는 지역적으로 차이가 있다. 한국의 경우 신석기시대 말기에 비로소 농경이 나타나며, 전반적인 농경의 확대와 이를 입증하는 유물로서 반달돌칼이 출토되는 것은 민무늬토기 시대이다.

    빗살무늬토기가 주로 강이나 해안에서 출토되는 데 반하여 민무늬토기는 대체로 구릉지대 같은 조그만 야산에 분포한다. 또한 빗살무늬토기의 분포가 일정지역에 한정되어 있음에 반해 민무늬토기는 거의 전국적인 분포를 보이고 있다. 이는 인구의 증가와 함께 농경의 발전과 확대를 의미한다. 즉 민무늬토기가 출토되는 유적에서 거의 예외없이 반달돌칼이 함께 나오고 있다. 그러므로 민무늬토기 사회의 출현은 한국 선사시대사에서 가장 의미 깊은 단계가 되는 것이다.

    한편 신석기시대의 빗살무늬토기가 중국·일본의 신석기문화와 다른 것처럼 이 민무늬토기도 중국과 다른 계통이다. 다만 이것이 일본으로 들어가 일본의 청동기시대인 야요이(彌生)문화의 기틀이 되었다.

    반달돌칼은 원래 중국의 화북지방에서 발생한 곡물을 따는 기구로서, 중국의 것이 칼등이 둥글고 칼날이 직선이지만 우리의 것은 반대로 칼등이 직선이고 칼날이 활모양인 경우가 많다. 농경의 경우, 이것은 벼농사 시행과는 별개의 문제이다. 반달돌칼이 농경과 관계되고 도작과도 연결되는 도구일 수 있지만 이것만을 예로 들어 우리의 도작이 반달돌칼과 꼭 관계가 있다고 볼 수는 없다. 이는 중국 화남기원의 유물로서 굴지구(掘地具)로 추정되는 턱자귀[有段石斧]의 변형인 홈자귀[有溝石斧]가 전국적으로 민무늬토기와 함께 발견된다는 사실과 함께 계속 논의의 대상이 되고 있다. 즉 민무늬토기의 분포가 만주일대까지 퍼져 있으므로 농경의 범위와 그 영향이 화북지방과 공통점이 있을 수도 있지만, 벼농사는 중국의 경우에도 양자강 이남지역이 발생지이고 차츰 북상한 것으로 판명된 예를 보아도 우리나라의 도작전래는 남중국과의 관련을 전혀 배제할 수는 없다.

지금까지 벼농사의 전래는 첫째, 화북지방을 통했다는 설과, 둘째, 남중국에서 왔다는 설, 셋째, 양지역에서 동시에 들어왔다는 세 가지 설이 있다. 다만 일본의 벼농사는 남중국에서 건너왔을 개연성이 많지만 야요이문화의 기층을 형성한 모든 주요유물이 우리나라의 영향임을 고려하면 벼농사도 한반도에서 함께 전해졌다고 보인다.

민무늬토기 시대는 일부시기가 신석기시대 말기와 겹칠 수 있지만, 기원전 13세기경에 시작되는 청동기시대의 특징적인 유물로 인정되고 있다. 즉 청동기 유적에서 출토되는 유물은 비파형 동검과 민무늬토기를 특징으로 하고 있다. 비파형 동검은 중국의 동북지방과 한반도에서 출토되므로, 이 지역이 하나의 문화권을 형성하고 있었음을 알 수 있다. 또 이 때의 민무늬토기는 대개 빛깔이 적갈색이고 그 모양은 밑바닥이 좁은 팽이형과 원통모양으로 밑바닥이 평평한 화분모양이 기본형태였다.

비파형 동검으로 특징지어지는 중국 동북지방과 한반도의 청동기문화는 중국계와 다른 문화권이다. 그것은 독특한 형식인 비파형 동검이나 꼭지가 둘・셋씩 달린 잔무늬거울[細文鏡]이 이들 지역에서만 발견되고 중국에서는 출토되지 않는 점으로 알 수 있다. 더구나 이들 청동기에 아연이 포함되어 있다는 것도 중국계통이 아닌 북방식 청동기문화의 성격을 보여준다.

이러한 계통론은 비파형 동검을 출토하는 묘제가 돌널무덤[石棺墓]이라는 데서도 보완될 수 있다. 즉, 청동기시대의 무덤인 돌널무덤의 분포가 시베리아 지역과 만주의 북동부, 그리고 요녕지역에서 한반도에까지 퍼져 있다. 이 돌널무덤은 시베리아 청동기시대의 묘제이며 시기적으로 기원전 10세기 이전부터 출현하였다.

고인돌도 돌널무덤과 함께 청동기시대의 대표적인 묘제이다. 한때 고인돌의 형태를 북방식 또는 남방식 등으로 분류하여 대체로 한강유역을 경계로 나누기도 하였으나, 지금에 와서 그러한 일률적 분류는 큰 의미가 없다.

고인돌에서 출토되는 유물들은 민무늬토기·간석기·반달돌칼·돌화살촉 등이며, 때때로 동검·동촉 등이 함께 출토된다. 이 고인돌은 한반도에 집중적으로 분포되어 있으며 동아시아 지역에서는 밀집도가 가장 높다. 다만 우리는 그 유래에 관하여 해로 혹은 육로로의 전파인지, 독립적인 발생인지 단정하지 못하고 있다.

이상과 같은 청동기문화가 탄생된 배경에는 식량생산 단계에 이미 와 있었음을 뜻하며, 반대로 금속문명의 내부에는 이미 분업화가 상당히 진전되었음을 말한다. 동아시아에서 중국은 서구와 마찬가지로 이미 신석기시대에 식량생산 단계에 도달하고 있었으나, 한국과 일본은 한 단계 뒤인 민무늬토기와 야요이문화에서 비로소 양식생산 단계에 들어가게 된다. 이를 바탕으로 청동기문화 같은 금속문명이 탄생하였으며 세계의 고전문명의 발생 또한 이러한 식량생산 단계 위에서 성립되었다.

3. 우리 민족의 형성

우리 민족이 어떻게 형성되었는가를 살펴려면 역사학적 방법과 인류학적 방법이 동시에 채용되어야 한다. 흔히 우리 민족을 백의민족이라 하지만, 이는 민족형성의 단위가 아니고 민족적 정체를 표현하는 하나의 상징이었다. 조선시대까지 조선인의 의복이 대체로 황포계통이었다는 점에서도 그러하다. 마찬가지로 단군의 자손이라는 것도, 적절한 태도로 볼 수는 없다. 이미 수만 년 전부터 한반도에는 많은 종족들이 모여 살고 있었다는 사실이 각종의 유물이나 고고학적 발견에 의해서 밝혀지고 있기 때문이다.

종래 가장 보편적으로 통용되고 있는 것이 퉁구스(Tungus)족설이다. 즉 한민족이 퉁구스의 일파라는 설은, 그러나 학적 근거에서 보면 아무런 논증도 갖지 못한 것이다. 한민족이 퉁구스족과 몽골족의 잡종이라거나, 한족(漢族)과 몽골족의 후예라는 설도 물론 허구이다.

한편 일제는 조선인이 결국 퉁구스족[즉 대일본민족]의 일원으로서 본래 같은 민족이었다는 점을 내세운 일선동조동근론을 바탕으로 하여 이른바 만선사관(滿鮮史觀)을 제창했다. 이는 대일본민족의 중요한 구성원인 내지(內地)민족 즉 일본본토 민족과 조선민족은 본래 하나이며, 그 위에 조선은 자고로 만주와 한반도의 역사적 연고를 가졌다고 함으로써, 대륙침략에서 조선인의 자발적 참가를 독려하고, 침략전쟁의 전위대로 내세우려는 대단히 비과학적이고도 견강부회한 사상이었다. 이러한 퉁구스족 설은 해방 이후에도 오랫동안 국정 국사교과서에서 마치 정설인양 소개되었고, 이와 유사한 여러가지 민족기원설이 제기되기도 했다.

한국민족은 중앙아시아에서 이주해 왔다는 견해나, 헐버트(H.B. Hullbert)처럼 삼한(三韓)의 언어가 인도의 드라비디안(Dravidian)어일 가능성이 높았다는 의견도 있었는데, 이 또한 일제가 유포한 퉁구스족 설에서 크게 벗어나지 않은 것이었다. 실제로 중국과 한국은 오랜 동안 중첩되는 역사적 관계들을 맺고 있었고, 이에 중국민족과 한민족의 역사적 접근성을 강조하는 측면에서는 이해할 수 있지만, 민족기원 문제와 관련할 때 사실과 격리된 지극히 역사의 한쪽 측면에만 주목한 이해라고 할 수 있다. 실제로 사료에 엄연히 만주족과 한족(韓族)이 구별되어 있다.

결국 이러한 민족기원론은 1940년대 일제가 대륙침략을 자행할 때 '일선만지 일체' 즉 일본=조선=만주=중국이 본래 하나이기에 침략은 정당하다는 논리가 체계화된 것이다. 그리고 해방 후까지 일선만지일체론은 체계적인 비판을 이루지 못하고, 관념적으로 한국인=몽골족 등의 단순논리로 사고되고 말았다.

그렇다면 우리 민족의 기원을 어떻게 보아야 하는가? 우선 중국 문헌에서 보면, 이미 중국의 전국시대를 평정한 진나라 시대 이전부터 우리 민족을 숙신(肅愼)과 예맥(濊貊)이라 부른다. '숙신'이 '조선(朝鮮)'이 되었지만, 대체적으로 중국 최초의 문헌에서는 예맥이라는 말이 쓰인 것으로 생각된다. 또한 중화사상이 고착화하면서 동이(東夷)라는 명칭이 사용되었고, 넓은 의미에서 예맥족은 동이라는 개념 속에서 설명되었다.

여기서 문제는 '예맥'을 예맥이라는 하나의 연칭으로 볼 것인가, 또는 '예'와 '맥'으로 나누는 단칭으로 볼 것인가, 또는 약칭으로 취급할 것인가 하는데 있다. 이에 관하여 문헌사료를 검토해 보면, 고구려족에 대하여 거의 모든 자료들이 '맥'으로 표시하고 있으며 '예'로 기록한 예가 없는 반면에, 고구려와 같은 종족이면서 위치가 다른 부여에 대한 기록에는 '예'로 표기하는 경우는 있어도 '맥'으로 표시하지 않고 있다. 따라서 '예맥'이 문헌상으로 한국민족을 지칭하는 것이 사실이지만 내용적인 면에서 보면 '맥'이나 '예'는 개별적으로 지역적인 분포상에 거주하는 주민들이었다.

고고학 측면에서 보면, 우선 최근 발굴된 구석기시대의 유적이나 유물에서 당시 주민의 존재를 추론할 수 있는데, 이들은 직접적인 우리 조상으로 보기 힘들다는 생각이다. 그들이 한반도에 살면서 문화를 남긴 것은 분명하지만 후대 주민과의 문화적 연결점이 무척 취약한 것으로 각종 조사에서 나타나고 있다. 문화적 단설현상은 곧 현존 우리 민족과의 연관을 어렵게 한다.

한편 빗살무늬토기를 남긴 신석기시대 주민과 우리 민족의 원류와의 상관성을 보자. 알다시피 빗살무늬토기는 시베리아와 연관이 되는데, 이 지역 신석기시대 주민이 고아시아족(Paleo Asiatics)으로 판명되었다. 그러므로 이 땅에 빗살무늬토기는 동북아시아의 민족형성이라는 측면에서 고아시아족의 문화에 크게 영향을 받은 것이다. 하지만 이들이 전적으로 우리 민족의 전신이라고 보기에는 여러가지 문제가 있다.

다음 단계가 되면 민무늬토기를 중심으로 하는 새로운 문화와 주민이 등장한다. 즉 선주민인 고아시아족을 흡수 내지는 정복하고 들어온 것으로 보는 것이 지금까지의 고고학적 성과이다. 이들은 선주민의 빗살무늬토기와 결합한 듯하고(즐문Ⅱ기), 따라서 그러한 문화양상도 보여주지만, 독자적인 민무늬토기를 계속 발전시켜 나간 뒤 청동기문화를 수반하는 문화적 연속성을 보여준다.

한편 빗살무늬토기가 강이나 해안 같은 제한된 곳에서 나오는 것은 이 문화를 남긴 주민들 역시 특정지역에서만 살고 있었음을 의미한다. 이와는 반대로 민무늬토기의 유적이 거의 전국적으로 분포되어 있음은, 이 때부터 한민족은 그 형성의 기반이 만들어지고 있음을 의미한다. 이 민무늬토기인들이 중국사상에 등장하는 '예'와 '맥', 그리고 한(韓)이다.

형질인류학적으로 한국민족은 세계인류 신장분포에서 중등대(中等大) 신장 속에서도 큰 편에 속하며 머리는 두골장경(頭骨長徑)이 짧은 데서 오는 단두(短頭), 그리고 이공(耳孔)-두정(頭頂), 즉 두고(頭高)가 높은 고두(高頭)·안고(顔高) 등의 특색을 갖추고 있다. 이러한 체질적 특성은 곧 인종적 고립, 또는 적어도 퉁구스 전통에서의 이탈이라고도 할 수 있다. 물론 아직 체질인류학적 연구성과만으로 민족계통을 단정하기에 미흡한 것도 사실이며, 혹자의 경우에는 간단히 퉁구스의 지역화, 즉 예맥퉁구스라는 표현을 하기도 한다. 하지만 오늘날 우리 민족의 체질은 누천년에 걸쳐 여러 계통의 체질과 형질적 영향을 받은 결과라고 할 수 있다.

삼국시대 벽화나 양나라에 파견된 삼국사절의 모습이 극히 다르고 특히 신라인들이 서구형의 모습을 하고 있다. 아울러 많은 외국인들이 우리나라에 귀화하거나 침략전쟁을 통하여 다양한 형질의 유전자가 우리 민족에 전래된 사실에서도 그것을 확인할 수 있다.

한국어의 계통이나 기원에 관해 말할 때 람스테드(G.J. Ramstedt)가 제시한 대로 알타이어족의 옛땅은 흥안(興安)산맥 근처였다는 가설을 세우고, 이 조어(祖語)시대의 여기저기에 퉁구스인·한국인·몽골인·터키인의 선조가 살았다고 추론하였다. 한편 근래에 와서 한국어에 고아시아어, 즉 예를 들면 길랴그(Gilyak)어 같은 비(非)알타이어적 요소가 지적되고 있거니와, 이것 또한 한국민족의 형성 시초에 언급된 빗살무늬토기인들이 고아시아족일 가능성을 높여준다. 하지만 우리 민족의 원류는 그렇게 단순하게 형성되었다고 보기 어렵다.

한국민족이 단일민족이라는 가설이 오랫동안 통용되어 왔으나 사실은 그 형성과정을 검토하면 여러 가지 이데올로기적 문제가 남는다. 민족의 자존과 영속성을 강조하는 말을 우리는 민족주의라 부른다. 즉 민족주의란 허상의 민족을 마치 있는 것처럼 설정하여 민족국가를 건설하고자 하는 가공의 논리이자 '상상의 공동체'를 설정하려는 이념이다.

그렇다면 한국민족의 기원은 어떤 특정의 민족에 의한 것이라고 분석하기보다는 어쩌면 역사발전 혹은 역사의 전개를 함께 겪으면서 온갖 외세의 압제와 억압을 이겨낸 운명의 공동체라는 측면에서 바라볼 필요가 있다. 즉 우리 민족의 원류를 정확히 보는 눈은 구석기시대 이후로 한반도·시베리아 여러 지역에 다양한 종족이 다원적인 생활양식을 영위하면서 분포했고, 그들이 주변지역의 역사적 경과와 더불어 이합집산하면서 한민족이라는 공동체 문화로 일반화되고 주변 중국·시베리아와 비교하여 독특한 문화와 종족적 정체성을 형성해 갔다는 사실을 인식해야 할 것이다.

대체로 한국민족의 기원은 한반도에 살던 종족과 빗살무늬토기인 그리고 이들의 문화를 흡수한 민무늬토기인[예맥족]이 서로 엉키면서 독특한 문화를 만들어낸 것에서 찾아야 한다. 일방적으로 한국민족이 퉁구스족에서 갈려졌다거나 고아시아족 혹은 민무늬족이라는 단정은 민족이 만들어지기 이전에 존재하던 민족태를 마치 단일한 젖줄에 의해 형성된 것처럼 가장한 것이다. 그렇게 하는 이유는 상당히 이데올로기적인 것이다. 즉 단일성의 강조는 20세기 이후 민족국가 형성기의 국민적 통합성을 이데올로기적으로 강요하려는 데 있었다.

물론 고고학적 성과는 여러 면에서 우리 민족과 시베리아 문화 사이의 상관성을 말하고 있고, 그러한 전제 위에서 주변지역의 특정 문화가 우리 민족에 대한 영향이 있었음을 확인할 수도 있다. 하지만 전통문화란 생활양식의 잔재나 문화유형론적 틀에서 설명할 수는 없다. 오히려 피부나 종족은 달라도 특정한 지역에서 문화적 교류관계를 형성하고 유기체적인 역사의 진행을 함께 하려 했던 것에서 조심스럽게 상고시대의 민족문제가 이해될 수 있을 것이다. 즉 역사와 연대하려 했던 수많은 사람들이 삶의 개선을 위해 부단히 노력하여 일정한 일반성과 정체성을 획득하는 과정에서 민족의 원류가 서서히 만들어졌던 것이다.

쉼터 1
고대국가의 기원을 어떻게 생각할까?

한국고대사의 서술에서 고대국가의 성립을 설정하는 시기와 이론적 근거의 양면성은 아직도 확실치 않은 상태이다. 일반적으로 종래에는 고대국가의 성립을 삼국시대에서 찾았고 그러한 방향을 당연한 귀결로 여겼던 것은 삼국시대사가 고대사의 근간을 이루었기 때문이다.

한편 우리는 삼국의 정립시기 이전의 각 정치체들을 무엇으로 명명, 혹은 어떤 단계의 것으로 파악할 것인가에 대하여서도 명확한 정리를 해둘 필요가 있다. 우선 모간

(Morgan) 이래 인류학적 개념을 채용한 용어로서 소위 부족국가라는 의미가 한때 적용되기도 했다. 즉 백남운이 원시씨족사회에서 노예국가로 발전하여 가는 과도기에 부족국가를 설정한 것이나, 손진태가 씨족사회에서 귀족국가로 발전해 가는 과도기적인 시기에 부족국가의 존재를 인정한 것, 그리고 이후 김철준을 위시한 여러 학자들의 견해를 예로 들 수 있다.

그러나 엄밀한 의미에서 보면 부족의 개념을 정립한 것도 아니고 국가의 개념도 정의되지 않은 채 막연하게 이 용어를 사용해 왔다는 비판이 일찍부터 일어났다. 즉 일반적으로 씨족에서 부족의 단계를 거치고 그 다음에 고대국가가 성립하는 것이 원초적인 역사발전의 패턴으로 생각했던 과거의 소박한 이론은 이제 많이 수정되고 있다.

한편 학계 일각에서는 성읍국가(城邑國家)론이 대두되기도 했다. 애초에 성읍국가론은 동·서양의 도시국가·읍제국가와 비교해서 한국사에서도 비교사 관점에서 도입했다. 이러한 입장에 선 학자들은 성읍국가에 대해 첫째로 구릉 위에 토성을 쌓고 살았다는 것, 둘째로 이 단계에서 고인돌과 청동기 유물이 논의된다는 것을 지적한다.

그러나 성읍국가란 결국 서양의 도시국가(City State)가 가지는 특징적 요소를 가져야 한다. 근동지방에서 출현한 도시들의 경우를 보면 정치적으로 일종의 신전정치(神殿政治)를 펼쳤다. 왕 또는 사제가 도시의 중심부에 있고 도시 가운데에는 종교적인·정치적인 건물이 자리하며, 그 곳에서 떨어진 곳에 상점과 거주지역이 있어 온갖 기술을 가진 장인들이 살고 있었다. 따라서 노동의 세분화는 이미 도시에서는 현저한 특징이며 외곽지대에서는 농업에 종사하는 사람들이 생산에 참여하였다. 그리고 이들을 보호하고 온갖 기구를 정상적으로 운영하기 위해서는 외부 적의 침입을 막아야 했다. 그래서 성벽을 쌓았다.

이렇게 볼 때 문헌에 따라 우리나라에 성이 있었다는 사실이 곧 도시국가의 성격에 직결될 수 없음이 자명하며, 실제로 고고학적 증거가 성읍국가설을 뒷받침하지 않음도 자타가 인정한다.

아울러 우리 고대사에서의 성읍국가설을 고인돌이나 청동기문화와 관련짓는 것도 문제이다. 이들이 우리나라 도시와 어떤 관계가 있는지, 상호기능의 수행이 이루어진 여러 사실들이 분명하게 밝혀져야 한다. 성읍국가설은 우리가 모르는 어떤 사실 자체를 확인시켜 주는 것이 아니라 모든 사실의 종합화한 결과로서 나타난 것임을 알아야 한다.

이러한 토대 위에서 서비스(Service)의 이른바 군(群:Bands)－부족(部族:Tribes)－군장사회(Chiefdoms)－국가(State) 단계설정은 주목할 만했다. 우리의 각 기술발전 단계를 이에 상응시켜 보자면 다음과 같이 정리될 수 있다.

우선 구석기시대는 생산력이 낮아 계급이 없는 평등사회를 이루고 있었고 집단으로 떠돌아다니는 무리생활을 했다. 이 군사회(群社會)의 바탕은 가족이고, 관련된 여러 가족의 집합이 '군'인데 이는 지역적인 자치집단으로서 그 지도자는 연장자나 머리가 뛰어난 사람인 것이 상례이고 아직 권력을 가진 지배자는 아니었다.

신석기시대는 구석기시대의 '군'사회에서 발전하여 부족사회를 이루고 있었다. 부족사회는 아직 권력과 계급이 발생하지 않은 평등사회로서 부족장은 부족을 대표하는 사회지도자(Social Leader)에 불과하고 결코 정치지배자(Political Ruler)가 아니었다. 그러나 부족사회는 취락을 형성하여 정착적인 농경생활을 영위하고 종래의 군에서 혈연관계가 더욱 확산된 부족으로 발전했다.

청동기시대의 사회조직은 군장사회로 특징지어진다. 신석기시대의 평등했던 부족사회는 청동기시대로 넘어오면서 재산상 빈부의 차이가 나타나고, 지배·피지배의 관계가 생겨 부와 권력을 가진 군장이 출현했다.

또한 청동무기의 사용은 부족간 전쟁을 불러와 새로운 예속관계를 초래했다. 종래에는 이 사회를 부족국가 또는 성읍국가라 불러왔다. 그러나 당시에는 아직 부족 전통이 남아 있기는 했으나 이미 계급적인 지배자가 출현했고, 또한 그 내부에 정치적 기구가 마련되어 있었으나 아직은 국가 단계에는 이르지 못한 것이므로 군장사회라 부르는 것이 합당하다.

군장사회의 다음 단계는 국가이다. 프리드(Fried, M. M.)는 서비스의 발전단계이론과 유사하지만 더 세분된 단계를 제시했다. 그에게서 동일사회(Egalitarian Society)는 서비스가 말한 군 및 부족사회와 같고, 단계사회(段階社會: Ranked Society)는 서비스의 군장사회(Chiefdom society)와 같다.

또한 프리드는 계층사회(階層社會: Stratified Society)와 국가(State)의 단계를 설정하는데, 국가도 두 가지 형태, 즉 초기국가(Pristine State)와 이차국가(Secondary State)로 나눈다. 전자는 그 지역에서 발생·발전된 것으로서, 고조선의 경우 준왕까지의 정치상황을 칭왕의 문제, 관계·법속·군사·문화단계 등에 관하여 고찰한 결과 바로 이 단계라는 연구가 있다.

반면에 후자는 외부의 힘에 의하여 형성된 국가로서, 예맥조선과 비교하여 위만조선이 여기에 해당한다. 즉 위만의 국가성립은 제한된 땅과 가중된 인구의 증가로 말미암아 전쟁이 발발함으로써 이루어진, 즉 정복전쟁을 통해서 형성된 정복국가의 성격으로 파악되기 때문이다.

이렇게 볼 때, 과거 일본학자들이나 그에 접근된 입장의 국내학자들이 삼국의 실질적인 고대국가로의 성립시기를 각각 태조왕·고이왕·내물왕으로 보았던 사실은, 비록 몇 가지의 미흡한 논거의 제시가 없는 것은 아니나 크게 수정되어야 한다.

●●●●●● Ⅲ. 우리 고대사의 진전

1. 동북아 원시문화의 결산, 조선

●●●●● 단군조선, 동북아 원시문화의 결산

민족의 신화인 단군신화가 『삼국유사』와 『제왕운기(帝王韻紀)』에 처음 기록되었던 것은 널리 알려진 사실이다. 이들 전적(典籍)이 몽골침략이라는 민족의 시련기를 겪은 뒤에 나타났다는 것도 단군신화를 이해하는 데 일말의 해결점을 던지는 것이다. 그러나 지금까지는 대부분 신화라는 관점이나, 혹은 동일민족의 표상 같은 자료로서만 거론된 적이 많았다. 게다가 『삼국사기』에 전혀 언급된 바가 없다는 데서 적극적 평가가 결여된 감도 없지 않다.

『삼국유사』에는 환웅(桓雄)과 웅녀(熊女)의 혼인으로 단군이 탄생한 것으로 기록된 것에 비해 『제왕운기』에서는 단수(檀樹)가 나타나며, 안정복의 『동사강목』은 제석환인(帝釋桓因)이라는 불교적인 성격의 명칭을 근거로 단군탄생에 이의를 제기하여 허구의 망설이라고 단언하기까지 한다. 이는 유교논리가 지배적인 사회에서 웅녀와의 혼사 같은 소재가 용납될 수 없었기 때문이다. 일제하의 식민사가들은 철저히 단군신화를 말살하려 하여 후세의 전승 내지는 무격참위가들이 날조한 이야기라고 하는 등 우리의 민족의식과 주체사상을 격하했다.

그 동안 여러 설을 살펴보면, 최남선은 단군신화를 천(天)과 무(巫)를 뜻한다고 해석했다. 김재원은 단군신화가 한민족에만 국한된 것이 아니고 중국 산농성의 부씨사당(武氏祠堂) 석실에 있는 화상석(畫像石)의 신선시상을 근간으로 하고 중국고유의 창세사상과 북방계 샤먼교의 영향이 혼입된 것이라고 했다. 한편 김정학은 인류학적 관점에서 곰토템을 가진 한 부족의 시조전설이 몽골침입 같은 국난 뒤에 민족적 신화로 승화되어 나타났다고 보는가 하면, 천관우는 농경단계에 들어온 무문토기 단계의 역사로 보기도 했다. 또 이기백은 고대 샤머니즘의 토대 위에 선 제정일치시대의 산물로서 고조선의 역사를 반영한다고 해석하였다.

이와 같이 상이한 견해 속에서 한 가지 명확히 해둘 것은, 신화는 반드시 역사성의 근거 위에서 성립하는 것이며 단군신화도 역시 역사적 사실이 신화로 재구성된 것이지, 허구나 날조는 아니라는 것이다. 또 우리가 역사체계를 세우는 과정에서 『삼국유사』 등이 단군조선을 우리 역사의 출발점으로 하였다면, 분명히 다른 방증이 없는 한 일단 단군조선이 한국사의 시원(始原)이었음을 인정하지 않을 수 없다. 물론 이것은 단일민족을 주장하는 단군이나, 혹은 국가의 기원으로서의 단군조선을 의미하는 것은 아니다.

단군조선은 몇 가지 점에 있어 논쟁이 그치지 않고 있다. 첫째는 단군조선 시기가 신석기시대인가, 청동기시대인가 하는 점이다. 통설은 남만주의 청동기시대는 기원전 12세기경, 즉 예맥조선[한씨조선 또는 기자조선]부터 시작되었다는 견해이다. 그렇다면 단군조선 시기는 신석기시대로서 아직 국가가 형성될 수 없는 단계였다.

그러나 단군기원 원년이라 할 수 있는 기원전 24세기경의 단군조선은 전설상의 한국고대의 최초국가가 아니라, 실재했던 고대국가였다는 견해도 만만치 않다. 이러한 주장은 중국고고학의 발굴결과, 기원전 24세기 문화를 포함하고 있는 요녕성의 샤자뎬(夏家店) 하층의 평샤(豊下)문화층에서 이미 청동기가 발견되고 있다는 보고를 근거로 하고 있다.

다음으로 단군조선을 포함한 고조선의 정치적 중심위치 문제에 대하여 의견이 분분하다. 고조선의 중심위치에 대해서는 독립운동시기 민족주의 사학자들로부터 지지를 받아왔던 '요동중심설', 실증사학자들로부터 강한 지지를 받아왔던 '대동강중심설', 위의 두 견해를 절충한 요동에서 대동강으로 옮겨졌다는 이동설 등이 그것이다. 쟁점이 되는 부분은 고조선 기록에서 등장하고 있는 패수(浿水)와 왕검성(王儉城)을 어떻게 볼 것인가 하는 문제이다. 패수와 왕검성을 '일반적인 강'과 '왕이 있는 성'의 보통명사로 볼 수 있는가 하는 문제점 등을 비롯하여, 패수를 요동의 난하(灤河)로 볼 수 있는가 하는 점 등도 쟁점이다.

●●●●● 중국영향을 받게 된 후기 조선

『사기』 세가 송미자 항목과 『한서(漢書)』 지리지 연나라 항목에 의하면 은나라를 멸망시킨 주 무왕이 은의 왕족으로 현인의 평을 듣던 기자(箕子)를 '조선왕(朝鮮王)'에 봉했다고 하는데, 이것이 바로 기자전설의 근거가 되고 있다. 『삼국유사』 고조선 항목에 의하면 기자가 조선에 봉해지자 단군은 아사달에 숨어서 산신이 되었다고 하는데, 이승휴의 『제왕운기』에서는 기자조선을 후조선이라 명명하고, 이는 41대 928년 동안 계속되다가 준왕(準王) 때 멸망했다고 한다.

이렇게 문헌상으로는 단군조선 다음에 기자조선이 성립되었다고 서술되어 있으나 중국이나 일본학자들 이외에는 오늘날 기자조선을 종래의 견해대로 따르지 않는 것이 일반적이다. 기자가 이주하여 기자조선을 세웠다는 견해를 부정하고 여기에 대치하여 한씨조선(韓氏朝鮮)설을 주장한 이병도의 논거는 다음과 같다.

『삼국지』 동이전 마한항목에서는 준왕의 남분(南奔)을 언급하는 가운데 준왕이 위만에게 공탈되어 좌우관인을 거느리고 "走入海居韓地 自號韓王"했다는 기사가 있다. 종래에는 준왕을 기준(箕準)이라 표기하였는데, 기준이라는 기사가 사설에 없는 것으로 보아 기(箕)라는 것이 성이 아니라고 보았다. 따라서 한지(韓地)라든가, 한왕(韓王) 등의 '한'은 준왕이 남쪽에 와서야 비로소 생긴 것이며 준왕 이전부터 있었던 칭호가 아니라고 보고, 실은 한씨(韓氏)조선이기 때문에 '한'의 명칭은 준왕이 옴으로써 사용되었다고 해석하였다.

한편 이와는 달리 기자전설의 의미를 보다 적극적으로 추구하려는 입장도 있다. 즉 기자 바로 그 사람은 아닐지라도 기자로 상징되는 어떤 집단, 예컨대 자기의 선조를 막연히 기자라고 믿는 어떤 종족이 대동강 유역에서 고조선을 건국한 것이 이른바 기자조선이 아니었을까 하는 견해인데, 이는 동이족의 이동이라는 것을 그 배경으로 깔고 있다. 다시 말하여 이 족단의 본거지는 산시성(山西省) 태곡(太谷)지역이었으나 은·주(殷周)교체기로부터 오랜 세월에 걸쳐서 동쪽으로 이동, 난하·대능하(大凌河)·요하(遼河)를 거쳐 마침내 대동강 유역에 도달한 것으로 보았다.

그러나 이와 같은 여러 가능한 설명으로도 기자조선의 실마리는 명쾌하게 풀렸다고는 할 수 없다. 그럴 경우 기대할 만한 시각으로는 고고학의 성과를 들 수 있다. 문헌의 약점을 고고학의 입장에서 증명해 보고자 한 김정배는 기자조선의 시대가 전대의 단군조선과는 민족적·문화적으로 상이하다고 보고 민무늬토기 문화 이래의 우리나라 청동기시대가 이 단계에 해당한다고 보았다. 즉 모든 사료는 한결같이 기자조선의 존속기간을 명시하고 있거니와 기자조선을 부인한다는 것은 기자라는 인물과 그 주변인물들의 동래(東來)를 부정하는 것이지 소위 기자조선이 점하고 있었던 시대나 그 문화를 부정할 수는 없다는 것이다.

따라서 단군에서 기자로의 교체시기는 문헌상에 나오는 교체시기(B.C. 1122), 즉 기원전 12세기를 그대로 믿는 것이 옳다고 본다. 이 경우 청동기문화의 담당주민이 알타이어계의 예맥족이었으므로 기자조선 대신에 예맥조선으로 부를 것을 제안했다.

한이 중국을 통일하고 나서 북중국으로부터 흘러 들어오는 많은 유망민들이 고조선에까지 파급되는 상황이 벌어졌는데, 특기할 만한 사건이 위만의 망명이었다. 연왕에 책봉되었던 노관(盧綰)이 흉노로 망명하자 그의 부하이었던 위만은 무리 1천여 명을 이끌고 고조선의 준왕에게 국경지대인 서쪽 변경에 거주할 것을 청했다. 그는 준왕의 신임과 총애를 받아 박사(博士)에 임명되고 1백 리의 땅에 봉해졌으나 차츰 늘어나는 중국 유망민 세력을 기반으로 오히려 준왕을 공격하여 왕위를 찬탈했다. 이가 곧 고조선의 세번째 단계인 위만조선이다.

종래에는 이 위만조선을 순전히 중국인 이주자들에 의하여 지배되는 식민지 정권으로 이해했으나, 오늘날에 와서는 크게 시정되고 있다. 이병도는 위만이 정권을 탈취한 배경과 중국내의 사정을 소상히 설명하고 결국 통념대로 믿어오던 위만이 중국인이 아니라 조선인임을 밝히고 있다. 여기에는 다음과 같은 논거가 제시되었다.

첫째, 당시 연의 영역 속에는 주민구성이 복잡하여 조선인 계통의 사람들이 있었고, 둘째, 위만이 상투를 틀고 오랑캐 옷을 입었다는 기사는 곧 이것이 조선인의 풍속을 말하는 것이며, 셋째, 직명에 보이는 상(相) 같은 것은 중국적인 것이라기보다는 원시부족장제의 유풍이 남아 있는 것이다.

한편 고고학의 측면에서 연의 화폐인 명도전(明刀錢)이 한반도 북부 연의 영역에 가까운 지방에서 집중적으로 발견되는 것을 들어, 곧 한국의 철기문화가 연으로부터 전래되었을 것이라는 단정을 하기도 한다. 그러나 명도전이 교환을 매개하는 화폐라는 점을 생각할 때 명도전의 출토는 위만조선과 연이 서로 교역한 사실을 의미한다. 즉 기원전 7세기를 전후하여 한반도에 철기가 서서히 보급되었고, 따라서 위만조선이 철기문화를 향유하긴 했어도 전적으로 당대 중국에서 수입한 것에 의존한 것이 아니었다. 그것은 그토록 조선이 집요하게 한나라의 군대와 대결을 할 수 있던 힘이 단지 1·2백 년간의 철기문화로는 불가능했을 것이라는 점이다. 적어도 수백 년의 철기를 생산한 저력이 그 바탕이 된 것이다.

특히 고인돌과 돌널무덤[石棺墓]은 기원전 10세기 이전부터 만들어지면서 청동기유물을 반출하고 있다. 그런데 세형동검이 이들 분묘에서 나오거니와, 널무덤[土壙墓]에서도 세형동검이 나타나는 것은 유물 자체의 전승이 정치적 권력과 함께 괄목할 만한 발전을 하였다는 증거가 된다. 이러한 측면에서도 위만조선의 출현이 주민생활의 일대변혁을 의미하지 않는다는 점을 알 수 있다.

고조선 주민의 삶과 사회구성 원리

고조선 주민의 생활과 문화는 현재 문헌의 절대적인 부족으로 인하여 자세한 것을 알 수 없다. 다만 고고학적 유물이나 인류학의 시각에 도움을 받아 몇 가지 문화적 특질에 대해서만 언급하고자 한다. 각 단계의 생업경제 문제나 유물의 문제는 중복을 피하여 생략한다. 더구나 고조선의 각 단계와 그에 따르는 문화의 변화가 뚜렷하게 지적되는 것은 그리 많지 않기 때문이다.

먼저 고조선에는 8조목의 법률이 통용되고 있었다고 하는데 그 가운데 현재 우리가 정확하게 알 수 있는 것은 『한서』 지리지에 보이는 다음과 같은 3조목뿐이다.

① 사람을 죽인 자는 즉시 사형에 처한다.
② 남에게 상해를 입힌 자는 곡물로써 배상한다.
③ 남의 물건을 훔친 자는 데려다 노비로 삼는다.
  단 면죄 받으려면 1인당 50만 전을 내야 한다.

이들 조목은 생명·신체·재산에 관계되는 것으로, 그 가운데 절도죄의 경우 돈으로써 면죄가 인정된 것을 보면, 후대에 아마도 위만조선시대나 낙랑시대에 새로이 만들어진 것이거나 혹은 개정된 조목이 아닐까 생각된다. 왜냐하면 50만 전으로 면죄된다는 단서는 중국 한나라의 사형수에 대한 속전법(贖錢法)과 같기 때문이다. 또한 고조선의 엄벌주의로 인하여 부인들이 정숙해서 음란하지 않았다는 사실로 미루어 이밖에도 간음을 금하는 한 조목이 있을 것으로 추측된다.

 이들 법률조목은 이 시대의 사회상을 이해하는 중요한 자료이다. 우선 살인과 상해에 대한 처벌은 개인의 생명과 노동력을 존중한 사실을 말한다. 그리고 절도에 대한 처벌은 사유재산을 존중한 사실을 보여준다. 또한 간음에 대한 처벌은 가부장적인 가족제도를 옹호하기 위한 것이다.

 다음으로는 세계의 다른 여러 민족에서도 공통적으로 나타나는, 즉 우주의 만물이 영혼을 가지고 있다는 애니미즘(Animism)의 신앙을 들 수 있다. 사람은 물론 산이나 바다·나무와 같은 모든 자연물도 영혼을 지니고 있으며 그 영혼은 멸하지 않는 것이라고 생각하였다. 따라서 죽은 사람의 시체를 매장하는 데에 특별한 주의를 기울이게 되었다. "시체의 머리를 해가 뜨는 동쪽에 두며 얼굴은 위로 향하게 하고 몸은 꼿꼿이 펴서 뉘었다(東枕伸展仰臥葬)" 그리고 시체의 주위에 돌을 둘러서 이를 보호하려 하였고 돌화살촉이나 토기를 부장하여 죽은 뒤의 생활에도 불편이 없게 하였다. 그 자손들은 이렇게 함으로써 조상의 영혼으로부터 보호받는다고 믿었던 것이다.

 자연물의 영혼은 그것이 신격화되기도 하였는데, 이들 여러 신 가운데 선신(善神)으로 크게 숭앙된 것이 태양신이었다. 이 같은 태양숭배의 원인은 흔히 농업과 관련지어 설명되었다. 그러나 그보다는 암흑 속에 사는 나쁜 귀신을 몰아내려는 데에 더 큰 원인이 있었다. 여기에서 그들은 인간에게 불행을 가져오는 암흑에 사는 악신을 물리치고 선신을 맞아다가 행복을 불러줄 능력이 있는 주술사를 필요로 하였다. 즉 고조선의 단군과 한(韓)의 천군(天君)도 이 주술사를 표기한 것에 불과하다.

마지막으로 언급할 것은, 종래 아무런 근거도 없이 고대 혹은 그 이전사회를 모계제가 통용되었을 것이라 믿어왔던 통념에 대한 것이다. 이는 초기의 인류학자들이 서구의 공업사회를 이상적인 모델로 설정하고 인류는 이 모델을 향하여 진화한다는 가정 아래 미개한 몇몇 사회에 대한 현지조사를 근거로 삼아 인류의 초기단계에는 모계율이 적용되었다고 단정한 데서 연유했다. 이와 같은 이해가 잘못이라는 사실은 폭넓은 현지조사 결과 곧 밝혀졌으며 우리의 경우에도 마찬가지이다.

아울러 모계율이라는 것은 혼처의 문제와는 구별되는 것이고 모권제 사회와도 직접 관련지을 수 없다. 모계제의 특징은 재산이나 지위가 여성의 형제[외삼촌]로부터 그 여성의 딸의 형제[생질]로 전해지는 데에 있기 때문이다.

쉼터 2

한사군 문제 어떻게 볼 것인가?

위만의 손자 우거왕 때에 와서 그 세력이 한층 강화된 위만조선은 주변의 여러 정치집단들이 중국의 한과 교통하는 것을 막아 중간무역의 이익을 독점하려 했다. 이에 따라 위만조선이 흉노와 연결될 경우에 자신이 당할 위협을 우려할 수밖에 없었던 한나라는 마침내 기원전 109년 섭하 살해사건을 계기로 무력충돌을 이끌었다.

한 무제의 수륙양군은 왕검성(王儉城)을 향하여 공격을 감행했다. 초기의 전황은 위만조선에게 유리하게 전개되었다. 그러나 이후 위만조선 내부에서는 화·전 양파가 대립하고, 조선상 역계경이 남쪽으로 망명하는 등 1년 여에 걸친 전쟁으로 분열하기 시작했다. 결국 왕의 암살을 계기로 위만조선은 3대 70·80년 만에 멸망하였고 그 판도 안에 한은 낙랑·진번·임둔 및 현토군을 설치했으니, 이가 곧 한사군(漢四郡)이라는 것이다.

한의 군현에 대한 사료상의 변천은 다음과 같다. 먼저 기원전 82년까지 한은 토착사회의 반항을 받아 진번·임둔의 두 군을 폐하고 그 관할하의 현을 각기 낙랑·현토의 두 군에 맡겼다. 이 때 일부의 현은 포기되었을 것으로 생각되며, 기원전 75년에는 신흥 고구려세력으로 인해 소위 제2현토군이라 하는 군치(郡治)가 옮겨가는 일이 있었다. 따라서 다시 몇 개의 현을 더한 낙랑군의 최성기에는 25개 현에 6만 2,812호(戶), 40만 6,748구(口)를 지배했다고 한다.

낙랑군은 왕망의 신(新; A.D. 8~23) 건국에 즈음하여 왕조(王調)의 반란이 있었으나, 기원후 30년 이를 평정하는 동시에 영동 7개 현에 자치를 허락했다. 그 뒤 고구려가 북방에서 강력히 대두하고, 또 한(韓)이 강성해지자[여기서의 한은 백제를 포함한 삼한을 칭함] 낙랑군 치하의 주민이 대거 이탈했고, 이의 수습을 위해 요동의 공손씨(公孫氏) 정권이 204년경에 낙랑군 둔유현 이남에 대방군(帶方郡)을 설치했다. 이 두 군은 고구려에 의해 313·314년경에 소멸된다.

이상의 한군현과 관련하여 우리는 두 가지 측면에서 문제를 검토할 필요가 있다. 즉 한군현의 설치연대 문제와 한군현의 설치지역 문제이다. 『삼국사기』에는 고구려 대무신왕 15년(32)에 왕과 왕자 호동이 최리가 통치한 낙랑을 항복시킨 내용이 있고, 동왕 20년에도 낙랑을 습멸한 기사가 보인다. 또 7년 뒤에는 한의 광무제가 낙랑을 정벌하여 군현으로 만들었기 때문에 살수 이남이 한(漢)에 속하게 되었다는 내용이 있다. 한편 고구려 태조왕 4년(56)에는 고구려의 남쪽 영역이 살수까지 확대되었다는 기록도 보인다.

그렇다면 낙랑의 실체가 거듭 중복되는 모순과 함께 기원전 108년에 한이 낙랑을 설치했다는 기록은 의심하지 않을 수 없다. 『삼국사기』의 내용을 통해, 용수를 경계로 한과 고구려가 낙랑에 대한 지배를 나누어 가졌다는 해석이 가능하다. 이와 관련하여 일찍이 정인보가 지적했듯이 종래 낙랑군으로 알려졌던 대동강 유역의 출토유물이 모두 후한시대의 것이라는 사실은 더욱 더 전한시기에 군을 설치했다는 사실을 의심하게 한다. 아울러 앞서 언급한 낙랑 25현의 평균호수가 2,500여 호인 점은 삼한의 국들이 평균 2천여 호인 점과 비교하여 볼 때, 신채호의 이른바 낙랑 25현은 낙랑 25국인 듯하다.

따라서 낙랑이란 한(韓)과 같이 그 지역에 대한 총칭이었고, 한의 평양지역에 대한 연고는 대무신왕 시대에 비롯되었다고 볼 수도 있다. 이러한 방향은 종래 위만조선을 평양을 중심으로 하는 지역에서 구하려던 입장과는 전혀 다른 것이다. 즉 신채호 이래 4군의 위치를 요동 혹은 요서에서 찾으려는 견해는 위만조선의 영역이 그 곳이었다고 보기 때문이었다.

요컨대, 위만조선을 비롯한 고조선의 영역에 관한 이해방식은 한사군 문제까지 파급된다. 한군현의 문제는 소위 임나일본부 문제와 함께 우리 고대사의 중요한 해결과제임에 분명하다.

2. 고대국가의 성립과 확대

●●●●● 고구려 사회의 성립과 팽창

고구려가 예맥족을 건국 주체세력으로 하여 압록강 중류지역에 자리잡은 하나의 왕국으로서 역사상에 부각된 것은 기원전 1세기경이다. 그런데 고구려는 건국당시부터 한족(漢族) 및 그와 제휴관계를 맺고 있는 부여·선비족 같은 유목민 그리고 숙신·읍루로 지칭되던 만주지역의 종족 등등 주변 여러 세력의 끈질긴 위협에 노출되어 있었다. 그러면서 다양한 그들의 문화를 주체적으로 수용함으로써 독특한 고구려식 세계관을 형성하는 데 도움을 주었다.

대체로 고구려의 지배집단은 주변지역의 위협에 맞서 전쟁을 자신들의 주체적인 생존조건으로 인식, 고구려 사회의 군사적 편제를 강화하고, 군사 역량을 제고하는 데 주력하였다. 이렇게 '전사국가(戰士國家)'화한 고구려는 자연환경의 제약에서 오는 농업생산 기반의 취약성을 우월한 군사력으로 상쇄하려는 정책을 선택, 주변 제세력에 대한 군사적 팽창정책을 관철했다. 한편 외부의 위협을 내부적인 통합의 계기로 삼아 정치-사회적인 중앙집권화 정책을 추진하는 등, '전제적 군사국가(Despotic Militar State)'로서의 기반을 공고화했다.

즉 고구려는 동명왕(B.C.28)에 이미 그 농업 및 철 생산력으로 주목받던 두만강 유역의 북옥저를 장악하였다. 그리고 고구려는 모본왕 2년(49) 중국북부 원정을 효율적으로 수행할 정도의 우월한 군사력에 힘입어 태조왕 4년(56)

동옥저·동예 지방에 진출하였다. 따라서 고구려는 태조왕대(53~146)에 들어와 책성[혼춘]을 중심으로 하는 동북방면과 남해[咸興]를 구심점으로 하는 동남 방면의 경영의 적극화하여 조성한 군사잠재력을 배경으로 요하선을 지향하는 국세팽창을 본격화했다.

한편, 태조왕 시대는 대내적으로도 국가체제의 정비가 단행된 고구려사 전개의 일대 전환기에 해당하는 시기였다. 그리고 고국천왕대(179~197)에는 을파소(乙巴素)의 국상기용, 방위명을 가진 오부제(五部制)의 확립, 왕위계승에 있어서 부자상속제의 정착 등 중앙집권체제를 더욱 강화시켜 나갔다. 그 뒤 고구려는 3~4세기에 '삼국시대'·'오호십육국시대'라는 중원의 분열을 틈타 대동강 유역을 확보하고(313), 요하유역에 대한 지배권 확립을 위해 대륙세력과의 일진일퇴의 항쟁을 거듭하였다. 이 과정에서 고구려는 빈번히 적대세력들로부터 군사적 좌절을 강요당했으니, 동천왕 20년(246)의 관구검 내침이나, 고국원왕 12년(342)의 모용황 침공이 그 예가 된다.

그러나 고구려는 이러한 대외적 시련을 국력성장의 계기로 삼아 국가체제 정비를 단행하였다. 특히, 소수림왕(371~384)은 고국원왕대의 좌절의 상처를 딛고서 372년에는 불교를 받아들여 '불국토' 건설이라는 새로운 가치관을 제시해 줌으로써 국가의 사상적 통일을 도모하는 한편, 태학(太學)을 설립하여 관료체계 운영의 내실을 기하고, 공법체계로서의 율령반포를 통하여 그 실효성을 담보하고자 하였다.

따라서 고구려는 4세기 말에서 6세기 초 사이의 광개토왕·장수왕·문자왕대에는 동북아시아 일대에 독자적 '생존권(Lebens Raum)'을 확고히 형성한 하나의 '제국(Empire)'으로 웅비할 수 있었다. 즉, 광개토왕(391~413)이 선비족 모용씨가 세운 후연(後燕;384~409)을 제압했고 숙원이던 요하유역의 요동지방을 완전히 장악함(391~395)과 더불어 시라무렌(Sira Muren)유역의 거란족에 대한 고구려의 우월적 지위를 확립한 것은(391~395), 고구려가 동북아시아의 패권을 겨루는 일대 제국에로 비약하기 위한 기반을 확고히 했음을 뜻한다.

또 광개토왕은 백제에 대한 군사적 압력을 가중시키면서, 특히 동왕 10년 (400)에는 백제-가라-왜를 대상으로 한 낙동강 방면작전을 성공적으로 수행하여 한반도 전역을 작전권 안에 포섭하고 백제·신라에 대한 고구려의 상대적 우위를 확인하였다.

한편 장수왕 15년(427)의 평양천도는 '제국'으로 성장한 고구려사 전개에서 국도인 국내성(國內城)이 가지는 한계를 극복하기 위하여 국내의 정치적 갈등을 감수하면서 단행된 조치였다. 따라서 고구려는 이를 계기로 왕권의 강화와 중앙집권적 지배질서의 확립을 도모하고, 고구려제국의 경제적 기반으로서의 압록강 중류지역이 가지는 취약성을 극복할 수 있는 여건을 마련한 셈이다. 하지만 군사전략상으로는 국도가 한반도의 협소한 지역에 갇히게 됨으로써 만주지역에 대한 실질적인 지배가 이완될 가능성이 높았고, 쉽사리 왜적의 침략에 국도가 위협을 당하는 문제도 야기했다.

뿐만 아니라, 장수왕 24년(436)에는 '화룡출병(和龍出兵)'을 단행, 요서에로 작전권을 확대시키는 한편, '남북조시대'에 조성된 동아시아 국제정세의 긴박성이 빚어낸 '힘의 공백상태'를 틈타, 동왕 67년 북아시아 유목제국인 유연(柔然)과 더불어 동부 내몽골 지방의 지두우(地豆于)족 영역을 분할했다. 더 나아가 문자왕대에는 이미 고구려의 보호 아래에 있던 부여를 병합(494)해 송화강 유역의 경영을 본격화하게 됨으로써, 이 지역의 말갈세력에 대한 지배권을 강화시켰다.

그러나 6세기 중엽 이후 삼국(北齊·北周·陳)정립기에 들어간 중국대륙과 돌궐의 대두라는 북아시아 스텝지대에서의 세력변동에 따른 대륙정세의 과도기적 혼란과 신라의 급성장에 따른 한반도 안의 역학관계의 변화에 내환까지 겹쳐, 고구려는 한동안 대내외정책 조정기를 경과하는 진통을 겪었다. 결국 6세기 중엽 이후 고구려 국가체계는 종전의 강력한 왕권중심의 중앙집권체제에 갈음하는 귀족연립체제로 이행되어 갔다.

이러한 새로운 정치질서의 모순이 수·당 제국의 등장이라는 동아시아

국세정세의 변동과 더불어 폭발한 것이 연개소문의 정변이었다(642). 이제 고구려는 내외의 과도기적인 모순과 대결의 와중에서 제국의 생존영역을 지키기 위한 '대수당 70년전쟁'을 치러나가야 했다.

쉼터 3

고수(高隋)·고당(高唐) 전쟁은 요동쟁탈전

400여 년 동안 분열되어 있던 중원을 통일한(589) 수나라는 동북의 말갈과 요해지방(遼海地方)의 거란을 둘러싼 고구려의 패권적 자세와 거란인들이 고구려 군사력에 편입되는 현실에 위기감을 느꼈다. 더구나 5세기 중엽 유연을 공멸하면서 신흥 북아시아 스텝지대의 패자로 등장한 돌궐과 고구려가 제휴할 가능성에 신경을 곤두세울 수밖에 없었다.

이에 대하여 고구려는 무엇보다도 송화강 유역의 말갈제족을 철저히 파악하는 동시에 거란에 대한 지배권 확립 및 확산을 기도하였다. 그리고 고구려는, 수나라가 적극적으로 추진하고 있는 거란경략으로 예상되는 요서에서의 세력위축을 사전에 방지하고자 598년 수의 동북경략의 최전선인 영주(營州)에 선제공격을 감행하여 수에 대한 무력시위를 벌였다.

고구려의 요서공격을 계기로 '대수·당칠십년전쟁'(598~668)의 전단은 열렸다. 수문제는 수륙 30만군을 동원 고구려 정벌을 꾀했다. 그 가운데 육군은 홍수와 질병으로 요하를 건너보지도 못했고 또 수군도 풍랑으로 큰 타격을 받았다고 하나, 이는 중국측 기록에 의한 것으로 패전의 원인을 일기에 맡겨 자신들의 수치를 은폐한 데 불과했다.

수제국의 군사적 도전을 손쉽게 물리친 고구려는 돌궐과의 유착관계 성립을 계기로 거란을 사주하여 요해지방에서의 군사행동을 적극화시키는 한편, 말갈병 등을 동원하여 요서지방에 대한 군사적 압력을 가했다. 이제 수제국은 돌궐과 고구려의 대수공동전선 가능성을 봉쇄해야 했다.

수나라는 동북문제를 근본적으로 해결하기 위한 길을 택했다. 우선 수양제는 612년 무려라(武厲邏)로 대표되는 요서에 구축된 고구려의 여러 전초기지를 113만의 대병력으로 유린하고, 요하 도하작전을 강행했다. 이에 고구려는 요동성을 비롯한 천산산맥 연변의 여러 성이 집요한 영성고수전(嬰城固守戰)을 벌이도록 하여 수군전력의 분산과 소모를 유도했다. 또 고구려는 평양으로 바다를 건너 쳐들어온 내호아군(來護兒軍)의 성급한 공세를 유인하여 매장전술로써 무력화시켜 버렸다.
그리고 고구려는, 교착상태에 빠진 요동방면의 전국을 타개하고자 새로 진격해 들어오는 우문술 등이 이끈 수나라 30만군을 맞아 압록강방어선을 의도적으로 포기하여 수군을 고구려 영역 안으로 깊숙이 유인하였다. 그 뒤 전력이 고갈되어 철수하는 수군을 살수에서 습격하여 이들을 일거에 궤멸시켜 버렸다.
고구려에게 참패한 수제국은 실추된 위신을 되찾기 위해, 613년과 614년 두 차례에 걸쳐 고구려 정벌을 일으켰으나, 고구려의 선방과 수제국의 자중지란으로 실패했다. 이 4차례에 걸친 고·수전쟁으로 인하여 경제가 파탄되고 민심이 이반하여 각지에서 반란이 일어난 수제국은 618년 당에게 멸망당했다. 한편 고구려는 그 국위를 천하에 떨칠 수는 있었으나, 전쟁의 장기화로 인한 인적·물적 손실이 또한 대단했다.
당은 고조(618~626) 말까지 취약한 영주거점을 중심으로 수말 이래 다시 그 세력을 회복한 돌궐 그리고 고구려와 더불어 팽팽한 긴장관계 속에서 동북아시아 방면의 현상유지에 만족할 수밖에 없었다. 그러나 당 태종이 630년 동돌궐의 갈리가한을 토벌하고 요서 및 요해 방면으로 진출해 옴에 따라, 고구려와의 충돌은 불가피했다. 645년 당 태종은 고구려의 대당강경책을 구실로 제1차 침공을 단행했다. 당군은 개모성·비사성·요동성·백암성 등의 공함작전에는 성공했지만 안시성 공방전에서는 고전을 면치 못했다. 안시성이 당군의 집요한 공격을 끝끝내 극복할 수 있었던 것은 인접한 개평(蓋平)지방의 철생산으로 인해 조성된 경제력에 힘입은 바 컸다. 또 이 곳의 안정적 확보에 대한 고구려측의 의지 역시 남다른 바가 있었다. 당군은 7월에서 9월에 걸쳐 행해진 안시성 공방전에서 작전시간을 소진하였고, 6~7월 장마철 이후 병참지원조차 여의치 않던 차에 고구려의 사주를 받은 철륵부족(鐵勒部族)의 설연타(薛延陀)가 하북을 침입하자 철군했다.
당 태종의 대고구려 정토전략은 647년 이후 상당한 변화를 보인다. 즉, 당은 강공과 돌파라는 종래의 정공법 대신하여, 3천에서 3만의 소규모의 병력을 수륙으로 교체투입하여 파상적인 출병·타격·철군을 반복함으로써 고구려 군사력의 분산과 마멸을 획책했고, 이는 고종대에도 지속되었다. 이런 상황에서 고구려는, 660년 백제를 공멸시킨 후 북상하는 신라군·당군에 의한 '제2전선'이라는 군사적 부담을 받게 된다. 게다가 고구려는 대당전쟁을 치른 뒤 치명적인 균열이 생겼다. 정쟁으로 실각한 남생(男生)이 당에 투항하는 등 내부분열이 심화된 것이다.
당군은 이 틈을 타 667년 9월 50만 이상의 대병력을 동원하여 신성·남소성·목저성 등 운하 및 압록강선 연변의 여러 성을 점령하였다. 668년 2월에는 당시 고구려의 최대 후방거점이며 고구려의 전략 예비병력구실을 담당하던 말갈이 모인 송화강 유역의 부여성과 부여천변 40여 성을 확보함으로써, 반년 동안에 걸쳐 수행한 일련의 예비 공세를 마무리지었다. 이제 당군은 668년 9월부터 평양성포위전을 전개하여 외부로부터 일체의 인적·물적 지원가능성이 차단당한 채 필사적으로 항전하는 평양성을 함락시킬 수 있게 되었다. 이 때가 고구려 보장왕 27년 9월 21일이다.

'대수·당칠십년 전쟁'은 동북아 일대에 독자적 생존권을 확대하려는 고구려의 '대륙정책'과 동아시아세계의 명실상부한 중국중심적 세계질서에로의 수렴을 강요하는 수·당 세계제국의 '동아시아정책'과의 전면충돌이었고, 이 숙명적인 대결은 고구려제국의 전면적인 붕괴로 막을 내렸다.

백제의 성립과 개방성

한강유역에 자리잡은 마한의 한 '군장사회(Chiefdom)'였던 백제국은 온조집단 등 고구려·부여계 유이민 세력의 주도하에 이웃의 여러 군장사회를 흡수·통합해 기원전후에 이미 하나의 '국가(State)'로 성장하게 되었다. 백제는 자연환경의 혜택을 향유하면서 주변 마한제국을 병탄하는 한편, 북방의 한군현 세력의 영향력을 극복하며, 동북방면에서 군사적 압력을 조성하던 '위말갈(僞靺鞨)' 세력을 배제하는 과정에서 그 국가체제의 기틀을 확고히 했다. 그러나 이미 언급한 바대로 백제의 건국 주도세력이 북방계 유이민 집단이었다는 사실이 기존의 기층집단·기층문화와의 관련하에서 이후 백제의 정치·사회·문화 전반의 특성을 규정한 점은 주목을 요한다. 특히 최근 학계 일각에서는 이 문제를 백제 자체의 대외지향적 체질문제로 인식, 그것과 백제의 요서·화북경략설 및 일본열도진출설과 결부시켜 이해하려는 경향이 대두되고 있음도 유의해야 한다.

이러한 백제는 3세기 중엽 고이왕대(234~286)에 이르면 내외적인 정복사업을 활발히 하고, 대내적으로 지배체제를 정비, 6좌평과 16관등제를 실시하는 등 전제왕권을 확립하고 중앙집권적인 지배체제를 강화하여 나갔다. 따라서 4세기 후반인 근초고왕(346~375)·근구수왕(375~384) 시대에 이르러 백제는 마한의 잔여지역을 아울러서 남해안까지 진출하고 북으로 평양성을 공격하며 요서진출을 도모하면서 일본열도로 세력을 뻗치는 한편, 동진(東晉)과도 외교교섭을 가졌다. 특히 백제는 침류왕 원년(384)에 동진으로부터 불교를 받아들임으로써 그 문화기반의 폭을 넓히는 계기를 마련하였다.

그러나 백제는 4세기 말 이후 고구려의 잇따른 군사적 압력에 국력위축을 강요당할 수밖에 없었다. 즉 고구려 광개토왕에 의하여 잇단 군사적 타격을 받은 백제는 고구려의 영향권하에서 벗어나 자주적인 국력신장을 꾀하는 신라와 '대고구려견제세력권' 구축을 기도하였으나, 장수왕의 한성강습작전에 당하여 한강유역을 상실하고 남쪽 웅진(熊津; 공주)으로 서울을 옮기게 되었다.

게다가 백제는 이 와중에 종래의 '황해제해권'마저 위협받게 됨에 따라 활발하였던 해외진출마저 쇠퇴하게 되었다. 이러한 위기상황에 처한 백제는 흔들리는 국가체제의 재확립을 기하기 위해 내적 지배체제를 개편, 왕족 및 진씨(眞氏)·해씨(解氏) 등 소수의 귀족중심의 지배체제를 지양하고 웅진지방의 토착세력을 지배층 속으로 편입시키면서, 담로제(擔魯制)를 실시하여 지방통치체제를 강화시키는 등 제반조치를 강구하여 나갔다. 더불어 백제는 신라와 대고구려방어동맹을 강화하는 한편 중국 남조와의 긴밀한 관계를 추진했다.

이에 점차 국세를 만회한 백제는 성왕대(523~554)에 중흥의 시대를 맞게 되었다. 성왕은 사비(泗沘; 부여)로 천도하면서 국호를 '남부여(南扶餘)'라 고치고, 22부의 중앙관서를 확대 정비하고, 수도의 5부, 지방의 5방제를 갖추는 등 국가체제를 재편 강화시켜 나갔던 것이다. 또 성왕은 이렇게 정비된 국력을 바탕으로 한강 하류지역을 회복하였으나 다시 신라에게 강탈당하고(553), 이에 대한 보복전을 시도하던 중 성왕이 관산성(沃川)에서 전사하니, 이로써 백제중흥의 노력은 일단 좌절되었다.

이후 백제는 오히려 고구려와 손을 잡고 신라를 군사적으로 압박하게 되었다. 그러나 백제는 의자왕(641~660) 시대에 들어와 과도한 군사행동으로 국력소모가 극대화한 데다가 의자왕의 계속되는 실정으로 나당군의 총공세 앞에 멸망하고 말았다.

●●●●● 신라의 성립과 후발성의 이익

신라는 군장사회(Chiefdom)인 진한제국 가운데 사로국(斯盧國)이 1세기 후엽 국가로 성립한 나라이다. 초기의 신라는 경주를 중심으로 '박씨족'·'김씨족'이라 지칭되는 유력집단과 울산·감포 방면의 '석씨족'이라는 유력집단의 결합을 핵으로 하여 형성되었다.

신라가 낙동강 유역까지 그 영토를 넓히고 내부적으로도 국가체제의 일대 정비를 단행한 것은 내물왕대(356~402)였다. 내물왕은 왕호로서 종래의 이사금에 갈음하여 마립간을 사용함과 동시에 김씨세력에 의한 왕위의 세습제를 확립함으로써 왕권강화를 꾀하였다. 아울러 신라는 377년과 382년에는 고구려의 주선으로 중국 전진(前秦)과 외교관계를 갖게 됨으로써 동아시아 세계의 일원으로서 본격적으로 그 두각을 드러내었다.

그런데 신라는 이전까지는 그 국가적 발전을 이룩하기 위해서 고구려의 정치적·군사적·외교적인 도움이 필요하였지만 이후로 고구려의 그러한 간섭 및 후견이 오히려 국가발전의 장애요인으로 작용하였다. 따라서 신라는 눌지왕대(417~458)에 이르면 고구려의 압력을 배제할 목적 아래 백제와 동맹관계를 체결하는 한편, 왕위의 부자상속제를 확립하는 등 자주적 발전가능성을 모색하게 되었다. 또 신라는 소지왕대(479~500)에 우역제(郵驛制)를 실시하고, 수도에 시장을 개설하는 등 중앙집권적 국가체제로 발전하기 위한 노력을 계속하였다.

신라가 비약적인 발전을 시작한 것은 지증왕대(500~514)부터였으니, 이는 당시의 농업생산력의 급격한 상승과 궤를 같이하였다. 이러한 지증왕대의 발전은 정치체제의 정비로 구체화되었다. 즉 동왕 4년(503) 국호를 '신라'로 고치고 왕호도 마립간에서 '왕'으로 바뀌었다. 또 지방을 주군으로 편제하고 이사부를 실직주(삼척)의 군주로 삼았다(505). 다음 법흥왕대(514~540)에는 율령을 반포하고 백관공복제를 실시하며(520), 상대등(上大等)을 설치(531)하는 한편 '건원(建元)'이란 연호를 사용하기도 하였다(536). 특히 527년에는 불교를 공인함으로써 집권적 귀족국가의 사상적 기반을 마련하였다. 아울러 법흥왕은 김해의 본가야를 병합하여 낙동강 하류지역으로 진출하는 데 성공하였다(532).

또한 진흥왕대에 들어와 비약적인 대외발전을 이룩하였다. 진흥왕은 『역사』를 편찬하고 '개국(開國)'이라는 연호를 사용(515)과 함께 화랑도를 제도화하는 등 내치에 힘쓰는 한편, 국력을 바탕으로 정복사업에 착수하였다. 즉 551년에는 백제의 성왕과 제휴하여 고구려를 공격하여 한강 상류지역의 10군을 점령하였고, 또 백제가 점유한 한강 하류지역을 마저 점령함으로써(553), 한반도 중부지역을 독점적으로 지배하게 되었다. 이어 대가야(高靈)를 정벌하여 낙동강 유역을 완전 확보함으로써 백제에 재차 타격을 주고(562), 해안선을 따라 동북방면으로 북상 도흥(濤興)평야까지 진출하였다.

이제 신라는 한강유역의 인적·물적 자원을 획득하였을 뿐만 아니라, 이곳에 북한산주(北漢山州)를 설치하여 군사적 요충화했으며, 남양만에 당항성(黨項城)을 쌓아 직접 중국과 통교하게 되었다. 따라서 진흥왕의 한강유역 점령은 신라가 삼국항쟁에 있어서 최후의 승리자가 될 수 있도록 하는 중요한 계기를 마련한 셈이 되었다.

그러나 한편으로 이 사실은 신라가 고구려와 백제 두 나라에 의한 군사적 압박을 동시에 감내해야만 하는 어려움에 직면하게 되었다. 따라서 신라는 7세기에 들어와 수·당제국의 등장이라는 동아시아 국세정세의 격변에 편승하여 국운을 건 대려·제(對麗濟)전쟁을 벌일 수밖에 없었다.

원래 고구려의 영향권 아래에서 그 국가발전을 도모하였던 신라는 타민족을 복속시키든가, 지배한 경험이 없고 그 정치경험이 자기 판도 내에 있는 제세력을 통합하는 단계에 머물러 있었다고 할 수밖에 없다. 또 그 대외관계의 성격도 국가통합 단계에 머물러 있어 기본적으로 고구려·백제의 군사적 압력에 반발하기 위한 수동적인 것이었다. 따라서 삼국항쟁의 와중에서 신라는 강화된 군사력을 배경으로 왕실 전체의 지배체제를 정비할 수 있었으나, 정복팽창과 동시에 경제기반의 확대를 수반하지 않은 지배체제의 정비는 본래의 체질을 지양하는 데 한계를 가졌다.

결국 이러한 체질적 한계성을 극복하지 못한 신라는 삼국항쟁이 계속되는 가운데 대외관계에서는 저절로 수·당 세력에 의존하려는 태도를 가지게 되었고, 대내적으로 보수적인 체질의 유지에 집착하게 되었다.

●●●●● 가야제국(伽倻諸國)의 성립과 발전

낙동강 하류지방의 변한 12국은 각기 '군장사회(Chiefdom)' 단계의 독립된 정치체로서 이들의 구심점이 된 것은 김해지역의 구야국(拘耶國)이었으니, 그것은 수로(首露)를 시조로 받드는 본가야(本加耶)로 발전했다. 이러한 변한 12국은 늦어도 4세기경에 들어서는 국가체제를 갖춘 가야국들로 성장할 수 있게 되었다. 이 당시 가야제국의 중심적 국가는 우수한 철기문화와 벼농사를 위주로 하는 탁월한 농업생산력을 가진 본가야였다.

그러나 이러한 가야국의 상호관계는 그것을 혈연이나 지연을 바탕으로 하는 공동운명체로서의 '가야연맹'설에 입각하여 파악하려는 종래의 입장에 대신하여, 가야제국 각자는 자국의 이해관계를 우선으로 하여 때로는 동맹관계를, 때로는 적대관계를 지속했다는 새로운 견해가 제시되고 있음은 주목을 요한다.

가야의 역사는 한국고대사에서 가장 밝혀지지 않은 것 가운데 하나이다. 문헌사료의 부족과 이른바 임나일본부 문제 등이 장애요소였으나 최근 옛 가야유적의 발굴 및 이른바 임나일본부의 신해석 등에 의해 가야사 복원이 활발히 진행되고 있다.

가야는 가야(伽倻) · 가신(加新) · 가량(加良) · 구야(狗邪) · 가락(駕洛) 등으로 표현되는데 『삼국지』 동이전 변진조에 나타난 낙동강 중하류의 변한(弁韓) 12국이 발전하여 가야제국이 되었다. 그런데 『삼국유사』의 '가락국기'와 '오가야'조에는 본가야 · 대가야 · 아라가야 · 고령가야 · 성산가야 · 소가야 및 비화가야 등이 보이는데 정치발전 과정에서 통합이 나타났음을 알 수 있다.

가야의 시조 개국설화는 본가야에서는 수로왕 설화, 대가야에서는 가야산신 설화로 나누어져 전한다. 『가락국기』에 따르면 아도간(我刀干)이 구지봉(龜旨峰)에서 6개의 알을 맞아 그 가운데 제일 먼저 사람으로 나온 수로를 왕으로 추대하였고, 이후 수로가 아유타국(阿踰陀國)의 공주와 결혼했다고 전한다.

한편 『동국여지승람』 고령현조에는 최치원의 '석리정전'에 가야산신인 정견모주(正見母主)와 천신인 이비(夷毗), 사(詞)의 사이에 대가야왕 뇌실주일(惱室朱日)과 뇌실청예(惱室靑裔) 두 사람이 태어났다는 내용을 담고 있다.

가야제국은 낙동강 유역의 충적평야를 무대로 발달한 농업생산력에 힘입어 해상교역의 중심지로 발전해 나갔다. 특히, 본가야는 중국세력과 왜와의 교역을 중계하면서 성장했다.

고고학에서는 가야문화를 대체로 300년을 기준으로 하여 전기와 후기로 구분하는데 고령의 주산 지산동고분을 비롯하여 함안의 말이산 고분, 창녕의 교동고분 등에서 보는 것과 같은 고분이 만들어져서 정치-문화적 변화의 구분이 보이고 있다. 금동관이나 은으로 상감한 환두대도 등 화려한 부장품을 넣은 고총고분의 발생은 가야국이 성장했음을 반영한다.

한편 가야제국의 지각 변동은 고구려 광개토대왕의 '대백제, 가야·낙동강방면작전'(400)을 전후한 4세기 말에서 5세기 초에 일어났다. 그것은 가야제국의 중심이 김해지방의 본가야에서 내륙지방인 고령의 대가야로 옮겨졌다는 사실이다. 가야제국은 그 우월한 농업생산력과 유리한 대외교역 조건을 바탕으로 그 정치-사회적인 성장이 가능했으나, 그 지정학적 취약성으로 인한 정치적 불안정은 가야제국이 중앙집권적 통일국가로 성장을 어렵게 했다. 따라서 가야제국은 결국 본가야가 532년에, 그리고 대가야가 562년에 신라에 통합 흡수됨으로써 가야사의 독자적 전개는 막을 내렸다.

3. 삼국의 정치사와 역사성

고구려 : 귀족사회와 약육강식

초기 고구려의 정치체제는 계루부(桂婁部) 출신의 국왕과 종래의 군장사회의 지배층이 전화한 귀족들이 연합하는 형태를 취하였다. 특히 이전왕족인 소루부(消婁部)와 왕비족인 절노부(絶奴部)의 대인(大人)들은 '고추가(古雛加)'라 우대되었다. 한편 고구려의 14관등 조직은 국초의 군장사회적 전통을 받아들인 대가세력을 왕권 아래 통합하면서 그들을 분화·정비시키는 과정이 일단락된 것을 뜻한다.

그런데 여기서는 '형(兄)'과 '사자'의 명칭을 중심으로 관등이 분화되었다는 점이 그 특성으로 볼 수 있다. 곧 '형'은 종래의 군장사회의 지배세력이 집권적 왕권 아래 통합·편제되는 과정에서 각기 그들의 세력기반의 차이에 따라 개편된 것이며, '사자(使者)'는 원래 수취관계 기능을 수행하던 실무담당층이 그들의 지위에 따라 여러 관등으로 분화 편제된 것이다.

고구려의 중앙정치제도로서 현저한 존재는 귀족들의 합좌제도를 통하여 선출되어 국사를 총괄하는 대대로이며, 이를 통하여 당시 정치가 귀족연합적 성격을 띠었음을 알 수 있다. 한편 기원전 1세기에서 기원후 4세기 사이에 고구려가 '전제적 군사국가'를 지향하며 군사적 팽창정책과 이를 바탕으로 한 중앙집권정책을 지속적으로 추진한 결과 고구려는 4세기 말에서 6세기 초 광개토왕·장수왕·문자왕 시대에 동북아시아 일대 하나의 독자적 생존권을 확고히 형성한 하나의 제국으로 발전할 수 있었다.

이제 고구려는 광개토왕 이래 급팽창한 영역 속에 다양한 사회가 존재함으로써 이 대응한 여러 지배형태의 병존을 허용하는 '다종족국가', 즉 '제국적 통치질서'의 형성을 꾀하였다. 따라서 고구려는 농경정주 양식을 영위하는 '촌(村)'을 기저로 하는 '성촌(城村)지배체제'를 강화 확산하여 '면(面)'지배적 영역통치 형태를 실현, 안정적 수취기반을 확보하는 데 전력하였다. 곧 전국에 걸친 지방통치 구조를 재편하여 수도를 내평(內評)이라 하여 5부로 하고, 지방도 또한 외평이라 지칭하고 그것을 5부로 구분하였다.

그리고 지방의 큰 성에는 도독(都督)에 비견되는 욕살을, 그보다 작은 성에는 장사(奬史)에 비등한 처려근지(處閭近支) 혹은 도사(道使)를, 그리고 더 작은 성에는 가라달(可羅達)이라는 지방관을 중앙에서 파견하는 한편, 그들로 하여금 군사·행정직을 겸임케 함으로써, 지방행정 조직의 중앙집권적·군사적 성격을 분명히 하였다.

한편 고구려는 유목·수렵을 영위하는 '영(營)'을 그 기저사회로 하는 말갈·거란·지두우(地豆于) 같은 다른 종족에 대하여 집단적 지배형태로서 '부락·영지배체제'를 관철하여 종래와 같이 당해지역의 군사거점인 제성(諸城)의 우월한 군사력을 배경으로 한 '점(點)'지배 형태를 유치하였다. 따라서 고구려는 말갈·거란·지두우 같은 스텝세력 및 부차적 스텝세력에 대해서는 그들 본래의 공동체적 질서와 생산양식, 즉 그들 고유의 생존영역을 보장해 주는 대가로 그들로부터 조직, 특히 역역과 군역을 수탈하였다. 고구려는 이런 보호·종속 관계를 바탕으로 거란·말갈·지두우 등을 부용화(附庸化)함으로써 제국의 군사잠재력 기반을 확대·강화시켜 나갔다.

한편 고구려는 확대된 제국 통치의 효율성을 제고시키기 위하여 국도인 평양성 이외에 '삼경제(三京制)'를 운영하였다. 고구려의 지배집단인 고씨왕족과 종래의 나(那)·부(部)로 지칭되던 군장사회의 지배층 출신인 귀족들은 정치와 군사의 실권을 장악하고 엄격한 율령을 매개로 피지배층을 규율하여 사회질서를 유지함으로써 자신들의 특권적 지위를 보전하고자 하였다.

고구려의 피지배층의 일반적 존재형태는 '민'이라 지칭되던 자영농민층이 그 주류를 이루었을 것이며, 최하위 계층으로서 노비계층의 존재도 현저했다. 고구려는 자영농민층에게 조세·공부·역역을 부과하였는데 인두세적 성격을 갖는 세로서 매 사람당 포 5필, 곡 5석을 징수하였고, 조 즉 토지세는 호를 3등급으로 구분, 각각 1석·7두·5두씩 내게 했던바 인두세가 호조에 비하여 월등히 무거웠던 것은 고구려 사회성격의 일면을 엿볼 수 있게 해준다.

한편 고구려는 국초 이후 군사적 팽창정책을 집요하게 추진하여 그 피정복민들을 집단예속화하거나 군사적 부용세력으로 삼았는데 이들로부터 수탈한 경제력 및 군사력 등을 고구려의 성장과 발전기반 조성에 큰 기여를 했다.

백제 : 귀족제에서 관료제로

　백제에서는 왕족인 부여씨와 사(沙)·연(燕)·협(劦)·진(眞)·국(國)·목(木)·해 등 '대성 8족'이 지배세력의 중심을 이루고 정치를 주도하였다. 한성시대에는 진씨·해씨가 왕비족이 되어 부여씨와 더불어 정치권력을 장악하였고, 웅진시대에는 토착세력인 나머지 성씨들이 대두하였다. 이들 귀족들은 왕족과 연합정권을 구성했는데, 정사암(政事岩)에서의 재상선거제가 그것을 시사한다. 그런데 백제는 삼국 가운데 가장 먼저, 그리고 가장 정비된 정치조직을 갖추고 있었는데 이는 백제의 지배집단이 북쪽에서부터 내려와 토착적 기반이 미약한데다가, 중국과의 활발한 교역활동으로 일찍부터 중국의 정치제도를 수입했기 때문이었다.
　고이왕 27년(260)의 6좌평·16관등제의 시행이 그것의 단적인 표현이다. 이 관등제도는 그 명칭이 중국식이며, 자못 조직적인 점이 엿보인다. 즉 16관품이 좌평 및 솔(率)·덕(德)·무명계열(武名系列)로 구분되고 각기 자복(紫服)·비복(緋服)·청복(靑服)의 공복을 입도록 하였다. 이것은 신분에 의한 관등차별이 있었음을 나타내는 것이다. 한편 중앙의 정치기구는 6좌평제를 기본으로, 한성시대의 내신(內臣)·내두(內頭)·내법(內法)·위사(衛士)·조정(朝廷)·병관(兵官) 등 여섯 부서로 나뉘어져 국무를 분담하여 제1관품인 좌평이 그 장관이 되었다. 그러나 후기에는 점차 국무가 복잡해져 6좌평 이외에 다시 내관 12부·외관 10부의 22부가 설치되었다.
　백제는 지방제도를 정비하여 전국을 중앙집권적인 지배체제 안에 편입시켰다. 한성시대에는 전국에 22담로(檐魯)를 두어 국왕의 자제 및 왕족을 파견하여 통치하는 미숙한 수준에 머물렀으나, 후기에 가서는 점차 정비된 통치체제를 구비하게 되었다. 왕경은 상·전·중·하·후 등 5부로 나누었는데 이들 각부에는 5백 명의 군대를 두었고 또 그 부 아래 각기 5항(巷)이 설치되었다.

지방은 5방으로 나누고 각 방마다 방령(方領)을 두어 다스렸다. 즉 전국을 중방(古沙城)·동방(得安城)·남방(久知下城)·서방(刀先城)·북방(熊津城)으로 구분, 각 방성에는 달솔로 임명된 방령이 700~1,200명의 군대를 통솔하여 방을 다스렸다. 방 아래에는 군(郡)을 두었는데 큰 방은 10군, 작은 방에는 6·7군이 있었으니, 각 군에서 덕솔로서 보임되는 군장 3인이 다스렸다. 따라서 백제도 왕경과 지방을 군사적인 행정조직으로 편성하고 있었음을 알 수 있다.

한편 백제사회의 지배층을 구성하는 왕족인 부여씨와 8성의 귀족들은 16관품제나 공복제를 통해 알 수 있듯이, 지배계층내의 신분적 구별을 확연히 하는 한편 자신들의 특권이 보장되는 사회체제의 유지를 위해 엄한 형법을 제정하였다.

반면 백제사회에서 피지배층의 다수를 점하는 농민들은 수취의 대상이 되어, 조세·공부·역역을 부담하였다. 조세와 공부는 포와 곡으로 매년 풍흉에 따라 차등을 두어 수납하였다. 또한 백제후기의 궁내 관부인 내관(內官) 12부에 곡부·육부·마부·도부·목부 등 수공업 관계의 관부가 많은 것으로 보아 왕궁소속의 천인 수공업자가 다수 존재하였음을 알 수 있다.

신라 : 역사발전의 압축성

신라의 관등제도는 6세기 초 법흥왕 때 17관등으로 완성되었다. 또 신라의 17관등제는 비록 일원적인 관등조직이지만, 그것은 평면적인 구성이 아니라, 그 안에 몇 개의 획선이 그어져 있어, 신분제도인 골품(骨品)제도와 관련을 맺고 편성되어 있다. 그런데 이 관등제는 원래 '경위-외위'의 이중체계로 되어 있는바, 경위는 원신라인에게, 그리고 외위는 그 영역 확대과정에서 흡수 통합된 타지방 세력가나 촌주 등에게 주어졌으나, 이것이 문무왕 이후 경위로 일원화되었다.

신라의 중앙정치제도는 차차 정비·확대되었는데, 제일 먼저 법흥왕 3년 (516)에 병부를 개설하여 국가의 군사적 기능수행의 내실화를 꾀하는 한편, 531년에는 행정적 기능보다는 귀족세력을 대표하는 상대등제를 신설함으로써, 국왕권과 귀족세력 사이의 조화를 도모하였다. 그러나 국무의 복잡화 추세에 부응하여 점차 여러 관부가 분화·증치되어 갔다. 즉 법흥왕 26년(565)에는 국무의 중심기관으로서 품주(稟主)를 설치하고, 진덕왕 때(651)에는 그것이 집사부(執事部)와 창부(倉部)로 분화되었다. 그런데 이 집사부는 국왕 밑의 중추기구가 되어 그 장관인 중시(中侍)가 왕권의 방파제적인 지위에 놓이게 되었는데, 이러한 중앙관부의 정비·확대는 왕권강화 노력과 직결되는 것이었다.

한편, 지방제도로서는 소경제(小京制)와 주군촌제(州郡村制)를 실시하였음이 주목된다. 왕경을 모방한 지방의 특수행정구역으로서 소경은 지증왕 15년 (514)에 처음 실시된 이래 국원(國原; 충주)·하슬라(何瑟羅; 강릉)에 증치되었다. 이 주의 장관은 군주(軍主)라 하여, 그 아래의 군의 당주(幢主), 촌의 도사(道使)의 존재와 함께 행정적 기능보다는 오히려 군사적인 그것에 중점이 두어졌다. 따라서 신라의 군사조직은 그 지방제도와 밀접하게 연결되는데, 그것은 대당(大幢)을 비롯한 6정(停)의 군단으로 편제되어 있어, 왕경과 5주의 주치 부근에 배치되었고, 대당이 가장 중심이었다.

골품제란 신라사회에 존재한 일종의 신분제도로서 정치·사회생활에 있어 엄격한 차이를 규정하고 있다. 따라서 종래 학계에서는 신라의 사회체제를 '골품체제'라는 역사적인 개념으로까지 파악, 이 골품제의 구명에 연구를 집중해 왔다. 그런데 이 골품제는 왕경 안의 왕족·귀족 및 영역팽창 과정에서 병합된 지방세력을 통합·편제하고, 그들의 지위에 따라 골품의 등급을 달리하여 정했다. 이 골품제는 혈연적 왕족인 진골·성골 등 '골제'와 지연적·기능적 요인을 함께 포함하고 있는 계층적인 6·5·4두품의 '두품제'로 구성되었다. 따라서 신라사회는 4두품 이상의 지배층과 3두품 이하의 피지배층으로 구성되었다.

한편 고대사회의 관등제가 족제적·신분적 성격이 짙었다는 점에서 신분제인 골품제는 그 골품에 따라 관등의 상한은 엄격히 제한되었다. 곧 진골만이 제1관등인 이벌찬까지 오를 수 있고 6두품은 제6관등인 아찬까지, 5두품 제10관등인 대나마까지, 4두품은 제12관등인 대사까지 오를 수 있었다. 따라서 여러 관부의 최고권력은 진골만이 독점했다. 여기서 각 골품에 따른 관등의 상한선에 대하여 특진의 방도로서 고안된 것이 '중위제(重位制)'인데 아찬은 4중, 대나마 및 나마에 각기 9중이 설정되었으나, 각 골품에 따른 관등의 상한선을 넘을 수 없었다.

이러한 고대적 신분제도의 전형인 골품제도는 인물·능력 본위에 의한 인재충원이라는 신라사회의 내재적 발전가능성을 제도적으로 봉쇄함으로써, 훗날 신라사회의 발전 자체를 정체시키는 결과를 자초했다. 이렇게 골품제를 통하여 정치권력을 장악한 진골출신 고관인 대등들이 합좌하여 국사를 회의하는 화백제도와 그 주재자인 상대등의 존재는 왕권의 전제화가 진행되면서도 꾸준히 귀족연합정치가 실시되었음을 나타낸다.

쉼터 4

삼한(三韓)은 어디일까?

역사학자 이병도는 본래 한은 진한만을 가리키는 호칭이었는데 기원전 1세기경 북쪽으로부터 남하한 유이민들이 한강유역을 중심으로 진한사회를 성립시키게 되자, 대체로 안성천 이남의 충남-전라지방에 이미 성립된 선주민 사회가 각기 마한과 변한으로 불려져 결국 삼한이 성립되었다고 한다.

신채호는, 요동방면의 변한과 진한이 한반도로 이동하여 본래부터 한반도 서부지방에 자리잡고 있던 마한지역을 통과하여 처음에는 마한의 땅을 분할받아 우거하다가, 다시 한강·낙동강 방면을 거쳐 한반도 동남쪽에 정착하게 됨으로써 삼한(三韓)이 한반도 내부에 성립했다고 한다.

신채호의 견해를 이른바 이동설이라 부르는데 이 이동은 세 단계로 나누어진다. 즉 한반도로 이동해 들어오기 이전단계의 삼한을 전삼한(前三韓 혹은 北三韓), 마한에다가 진과 번의 유민이 건설한 진한·변한 등을 포함한 중삼한(中三韓), 이동완료 이후 삼한이 70여 국으로 분립된 단계를 후삼한(後三韓 혹은 南三韓)이라 구별했다.

주지하다시피 위만에게 왕위를 찬탈당한 준왕이 남쪽으로 가서 한왕(韓王)을 칭했다는 사건 이외에도, 이미 진(秦)에서 망명해 오는 중국인의 여파와 함께 북쪽에서 남쪽으로의 주민이동은 지속적인 현상이었다. 특히 위만조선이 한나라에 의해 멸망했을 때에도 이동의 파장은 있었을 것이다. 그러므로 『삼국사기』 신라본기에는 진한을 일러 "朝鮮遺民分居山谷之間"이라 했다. 따라서 삼한사회의 성립에서 북방의 영향 혹은 북방발 이주라는 배경은 충분히 인정되며, 『삼국사기』에서 고구려 근접지역에 마한의 이름이 나오는 것도 그 흔적이다. 그러나 이를 전·후 삼한으로 뭉뚱그려 설명하기에는 약간의 도식적인 감이 없지 않으며, 더구나 준왕의 남하를 마한으로 연결지어 생각하는 것은 소위 기자조선에서 마한으로 이어지는, 즉 위만조선이 탈락되는 삼한정통론의 일단이라 하지 않을 수 없다.

한편 천관우의 경우에 이동설을 긍정적으로 음미하면서 이를 보다 정치적으로 논증하는 동시에 신라의 석씨(昔氏) 왕들의 출현도 마찬가지로 북방유이민의 집단남하로 설명하고 있으니, 문화의 전파와 주민의 이동에 합치한다고 본다. 그는 특히 한족(韓族)을 조선계라 하여 예맥-부여계와 대비하여 보나 결국 넓은 의미에서는 한(韓)도 예맥의 한 지역이다.

삼한의 대·소국들은 평균적 규모가 여기에 해당한다. 즉 마한은 54개국으로서 큰 나라는 1만여 가(家)나 되었고 작은 나라는 수천 가라 했으며 총 10여만 호라 한다. 한편 진·변한 24개국도 4~5천가 내지 6~7백 가로서 총 4~5만여 호에 달했다. 그러므로 대·소국 사이의 차이는 인정되겠지만 인구규모로 보아 적어도 군장사회임을 알 수 있고, 이들의 농경·야철교역(冶鐵交易)상의 기록은 오히려 준(準)국가단계에 근접한 것으로도 해석된다.

다만 여기에는 소위 진국이 삼한 전체를 통합한 정치체라는 부분은 당시의 사회정치의 발전단계상 옳은 것이 아니다. 여기에 대해서는 준왕의 남래지점을 익산(益山)으로 논증해낸 김정배의 견해, 즉 진국은 진왕 당시에는 이미 옛날의 사건이었고 준왕이 다스리던 곳이 곧 진국이었으며, 이 진국이 여러 국 가운데 저명한 일국이었을 것으로 해석한 견해가 참고될 수 있다. 그러므로 진왕은 진국을 소멸시킨 존재가 되며 진한을 '고지진국(古之辰國)'이라 한 것이다.

이러한 삼한의 성숙된 군장사회, 혹은 준국가단계의 기반에서 여러 소국 가운데 하나의 백제나 사로(斯盧)가 배타적인 정복활동을 통하여 백제와 신라로 성장한 것이며, 고고학적 증거로 볼 때 국가형성의 시기는 기원전후에서 크게 벗어나지 않는다.

4. 남북국시대의 역사성

대신라의 성장

백제·고구려 양국의 멸망이 곧 신라영토의 확장으로 직결된 것은 아니었다. 신라의 내적 성장과 그 발전과정에서 얻어진 결과이기는 하지만, 백제·고구려의 멸망은 신라 자체의 역량에 의한 것이 아니라 외교전략과 당의 군사력에 의한 것이었다. 따라서 한반도에 대한 당의 영토욕에 의한 신·당의 상반된 이해관계, 백제·고구려 옛땅에 대한 영유권을 쉽사리 확보할 수 없었다.

백제의 경우, 당은 5도독부를 두어 관할하려 했으나 웅진도독부 하나만이 그 기능을 유지하며 극히 제한된 지역에 대한 지배만이 가능했다. 마침내 지휘부의 내분으로 나당연합군에 의해 그 부흥운동이 좌절되었지만, 임존성의 흑치상지와 주류성의 복신 등이 한때 기세를 떨치며 대부분의 백세고지를 장악하고 있었다.

그리고 무모한 계획에 불과한 것이지만, 당은 고구려 땅을 9도독부로 나눈 뒤 평양에 안동도호부를 설치하여 한반도 전체를 총괄하도록 했다. 이에 고구려 유민은 평양의 검모잠, 압록강 이북의 고연무 등을 중심으로 각지에서 끈질기게 당에 대항하였으며, 뒤늦게나마 당의 야심을 감지한 신라도 고구려부흥운동을 후원하는 형편이었다.

한편 당은 일방적으로 계림도독부를 설치하여 문무왕을 도독으로 임명하고(663), 부여융(扶餘隆)을 웅진도독으로 삼아 백제부흥운동을 무마시키면서 신라를 견제했다. 즉 당은 이민족 지배방식의 일환으로 3국의 각 영역을 당의 번방으로 동등시하려 했다. 이에 최소한 평양 이남의 땅을 차지하기로 되어 있던 신라는 본격적으로 당에 대항하게 되었다.

신라는 금마저(金馬渚; 익산)에서 봉기한 안승을 고구려왕으로 삼고(670) 고구려 부흥세력과 연결하여 가림성·석성 등을 공격하였다. 그리고 백제 옛 땅으로 영토를 확장하여, 마침내 사비성을 함락하고 소부리주(所夫里州)를 설치함으로써(671) 백제고지에 대한 지배권을 장악했다.

그 뒤 신라의 영토확장 방향이 고구려 고지로 향하게 되자 당은 대군을 동원하여 신라를 공격했다. 문무왕 15년(675)에 그 절정을 이루는 양국전투에서, 신라는 당군을 매초성·천성·기벌포 등지에서 격파하여(676) 육·해로의 당군침략을 좌절시켰다. 이에 당은 결국 안동도호부를 요동성으로 옮겼다가(676) 신성으로 재차 옮겨야 했고(677), 그 결과 신라는 평양 이남의 땅을 확보하게 되었다.

당으로서도 공인할 수밖에 없게 된(735) 이러한 영토확장 과정에서 신라는 제·려의 지배층을 골품체제 내부로 포섭하여 대신라를 이루었다.

이러한 신라중대의 중앙정치체제는 왕권의 전제화로 특징지어지며 전제왕권의 특징은 집사부의 강화에서 찾아볼 수 있다. 상대등이 정치기구의 핵심으로 등장한 것이 바로 품주를 개편해서(651) 만든 집사부였다. 여러 관부를 통할하여 정치적 실권을 증대시킨 집사부는 왕권과 6두품 세력의 연결고리 역할을 하면서 정책의 집행을 주도하였고, 중시는 전제왕권의 방파제 구실을 하게 된 것이다.

따라서 행정체계의 원활화를 위해 여러 부(部)·부(府)가 직능별로 분화·확충되었으며, 17관등체제의 확립과 함께 각 관부의 관직도 5단계로 정비되었다. 이에 왕권의 전제화를 더욱 공고히 하기 위하여 여러 관부를 왕과 직접 연결하고, 관부의 장을 두 사람 이상으로 임명하여 상호 견제와 균형을 꾀하였다.

이러한 왕권의 전제화와 정치조직의 정비는 당 제도의 절충과 함께 신라가 내적으로 지향해 온 전통적 제도를 계승한 것으로서, 성덕왕대에 그 극성기를 맞으며 족내혼의 강화, 왕위의 장자상속 확립, 갈문왕(葛文王)제도의 소멸 등을 초래했다.

한편 지방에는, 부(部)·리(里)·방(坊)으로 이루어진 왕경 이외에 주요거점을 중심으로 5소경제(小京制; 중원·북원·금관·서원·남원)가 완비되었다(685). 사대등(仕大等)을 장으로 하여 6부로 구성된 소경은 6세기 초부터 설치되었으나, 정치조직의 전반적인 정비와 관련하여 수도의 편재에서 오는 불편을 덜고, 피정복민과 강제이주된 민호의 통치 및 지방세력의 견제를 위하여 설치되었다. 이 소경에는 왕경의 귀족은 물론 가야·백제·고구려계 귀족들도 이주하였기 때문에, 문화이식을 통해 소경이 지방문화의 중심지가 되기도 하였다.

그러나 지방통치 조직의 기본은 역시 주·군·현과 그 밑의 촌·경·부곡이었다. 왕권의 지방침투를 위해 별도의 외사정(外司正)까지 둔 주·군은 중국적 의미의 군현제로 파악하기는 곤란하나, 확장된 영토의 통치를 위해 삼국시대 삼국의 영역을 참작하여 9주 440여 군현으로 편제되었다(685).

삼국시대부터 영토확장과 더불어 설치되기 시작한 주는 그 군사적 성격으로 인해 장을 군주·도독이라 일컬었으니, 9주의 정비와 행정적 성격의 강화로 그 명칭이 총관으로 바뀌었으며 본래 진골의 독점직이었다. 그 예하의 군·현도 각기 군태수와 현령이 중앙에서 임명되어, 성주라 칭해지던 삼국시대보다는 그 군사적 성격이 약화되었다.

군현 밑은 촌으로 설정되어 토착세력가인 촌주를 매개로 통치되었다. 몇 개의 자연촌으로 이루어진 행정촌에만 존재했던 촌주는 경위(京位)를 받음으로 해서 삼국시대보다 그 독자성이 줄기는 했으나, 같은 번상시위(番上侍衛)의 대상인 주·군·현의 향리보다는 중앙에 대한 의존도가 적었다. 촌과는 별도의 성격을 가진 현·부곡의 경우는 그 구성원의 역 또는 행정계통상의 위치에 대해 아직 그 실체가 명확히 구명되지 않았다.

행정체계의 정비와 병행하여 군사조직도 정비되었다. 왕경에는 3도로 편성된 국왕의 시위군인 시위부와 함께 중앙군인 9서당(誓幢)이 있었다. 서당은 법당·6정과 함께 삼국시대부터 존재하던 것인데, 영토확장 이후 제·려의 유민까지 포함하여 9서당으로 정비하고 금색(衿色)에 의해 구별한 부대로서, 진골들이 지휘권을 장악하고 있던 6정과는 달리 전제왕권의 배경이 되었다. 또한 지방에는 10정(停)·5주서(州誓)·만보당(漫步幢) 및 국경방어군인 3변수당(邊守幢) 등이 있었다.

발해의 성립

고구려 유민의 항쟁으로 당은 신성(新城)까지 후퇴해 있었으나 신라의 영토확장은 대체적으로 평양 이남에 국한되어 있었다. 따라서 한반도 북부와 만주 일대에 웅혼하던 고구려의 옛땅은 고구려 유민이 주축이 된 발해에 의해서 계승되었다.

고구려의 멸망과 함께 당에 의해 영주지방으로 강제 이주되었던 고구려 유민은 송막도호(松漠都護) 이진충의 반란(696)을 틈타, 대조영(大祚榮)의 군사적 지휘하에 뭉쳐 고구려의 피지배유민이었던 말갈인을 규합하였다. 이 때 고구려 장수출신인 대조영은 당의 무측천(武則天)이 파견한 이해고의 추격을 뿌리치고 천문령을 넘어 건국의 지리적 조건이 완비된 '계루고지'인 동모산(東牟山) 서고성자 부근을 거점으로 진국(震國)을 건설했다(698).

물론 당이 이를 인정할 리는 만무하였다. 그럼에도 발해는 스스로 군이 아닌 국이라 자처했고, 독자적 연호도 쓰고 있었는가 하면 돌궐과 신라 등에 사신을 파견하여 적극적인 외교활동도 폈다. 이에 당은 705년 그들의 시어사 장행급을 발해에 파견하여 관계개선을 도모했고, 발해는 고왕(高王; 대조영) 천통16년(713)에는 국호를 진에서 발해로 고쳤고, 대조영과 그의 아들 대흠무는 당왕조로부터 각각 발해군왕·계루군왕의 칭호를 받기도 하였다. 그러나 이들의 군왕호칭은 중국중심의 역사관에서 생각할 수 있는 당왕실의 일방적인 것이었고 발해왕실의 태도는 처음부터 국왕을 고수하였다.

고왕의 뒤를 이은 무왕은 통치체제를 정비하고 떵조우(登州)를 공략하는(732) 등 영토확장에 주력하였다. 이에 대동강 이북으로의 진출이 좌절된 신라는 장성을 쌓아(721) 발해의 남하에 대비하는 한편 당과 연합하여 발해를 공격하다 실패하였다(733). 이를 기반으로 문왕은 소고구려국을 병합하여 요동까지 진출하고 흑수말갈(黑水靺鞨) 등 외세의 위압에 대한 자신감과 높아진 국제적 지위를 바탕으로 국도를 상경용천부(上京龍泉府)로 천도했다(785).

그 뒤 성왕 원년(794)에 상경으로 환도한 발해는 선왕시대에 전국을 5경·15부·62주로 정비하면서 국세를 크게 떨쳐 '해동성국(海東盛國)'의 칭호를 듣게까지 되었다. 그러나 발해는 그들 자신이 남긴 기록이 없고 『삼국사기』의 서술대상에서도 제외되므로 인해, 중국과 대등하게 독자적으로 연호를 사용하며 왕위의 장자상속제[副王制]가 확립되어 있었다는 정도 이외에는 왕권의 자세한 실상파악이 곤란하다.

한편 중앙정치기구를 살펴보면, 발해는 당 제도에 구애받지 않고 고구려의 전통을 계승하며 자신의 필요성에 따라 독자적 정치제도를 운영했음을 알 수 있다. 주요관부인 3성은 국가의 정령을 입안·심의하는 기능을 맡은 선조성(宣詔省)과 중대성(中臺省) 및 그 상위에서 정령을 집행하는 정당성(政堂省)으로 이루어져 각각 좌상·우상·대내상(大內相)이 관장하였다. 이 정당성 예하에 실무를 나누어 충(忠)·인(仁)·의(義)·지(智)·예(禮)·신(信) 등의 부가 있어 각기 당의 이·호·예·병·형·공부에 해당되는 업무를 담당했다.

이처럼 유교의 덕목을 나타내는 어휘를 사용한 6부의 이름이나, 부왕제, 3성 가운데 정당성의 우위 등에서 왕권전제성의 일단을 엿볼 수 있다. 이밖에 중앙의 주요관부로는 관리의 비위를 감찰하는 중정대(中正臺), 왕실업무를 담당하는 전중시(殿中寺), 왕실가계를 관장했을 종속시(宗屬寺) 등이 있어 3성·6부·1대(臺)·7시(寺)·1원(院)·1감(監)·1국(局)으로 편제되어 있었으며 색복에 따른 9품계가 설정되어 있었다.

지방의 경우는 사방 5천 리에 이르는 강역을 잘 정비된 교통망을 바탕으로 5경·15부·62주와 3백여 군·현으로 편제하였다. 부여의 4출도(出道)나 고구려의 5부 또는 신라의 5경을 연상케 하는 발해의 5경[상경·중경·동경·남경·서경]은 15부와 함께 지방행정에 있어서 중심적 위치를 차지하는 곳이었다. 일정단위의 종족이 거주하던 고지(故地)를 단위로 하여 설정된 15부는 행정계통의 중추로서, 그 가운데 중요한 곳이 5경으로 되며 외국과의 주요 교통로인 5도(日本·新羅·朝貢·營州·契丹道)를 포함하고 있었다.

부의 장관인 도독은 주의 장관인 자사를 직접 관장하며 중앙정부의 명을 받들었다. 물론 중앙에 직속된 독주주(獨奏州)도 있었으나, 기본적으로 도독은 지방행정의 중추로서 주·군·현의 상급 지휘계통으로 존재했다. 또 가장 말단의 행정단위이며 수령에 의해 통치되는 촌락도 부(府) 예하의 명령계통에 속해 있었다.

발해의 군사조직에 대해서는 10위 또는 8위로 생각되는 중앙군과 수령을 지휘관으로 하는 촌락단위의 지방군이 존재했을 것으로 추측되나 자세한 실상은 밝혀지지 않고 있다.

남북국 사이의 대립과 교섭

발해사를 생각함에 있어 신라와 발해가 과연 어떠한 관계에 있었는가 하는 문제는 매우 중요하다. 왜냐하면, 이에 대한 탐구는 한국사 속에 남북국사를 보다 확고하게 할 수 있는 계기가 될 뿐만 아니라, 남북 분단시대의 역사적 과제를 보다 명확하게 제시해 주기도 하기 때문이다.

신라와 발해는 230여 년간 교섭보다 대결의 시기가 더 길었다. 끝내 두 나라는 대결을 해소하지 못하였으며, 발해가 이민족의 침략에 의해 붕괴되자 발해유민의 상당수는 거란의 협조자가 되어 거란군으로 고려와의 전쟁에 참여했다. 남북국의 대립에 관한 기사는 주로 신라와 당의 기록에 의존할 수밖에 없으나, 이 기록을 통해 발해의 대결의식도 대개 짐작할 수 있으리라 본다.

호칭면에서, 신라는 발해를 '흉이(凶夷)'·'말갈발해' 등으로 불렀고 '발해'라는 공식국호는 사용하지 않았으며, 잘 불러야 '북국'정도였다. 무력 대결은 더욱 확실했다. 신라가 개성(開城)을 쌓고(713) 북방경계에 장성을 쌓았다든지(721), 패강진(浿江鎭)에 민호를 옮겼던(782) 사건들은 모두 발해를 의식한 군사행동이었다. 또한 발해가 당의 땡조우를 공격했던 사건(732)으로 인해 신라와 당이 밀착되게 되었다든지, 일본의 신라공격계획(759~764)에 발해가 끼여들어 신라를 협공하려 했던 사건들 역시 그러했다. 한편 일본의 승려 에닝(圓仁)의 기행문인『입당구법순례행기(入唐求法巡禮行記)』에 의하면, 신라인들이 8월15일(음)을 기해 3일 동안 주야로 가무행사를 폈는데(839), 그 이유인즉 신라가 발해와의 싸움에서 이긴 것을 기념한 것이었다.

외교적인 측면과 두 나라 시식인들의 태도에서도 시로 치열했던 대결상은 입증이 된다. 최치원이 당 소종(888~904)에게 보냈던「사불허북국거상표(謝不許北國居上表; 발해가 신라보다 위에 거하기를 요구했으나 당이 이를 허락하지 않았음을 감사하는 글)」를 통해서도 알 수 있다. 내용인즉 897년 발해왕자 대봉예가 글을 올려 발해의 국세가 신라보다 강성함을 들어 국명의 서열에 있어 '신라-발해'가 아닌 '발해-신라'가 되어야 한다고 요구했으나, 당이 이를 거절하고 옛 관습대로 했다는 소식을 전하여 들은 최치원이 감사의 글을 당 소종에게 쓰면서 발해를 맹렬히 비난했던 것이다.

당의 외국인들을 위해 설치된 빈공과(賓貢科)에서도 신라와 발해는 서로 좋은 성적을 얻기 위해 경쟁했다. 875년 발해의 오소도가 신라의 이동을 제치고 수석합격하자 최치원은 "일국의 수치로 영원히 남을 것"이라고 하였는가 하면, 906년에는 반대로 신라의 최언휘가 오소도의 아들인 오광찬보다 상위에 합격하자 당에 있던 오소도가 심하게 항의를 하였던 사건은, 모두가 신라와 발해의 대결상을 보여주는 좋은 예라 하겠다.

남북국은 이렇듯 대결만을 한 것은 아니다. 몇 번의 교섭기록이 확인되었기 때문이다. 발해는 건국기인 700년경과 멸망기인 924년경 신라에 사신을 파견하여 협조를 구했던 적이 있었는데, 초기에는 신라가 대조영에게 제5품 대아찬의 벼슬을 주는 형식으로 발해건국을 인정했는가 하면, 멸망기에는 발해의 구원요청을 응낙하기는 하였으나 결국 돕지 못하고 발해멸망을 지켜볼 수밖에 없었다.

한편 신라가 사신을 파견하였던 시기는 헌덕왕 4년(812)이었다. 이는 쿠데타로 정권을 잡은 왕이 국내외의 위기상황을 극복하기 위한 수단으로 발해와 교섭을 시도했던 것이다. 그러나 헌덕왕 11년(819), 당에서 일어났던 고구려계 이사도의 반란토벌에 당의 요청으로 신라가 군사 3만을 보낸 직후부터는 신·당의 밀착과 함께 남북국은 무력적 대결을 각오하는 방향으로 나아갔다. 732년 발해의 떵조우 공격사건에서도 그랬듯이, 신·당의 밀착이 곧 남북국의 대립으로 비화된 사실들은 한국사 속에서 중요한 의미를 가진다.

역사발전적 측면에서 남북교섭의 한계를 지적하면, 신라는 그들의 특정 정치집단의 이해관계 아래 발해와의 교섭을 시도하였고, 발해는 고구려 멸망에 대한 신라와의 대립감정으로 인해 안정이 아닌 위기하에서만 신라와의 교섭을 시도했다. 또한 두 나라는 각기 당과 일본과의 관계를 우선적으로 생각하고 남북교섭은 그들의 필요에 의한 차선책으로 이용하고 있었다. 이러한 한계성은 결국 신라와 발해가 문화적 이질성의 심화라는 결과를 낳아, 대결의 현상고착이라는 반역사적·반민족적 역사전개를 유발하였다.

쉼터 5

삼국시대 중국과는 사대관계가 아니었다.

삼국의 대외관계는 우선 대중관계·대륙관계·대일관계라는 세 단계의 차원에서 상호연관성을 갖고 전개되었다. 삼국 가운데 그 국가형성 과정 자체가 대한족(對漢族)·제 스텝세력 및 부차적 스텝세력과의 투쟁과정이었던 고구려의 경우를 제외하고, 삼국이 공히 중국과 본격적인 교섭을 갖게 된 것은 대체로 4세기 후반의 일이다.

당시 중원의 형세는 진한(秦漢)제국의 붕괴 이후 위진남북조시대를 거쳐 수·당제국이라는 또 한번의 한민족 세력팽창을 준비하는 과도기였다. 따라서 한·중 모두 정치·사회·경제의 변모와 상호교류를 통하여 통일적 질서를 구축하려 했으며, 삼국과 중원세력 사이에는 빈번한 외교교섭과 문화교류가 이뤄졌다.

그런데 한·중 양민족이 갖는 역사적 발전과정의 차이에서 오는 전통적 관계개념인 '조공'관계라 파악된다. 조공은 실질적 조공과 형식적 조공으로 구분되는데, 형식적 조공은 실제로는 대등한 관계였으나, 중국의 화이관(華夷觀)에 입각한 자존의식에서 의도적으로 윤색되어 기록되는 사료상의 개념일 뿐이다. 삼국시대의 대중관계에서도, 사행 기록은 거의 조공으로 되어 있으나, 당시 그렇게 표현되어 있는 대부분의 관계는 일부의 현상을 제외하면 대등한 외교관계라 파악해야 한다.

그런데 당시에는 이러한 중원제국 이외의 국가에서도 화이관적 세계인식이 나타나고 있다. 대표적인 예가 고구려의 그것으로서, '영락(永樂)'이라는 연호, '대왕(大王)'호칭의 사용뿐만 아니라, 타국에 대하여 '조공'·'동이(東夷)' 등의 표현을 사용하여 자존의식을 고양했다.

한편 삼국과 중원제국 사이의 교섭은 삼국의 내적 발전 및 삼국 사이의 대립항쟁과 중원세력권의 분열과 밀접한 연관을 맺고 전개되었는데, 남북조시대 당시 고구려의 거리낌없는 양단외교나 백제의 대남조 편향외교 등이 실례라 하겠다.

그런데 삼국의 대중관계는 비단 정치적인 측면에만 국한된 것이 아니었다. 즉, 삼국과 중원제국 사이에는 문화적 교류도 활발하여, 삼국은 이미 한(漢)문화의 영향을 깊이 받은 불교, 한자를 수반한 유교문화 및 율령제 등 한문화를 수용하여 각기 자국의 내적 발전을 도모했다.

특히, 삼국시대 후반기인 5세기 이후의 한·중 관계는 삼국간 대립과 중국의 남북조 성립이 상호의존적인 외교를 통하여 전개되었고, 빈번한 삼국의 대남북조 사행은 '조공'이라기보다는, 일반적 외교기능을 수행하기 위한 외교사절이었다. 즉 삼국은 자기세력의 보전과 신장을 위한 양면외교를 전개하면서 남북조의 세력을 이용하려 했으며, 남북조 역시 실리와 명분의 이중구조를 지닌 외교정책을 전개하여 삼국의 대립과 항쟁을 남북대립에 이용하려 하였으나 실효는 없었다. 따라서 수의 중원통일 이전까지는 종속국의 경제적 부담과 의례적 관계가 수반되는 실질적·전형적 조공관계는 성립되지 않았다. 따라서 그 당시의 책봉관계 자체도 매우 편의적이며 형식적인 것에 그쳤다.

한편 압록강 중류지역의 일개 왕국으로 출발했던 고구려가 5세기 이후 동북아 일대에 독자적인 생존권을 확보한 하나의 제국(Empire)으로서 웅비하게 된 결정적 계기는 무엇보다도 대륙관계사 전개의 향방을 능동적으로 주도하면서, 적극적으로 대처해 왔다는 사실에 있다. 따라서 고구려는 다양한 종족, 다양한 문화권과의 조우 속에서 성장했는데, 이 점이 국력팽창의 원동력이 된 셈이다. 즉, 국초부터 전통적으로 영농정착문화를 향유한 한족(漢族) 이외에도, 이에 대립하는 유목문화권에 속한 흉노·선비·유연·지두우·돌궐·거란 같은 여러 스텝세력 및 동북만주에 산재하면서 시대에 따라 숙신·읍루·물길·말갈로 지칭되던 부차적 스텝세력 등과 부단히 접촉한 고구려는 자체의 우월한 군사역량을 배경으로 그들과 화·전 양면의 관계를 지속적으로 유지해 나갔던 것이다.

5. 삼국시대의 문화사적 가치

●●●●● 치국의 도 : 유학의 전래

　고구려·백제·신라 및 가야제국의 문화는 고조선·삼한사회의 고유문화와 신앙을 바탕으로 중국문화를 수용하면서 비약적으로 발전되었다. 특히 유교·불교·도교의 수용은 정신사의 변혁을 낳게 하였다. 이러한 문화수용의 주체는 중앙집권적인 국가를 건설한 귀족지배층들이었다. 이들은 새로운 문화를 발전시킴에 있어 외래문화를 있는 그대로 모방하는 데 그친 것은 아니었다. 그들은 이를 자신들의 생활에 적합한 것으로 만들어 가는 노력을 게을리하지 않았다. 이는 당시 귀족문화 전반에 걸쳐 나타난 현상이지만, 특히 한자(漢字)의 사용에서 잘 나타난다.

　한자는 일찍이 철기문화와 함께 전래되었다. 기원전 2세기경에 진국(辰國)이 한(漢)에 대하여 직접 통교를 희망한 국서를 보낸 점으로 보아 당시에 이미 외교문서를 작성할 만큼 한자가 널리 사용되고 있었다. 한의 군현이 설치된 뒤로는 더욱 널리 보급되었으며, 삼국시대 초기에는 이미 문어(文語)로서 그 기반을 다지고 있었다. 하지만 외국문자인 한자 및 한문의 문어로서의 성립은 당시의 언어생활을 이중적인 것으로 만들었다. 따라서 이러한 불편은 한자의 음과 훈을 빌려 우리말을 기록하는 방법인 이두를 출현시켰다. 이 표기법은 일본으로 전해져 음절문자인 가타카나(假名)의 성립에 영향을 미쳤다.

　국가체제가 정비된 뒤에 나타난 삼국의 역사기록은 한자 사용수준을 말해준다. 고구려의「광개토왕릉비문」이라든지, 백제 개로왕이 북위에 보낸 국서, 대우평「사택지적비문(砂宅智積碑文)」, 신라의「진흥왕순수비문」·「울진봉평신라비」·「영일냉수리신라비」등의 금석문은 이러한 사정을 입증해 주고 있다. 그러나 당시 유교는 정치적 지도이념으로까지는 발전하지 못하였다.

국사편찬은 한자의 사용과 더불어 행해진 국가적 편찬사업이었다. 고구려는 국초에 『유기(留記)』1백 권을 지은 바 있고 영양왕 11년(600) 이문진에 의해 『신집(新集)』5권으로 개수되었다. 백제에서는 4세기 중엽 근초고왕 때 고흥에 의해 『서기(書記)』가 편찬되었고, 이후『백제기』·『백제신찬』·『백제본기』등 이른바 백제 3서가 편찬된 것으로 보인다. 신라에서는 진흥왕 6년(545)에 거칠부에 의하여『국사』가 편찬되었다. 한편, 6세기 말 진평왕 때에 신라에 병합되었던 본가야의 역사서로서『개황록(開皇錄)』혹은『개황력(開皇曆)』이 편찬된 듯하다.

이들 사서는 당시사회의 문화수준을 반영하는 것이며 특히 삼국이 율령을 반포하여 국가의 제도를 정비하고 대외적인 발전을 할 때에 편찬된 것은 국가와 왕실의 위엄을 내외에 과시하려는 데 그 목적이 있었다.

국가통합의 도 : 불교의 수용

인도에서 발생한 불교가 중국에 전래되어 육조의 중국문화를 한 단계 발전시켰던 것처럼, 삼국에 전래된 불교도 한국고대의 역사를 몇 단계 끌어올렸다. 이는 한자와 유교문화의 보급에 이어 가장 큰 변화였다.

불교의 전래는 삼보(三寶)로 불리는 불(佛)·법(法)·승(僧)의 교류로부터 이루어졌다. '불'에 해당하는 부처의 정신을 기리기 위해 만들어지는 불상과 탑 등은 단순한 문화사적 의미만을 갖는 것은 아니다. 불상과 탑을 건조하기 위해 당대 최고의 공예와 건축술이 필요할 뿐만 아니라, 이를 위한 정치적 배려와 자금력이 필요했다. '법' 즉 '말씀'의 보급과 함께 불경이 전래되면서, 한국고대의 학문은 그 깊이를 더해 갔다. 불경은 단순한 지식이 아니라 신앙의 대상인 경전이었기에, 그 보급속도와 연구도 깊이를 더하여 결국 한국고대문화의 발전으로 이어졌다. 다음으로 '승'에 해당하는 고승 및 사람의 교류는 정치·경제·문화의 국제교류를 이끄는 주인공이었다. 이들이 오가면서 선진문물과 문화의 보급을 활발하게 하였다.

불교는 고구려의 소수림왕 2년(372) 전진(前秦)의 순도(順道)에 의해 처음 전래된 것으로 기록되어 있다. 그러나 이보다 먼저 고구려 백성들이 불교를 알았을 가능성이 있다. 동진(東晋)의 중 지순도림(支遁道林; 314~366)이 고구려 도인에게 서신을 보내 축잠(竺潛; 286~374)을 언급한 것이 그 증거이다.

백제에는 이보다 12년 뒤인 침류왕 원년(384)에 동진의 고승 마라난타에 의해 전래되었고 신라는 이설이 있으나 눌지왕(417~458)대에 고구려로부터 묵호자가 전래하였다. 기록상에 나오는 것은 국가적인 전래이기 때문에 그 이전부터 불교는 민간에 스며들고 있었다. 고구려에서 온 아도(阿道)가 신라에 불교를 전한 것은 소지왕대(479~500) 개인적인 것이며 국가적인 것은 아니다. 이 점은 고구려의 경우도 마찬가지이다. 한편 불교의 해상전래에 관한 견해도 최근 '수로왕설화'와 관련되어 제기되고 있다.

불교가 우리나라에 외래종교로서 전입되자 우선 고유신앙과의 접촉·융화 과정에서 대단한 갈등과 변형이 일어났다. 태양·광명 등은 환태천제(桓太天帝)로 되었고 천공(天空)·영성(靈星) 등의 신앙은 토성신앙(土星信仰)이 되었으며, 하천신앙(河川信仰)이 용왕신앙(龍王信仰)으로, 산악숭배는 산왕신(山王神)으로 씨족시조·가옥신 등은 구왕신신앙(竅王神信仰)으로 각각 불교화되어 갔다.

종래의 민간신앙이 이처럼 불교와 융합되면서 삼국의 불교는 귀족불교로서 국교화되었다. 삼국의 불교가 중국에서 전래되었고 삼국시대의 중국불교는 고구려·백제·신라에 전래되어 열반·화엄 같은 대승교학이 일어났다. 그러나 대체로 볼 때 초기에 전래된 불교의 성격은 처음부터 심오한 이론과 연구가 중심이 아니고 고구려에서 보는 바와 같이 구복 내지 선인선과(善因善果)의 불교였다. 신라의 불교도 구복적인 종래의 토속신앙과 별차가 없었다. 전통적인 무격신앙의 존재는 신라가 불교를 공인하는 과정에서 진통을 겪고 이차돈의 순교로서 일단락을 짓게 된다. 이차돈의 사화, 즉 목에서 젖 같은 백혈이 솟아 나왔다는 이적은 「현우경(賢愚經)」 같은 데서 보는 순교설화와 같은 것이다.

고구려의 불교연구는 삼론학(三論學)에서 큰 의미를 찾게 된다. 중관론(中觀論)·십이문론(十二門論)·백론(百論) 등 삼론은 고구려의 중 승랑(僧郎)에 의해서 본궤도에 올랐다. 중국에서 삼론과 성실론이 함께 연구되어 학적 분리가 없었던 것을 승랑의 연구가 이를 분리시켜 중국학계에 영향을 끼쳤다. 이러한 바탕 위에 혜관(惠灌)은 일본 삼론종의 개창자가 되었다.

고구려의 불교미술은 고분에서도 볼 수 있다. 벽화의 그림은 북위의 운강(雲岡)석굴과 문화적 연관을 보여주며 중국 북조불교와의 긴밀한 관계를 짐작하게 된다. 이러한 고구려의 불교는 영류왕 7년에 전래된 도교의 득세로 위축되었다.

백제는 계율종이 주된 연구대상이었고 겸익(謙益)은 그 대표적 인물이었다. 따라서 일본의 여승 선의니(善義尼) 등 몇 사람이 백제에서 계율종을 3년간 공부하고 돌아가 일본 계율종의 일인자가 되었다. 그러나 계율중심의 백제불교는 극도로 형식주의로 흘러 살생을 금하는 한편 민가의 가축을 방생케 하는가 하면 심지어 수렵과 어로의 도구마저 불사르기까지 하였다. 뿐만 아니라 사원건축에 막대한 국비를 소모하여 미륵사·왕흥사·수원사(水源寺) 등이 건립되었다. 이들 사원의 가람배치는 당탑을 중심으로 남으로부터 중문-탑-금당-강당의 순으로 일직선상에 배치되었다. 특히 사비시대에 이르러서는 성왕과 위덕왕 때 소불이 조상되었고 아울러 불타신앙과 미륵신앙이 성행하였다.

　신라의 불교는 특히 호국불교로서 왕실이 국가적으로 육성·통제하였다. 진흥왕이 변경을 순수할 때마다 승려를 따르게 한 것도 불교를 국가 정책과 부합시키려는 의도였고 고구려승 혜량(惠亮)을 승통으로 삼아 교단을 지도케 한 것도 똑같은 목적에서였다. 혜량에 의해 인왕백고좌회·팔관회 같은 불교양식이 베풀어졌다. 인왕백고좌회는 「인왕호국반야바라밀다경」설에 따라 내·외환을 배제하고 국가의 안녕을 기원하는 법회이며 팔관회는 본래 속인이 팔계(八戒)를 하룻밤 하루낮 동안 닦는 법회지만 7일간의 전몰장병 위령제였다는 데서 그 성격을 알 수 있다.

　한편 신라의 화랑도는 미륵신앙과 밀접한 관계를 갖고 있어 호국신앙의 표징이었다. 화랑도의 이상국가란 불교의 이상국가관인 미륵정토를 구현하는 것인데 미륵불이 하생하여 화랑이 되었다는 것이다. 소위 화랑의 귀감이 된 「화랑오계」는 불가의 계율과는 달리 원광(圓光)이 인왕경·은중경·아함경 등에서 각각 충·효·신의 골자를 뽑고 살생관을 첨가한 것이다. 살생은 불가에서 금하는 것이지만 국가의 번영과 직결하는 문제이므로 고구려의 침입을 막고자 수왕조에 원병을 청하는 「걸사표」를 썼던 원광으로서는 신라의 화랑에게도 동일한 원칙을 적용한 것이다.

　자장(慈藏)이 황룡사 9층탑을 세운 것도 신라가 주위의 일본·중국·말갈 등 9개국을 정복하여 조공을 받고자 하는 염원과 영토확장을 불법으로 빌고자 한 데서 오는 것이다. 이처럼 불교의 호국사상은 삼국이 같은 성격을 갖는 것이며 따라서 왕실중심의 권력과 밀착하여 발전되어 갔다. 특히 불교미술로서의 반가사유미륵보살상은 북위로부터 고구려에 들어온 뒤 백제와 신라로 퍼져갔다. 이 반가사유미륵보살상은 우리나라 초기 불교양식의 특징으로 삼국시대에 크게 발달했다. 천불신앙(千佛信仰)도 고구려에 먼저 들어와 백제와 신라로 영향을 주었으며, 그 결과 천불신앙이 등장하였다. 요컨대, 당시 불교의 전래는 곧 3보의 전래였으며, 이는 고대 한국의 정치·경제·문화·사상의 발전에 지대한 영향을 미치게 되었다.

쉼터 6
고대 한일관계를 어떻게 볼 것인가?

고대사를 어떻게 보아야 할 것인가? 대체로 기왕의 고대 한일관계 연구는 일본에서든 한국에서든, 객관적이고 과학적인 역사인식을 바탕으로 한 것이라기보다는 자민족의 우수성이나 민족적 통합을 위한 배타적 민족주의적 관념에 크게 지배되어 왔다. 자료확보 측면에서 우리보다 앞선 일본인 학자들에 의한 우리 역사 왜곡은 어제오늘의 일이 아니었다. 그것은 풍부한 일본측의 사료를 바탕으로 한 '임나일본부(任那日本府)' 혹은 '남선경영론' 등으로 대표된다. 이들 이론은 단순한 일본인의 자기 역사에 대한 낭만적 향수를 일깨우는 데서 끝나는 것이 아니라 근대 이후 일제의 제국주의적 침략을 정당화하려는 정치적 목적이 강하게 내포된 것이었다.

일본인 측의 연구에서 한국고대사는 그 출발점부터가 외세지배 아래 전개되었다는 '타율성론'이라는 식민사관적 논리를 관철하는 것이었다. 한반도 북부는 중국·만주·몽골 세력에 의해서, 그리고 남부는 일본에 의해서 통치되었다는 가정 아래서 '한사군'을 의도적으로 강조하는 한편, 일본에 의한 남한경영 즉 '임나일본부'설을 제기했다. 바꿔 말해 고대사회에서 이미 일본의 한반도 지배가 가능했다면, 20세기에도 역시 가능하며, 이에 일제의 한국병탄과 대륙지역에서의 제국주의적 침략을 합리화하려 했다. 이러한 가설을 뒷받침하는 중요한 고고학적 자료로서 흔히 거론되는 것이 석상신궁(石上神宮)의 '칠지도(七支刀)'와 「광개토왕릉비문」이다.

종래 일본학계에서는 『일본서기』 진코우키 상(神功紀上)의 '칠지도'와 석상신관의 '칠지도'를 동일물로 간주, 칠지도 명문의 전문·후문을 분리시켜 검토하는 과정에서, 특히 연호문제에 집착, 그것을 동진 태화(太和) 4년(369)으로 간주해 '칠지도가 백제에서 왜왕에게 올린 것'으로 보았다. 문제된 칠지도의 명문은 다음과 같다.

〔前面〕泰 四年 五月 十六日 丙午正陽 造白練鋼七支刀 □酸百兵 供供侯王 作 〔後面〕
先世以來未有此刀 百濟王世子 奇生聖音 故爲倭王旨造傳示 後世.

〔동진국 태화 사년 오월 십육일 병오정양에 백번(百番)이나 쇠붙이를 단야(鍛冶)하여 이 칠지도를 만들었다. 어찌 '백병'을 피하겠느냐. 마땅히 '후왕'을 받들고 받들라. 선사 이래로 이와 같은 칼은 아직 없었다. 백제 왕세자는 신령스럽게 태어난 이다. 그래서 왜왕을 위하여 그런 취지에서 이 칼을 만들었다. 후세에 전하여 보이도록 하라〕

한편 중국인에 의해 발견된(1880) 광개토왕릉비는 1884년 일본육군 참모본부의 관장 아래 비밀리에 연구가 진행되어 『회여록(會餘錄)』(1989)에서 일본 고대사상의 남선경영설의 기본사료로 제시되었다. 1,800여 자의 네 면 모두 비문이 있는 광개토왕비는 기록이 빈약한 『삼국사기』에 비해 풍부한 내용을 수록하고 있다. 그 주요내용은 고구려의 기원, 광개토대왕의 정복활동 및 수묘인제(守墓人制:왕릉의 시묘를 위해 새로이 편입된 한과 예의 종족들을 사용한 경위를 쓴 것)로 대별할 수 있다. 이 가운데 한일고대관계사의 쟁점이 되는 것은 전쟁기사에 나타난 신묘년(391) 초이다. 내용은 다음과 같다.

永樂五年… 百殘新羅舊是屬民由來朝貢 而倭以辛卯年來渡海破白殘新羅以爲臣民以六年丙申王躬率水軍討利殘國.
〔영락 5년… 백제·신라가 본래부터 우리에게 복속해 연연히 조공을 이어왔는데 왜가 신묘년에 와서(?) 바다를 건너 백제·신라를 무찌르고 신민으로 삼았다. 영락 6년에는 왕이 친히 수군을 이끌고 이잔국을 토벌했다〕

종래 일본측은 '파(破)' 앞에서 끊어 새겨서 "왜가 바다를 건너와 백잔(百殘) 등을 신민(臣民)으로 삼았다"고 보면서 더 나아가 이 기록을 비문 전체에 걸친 주제어로 파악했다. 이에 광개토왕 시기 한반도에서 활동하던 왜의 비중은 커지고 한반도 남부를 '신민으로 삼았던(以爲臣民)' '임나일본부'의 실재를 강변할 수 있었다. 이른바 '출선기관(出先機關)'설로서, '임나일본부'와 같은 일본의 '출장소'가 4~6세기에 임나지역을 식민통치했다는 것이다.

한편 일본학계도 '출선기관설'에 대한 재검토 분위기와, 북한의 반발에 영향받아 이노우에 히데오(井上秀雄)는 '가야의 왜인설'을 제안하기도 했다. 일본열도에 삼한의 분국인 임나국이 있었던 것이 아니라, 일본에서 임나지역으로 이주한 왜인들의 행정기관이 있었다고 했다. 식민통치기구설은 일단 부정되었지만, 왜의 행정기관이라는 데에는 변함이 없었다.

그렇다면 우리측의 대응은 무엇이었나?

이러한 일본측의 한국고대사 인식에 대한 우리의 대응 또한 '일본멸시감'에 젖어 사실에 대한 면밀한 확인보다는 대안 없는 원칙과 근거 없는 우월감에 의해 고대사를 재단했다는 것에 문제가 있다.

먼저 임나일본부 문제와 관련해 정인보 등은 '도(渡)' 앞에서 끊어 "왜인들이 와서 고구려가 바다를 건너와 치고 백잔(百殘) 등을 신민으로 삼았다"고 파악한다. 한편 이후 정인보·박시형 등은 일본에 의한 한반도 남부지역 지배라는 해설에 대해 강력히 반대하고 마침내 이진희에 의해 그 개작설(石灰塗付作戰說)이 주장되었다. 이진희는 '도해파(渡海破)' 자체가 개작되었다고 하고 있고, 이형구는 '위작왜자(僞作倭字)'설까지 거론하였다.

하지만 기록된 사실을 둘러싼 지나친 진위논쟁은 오히려 고대 한국사의 역사상을 왜곡할 가능성이 큰 것이다. 즉 처음 광개토왕비를 발견해 일본에 탁본을 전한 호리모토 중위의 위작행위가 만약에 사실과 다르다면 어떻게 할 것인지 대단히 우려된다. 나아가 가짜 왜의 존재를 입증할 여지가 '왜=일본'이라는 기존의 논의를 뒤집어놓을 만큼 남아 있는 것인지 문제라고 할 것이다. 문제는 기록의 가치인 것이지, 그 기록의 진위논쟁으로 단순화할 경우 한국고대사의 인식에 대단히 나쁜 전례를 만들 수 있다는 점이다.

나아가, 1963년에는 북한 학계를 중심으로 가위 혁명적이라 할 수 있는 '삼한분국설'이 제기되기에 이르렀다. 선사시대 이래 삼한 삼국의 주민들은 일본열도에 이주하여 각기 자신들의 출신지와 같은 나라를 건국하여 모국에 대하여 분국과 같은 위치에 있었다고 전제하고, 이들 분국들 중에는 가야인들이 현재의 히로시마 동부와 오카야마에 걸치는 지역에 건국한 임나국(任那國)이 있다고 했다. 이러한 임나국을 중심으로 서부에는 백제계의 분국이, 동북쪽에는 신라계의 분국이, 동쪽에는 고구려의 분국이 각각 위치했으며, 또한 동쪽으로는 '대화정권(倭)'이 위치하고 있었다는 것이다.

한편, '출선기관설'과 '분국론'이 제기되면서 천관우·김현구 등은 '백제군사령부설'을 제기하여 주목을 받기도 했다. 즉, 『일본서기』에 보이는 임나(가야) 관련사료 중에 '일본'이 주체로 묘사되어 있는 기사들 가운데에는 백제를 주체로 바꾸어 놓아 보면 사리에 맞게 되는 것들이 적지 않다고 전제하고, '임나일본부'란 다름아닌 '임나백제부(任那百濟府)'와 같은 것이었으며, '임나백제부'는 백제가 군사적 목적으로 가야지역에 설치했던 군사령부와 같은 성격으로 해석했다.

점차 객관적 사실의 복원으로 그 방향은 전개되었으나, 초기 연구에서는 민족적 감정이 개입된 흔적을 지워버리기 어려웠다. 식민지를 합리화하기 위한 '식민사관'의 극복을 위해, 그와 같은 논리로 대응했다는 지적을 면치 못할 것이다. 이것은 단순히 학문의 미숙함만으로 치부해 버리기 어려운 수준이었다.

임나일본부 문제를 어떻게 봐야 하는가?

무엇보다도 일본측이 말하는 '임나일본부'를 일방적으로 없었던 것으로 파악하는 자세로부터 해방되어, 보다 학문적 자세에 충실해야 한다. '임나일본부'연구에서 가장 진전된 연구성과라고 한다면, 양국의 일부 학자들이 주장하는 '외교사절설'이다. '임나일본부'가 어떠한 행정기구도 아닌 왜의 사신들을 의미한다는 것이다. 즉, '부(府)'라고 하는 표기는 『일본서기』가 주장하고자 했던 역사관의 산물에 불과한 것으로, '부(府)'의 원형이 '미코토모치(御事持)'임을 확인하고, '미코토모치'의 실체가 기관이나 관청이 아닌, 사신에 해당하는 것으로 해석하여 '임나일본부'는 곧 임나에 파견된 왜의 사신들이었다는 것이다. 이러한 견해는 1970년대부터 한국의 이영식과 일본의 쓰즈키 야스타미(鈴木靖民)·우케다 마사유키(請田正幸)·오쿠다 쇼우(奧田尙)·키토우 키요아키(鬼頭淸明) 등에 의해 확립되었으며, 근년의 한일고대사학계에서 가장 주목받는 해석의 위치를 차지했다.

한때 우리에게 유리한 부분이면 『일본서기』 기록이라도 무차별적으로 침소봉대(針小棒大)하면서도 우리에게 불리한 부분이면 '위작이니 불명확한 기록이니' 한 것은 바른 역사인식이 아니라 역사를 외면하는 것이다. 일방적으로 한국에서 일본으로 문화가 넘어가 시혜를 베풀었다는 논리나 거꾸로 일본이 조선을 근대화시키고 선진문화를 넘겼다는 이야기는 모두 같은 맥락이다. 그것은 어설픈 애국주의이자 구시대적인 민족주의의 잔폐이다.

올바른 인간관계는 상호보완하고 협력하는 관계이듯이 고대 일본과 한국은 서로 협력할 것은 협력하며, 싸울 것은 싸우면서 자기 지역의 문화발전을 도모하고 국가적인 발전을 획책했다는 사실이다. 고대 일본은 자신들의 안정적인 지배질서를 획책하기 위해 간절히 고대 한국의 문화를 받아들이고자 했고, 거꾸로 고대 한국은 고대 일본으로부터 용맹한 군사력을 지원받아 삼국항쟁에서 우선적으로 패권을 장악하고자 했던 것으로 볼 수 있다. 역사는 일방적인 시혜나 도움에 의해서 구성되는 것이 아니라 서로 협력하고 필요한 것을 서로 받아들이면서 발전한다.

임나일본부는 그러한 고대 한·일 사이의 협력관계를 나타낸 것일 뿐이다. 그럼에도 이것을 마치 남선경영의 획기적 증거로 파악하는 것은 편협한 일본식 민족주의·군국주의적 관심의 연장이다. 반대로 우리가 마치 고대 일본문화의 산실이며 야만적 일본보다 한 수 위의 문화를 가진 듯 주장하는 것, 나아가 일본을 의도적으로 깔보는 태도 또한 반역사적인 역사인식이라 할 수 있다.

인간관계는 언제나 주거니받거니 하면서 영위된다. 일방적으로 존재하는 경우는 없는 것이다. 일방적일 경우, 역사는 오히려 파탄에 직면할 뿐이다.

6. '남북국시대'의 이해

●●●●● 대신라 사회의 발전

　대신라는 확대된 사회적 기반과 경제력을 바탕으로 새로이 편입된 고구려·백제의 문화를 융합하여 하나의 민족문화를 확립하는 데 성공하였다. 한편 당 문화 등의 외래문화를 수입하여 세련된 문화를 발전시켜 나갔다.
　대신라의 문화진흥에 있어 우선 볼 수 있는 것은 유학의 발달이었다. 신문왕 2년(682) 국학을 설치하였는데 여기서는 교과과정을 3과로 나누고 박사와 조교를 두어 교육을 담당시켰다. 교과내용은 『논어』·『효경』·『예기』·『주역』·『좌전』·『문선』 등이었다. 원성왕 4년(788)에는 국학에 독서삼품과라는 관리채용시험제를 마련했다. 이는 유학의 교양에 따른 능력위주의 관리선발제도였지만 골품제도에 의해 큰 효과를 보지 못했다. 그러나 이러한 전반적인 유학의 발달은 많은 유학자를 배출하여 강수·설총 등이 출현하였고 성덕왕대의 김대문에 의한 『계림잡전』·『고승전』·『화랑세기』·『낙본(樂本)』·『한산기(漢山記)』 등의 저술로 이어졌다.
　신라하대에는 도당유학이 활발해서 당의 빈공과의 합격하는 자가 나타났는바 최치원이 대표적이다. 그는 진성여왕에게 「시무책 10조」를 올렸으며 『중산복기집(中山覆簣集)』·『계원필경(桂苑筆耕)』 등을 저술하였다. 이들의 특징은 6두품 출신이란 점으로 최승우·최언위 등이 그러하다. 이는 6두품 출신들이 골품사회의 신분제약을 학문적 능력으로 극복하려 하였고 진골귀족들도 이들의 행정적 능력을 이용키 위해 이들과 연결되었다. 그러나 주로

6두품 출신이 담당한 신라의 유교는 결국 골품제를 비판하고 사회의 모순을 개혁하려는 방향으로 나갔다. 결국 신라하대에 이르러 유교는 진골중심의 신라사회에 대하여 도전하는 세력의 사상적 기반이 되었다.

대신라시대의 불교교학은 당으로부터 전래된 종파를 중심으로 발달했다. 즉, 계율종·열반종·법성종·화엄종·법상종 등 5교의 성립을 보았는데 대표적인 종파는 화엄종과 법상종이었다.

화엄종은 원융(圓融), 즉 조화의 사상을 제시함으로써 지배층과 피지배층의 대립이나 지배층 내부의 항쟁을 지양하고 이를 하나의 질서 속에 포함시킬 수 있는 사상적 기반이 되었으므로 지배층인 진골귀족의 환영을 받았고, 특히 통일 이후에는 전제왕권 강화의 기념적 도구로 사용되어 크게 발전되었다. 해동화엄의 초조라 불리는 의상(義湘)은 당에 유학하여 중국 화엄의 제2조인 지엄(智儼)에게서 수학하고 신라 화엄종을 개창하였다. 뒤에 중국 화엄의 제3조가 된 법장(法藏)이 지엄문하에서 의상과 동문수학하여 지엄이 법장을 문지(文持), 의상을 의지(義持)라 하여 대비시킨 것도 당시 신라 화엄학의 수준을 보여준 것이다.

의상은 제자양성을 통해 화엄종을 번창시켰고 고려 초의 균여에게 이어지는 그의 법맥은 신라의 화엄종의 주류를 형성하였다. 그러나 최근 신라중대 전제왕권의 사상적 배경을 화엄사상에서 찾기보다 유교적 정치이념에서 찾아야 한다는 논고가 제시되어 주목된다.

신라 법상종의 가장 대표적인 승려로는 원측(圓測)을 꼽을 수 있다. 당의 현장에게서 신유식학(新唯識學)을 배웠고 현장의 제자인 규기(窺基)와 교리상으로 대립하여 규기의 자은학파(慈恩學派)에 대해 서명학파(西明學派)를 성립시켰다. 이는 티베트불교에 영향을 크게 미쳤고 도증(道證)을 거쳐 태현(太賢)에 이르러 집대성되어 법상종의 성립을 보았다. 신라의 법상종은 경덕왕대에는 화엄종과 대립할 정도로 크게 성장하였으나 화엄종에 눌려 크게 빛을 보지 못하다가 고려 중기에 가서야 귀족불교로서 부흥하였다.

한편 이 시기 불교계의 전체적인 분위기는 원효의 화쟁사상 또는 통불교사상으로 특징지어진다. 원효는 교리에 있어서 『화엄경』을 최고의 경전으로 보았고 『법엄경』·『열반경』·『중관론(中觀論)』·『삼론』·『성유식론(成唯識論)』등 주요경론에 대한 종요(宗要)와 논(論)·소(疏)를 지어 각각의 근본정신과 세부적인 절목을 정리하였고 특히 『대승기신론소(大乘起信論疏)』와 『십문화쟁론(十門和諍論)』에는 화쟁사상을 제시하여 서로 모순 대립하는 것처럼 보이는 각 경전의 불교사상을 하나의 원리로써 회통시키려 하였다.

원효의 이러한 화쟁사상은 불교의 종합화를 추구하였을 뿐 아니라 불교의 민중화를 주장하였다. 즉 정토신앙을 널리 전도하여 '나무아미타불'이라는 염불만 외우면 누구든지 극락에 왕생할 수 있다고 가르쳤는데 그의 정토신앙은 인간이 모두 평등하다는 기본원칙 위에 서 있는 것이 특징이다.

이밖에도 대신라시대에는 불교대중화를 위해 점찰법회가 행해졌으며, 정토신앙과 결부된 불교의식이 행해지기도 했다. 정토신앙 이외에 관음신앙이 신봉되었고 또한 밀교도 전래되었으니 이 시기 불교대중화의 한 현상이었다.

●●●●● 발해문화의 성격과 발전

발해는 문왕 때 당과 외교관계를 맺은 뒤 당의 문화를 수용하여 자못 문화의 꽃을 피웠다. 발해는 사신과 상인, 유학생과 유학승을 통하여 당의 문화를 수용하였다. 그러나 발해의 문화는 고구려문화를 바탕으로 여타 문화를 수용하였기 때문에 고구려문화 계승성이 뚜렷하다.

발해의 유학발달은 당 유학생과 빈공과 급제자를 통해 파악되며 관제명 등에서 그 편린을 볼 수 있다. 최근 발견된 「정혜공주묘지(貞惠公主墓誌)」와 「정효공주묘지(貞孝公主墓誌)」는 변려체로 기술되어 있어 높은 문장수준을 보여준다.

　발해건축은 도성제도에서 그 모습을 볼 수 있다. 발해는 전국을 5경 15부 62주로 구분했는데 그 가운데 5경은 상경용천부・중경현덕부・동경용원부・서경압록부・남경남해부로서 각 지역의 성지를 통해 이들의 성격을 확인할 수 있다. 즉, 발해는 고구려의 도성제(都城制)를 이어받으면서 특히 지방도성을 건축하는 발전을 보였다. 즉 고구려는 수도에만 도성을 건축하였으나, 발해는 지방에도 이를 확산시켰다. 또한, 발해건축은 발해의 기후풍토와 생활습성에 맞는 온돌이 있었고 이를 발전시켜 전면 온돌 직전단계까지 발전하였다. 발해건축의 다른 특징은 석재를 많이 사용한다는 점이다. 또한 녹유(綠釉)제품이 많이 이용되어 건축미를 나타냈다.

　발해의 고분은 지린성 돈화현 육정산(六頂山), 화룡현 북대(和龍縣 北大), 흑룡강성 영안현 삼령・남양・대주둔(寧安縣三靈南陽大朱屯), 임구현 두도하자(林口縣 頭道河子) 등지에 집중적으로 분포하고 있다.

　고분의 짜임새는 무덤방돌로 쌓고 그 위에 흙을 덮은 돌방흙무덤[石室封土墳]이 대부분이다. 돌방흙무덤은 무덤방을 땅 위에나 또는 절반을 땅 밑에 돌로써 쌓되, 그 무덤방이 널을 들여놓는 널방과 널길로 이루어진 외방무덤이라는 점에서는 공통하며 또 널길은 반드시 남쪽에 내었다. 고분의 규모에 따라 볼 때 대표적인 것은 돈화현 육정산 제1고분군의 정혜공주묘와 영안현 삼령돈의 삼령묘를 들 수 있다. 이것의 특징은 지상 또는 반지하에 널방과 널길로 된 무덤방을 돌로 쌓고 널길을 널방 남벽의 한가운데에 냈고 천장은 고임식 도는 꺾음식으로 하였으며 벽에는 돌을 다듬어 쌓았거나 회를 발랐다. 간혹 벽화를 그린 것도 있었는데 이는 고구려 말기의 큰 돌방흙무덤과 거의 같은 짜임새이다.

　한편 발해에서는 도자기 기술이 발달하여 '발해삼채'로 유명하며 당에 수출되어 그 우수성을 과시하였다.

　요컨대 발해문화는 고구려 문화의 연장선상에서 그것을 발전・계승시키고 여기에 발달한 당 문화의 영향을 선택적으로 받아들여 나름대로의 독특한 문화를 향유하고 있었다.

쉼터 7
발해사를 어떻게 이해해야 하는가?

발해사가 우리 역사 속에 떳떳하게 자리할 수 있을까 하는 문제는 아직도 논의의 대상이다. 왜냐하면 발해사의 한국사적 정통성에 대한 회의적 견해가 국내외 사학계에 상존하고 있기 때문이다. 서구적인 실증성과 객관적 사실에 대한 확인을 강조하는 근대주의적 학문풍토에서는 어쩌면 상대적으로 문헌기록이 취약한 발해에 대한 인식은 인색해질 수밖에 없을 것이다. 문제는 우리의 역사인식에서 발해의 일국사적 의미 나아가 세계사적 가치에 대한 확인이며, 그것을 통하여 발해사의 역사적 의미를 정확히 꿰뚫어 볼 수 있을 것이다.

그럼 왜 발해사를 공부해야 하는가.

먼저 발해사가 우리의 역사인식에서 강하게 자리잡았던 시기를 보면 발해사에 대한 관심이 단순한 과거사실의 회복에만 있었던 것이 아님을 확인할 수 있다. 즉 발해에 대한 관심은 조선후기부터 크게 확산된다. 알다시피 유득공(1749~?)은 『발해고』(1784) 서문에서 신라와 발해를 '남북국'이라 서술함으로써 삼국시대에 이어 남북국시대를 우리 역사상에 설정하는 데 크게 기여했다. 이는 신라가 발해를 '북국'이라 한 데서 착안한 주장이다.

반면 고려시대에도 『삼국유사』나 『제왕운기』에서 발해에 관한 기록을 찾아볼 수 있지만 전자는 중국의 『통전(通典)』을 옮겨놓은 것이고 후자는 매우 축약되어 실제적인 사료적 가치는 현저히 떨어진다. 또한 조선시대는 정사에 대한 관심이 특별히 강한 유교적 영향 아래에서 발해에 대한 공식적인 연구는 없었고, 도가류의 『규원사화』는 발해유민이 고려에서 썼다는 『진성유기(震城遺記)』와 같은 발해에 관한 전문역사서도 있었던 것으로 전하고 있으나 현존하지 않고 있다.

왜 발해사에 대한 인식이 역사적 변화과정 속에서 이렇게 달라지는 것인가. 바꿔 말해 지난 1천여 년 동안 발해사가 우리에게 크게 각인되지 못한 것과 함께 그 이유를 분석하는 것도 의미가 있을 것이다. 발해사에 대한 관심은 조선후기에 특별했다. 주체적 역사의식이 높았던 실학자들은 이를 놓치지 않고 우리 역사 속에 발해를 적극적으로 다루기 시작했다. 유득공에 이어 한치윤이 적극적으로 다루었는가 하면, 정약용도 그의 『아방강역고』에 『발해고』와 『발해속고』를 서술했다.
　조선후기 실학자의 발해사에 대한 관심은 바로 당시 조선사회의 내재적 근대적 발전과 그에 따른 문화적인 소산이었다고 보고 싶다. 근대 부르주아적 발전과정에서 필연적으로 나타나는 강역과 자국의 영웅적 역사에 대한 관심, 그리고 그것이 확장되어 자민족 우월성을 강조하는 민족주의적 경향이 조선후기 특별히 실학자의 이해 속에서 돌출한 것이었다.
　경제적 측면에서도 상평통보의 전국적 유통과 같은 배타적·독점적 시장권에 대한 관심이 증대한 데서 백두산정계비와 같이 국경의 개념이 확장되는 것처럼, 발해를 우리의 영역으로 인식하는 이유는 단순한 과거 발해사의 복원만이 아니라 조선후기 역동하는 조선사회의 자본주의적 질서에 대한 희구와 자국의 내재적 발전에 대한 희망을 피력한 것으로 볼 수 있다. 조선후기 발해사 연구는 이처럼 우리의 근대적 민족형성 문제와 긴밀한 관련을 맺고 있다.
　그렇기 때문에 당연히 발해사 연구는 일제하에서 모진 수난을 당할 수밖에 없었다. 일제 관학자들은 이른바 만선사관 입장에서 만주사의 일부로 간주하고, 심지어 고구려사도 만주사의 영역에서 다루어야 한다는 주장이 나오기도 했다. 그 결과 발해사는 통일신라의 단일정통이론에 가려 우리 역사에는 끼지도 못했다.
　반면 한국고대사의 정통계승을 신라와 발해의 남·북국으로 보고 발해사의 서술을 게을리 하지 않았던 민족주의 사학자들이 있었다. 신채호의 『독사신론(讀史新論)』(1908)이 그러했고 장도빈의 『국사』(1916), 권덕규의 『조선유기(朝鮮留記)』(1924)가 그러했다. 특히 장도빈과 권덕규는 신라와 발해를 각각 '남북국'과 '남북조'로 시대를 구분하여 유득공의 뜻을 따랐다.
　결국 발해사 문제는 근대 민족국가 건설과정 혹은 국가재건의 이론적 근거로서 연구되었다. 이처럼 과거 역사는 지금 우리의 모습을 반영하면서 시대적 과제라는 요청에 응했다. 즉 식민지시대 발해사 연구는 일제가 만주침략의 수단으로 이해한 반면 우리는 망국의 백성이 다시 조국을 회복하여 위대한 해동성국을 만들어갔던 그런 자랑스런 역사를 일깨움으로써 암담한 식민지 현실을 극복하고 조국해방을 달성하자는 염원과 함께 했다.
　한편 해방 후 1960년대까지 한국사학에서의 발해사 연구는 별다른 진전을 보지 못했다. 그러다가 60년대에 접어들면서 남·북한 사학계를 중심으로 발해사에 대한 인식이 다시 새롭게 부각되었으며, 기존시각에 대한 반성도 나타났고 1970년대에는 본격적인 연구가 시작되었다. 그렇다 하더라도, 이는 신라사나 다른 연구분야에 비해 초보적 단계를 벗어나지 못했다.

 이는 여러 이유가 있을 것이지만, 발해와 신라라는 남북국의 형상이 마치 오늘날의 남북대치와 맞물려 묘한 뉘앙스를 발산하고, 이에 남북의 체제경합 가운데서 상대적인 통일신라 중심의 평가를 초래한 것이라 할 수 있다. 이에 1970년대 이후 평화통일 분위기가 고조되면서 발해 또한 우리 민족사의 영역에서 바라보는 시각이 확산된 것이라고 할 수 있다.

 해외 특히 중국에서의 연구는 발해를 당 문화의 연장선상에서 보려는 일관하는 데 비해, 러시아는 발해를 중국과 별개의 독립국으로 간주한다. 그렇다고 러시아 연구자들은 우리와 같이 발해를 고구려의 계승국으로 보지도 않는다. 그들은 발해는 당이나 고구려의 연장이 아닌 토착적 독자성을 지닌 독립국이었다고 하여 발해사가 중국사나 한국사 어느 곳에도 속하지 않음을 강조한다.

 결국 여기에서 우리는 오늘날 우리가 발해사를 심도있게 연구해야 할 필요성을 공감하게 된다. 결국 발해사 연구는 단순한 과거 우리 선조의 영광스런 시절을 회상하여 민족적 낭만을 더하여 피곤한 사회의 일상에서 벗어나게 하는 이야깃거리 이상의 그 무엇을 가져다주기 때문이다. 발해사는 우리 역사에서 소중한 경험을 남겨주었다. 그것은 고구려의 계승이라는 의미에 더하여 나라가 망하고 국민이 외적의 노예가 된 현실을 마침내 이겨냈다는 점에 있다. 그것은 조선후기 실학자의 눈으로 나아가 식민지 민족사학자의 눈으로 그리고 해방후에는 남북의 평화적 통일을 지향하는 역사학자의 양심 속에서 발해사의 소중함이 각인되기 시작했다.

 그렇지만 아직도 발해사는 여러가지 면에서 우리 역사로부터 외면당했다. 기술적인 측면에서 첫째는 발해인이나 그 유민들에 의해 쓰여진 기록이 어떠한 것도 전해오지 않고 있다. 겨우 중국의 『구당서(舊唐書)』나 『신당서(新唐書)』의 한 모퉁이 기록이 발해의 정사로 인용될 뿐이어서 그 실상을 파악하는 데는 큰 문제가 아닐 수 없다. 둘째는 한국사학사의 입장에서 볼 때 한국사가 주로 신라중심으로 이해되고 있다는 측면이다. 고려의 『삼국사기』에 발해의 기록이 빠진 것을 필두로 그 이후의 정사들이 모두 발해를 무시해 왔다.

 물론 이렇게 된 원인은 신라와 발해가 200여 년 동안에 걸쳐 대결하는 가운데 대립 현상의 고착이 이루어졌고, 발해가 이민족인 거란에 망했기 때문이다. 이러한 이유들로 인해 발해사는 그 동안 수많은 푸대접 속에서 역사적 정체성을 제대로 보여줄 수 없었고, 나아가 발해사 연구를 더욱 등한시한 결과였다.

 그러면 발해가 한국사의 일부라고 주장할 근거는 무엇인가? 그리고 우리 역사여야 할 필요는 있는가? 우선 역사적 사실측면에서 발해의 영역이 고구려의 그것을 대부분 계승했고, 그 주민들 역시 고구려의 후손들이었다는 점을 지적할 수 있다. 비록 왕실의 역사는 단절되었다 할지라도, 주민의 역사는 살아 있었다는 것이다. 왕실 또한 고구려왕실 붕괴(668) 이후 30년 만에 세워진 것이지만 그들 스스로는 고구려계승국임을 자처했다. 이 사실은 788년 발해의 문왕이 일본에 보낸 외교문서에 '고〔구〕려국왕 대흠무가 말한다(高〔句〕麗國王大欽茂言)'라고 한 것, 성씨가 밝혀진 32명의 일본파견 사신들 가운데 26명이나 고구려의 고씨였다는 점에서 확인된다.

그런데 발해사에서 자주 논란이 되는 것은 말갈문제이다. 이는 발해의 주민구성을 '지배계층은 고구려 유민이고 피지배계층은 말갈'이라고 한 기록이 그러한 논란을 가중시켰다. 이 해석만으로 본다면 발해는 말갈의 역사이지 고구려 유민의 역사로 볼 수는 없다. 왜냐하면, 역사의 주인공이란 다수의 피지배계층이 중심이 되어야 하기 때문이다. 말갈을 고구려 유민으로 보지 않는다면, 분명 발해는 말갈사 내지 만주사의 입장에서 취급될 일이다. 지금껏 발해사에 대한 오해가 여기서부터 출발하지 않았나 한다.

결론적으로 말갈이라는 호칭 속에는 중국중심적 역사관과 왕조중심적 역사관이 함께 뒤섞여 오늘날 그 실상파악을 흐리게 하는 것 같다. 즉 중국사에서 처음으로 사용되었던 말갈이란 어느 특정의 종족적 명칭으로 쓰였다기보다는 중국 입장에서 동북아시아의 이민족을 부르는 일반적 범칭이었다. 특히 이는 이민족에 대한 비칭으로 쓰여졌는데 발해를 『구당서』가 '발해말갈'로 적는가 하면, 신라 역시 이를 따라 『삼국사기』에서 '말갈발해'라고만 했지 '발해'라고는 부르지 않았다.

또한 고구려인이나 발해인이라 호칭될 때는 주로 지배층을 지칭했고, 피지배계층은 주로 말갈이란 명칭을 사용했던 것 같다. 고구려시대 말갈은 백산말갈(白山靺鞨)·속말말갈(粟末靺鞨)·흑수말갈(黑水靺鞨) 등 7말갈이 있었던 것으로 전해 오는데, 이들은 모두 고구려의 백성이었다.

이러한 생각 아래 백산은 백두산 지역이며 속말은 송화강이요, 흑수는 흑룡강을 의미하므로, '백산말갈'이란 '백두산 지역의 주민'이란 뜻으로 풀어 생각할 수 있다. 아무튼 백산인이나 속말인들을 부여계나 예맥계로 보려는 시각이 있다든지, 정약용 이래 여러 사람들이 한국사 속에 포함시켜야 할 '위말갈(僞靺鞨)'이 있음을 지적했다. 이러한 생각은 발해의 피지배층이었다고 하는 '말갈'을 고구려 유민이요, 발해백성이라는 뜻으로 해석할 수 있는 길을 열어놓은 것이다.

그리고 '발해인들은 풍속이 고구려 및 거란과 같고, 문자 및 전적도 상당히 있다(『구당서』)"고 전하고, "그 나라 사람들은 왕을 일컬어 '가독부(可毒夫)', 또는 '성왕(聖王)', 또는 '기하(基下)'라 하고, 명(命)은 '교(敎)'라 하며, 왕의 아버지는 '노왕(老王)', 어머니는 '태비(太妃)', 아내는 '귀비(貴妃)', 큰아들은 '부왕(副王)', 다른 아들들은 '왕자(王子)'라 한다(『신당서』)"라고 하여 그들만의 독특한 언어가 있었다는 사실을 전한다. 아울러, 지금까지 발견된 400여 개의 '문자기와'에 150여 개의 문자와 부호가 발견된 것으로 조사·보고되는데, 이것들 가운데는 한자와 다른 '발해문자'도 상당수 발견되었다. 이러한 사실은 발해가 고구려적 전통의 풍습·언어를 그대로 계승하고 있었다는 증거가 될 것이다.

문화적 측면에서 보더라도 발해인들이 고구려인이었다는 사실은 입증이 가능하다. 문화적 보수성이 강한 무덤과 주거양식에서 발해인들은 고구려인들의 것을 그대로 계승했다. 고구려인들이 사용하던 석실분 및 석곽·석관묘를 발해인들도 사용하고 있었는가 하면, 고구려인들이 사용하던 온돌을 발해인들도 사용하고 있었기 때문이다. 이러한 의미에서 한국사에서 신라와 발해를 남북국시대로 상정하고 발해사를 언급하는 것은 문제가 없다고 할 수 있다.

현대적 의미에서 보더라도 평안도와 함경도 및 강원도의 일부가 옛 발해영역이었고, 한국인으로 살고 있는 태씨(太氏)들이 대조영의 후손을 자처하는가 하면, 세계에서는 유일하게 아파트에까지 고구려와 발해인들이 사용하던 온돌을 사용하는 것 등은 모두 발해의 한국사적 의미를 입증해 주고 있다. 그러나, 이민족에 의한 멸망은 만주지역의 한국사적 의미를 상실하게 했다.

7. 고대사회의 사회구성과 지배법칙

●●●●● 삼국시대 : 노동력의 직접적인 지배의 시대

고구려·백제·신라 및 가야지역에 거주하는 일반민들은 국가의 주요한 수취대상이었다. 중앙집권적 국가의 성장에 따라 왕토사상이 대두되었고 토지와 백성에 대한 국왕권의 행사가 수취체계를 통해 나타났다. 그러나 모든 백성이 국왕의 수취대상은 아니었다. 관직이나 군직을 독점한 귀족들은 식읍 및 녹읍 등과 포로를 하사받아 토지를 사사로이 소유하고, 노비노동에 기초하여 부를 축적하였다. 왕도 궁성에 수공업 관계의 천민 등을 거느리고 생산품을 소비하였으며 포로나 범죄자를 특정지역에 강제로 이주시키거나 점령지를 향이나 부곡과 같은 천민거주지로 만들기도 했다.

　농민들은 『삼국사기』 소나전에 보이는 아달성민(阿達城民)처럼 마전을 공동경작하는 등 공동체 규제를 통해서 생산이 이뤄지고 있다. 「단양 신라 적성비」에 보이는 고구려의 이른바 전사법(佃舍法)은 이러한 촌락공동체적인 집단농업 노동방식을 말해 준다. 이러한 농민 가운데 신분적으로 양인인 자영농민들이 차지하는 사회적 비중이 컸으며 이들은 원칙적으로 사유지를 경작하였다. 국가는 이들을 직접 파악하여 조세·공부·역역을 부과하였다. 즉, 자영농민들은 인두와 호를 단위로 하여 축성·축제와 같은 역역에 동원되었다.

　삼국의 수취관계를 보면 고구려의 경우 인두에 부과하는 세는 베 5필과 곡식 5석을 징수했고 호는 이를 3등급으로 구분하여 1등은 호마다 1섬, 2등은 7두, 3등은 5두를 징수했다. 백제·신라의 경우도 비슷했을 것으로 추정된다.

　그러나 삼국은 토지에 대한 지배 이상으로 농민의 노동력에 대한 지배에 관심이 컸다. 고구려의 경우 역역운영은 수묘역제도를 통해 살펴볼 수 있다. 즉 광개토왕릉비의 명문에 의하면 수묘인 연호 330호의 징발단위가 성으로 나타난다. 그런데 국연과 간연으로 구별된 이 수묘역제도에서 국연과 간연의 비율이 1대 10인 점으로 미루어 국연 1호와 그에 딸린 간연 10호, 즉 11연의 각 조가 수묘역의 기초적인 노동편성의 단위였음을 알 수 있다. 이 노동단위는 재지세력의 사회적 제관계를 고려한 자연적인 편성이 아니라 국가권력의 강제에 의한 인위적 편성으로 추측된다.

　또한 평양성 성벽에서 볼 수 있듯이 고구려는 6세기 후반에 장안성을 쌓을 때 성벽 축조공사의 분담구역이라든지, 거리 혹은 감독자 이름을 명기하여 그 책임소재를 밝히고 있다. 이 점은 신라에서도 볼 수 있다. 법흥왕 23년(536)에 영천의 청제(菁堤)를 수리할 때에 7천 명의 이른바 장작인이 차출되어 공사책임자인 장상의 지휘 아래 사역노동에 동원된 바 있는데 25명을 한 조로 280개의 작업을 분대가 편성된 듯하다. 또한 진평왕13년(591) 경주 남산성을 개축해 신성을 쌓을 때에 거의 전국의 촌락민이 촌의 세력가를 작업책임자로 하여 2백여 개의 작업분단으로 편성 동원된 것으로 추측된다.

한편, 촌락공동체의 계속적 잔존에 대해 농민층의 사회적 분화는 계속되어 농민 가운데에는 토지를 상실하고 비민(備民)으로 전락하거나 매자손(賣子孫) 등의 방법으로 자녀를 팔거나 자신이 노비로 전환되는 경우가 많았다. 또한 진대법과 같은 공적 채무 이외에 사적 채무에 의해 노비로 전환되는 자가 나타나 사회의 최하층을 구성하였다. 이와 같은 피지배층에 있어서 민과 노비계층의 분할은 지배귀족과의 구분을 전제로 할 때 사회의 다원화, 지배구조의 다양화를 보여준다.

●●●●● 남북국시대 : 토지를 통한 인신지배의 강화

신라귀족의 경제적 토대는 국가로부터 군공 등으로 지급된 식읍(食邑)과 관직복무의 대가로 받은 녹읍(祿邑) 등으로 이루어져 있다. 이는 조세와 거주민의 역역까지 징발할 수 있는 것이었다. 그런데 통일 이후 신문왕대에 식읍과 녹읍 대신 관료전과 세조(歲租)제도로 변화하였다. 여기서 세조란 녹읍 및 관료전을 받지 못한 이들에게 지급된 것으로 추정된다. 한편, 이 관료전 및 세조는 관직에 기초하였던 것으로 볼 때 통일신라에서의 전제정치의 성장과 상응하는 관료제도가 확대되고 있다는 점을 알 수 있다.

농민들에 대한 국가적 통제는 성덕왕 21년(722) 농민에게 정전(丁田)을 지급한 것에서 볼 수 있다. 정전은 정(丁)을 기준으로 하여 준 토지로서 구체적인 토지제도의 내용은 1993년 일본 정창원(正倉院)에서 발견된 「장적문서」를 통하여 볼 수 있다. 「장적문서」라는 것은 촌민에 대한 수취를 위해 만든 조사기록이며 매 3년 만에 한번씩 제작되었다. 대상촌락은 서원경(西原京; 청주) 관하의 1촌 및 주변의 3촌을 합쳐 4개 촌락이었다.

서원경 관할의 모촌은 민가 10호 남자 46, 여자 60, 합계 남녀 106명이 살고 있었다. 촌민은 농민이며 논 29결19부, 밭 77결19부, 삼밭[麻田] 1결8부의 경작지가 있었으며, 말 10필, 소 8두, 뽕나무 1,235그루, 백자목(柏子木) 68그루, 추자나무 48그루가 있었다. 매호당 인구 10.6명, 경작지 10결7부라는 평범한 촌락규모를 보이고 있다. 이밖에 사해점촌(沙害漸村) 10호, 읍하지촌(薩下知村) 15호, 실명촌(失名村) 8호의 내용을 보여주고 있다.

신라촌락의 호는 상상호에서 하하호까지 9단계로 편성된 이른바 9등호제로 편성되었는데 당의 호제가 재산의 다소에 기준을 둔 것에 비해 신라의 호등은 인정의 다과에 의하여 편성된 듯하다. 이는 토지보다도 장정의 노동력을 수세과정에서 더욱 고려했음을 말한다. 특히, 남녀의 연령을 6등급, 조자(助子)·소자(小子)·제공(除公)·노공(老公)·정녀(丁女)·조녀자(助女子)·추녀자(追女子)·소녀자(小女子)·제모(除母)·노모(老母) 등으로 구분하여 그 동태에 관심을 보이는 것은 수취목적이 노동력의 지배와 직접 관련되었음을 의미한다.

이러한 촌락에 대한 국가의 지배는 촌주를 매개로 하여 실현되었다. 그러나 촌주는 촌락마다 있었던 것은 아니다. 촌주는 몇 개의 촌락에 한 사람이 배치되어 있었다. 이에 대해서는 촌주위답(村主位畓)이라는 토지가 지급되었으나 그는 관료로서가 아니라 촌민으로서 파악되고 있다.

촌락에는 논·밭·삼밭 등 세 종류의 토지가 있었는데 그 귀속관계에 따라 연수유전답(烟受有田畓)과 연수유외전답(烟受有外田畓)으로 구분되었다. 연수유외전답으로서는 관모전답(官謨田畓)·내시령답(內視令畓)과 삼밭 등이 속한다. 연수유전답은 촌락농민들의 개별적 경작지이고, 관모전답은 그 수확을 일정한 국가의 용도에 충당하기 위하여 설정된 국가직속의 관유지 같고 내시령답은 내시령이라는 관직에 대하여 지급된 일종의 직전이었다.

삼밭은 관모전답과 비슷한 국가소속의 토지로 인정된다. 관모전답·내시령답은 촌민들의 요역에 의하여 경작되어 그 수확이 전부 국가나 내시령에게 돌아갔다. 특히, 삼밭은 촌락농민의 집단노동에 의해 경작되었을 가능성이 크다. 농민에 대한 국가적 수취의 본질은 인신적 수취에 있었다.

이밖에 농민들은 병역을 부담해야 했다. 촌락의 농가에서 키우는 소나 말의 수가 많았음은 군용의 소·말 사육이 강제되었기 때문이다. 농민들은 그들이 재배하는 수목의 한 그루에 이르기까지 세를 물어야 했다.

이와 같이 이중삼중의 수취로 인해 농민들의 생활은 매우 불안정하였다. 앞의 4개 촌락 안에 실재한 최고의 호등은 중하호에 불과하였고 하하호가 절반 이상을 차지하고 있었다. 이와 같은 상황은 흉년·기근·질병 등에 의해 더욱 피폐되었고, 중앙정부의 지배질서 이완은 8세기 이후 농민에 대한 통제의 와해와 지배계급에의 도전으로 변화되어 갔다.

쉼터 8
장보고, 어떻게 볼 것인가?

신라 헌덕왕(809~826)대는 전성기 신라의 통치력과 경제사회의 모순이 크게 드러났던 시기였다. 즉, 『삼국사기』에서 821년 봄 "흉년이 들어 백성이 굶주려 자식을 팔아 끼니를 잇는다"는 기사가 그 뚜렷한 예이다. 이에 신라경제의 몰락과 사회혼란으로 유민이 증가하고, 항해기술과 바다사정에 밝은 선원들은 굶주림 등으로 해적이 되는 예가 허다했다.

한편 당나라는 안사(安史)의 난으로 중앙통치력이 무너지고 뒤따른 경제적 혼란은 연안지방에 해적이 나타나게 했고, 특히 황해를 무대로 판치던 중국해적은 신라 연해안을 습격하여 신라인들을 노비로 팔고 부리는 일이 적지 않았다. 이에 당 조정도 목종 원년(821)에 평로부 절도사 설평의 건의에 의해 신라인의 약탈매매금지령을 내리니, 끌려간 신라인들이 이 때 많이 되돌아오기도 했다. 이러한 시기에 청해진 대사 장보고(張保皐;?~846)가 등장하여 크게 활약했다.

장보고가 청해(완도)에 진을 치고 나·당·일 3국의 해상무역 왕으로 군림했다는 사실은 에닌(圓仁)의 『입당구법순례행기』에 잘 나타나 있다. 즉, 이 기행문은 중국에 거주하는 신라인의 공식적인 대표자들이 신라왕을 섬기는 대신 사적으로는 무역왕인 장보고를 섬겼다고 전한다. 또 장보고는 적산(赤山)에 법화원을 창건하여 여기에서 신라인들이 모여 불법을 강론하고 외국에서의 향수를 달래곤 했다는데, 남녀가 모일 때는 250여 인에 달했다고 한다.

그리고 장보고가 군졸 1만 인으로 청해진을 설진하고 난 이후부터는 해적의 활동이 보이지 않았다고 하는데, 나·당 조정에서 원했던 해적퇴치가 결국 그의 활약으로 인해 일단 성공했다고 볼 수 있겠다. 또한 당시 장보고가 해상의 지리에 밝아 설진의 위치까지 선정하여 왕의 허락을 받았다는 것은 나·당·일 3국을 호령하는 해상무역의 왕으로 군림해 보겠다는 의도가 있었다고 추측할 수 있다. 즉, 청해진이 비단 해상 군사요지로서의 조건을 갖추고 있을 뿐만 아니라, 북으로는 해남·강진으로 이어져 내륙지방과 쉽게 통할 수 있고 남으로는 당에서 황해를 지나 흑산도를 거쳐 남해연안을 다다라 일본 북구주로 통하는 당시의 무역로가 나당·나일을 연결하는 해상교통의 중심을 이루고 있었다.

이러한 청해진을 본거지로 하여 일본에는 회역사라는 무역사절을, 당에는 견당매물사의 인솔로 교관선을 파견하여 중개무역을 독점했다. 당시 중국은 주변국가의 대외무역을 공무역인 조공관계를 원칙으로 하고 사무역은 '외부접촉금지령(爲人臣無境外之交)'으로 엄격히 금지되었다.

신라 중고시대까지의 해상무역의 대표적인 형태는 조공무역으로서 무역주체는 물론 국가였으며, 그 방법도 공헌과 회사의 형식이었다. 그런데 그가 이러한 상황에서 당나라에 견당매물사를 보냈다는 것은 관무역을 가장한 사무역이었다.

이러한 사무역이 뚜렷이 나타난 것은 일본과의 교역에서였다. 장보고는 한때 일본에 회역사로 파견되었으나 일본측은 공무역이라 하여 이를 거절하고, 다만 장보고가 가져간 물건에 대한 사교역만을 허락했다. 이로 미루어보아 장보고가 독자적인 무역활동을 할 수 있을 정도로 세력이 강성했다는 점과, 민간교역품이 방대했으며 또한 그 무역품이 일본인의 절대적인 요청에 의한 것임을 알 수 있다.

이렇게 사무역이 성행한 요인으로는, 첫째로 통일국가 성립 초기에 대외발전의 필요성으로 교통의 편의를 위함과 안사의 난으로 인한 중앙정부의 통제력 약화에 따른 국가정책에서 찾을 수 있고, 둘째로 일본의 경우는 신라 경덕왕 12년에 의한 외교단절에 따른 양국의 무역욕구가 커진 데서 찾을 수 있으며, 셋째로 신라도 선덕왕 이후 신라하대의 혼란한 정치상황으로 말미암아 중앙정부의 통제력 약화에서 그 요인을 찾을 수 있겠다.

국가와 국가 사이의 공적인 성격에 가깝도록 대규모적인 무역활동을 전개한 장보고의 힘은 개인세력 확장에만 끝나지 않고 신라의 국력신장으로 연결되었으며, 해상항로를 통한 동아삼국의 경제·문화 교류에 공헌한 점은 높이 평가해야 한다.

그리고 희강왕 2년(837) 김우징이 청해진으로 들어가 장보고의 도움으로 왕위에 오를 수 있었다는 사실은, 청해진을 중심으로 3국의 제해권을 장악한 장보고의 활약상이 얼마나 컸는가를 짐작하고도 남게 해준다.

8. 대신라의 분열과 발해의 멸망

골품체제의 붕괴와 후삼국 성립

8세기 중엽 경덕왕 시절 신라의 전제왕권과 문화는 절정기를 이루었다. 그러나 내부모순이 불거지면서 하대의 역사는 정치적 혼란과 왕권의 약화로 규정지어지는바, 그 분열의 근본적 요인의 하나가 바로 골품체제의 붕괴였다. 영토확장기에 성골이 소멸되고, 그 이후 골품체제의 하부구조를 이루는 1·2·3두품이 소멸되었으며 4두품도 대체로 평민화되었다. 그러나 무엇보다도 현저한 현상은 6두품 계층의 대두와 혈연적 유대 및 이해관계를 함께 하던 진골 내부의 분열이었다.

골품체제에서 신분과 관등의 대응관계가 어느 시기부터 비롯되었는지 확실치 않으나, 고대사회에서 신분과 관등·관직의 상관성은 일반적인 현상이며 출생과 동시에 규정되었다. 그러나 신라사회의 발전이 점차 능력을 중요시하는 방향으로 진행되고 제한된 관직에 대한 수요가 증대되자 골품에 따른 관등·관직의 차별은 중위제(重位制)로는 해결할 수 없게 되었다. 이에 정치적 상승욕구를 지닌 당 유학생 중심의 6두품 계층의 현실정치에 대한 불만이 약화일로의 전제왕권과 함께 권력구조의 변화를 강요하게 되었다.

이러한 여건의 상호작용으로 나타난 것이 바로 귀족들의 항쟁과 대립에 따른 정치적 동향의 급변이었다. 혜공왕 4년(768) 각간 대공(大恭)의 반란에서 시작된 귀족들의 반란은 96각간의 난으로 번져, 마침내 이찬 김지정(金志貞)의 난으로 혜공왕이 시해되고(780) 내물왕계가 정권을 장악하였다. 그 뒤 9세기 들어 김헌창·김범문의 난 등 왕위계승을 둘러싼 대립이 첨예화되고, 귀족들은 자신의 무력적 기반확보를 위해 문객·사병을 양성하는 등 중앙정치는 혼란이 계속되었다.

본래 왕권의 절대적 우위와 관료체제의 확립은 왕족 사이에서의 군신관계를 강조하게 되며, 왕가 이외의 왕족은 상대적으로 신분이 낮아지게 된다. 이것이 바로 혜공왕 이후 진골 내부의 항쟁의 한 원인이며, 그 결과 왕권의 전위적 기능을 하던 집사성의 성격도 점차 변질되어 갔다.

그러나 근본적으로 6두품과 진골은 체제내에서 일정한 기득권을 향유하는 신분이었다. 따라서 6두품의 반신라적 성향이나 진골의 상호대립은 기존 체제에 대한 정면적 도전에 한계성을 갖고 있었다. 이에 진골중심의 체제를 해체시키고 신라의 붕괴를 촉진시킨 것은 독자적 세력으로 성장한 지방세력이었다. 지방으로 내려간 중앙귀족이나 토착적 세력기반을 갖고 있던 촌주 출신의 호족 및 군진세력으로 대표되는 지방세력은 중앙정부의 통제력이 약화된 틈을 타 사병·농장 등 자신의 무력과 경제력을 기반으로 독자적 관반제(官班制)를 이루며 조세와 역을 징수하는 등 중앙정부와는 무관하게 지방백성을 지배하였다.

이처럼 중앙에서는 지배층 내부의 상쟁과 골품체제의 모순으로 인한 반발이 심화되고 지방에서는 독자적 지방세력이 대두되어 백성들은 국가권력과 귀족·호족들의 이중적 수탈에 허덕여야 했다. 따라서 농민들은 8세기 후반 이래 시작된 유망(流亡)이라는 소극적 저항을 넘어서서, 흉년과 전염병이 겹치는 9세기부터는 무력을 수반한 적극적·정면적 저항을 시작하게 되었다. 즉, 초적·도적으로 불리던 원종·애노·기훤·양길 등의 거병과 경주까지 위협하던 적고적 등의 농민군 봉기가 바로 그것이었다.

결국 집권층 내부의 왕권을 둘러싼 권력다툼은 통치질서의 재확립을 불가능하게 했으며, 가혹한 수탈에 견디지 못한 백성의 저항은 신라의 분열로 귀결되어질 수밖에 없었다. 그러나 신라를 분열로 몰아넣는 결정적 역할을 담당한 농민 또한 아직은 새로운 질서를 수립할 담당자로서의 역량을 결집시키지 못한 상태였다. 이에 새로운 통치질서를 수립할 수 있는 능력을 갖고, 민심을 아우른 일부 호족이 상호연합 또는 농민군을 포섭하여 정부의 통제에 반기를 들었으며, 신라는 이를 진압할 힘이 없었다. 이들 지방세력 가운데 대표적인 것이 바로 무진주의 견훤(甄萱)과 북원의 양길(梁吉)이었다.

상주의 농민출신으로서 서남해 방면의 무장으로 종사하던 견훤은 난세를 틈타 농민군을 규합하여 무진주를 공략하고(892), 다시 완산으로 본거지를 옮겨 '백제왕'을 자칭하며(900) 세력을 키워 경주를 공략해 경애왕을 자살토록 했다(927).

한편 양길의 부하로 있던 궁예가 임진강 유역에 그 세력기반을 두고 성장해, 군소호족과 승려를 결집시켜 양길을 제거한(897) 뒤 송악에 도읍을 두고 [후]고구려를 건국했다(901). 즉, 견훤과 궁예는 각기 백제와 고구려의 옛땅을 근거로 하여 그 부흥을 주창함으로써 민심을 규합하여 신라에 대항하려 한 것이다.

그 뒤 궁예는 국호를 태봉(泰封)으로 고치고 철원으로 천도하여 광평성(廣評省)을 비롯한 여러 관부와 9관등을 설정했다. 스스로 미륵불을 자칭하고 전제정치를 꾀하며, 예성강 일대를 중심으로 패강진·혈구진 등에 세력을 펴고 있던 왕건을 부장으로 삼아 일시 세력을 떨치었으나, 전제정치로 민심을 잃고 본래의 독자적 세력기반의 취약성 때문에 곧 왕건에게 축출당한다. 이에 왕건이 왕으로 추대되어(918) 송악으로 천도하고 국호를 고려(高麗)라 함으로써 대신라는 신라·후고려·후백제의 후삼국 정립이라는 형세를 맞게 된다.

●●●●● 발해의 멸망과 그 유민의 활동

문왕(738~794)이 죽은 뒤 한때 침체상태에 빠진 발해의 국운은 선왕(819~830)의 활발한 영토확장에 힘입어 다시 면모를 일신하게 되었다. 그 뒤 마지막 왕인 대인선(907~926)에 이르기까지 발해의 왕들은 비교적 안정된 재위기간을 누렸으나, 사료의 부족으로 그 국내·외적 상황은 정확한 파악이 곤란한 실정이다.

발해 멸망(926)시기의 정세를 보면, 중국에서는 당이 망하고(907) 5대가 흥망을 거듭하던 정치적 혼란기였다. 따라서 대륙에서 강력한 대륙에서 강력한 지배세력이 사라지자 중국 북방민족들은 그들의 세력확장에 좋은 기회를 맞게 되었으며, 그 가운데 하나가 시라무렌 유역에서 유목생활을 하던 거란족이었다. 선왕대에 오늘날의 누안(農安)부근을 경계로 발해와 접경해 있던 거란은 안록산의 난(755~763) 뒤에 당의 지배력 약화를 틈타 등장한 야율아보기(耶律阿保機)가 여러 부족을 통합하고 중국으로 세력확장을 기도하였다. 따라서 거란은 자신의 배후에서 위협세력으로 온존해 있던 발해에 대한 공격을 먼저 시도하게 되었다.

그러나 발해에 대한 거란의 공격은 단순히 이러한 국제적 역학관계에만 기인된 것은 아니었다. 야율아보기가 스스로 발해를 일컬어 '세수(世讎; 대대의 원수)'라 했듯이, 누차에 걸쳐 거란은 발해에게 군사적 패배를 당한 바가 있었다. 멀리는 당 태종의 고구려 공격시 당의 선봉에 섰다가 고구려군에게 격퇴 당했으며, 8세기에는 발해와 당의 연합공격을 받을 위기에도 처했었고, 대인선 24년에는 요주(遼州)를 공격당하기도 하였다. 그래서 거란은 당시 격동하는 대륙정세에 민감히 대응하지 못한 발해를 일차적 공격대상으로 삼았던 것이다.

이러한 상황에서 거란군은 926년 정월에 발해의 부여성을 함락하여 황용부(黃龍府)로 개칭하고, 계속해서 상경용천부를 포위하였다. 이에 대인선은 변변한 저항조차 하지 못한 채 항복한 것으로 기록되어 있다. 이로써 고왕 이래 230여 년을 이어온 발해왕조는 멸망했고, 거란은 발해국을 동단국(東丹國)으로 고쳐 태자배(太子倍)를 왕으로 하여 982년(?)까지 지속시켰으며, 상경용천부도 천복성(天福城)으로 개칭하였다.

발해가 10세기 초에 이르러 문약과 사치풍조가 나타나고, 내정이 문란해지면서 왕위쟁탈전 등 사회모순이 심각하게 격화되었다고는 하나, 저항다운 전투조차 없이 패한 내막에 대해서는 자세한 기록이 전하지 않고 있다. 단지 "선제가 그들[발해]의 마음이 상반되고 틈이 생긴 기회를 틈타 군대를 동원하여 싸우지 않고 이겼다"는 『요사(遼史)』의 기록에 의거하여 발해국의 내부사정을 짐작할 정도이다.

이른바 발해유민이란 발해시대의 지배층이나 피지배층 모두를 말하는 것인데, 발해멸망 이후 그들이 처신하였던 태도와 행방에 따라 다섯 부류로 나누어 생각할 수 있다.

첫번째는, 멸망 이후에도 거란에 협조했던 지배층 유민들이다. 이들은 거란의 힘에 굴복하여 거란의 협조자가 되었으며, 고려·거란과의 외교접촉에서 중요한 역할을 담당하였는가 하면, 두 나라 사이의 전쟁에서는 거란의 장군으로서 발해유민들을 통솔하기도 하였다.

두번째는 거란침략자를 피해 거란의 통치력이 약한 타지역으로 이동하였다든지, 인접국에 투항했던 경우의 사람들이다. 이들은 특히 고려로 많이 이동했는데, 발해멸망 직후 『고려사』 속에 나타나는 '발해'사람들이 여기에 해당한다.

세번째는 발해왕실에 수취의 의무를 담당하였던 피지배층 유민들을 들 수 있다. 그들은 생활터전을 박차고 과감히 고향을 떠나지도 못하였고, 어쩔 수 없이 거란의 힘에 순종하여만 했던 무리들로서 이들은 분명 첫번째 유민들과는 구별이 된다. 이들은 기록에서 주로 '거란'이나 '숙여진(熟女眞)'으로 등장하나, 그 뿌리를 따지면 발해유민으로 밝혀지는 예가 허다하다.

네번째는 거란과는 반독립적 상태에서 그들의 생존과 관련된 실리를 추구하며 대처했던 유민들이 있었다. 주로 고려와 관계가 깊었던 생여진(生女眞) 부락들이 이에 속할 것이다. 국민적 차원에서 볼 때, 여진이란 혹수[말갈] 인과 발해유민의 통칭에 해당한다. 발해멸망 이후 함경도·평안도 여진을 비롯해서 남만주·동만주의 모든 여진이 발해시대에는 발해국민이었던 것이다.

다섯번째는 발해국의 옛 강토 안에서 거란에 맞서 새로운 왕조를 세우거나 대항해 싸웠던 유민들을 들 수 있다. 예를 들면, 대씨(大氏)의 '[후]발해(928~936?)'와 열씨(烈氏) 및 오씨(烏氏)의 '정안국(定安國; 936?~986?)'의 건국과 활약이 그러했고, 친거란파의 후손이었던 대연림(大延琳)이 홍요국(興遼國; 1029~1030)을 세워 반기를 들었다든지, 고영창(高永昌)이 '대발해국(1115)'을 세워 발해국의 광복운동을 폈던 것이 모두 그러한 예이다. 그러나 이러한 광복운동은 거란의 힘에 의해 번번이 실패로 돌아갔다.

대연림의 지휘하에 거란의 동경요양부에서 일어났던 홍요국의 광복운동은 주목되는 사건이었다. 운동의 거점이었던 요양부는 상경용천부에 세워졌던 동단국이 천도해 온 곳으로, 당시로서는 요동지역이 '고발해지(故渤海地)'나 '발해고국(渤海故國)'으로 부를 정도로 발해의 명문거족이나 일반유민들이 많이 옮겨와 있었기 때문에 광복운동의 진원지가 될 수 있었다. 그러함에도 발해멸망 이후 100여 년이 되었을 때의 이 시기는 이미 발해유민의 민족성

상실로 인해 지배층 유민의 소수를 제외하고는 대개가 거란화되어 있던 상태였다. 따라서 일부 발해유민의 광복운동은 실패로 돌아갈 수밖에 없었다.

또한 세 차례에 걸친 고려로의 원병요청도 끝내 무산되고 말았다. 이 때 고려의 곽원(郭元) 같은 사람은 대연림을 돕자고도 하였으나, 대연림이 같은 동족이라는 뜻에서라기보다 거란에 빼앗긴 군사기지를 빼앗자는 실리적 차원에서였다. 이 시기는 고려가 거란정복지의 발해후손들까지도 그들과 싸웠던 적대국 거란사람이라는 인식을 확고히 하고 있던 때였다. 따라서 남북국시대까지만 해도 한국사 속에서 꿋꿋이 남아 있던 발해사의 한국사적 유전자들은 이미 이 때부터 큰 상처를 입었던 것으로 보아 무방할 것이다.

●●●●●● Ⅳ. 통일국가 고려의 출현과 한민족의 정체성

1. 고려 귀족제 사회의 성립

●●●●● 후삼국의 역사적 성격

역사는 발전하는 것이다. 물론 순간순간은 전철이 반복되거나 퇴보하는 경우도 있지만 크게 보면 역사가 가는 길은 보다 인간을 행복하고 평화롭게 만들어 가는 것이다. 그런 의미에서 민주주의적 정치제도와 생활양식은 인류역사 최고의 문화유산이다. 우리는 후삼국시대를 보면서 후백제는 신검이라는 아들을 잘못 두어 부자지간·형제지간의 불화를 불러왔고, 결국 결정적인 패망의 원인이 된 것으로 보고 있고, 왕건은 시대를 정확히 읽고 민족의 대동단합의 기회를 제공하는 포용력있고 겸손한 위인이자 성군으로 묘사하기도 한다. 마치 견훤과 왕건의 개별적 인품과 소양에서 역사의 큰 흐름이 바뀐 것처럼, 말하지만 사실은 그렇게 생각해서는 안된다.

발전적인 역사인식에서 고려와 후백제가 가지는 역사적 의미를 볼 때 후백제쪽이 고려에 비해 훨씬 앞선 역사를 보여주고 있다. 그것은 비단 후삼국시대만이 아니라 고대 삼국시대에도 그러했다. 삼국 가운데 가장 먼저 율령이나 복제·관료제를 구축하여 고대국가의 기틀을 잡은 것도 백제였고, 뛰어난 해상기술과 제해권[제해력]으로 당시로서는 선진국인 중국의 문물을 일찌감치 받아들이고 대외진출을 꾀한 나라도 백제였다.

고대나 중세의 정치사를 연구할 때 가장 화두가 되는 역사방법론으로 귀족제 관료제 논쟁이란 것이 있다. 국가의 운영체제를 어떤 시각으로 파악할지에 대한 근본적인 이해방식인 것이다. 적어도 중세시대 정치사를 설명하는 틀로서는 유용한 귀족제 · 관료제 문제는 단순한 정치의 양상을 설명하는 방법론만은 아니다. 적어도 귀족제에서 관료제로 이행하는 문제는 저급한 단계의 중세를 한 단계 끌어올려 보다 고도화된 중세적 질서를 구축하는 것으로 이해할 수 있다.

따라서 후삼국시대는 이후 전개될 한국의 중세가 과연 어떠한 방향으로 진행될 것인가에 대하여 원형을 제공하던 시기였다. 고대왕국에서 보였던 귀족연합적 국가체제에서보다 왕권을 중심으로 한 관료체제를 구축하는 일은 역사적으로 매우 발전적이며 의미있는 일이었다. 물론 귀족제라 하더라도 신라의 골품제도보다는 고려적인 문벌귀족제가 보다 문호개방의 폭이 넓었고, 역사적으로 진전된 모습이라 할 수 있다.

결론부터 말해 후백제가 가장 먼저 역사적 · 사회적 진전을 보이고 있었다는 사실이다. 그들은 강남의 오월 등과 발빠르게 통교를 하면서 후삼국 가운데 가장 먼저 주변의 정세를 포착하고, 보다 진전된 사회체제 구성에 착수하였다. 왕건이 명문호족 출신으로 각지 호족의 기득권을 인정하고 귀족연합적 성격의 국가체제를 구축하고 있을 때 견훤은 상주지방의 가난한 농민출신으로 농민반란의 원인을 가장 정확히 분석하고 있었고, 아울러 진골만이 독주하는 신라 골품제도와 신라적인 질서에 대단한 반감을 가지고 있었다. 우리가 잘 아는 포석정에서 경애왕을 주살한 것도 그러한 맥락이라 할 수 있다.

그리하여 견훤은 강력한 왕권을 기반으로 한 관료제 국가건설을 주창하고 있었다. 예를 들어 6두품 출신의 최승우를 끌어안거나 각지 군현에 중앙관리를 파견하거나 하는 일은 흡사 백제말기 중앙집권적 관료제체제를 강화하고자 각 지방에 담로를 파견하고 중앙관리를 파견하였던 상황과 마찬가지였다.

지방을 강력하게 장악한다는 것은 기왕의 호족세력의 기득권을 제약하는 의미이며 결국 왕권강화로 이어질 것이 자명했다. 그렇다면 백제지역에서 일찍부터 왕권강화와 관료제가 구축된 것은 어떤 배경에서 가능했을까.

당연히 광범하게 펼쳐진 농경지였다. 물론 오늘날 최대 곡창인 호남평야는 일제 식민지시대에 개발된 것이라서 그것을 빼더라도 광범한 농림지가 존재했고, 임진왜란을 승리로 이끈 이순신의 전략도 전라도 곡창지역을 굳건히 지킨 것에 원인이 있다. 평야지역은 상업지대나 군진이 몰려 있는 지역에서 자유로운 이동과 물화의 유통이 전개되어 개별적인 치부가 가능했던 것과는 달리 안정적인 농업생산체제의 구축이 필수불가결한 것이고, 따라서 중앙정부의 명령이 적시에 관철될 개연성이 높은 곳이었다.

중앙정부의 권력이 구석구석 미칠 가능성이 높았기에 중세시대 대부분의 나라들은 공업이나 상업보다는 농업을 기반으로 한 안정적인 사회체제를 구축하고자 했다. 후백제가 일찍부터 관료제와 왕권강화의 가능성을 높였다면 그것은 상당부분 그 지역의 지리적인 이점과 산업구조의 영향에 기인한 것이라 할 수 있다. 결국 안정적인 생산력을 바탕으로 초창기 권력의 집중력이 높아졌고, 그 여세를 몰아 고려를 아래서 압박하고 신라에 대한 철저한 부정을 할 수 있게 된 것이다.

반면 고려는 해상세력과 군진세력이 포위한 형국에서 왕이란 존재는 그들 호족귀족의 이해를 대변하거나 조정하는 역할을 수행하는 일이 중요했고, 결국 왕건이 죽고 난 다음 그를 이은 혜종이나 동생 정종 그리고 광종 초기까지 귀족에 의한 왕권위협이 늘 가시화되고 있었던 것이다. 그래서 왕건은 29명이나 되는 호족의 딸들과 결혼을 할 수밖에 없었고, 신라에 대한 우호정책을 통하여 일정기간 힘보다는 조정과 포용에 의한 정치력을 구사할 수밖에 없었다.

오늘날 민족통일과 지역주의의 타파라는 측면에서 그러한 고려 왕건의 포용력이나 화해정책에 대한 관심이 고조되고 있다. 하지만 실제로 보면 그 또한 완전히 고대적인 귀족제 잔재를 청산할 수 없는 상황에서 소수 진골중심의 귀족연합체제에서 지방호족연합의 정치체제로 약간의 궤도수정에 그친 역사적 배경에서 비롯된 것이다. 고려보다는 후백제가 통일을 했어야 역사발전이 보다 앞당겨질 수 있었으리라는 믿음을 갖는 것도 그러한 배경에서 연유한다 하겠다.

●●●●● 후삼국의 통일과 호족

왕건은 뒷날 고려가 수도가 되는 송악의 호족으로서, 선대로부터 이루어진 사회기반 위에 서해의 해상세력 및 신라말기부터 독자적 세력을 키워오던 군진세력과 밀접한 연관을 가지면서 성장하였다. 그는 이를 바탕으로 궁예의 휘하에 들어가 큰 전공을 세웠으며, 특히 서남해 방면의 진도(珍島)·나주(羅州) 지역 등을 점령함으로써 후백제가 중국·일본과 연결되는 통로를 막고 또 북방에 대한 정면공격을 견제하는 데 크게 기여하였다.

왕건은 이 같은 전공에 의해 시중의 자리에 오르고, 얼마 뒤에는 홍유(洪儒)·배현경(裵玄慶)·신숭겸(申崇謙)·복지겸(卜智謙) 등의 추대로 궁예를 축출하고 왕위에 올라 새로이 고려를 개창하게 된다(918). 그는 이듬해 고려의 도읍을 철원에서 자신의 토착기반이 있었던 송악으로 옮겼다.

신라는 내부적인 정치의 혼란과 후백제의 침략으로 국력이 크게 기울게 되자 결국 고려에 귀부하였다(935). 이는 앞서 경애왕 4년(927)에 견훤이 신라의 서울을 공격하여 왕을 죽이고 돌아갈 때, 왕건이 신라를 도와 견훤과 싸워준 친신라정책이 주효한 것이었다. 이제 고려는 신라의 전통과 권위를 계승함으로써 명실상부한 정통왕조의 지위를 얻게 되었다.

후백제는 이미 934년에 운주(運州; 洪城)에서 고려군에게 패하여 공주(熊津) 이북의 30여 성을 빼앗기는 등 큰 타격을 받았다. 더욱이 이듬해에는 견훤과 아들 사이에 불화가 생겨 견훤이 그의 아들 신검에 의하여 김제 금산사에 유폐되고, 탈출에 성공한 견훤이 고려에 투항하는 내분이 발생하였다. 이에 태조는 대군을 이끌고 신검군을 일리천[善山]에서 대파함으로써 마침내 후삼국을 통일하였다(936).

후삼국을 통일한 고려는 호족세력을 어떻게 통합하여 중앙집권적 지배체제를 수립하느냐가 국가의 가장 중요한 정책과제가 되었다. 태조는 지방호족들의 광범한 지지를 얻어 후삼국을 통일하는 데는 성공했으나, 아직도 지방에는 독자적 군사력과 경제적 기반을 가진 호족들이 분립하여 할거하고 있었다.

또한 중앙에서도 이들 호족출신들은 개국공신이 되어 정치적 권력을 장악하고 있었다. 이들 가운데는 왕건을 중심으로 하는 중앙집권적 지배체제 수립에 반발하여 저항하는 세력이 있었다. 예컨대 태조가 즉위한 그 해에 호족출신인 마군장군 환선길(桓宣吉)과 이흔암(伊昕巖)의 반역이 잇달아 발생한 것은 당시 정국의 불안정을 보여주는 것이다.

태조는 호족세력을 회유하여 중앙집권적 지배체제의 기반을 넓히려 하였다. 건국 직후부터 태조는 지방호족들에게 사절을 보내 '중폐비사(重幣卑辭)' 즉 경제적 배려는 물론 태조 자신을 낮추는 말로써 회유하면서 귀부하는 호족에게 특별한 대우를 하였다. 그는 정주 유씨(貞州柳氏)·평산 박씨(平山朴氏)·충주 유씨(忠州劉氏)·황주 황보씨(黃州皇甫氏) 등 전국 20여 호족의 딸들을 왕후나 부인으로 맞아들였고, 또 호족 상호간의 혼인을 권장하여 정략결혼을 통해 권력기반을 넓혔다. 한편 여러 호족들에게 국성(國姓)인 왕씨(王氏) 뿐만 아니라 특정 성씨를 내려 그 곳을 본관으로 삼게 한 것도 호족과의 연합을 굳게 하려는 의도에 따른 것이었다.

또한 태조는 이전의 가혹한 수취를 막기 위하여 호족이 자신의 녹읍에 지방민을 동원하여 경작하게 하고 과도하게 수탈하는 행위를 금하는 조서를 내렸다. 그리고 후삼국전쟁을 거치면서 노비로 전락한 양민들은 본래의 지위로 되돌리거나, 수취율을 1/10로 낮추는 정책을 실시한 것이라든가, 태조

23년(940)에 실시한 역분전(役分田)의 분급도 이러한 중앙집권정책의 일환이었다. 그리고 공신이나 고관들을 자기 고향에서 부호장 이하의 향리를 임명할 수 있도록 한 사심관제(事審官制)와 지방호족의 자제를 뽑아 인질로 서울에 머물게 하는 기인제(其人制)를 통하여 지방을 통제하였다.

이와 같은 국가의 호족통제정책이 실시되었음에도 불구하고 태조대까지는 중앙집권적 지배체제를 확립하는 단계에 이르지는 못했다. 하지만 태조대에 시행된 여러 정책은 뒷날 확립되는 중앙집권적 지배체제의 단초를 이룬다는 점에서는 중요한 의미가 있다.

●●●●● 왕권강화와 귀족제 사회의 성립

태조에 이어 왕위에 오른 혜종은 호족세력의 정치적 도전에 부딪치게 되었다. 당시 호족세력의 도전은 태조의 여러 왕후소생의 왕자들과 그 외척세력들 사이에 왕위계승을 둘러싼 투쟁으로 나타났는데, 혜종 2년에 일어난 왕규의 난이 대표적이다. 사서에 의하면 본래 혜종은 생모인 장화왕후 오씨(吳氏)는 한미한 가문의 출신이었으므로, 왕위계승을 태조는 군공이 컸던 박술희를 그 후견인으로 삼은 바 있었다.

그러나 그 반대세력도 만만치가 않았다. 그 가운데 가장 위협적인 존재는 광주(廣州)출신의 왕규(王規)를 중심으로 하는 세력이었다. 왕규는 두 딸을 태조의 왕비로 들이고 또 다른 딸을 혜종의 왕비로 들여 왕실과 이중으로 외척관계를 맺고 있었다. 그런데도 그는 외손자인 광주원군(廣州院君)을 왕으로 세우고자 하여 두 차례에 걸쳐 왕을 암살하려 했다고 하는데 실제 왕규의 난은 혜종의 이복동생인 요(堯)와 소(昭)의 세력에 의해 조작되었을 가능성도 있었다. 즉 태자 요와 소는 신명왕후(神明王后) 유씨(劉氏)일파의 두터운 후원과 요의 처가인 박영규(朴英規) 세력과 긴밀한 관계를 가지고 있었다. 아울러, 서경 왕식렴(王式廉)과도 연결되어 있었다.

이와 같은 세 세력의 대립 속에서 불안한 나날을 보내던 혜종은 마침내 병을 얻어 2년 만에 세상을 떠나게 되었다. 요는 이를 틈타 박술희와 왕규의 세력을 물리치고 정종(定宗)으로 즉위하였다.

정종은 즉위 뒤 개경 안의 반대세력에 위협을 느끼고 자신을 후원하는 세력의 기반이 되었던 서경에 천도하려 했다. 그러나 그 실현을 보지 못한 채 재위 4년 만에 죽게 되어 왕권의 안정은 뒷날을 기약하지 않을 수 없었다.

건국초기에 이러한 혼란이 일어난 것은 나말여초의 호족집단이 아직도 스스로의 고대적 생리를 극복하지 못했을 뿐만 아니라, 고려국가의 연합정권으로 출범하여 왕권이 그 때까지는 미약했기 때문이다. 호족들은 폐쇄적인 신라의 지배체제에 저항하여 신라사회를 무너뜨리는 데에는 공헌하였지만, 고려왕권의 확립에는 도리어 장애가 되는 존재였다.

광종은 왕권을 안정시키고 귀족제 사회의 기반을 다지기 위해 일대 정치·사회의 개혁을 단행하였다. 예컨대 노비안검법(奴婢按檢法)을 실시하여 호족세력을 숙청하는 한편 학문성적과 능력을 기준으로 관리를 선임하는 과거제를 실시하여 지방호족을 중앙관리로 편입함으로써 새로운 정치기준을 내세우게 되었다. 그리고 새로 설정된 관료제의 안정을 위하여 백관의 공복을 제정하였다. 또 왕실의 권위를 높이기 위하여 광종은 스스로 황제를 칭하고 개경을 황도(皇都), 서경을 서도(西都)라 칭하였고, 광덕(光德)·준풍(峻豊) 등의 연호를 사용하는 한편, 왕궁과 국가시설을 확대하는 건설사업을 추진하였다.

한편 광종은 사상적 기반의 마련에도 유의하였다. 즉위 초부터 『정관정요(貞觀政要)』를 읽어 유교정치 이념을 이해하려 노력하였고, 신라말 이래 불교계의 현안이던 교종과 선종의 대립을 극복하는 사상체계를 얻기 위하여 오월(吳越)과의 교류를 통하여 천태학(天台學)을 연구하고 중국 선종의 하나인 법안종(法眼宗)을 받아들이고자 했다.

결국 이러한 광종의 정치개혁과 사상적인 활동은 신·구 세력의 세대교체를 이루게 되어 호족세력을 약화시키고 왕권을 안정시켰으며, 나아가 호족의 체질을 극복할 수 있는 새로운 문화기준을 제시한 것이었다.

광종에 이어 즉위한 경종이 전시과(田柴科)를 제정한 것도 이러한 개혁의 토대 위에 서서 개편된 중앙관료들의 경제적 뒷받침을 마련하기 위한 것이었다. 경종이 즉위한 처음에는 집정 왕선(王詵)을 비롯한 훈신계열의 반동적 움직임이 일시에 강력하게 대두하기도 했으나 그 세력은 약화되어 곧 퇴조했고 중앙집권화 정책이 지속되었다.

경종을 이은 성종대에는 새로운 정치·사회 질서를 수립하기 위해 개혁이 본격적으로 추진된다. 성종대에 개혁에 주도적 역할을 담당한 것은 신라 육두품 계열의 학문적 전통을 잇는 유학자들이었다. 특히 이 가운데 최승로의 시무책은 성종대 유학적 체제정비의 이념으로 채택되었으며, 그는 중국의 제도를 참작하여 중앙과 지방의 정치제도를 정비하여 중앙집권체제를 통한 귀족제 사회의 기틀을 다지고자 하였다.

성종 원년(982)에는 건국 이래 당시까지 중앙의 정치기구로 운용되어 온 광평성체제가 3성6부로 개편되었고 아울러 이를 뒷받침하는 하부기구가 마련되었다. 이어 다음해에는 전국에 12목(牧)을 설치하여 지방관을 파견하여 지방사회에 대한 통제의 손길이 미치게 되었다. 이 때 향직(鄕職)이 개정되어 당대등(堂大等)이 호장(戶長)으로 바뀌고, 병부가 사병(司兵), 창부(倉部)가 사창(司倉)으로 각각 개칭된 것은 호족들이 지방관의 보좌역인 향리의 지위로 격하되었음을 나타내는 것이다.

성종은 한편 지방호족들의 중앙관료로 등용하여 집권체제 속에 흡수하기 위해 호족자제에 대한 유학교육에도 적극적인 노력을 기울였다. 군주와 신하인 귀족이 서로 조화로운 정치질서를 추구하려는 유학적 이념이 표방된 최승로의 시무책이 성종대 정치이념으로 채택됨에 따라 정치제도는 물론 귀족문화가 발달할 수 있는 기반이 성립되었고, 고려의 정치는 신라시대보다는 한층 강화된 유교적 정치이념을 갖게 되었던 것이다.

고려 초의 역사적 성격

일반적으로 고려왕조는 귀족제 사회로 이해되어 왔다. 그것은 고려가 출신성분을 크게 강조하던 신분제 사회로서 가문·문벌이 좋은 귀족들이 정권을 차지하고 국가를 운영하여 갔다고 생각되었기 때문이다. 그런데 1970년대 초기에 이르러 이에 대한 반론이 제기되었다. 즉, 고려에서 채택한 일반적인 관인등용 방법은 개인의 능력을 시험하여 선발하는 과거제였으며, 여기서 선발된 관료가 주도적 역할을 담당하였으므로 고려왕조는 귀족제 사회라기보다는 가산관료(家産官僚) 사회로 이해해야 한다는 견해가 나온 것이다. 이에 따라 고려사회의 성격에 대한 논의가 활발히 진행되었다.

고려왕조가 귀족제 사회라는 근거는, 귀족사회란 신분의 세습이 전제가 되는 신분제 사회이며, 따라서 출생신분이 일차적인 중요성을 가지고 개인의 능력이나 자질은 부차적인 문제가 된다는 것이다. 그러므로 귀족제 아래에서 관직이 세습화되는 경향을 나타내어 정권은 소수의 가문에 의해 지속적으로 장악되며, 또 귀족들은 자신의 물질적 뒷받침을 확보하기 위해 토지의 사적 소유를 세습하기도 한다. 그 결과 문벌이 형성되고 가격(家格)에 상하가 생겨나게 되는데, 이와 같은 가격의식은 혼인관계에도 그대로 반영되어 동일한 신분과 계층 사이에 하나의 폐쇄적 통혼권을 형성하는 특성을 나타낸다는 것이다. 그리고 이와 결부되는 고려사회의 구체적인 내용으로는 다음과 같은 사실이 지적되었다.

먼저 문벌귀족의 형성에 대해서 보면, 고려가 집권체제의 기반을 마련한 성종대를 전후하여 지방호족계와 구신라귀족계, 그리고 개국공신계열들이 중앙귀족화하여 지배세력에 편입되고 문벌화하였는데 이들이 조상들의 원거주지를 본관으로 칭하면서 다른 가문과 구별하려 한 것은 이미 신분적 특권의식을 드러내는 양상이라는 것이다.

다음으로 이러한 특권을 보장받기 위하여 음서제나 공음전시법과 같은 제도적 장치를 마련하고 있었음이 지적되었다. 음서제란 조상의 음덕에 따라 5품 이상 고급관료의 자손이 원칙적으로 1인에 한하여 과거를 거치지 않고 관료로 나아갈 수 있는 제도이며 따라서 귀족들의 관직세습을 가능케 하는 제도라는 것이다. 그리고 같은 원리로서 역시 5품 이상의 귀족관료에게 그들의 특권적 생활을 누릴 수 있는 경제적 토대로 마련한 것이 공음전시이며, 이 공음전시는 자손에게 상속을 인정하고 있으므로 귀족의 경제적 기반을 세습할 수 있도록 했다고 한다.

이와 아울러 혼인관계와 통혼권에 대해서는 귀족관료들의 가계와 관직 및 혼인관계를 조사하여 경원 이씨(慶源李氏)·해주 최씨(海州崔氏)·경주 김씨(慶州金氏)·파평 윤씨(坡平尹氏)·평산 박씨(平山朴氏) 등의 10여 가문이 외척이 되거나 귀족 상호간에 중첩된 혼인을 맺어 폐쇄적인 통혼권을 형성하고 있었다고 한다.

반면 관료제설을 주장하는 학자들은 관인의 선발제도에 주로 초점을 맞추었다. 즉 귀족제의 중요한 근거가 되었던 음서제는 당사자에게 첫 관직을 주는 것에 한정되는 제도였으므로 귀족제 사회의 근거가 되는 습관제(襲官制)와 동일시할 수는 없으며, 그보다는 오히려 개인의 능력을 시험하여 관리를 선발하는 과거제가 더 일반적으로 시행되었다는 것이다.

한편 공음전시과의 수여대상으로 나타나는 5품 이상 관리도 이의를 제기하여 '5품'에 대한 해석을 종래의 '5품 이상의 고급관료'가 아니라 '공훈을 세운 관료를 5등급으로 나눈 5품'의 의미로 해석하여 귀족의 토지세습 규정이 아니라는 반론을 제기하였다.

이상과 같이 상반된 논의는 주로 과거제와 음서제, 그리고 공음전시과 중심으로 전개되어 아직까지 뚜렷한 결말을 보지 못하고 있으나, 대부분의 연구자들은 고려가 귀족제 사회라는 견해에는 동의하고 있다. 그러나 지금까지의 논의는 제한된 몇몇의 측면에만 초점을 맞추어 고려사회 전체에 대한 성격을 규정하려는 점에서는 한계가 있으며, 따라서 앞으로 고려사회의 성격을 보다 명확히 파악하기 위해서는 정치기구와 권력구조를 비롯하여 당시의 사회구성 및 경제구조를 폭넓게 수렴하여 종합적으로 검토되어야 할 것이다.

2. 귀족제 사회의 지배구조

황제의 나라, 3성6부

고려초기의 관제는 구래 태봉(泰封)의 관제를 바탕으로 광평성체제로 운용되었으나, 성종 때에 이르러 당제를 모방한 3성체제로 개편되었고, 현종을 거쳐 문종대에 이르러 최종적인 완성을 보게 되었다. 고려 정치제도의 근간은 당제의 3성6부이지만, 송의 영향도 받아 중추원(中樞院)과 삼사(三司)를 두었고 도병마사(都兵馬使)와 식목도감(式目都監)이 고려의 독자적 관제라는 점에서 보듯이 당·송·고려의 세 계통이 조화를 이루는 특성을 보이고 있다.

고려 정치기구의 중심이 된 것은 3성6부였다. 3성은 중서성·문하성·상서성을 말하지만, 고려에서는 중서성과 문하성이 합하여 중서문하성이라는 단일기구를 이루고 그 장관인 문하시중(門下侍中)이 수상이 되었는데 정치의 최고관부로서 재부라 불렸다. 중서문하성의 관직은 2품 이상의 재신과

3품 이하의 낭사는 정책을 건의하고 간쟁과 봉박·서경의 임무를 맡고 있었다.

상서성은 중서문하성에서 결정된 정책을 집행하는 실무기관이었으며, 그 장관인 상서령은 실직이 아니었고, 실질적 장관이라 할 수 있는 복야(僕射)는 재상에 포함되지 못하였다. 상서성에는 6부가 예속되어 각기 국무를 분담하였는데 그 상하관계는 이·병·호·형·예·공의 순서로서 중국과는 다른 고려의 독자적 구성이었다. 6부에는 각각 정3품의 상서가 장관이 되어 이들이 상서도성의 좌우복야의 통솔을 받게 되어 있었지만, 실제로는 수상 등 중서문하성의 재신들이 6부의 판사를 겸임하고 있다.

한편 왕명의 출납과 군사기밀 및 왕실의 호위를 맡았던 기관으로 중추원이 있었다. 중추원은 3성과 합하여 양부(兩府) 또는 재추(宰樞)라 불려졌다. 양부의 재신과 추신이 도당(都堂)을 구성하여 국가의 중요정책을 결정하였다. 이밖에 중요한 관청으로는 전곡(錢穀)의 출납과 회계를 맡아보던 삼사(三司), 왕의 교서와 외교문서의 작성을 담당하는 한림원, 역사를 편찬하는 춘추관, 사적(史籍)을 보관하는 보문각, 천문을 관측하는 사천대 등이 있었다.

고려의 지방제도는 군현제도를 근간으로 하여 중앙에서 외관을 파견하는 중앙집권 체제를 이루고 있었다. 그러나 건국초기인 태조부터 군현의 읍격(邑格)승강·읍명개정을 비롯한 지방제도 개편이 이루어졌으나 그 때까지는 지방에 수령이 파견되지 못하고 호족들의 자치에 맡겨져 있었다. 성종 2년(983)에 이르러 12목이 설치되고 지방관이 파견되기 시작하였는데, 그 뒤 몇 차례의 설치와 폐지를 거듭한 뒤 현종 9년(1018)에 4도호(都護)-8목(牧)-56지주군사(知州郡事)-28진장(鎭將)-20현령(縣令)의 조직으로 개편되면서 지방제도의 정비가 일단락되었다.

그러나 모든 군현에 외관이 파견된 것은 아니었다. 고려 전기에 약 5백개의 군현 가운데 수령이 파견된 주현(主縣)은 130여 개인데 비하여 수령이 파견되지 않은 속현(屬縣)은 이보다 훨씬 많았던 것에서 보듯이 지방에 대한 중앙통치력이 미약했음을 알 수 있다. 이들 속현은 수령이 설치된 주현에 예속되어 중앙의 간접지배를 받는 행정체계를 이루었다.

이러한 체계는 각 군현을 일률적으로 통제하기에 어려움이 있어 큰 군현을 계수관(界首官)으로 삼아 중간 지배기구로서의 기능을 발휘하게 하였다. 즉, 14개 정도의 경·도호부·목의 장관을 계수관으로 삼아 관내의 일반 군현으로 통할하여 부세 수취기능, 도량형 도구의 감리, 사원의 파악과 관리, 절일시(節日時)의 상표진하(上表陳賀), 향공(鄕貢), 외옥수(外獄囚)의 추검 등의 폭넓은 기능을 맡게 하였던 것이다. 그러므로 고려의 군현제는 기본적으로 계수관과 일반 주현, 그리고 속현의 3층 구성이었음을 알 수 있다.

그런데 고려중기에 이르면 계수관을 대신하여 북부지방에는 양계, 남부지방에는 5도를 설치하고, 병마사와 안찰사를 파견하여 하부 군현을 통할하도록 하여 지방 통제력을 높였다. 한편 계수관-주현-속현으로 이루어진 지방관 관격에 의한 편제가 갖는 지방제도 운용상의 한계를 메우기 위해, 국가는 정수(丁數)에 의한 편제를 도입하였다. 특히 이 방식은 수취제도상의 기능을 강화하기 위해 운용된 것으로, 군현에 거주하는 정수에 따라 거읍(巨邑: 1천 丁 이상)·대읍(大邑: 5백~1천 정)·중읍(中邑: 1백~5백 정)·소읍(小邑: 1백 정 이하)의 네 등급으로 구분되었다.

군현에는 그 지방출신이 호장(戶長)·부호장 등 향리에 임명되어 말단행정을 담당하였다. 본래 호족으로서 당대등(堂大等)·대등(大等) 등을 칭하면서 병부·창부 등의 행정조직을 갖추고 있었던 이들은 성종 2년의 지방관 파견과 함께 마련된 향리직제에 개편·편입되었고, 현종 9년(1018)의 향리의 정원수 제정과 향리공복의 규격화, 문종 5년(1051)의 진급규정 제정 등의 조치로 그 세력이 약화되어 외관의 행정을 보좌하는 지위로 하락하였던 것이다.

그러나 향리는 주현뿐 아니라 속현·부곡 등에도 설치되어 조세·부역·소송 등 행정사무를 맡아 그 실권이 커서 백성을 침탈하는 폐단이 많았다. 이 폐단을 막기 위해 그 지방출신의 중앙관리를 사심관으로 임명하여 향리를 비롯한 지방세력가를 견제하게 되었으며, 향리자제들을 인질로 상경하여 숙위하게 하는 기인제를 실시함으로써 그들의 발호를 억제하였다.

군현 밑에는 양인신분의 일반민이 거주하는 촌이 촌장을 통해 국가에 지배되었고 일반 군현제 지역에서 거두기 어려운 특정물품이나 집단적 노동력을 효과적으로 거두기 위해 향·소·부곡 등을 비롯한 특별행정구역을 많이 두었다. 부곡은 신라시대에 발생하여 고려일대를 통하여 전국적으로 존재하였지만, 이들의 신분에 대해서는 종래의 천민설에 대해 근자에 양인설이 대두하여 논쟁중이다.

••••• 과거제와 음서제, 귀족제와 관료제

고려는 중앙집권적 지배체제를 운영하기 위한 인적 자원을 공급하기 위하여 정치이념인 유교의 소양을 갖춘 관리의 양성이 필요하였다. 이미 태조 때 개경과 서경에 교육기관이 설치된 바 있었지만, 교육제도의 기반은 성종 11년(992)에 국자감(國子監)을 설치함으로써 확립하기에 이른다. 성종은 중앙집권정책의 한 방편으로 지방호족을 중앙관료로 편입시키기 위해 지방호족 자제들의 교육에도 관심을 두어 그들을 상경케 하여 학업을 닦도록 하였다. 그러나 지방호족들의 인식 부족으로 실패하게 되자 성종 6년(987)에는 경학박사(經學博士)와 의학박사(醫學博士) 각 1인을 12목에 파견하여 교육을 실시하였다.

아울러 전문관리 양성을 위한 국립종합대학격의 국자감을 개경에 설치하였는데, 여기에서는 학생의 신분에 따라 입학자격을 제한한 국자학(國子學; 문무관 3품 이상의 자제)·태학(太學; 5품 이상)·사문학(四門學; 7품 이상)을 두어 유학과 한학을 배우게 하였으며, 그밖에 8품 이하의 자제와 일반서민들은 따로 율(律) · 서(書) · 산(算) 등의 기술교육을 받도록 하였다.

성종은 중앙의 문신들에게 매달 시(詩) 3편, 부(賦) 1편을 지어 바치게 하는 문신월과법(文臣月課法)을 시행하고, 지방관리에게도 1년에 한번씩 글을 지어 바치게 하였다. 이밖에 도서수집 기관으로 개경에 비서원(秘書院), 서경에 수서원(修書院)을 설치하였다. 그 뒤 인종 때에는 지방에도 향학(鄕學)을 세워 지방교육을 담당케 하였다.

이렇게 유교적 교양을 쌓은 사람들은 과거를 통하여 관리로 선발되었다. 고려의 과거제도는 제술과 · 명경과 · 잡과로 나누어졌다. 제술과는 시(詩) · 직(職) · 송(頌) · 책(策)의 문학으로, 명경과는 시(詩) · 서(書) · 역(易) · 춘추(春秋)의 유교경전으로, 잡과는 법률 · 의학 · 천문 · 지리 등의 기술과목으로 시험하여 선발하였다. 문학을 경학(經學)보다 더 숭상하였던 풍조에 따라 제술과가 중시되어 그 합격자인 진사를 우대하였다. 고려 일대에 제술과 합격자의 수가 6천 명이었음에 비하여 명경과 합격자는 겨우 450명 정도에 불과했다.

이 양과가 문신을 등용하기 위한 것인 데 비하여 잡과는 기술관을 등용하기 위한 것으로 그 격이 가장 낮았다. 이밖에 무반을 선발하는 무과는 예종대 한때 실시되었으나 문신들의 반대로 폐지되었다가 공양왕 때 정식으로 시행되었다. 과거 응시자는 일반 양인이면 누구나 응시할 자격이 있었고 예비시험인 국자감시(國子監試)를 치르고 난 뒤에 본시험인 예부시에 응시할 수 있었다. 합격자들은 합격증서인 홍패(紅牌)를 지급받았다. 그러나 이들은 기본적으로 관리의 후보자들로서 이부의 전주(銓注)와 대간의 서경(署經)을 거쳐야 실직(實職)으로 나아갔다.

고려의 관리임용법에는 과거제 외에도 음서제(蔭敍制)가 있었다. 과거가 실력을 본위로 한 선발제도라면 음서는 순수하게 가문에 기준을 둔 등용제도였다. 즉, 조상의 가음(家蔭) · 음덕(蔭德)에 의거하여 그 자손을 관리로 등용하는 제도이다. 음서에는 '조종(祖宗)의 묘예(苗裔)' 곧 왕족의 후예와 공신의 후손 및 5품 이상 고급관료의 자손을 대상으로 하여 자손 가운데 한 사람을 임용할 수 있게 하였으며, 그 첫 관직은 대개 실무와는 관계가 없는 산직(散職)인 동정직(同正職)이 주어졌다. 음서출신자는 관품이나 관직승진에 제한이 없었으며, 오히려 5품 이상의 관직에 오르고 재상에 진출한 경우도 많았다.

음서는 가세에 따라 관직에 진출할 수 있는 제도적 장치로서 음서출신자들이 지배세력의 주류로 편입되고 있다는 점에서 고려사회를 귀족제로 이해하는 중요한 근거로 이해되고 있다.

●●●●● 신분제와 군사제도

고려시대의 사회신분은 상층민으로서 여러가지 특권을 누리는 양반·귀족과, 문·무반 6품 이하의 관리와 서리·향리·남반(南班)·하급장교 등의 중간계층, 그리고 백정을 비롯하여 수공업자·상인층으로 구성되는 양인 및 향·부곡·소민과 노비 등 천신분의 두 계층으로 구분하여 고려사회의 신분구성을 이해하려는 견해가 점차 두드러지고 있다. 이를테면 양인신분층은 관직에 진출할 수 있고 국가에 대해 각종 부세와 역을 부담하는 자유민임에 비하여 천인신분층은 국가나 개인에 예속된 부자유민으로 공직에의 취임은 물론, 군인도 될 수 없었고, 특히 그 최하층의 노비는 재물과 같은 취급을 받는 계층으로 양분되어 있었다는 것이다.

양반은 본래 문무관료를 지칭하는 용어로서 사용되었으나 점차 귀족제 사회가 정비되어 감에 따라 상급지배층을 뜻하게 되었다. 고려시대에 문·무반이 기록상 처음 나타나는 것은 경종 원년의 전시과에서였으며, 양반관료체제가 성립된 성종대에 이르러 지배신분층으로 자리하게 되었다.

한편 귀족에 대해서는 모든 품관을 의미한다는 견해도 있으나, 왕족을 비롯한 일부 특권층 즉, 5품 이상의 관료로서 이해하려는 경향이 지배적이다. 문반중심의 고려 지배체제 운영에 의해 무반은 2품 이상의 재추에 오를 수 없어 문반에 비해서는 차별대우를 받았으나 문반과 함께 귀족의 중추를 이루었다.

같은 지배층이지만 양반귀족에 포함되지 못한 중간계층에는 문·무반 6품 이하의 관리, 하급관리로서 과거를 거치지 않고 채용되는 남반관리나 잡과 출신의 기술관, 그리고 군반출신의 하급장교 및 지방의 토착세력인 향리가 포함된다. 이들은 지배계층의 말단으로서 실무적인 행정을 담당하였다. 특히 하급장교와 향리 및 기인은 정호층(丁戶層)으로서 직역을 담당하면서 백정층과 함께 국가의 기간계층을 이루었다.

양인은 향촌사회에 거주하며 농업에 종사하는 백정농민[고려시대 농민은 백정으로 불렸다]이 주류를 이루고 있으며 국가에 조세·공부·역역의 부담을 지어 국가재정의 기간을 이루는 계층이었다. 이밖에 상인·수공업자는 농민보다는 천시되었으나 역시 양인으로서 공역의 의무를 지고 있었다.

한편 양인 가운데는 특수행정구역인 향·소·부곡 및 역·진·관에 거주하는 지역민도 있었다. 향·부곡 주민은 농업에 종사하고, 소민은 금·은·구리·철·실·종이·도기를 생산하는 수공업과 생강·차·미역과 같은 특수작물이나 해산물을 생산하는 데에 종사하였으며, 역·진·관 주민은 교통·통신에 관한 역을 지고 있었다. 특수행정구역에 거주하는 이들은 백정농민에 비해 더 무거운 국가지배를 받고 있었으나, 잡척층(雜尺層)으로서 양인의 지위를 누리고 있었다.

천민 가운데 가장 대표적인 계층은 노비이다. 노비는 국가기관에 예속된 공노비와 귀족이나 사원 등 개인에 속한 사노비로 구분되며, 공노비는 다시 궁중과 관청의 잡역에 종사하는 공역노비와 농경에 종사하면서 관부에 규정액을 바치는 외거노비로, 사노비는 주인집에서 잡일을 돌보는 솔거노비와 주인과 따로 살면서 농경에 종사하여 주인에게 조(租)를 바치는 외거노비로 세분된다. 귀족들은 이들 사노비를 생산에 동원하여 물적 기반화함으로써 왕권의 기반을 약화시키는 한편, 토지를 매개로 일반농민을 지배하는 중세봉건 제적 지배체제를 확고히 하는 데 장애를 가져왔다.

이들 노비는 교육이나 과거응시·관리임용의 자격이 없었을 뿐 아니라 혼인에서도 원칙적으로 노비 사이의 동색혼(同色婚)만이 인정되었고, 만약 양인·천인 교혼의 경우에 그 자식은 '일천즉천(一賤則賤)'의 원칙에 따라 모두 천민이 되어 어머니의 소유주쪽에 귀속되었다. 이밖에 화척(禾尺: 揚水尺)과 재인(才人: 광대)도 노비와 같은 대우를 받았다.

고려의 군사조직은 중앙군과 주현군(州縣軍)의 이원조직으로 이루어져 있었다. 중앙군을 구성하는 것은 태조의 직속부대를 기간으로 하여 편성된 2군 6위였다. 성종 14년(995)경에 창설된 것으로 보이는 6위는 좌우(左右)·신호(神虎)·흥위(興威)·금오(金吾)·천우(天牛)·감문(監門)의 여섯 사단을 말하는 것으로, 각기 수도와 궁성의 방위 및 경찰·의장을 담당하고 때로는 변방에 대한 방어의 임무도 아울러 띠고 있었다. 이 6위보다 약간 늦게 성립된 응양(鷹揚)·용호(龍虎)의 2군은 국왕의 친위군으로서 6위보다 상위에 있었다.

2군6위는 도합 45령(領)으로 구성되고, 1령은 1천 명의 군인으로 편성되어 있어서 중앙군의 병력은 4만 5천 명이었다. 2군6위의 정·부 지휘관은 상장군·대장군이었다. 상장군·대장군들은 무반의 최상층부를 이루면서 그들의 합좌기관인 중방(重房)에서 중요한 군사 문제를 논의 결정하였다. 영의 지휘관은 장군이었으며, 그 밑에 낭장과 교위 등의 장교가 있는데 이들도 각기 장군방(將軍房)·낭장방(郎將房)·교위방(校尉房)을 갖고 있었다.

2군6위의 군인은 군역의 의무를 신분적으로 세습하는 직업적 군인이었다. 이들은 따로 군호(軍戶)를 형성하고 군적에 올려지는 군반(軍班)씨족 출신으로 이해되고 있다. 이들에게는 군인전이 수조지로 지급되어 2인의 양호(養戶)로 하여금 이를 경작케 하여 군인의 장비와 생활비를 제공케 하였다. 군인에 결원이 생기는 경우에는 일반농민 가운데서 선발하여 보충하였다.

지방에 설치된 주현군은 5도와 양계의 각 진에 배치된 주진군(州鎭軍)은 초군(抄軍) · 좌군 · 우군을 중심으로 한 정규군으로서 유사시에는 언제나 싸울 수 있는 둔전병적(屯田兵的)인 상비군이었으며 5도에 배치된 주현군은 보승(保勝) · 정용(精勇) · 일품군(一品軍)으로 나뉘어 보승과 정용은 방수와 치안을, 일품군은 일종의 노동부대로서 공역(工役)을 담당하였다.

쉼터 9

고려시대 노비와 피어린 해방투쟁(1)

『고려사』에서는 우리나라 노비제도의 유래를 '기자 8조'의 금법(禁法)에서 찾고 있다. 그러나 그 이전에도 각종 전쟁이나 채무 등의 이유로, 포로가 된 종족이나 여성들이 노비로 전락했던 것은 쉽게 볼 수 있다. 고려시대에 노비하면, 일반적으로 개인이 부리는 사노비와 관아와 주 · 군에서 부리는 공노비를 생각하기 쉬운데, 이러한 혈연의 세습에 의한 노비제도 즉 속인주의적 노비제도보다 한층 무서운 것이 바로 집단적인 속지주의적 노비제도였다.

속지주의 노비제도란 전쟁포로나 채무 등으로 개별적으로 노비가 된 것과는 달리, 어느 일정지역이 집단천민촌으로 전락하여 다른 지역에 비해 차별되거나 기피되는 현상이다. 즉 고려 말까지 존재했던 향 · 소 · 부곡은 바로 그러한 속지주의적 신분제도의 전형이라 할 수 있다. 향은 일반적으로 농업을 주로 하던 천민집단의 거류지이다. 고려에서는 국가에 대한 반역죄를 진 죄인이 나오면, 그 벌로서 죄인이 나온 군이나 현을 부곡으로 강등시켜 그 곳 주민 전체를 천민으로 만들었다. 그리고 소는 국가에서 필요한 금 · 은 · 종이 · 도기 · 칠기 등을 만드는 즉 수공업에 종사하는 특수 천민집단 거류지였다.

이러한 향 · 소 · 부곡뿐만 아니라 고려시대에는 지방제도가 곧 신분제도였기 때문에, 중앙에서 나름의 권력을 행사하는 인물이나 문벌의 고향은 주나 군 · 현으로 승격되기도 하고 상대적으로 중앙에서 열악한 처지에 있는 지역은 속현 등으로 차별을 받는 구조를 지녔다. 이처럼 고려시대에는 신분질서와 지방행정제도가 재지세력의 중앙 진출이나 지역세력의 성장규모에 따라 규정되는 일이 많았다.

따라서 고려의 향 · 소 · 부곡은 단순한 천민거주지 이상으로 상위 군현이 고려 중앙

조정에 안정적인 복종을 강요할 수 있는 정치적 수단이기도 했다. 조선 태조는 즉위 초에, 정도전의 팔도사람 평가를 다음과 같이 기록했다.

경기도는 경중미인(鏡中美人)   충청도는 청풍명월(淸風明月)
전라도는 풍전세류(風前細柳)   경상도는 송죽대절(松竹大節)
강원도는 암하노불(岩下老佛)   황해도는 우경석전(牛耕石田)
평안도는 맹호산림(猛虎山林)   함경도는 이전투구(泥田鬪狗)

경기도와 강원도·충청도에 대해서는 상대적인 관대함을 보였다면 경상도·전라도·함경도에 대해서는 경멸감이 적나라하게 드러난 것이라 할 수 있다. 지역정서에 대한 이 같은 차별감은 바로 후삼국 이후 지역 호족세력의 중앙편입과 그 과정에서의 권력관계를 드러낸 것이며, 당시 이미 중앙과 지방에 대한 현격한 차별의식을 가지고 있었다는 점을 여실히 증명한다.

이러한 속지주의적 노비(천인)의식은 몽골침략 이후 고려정부와 민중의 거국적인 항몽전선이 형성되면서 점차 허물어지기 시작했다. 군공(軍功)을 통해서라도 적극적으로 신분상승과 해방을 지향한 이들 향·소·부곡의 천인들이 특별히 삼별초의 반란시기 혹은 무인정권의 강화도 항전시기에 적극적으로 항몽정책에 가담했다. 항몽의 공으로 공주 명학소가 충순현으로 승격되었다는 사실은 당시 허물어지는 속지주의적 신분질서의 실상이다.

고려시대 노비제는 조선시대보다 훨씬 경직된 '천자종부모법'(부모 어느 한 쪽이라도 천류이면 그 자식은 천류로 신분이 정해지는 관례 혹은 국법)'에 입각했다. 하지만 고려시대 노비는 여러 가지 이유로 해방 일로에 있었다.

태조 왕건은 노비문제에 이중적인 인식을 가졌던 것 같다. 즉 그가 918년, 궁예를 몰아내고 등극하면서 노역과 흉년 그리고 질병으로 어쩔 수 없이 노비가 된 1천여 명을 내고(內庫)의 옷감으로써 보상해 양민으로 돌려보내는 조치가 있었다. 또한 한때, 본래 노비 이외의 포로, 재물로 매입한 노비를 방면하여 양민으로 삼고자 했다. 하지만 공신의 반대로 뜻을 이루지 못했다. 그리고 결국 태조는 '훈요 10조'에서도 노비와 같은 천류를 양인화하는 것을 경계하라고 하면서 노비제도의 완화는 국기를 흔들 수 있다는 무척 보수적인 견해를 남기고 말았다. 창업단계의 고려왕실의 안녕을 위해 기존의 귀족계급에 대한 회유가 불가피했다고 하더라도 노비문제에 대한 개선에 대한 정책변화가 없었다는 것은 고려사회의 발전을 제약하는 한 요소가 되었다.

광종 때 귀족세력을 억압하는 정략적 수단으로 '노비안검법'을 실시한 적이 있지만 기본적으로 노비에 대한 인식은 "크게 풍교(風敎)에 도움이 되니 내외를 엄격하게 하고 귀천을 나누며 예의가 행해지는 이유는 바로 그 때문"이라는 것이었다. 즉 노비안검은 결국 왕권신장을 위한 부속적 의미에 국한되었다.

노비문제는 고려시대 내내 취약한 왕권과 상대적으로 비대한 귀족권의 균형 사이에서 그 내용이 부침을 거듭했고, 노비계급의 전면적인 저항의 단계 즉 농민천민의 난이 확산되던 12세기 말부터 노비문제 해결여하는 고려의 흥망과도 관계되는 중요한 문제로 부각되었다.

고려초기 귀족-지배세력의 기본적인 노비에 대한 눈빛은 최승로의 시무책에서 잘 드러난다. 즉 최승로는 시무10조에서 광종의 '노비안검법' 이후에 "천예(賤隸)가 뜻을 얻어 존귀한 자를 업신여기고 다투어 허위로 꾸며서 본주인을 모함하는 자가 가히 헤아릴 수 없었다"고 하여 광종에 대해서도 "스스로 화근을 만들어 말년에는 불법·살해가 심히 많아 덕을 잃음이 크다"는 비판을 서슴지 않았다.

성종 5년(986) 7월, 다시 노비추쇄를 단행하고 "다른 사람의 도망한 노비를 숨겨서 점유한 자는 율문(律文)의 1일에 생사 3척이라는 예에 의해 날마다 옷감 30척을 징수해 주인에게 주되, 일수가 비록 많다고 하여도 노비원가를 넘지 못하게 했다. 성종 때의 노비추쇄는 노비세습법의 확립이라는 측면에서 이해된다. 따라서 출산력을 가진 여성 노비의 가격이 크게 앙등하기도 했다. 즉 후삼국 항쟁시기에 각종 전쟁 등으로 전쟁포로가 크게 증가하고 이들을 이용해 대대적인 노비공급이 가능했다. 하지만 고려의 후삼국 통일 이후 60여 년간 큰 전쟁이 없는 상황에서 노비공급이 줄고, 특히 광종대 '노비안검법' 실시로 인해 귀족의 경제적 기반이 크게 훼손되는 상황에 대한 귀족측의 대응이었고, 각종 정변에 지친 왕권측의 타협이었다. 나아가 관료귀족의 '문벌화' 경향을 대변하면서 전시과제도로 인한 국가적 수취제도 확립으로 타격을 받은 귀족경제의 안정차원에서 행해진 것이었다.

마침내 정종 5년(1039)에 천자수모의 법을 세웠다. 그 이전에는 전쟁이나 유교적인 계율에 입각해 공이 있으면 면천의 길도 있었지만 이제는 완전한 '노비세습법'을 탄생시킨 것이었다. 이어서 문종 3년(1049)에는 공·사 노비가 3회 도망한 자는 얼굴에 낙인을 찍어서 주인에게 돌려주었고, 인종 10년(1132)에는 후손이 없는 사람의 노비는 관가에 바쳤다. 또한 1135년에는 노비가 승려를 대신하는 것을 금하는 한편 1136년에는 사노비가 주인과 다투다가 한을 품고 자살하더라도 주인에게는 벌을 주지 않는 법을 만들었다. 이제 재산과 신체에 관한 노비의 쥐꼬리만한 권리도 이제는 철저한 주인중심의 원칙 아래 부정되고 말았다.

이후 신분제의 갈등은 피할 수 없는 곳까지 나아갔고, 무신정권 이후 이들의 신분해방 욕구는 요원의 불길처럼 타올랐다.

3. 무신정권과 반봉건민중운동

●●●●● 귀족사회의 동요

고려의 귀족사회는 문종(1046~1083) 때 관제를 비롯한 문물제도의 정비를 통해 완숙기를 맞이한 뒤 1세기 동안 그 번영이 지속되었다. 숙종·예종대에 절정에 이르러 귀족문화가 난숙하였으나, 그 뒤를 이은 인종·의종대에는 귀족사회의 안정이 깨질 조짐이 나타났다. 문벌귀족들은 과거와 음서를 통하여 관직을 독점하고 정치권력과 경제적 특권의 확대는 지배층의 내부분열을 야기했던 것이다.

귀족사회의 모순 속에서 나타난 지배세력의 내부분열을 구체적으로 보여주는 사건이 인종(1122~1146) 때 일어난 이자겸(李資謙)과 묘청(妙淸)의 난이다. 이자겸은 고려 전기의 최고 귀족문벌인 인주 이씨로서 대표적인 외척세력이었다. 인주이씨는 이자연(李子淵)의 세 딸이 문종의 비가 되면서 안산(安山)김씨의 뒤를 이어 7대 80여 년간에 걸쳐 권력을 좌우하였다.

이자연의 손자인 이자겸도 자신의 1녀를 예종비로 들여 그 소생인 인종을 즉위시키고, 다시 2·3녀를 인종의 비로 들임으로써 왕실과 중첩된 혼인관계를 맺어 세력기반을 확고히 하였다. 이러한 과정에서 대방공(帶方公) 보(俌)와 한안인·문공미·이영 등의 신진세력이 도전하자 이자겸은 이들을 왕위찬탈 음모의 죄목으로 제거하였고, 다시 인종 4년(1126)에 김찬·안보린 등 국왕의 측근세력이 이자겸을 타도하려는 거사를 꾀함으로써 척준경(拓俊京)의 군사력을 동원하여 역시 제거하였다. 그리하여 이자겸 일파가 정치요직을 독점하고 무인 척준경과 결탁함으로써 그 세력은 왕권을 능가하게 되었다.

그 뒤 이자겸은 인종을 살해하려 할 만큼 발호하였으나, 척준경과 반목하게 됨으로써 도리어 인종의 회유를 받은 척준경에 의해 축출되고 말았다. 이어 척준경도 정지상(鄭知常)의 탄핵을 받아 제거되어 인주이씨 세력은 몰락하게 되었다.

이자겸의 난에 이어 일어난 묘청의 난은 개경의 문벌귀족에 대립한 서경세력의 반항운동이었다. 이자겸의 난으로 궁궐이 불타고 인심이 불안하여 개경은 황폐해졌으며, 이와 때를 같이하여 금(金)의 압력이 가중되자 불안한 내외의 정세를 정치적으로 이용하여 개경의 문벌귀족을 넘어뜨리고 새로운 혁신정치를 도모하려 한 것이 묘청·백수한·정지상과 같은 서경세력이었다.

이들은 지리도참설을 근거로 삼아 개경의 지덕이 쇠하였고 서경의 지덕은 왕성하다고 하여 서경천도를 계획하고 칭제건원과 금국정벌을 주장하였다. 이는 풍수지리설을 이용하여 사대적인 개경의 문벌귀족 세력의 정치이념을 비판하고 자주적 혁신정치를 실행코자 하는 의도였다.

그러나 이 천도운동은 윤관(尹瓘)세력에 대한 경쟁자로서, 그리고 인주이씨 세력에 대한 비판세력으로 등장하고 있던 김경용·김인존·김부식 등 경주파의 반대로 실패하게 되었다. 이에 묘청 등은 마침내 서경에서 반란을 일으켜(1135) 국호를 대위(大爲), 연호를 천개(天開)라 하고 그 군대를 천견충의군(天遣忠義軍)이라 칭하였다. 이 난은 결국 김부식이 이끈 관군에게 1년 만에 진압되었다. 묘청의 난은 귀족사회 안의 벌족과 지역 사이의 대립, 풍수지리설과 결부된 전통적인 사상과 보수적인 유교사상과의 충돌 및 금의 압력에 대한 반발 등 여러가지 원인이 복합적으로 얽혀 일어난 것이었다.

이러한 두 반란은 무력으로 일단 수습되었지만 여기에 내새한 귀족사회의 모순은 근본적으로 해결되지 못했고, 장차 체제붕괴의 신호탄으로 되고 있었다.

고려의 귀족사회는 의종 24년(1170)에 일어난 무신란에 의해 결정적으로 붕괴되었다. 무신란 발생의 조건은 문벌귀족들의 권력투쟁, 문벌귀족에 대한 지방출신 신진관료들의 도전에 있었다고 할 수 있지만, 그 직접적 계기는 문벌귀족과 무신 사이의 갈등에서 찾아진다.

문·무반은 귀족제 사회의 최상층을 이루는 특권계층으로서의 동질성이 있지만, 무반은 문반에 비해 심한 차별을 받고 있었다. 무신에게는 2품 이상인 재신으로의 승진은 허용되지 않았으며, 군대의 최고통수권인 병권도 문신들의 수중에 장악되어 있었다. 그리고 전시과의 토지분배에서도 무신은 문신에 비해 낮은 대우를 받았다.

그러나 이러한 차별대우에도 불구하고 무신들은 점차 그 지위를 상승시켜 나갔다. 양반이란 법제적 지위를 근거로 거란·여진과의 전쟁을 통해 축적한 현실적 지위의 상승은 무신정권 성립의 기반이 되었다.

그럼에도 무신천시의 풍조는 의종 때에 이르러 극에 달하여 마침내 그 불만이 무신들의 쿠데타로 폭발하게 되었다. 의종이 문신들과 함께 보현원(普賢院)에 놀러갔을 때 호위한 무신 정중부(鄭仲夫)·이의방·이고 등이 쿠데타를 일으켜 문신들을 살해하고 의종을 폐위한 뒤 그의 동생인 명종을 옹립하였다. 이리하여 무신들은 스스로 정부의 요직을 차지하고 정치적 실권을 장악하여 무신정권을 수립했다.

●●●●● 무신정권의 지배기구

의종 24년(1170)에 수립된 무신정권은 원종 11년(1270)까지 1백 년간 지속되었다. 이 동안 무신들은 초월적인 권력을 가진 무인집정을 정점으로 정권을 독점하는 정치적 변동이 있었다. 뿐만 아니라 무신정권의 성립을 전후하여 사회적인 변화와 경제적인 변혁까지도 일어남으로써 고려시대의 역사를 전기·후기로 구분하는 분수령이 되었다. 무인정권기는 다음과 같이 세 시기로 나누어 그 특성을 살펴볼 수 있다.

제1기인 성립기는 정중부의 정권탈취로부터 명종 26년(1196) 최충헌이 이의민을 제거하고 집권할 때까지이다. 이 시기는 아직 무신정권의 기반이 확립되지 못하여 중방을 중심으로 이루어졌던 무신정치는 불안하였고, 따라서 잔존하는 문신세력과 이와 결부된 불교계의 일부 승려들의 반항이 발생하였으며, 무신 상호간에서도 치열한 정권다툼이 전개되었다. 명종 3년(1173)에는 문신세력인 동북면병마사 김보당의 반란이, 이듬해에는 서북면 지방민의 불만을 배경으로 정중부정권의 타도를 부르짖은 서경유수 조위총(趙位寵)의 난이 발생하였다. 귀법사(歸法寺) 등의 승려 2천여 명도 반란을 일으켰는데 이는 왕실·귀족의 비호를 받고 있었던 교종계통의 사원세력이 무신정권에 반발한 것이었다.

한편 무인집정 사이에도 정권을 둘러싼 내분이 계속되어 명종 원년에 이의방이 이고를, 명종 4년에는 정중부가 이의방을 제거하고 단독으로 정권을 장악하였다. 그러나 정중부도 경대승(慶大升)에게 피살되었고, 명종 13년에 경대승이 병사하자 이번에는 이의민이 집권했지만 그도 명종 26년(1196)에 최충헌에게 숙청되고 말았다.

제2기는 확립기로서 최충헌이 정권을 장악한 뒤 최우(崔瑀)·최항(沆)·최의(誼)의 4대에 이르기까지 전형적인 무인정치가 실시되었던 최씨집권 시기이다. 최씨는 독자적인 무가집권정부를 설치하고 교정도감의 장으로서 명종과 희종을 폐하고 신종·희종·강종·고종을 옹립하는 등 왕의 폐립을 좌우하는 초월적 권력을 행사하였다. 최씨정권에 의해 무신정권의 기반이 다져지게 되자 문신에 대한 억압은 완화되고 도리어 문신이 중용되기도 하였다. 또한 최충헌은 당시 빈발하였던 농민·천민의 항쟁과 사원세력의 반항을 억압하였다.

　제3기는 붕괴기로서 고종 45년(1258) 최의가 김준·유경 등에 의하여 제거되어 4대에 걸친 최씨정권이 무너지는 시기이다. 최씨정권이 무너지자 김준이 일시 정권을 잡았으나, 원종 9년(1268) 임연정권이 무너지게 된 것은 독자적 집정기구와 무력장치인 사병집단, 이를 유지하기 위한 경제기반의 약화 등의 내부요인도 있었지만, 붕괴의 결정적 요인은 외부로부터 일어났다. 즉 항몽의 주동자인 무신정권을 무너뜨리려는 몽골의 압력, 이와 결탁하여 왕권의 회복을 꾀하려던 국왕의 외세결탁에 의한 것이었다.

　원종 11년 몽골세력의 옹호를 받은 원종이 강화도에서 개경으로 환도할 것을 결정하자 이에 임유무가 반대하므로 홍문규·송송례 등으로 하여금 임유무 세력을 제거하게 하니 왕정이 복고되고 무신정권은 종언을 고했다.

　무인정권의 통치기구와 군사적 기반에 대해서 살펴보기로 한다. 초기 무인정권은 군사적인 실력을 바탕으로 하는 무인 상호의 대립이 계속되어 스스로의 독자적 정치기구를 형성하지 못한 채, 종래의 중방이 정치기구의 중심체로 이용되어 무인들의 연합적 기구와 같은 구실을 담당하였다. 그 뒤 최씨정권이 수립되자 교정도감의 수장인 교정별감은 무인정권이 타도될 때까지 역대의 권신에게 세습되었다. 최씨정권은 이를 통하여 인사·재무·검찰의 권한을 독점하고 정권을 좌우하였다.

　이어 최이 때 이르러 정방(政房)을 그의 사저에 설치하여 어용문인들이 인사행정에 깊이 관련하게 되었는데 교정도감이 인물을 천거하면 정방에서 이를 처리하였다. 그리고 서방(書房)은 당대의 유명한 유학자를 포함한 문사들이 3번교대로 숙위하였으며, 이는 오랫동안 차단되었던 문인등용의 계기가 되었다. 이리하여 최씨정권은 문무양면의 지배자로서 정치를 좌우하게 되었다.

　최씨정권의 군사적 기반은 문객과 가동(家僮)을 무장시킨 사병이었다. 이 때는 국가의 공병인 부병제(府兵制)가 무너졌으므로 사병집단인 도방(都房)이 중요한 군사적 역할을 담당하게 되었는데, 최충헌 때 도방은 6번으로 편제하여 숙위케 하였으며, 최이 때에는 내·외 도방으로, 다시 최항 때에는 36번으로 확대되었다.

도방과 아울러 최씨정권의 군사적 기반을 이룬 것은 삼별초(三別抄)였다. 본래 최이 때 불량한 무리의 행패 때문에 방도금란(防盜禁亂)을 목적으로 성립되었던 삼별초는 좌별초·우별초와 신의군(神義軍)으로 구성되어 경찰·전투 등 공적인 임무를 수행하였고 국고에서 녹봉을 지급받았으므로, 공병(公兵)성격이 강하여 순수한 사병인 도방과는 구별된다. 그러나 이들 삼별초는 대몽항쟁에서 커다란 공훈을 세웠고 무인집정의 두터운 총애를 받아 그 수족으로 이용되기도 할 만큼 무신정권의 사병으로 변질되어 있었다.

쉼터 10

고려시대 노비와 피어린 해방투쟁(2)

◎ **피어린 투쟁과 해방의 길**

경직된 고려시대 신분제는 두 가지 역사적인 과정을 거치면서 점차 해방과정에 있었다. 하나는 농민·천민들의 반봉건혁명운동이었고, 하나는 몽골침략이라는 누란의 국가적 위기에서 두 팔 걷고 외적과 싸운 호국의 공로가 인정되면서부터였다.

먼저 농민의 난은 명종·신종 시대에 집중적으로 발생하고 있으나, 이미 예종 때부터 유망과 인종·의종 시대의 초적화(草賊化)를 비롯한 지배체제에 저항하는 움직임이 거세졌다. 무신정권 성립직전에 나타난 대토지 겸병과 수탈은 이후에도 시정되지 않고 심화되었다. 무신집권의 등장에 대한 농민의 기대는 무산되었고, 더구나 무서운 수탈자로 등장한 무신들에 대한 반항과 노예·천민도 실력을 갖추면 높은 지위에 오를 수 있었던 사회풍조에 자극되어 민중들은 폭발적인 항쟁을 일으켰다.

당시 무신들은 정권을 장악했으나, 아직 지배체제를 공고히 하지 못했으며 특히 의종의 시해사실은 전통적 윤리관을 지닌 사람들에게 새 정권의 정당성을 부정하게 만들었다. 조위총의 난에 호응한 서북 40여 주·진의 민중들의 실제는 농민층으로 조위총이 내세운 의종시해와 장례를 치르지 않은 것 등에 항의하여 합세한 것이다. 한편 명종 때 경주와 청도를 거점으로 한 김사미·효심 등의 농민난에 이어 신종대 이비·발좌의 난이 일어났는데, 여기서는 '정국병마사(正國兵馬使)'가 자칭되고 신라부흥이 표방되기도 했다. 그들은 고려정부의 정통성을 부인하는 단계에 이르고 있었다.

다음으로 이들 농민의 난은 지방관리와 주·현 군사에 의해 지도되었던 점이 주목된다. 조위총난을 비롯하여 이비·발좌, 그리고 고종 6년의 한순·다지와 이장대·이당필의 난이 그러하다. 이제 지방관리와 군사가 농민의 권익을 대표하고 보호·지도하여 새 지배질서 형성에 앞장서기도 한 사례는 주목되는 현상이다. 그리고 농민항쟁은 때때로 인접지역에 격문을 보내 공동의 집결된 힘으로 대적하기도 했다. 이비의 경우는 운산·울진·초전의 인원들로써 3군을 편성하여 인접지역과 협동작전을 꾀했다.

무신정권기에는 농민봉기뿐만 아니라 부곡 주민·노비의 반란도 함께 일어나고 있었다. 명학소의 망이·망소이 난이 대표적인 경우이다. 천민반란의 주목적은 신분의 해방이었는데 가장 대표적인 것이 신종 원년(1198) 개경에서 발생한 만적의 난이다.

최충헌의 사노 만적은 개경 북산에 공사노비들을 모아놓고 "무신난 이후 공경대부가 천예에서 많이 나왔으므로 우리들도 최충헌과 수인들을 죽이고 천인에서 해방되면 공경·장상이 될 수 있다"고 외치면서 대규모 반란을 계획했지만 누설되어 실패했다. 여기에 천민들이 적극 가담한 것은 단순한 집권층의 수탈에 대한 저항만이 아니라, 천민신분에서 해방되려는 절실한 염원이 담겼다.

농민·천민의 항쟁은 무신정권에 의해 모두 진압되어 민중들의 염원은 비록 좌절되었으나 한편 무신정권은 농민을 위한 시책을 강구하지 않을 수 없었다. 정부는 난민을 위무하고 백성의 생활을 안정시키기 위해 권농에 힘쓰며, 빼앗긴 토지를 돌려주고 부세를 감면하기도 했다. 그러나 무엇보다도 중요한 것은 신분사회의 변화, 즉 귀족중심의 엄격한 신분사회에서 탈피하여 새로운 사회체제로 이행하는 데 큰 영향을 미쳤던 것이다. 이를 계기로 부곡제 지역이 급격히 소멸하는 등 고려의 지배체제가 변동되고 있었던 사실에서 잘 알 수 있듯이 민란은 고려사회 발전에 크게 기여한 역사적 의의가 있었다.

노비제도 완화의 조짐은 노비들이 적극적으로 반침략적 항몽전쟁을 수행하면서 더욱 현실화되고 있었다. 삼별초는 항몽세력의 규합과 고려민중의 지지를 얻고자 과감하게 노비문서를 소각했으며, 고려정부도 항몽전쟁을 통하여 각종 면천의 기회를 확대하고 이들의 전력을 항몽전선에 투입하고자 했다. 삼별초가 3년을 버틴 힘도 이들 노비해방의 결과로 여겨지며, 이들 노비군은 신분해방이라는 대단한 당근정책에 혼신을 다해 30년 항몽전선에 종군했다.

그러나 여몽전쟁과 삼별초 항쟁이 끝나면서 고려정부는 이완된 노비제의 재정비를 단행하는 조치를 내렸는데, 특히 충렬왕 4년(1278)에는 공·사의 노비를 풀어주는 것을 금했는데 이것은 노비해방 추세의 좌절이었다. 그리고 외세에 의탁한 정권이 더 이상 노비계급의 지원없이도 권력을 유지할 수 있었기 때문이었다.

반면 몽골지배 아래서 몽골에 의탁한 권문세가의 불법적인 양민의 노비화가 크게 일어나 민중세계의 동요는 날로 심각해졌다. 그 결과 각종 형태로 반(反)고려활동이 일어났고, 동녕부 설치 등의 매국적 행위나 각종 반란에 노비들이 참가하는 등 신분제 경화는 국가적인 환란을 불러왔다.

1270년 2월에 몽골은 평양에다 동녕부를 설치하고 자비령 이북을 지배하여 이후 1290년까지 20년을 지배했는데 당시 서경지역에는 면천하고자 하는 공·사 노비들이 대거 몰려와 있었다. 때문에 '이들이 국역을 피하려고 이 곳에 모여 있으니 추쇄해 고려로 돌려보내 달라'는 고려사신의 요구가 절절하였다. 이처럼 노비문제는 원나라가 고려영토를 잠식하는 데 이용되고 있었다.

마침내 충렬왕 24년(1298)에는 노비추쇄를 반대하는 법을 낼 수밖에 없었다. 즉 "양민을 억압하여 천인으로 만드는 자가 심히 많으니 그 해당관사로 하여금 그 문서가 없는 자 및 거짓이나 위장을 한 자를 죄줄 것이며, 투탁행위도 금한다"고 했다.

이러한 조치는 고려정부가 천민의 삶을 일정하게 완화하려 했던 것이라기보다는 천민의 확대로 중앙재정이 약화되고, 국가적 세원인 양인이 급감함으로 인해 국가권력이 퇴락하는 것을 방지하기 위한 것이었다. 예를 들어 양반의 노비는 그 주인에게 역을 지는 것이기에 공역과 잡세가 없었다. 그래서 양민들은 권문세가에 들어가 노비의 신공을 국역 대신 감내하고자 했다. 이는 묘한 뉘앙스를 가진 기록이다. 즉 공민으로 살아가는 것보다 양반의 노비가 되는 편이 나았다는 것으로도 해석할 수 있기 때문이다. 그만큼 당시 국가적 양민보호정책이 취약했고, 영세민중의 천민화 신분하락 등의 경향이 강했다는 사실을 보여주고 있다.

이처럼 충렬왕 시기에 국가적 필요에 의해 잠시 양민의 노비화가 완화되고 있었지만, 문제는 부모 가운데 한 사람이라도 천인이면 자연히 자식이 천인이 되고 비록 아비가 면천하더라도 자식은 노비가 되는 악법은 고쳐지지 않았다. 이에 대해 몽골은 고려의 노비제도를 고치라는 요구를 하기도 했다.

충렬왕 26년(1300) 10월에 정동행중서성의 평장사였던 활라길사(闊里吉思)가 고려의 노비법 개혁을 요구했다. 하지만 고려는 "천류들은 그 종자가 별다르니 삼가 이 천류로 하여금 양민으로 삼지 말라고 하고 노비가 만약에 양민이 된다면 후일 반드시 관직에 나아가게 될 것이고 사직이 위태할 것"이라고 하여 몽골의 요구를 일축했다.

만적이 "왕후장상의 씨가 따로 있나"라고 외치며 신분해방의 기치를 들었던 것에 대한 고려귀족들의 논리적 대응이었다고 할 수 있다. 노비가 귀족 혹은 권문세족의 물적 기반인 상황에서 몽골이 고려의 노비제도 개혁을 요구함으로써 고려귀족들을 길들이기 위한 수단으로 삼았던 것이다. 노비제도 혁파에 적극적인 모습을 보이지 않는 충렬왕은 그 해 심양왕에 의해 쫓겨났고 충선왕이 등극하는 정변이 있었다.

1308년 충선왕이 복위하면서 왕은 "외방의 노비는 각각 본래의 역이 있으니 권세가가 탐해 받는 일은 일체 금한다"고 했다. 이러한 경향은 더욱 강화되어 공민왕 원년(1350)에는 "재판이 끝났는데도 노비를 그대로 고집해 내놓기를 허락하지 않는 자는 4품 이상은 신문하여 죄를 과하고 5품 이하는 곤장을 치고 유배시킨다"는 조치를 취했다. 즉 충렬왕 이후 노비정책은 노비를 추쇄하기보다는 노비제도의 안정을 바탕으로 양민의 노비화를 견제하는 쪽이었다.

이러한 정책은 고려 말기까지 견지되었다. 우왕 원년(1374) 2월에는 "양민을 억압하여 천인화하는 것은 화기(和氣)를 다치게 하는 것이니 어명이 있은 후부터 1월을 한하여 모두 방면하고 위반하는 자는 엄중히 다스린다"고 했다. 1389년 8월 헌부상소에서는 '노비생활안정법'을 제정하라고 요구했다. 이에 '변정도감'을 통해 노비장부를 확실히 해 노비수 확대를 저지하고 각종 지방세금을 면제해 생활을 안정시킴으로써 그들이 왕조개창에 걸림돌이 되지 않도록 했다.

마침내 공양왕 3년(1391) 낭사에서는 앞서 말한 "천류는 그 종자가 다르다"는 기존 노비관을 혁신적으로 개선한 새로운 노비관 즉 노비=천민(天民)임을 강조했다. 즉 "노비는 비록 천하나 또한 천민(天民)입니다. 예사로 재물로 논하여 태연히 매매를 하고 혹은 소와 말로써 바꾸는데 1필의 말(馬)에 2·3구(口)를 주어도 오히려 다 갚지를 못하게 되니 소와 말이 인명보다 중한 것이 됩니다." 그러니 반인륜적인 노비매매를 금하라는 요청이었고, 결국 공양왕 4년(1392)에 인물추변도감이 노비결송법을 정하는 계기가 되었다.

실로 수백 년에 걸친 귀족사회의 추악한 노비관이 노비의 최소한의 인권만은 보호하는 것으로 전환했다. 물론 노비제의 혁파 같은 일은 없었지만, 그래도 이는 오랫동안 염원했던 고려의 천민들의 저항과 인권투쟁·신분해방투쟁에 대한 지배계급의 일정한 양보라고 할 수 있다. 이에 획기적인 노비제의 변화가 초래되었다. 새로운 법에 의해 원칙적으로 양인과 천인간의 혼인을 금하지만 만약 1391년 정월 이후 법률을 어기고 서로 혼인한 자가 있으면 주인과 노비를 죄로 논하고 출산한 자식은 허락해 양인으로 삼는다는 조치였다. 아직 신분사회가 완전히 절멸하지 않은 상황에서 양인과 노비간의 혼인을 금했지만, 양과 천이 결혼했을 때 그 자식을 양인으로 정한다는 조치는 전근대 신분제 사회에서는 획기적인 정책변화였다.

또 자기의 노비를 가지고 권세가에게 바치거나 절이나 불공을 위해 공양하는 자는 엄중하게 금해 억불정책의 또 한 면을 보여주었다. 아울러 노비를 함부로 파는 것은 엄중히 금하되 굶주림과 추위로 구박을 받거나 공적·사적으로 빚을 지게 되어 형편이 부득이한 경우에만 서류를 갖추어 관아에 아뢰면 매매할 수 있도록 했다. 만약에 주색(酒色)이나 바둑 그리고 개·말·재화 때문에 방매된 자는 그 노비를 관에서 몰수한다는 조치를 내린 것은 노비인권에 대한 일정한 보장이었다.

고려시대에 철저한 매매·증여·상속·탈취의 객체였던 사노비의 노비세습은 세월이 흐르면서 일천즉천(一賤卽賤)에서 종모법(從母法) 단계로 서서히 변화했고, 반인륜적 매매 증여문제도 극복, 혹은 부정되는 방향으로 나아가게 된다. 그것은 오랜 기간 동안 외적과 싸웠던 고려천민이 신분해방을 위해 뜨겁게 투쟁하면서, 신분해방을 위해 자신들의 힘을 비축한 노력이자 그 결과물이었다.

4. 귀족사회의 물적 기반

토지를 통한 지배구조 확립

고려의 토지제도는 전시과제도를 근간으로 하였다. 전시과란 문무백관으로부터 부병(府兵)·한인(閑人)에 이르기까지 무릇 국가의 관직이나 직역(職役)을 담당하는 사람들에게 그들의 지위에 따라 전토와 시지를 차등있게 나누어 준 토지제도를 말한다.

전시과는 태조 23년(940)의 역분전(役分田)을 모체로 하여 경종 원년(976)에 '직산관각품전시과(職散官各品田柴科)'가 처음 정해지면서 성립된다. 시정전시과(始定田柴科)는 광종대에 제정된 4색공복을 기준으로 다시 문반·무반·잡임으로 나눈 다원적 구성이었고, 직관과 산관을 두루 토지지급의 대상으로 삼고 있어 전체 지배층을 포함하는 최초의 보수·대우 규정으로서 당시의 관인사회 구성을 엿볼 수 있다. 이는 목종 원년(998)에 '무신양반급군인전시과'로 개정되었다. 18과 등으로 나누어 관직의 고하에 따른 일원적 지급원칙이 확립된 이 개정전시과는 무반에 대한 문반의 우위, 군인층의 토지지급 대상으로의 부상 등을 특징으로 하면서 국가적 토지분급제도로서의 정돈된 모습을 갖추게 되었다.

그 뒤 덕종 3년(1034)에 이르러 '양반 및 군·한인전시과'로 되었다가, 문종 30년(1076)에 전시과는 완성된다. 이에 의하면, 제1과인 중서령·상서령·문하시중은 전 1백 결과 시지 50결을 지급받으며, 그 아래로 차례로 차등을 두어 마지막에는 제18과의 한인(閑人)과 잡류에게 전 17결이 지급되었다. 여기에서는 무반의 대우향상, 산직자의 제외, 향직자의 등장, 한외과(限外科)·미급자(未及者)의 소멸 등이 중요한 특징으로 지적된다.

전시과는 직역에 대한 반대급부로서 지급된 것이었으나 그것은 토지 그 자체를 준 것이 아니라 그 토지에서 나오는 조(租)의 수취권, 즉 수조권(收租權)을 지급한 것이었다. 그리고 그 수조권도 본인이 그 직을 그만두면 원칙적으로 국가에 반환하게 되어 있었다. 뿐만 아니라 수조도 그들이 직접 행사하지 못하고 국가가 대행하였으므로 전주인 양반과 경작자인 전호가 사적인 지배·예속 관계에 있지 않았다. 양반전의 생산·경작의 감독과 조의 수취 및 수송의 책임은 지방 수령에 위임되었으며, 이는 전주인 양반이 자기의 분급수조지에 대해 경영권·관리권을 가지는 지주가 아니었다는 사실을 의미한다. 양반의 토지지배 관계는 매우 미숙한 것이라 할 수 있다.

전시과에 비하여 공음전은 사적 지배의 성격이 강했다. 공음전은 본래 국가유공자에 주었던 것인데 문종 때 5품 이상의 모든 관리에게 지급하도록 제도화되었다. 여기서 5품의 품에 대한 해석에 이견이 있으나 대체로 이 공음전은 자손에게 세습이 허용되었으며, 음서와 함께 5품 이상 고위관리의 신분보호를 위한 시책으로 볼 수 있다.

한편 이와 대응하여 6품 이하 관리의 자제에게는 한인전(閑人田)이 지급되었다. 이 공음전·한인전과 함께 전시과 지급계층을 보호하기 위해 주어진 토지로는 구분전(口分田)을 들 수 있다. 이는 생계를 유지할 수 없는 관리나 군인의 미망인, 또는 군역과 전정(田丁)을 세습시켜 줄 자손이 없는 70세 이상의 노인에게 주어졌다.

한편 이들 관인신분 이외에 직역을 부담하는 향리·군인·악공(樂工)·공장이(工匠) 등에게도 토지가 지급되었다. 향리에게 분급하는 외역전(外役田)과 군인에게 지급한 군인전 등은 직역에 대한 대가로서 직역과 함께 세습이 가능하였다. 고려왕조는 모든 관리와 향리·군인 등에 국가에 봉사하는 사람들에게 반대급부로 토지를 지급하는 정책을 실시하였다.

이밖에 왕실경비의 충당을 위한 내장전(內莊田)은 장(莊) 또는 처(處)로 불리며 특별행정 구역을 이루었고, 중앙과 지방의 각 관아에는 공해전(公廨田)이, 사원에는 사원전(寺院田)이 지급되기도 하였다.

공전·사전과 민전

고려시대의 토지는 크게 공전과 사전으로 나눌 수 있다. 그런데 공전·사전의 구분에 있어 종래의 토지국유론자들은 원칙적으로 토지는 공유(公有)는 곧 국유(國有)였다고 이해하고 그 기준은 수조권의 귀속에 따른 것으로 보았다. 즉 모든 토지는 국가에만 그 소유권이 있었다는 전제 아래 그 조(租)가 국가에 귀속되는 토지는 공전, 사인에게 귀속되는 토지는 사전이라 파악한 것이다. 와다 이치로(和田一郞)의 토지국유제이론은 그 뒤 후카야 민데츠(深谷敏鐵)에 의해 토지소유의 구체적 내용이 관리처분권과 수조권·경작권으로 구분된다는 이론적 발전을 거쳤다.

토지국유론은 자손에 상속이 허용된 양반영업전인 공음전과 직역의 세습을 통해 이루어지는 향리·군인의 영업전과 같은 사유지적 성격의 토지가 존재한다는 실증적 연구가 제시되어 근본적으로 비판받게 되었다. 이어서 사전은 전조의 귀속문제와 함께 토지 그 자체가 사유지적 성격이 농후하며, 공전 또한 국가의 직영지뿐 아니라 단순한 국고수조지도 포함하는 것이라는 사실이 밝혀짐으로써 토지국유제론은 큰 한계가 있음이 드러났다.

이와 아울러 종래의 '왕토사상'이라는 관념적 산물에 지나지 않았음이 지적되었고, 특히 백성들의 사적 소유지로서 매매·처분과 증여·상속이 자유로웠던 민전(民田)의 실체가 밝혀지고 이를 입증하는 전권(田券)·양전(量田) 사례가 확인됨으로써 토지국유제론은 부정되기에 이르렀다. 이처럼 토지국유제론은 극복되었으나 그 수조권 이론은 여전히 공·사전 구분에 효과적인 방법으로 제시되어 있다.

한편 고려시대에 존재하였던 많은 사유지는 사전으로, 이에 대칭되는 국유지나 관유지는 공전으로 존재하였다. 이처럼 공전·사전은 소유권에 의해서도 구별이 되고 있다.

요컨대 양자의 개념은 크게 소유권을 기준으로 구분되는 공전·사전과 수조권의 귀속을 기준으로 구분되는 공전·사전으로 정리되며, 다시 내용별로는 국유지와 국고수조지가 공전인데 비하여 사유지와 사인수조지(私人收租地)는 사전이다. 그리고 그 구체적인 지목(地目)으로는 『고려사』 식화지 상평의창조에 보이는 1과·2과·3과의 공전구분 분석을 통해, 1과공전은 왕실어료지인 내장전, 2과 공전은 공해전을 비롯한 둔전(屯田)·학전(學田)·적전(籍田) 등 국가공유지, 3과공전은 일반민전과 민유지 위에 설정된 왕실 및 궁원·사원의 수조지[주로 장·처전(莊處田)]이다.

한편 공·사전에 대한 차율수조 문제는 많은 과제를 남기고 있다. 당시의 수조율로는 1/2조와 1/4조·1/10조의 세 종류가 기록에 나타나는데 종래의 연구자들은 공전은 1/4조를, 사전은 1/2조를 수취하는 것으로 이해하고 1/10조의 사료는 그 신빙성을 의심했다. 그런데 최근 종래 1/4조로 이해되던 민전조가 실은 1/10이었다는 주장이 나오고 아울러 1/4공전세율은 국유지를 소작 주었을 경우의 지대로 보기도 하여 차율수조의 문제는 앞으로의 연구과제로 남겨져 있다.

민전은 고려시대의 토지지목 가운데서도 가장 큰 비중을 차지하고 있다. 고려사회에는 백정이라 불리는 광범위한 농민계층이 존재하였는데, 주로 이들이 보류하였던 조상전래의 경작지가 민전이다. 민전은 조세부담의 의무가 있는 토지였으며 곧 국가재정의 바탕이 되는 국고수조지이기도 하였다. 민전은 전국에 걸쳐 수십만 결에 해당하는 광대한 토지로서, 사적 소유지인 까닭에 그에 대한 매매·증여·상속 등 관리처분권도 소유주의 자유의사에 맡겨져 있었다. 민전의 경영은 대체로 영세농민의 자가경영의 형태를 취했던 것으로 보인다.

토지를 통한 인간의 지배의 실행

고려의 경제적 기반이 된 수취제도는 토지제도와 연결되어 토지를 매개로 하여 성립되었다. 국가에 대한 농민들의 부담은 보통 조세·공부·요역 즉 역역으로서 이것이 고려왕조의 주요재원이 되었던 것이다.

조세는 본래 '조'와 '세'의 합성어로서 '조'는 토지의 경작자인 농민이 국가나 또는 국가가 지정한 개인에게 바치는 전조를 의미하며 '세'는 개인수조권자가 그가 받은 조 가운데 일부를 다시 국가에 납부하는 부담을 가리킨다. 그러나 이 '조'와 '세'는 서로 혼용되기도 하였으며 그 용법이 다양하다. 각 토지에 대한 수조율은 사전일 경우는 1/2 즉 병작제였으며 공전일 경우에는 민전이 수확량의 1/10, 국유지는 1/4조를 각기 부담하였다. 소세는 미(米)·속(粟)·맥(麥) 등 곡물로 바치는 것이 원칙이었으나 때로는 옷감이나 재화로서 대납하는 경우도 있었다. 양계를 제외한 전국의 조세는 대부분 경창(京倉)인 우창과 좌창에 조운되어 녹봉에 충당되었다.

공부는 지방에서 베나 토산물 등 현물을 납부하는 수취제도였다. 지방의 군현에서 중앙으로 상납된 공납물로는 각종의 광산물과 직물류, 동식물과 그 가공품 및 해산물 등이며 특수수공업 집단인 '소'에서 생산되는 수공업제품도 역시 중요한 공납품이었다. 공부에는 상공과 별공 두 가지가 있었다. 공안(貢案)에 수록되어 매년 납부하는 상정(常定)의 공물을 상공이라 하였고, 이에 비해 왕실이나 정부기관의 수요에 따라 그 때마다 바치게 한 공물을 별공(別貢)이라 하였는데, 이 가운데 수시로 부과되는 별공은 관리의 가렴주구가 심하여 많은 폐단을 낳았다.

상공은 미리 정해진 공물의 종류와 액수를 각 주현에 할당하여 매년 바치게 하였으며, 각 주현은 이 곡물을 인정(人丁)의 다과에 따라 9등급으로 편성된 민호에 다시 나누어 수취하였다. 한편 상요(常謠)와 잡공(雜貢)도 있었는데 이는 3세(租·庸·調)와 병존하고 있어서 공부와 관련된 것으로 보인다. 즉 상요는 공역의 물납이라 생각되며, 잡공은 공역을 거치지 않고도 생산할 수 있는 잡다한 공물류로 추측된다.

요역은 역역·역·부역 등으로 불린 세의 하나로서 백성들로부터 거둔 노동력을 말한다. 요역의 부담자는 16세에서 60세에 이르는 남자인 정으로서 일반농민이 주요대상이 되었으나 6품 이하의 양반 및 직역담당자의 가족이나 향·부곡민·외거노비에게도 요역이 부가되었다. 요역은 각 호를 인정구성에 입각하여 9등급으로 나누고 등급별로 정을 차출하여 역을 부담케 하였던 것으로 생각되나 출정(出丁)의 기준은 알 수 없다. 대체로 토지의 규모와 관련있는 것으로 여겨진다.

조운은 양계지방을 제외한 전국에서 거둔 조세와 공물을 선박에 의해 수도 개경에 운반하는 것을 말하며 이 일을 담당하였던 기관은 조창(漕倉)이었다. 처음에는 군현의 하부 행정기구의 하나였던 포(浦)에서 조운을 담당하였는데, 60개의 포는 중앙정부의 지방통제가 강화되면서 12조창으로 변화되었으며, 문종 때 하나 더 설치되어 모두 13개가 된다. 이 조창 역시 행정구획의 하나로서 독자적인 영역과 주민, 치소와 지배기구 등을 갖추고 있었다.

●●●●● 국제교역의 활성화

고려시기에 국제교역은 매우 활발하였다. 고려정부에서도 장려하였고 가장 활발한 교역국인 송(宋)측에서도 적극적인 통상책을 취하였기 때문이다. 그리하여 조공무역 이외의 사상(私商)의 활동도 크게 활기를 띠었다. 개경에는 송나라 상인을 비롯한 여러 나라의 상인들이 내왕했는데, 그 개경에 이르는 예성강 입구에 벽란도가 자리하고 있어, 국제교역항으로서의 위치를 점하고 있었다.

고려 전기에 고려와 가장 빈번한 교역을 한 나라는 송이었다. 교역로는 산동성 등주방면에서 거의 직선 통로를 택하여 대동강 어구의 초도(椒島)·옹진구(甕津口)·예성항(禮成港)에 이르는 길이 중심이었다. 하지만 문종 이후 거란의 위협을 느껴, 남쪽으로 바뀌었다. 예성강에서 출항하여 자연도(紫燕島)·마도(馬島)·군산도(群山島)를 거쳐 서남으로 나아가 명주에 도달하는 길이 중심을 이루었다. 이 항로는 명주·정해에서 순풍을 만나면 3일 만에 바다 가운데로 들어갈 수 있고, 또 5일이면 흑산도에 도달하여 고려국경에 들어갈 수 있는 빠른 뱃길이었다.

이러한 고려와 송의 무역은 크게 조공무역과 민간무역으로 나누어 볼 수 있다. 조공무역은 조공품과 회사품의 형식으로 교역이 이루어졌다. 양국간에 교역되었던 품목이 30가지를 넘고, 물량면에서도 막대하여 국교를 상징하는 단순한 것이 아니라 공무역의 품목이었음을 알게 한다. 광종 13년(962)부터 명종 3년(1173) 사이에 고려 사신이 송에 간 것이 약 60회이며, 송의 사신이 고려에 온 것이 약 30회였다. 민간무역을 보면, 송상인의 내항횟수는 현종 3년(1012)부터 충렬왕 4년(1278)까지 약 120여 회에 달하였고, 내항한 송나라 상인의 총인원은 약 5천 명에 달하였다.

송과의 민간무역은 현종 때부터 빈번하였는데, 특히 문종 때 활발하였다. 교역품 중에서 고려의 종이는 송의 수도나 항구는 물론 양자강 유역 안쪽까지 널리 유통되면서 중국인들의 찬탄의 대상이 되었다. 수입품 가운데는 중근동 지역의 물품도 있는데 이는 송나라 상이 고려와 사라센 사이에서 중계무역을 행하였음을 알게 한다.

고려와 송의 교역품은 사치품·고가품이 중심이 되어 그것을 사용할 수 있는 계층이 왕실과 귀족뿐이었으므로, 그 교역은 특수계층의 욕구를 충족시키기 위한 것이었다. 송상의 무역활동은 상품을 고려황제에게 헌상하고 그에 대하여 무역허가와 회사를 받는 사헌무역 형태를 취하였다. 활발하던 양국의 민간무역은 남송에 이르면서 점차 쇠퇴하여, 명종 재위 27년 동안에 송과의 무역은 3회에 불과했으며, 신종 7년간에는 전혀 보이지 않고, 희종 7년간에는 1회, 고종 46년간에는 2회가 보일 뿐이었다.

거란과의 교역은 송에 비해 활발하지 못하였다. 거란과는 성종·현종 때 전쟁을 한 이후 국교가 정상화되었는데, 사신을 교환하며 국신물을 주고받는 공무역이 주를 이루었다. 거란과는 의례적인 국신물 교환이 이루어지기는 했으나, 송과 지속적인 교류를 유지하고 있었기 때문에, 대거란 조공무역의 의존도는 그리 높지 않았다. 그에 따라 거란은 무역장 설치를 요구하는 등 적극적인 태도를 취했으나, 고려의 반대로 각장무역이 폐지될 정도였다.

고려에서는 거란사신의 객관으로 앙은관(仰恩館)·인은관(仁恩館)·선은관(宣恩館) 등을 설치하여 그들의 숙소 겸 거래처의 역할을 하게 하였다. 조공무역을 통해 고려가 거란에 수출한 품목은 교환가치가 있는 금·은·동과 포면류·화문석 등의 공예품·문방용품 및 인삼·차 등이며, 거란으로부터 수입한 물품은 말·양·능라 등이 주종이었다. 그리고 거란판 대장경이 다수 입수된 사실이 주목된다.

고려와 여진족 사이의 교류는, 금이 성립하기 전부터 있어왔다. 10세기 초반에서 11세기 초반까지 여진의 추장이 무역을 위해 고려에 온 것이 230여 회나 될 정도로 자주 왕래하였다. 고려로서는 경제적으로 부담이 되었으나, 안보적인 측면을 고려하여 여진과 교역하였다. 금나라가 건국된 다음에는 국신물을 교환하는 공무역이 중심이 되었으며, 일부에서는 사무역도 행해졌다. 은폐·의대·포·채백·금견 등을 금에 수출하였으며, 금·말·화살·철갑옷 같은 무구류, 담비가죽·청서가죽·족제비털 등을 수입하였다. 금나라에 파견되는 사행(使行)은 무역의 이익을 노려 많은 물품을 가져가 교역할 수 있어 큰 이익을 보장하였기에, 다투어 파견되기를 희망하였다.

고려와 금 사이에는 사행무역 이외에, 국경선 부근에 장시를 설치하여 활발한 교역을 전개하였다. 압록강 방면에는 의주와 정주에서, 동쪽으로는 정평과 청주에서 장시무역을 하였다. 장시무역은 국가재정이나 상인들에게 큰 이익을 주었다. 왕실조차도 이를 이용하여 교역을 하기도 했다. 이 무역에서는 고려의 쌀과 저포가 금나라 측의 견사나 비단·은 등과 교환되었으며, 북방국가의 정권교체로 변방이 혼란스러울 때에는 고려측의 미곡이 높은 가격으로 거래되었다. 각장무역은 12세기 초 요·금교체기나, 13세기 초 금·원교체기와 같이 북쪽 변방에서 변화가 생길 경우에는 국가의 안전을 위하여 폐쇄되기도 하였다.

아라비아는 당시 대식(大食)이라 불렸는데, 이 대식국인은 당대(唐代) 이래로 남중국의 꽝조우를 중심으로 무역을 해왔으며, 송대에 이르러 송의 해외무역 장려책에 힘입어 활기를 띠었다. 그들은 당시 남중국 연안에 출입하면서 고려에까지 진출하였다. 그들은 수은·점성향(占城香) 등 진귀한 물품을 바치고 금과 비단을 받았다. 아라비아 상인의 내왕에 관한 기사는 3회에 그쳐, 지속적인 무역관계는 없었음을 알 수 있다.

일본과의 교역은 외교관계가 성립하기 이전부터 민간차원에서 행해졌으나, 문종 10년(1056) 일본사신이 고려에 온 것을 계기로 활발해졌다. 일본상인들은 빈번히 고려에 와서 토산물을 바치는 사헌무역을 하였다. 일본의 장원 귀족들이 무역을 통한 부의 축적에 적극 나섬으로써 고려에 내항하는 상인이 증가하자, 고려는 진봉선을 1년에 1회 2척으로 제한하는 등 규제를 가하였다. 11세기 후반 이후 일본과의 무역은 주로 진봉선에 의해 김해객관에서 이루어졌다. 무인정권시기에는 큐슈지역의 지방세력들이 적극적으로 교역에 참가하였으며, 고려의 상인들도 일본과의 사무역에 종사하였다. 그러나 왜구의 침입 이후로는 거의 단절되었다. 일본에는 인삼·쌀·콩·마포·서적과 중국산 비단을 수출하고, 수은·유황·진주·소라·해조·거울상자·벼루상자·책상·향로·부채 등과 칼·활·화살·갑옷 같은 무구류, 그리고 후추·단목·침향·물소뿔 같은 남방산 물품을 수입하였다.

고려후기 원의 간섭하에서는 주로 원과 교역하였다. 고려는 원과 단일한 경제권에 속하였을 뿐만 아니라 원을 통해 세계시장과 연결되었으므로, 고려 후기의 대외교역은 어느 때보다 활발하였다. 처음에는 원이 남송이나 일본 정복전쟁에 필요한 말과 군량을 확보하고자 과중한 공물을 요구하고 강제교역을 시행하여 엄청난 경제부담을 주었다.

원과 공무역은 왕이 원 방문 또는 사신의 교환을 통해 이루어졌다. 고려에서는 예물을 보내고 원에서는 답례품을 주는 형식으로 이루어진 교환에서 고려는 금·은세공품과 자기·직물류·가죽을 보내고, 원에서는 금·은·비단·목면 등을 받아왔다. 빈번한 왕실간의 교류로 왕실이 무역의 주체로 등장하기도 하였다. 그러나 몽골은 고려의 끈질긴 항몽의식을 견제하기 위하여 다른 무역은 허락하면서도 병기나 마필과 같은 군사물자의 수출은 엄격하게 금하고 있었다.

공무역도 성행하였지만, 사무역도 활발하였다. 사무역의 한 형태는 왕이나 사신의 수행원에 의한 것이었다. 수행원들은 사적인 교역을 하였으며, 상인들도 이들과 결탁하여 사무역을 하였다. 상인들은 말·모시·베·인삼 등을 가지고 가서 팔고, 다시 명주비단·능라비단 등을 가지고 귀국하여 판매함으로써 막대한 이익을 올렸다. 원의 상인들도 고려에 와서 활발히 무역하였다. 원과 교역에 편승하여 우마·금·은 등이 유출되었는데, 은의 유출은 고려경제에 심각한 타격을 주었다.

고려와 외국의 활발한 경제교류는, 고려의 국내경제에 심대한 영향을 주었다. 거래되는 물품은 비단이나 서적, 기타 귀중품이나, 무구류가 중심이어서, 대체로 귀족이나 왕실이 필요로 하는 물품이었다. 따라서 국제교역은 귀족층을 대상으로 한 교역의 성격을 띤다고 할 수 있다. 그럼에도 서민들의 생활에 큰 영향을 주었다. 서민들은 귀족이 외국에 매각할 물품을 생산하거나 헐값에 탈취당하였으며, 귀족들의 소요품 구입을 위한 재원마련을 위해 큰 고통을 겪었다. 국제교역의 성행은 고려경제 전체를 활발하게 하였으며, 고려의 국제적인 위치를 높이는 데 기여하였다.

쉼터 11

벽란도

고려시대 국제교역은 육로를 통해서도 이루어졌지만, 해로를 통해서도 이루어졌다. 거란이나 금과는 주로 육로를, 송·아라비아·일본과는 해로를 통해서 교역하였다. 원의 경우는 육로와 해로 두 가지가 모두 활용되었다. 해로를 통해 고려에 오는 경우에는 개경에 이르는 관문인 예성강 입구의 벽란도를 거치게 되어 있었다.

벽란도 하면 그냥 위화도나 여의도처럼 섬인 줄 알지만 벽란도는 碧瀾渡라 쓴다. 즉 도(渡)란 고려시대부터 서울을 중심으로 한 경기 일원에 제도적으로 설치된 나루를 말한다. 강폭의 넓이에 따라 도와 진(津)으로 구분하였는데, 예성강의 벽란도, 임진강의 하원도(河原渡) 등이 있었고, 한양으로 천도한 다음인 조선초기에는 한강에 한강도·양화도만을 두었다.

벽란도는 고려시대 예성강 하류의 해상요충지로서 개경에서 30리 떨어진 황해안에 위치하였고 물살이 빨라 위험했으나 수심이 깊었기 때문에 선박의 운행이 자유로워 국제항으로 성장하였다. 원래 예성항으로 불렸으나 그 곳에 있던 벽란정(碧瀾亭)을 본떠서 벽란도라 이름하였다. 특히 고려중기에는 송나라와 일본뿐만 아니라 남양(南洋)과 서역지방의 상인들과 활발한 교역을 하였다.

고려 멸망시기인 1392년에는 벽란도에 있던 호수가 이틀 동안 붉은 빛을 띠었다는 기록이 『고려사』에 있는 것처럼 고려의 멸망과 벽란도의 황혼은 일맥상통하는 의미가 있었다. 이처럼 벽란도는 고려시대 각국 상인들이 몰려드는 국제도시였으며, 이 곳에서 많은 물자가 교류되었다. 이 곳에는 국가에서 관원을 파견하여, 국가의 허락없는 상행위를 통제하였다. 벽란도는 국제항으로서 번성하였는데, 이 곳에서 개경에 이르는 도로는 상인의 왕래로 번잡할 정도였다.

벽란도를 가장 많이 이용한 상인은 역시 송나라 상인이었다. 이들은 대규모로 고려에 와서 사헌무역을 하는 한편 일반인을 상대로 무역하였다. 심지어는 연안에서 밀무역을 하기도 했다. 고려정부는 밀무역을 금지하고, 벽란도에 감검어사를 파견하여 감시하였다. 실제 밀무역을 하던 송나라 상인을 적발하여 태형을 가한 일도 있었다.

5. 귀족독점체제의 사상적 기반

●●●●● 귀족지배의 정당화, 풍수설과 교종

나말여초 낡은 사회체제의 전반적인 변동과 더불어 사상계도 커다란 변화를 겪게 되었다. 그것은 첫째 불교계의 변화로서 신라의 진골귀족이 가졌던 종족 독점관념과 교종 중심의 불교관에 대한 도전으로서 호족의 후원 아래 선종이 대두하였다. 둘째로는 신라말기의 최치원·왕거인 등을 비롯한 경주 6두품 출신의 지식인층이 등장하여 유교사상의 입장에서 신라하대 정치의 문란을 비판하면서 유학이 정치·사회의 새로운 방향을 모색하는 단계로 들어선 것이었다. 셋째는 호족세력의 지방의식을 자극하고 호족의 지배에 합리성을 부과하였던 풍수도참설이 유행하게 된 점이다.

먼저 불교계에서는, 신라의 사상적 과제가 주로 중관파(中觀派)와 유가파(瑜伽派)의 종합이었음에 비하여 고려시대에는 선종과 교종의 통합이 새로운 과제로 대두하였다.

유교에서는, 중앙집권체제의 정비에 따라 그 운영원리로서 신라시대의 족적 관념 대신에 새로이 유교적 정치·사상체계를 수립하게 되었다. 풍수도참설은 고대문화의 중심지였던 경주의 지위를 약화시키고, 개경으로 문화의 중심을 이동시키는 한편 각 지방의 문화수준을 평준화하는 구실을 담당하였고 나아가 고려건국에 정당성을 부여하기도 하였다.

고려초기의 사상적 과제는 중앙집권체제의 운영원리로서 유교사상을 강화하고 난립된 불교교단을 정비하는 것이었다. 유교는 광종의 과거제 실시와 최승로의 건의를 계기로 정치사상으로서 기반을 다지게 되었으며, 특히 지배층인 귀족이 문신들로 구성되고 문치주의가 표방됨에 따라 크게 발달하게 되었다.

고려초기의 불교계는 화엄종을 중심으로 한 교종과 9산선문의 선종이 대립하고 있었다. 그리고 화엄종 속에서도 남악파(南岳派)와 북악파(北岳派)가 분립하고 있었고, 선종은 각 지방의 호족과 연결된 채 각기 독립된 교단세력을 형성하여 심한 분파상을 보이고 있었다. 이러한 불교교단을 정비하고 사상의 통일을 위해 개혁을 강력히 추진한 군주가 광종이었다. 그의 불교정책은 당시의 모든 불교교단을 교종과 선종으로 이원화시켜 각기 정리한 뒤, 다시 교·선의 대립을 극복함으로써 전체 불교계의 통합을 꾀하려는 것이었다. 그리하여 대표적 종단인 화엄종을 중심으로 교종을, 중국에서 들여온 법안종(法眼宗)을 중심으로 선종 각파를 각각 정리하고 더 나아가 천태학(天台

學)을 융성시킴으로써 교·선의 대립을 극복하고자 하였다.

고려중기에 이르러 중앙집권체제가 일단 완성되고, 그 지배체제를 운영하는 중심세력으로서 문벌귀족이 대두하면서 공적 지배체제로서의 국가제도가 사적 지배체제로 전락하게 되었다. 따라서 그 운영원리로서의 유교사상도 변질되어 진취적이고 자주적인 유교사상과는 달리 현상유지의 보수성이 강화되고, 또한 대외관계에서도 사대성향을 띠게 되었다. 이에 대한 반발로 일어난 것이 묘청의 난이었다.

불교에서도 보수적인 귀족불교인 법상종(法相宗)이 융성하여 화엄종과 양립하게 되었으며, 선종은 밀려났다. 이 때 화엄종은 왕실과, 법상종은 인주이씨와 각기 연결되어 정치적 대립에 이용되었는데, 화엄종에서 의천(義天)이 등장하여 법상종을 융합하고 나아가 선종까지도 통합하려 하였다. 의천은 우선 균여(均如)의 화엄학이 실천의 문제를 떠나 지나치게 관념화한 것을 비판하고, '교관겸수(敎觀兼修)'를 주장하여 화엄교단을 정비하였다. 이를 위해 의천은 신라 화엄학의 전통을 재인식하였고, 특히 원효의 통합불교를 크게 평가하였다. 다음에는 법상종을 융합하기 위해서 '성상겸학(性相兼學)'의 논리를 제시하고, 주로 교리적인 면에서 법상종을 압도하여 이를 화엄종에 끌어들이려 하였다.

또한 의천은 교·선의 통합에 관심을 두어 광종 이후 침체하였던 천태학을 부흥시켜 천태종(天台宗)을 개창하였다. 천태학은 온갖 잡념을 정지하고, 지혜로서 사물을 관조하는 지관(止觀)을 중시하여 실천수행법이 선종과 유사하였으나, 기본적으로는 '법화경'을 정종(正宗)으로 삼는 통일적이고 지적인 종파로서 왕권우위의 중앙집권적 귀족사회에 적합한 이념체계를 제공할 수 있었다. 따라서 의천의 교선통합은 '교선일치(敎禪一致)'가 아니라 천태종의 '교관겸수'를 채용한 것에 있었다.

결사의 불교, 선종

　무신란의 폭발은 지금까지 성장하여 온 고려 문신귀족 중심의 문화관을 붕괴시켰을 뿐만 아니라 고려문화 속에 남아 있던 고대적 잔재를 뿌리째 뽑아버리는 것이었다. 무신집권기 사상계의 변화로서 주목되는 것은 문인들의 새로운 활동과 불교계의 변화이다.
　무신정권 성립 이후 문인들은 치명적인 타격을 입었고 대숙청을 겪고 난 뒤에 문인들의 사회적 진출은 막히게 되었다. 이러한 상황에서 정계를 은퇴하여 현실에서 도피하고자 한 신준(神駿)·오생(悟生) 등의 문인집단과, 현실적 생활을 위해 부득이 벼슬길을 구해야 함에도 결국 벼슬에 나아가지 못한 임춘·오세재, 그리고 최씨정권에 아부하여 정계에 등장한 금의·이규보·이인로 등의 집단으로 각기 그들의 동향을 구분하기도 한다. 그러나 이들 가운데 문인들의 새로운 활동으로서 주목되는 것은 최씨정권에 협력하였던 인물들이며 이들은 고려중기의 문신귀족과 다른 능문능리(能文能吏)의 새로운 관료로 등장한 것이었다.
　이들 관료들은 무신들에 반발만 하는 단계에서 한 걸음 전진하여 새로운 문화방향을 모색하고 있었다. 특히 이규보는 현실생활에 대한 구체적인 인식의 확대와 그 비판에 노력했고, 현실의 비판과 새로운 문화창조를 가능케 하는 정신기준을 전통문화에 대한 재인식을 통해 찾고자 했다. 그리하여 김부식과 같은 무신체질과는 달리 전통적 체질과의 연결을 모색하였지만, 묘청과 같은 풍수도참설이나 불교전통이 아니라 유교적 가치관을 전면에 내세웠다.
　이 시기 불교계의 변화로서 주목되는 것은 신앙단체로서 결사(結社)가 유행한 것이다. 이는 고려중기부터 귀족불교가 공허해지는 데에 대한 반발로서 대두된 경향이었다. 특히 결사과정에서 당시 불교계를 비판하여 각성을 촉구하려는 말법사상(末法思想)과 같은 강렬한 비판의식이 작용하고 있어 사상사적으로 중요한 의의를 지닌다. 대표적인 것이 선종에서의 수선사(修禪社)와 천태종에서의 백련사(白蓮社)였다.

수선사의 보조지눌(普照知訥)은 선종을 억압하여 화엄종에 통합시키려던 의천의 천태종과는 반대로, 선종의 입장에서 화엄종의 장점을 취하여 통합하려 하였다. 그러므로 의천의 천태종이 절충적인 성격이 보다 많은데 비하여 지눌의 사상은 절충단계를 넘어 완성된 선교통합의 사상체계를 마련했다. 그리고 백련사의 원묘료세(圓妙了世)는 의천의 천태종이 주로 정치적인 이유에서 선종승려를 개종시켜 창립된 것에 불과한 데 비하여 지눌의 수선사에 맞서 법화신앙을 내세우며 일어났다. 그런데 이러한 변화는 화엄종에서도 일어나고 있었다. 즉 귀족불교적인 성격을 벗어나지 못하고 있었던 의천의 화엄종은 무신란으로 큰 타격을 받아 밀려나고, 그 대신 오히려 의천에 의해 지방으로 밀려났던 균여파가 다시 대두하여 화엄종의 주류를 이루게 되었다.

성리학과 선종의 동맹

선종의 부흥과 수선사·백련사 등의 결사로 특징지어지는 무신집권기의 불교는 교종에서 선종중심으로 전환했고, 선종 자체에서도 새로운 혁신의 기풍을 갖게 되어 민중을 저변으로 한 종교 기반이 확대되었다. 특히 지눌의 사상체계는 선·교통합을 완성하였고 아울러 고려후기에 지방향리 출신의 신흥사대부들이 성리학을 수용하는 바탕을 마련하기도 하였다.

그러나 이런 불교계의 혁신기운은 몽골압제하에서 단절되고 말았다. 최씨정권과 밀착하였던 수선사는 몽골의 억압을 받아 위축되었고, 백련사는 고려왕실 및 원황실의 원찰인 묘연사(妙蓮社)로 변질되었으며, 이에 대신하여 균여파 화엄종과 법상종 그리고 일연(一然)으로 대표되는 선종, 가지산파(迦智山派)가 부흥했다. 그러나 이들은 원과 고려왕실 및 권문세족의 후원을 받으면서 막대한 농장을 소유할 뿐만 아니라 고리대나 양조업을 통해서도 경제적 부를 축적하였으며, 승려는 세속화하여 사회적 지탄을 받기에 이르렀다. 이제 불교는 당시 혼란한 사회를 이끌 수 있는 정신적 이념으로서의 기능을 하지 못하였고 이것이 곧 성리학의 수용에 따른 유·불교체의 요인이 되었다.

성리학은 송의 주자가 완성한 것으로 종래 한·당(漢唐)의 훈고학풍과는 달리 우주의 근본원리와 인간의 심성문제를 철학적으로 해명하려는 신유학이었다. 이 성리학은 송이 멸망한 뒤 원에서 성행하였는데 이것이 다시 고려에 전래되었다. 고려는 이미 무신란 뒤에 선종이 심성도야를 강조하여 장차 성리학 수용의 터전이 마련되어 있었으므로 전파가 용이하였다. 성리학은 충렬왕 때 안향(安珦)이 처음으로 소개하였고, 그 뒤 백이정이 직접 원에 가서 배워와 이제현·박충우 등에게 전수하였으며, 고려말기에는 이색·이숭인·정몽주·길재·권근·정도전 등이 이를 발전시켰다.

성리학은 불교의 선종사상을 유교적 입장에서 받아들이고 이를 재구성하여 성립한 사상체계였다. 그러므로 성리학의 특징은 인성과 우주의 근원을 형이상학적으로 해명하려는 철학적인 면과 아울러 정치-사회적인 윤리도덕으로서 군신부자의 의리를 강조하고, 정통과 대의명분을 강조하여 이단의 배척에 날카로운 면이 두드러진 것이었다. 따라서 성리학은 려말에 와서 등장한 정도전·권근 등의 불교 및 사회전반에 대한 비판과 개혁을 주장함에 있어서 사상적 배경이 될 수 있었다. 이들은 일상생활 전반에 영향을 주고 있는 불교의식뿐만 아니라 친족혼 등의 습속이나 무속을 추방하기 위하여 주자가례에 의하여 기묘를 세우고 유교의식의 보존에 전력함으로써 성리학은 정치이념으로서뿐만 아니라 사회이념·문화이념으로 그 이해의 폭이 넓어지게 되었다.

한편 성리학을 표방하는 사대부들이 대두함에 따라 사장(詞章)・훈고(訓詁)를 주로 하던 종래의 학풍은 경학(經學)과 사학(史學)방면으로 바뀌게 되었다. 그 결과 역사학에서도 새로운 경향이 나타나게 되었다. 유교사관에 입각하여 저술된 김부식의 『삼국사기』에 반발하는 것으로서 원 지배에 불교적 입장에서 고대문화의 전통을 정리한 일연의 『삼국유사』, 한시로 중국과 한국의 역사를 노래한 이승휴의 『제왕운기』가 나왔는데, 이것들은 이민족의 침입으로 초래된 위기에 대처하기 위한 민족자주의식이 강렬하게 담겨진 것이었다.

그리고 다른 한편으로는 이와 별도로 유교사관에 입각한 역사학 연구경향이 다시 일어나 충렬왕 때부터 많은 저서들이 나왔다. 원전(元傳) 등의 『고금록』, 정가신의 『천추금경록(千秋金鏡錄)』, 민지의 『본조편년강목』과 『세대편년총목』 및 이재현의 『사략(史略)』과 『세대편년』 등이 그것이었다. 특히 『본조편년강목』은 한국사에서 주자식 강목체(綱目體)의 효시였으며, 이제현은 공민왕 때 『고려국사』를 편찬하다가 중단하였으나, 성리학에 입각한 그의 사학은 사관에서나 편찬방법에서 뒷날 조선시대의 사학에 커다란 영향을 주었다.

무신란과 몽골침략의 시련을 겪은 고려후기의 신진사대부들은 불교의 폐단, 권문세족의 횡포 등의 사회모순이 격화됨에 따라 이에 대한 비판정신을 고조시켰고, 이에 정통과 대의명분을 중시하는 성리학적 사관을 받아들임으로써 새로운 사학경향(史學傾向)을 나타내게 되었다.

쉼터 12
민족주의와 『삼국유사』

새로운 세기를 맞이하여 그 동안 우리 민족이 걸어온 힘난한 역사적 과정을 돌이켜

보고, 앞으로 우리 사회가 해결해야 할 무수한 역사적 과제들을 생각해 볼 때, 이제 우리는 중대한 역사의 문턱에 서 있다. 왜 우리는 민족을 말해야 하는가. 본래 서구적 민족주의는 유럽에서의 근대자본주의 형성에 필수적인 이념적 기초였다. 그것은 중세적인 보편국가의 틀을 넘어서 자본가들의 자유로운 활동공간이 필요했기 때문이었다. 바꿔 말해 민족이 본래부터 있었기에 민족주의가 발생한 것이 아니고 자본가계급이 그렇다고 믿었던 민족주의가 그들의 목적에 의해 인위적으로 민족을 만든 것이다.

많은 사람들은 민족이 본래 있고 민족주의가 표현되었다고 믿고 있으나 사실은 역사 속에서 그렇지 않았다. 그것은 우리의 중세시대 즉 조선시대에 양반이 상민과 결혼할 수 없었고, 고급언어와 문화는 지배계급이 독점하고 있었으며 반면, 일반백성은 신분상승의 기회를 박탈당하고 아무런 정치적 권리도 없었으며 지배-양반계급과는 아무런 교감도 가질 수 없었던 사실에서 확인할 수 있다. 즉 양반과 상놈은 적어도 국법이 존재하는 한 공식적으로 피를 섞을 수 없었다.

그런데 그렇게 이질화된 지배계급과 민중 사이의 계급적 융격은 전혀 무시하고 결국 뛰어난 장군이나 성군의 치적만을 부각하는 역사인식이 오랫동안 유지되어 왔다. 특히 고려시대에 몽골침략이라는 심각한 국가적 위기에 처하여 일연 선사가 『삼국유사』를 기록했으며, 이것을 통하여 고려인들의 민족애를 고양시켰다는 이야기를 하곤 한다.

과연 그럴까! 당시 『삼국유사』의 집필이 물론 서민의 계몽과 애국심을 호소하려는 경향이 있는 것은 사실이며, 민족의 찬연한 문화적 가치를 지키고 보존했다는 의미를 조금이라도 폄하해서는 안 된다. 하지만 『삼국유사』가 과연 역사 진행과정에서 우리가 생각하는 만큼 중요한 역할을 했는가는 의문이다.

당시 고려 민중의 대다수는, 한문은 고사하고 향찰조차 해독할 수 없는 극심한 문맹이었다. 물론 『삼국유사』의 내용이 구두로 민중 속에 파고들 수는 있었겠지만 적어도 문자를 해독할 수 있는 식자층에게는 큰 효과가 있었을지 몰라도 일반 민중에게 뜨거운 애국심을 불러일으키는 데는 한계가 있었다. 세종이 왜 한글을 만들었는지도 그러한 의도에서 다시금 생각할 필요가 있다. 대몽항쟁의 경우 지배계급의 전투성만을 강조하는 이들의 이해에는 몽골군이 해전이나 수전에 약했다, 혹은 고려수군이 몽골을 압도했다는 점 나아가 뛰어난 무인집권자들이 조직적으로 항몽전선을 유지했다는 등의 사고가 저변에 깔린 듯하다. 그러나 대몽항쟁은 고려 민중의 힘으로 30년을 계속할 수 있었다. 항몽전쟁에서 가장 큰 힘이 된 것은 바로 고려민중이었다. 그런 의미에서 고려의 대몽항쟁은 세계사적으로 특기할 만한 사건이었다. 즉 전 세계를 제패한 몽골군대가 한 지역에서 30여 년 동안 장기전을 수행해야만 했던 사례도 없었거니와 침략시 역의 정규군과 주로 싸움을 했던 몽골군대가 민중들과 직접 조우하여 전쟁한 예는 없

있었다. 그러나 고려에서는 고려민중이 직접 대몽항쟁의 기수로 나섰다.
 왜 고려민중은 몽골과 직접 싸웠을까. 입성책동이 있기도 했지만 세계를 지배한 몽골이 고려만큼은 회유정책으로 국가면모를 놔두고 지배하려 했던 근본적 이유는 무엇일까. 적어도 고려민중이 고려왕조를 위하여 그냥 대몽항쟁의 선두에 나섰다고 볼 수는 없다. 중요한 것은 고려왕조가 그 당시 민중들이 생각하는 가장 뼈아픈 현실문제인 가렴주구의 철폐와 천민신분에 대한 사회적 억압을 완화하려고 했다는 사실에 초점을 맞추어야 한다. 노비해방·조세감면·인재발탁과 같이 민중과 더불어 외적을 물리치고자 하는 과감한 정책전환이 있었기 때문이다. 삼별초의 난이 3년을 유지할 수 있었던 것도 바로 노비해방의 덕이라 할 수 있다.
 오늘날까지 우리는 민족을 위해 죽어야 한다는 묘한 가르침 속에서 아이들을 가르치고 그렇게 키워왔다. 하지만 그보다 더 중요한 것은 국민들 삶의 질을 높여주고, 진정한 주권재민·국민주권주의를 실현하려는 민주적 신념을 가르쳐야 한다는 사실이다. 물론 우리에게서 민족주의는 자본주의 발전의 산물이기보다 서구열강의 침략 특히 일제의 침략에 저항하는 의미에서 수용되었다. 침략주의에 반대하고 제국주의를 배격하여 약소민족의 자결과 자주성을 되찾고자 하는 논리에서 수용되었다. 그리고 누천년 동안 한반도 지역에 거주하면서 생활공동체를 이뤄온 우리 민족의 동질감도 민족주의적 성향의 확대에 큰 바탕이 되었다. 그리고 우리식 민족주의는 중세적인 종족주의나 서구적인 자본가 논리와는 전혀 다른 것이었다.
 그러한 우리식 민족주의의 순수성은 서세동점 상황에서 혹은 사회주의·자유주의 등의 사조가 침범하면서 자칫 극단적인 우경화나 민족분열의 가능성을 초래할 위험이 있었다. 그러나 지혜로운 우리 민족은 우경화되고 '국가주의화'된 민족주의라기보다는 민족해방과 민주주의 발달에 기여하고, 지역색의 심화 속에서도 민족통합력을 높이는 데 지대한 역할을 하는 원동력으로 삼았다. 뿐만 아니라 미·소 열강의 한반도 분할책동 속에서 우리 민족의 자주와 평화적인 통합을 지키고자 했던 많은 사람들이 멸사봉공·살신성인하도록 하는 마음의 잣대가 되기도 했다. 적어도 민족주의는 식민지시대 민족해방의 이념적 기초로서 많은 의미가 있었으며 실제로 조국의 해방을 가져온 큰 힘이 되었다.
 그렇다고 민족주의가 통일을 앞당길 수 있을까? 결론적으로 말해 전혀 그렇지 않다고 단언한다. 남과 북이 같은 단군의 자손이기에 통합해야 하는가. 그렇지 않다고 생각한다. 단군의 자손이니까 통합해야 하는 것이 아니고, 언어가 같다고 같은 민족 운운하는 것은 잘못이다. 중요한 것은 같이 통합되었을 때 민중들 삶의 질을 더욱 높여줄 가능성 그리고 민주주의 발전에 기여할 가능성을 예측하여야 한다. 그래서 감히 말한다면 통일은 민족주의로 하는 것이 아니라 민주주의로 하는 것이라 할 수 있다.
 남북정상회담은 우리 민족의 통일문제에 대한 새로운 인식과 전망을 열어준 역사적인 쾌거였다. 그러나 남북정상회담보다 더욱 중요한 통일의 원칙이 있는데 그것은 남과 북의 주민이 만족스러운 정치적 민주주의와 경제적 균등 그리고 자신들 삶을 스스로 결정하는 자주적인 능력을 배양한 다음 어느 날 갑자기 다가오는 통일이 아니라 아주 자연스럽고 조용한 모습으로 다가와야 한다. 아이들에 대한 통일교육도, 단순히 철도나 놓고 북한에 기업이나 자본가가 진출해서 되는 것이 아니라 민주주의의 실현과정이나 일반국민들 삶의 질 향상과 관계되는 통일임을 설명해야 한다. 민족을 사랑하는 사람은 정녕 진정한 민주주의자가 될 수 있을 것이라 확신한다.

6. 북진론의 좌절

연송정책과 대거란항쟁

고려가 건국된 10세기 초엽에는 대륙에서도 큰 변동이 일어났다. 중국에서는 오대(五代)의 혼란이 송에 의해 수습되었고, 북방에서는 발해가 멸망하고 거란이 강성해졌다. 거란은 몽골족의 일파로 만주 서부에서 일어나 동으로는 발해를 멸하고, 남으로는 북중국에 압박을 가하여 오대 중엽인 후진(後晉) 때에는 만리장성을 넘어 화북의 연운16주를 차지하고 있었는데, 그 뒤 송이 오대의 혼란을 수습하고 중원을 통일하자 이 땅을 회복하려 하였으므로 거란과 충돌하게 되었다.

거란과 송의 충돌은 고려에도 영향을 미치게 되어 거란은 일찍부터 고구려의 후계자임을 내세워 북진정책을 표방하고 송과 친교를 맺고 있었던 고려를 항상 경계하였고, 송은 고려를 끌어들여 거란과 충돌하게 하였다. 한편 발해유민의 여진족은 발해가 망한 뒤에 압록강 중류지역에 정안국(定安國)을 세우고 동진하는 거란과 북진하는 고려 사이에서 자체세력의 보존을 위하여 송과 통교하여 거란과는 적대관계를 취하고 있었다. 이것이 려·송 관계에 불안을 느끼고 있던 거란을 자극하여 마침내 고려와의 전쟁으로 나타나게 되었다.

한편 고려의 거란에 대한 배척은 건국 초부터 일관되었다. 그것은 당시 고려인들이 동족의식을 가지고 있던 발해를 멸망시켰으며 고려에도 압력을 가하였기 때문이었다. 태조는 거란이 보낸 낙타 30필을 만부교(萬夫橋) 밑에 매어놓아 굶어죽게 하고 그 사신을 섬으로 유배보냈으며 또한 발해의 유민을 받아들이고 북진정책으로 청천강까지 국경을 확장하였다. 이어 정종은 북방개척을 위하여 서경천도를 계획하는 동시에 광군사(光軍司)를 설치하고 광군 30만을 조직하여 거란의 침입에 대비하였으며 광종 때에도 청천강을 넘어 압록강 사이에 여러 북진(北鎭)을 쌓아 북방에 대한 경계를 강화하고 있었다.

거란의 침입은 3차례 있었는데 제1차 침입은 성종 12년(993)에 발생하였다. 거란은 먼저 압록강 중류지역의 정안국을 멸망시키고 압록강 하류의 여진족을 공략하여 내원성(來遠城)을 쌓은 뒤(991) 고려에 대한 침략을 시작하였다. 이 때 거란은 동경유수 소손녕(蕭遜寧)이 고려의 서북변으로 쳐들어왔는데 서희(徐熙)가 소손녕과 담판하여 송과의 관계를 끊고 거란에 적대하지 않는다는 조건으로 거란군을 철수시키고 오히려 압록강 동쪽 지역을 차지하는 성과를 얻었다.

거란군이 철수하자 고려는 압록강 동쪽의 여진을 토벌하고 성을 쌓아 이른바 강동6주를 소유케 되어 고려의 국경이 처음으로 압록강에 이르렀다. 거란은 고려가 강동6주를 점령하여 오히려 군사적 거점으로 삼은 데 불만을 갖고 그 할양을 요구했으나 고려는 이를 거절하였다. 이에 거란의 성종은 친히 40만 대군을 이끌고 현종 원년(1010) 강조(康兆)의 정변을 구실로 다시 침입하여 왔다.

거란의 침입을 맞아 양규(楊規)가 흥화진에서 잘 방어하였으나, 고려의 본군을 거느렸던 강조가 통주에서 패배하여 포로가 되고 개경까지 함락되어 현종은 나주로 피난했다. 그러나 거란은 고려왕의 친조를 조건으로 별다른 소득이 없이 퇴군하였다. 이는 아직도 건재한 북계의 서경·흥화진의 위협을 두려워한 까닭이었는데, 실제로 거란군은 퇴군도중에 양규의 공격으로 많은 피해를 입었다.

그 뒤 거란은 현종의 입조를 독촉하였으나 고려는 이를 거절하였다. 이에 거란은 본래의 목적인 강동6주의 반환을 강요하였지만 역시 거절당하자 마침내 현종 9년(1018) 소배압(蕭排押)으로 하여금 10만 대군을 이끌고 3차 침입을 감행하였다. 그러나 강감찬이 흥화진에서 거란군을 맞이하여 크게 무찌르고 퇴각하는 적군을 귀주(龜州)에서 다시 섬멸하니 거란의 침입은 대패로 끝났다. 이후 거란은 다시 고려를 침입하지 못하였고, 또 배후에 고려가 있는 한 송으로 쳐들어갈 수도 없게 되어 자연히 고려·송·요의 3국이 정립하는 상태가 되었다.

고려는 그 뒤에도 북방에 대한 방비를 늦추지 않고 현종 때에는 개경에 나성(羅城)을 쌓고 덕종 때에는 압록강 어귀로부터 도련포(都連浦)에 이르는 천리장성의 축조가 추진되기도 하였다. 거란침입으로 말미암아 고려의 인명·재산의 피해와 문화재의 손실이 막대하였고 북진정책은 결정적인 타격을 받게 되었지만, 이 전쟁의 승리로 인하여 이민족의 침략을 실력으로 막을 수 있다는 자신감을 갖게 되었으며, 아울러 북방민족에 비하여 고려문화가 우수함을 자각하게 되었다. 고려의 민족의식은 이러한 문화의식의 기반 위에 강화되었고 고려의 북진정책도 또한 점차로 친송정책으로 변하게 되었다.

송의 고려에 대한 외교가 정치적·군사적 목적에 있었는데 반하여 고려의 대송외교는 문화적·경제적 목적에 주안점이 있었다. 고려는 사신과 학생·승려를 송에 파견하여 그들의 발달된 유학·불교·예술 등을 받아들였으니, 이에 따라 고려의 유학·불교가 심화되고 송판본(宋板本)의 전래로 인쇄술이 발달하였으며 송 도자기의 영향은 고려자기의 발전을 보게 하였다.

여진과의 관계

이민족 거란에 의해, 발해가 멸망한 뒤 그 주민들은 고려 등으로 망명하기도 하였으나, 대부분은 거란이나 여진사람이 되었다. 따라서 거란에 협조하는 주민들은 숙여진(熟女眞)으로, 그리고 거란에 항거하며 독자적 생활을 누리고 있던 자들은 생여진(生女眞)으로 불리게 되었다. 흑수인들을 포함하여 발해인들이 대부분 동·서 여진 또는 동번(東蕃)·서번(西蕃)으로 불리게 된 원인이 이로부터였다.

특별히, 고려와 관계를 많이 맺었던 것으로 언급되고 있는 여진이란 생여진 사람들이었다. 이들은 통일된 국가를 이루지 못하고 각지에 흩어져 살면서 고려를 부모의 나라로 섬기며 공물을 바치기도 하고, 때로는 변경을 침략하기도 하였다. 고려는 이 때부터 발해유민의 여진에 대하여 신라와 발해의 남북국시대와는 달리 완전히 이민족의 여진으로 대하기 시작하였다.

고려는 이들에게 식량·철제농구 등을 주어 회유하는 반면 침략하는 자에게는 무력으로 응징하였으며 귀순한 여진인에게는 가옥과 토지를 주어 일반 민호에 편입시켰다. 그런데 11세기 후반부터 북만주의 여진 완안부(完顔部)가 점차 강성하여 통일세력을 형성하고 오히려 고려에 압박을 가하니 그 관계에 변화가 생기게 되었던 것이다.

여진은 송 소종(蕭宗) 9년(1104) 동여진을 토벌하여 함흥을 아우르고 도망가는 자를 쫓아 정주관(定州關;정평)에 이르렀다. 고려는 임간(林幹)과 윤관(尹瓘)으로 정벌했으나 모두 패배하였다. 그 까닭은 여진이 기병인데 비하여 고려는 보병으로서 대적하기 어려웠기 때문이다. 이에 고려는 윤관의 건의에 따라 기병을 주축으로 한 별무반을 조직하여 신기군(神騎軍: 기병)·신보군(神步軍: 보병)·항마군(降魔軍: 승군)을 편성하여 마침내 예종 2년(1107)에 윤관에 의한 여진정벌이 시작되었다.

이 때 윤관은 17만 대군을 이끌고 함흥평야를 점령하고 북방으로 진출하여 수복된 지역에 9성을 쌓아 군사를 주둔시켰다. 그러나 거처를 잃은 여진족의 끊임없는 침략으로 인한 방비의 곤란과 서북쪽 거란에 대한 경계의 필요성 및 윤관세력에 대한 경쟁자들의 시기 등으로 말미암아 9성은 1년 만에 여진에게 되돌려주었다(1109).

이후 여진은 아쿠타(阿骨打)가 세력을 크게 확장하여 스스로 황제를 칭하여 금(金)을 건국하고(1115) 요(遼)를 멸망시킴에 이르러(1125) 고려에 대해서도 사대의 예를 취하도록 강요해 왔다. 이에 고려는 인종 4년(1126) 권신 이자겸이 여러 중신들의 반대를 무릅쓰고 금에 대해 표를 올려 신하로 자칭[稱臣]할 것을 결정하였다. 이 결과 금과의 군사적인 충돌은 없었으나 고려의 북진정책은 사실상 좌절되었고, 이러한 좌절감은 국내적으로 귀족사회의 모순을 더욱 격화시켜 이자겸의 난과 묘청의 난을 야기하는 계기가 되었다.

몽골과의 항쟁

최씨정권이 확립되었을 때 고려는 밖으로부터 몽골의 압박을 받아 커다란 시련을 겪게 되었다. 오랫동안 거란과 금에 예속되어 있었던 몽골족은 13세기 초엽에 칭기즈칸(成吉思汗)이 등장하면서 몽골의 여러 부족을 통일하고 이어 사방으로 정복사업을 전개하여 동으로는 시베리아, 서로는 동유럽, 남으로는 금을 정복하여 북중국을 판도에 넣었다. 강성히는 몽골세력은 마침내 고려와도 충돌을 일으키게 되었던 것이다.

고려가 몽골과 처음으로 접촉한 것은 고종 6년(1219) 강동성(江東城)의 거란족을 몽골과 함께 공략하면서였다. 요가 멸망한 뒤 거란족은 금에 복속되었다가 금이 쇠약해지자 독립했지만, 이번에는 몽골에 쫓기자 고려영토로 들어와 강동성에 머물게 되었는데, 고려는 이들을 추격해 온 몽골과 함께 협공하여 궤멸시켰다. 이후 몽골은 고려에 대해 은인으로 자처하며 과중한 공물을 요구하여 당시의 집권자인 최우(崔瑀)는 이를 불쾌하게 여겼다.

반면 몽골은 남송정벌에 앞서 고려에 대해 견제할 필요를 느끼고 있던 가운데 마침 몽골사신 저고여(著古與)가 공물을 가지고 돌아가는 길에 피살된 사건이 일어나게 되자 이를 트집잡아 고려를 침입하였다.

몽골의 1차침입은 고종 18년(1231)에 시작되었다. 몽골의 장군인 살리타(撒禮塔)의 침입을 맞아 귀주에서 박서(朴犀)가 항전하였으나 살리타의 군사가 개경을 포위하게 되니 고려는 화의를 청하였고 이에 몽골군은 서북면에 다루가치(達魯花赤)를 두고 철수하였다. 그러나 몽골은 더욱 무리한 조공을 요구하고 횡포가 심하였으므로 고려 군신의 분노가 고조되어 고려는 다시 항쟁을 결의하고 고종 19년에 강화도로 도읍을 옮기는 한편, 일반백성들도 산성이나 섬으로 피난케 하여 장기전에 대비하였다. 이에 몽골은 재차 침입하여 개경을 지나 한강 남쪽까지 공략하였으나 살리타가 처인성(處仁城; 용인)에서 김윤후에게 사살되자 철수하였다.

그 뒤에도 몽골의 침입은 거듭되어 전후 30년간 6차에 걸친 침입을 받게 되었다. 몽골의 계속된 침략으로 고려는 인구가 줄고 국토는 황폐화되었으며 막대한 문화재의 손실을 입게 되었다. 황룡사 9층탑이나 부인사(符仁寺) 소장의 초조(初雕)대장경의 소실 등은 그 두드러진 예이다.

이러한 고난 속에서도 고려인은 끈질긴 항쟁을 계속하여 국토를 수호하였다. 강력한 반몽정책을 펼친 최씨정권이 강화도에서 꿋꿋이 항전을 지휘하였고 육지에서는 일반민중이 침략군에 대항하여 용감히 싸움으로써 여러 번 몽골군을 격퇴할 수 있었다. 특히 농민이 들어간 산성·바다섬은 항전기지가 되었으며, 1차침입 때에는 관악산 초적들이 전투에 가담하기도 하였고, 충주관노의 항전은 하층민까지도 항쟁에 가담한 예이다.

그 뒤 고종 45년(1258)에 이르러 대몽항쟁을 강력하게 추진하던 최씨정권은 최의 때에 와서 강화를 원하던 국왕과 문신들에 의해서 제거되고 몽골과의 강화가 이루어져 원종 11년(1270) 고려는 개경으로 환도했다. 개경환도는 몽골에 대한 굴복을 의미하는 것이었으므로, 최씨정권의 군사적 기반이며 대몽항쟁의 전위부대였던 삼별초는 개경환도의 결정이 있자 곧 배중손의 지휘 아래 개경정부에 대하여 반란을 일으켜 승화후(承化侯) 온(溫)을 왕으로 추대하고 반몽정권을 수립하였다. 그들은 강화도에서 진도로 근거지를 옮기고 궁성을 크게 지어 도성으로서의 시설을 갖추고 부근 여러 섬과 해안일대를 지배하는 해상왕국으로서 개경정부에 대립하는 또 하나의 정부를 이룩하였다.

그들은 대몽항쟁의 주축이 되었던 일반민중의 지지를 받아 저항을 계속하였지만, 고려와 몽골연합군의 토벌로 인하여 진도가 함락되자 다시 그 일부는 김통정(金通精)의 지휘 아래 제주도로 옮겨 저항을 꾀하였다. 그러나 원종 14년에 제주도도 함락되고 전후 4년에 걸친 저항은 끝나고 말았다.

쉼터 13

최충헌이 왕이 되지 못한 이유

최충헌의 초명은 최란이요, 우봉 출신이었다. 음서로 양온령이 되었다. 명종 4년에는 원수 기탁성이 서북지방의 반란인 조위총의 난을 진압할 때 공을 세우면서 섭장군이 되었고, 1196년 권신 이의민을 죽이고 권력을 장악했다. 권력을 삽은 그는 처음에는 개혁을 표방하여 명종에게 '봉사10조'를 올렸다. 거기서 그는 기왕의 고려법제의 부흥을 요청하고 귀족에게 집중된 여러가지 특권을 제약하여 시폐를 청산하자고 주장하는 등 상당한 개혁성을 보이기도 했다. 특히 기왕에 귀족권문에 겸병되거나 수탈된 토지를 환부하고 공사전 분급의 책정을 명확히 하며 아울러 이전·향리배의 가렴주구를 일소하고, 세금의 탈루를 막아 재정안정을 도모하자고 하였다. 더불어 사원의 토지소유를 견제하고, 태조 이후 보존해 온 비보사찰 이외에 풍수를 빙자하여 만든 각종 불사나 절은 철폐하라는 등 당시로서는 과감한 개혁안을 제기했다.

그러나 명종이 '봉사십조'를 이행하지 않자 창락궁에 유폐시킨 뒤 평량공 민을 왕위에 앉히고 정국공신 삼한대광대중대부 상장군주국이 되어 최씨 무단정권을 확립했다. 또한 그는 다른 무신정권과는 달리 문신들도 다수 등용해 함께 국정을 운영했다. 이들은 문학적·정치적 소양이 부족한 무신정권기에 나름의 탄력성을 제공하는 역할을 하기도 했다.

그렇다면, 왜 최충헌은 왕이 되지 못했던가? 고려 무신정권의 상징이라고 할 최충헌은 왕이 되지 못했지만 권문세족이나 귀족에 비해 상대적으로 비천한 신분에 있던 이성계는 오히려 새로운 왕조를 열 수 있었다. 둘 다 왕권을 능가하는 인맥과 군사력을 보유하고 자유자재로 왕을 갈아치우는 무소불위의 권력을 행사하고 있었지만 최충헌은 스스로 왕조를 열 수는 없었다.

무엇 때문일까? 당시 고려의 왕은 절대주의 시대의 절대왕권이나 중국에서의 전제왕권과는 전혀 다른 이른바 귀족연합체적 성격의 국가체제를 유지하는 데 필요한 조정자 역할에 머물고 있었다. 어쩌면 분권화한 권력의 외적 통합을 위해 존재하는 봉건시대의 군주와 흡사하다. 따라서 문벌귀족의 첨예한 이해관계를 조정하는 한편 대외적으로 기왕의 질서를 안정적으로 유지하는 상징적인 존재였다.

최충헌 단계에서 왕의 폐립이 잦았던 것은 최충헌이 전통적인 왕권의 권위를 부정해서가 아니라 왕의 측근세력에 의해 자신의 권력이 견제를 받은 경우가 많았기 때문에 왕권에 대한 강권을 행사했던 것이다. 실제로 왕권은 최충헌의 독선을 보고만 있지 않았다. 예를 들어 명종은 흥왕사의 승통 요일과 중서령 두경승 등 이의민 잔당을 모아 최충헌 세력을 견제했기 때문에 폐위되었다. 희종의 폐위도 측근인 내시 왕준명 등과 모의하여 최충헌을 제거하려고 했기 때문이었다. 그밖에 신종과 강종은 건강문제로 왕위에서 교체되었다. 물론 최충헌이 깊숙이 관련되었지만 이성계가 창왕과 공양왕을 세워 왕조개창을 준비한 것과는 전혀 달랐다.

더불어 최충헌에게는 왕조를 교체하기 위해 제공할 새로운 질서와 이념이 없었다. 고려는 문종대부터 광주 이씨와 같은 문벌가문이 주도권을 장악하면서 이후 수백 년 동안 소수 문벌귀족이나 권문세족에 의해 권력이 농단되었다. 정중부의 난 이후 천인 출신이 대장군·상장군이 되어 군권과 국가권력을 장악하는 등 신분제의 와해현상이 뚜렷이 나타났다. 그리하여 문벌귀족 혹은 권신의 가렴주구 그리고 신분질서의 파괴를 위한 망이·망소이 난, 김사미-효심의 난 등 민중의 저항이 일어났다.

물론 최충헌은 명종에게 '봉사10조'와 같은 개혁책을 올려 사전확대를 막고 신분제의 완화를 도모하려 했지만 불안정한 권력구조 아래서 최충헌 일파는 예컨대 대토지소유의 적폐 등 무인정권의 전통적인 기득권을 타파하는 데 실패했다. 오히려 자신의 정치적 권력의 안정을 위해 기왕의 귀족·무인세력에 대하여 경제적인 측면에서 회유정책을 계속했다. 본인 스스로도 당시 지방제도가 신분제적·속지주의적 성격이 강한 점을 이용해 춘주(춘천)사람들에게 뇌물을 받고 안양도호부로 승격시켜, 각종 조세와 공부를 감해 주는 등 사적인 영리추구에 혈안이 되어 공인다운 면모를 잃은 것이다.

반면 이성계는 신흥 성리학적 세계관으로 무장한 신진사대부로서 당면한 현실을 파악하여, '고려'적인 질서를 대체하는 신질서로서 신왕조 개창을 준비했다. 과감한 권문세족의 척결과 대대적인 노비의 양인화 정책을 통하여 민심을 집중시켰다. 최충헌은 신분해방운동에서 이른바 고려왕조부정운동(삼국부흥운동)으로 상승하는 민중봉기를 왕조 교체수단으로 이용하지 못하고 무력으로 진압함으로써 민중의 요구를 전면 부정하고 말았다.

최충헌이 왕이 될 수 없었던 또 하나의 이유는 그가 왕위를 찬탈할 만한 외교적 역량이 부족했다는 점이다. 즉 현실적으로 왕조교체는 주변 국가의 추인이 필요했고, 이에 처음 명종을 폐할 때 금나라의 눈치를 많이 보고 있었다. 다음의 『고려사』 기록은 그러한 사대적 면모를 확인시켜 준다. 즉 "왕진과 왕민은 모두 임금이 될 만하나 금나라에서 왕진이 있는 줄은 알지 못하니 만약 왕진을 세우면 금나라가 반드시 왕위를 찬탈했다 할 것이니… 동생이 이으면 환란이 없을 것이다."

아울러 최씨 무단정권과 몽골 사이의 갈등은 왕조교체의 가능성을 사라지게 했다. 묘하게 항몽정책과 최충헌의 일인독재체제 견지는 서로 밀접한 관계에 있었다. 반면 이성계의 배후에는 중국과 여진족이 있었고 중국의 정신적·물적 지원은 고려 말 이후 조선시대를 통하여 왕위를 얻거나 유지하려는 군왕들에게 필수요소였으며, 여진족은 이성계가 권력을 모으는 과정에서 큰 기여를 했다.

왕조개창에 가장 중요한 요소는 당시 신분해방 논리에서 왕조부정으로 치닫던 고려민중의 혁명의지를 수렴하여 체제 속으로 흡수하는 문제였다. 즉 안으로 신분제의 질곡을 개혁하고 잘못된 귀족제의 모순을 극복하는 방향에서 자신의 입지를 만들어야 했고, 무엇보다도 뛰어난 외교역량을 통하여 주변국가의 신뢰를 확보함으로써 힘이 아닌 견제와 균형으로 안정적인 권력재생산에 노력해야 했다. 그러나 최충헌은 그럴 수 없었다.

7. 몽골압제하의 고려

●●●●● 몽골의 정치간섭

고려가 원의 간섭하에 들어가게 되면서 최초로 받은 시련은 일본정벌에 동원된 일이었다. 고려는 충렬왕 즉위년(1274)과 충렬왕 7년 두 차례에 걸쳐 일본원정에 필요한 군량을 공급하고 군선을 건조하였을 뿐 아니라 직접 군사를 동원하여 그 피해가 매우 컸다. 그러나 이보다 중요한 것은 원의 간섭을 받으면서 초래된 고려 자체의 변질이었다.

원종은 국내에서 왕권강화를 위하여 원과의 통혼을 요청하였고 이는 고려로 하여금 원의 부마국으로 예속되는 결과를 가져왔다. 이제 고려의 왕은 독립된 왕국의 통치자라기보다는 원제실(帝室)의 부마로서 원제국 안에서 확고한 지위를 보장받고 국내에서의 왕권도 어느 정도 신장시킬 수 있었지만, 이는 결국 고려왕실의 격하라는 희생 위에서 얻어진 것에 지나지 않았다. 왕의 묘호는 조(祖)에서 고(孤)로, 폐하는 전하로, 태자는 세자로, 선지(宣旨)는 왕지(王旨)로 고쳐졌다. 그리고 관청명칭도 격하되어 중서문하성과 상서성은 통합되어 첨의부(僉議府), 중추원은 밀직사(密直司), 이부와 예부는 통합되어 전리사(典理司), 호부는 판도사(版圖司), 병부는 군부사(軍簿司), 형부는 전법사(典法司)로 고쳐졌으며, 공부는 폐지되었다.

원은 고려에 대해 분열책을 취하기도 했다. 왕의 잦은 퇴위와 복위로 인하여 고려의 정치세력은 전왕파[심양왕파]·왕파·왕비파로 분열되어 다투었고, 또한 원에 거주하는 고려민을 통제하고 고려를 견제하려는 목적으로 고려왕족 가운데 따로 만주지역을 다스리도록 한 심양왕(瀋陽王)을 임명하여 고려왕과 대립을 조장하기도 하였다. 이밖에도 원의 환관이나 통역관이 된 고려인을 이용하여 고려를 견제하였다. 이러한 과정에서 고려의 독자적 지배질서가 변질되고 아울러 지배층의 전환이 초래되었다.

한편 원은 고려영토의 일부를 직할지로 편입하여 철령 이북 쌍성총관부(雙城摠管府), 자비령 이북에 동녕부(東寧府), 제주도에 탐라총관부(耽羅總管府)를 설치하였다. 동녕부와 탐라총관부는 고려측의 요구로 곧 반환되었으나, 쌍성총관부만은 뒤에 공민왕이 무력으로 수복할 때까지 존속되었다. 그리고 일본정벌을 위해 설치하였던 정동행성(征東行省)은 그 뒤에도 계속 존속하여 원과의 공적 연락기관으로 이용되었으며, 일종의 감찰기관인 순마소(巡馬所)를 두어 고려의 내정을 감시하고 군관인 다루가치를 배치하여 내정을 간섭하고 공물징수를 감독하였다. 원이 공물로 징수해 간 것은 금·은·포백·곡물·인삼·해동청을 비롯하여 공장(匠人;수공업자)·환관·처녀까지도 포함되었다. 특히 해동청이라는 매의 요구에 부응하기 위해 응방(鷹坊)이라는 관청까지 설치되었는데 그 폐해가 막심하였다.

이러한 원의 경제적 요구는 농민의 부담을 가중시켜 농민은 고려정부에 대한 부담과 함께 이중의 고통을 겪게 되었다. 그 결과 많은 농민들이 유랑하게 되었고, 이러한 가운데 원의 세력을 등에 업은 권문세족들의 농장이 확대되자 농민들은 점차 전호나 노비로 전락되어 농장에 포섭되어 갔다. 이리하여 고려사회는 그 기반에서부터 해체되기 시작하였다.

부원세력의 매국과 기득권 계급의 안정판

고려후기의 지배세력은 권문세족 또는 권문세가라 불리는 계층이었다.

이들은 1백 년여에 걸친 무신정권과 그 뒤의 몽골관계가 진전되는 가운데 새로이 편성된 사회세력이었다. 무신란에 의해 문벌귀족이 몰락하고 무신이 집권층이 되었다가 무신정권이 붕괴된 뒤에는 다시 권문세족이 새로운 지배층으로 대두했다.

권문세족들은 그 성립과정에서 고려 전기의 문벌귀족 가운데 일부 온존하여 온 세력, 무신집권기에 대두한 무신세력과 능문능리(能文能吏)의 신관인층 및 원의 간섭 아래 원의 환관과 통역관 및 응방의 관리인 등을 통해 출세한 신흥세력 등으로 나눌 수 있으나, 원의 세력을 배경으로 하여 정치적 권력과 경제적 부를 확장한 친원세력이었던 점에서는 공통적이었다. 이들 가운데 대표적 가문으로서는 무반가문으로 김취려의 언양(彦陽)김씨, 채송년의 평강(平康)채씨, 원과의 관계를 통해 등장한 조인규(趙仁規)의 평양(平壤)조씨, 윤수(尹秀)의 칠원(漆原)윤씨, 김방경(金方慶)의 안동(安東)김씨, 고려 전기부터 온존한 문벌귀족인 인주(仁州)이씨·정안(定安)임씨·경주(慶州)김씨·파평(坡平)윤씨 등을 들 수 있다.

이들은 재신이나 추신으로 국가 최고합좌기관인 도평의사사(都評議使司)에 참석하였다. 그 결과 도평의사사의 참여인원은 초기에 재신 5, 추신 7에 지나지 않던 것이 7·80명으로까지 확대되었다. 권문세족은 양부재추의 고위관직을 차지하고 그들의 합좌기관을 강화하여 중요한 국사를 처결하는 권한을 차지함으로써 결과적으로 왕권을 약화시켰다. 한편 그들은 경제적으로 대토지 소유자가 되었다. 공식적으로 관리에게 수여하는 녹과전이나 녹봉보다도 불법적인 토지집적을 통하여 이루어진 대규모 농장을 경영하여 부를 축적했다.

이와 같이 고려후기의 권문세족은 광대한 농장을 경영하는 지배층으로 보수적인 사회세력이었다. 이들은 문화적 소양과는 거리가 멀었고 대체로 친원적 성향을 가진 사람들이었다. 따라서 권문세족은 기성의 정치권력을 유지하고 경제기반을 존속시키기 위하여 원 세력을 이용하고 새로운 개혁을 반대하였다. 고려후기의 권문세족이 왕실과 혼인할 수 있는 '재상지종(宰相之

宗)'이 되어 문벌을 중시한 점은 전기의 문벌귀족과 비슷하다.

　그러나 문벌귀족에 비하여 무반세력이나 부원세력 등 문벌관념으로는 생각될 수 없는 새로운 성분들로 구성되어 있었으며, 뿐만 아니라 문벌귀족이 가문 자체의 권위로 귀족적 특권을 누렸음에 비하여 권문세족은 현실적인 관직을 통하여 정치권력을 행사하였다는 점에 관료적 성향이 두드러졌다. 이처럼 고려의 지배세력은 가문위주의 문벌귀족에서 관료적 성향이 짙은 권문세족으로 발전했던 것이다.

　한편 권문세족의 경제적 기반이 된 것은 그들이 소유한 막대한 농장이었다. 고려의 전시과체제는 이미 12세기 초엽부터 동요하기 시작하였다. 이자겸을 비롯한 문벌귀족들의 토지겸병으로 비롯된 전시과의 붕괴는 무신정권 수립으로 더욱 촉진되어 대토지겸병의 추세가 무신들 사이에 만연했다. 원 간섭기로 접어들면서 더욱 본격화하여 권문세족들은 다투어 토지를 겸병하고 인구를 집중시켰다.

　전시과가 붕괴된 뒤 고려는 새로 녹과전을 제정하여 이에 대처했다. 몽골과 강화를 맺고 개경으로 환도한 다음해인 원종 12년(1271)에 시행되어 경기 8현의 토지를 현직자에게 분배해 준 녹과전제도는 그 분급되는 양이 매우 적었으며, 이밖에도 녹봉이 있었으나 국가의 재정형편이 악화되어 제대로 급여되지 못하였으므로 권문세족들의 큰 관심을 끌지 못하였다. 그 대신에 사전(賜田)·개간·겸병·탈점 등의 방법으로 늘려간 사전이 권문세족의 보다 큰 관심의 대상이 되었다. 사전은 일찍부터 성장하였으나 몽골간섭기에 이르러 면세·면역의 특권을 누리는 등 소유주의 사적 지배력의 강화로 흔히 농장이라 불리었다.

　고려말기 권문세족들의 농장에는 산천을 경계로 하거나 온 주군에 걸치는 광대한 것도 있었다. 농장의 소유주인 권문세족은 개경에 살고 있는 부재지주로서 전국 각지에 산재한 소유지에 가신이나 노비를 파견하여 조를 징수하였다. 농지의 경작자는 전호나 노비로서, 이들은 토지와 함께 계승된 자도 있었으나, 가혹한 수탈에 견딜 수 없는 농민들이 농장에 투탁하여 전호가 되는 경우도 있었다. 토지겸병이 성행함에 따라 일정한 토지를 경작하는 전호가 몇 명의 소유주에게 조를 내야 하는 현상이 일어나기도 하여 이를 견디지 못한 양인이 농장에 투탁하여 '노비화'하는 경우가 늘어갔다.

농장에서 경작에 종사하는 노비는 대체로 외거노비이며, 이들은 자신의 경리가 허락된 전호적 존재였다. 농장의 경작에는 여전히 양인의 전호가 차지하는 비중이 컸다는 사실과 아울러 노비의 전호적 성격이 주목된다. 이러한 현상은 소유주의 사적 지배력이 강화된 농장이 발달하면서 나타나게 된 사회-경제적인 변화의 중요한 일면이었다.

고려후기 농장의 발달은 국가의 토지에 대한 지배력의 약화를 초래하였다. 공전이 침식되어 국가재정의 궁핍을 가져왔고 노비의 증가는 국가에 역역과 병역을 지울 수 있는 대상자를 감소시켰다. 이에 국왕과 신진관료들은 서로 제휴하며 여러 차례 전민변정(田民辨整)을 실시하였다. 이는 불법으로 소유한 토지를 원래 소유주에게 돌려줌과 동시에, 불법으로 소유한 노비를 양인으로 되돌리거나 또는 원래 소유주에게 돌려주는 것을 목적으로 한 것이었다. 그러나 원의 간섭이 계속되고, 권문세족의 지배적 위치가 그대로 유지되는 한 이러한 개혁은 받아들여질 수 없었으며, 결국 공양왕 때에 가서야 비로소 사전개혁으로 결실을 맺을 수 있었다.

●●●●● 신흥사대부와 고려왕조의 붕괴

고려후기에는 지배세력인 권문세족에 도전하는 새로운 사회세력이 대두하였는데, 이들이 바로 신흥사대부였다. 신흥사대부는 권문세족의 권력독점과 농장확대에 따른 정치-사회-경제적 혼란을 시정하기 위하여 개혁정치를 주장하였다.

　신흥사대부는 최씨정권 시기부터 이미 형성되기 시작하였다. 최씨정권은 정권안정을 위해 학문적 교양이 높고 행정실무에 밝은 능문능리의 문인들을 기용하였다. 이들은 관료적 학자로서 신흥사대부의 원초적 모습을 보여주고 있는데, 무신정권 붕괴 이후 더욱 활발히 중앙정계에 진출하여 커다란 사회세력으로 성장하였다.

　이들 신흥사대부는 한미한 가문으로서 지방의 향리출신이 많았다. 향리는 당시의 사회적·경제적 변동을 겪으며 중소지주로 성장해 있었는데, 그 자제들이 학문적 교양을 쌓고 과거를 통하여 중앙의 관리로 진출하였던 것이다. 이들은 이미 중앙정계에서 보수적 세력기반을 구축하고 있던 권문세족과 대립하지 않을 수 없었다. 그러나 아직 미약한 신흥사대부의 개혁운동은 몇 차례 실패를 겪어야만 했다.

　충선왕이 즉위하자 신흥사대부와 결탁하여 전반적인 관제개혁을 단행하여 정방을 폐지하고 사림원(詞林院)을 설치하면서 이를 중심으로 개혁정치를 실시하였다. 그러나 이 개혁도 원과 결탁된 권문세족들의 반발로 실패하였고 충선왕도 결국 퇴위하고 말았던 것이다. 그 뒤로 충목왕 때 정치도감(整治都監)의 개혁이 시도되었으나 역시 실패로 돌아가고 공민왕(1351~1374) 때에 개혁정치가 다시 본격화되었다.

　원의 쇠퇴와 신흥사대부 계층의 성장은 개혁정치 실행의 기반이 되었다. 공민왕의 개혁은 안으로 권문세족을 억압하고 밖으로 그들의 배후세력인 원을 축출하는 것이었다. 먼저 공민왕은 기철(奇轍) 등 부원배들을 제거하고 정동행성이문소를 혁파하였으며, 쌍성총관부를 공격해서 철령 이북 땅을 회복하는 동시에 신흥 명왕조에 사신을 파견하고 명의 연호를 사용하여 친명정책을 뚜렷이 하였다.

　또한 대내적으로 원의 간섭으로 변형되었던 관제를 3성6부의 옛것으로 복구하고 권문세족의 중심기관이었던 정방을 폐지하였다. 그리고 승려인 신돈(辛旽)을 등용하여 과감한 개혁으로 오랫동안의 폐단을 고치려 하였다. 먼저 이공수·경천홍·이수산 등 권신들을 축출하고 문벌이 낮은 사대부를 등용하였으며 전민변정도감을 설치하여 권문세족이 빼앗은 전민을 본주인에게 돌려주고 양민으로서 노비가 된 자들을 해방시켰다. 그러나 신돈은 자신의 세력기반이 무너지는 것을 두려워한 권문세족으로부터 반격을 받아 마침내 제거되었으며 공민왕의 개혁은 실패하고 말았다.

한편 고려말기는 원·명교체기로서 대외관계에서도 긴장이 감돌았다. 홍건적·왜구 등 외적의 계속되는 침입과 명의 압력은 공민왕의 부흥운동에 막대한 타격을 주었을 뿐만 아니라, 그 이후의 고려정국을 복잡하게 만들었다. 공민왕 때에는 홍건적의 침입으로 한때 개경이 함락된 적도 있었고, 해안지방에 창궐한 왜구의 피해는 더욱 커서 해안지대의 농토는 무인지경이 되었으며 해상교통의 두절로 조운이 불가능하게 되었다. 이 때 외적을 토벌하여 공을 세운 사람이 최영과 이성계 등의 무장이었으며, 이들은 지방 중소지주층의 적극적 지지를 받아 독자적인 무장세력을 형성하였다. 그리하여 이들 신흥무장들의 정치세력은 크게 성장하여 려말의 정계를 좌우하고 나아가 조선왕조 건설의 또 하나의 주체세력이 되었다.

친명정책을 표방하던 공민왕이 죽은 뒤에 즉위한 우왕은 이인임의 주장에 따라 친원정책으로 되돌렸고, 이에 대하여 이성계·정몽주 등은 친명정책을 주장하여 고려조정은 양분되었다. 이 때 명은 친원정책의 고려에게 압력을 가해 오던 중 마침내 원이 점령했던 철령 이북의 지역을 명의 직속령으로 삼겠다고 통보해 왔다.

한편 고려는 이인임이 물러나고 최영이 정권을 장악하고 있었는데, 그는 명의 요구에 분개하여 원명교체기의 혼란을 틈타 요동을 정벌할 것을 주장하고 이성계·조민수로 하여금 출정케 하였다. 이에 군사적 견지에서 요동정벌을 반대하던 이성계는 위화도에서 회군하여 우왕과 최영을 축출하고 정권을 장악하였다.

이성계는 정도전·조준 등 신흥사대부 세력과 연결하여 우왕·창왕이 왕씨(王氏)가 아닌 신돈의 자손이라 하여 창왕을 축출하고 공양왕을 세웠다. 이어서 종래 5군을 삼군도총제부(三軍都摠制府)로 개편하여 군사지휘권을 완전히 장악하고 곧 신흥사대부들의 주장에 따라 전제개혁을 단행하여 과전법을 시행하게 되었던 것이다.

과전법 실시의 주요목적은 첫째로 왕족과 관료에게 경기(京畿)에 한하여 품계에 따라 과전을 지급하여 신진관료들의 경제적 기반을 마련하고 지방토착세력의 대두를 방지함으로써 중앙집권적인 지배체제의 기반을 마련하려는 데 있었으며, 둘째는 경기 이외의 지역에 군전을 두어 한량관리(閑良官吏)에 지급케 하고, 동서양계와 해빈해도전(海濱海島田)·신개간전(新開墾田)을 군자전(軍資田)으로 삼아 아울러 군수에 충당케 함으로써 신흥무장 휘하의 군인들에게 생활기반을 마련해 주고 군비의 충실을 기하였다.

전제개혁은 전국 토지의 개량에서 시작되어 공양왕 2년(1390)에는 공사전적을 불사르고, 다음해 과전법이 공포되었다. 과전법의 시행으로 권문세족들의 사전은 몰수되어 관료들에게 재분배되고, 아울러 공전이 크게 증대됨으로써 조선왕조 개창의 경제적 기반이 마련되었다.

이리하여 정권과 군권 및 경제권까지도 장악한 이성계는 최후의 반대세력인 온건파 사대부인 정몽주를 제거하고 조준·정도전·남곤 등 역성혁명파(易姓革命派) 사대부들의 추대를 받아 공양왕을 내쫓고 왕위에 올라 새 왕조를 개창하니(1392), 이로써 고려왕조는 475년 만에 종말을 맞이했던 것이다.

●●●●●● Ⅴ. 양반관료국가와 민족문화

1. 양반관료국가의 통치구조

●●●●● 조선 양반관료사회의 역사적 성격

 우리는 조선시대의 관료제를 언급할 때 닥치는 하나의 넌센스는 역사적인 관점에서 그것이 우리역사를 보다 전향적으로 나아가게 했을 것이라는 근거 없는 믿음일 것이다. 물론 조선 초기 신진사대부가 구상한 변혁이론, 즉 조선왕조 개창론과 양반관료제의 수용은 일정하게 민중세계의 이해를 반영한 것이었다. 실제로 사회적 발전을 수반할 가능성이 높았지만, 중세적인 신분질서와 중세적 착취구조의 전면적인 개편과는 거리가 있었다.
 역사발전이라는 관점에서 본다면 조선왕조의 개창과 그에 수반한 양반관료제의 수립은 실질적인 나라 만들기의 이상과는 아주 다른 방향에서 전개되었다. 즉 중국과 여진세력을 배경으로 하고 신진사대부의 변혁이론[성리학]을 도용해 역성혁명을 수행한 조선왕조 개창세력들은 처음에는 부패한 고려 말 권문세족 중심의 정치·사회체계를 깨뜨리는 데 성공한 듯이 보인다.
 개국파가 지향한 양반관료제는 혈통중심의 고려의 귀족독점체제를 청산하고 능력과 실력에 기초한 지배권력을 형성하도록 하자는 시대적인 요구였다. 이에 개창세력들은 전폭 수용했는데, 이는 중세적인 귀족제의 타파없이는 자신들의 이해를 관철하기 힘들었기 때문이었다.
 조선사회를 지탱한 양반체제가 처음 구축될 때의 이상은 정도전이 조선 건국 이후 어떤 조선을 만들어갈 것인가를 고민하면서 작성했던 여러 문건에서 확인된다.『조선경국전』·『경제문감』 등 전 14권7책으로 구성된『삼봉집』은 민본사상을 바탕으로 한 일종의 국가론이며 국가의 통치이론이었다. 먼저『조선경국전』은 새 왕조의 통치규범을 종합적으로 제시한 지침서로,『주례(周禮)』의 육전(六典)체제를 본받아 조선의 현실에 맞게 조정한 것이다.

조선왕조의 모든 관제의 큰 줄기는 여기에서 비롯되었고 조선시대의 정치법전이 된 훗날의『경국대전』의 모체가 되었다. 또한『경제문감』은 중국과 우리나라 역대왕조의 재상제도를 밝히면서 대관(臺官)·간관(諫官)·위병(衛兵)·감사(監司) 등이 언로사상(言路思想)의 활로를 위해 어떻게 직책을 수행해야 하는가를 다뤘다. 또 별집으로 '군도(君道; 임금의 길)'를 정리했다.

여기서 알 수 있는 그의 양반관료체제 구상은 그 이면에 자신이 꿈꾸던 민본론과 재상중심의 합의정치 그리고 언관기능 강화를 통한 왕권의 견제 즉 왕권과 신권의 적절한 조화문제로 평가할 수 있다.

정도전은 조선의 개국을 정당화시켜 주는 혁명사상으로 민본론을 전개하고 있다. 즉 그는 민심(民心)은 곧 천심(天心)이라 보고, 그러므로 민심을 얻은 덕망이 있는 사람만이 천명을 받아 천하를 통치할 수 있다는 정당성을 획득한다고 보았다. 혁명이란 천명이 민심을 잃은 덕이 없는 통치자에게서 덕망있는 통치자에게로 옮겨가는 것이며 그것으로 볼 때 민심이 누구에게로 향하고 있는가가 군주의 통치권을 정당화시키는 관건이 된다고 한다. 따라서 민심을 잃은 고려왕조를 뒤엎고 민심이 조선에 향하고 있다는 이데올로기를 유포함으로써 민심을 중요하게 여기고 있다는 사실을 강조한 민본사상은 '역성혁명론'의 근거가 되었다.

아울러 정도전은 세습군주제도 아래에서 재상권을 강화해 왕권의 절대화를 견제하자는 것이었다. 그는 비록 "성군(聖君)이라 하더라도 왕위는 세습되는 것이므로 임금의 자질이 한결같지 않으니 마땅히 재상이 임금의 뜻 가운데 아름다운 점은 순종하고 나쁜 점은 바로잡으며 옳은 것은 받들고 옳지 않은 것은 막아야 한다"는 것이었다.

나아가 언관기능을 강화해 공론의 형성에 의한 지배 즉 공론정치[요즈음의 여론정치 그러나 지배계급 중심의 공론을 모으는 정치체제]를 추구했다. 사헌부의 대관과 사간원의 간관을 합친 것을 대간이라 하는데, 이른바 언책지신(言責之臣)들이 바른말을 직언할 언로가 활짝 열려야 한다는 논리이다.

정도전의 이러한 양반관료체제 구상은 15세기 즉 연산군까지는 상당한 역사적 진보성을 가지고 계승되었다. 특히 세종의 시대는 역사적으로 보면 조선왕조의 개량적 혁명성이 폭로되고 중세적 착취구조의 재편성이라는 역사적 기만이 민중세계에서 자각하는 시점이었다. 아울러 관료제의 이상인 왕권과 신권간의 견제와 조화가 적절히 소화되지 못하고, 태종의 공포정치 아래서 오히려 왕권과 신권 사이의 불신과 갈등의 폭은 확산되었다. 나아가 태종의 '중국화'정책 즉 유교적 가부장적 질서가 강행됨으로써 발생된 사회의 경직화 문제를 해결하는 것이 시급했으며, 중국의 수탈대상이었던 조선을 자주적인 모습으로 되살려야 한다는 목소리가 높았다.

세종은 그러한 위기를 절묘하게 기회로 전환한 군주였다. 아버지 태종이 공포정치를 통해 이룩한 왕권을 개인적 카리스마와 절묘한 대화정치의 유도를 통해 더욱 견고하게 했고, 정치·경제·사회·문화 전반에 걸쳐 태종의 '중국화'정책을 '조선화'정책으로 전환하고자 했다. 특히 문화적인 측면에서 집현전을 통해 많은 인재를 배출했고, 유교정치의 기반인 의례를 정비하는가 하면 다양하고 방대한 편찬사업을 통해 동아시아 문화의 원형을 형성하는 등 조선적 지배질서의 안정화와 정도전의 권력구상에 가장 합치된 정치를 만들었다.

세조 또한 계유정난(1453)과 단종애사(1456)를 통해 차마할 수 없는 골육상잔의 비극을 남겼지만, 그에게서 부정할 수 없는 역사적 업적은 조선의 자주성을 대내외적으로 과시하겠다는 의지였다. 단군성조의 초상화를 편전에 걸어두고 정사를 보는가 하면, 종전 양반 혹은 귀족들에게 부과하지 않았던 각종 국역을 토지의 다과에 따라 부과해 '가진 계급'에 대한 중과세정책을 추진하기도 했다. 세조는 중국화되고 문약해 가는 양반중심의 조선사회의 모순을 완화해 나름의 정책적 해결을 꾀한 것이다.

조선초기 왕권이 지향한 관료체제는 귀족이나 양반의 권력확산을 막고자 민권의 상대적 안정과 민중세계의 '삶의 질' 향상이라는 과제를 수행했다는 의미에서 상당한 역사적 진보성을 획득할 수 있었다. 반면 신권이 지향한 관료제는 왕권의 독주와 왕권의 절대화를 견제해 종래 귀족제적 합의체적 권력구도를 복원해 보다 안정적인 귀족권력의 재생산을 도모하려는 것이었다. 왕권측과 신권측 사이의 피할 수 없는 갈등은 결국 연산군 시대의 양반반란인 중종반정으로 이어졌고, 이후 왕권은 철저히 신권간의 이해를 조정하는 조정자의 역할로 전환했다. 이제 양반귀족의 위세에 눌린 왕권측은 자신의 권위를 민중세계에서 확보하기 점차 어려워지는 국면에 봉착했다.

상실된 왕권의 안정적 수호를 위한 왕실의 노력은 급속히 조선의 대중예속정책 즉 '제2의 중국화'를 도모하는 방향으로 진행되었다. 반면 일단 왕권에게서 승리를 일궈낸 신권측은 권력의 분배문제와 관련해 혹은 합종연횡이나 권력분산을 통해 양반귀족 중심의 권력구조를 획득해 갔고, 그것은 16세기 일반적인 조선 양반관료제의 파탄을 초래했다. 능력중심의 권력구조보다는 '지역할거'적인 권력개념이 향약이나 서원창설을 매개로 확산되었고, 이후 당쟁은 그러한 양반권력의 자기분화 과정이었다.

조선사회를 과연 관료제사회라 부를 수 있는가. 본래 서구의 관료제는 혈통중심의 중세적 귀족제도를 견제하기 위해 왕권의 절대화를 지향하는 것이고, 그 과정에서 중상주의적 물적 기반을 매개로 형성된 왕권이 철저히 자신의 이익을 옹호하는 관료계급을 양산함으로써 형성되는 것이었다.

하지만 조선사회의 관료제는 중세적인 지배질서로서 귀족제도가 민중세계의 저항과 누적된 고려사회의 권력불안감을 해소하기 위해 수용된 것으로써 조선왕조 개창을 통해 신진사대부의 능력지상주의가 '명분적'으로 실현되자 100년을 넘기지 못하고 폐기되었다. 관료제 구축의 기본루트로서 과거제도는 이미 16세기 이후 양반권력의 비대화 과정에서 그 본연의 역할을 상실하게 되었고, 청빈과 멸사봉공을 원리로 하는 초기 양반의 재화 획득논리도 지주제 확장과 토지세습의 일상화를 통해 더 이상 국가의 힘을 빌리지 않더라도 안정적으로 양반귀족의 재생산이 가능한 구조로 전환하고 있었다.

요컨대 조선의 양반관료체제는 민중세계와의 일정한 타협에 의해 구축되었다가 왕권의 의미가 축소되면서 철저히 양반귀족의 이해를 반영하는 체제로 전환하고 있었다. 그것이 조선 양반관료체제의 역사적 성격이라 할 수 있다.

왕조개창의 여파

고려 말 위화도회군과 사전(私田)개혁을 통하여 이미 구축되어 온 신흥사대부의 정치적 기반 위에 군사적·경제적 실권을 장악한 이성계가 마침내 공양왕에게서 선위를 받아 왕위에 오르게 되니, 이가 곧 조선의 태조(1392~1398)이다. 이에 고려는 멸망하고 새로이 조선왕조가 개창되었다.

태조는 즉위직후 우선 새로운 정치기반을 조성하기 위하여 권력기구의 개편작업을 단행하였다. 이는 무엇보다 조선이 고려의 구신을 제거한 위에 건국되었기 때문이다. 그래서 먼저 개국공신들이 구성원이 되어 운영되던 최고의 권력기구였던 도평의사사의 기능을 약화시키는 조처로서 군제개편부터 단행했는데, 여기에서 병권의 중앙집중을 이룩하기 위한 것으로 의흥삼군부(義興三軍府)를 설치하였다(1393). 도평의사사는 군무기능이 소멸되고 이제 정무만을 관장하게 되었다.

왕업의 기초를 다지기 위해서는 왕권강화가 요청되었지만, 태조의 제반 노력은 당면한 권력체계의 안정이라는 면에서는 많은 진통이 있었다. 즉 개국공신들의 정권독점욕이 상대적으로 강해지자, 일반 양반관료층의 불만이 누적되고 지배층 내부의 알력이 빚어지면서 권력투쟁은 필연적이었다. 그러나 왕권은 이러한 과정을 거치면서 점차 강화되어 갔다.

지배층 내부의 권력체계 수립과 관련한 알력은 두 차례에 걸친 왕자의 난으로 폭발하였다. 먼저 태조의 다섯째 아들 이방원과 최고의 개국공신인 정도전과의 대립에서 난이 일어났다. 정도전은 태종의 이복동생인 방석(芳碩)을 밀었는데, 이에 대한 방원의 공격으로 정도전·남은 등이 살해되고, 정종(1398~1400)의 즉위 이후 또 한 차례의 난을 거쳐 태종(1400~1418)이 즉위하게 되었다. 이는 물론 개국공신 세력의 제거를 위한 과정이었다.

태종이 도모한 제1차적 사업은 권력의 강화와 함께 왕권의 확립이었다. 태종은 권신들을 숙청하고 역성혁명에 가담하지 않았던 권근·하륜·변계량 등을 등용하면서 개혁사업을 전개하였다. 왕권의 강화를 위한 일차적 개혁으로 정종 2년에 도평의사사를 의정부로 개편하고, 정치실무를 육조에 대폭 이관시키는 육조직계제(六曹直啓制)를 확립하였다.

뿐만 아니라, 독립된 사간원을 신설하고 언관기능을 확대하여 특히 공신세력을 규탄·견제케 하면서 왕권강화를 도모하였다. 또한 전제개혁의 단행, 노비소유를 재조정하는 노비변정사업, 호패법의 실시, 사병을 혁파하는 등 중앙집권관료제를 더욱 공고히 함으로써 부국강병의 실효를 거두게 되었다. 태종의 뒤를 이은 세종대의 문화융성은 이 같은 업적에서 가능했다.

세종(1418~1450)은 학자적인 자질도 겸비한 호학군주였다. 재위 32년간 건국 이래 추구해 온 정치체제를 뒷받침하는 유교문화의 획기적인 발전을 보게 되었다. 즉 중앙집권체제의 확립, 재정의 충실, 영토의 확장, 민생의 안정, 문화의 융성 등 제반시책을 강구하였다. 유학에 능통하면서 특권을 부여받기도 한 젊은 문사들로 구성된 집현전 설치가 이 같은 세종대 정치의 대표적인 산물이었다. 집현전은 세종 18년(1436)에 단행된 육조직계제의 폐지와 함께 의정부합의체제로 개혁한 이후 강화되어 온 재상의 권한을 견제하는

데 도움을 주기도 하였다.

　세종은 사회·경제적인 면에서도 많은 업적을 남겼다. 국가수조지 지급확대의 방지를 위한 과전남급(科田濫給) 금지조처와 공법(貢法) 등을 마련하면서 세수확대를 꾀하였다. 그리고 중앙집권적 관료체제 정립을 위하여 군현제를 정비하고, 그밖에 빈민구제를 위한 의창(義倉)의 확충, 형벌제도 개선 등을 단행하였다.

　문종(1450~1452) 이후, 집현전 학사출신의 상당수가 주로 대간직(臺諫職)과 같은 요직에 진출하면서 다시 재상권이 강화되고 상대적으로 왕권이 약화된다. 이에 왕실측에서 견제 움직임이 있었는데, 그것은 수양대군(首陽大君)이 중심이 되어 집현전 학사출신의 사육신을 제거하고 왕위[세조]에 나아감으로써 실현되었다.

　세조(1455~1468)는 우선 육조직계제의 부활로 전제왕권을 강화하고 농본주의에 입각한 부국강병책을 추진하였다. 대표적인 것으로 보법(保法)에 의한 군역제도의 개혁과 현직관리에만 지급하는 직전법(職田法)의 실시로 나타났다. 그러나 이 결과 군사·정치면에서는 괄목할 만한 성과를 거두기는 했으나 이는 관료 지주층의 불만을 초래하였다. 이시애의 난(1468)은 이 같은 불만의 결과였다.

　세조가 죽은 뒤 예종(1468~1469)이 대를 이었으나 단명하고, 어린 성종(1469~1494)이 즉위하면서 건국 이래의 정치세력 구조는 새로운 전환점을 맞이한다. 즉 성종이 성장하면서 종전의 훈척세력을 견제하기 위한 새로운 근왕세력을 등장시키는데, 이는 삼사(三司)의 하나인 홍문관을 중심으로 려말 길재의 학통을 이은 재야세력인 김종직 계열의 사림이 등용되면서 실현되었다.

　성종은 안정된 왕권을 바탕으로 세조대에 굴절된 유교정치를 부활시키면서 『경국대전』·『동국여지승람』 등의 편찬사업을 완성하였다. 이로써 조선전기 사회의 정착을 보게 되고 문화의 융성을 맞게 되었다. 성종 2년(1470)에 반포한 『경국대전』은 주자의 성리학을 국시로 한 양반관료에 의하여 통치되는 집권적 관료국가의 이념을 기본으로 했다.

『경국대전』에 의하면 조선의 통치기구는 크게 중앙과 지방으로 구분되고, 다시 동반 즉 문관과 서반 즉 무관으로 나뉘어 편성되었다. 그리고 전관료는 9품으로 정(正)·종(從)을 구별하여 18품계의 위계질서를 갖추고, 여기서도 각기 상하로 구별하였다.

중앙의 정치기구는 의정부와 육조를 기본으로 하였다. 의정부는 영의정과 좌우의정의 합좌기관으로서 백관과 서무를 총괄했다. 6조는 실제정무를 분담하였고, 형식상 의정부에 예속되었지만 왕권강화의 원리에 따른 육조직계제가 확립됨으로써 실무처리 권한이 왕의 자문기관에 머물렀던 의정부보다 강화되었다.

이들 국왕과 의정부·6조를 견제하는 기구로서 사헌부(司憲府)·사간원(司諫院)·홍문관(弘文館) 등의 삼사(三司)가 있었다. 사헌부는 감찰기관의 성격을 가지면서 서경권(署經權)이 있고, 사간원은 왕에 대한 간쟁과 논박을 전하였는데, 이 두 기관을 합칭해서 대간이라고도 하였다. 홍문관은 왕의 고문 역할을 담당하면서 언관기능도 수행하였다. 이상의 삼사는 정치적 실권은 없지만 직권이 매우 강하여, 왕의 독재와 양반관료의 부정을 막는 좋은 제도였다. 세 기관 모두를 합칭하여 언론삼사라고도 하였다.

이밖에 중요기관으로서 왕명의 집행기관인 사법기구로서 의금부, 일반민의 죄를 다스리는 포도청, 학문·문예기관으로서 예문관·춘추관·성균관 등이 있다. 그리고 삼법사(三法司)로서 사헌부·형조와 함께 한성부가 있다.

지방행정은 전국을 8도로 나누고 관찰사를 두었으며, 그 밑에 부·목·군·현을 두어 부윤·목사·군수·현령 등을 중앙에서 파견하였다. 그 아래에는 중앙의 파견직이 아닌 면·리·통(統) 조직을 두고 향민 가운데 책임자를 선정하여 수령의 명령을 집행하게 하였다. 국가가 직접지배를 하는 형태의 군현제로 모두 개편·흡수되었던 것이다. 중앙집권체제로 운영되던 통치

조직상 수령은 상피제(相避制)와 임기제에 의하여 일정한 제약이 따랐다. 지방관의 직무는 '수령칠사(守令七事)'라 하여 성농상(盛農桑)·흥학교(興學校)·간사송(簡詞訟)·식간활(息奸猾)·수군정(修軍政)·증호구(增戶口)·균부역(均賦役)으로서 이 가운데 공물과 조세의 징수와 상납이 가장 중요한 업무였다.

지방행정의 하부단위로 육방(六房)조직이 갖추어져 있었고, 그 사무는 지방향리들이 향역으로 세습하면서 담당하였다. 수령은 이들을 잘 다스려야 했는데, 양반들로 구성된 조직체인 향청(鄕廳)의 협조를 얻어 다스렸다. 향청에는 좌수·별감 등의 직책을 두고 수령을 보좌케 하였다. 향리들의 사무연락을 맡기 위해서 서울에는 경저리(京邸吏: 京主人), 감영에는 영저리(營邸吏: 營主人)를 두었다.

왕조의 지배조직

태조는 의흥삼군부를 설치하여 군사 지휘계통을 확립하면서 새로운 왕조의 집권화 시책에 큰 역할을 담당하게 하였으나, 아직 종친·훈신들이 사병(私兵)을 갖고 있어서 국가에 의한 병권의 집중은 완전히 이루어지지 못하였다. 그러다가 정종 2년(1400) 당시 실권자였던 이방원은 사병을 혁파하고 이를 삼군부에 귀속시킴으로써 병권의 집중에 성공하였다. 그리하여 마침내 세조 12년(1467)에 삼군부는 오위도총부(五衛都摠府)로 개편되어 조선왕조 병제의 근간을 이루게 되었다. 5위는 의흥·용양·호분·충좌·충무 등으로 구분되고 이들 각 위는 또 5부로 나누었다. 각 부는 4통으로 구성되고 그 밑에 여(旅)·대(隊)·오(伍)·졸(卒)의 계통이 세워져 있었다.

조선의 군제에 있어서 보다 중요한 것은 지방군사제도로서 진관체제(鎭管體制)를 바탕으로 조직되었다. 진관체제는 세조 2년에 완성되었다. 먼저 각

도에는 병영과 수영을 두고 병마절도사(兵使)와 수군절도사(水使)를 파견하여 군사를 지휘하도록 하였다. 병사와 수사의 한 자리에는 함경·경상·전라 등의 군사요지인 경우에 관찰사가 의례적으로 겸임하였고, 나머지에 전담병사가 배치되었다. 진관체제에 병마사가 있는 곳을 주진(主鎭)이라 하였고, 그 아래에는 군사적 요충지로서 거진(巨鎭) 등의 크고 작은 진이 있었는데 병영 및 수영의 통제를 받았다.

진관체제 아래 특수층의 자제로 구성된 특별부대와 무예시험을 거쳐서 장교로 선발된 직업군인인 갑사(甲士), 양민의 의무병으로 상번한 정병과 수군 등이 있었다. 한편 세조대에는 이른바 보법의 실시에 따라 2명의 정남을 1보로 군호의 기본단위로 삼고 갑사·정병·수군 등 병종에 따라 봉족(奉足)이 달려 그들의 경비를 부담케 했다. 그러나 뒤에 대리복역자가 생겼고, 이에 병조에서 군역의무자로부터 포를 거둬서 군인을 고용하는 제도가 15세기 후반부터 나타났으며, 지방의 각 진관의 정병들에게서도 위와 같은 방군수포(放軍收布)가 행해졌다.

양민의 병역의무는 16세부터 60세까지의 정남이 지게되는데, 교대로 근무하게 되어 있었다. 양반의 자제들은 병역의무가 있었지만 실제로는 양인처럼 복역하지 않았으며, 향리와 공·사 천민층은 그들대로의 역이 있으므로 병역의 의무는 없었으나 유사시에 대비하여 잡색군(雜色軍)으로 편제되는 경우도 있었다.

한편 중앙집권적 양반관료제 사회인 조선의 과거시험은 관리가 되기 위한 중요한 과정이었다. 이는 고려의 귀족제 사회가 이제 조선시대의 관료제 사회로 전환한 것을 의미한다. 과거는 이제 양반에게 가장 중요한 인생의 등용문이었다. 양인신분이면 누구나 응시자격이 있었다고 하지만 사실상은 양반이 독점하고 있었다. 학교교육은 주로 양반의 자제를 대상으로 하고 관리를 양성하기 위한 기능이 주된 것이었으므로 과거시험과 밀접한 관련이 있었다.

과거는 문관·무관·기술관을 뽑는 시험으로 구분되었다. 문관 채용을 위한 시험은 생진과(生進科)와 문과(文科)라는 두 단계로 나뉘었다. 생진과에는 4서5경을 가지고 시험하는 생원과와 시(詩)·부(賦)·표(表)·책(策) 등 문장으로 시험하는 진사과가 있었다.

양반의 자제들은 어릴 때 기초를 익힌 뒤 8세가 되면 사학(四學; 서울)과 향교(鄕校; 지방)에 진학하였다. 이 과정을 수학한 유생들은 초시(初試; 지방)를 거쳐 서울에 모여 복시(覆試)를 치른 뒤 각기 생원과 진사가 되었다. 생원과 진사가 된 뒤 성균관에 진학하였고, 이 성균관 유생이 또 다시 생진과보다 복잡한 초시·복시 이외에 전시(殿試)를 거치는 과정의 문과에 응시하여 등급에 따른 합격자를 선발하였다. 최고득점자를 장원이라 불렀고 합격자에게는 홍패(紅牌)가 주어졌다. 문과는 유교적 교양을 시험하는 것으로 유교국가인 조선에서는 과거중 가장 중요시되었으며, 그러므로 관리들은 유교정치의 담당자로 나설 수 있었다.

무관시험인 무과는 고려 말에 신설되어 계승된 제도였다. 무과는 병조에서 주관하였고, 예비시험이 없이 초시·복시·전시만이 있었다. 초시는 양인·향리의 자제도 응시할 수 있으며, 그 합격자가 서울에서 복시를 보아야 했다. 응시자의 신분적 제한은 문과에 비하여 약하였는데 이러한 이유로 뒤 제도가 문란해지면서는 천민들의 관직 진출로로도 이용되었다.

기술관 채용시험인 잡과는 역과(譯科)·의과(醫科)·음양과(陰陽科)·율과(律科)로서 예비시험이나 전시도 없이 초시·복시만으로 결정되었다. 주로 양반의 서자나 중인계층에서 거의 독점하는 전문 기술고시이다. 당시 기술직은 문·무과에 비해서 천시되던 직역이었다.

새로이 건국된 조선은 일반적으로 고려 말 이래 발전해 온 성리학을 지배이념으로 하는 '중앙집권적 양반관료체제'의 역사상으로 규정된다. 양반관료제라 함은 양반이 고려시대부터 이미 불려진 지배층과는 성격적으로 구분되는 점에서이다. 그리고 중앙집권적이라 하는 것도 고려시대 것과의 비교에서 보다 강화·발전된 의미를 내포한다.
　조선초기 중앙정치에서 왕권이 전제성을 발휘하는 경향도 없지 않았으나 통치체제의 기본방향은 어디까지나 관료제의 확립이었으며, 그 결과는 궁극적으로 왕권의 일방성을 견제하는 구조인 것으로 밝혀진다. 그리고 지방통치 조직은 모든 행정체계가 군·현을 기본단위로 일원화되고, 또 모든 군현에 중앙으로부터 지방관이 파견되어 명실상부한 중앙집권체제의 면모를 보이게 되었다.

쉼터 14
인수대비는 한국현대의 여성상

　인수대비 한씨 하면 성종임금의 어머니로서, 권력을 위해선 피도 눈물도 없었던 모사꾼 또는 과부의 광신적 히스테리로 며느리마저 죽게 만든 잔인한 여성으로 기억하는 사람이 많다. 그래서 어떤 이는 한씨를 중국의 여후나 무측천 혹은 서태후 등에 비교하기도 한다.
　그런데 한씨의 일화 속에는 현모양처를 강조하는 조선왕조의 유교적 여성관에서 배양된 또 하나의 여성상 왜곡이 담겨 있다. 유교적 '현모양처론'에서 본다면 당연히 한석봉의 어머니나 율곡의 어머니 신사임당이 현모의 자애와 양처의 덕성을 두루 겸한 조선시대 표준적 여인상이다.
　그러나 인수대비는 그런 현모양처로서의 인성을 가지지 못했다. 오히려 지아비(의경세자)의 죽음에서 비롯된 수많은 좌절과 비애를 전화위복으로 바꾸면서 끝내 자식을 왕위에 올리고 태평치세를 열게 한 정열적인 왕모(王母)이자 뛰어난 정치가였다. 그리고 언해문 간행은 물론이고 뛰어난 지적 능력으로 중국식 여성예절체계를 '조선화(朝鮮化)'한 『내훈(內訓)』을 통하여 조선 5백 년의 여성상의 밑그림을 그려낸 뛰어난 사상가였다. 그렇다고 인수대비 자신이 『내훈』이 바라는 여성형이었는지는 의문이다.
　물론 자애롭고 덕성있는 조선의 현모양처상을 고의로 폄하하려는 의도는 아니다. 그런데 기원전 15세기경에 조로아스터교의 천지창조 신화를 보면, 아담의 첫째 아내 릴리스는 남성 못지 않은 정열과 패기를 가진 용감한 여인이었다. 사냥과 전쟁을 좋아하고, 자식낳기를 거절했다. 그 때문에 남성에게서 버림을 받았고, 결국 가부장적 헤브라이 신화에서는 순종하는 이브 모습으로 거듭났던 것이다.

이처럼 전근대 세계의 여성들이 역사의 표면에 뛰쳐나오는 일은 무척 힘들고 고달팠다. 그래도 조선의 인수대비는 역사의 격랑에 몸을 맡긴 몇 안 되는 한국여성 가운데 한 사람이었다. 그리고 한씨가 간 길이 역사의 발전방향에 어느 정도 합치된다는 면에서 조선최고의 여성으로 아낌없이 추천한다.

인수대비는 권력이 무엇인지 아는 사람이었다. 권력추구의 열정은 그녀를 불과 20대의 나이에 조선정국의 핵으로 부상하게 만들었다. 그 발단이 바로 '석실사건'이었다. 예종 1년(1467) 9월 어느 날, 세자빈 수빈 한씨가 임금 앞으로 난데없이 주청서를 올렸다. 그 내용은 선대왕 세조의 봉분을 석실로 하자는 것이었다.

귀족을 견제하고, 백성의 살림을 증진하여 이것을 치국의 기반으로 삼으려 했던 세조는 백성에게 많은 부담을 주는 능묘제도를 개혁하려고 했다. 그래서 "석실분묘를 만들지 말라"고 한 것이다. 이는 단순히 세조의 개인적 염원에 그치는 것이 아니라 이후 조선왕조가 지향해야 할 치국의 도리를 유언한 것이다. 선왕의 유언은 당시로선 곧 법이었고 거부할 수 없었다. 그럼에도 수빈은 '효'를 빙자하면서 신숙주·한명회·박원형 등과 더불어 석실능묘 축조를 예종에게 강권했다.

권력의 핵심에서 배제되었던 수빈 한씨가 시동생 예종에게 감히 능묘형식을 문제삼았던 진짜 이유는 무엇일까? 물론 수빈은 석실분이 제왕의 능묘로서 품위가 있다는 이유를 들었다. 하지만 그것은 세조의 유업을 이으려는 예종과 세조의 왕권주의에 반대한 훈구세력이 권력의 향배를 놓고 치열하게 대치하는 정국에, 권력에서 배제된 수빈 한씨가 훈구세력을 업고 권력 일선에 복귀하려는 거사였다.

본래 수빈 한씨는 예종의 형수로서 사가에 머무는 종실의 한 여성일 뿐이었다. 그렇지만 그녀의 뒤에는 강대한 훈구귀족이 자리했다. 그 동안 예종은 왕권주의를 유지·계승하고자 젊고 새로운 인물을 조정에 대거 등용하여 훈구를 저지하는 데 혼신을 다했다. 그러나 인륜과 분수를 강조하던 정치풍토에서 장자(長子)의 부인이자 왕의 형수라는 위치는 훈구가 예종을 견제하는 데 상당한 도움이 될 수 있었다. 수빈과 훈구가 손을 잡는 상황은 예종의 입장을 무척 난처하게 했고 두 사람의 갈등은 증폭되었다.

그러한 갈등은 김초 사건이나 허계지 아내사건으로 더욱 고조되었다. 먼저 김초 사건은 수빈의 아우이자 안동부사였던 한치의가 지체 낮은 가문출신이었던 경상도 도사 김초의 첩을 강제로 빼앗고 능욕한 사건이었다. 그리고 허계지 사건은 수빈거처에 빈번하게 드나들던 허계지의 아내가 수빈의 후원을 믿고 자기 범죄사실을 인멸하고 형벌을 적게 받고자 뇌물을 쓴 사건이었다. 이것이 빌미가 되어 수빈 한씨의 형제들은 예종에게서 심하게 견제를 받게 되었다. 물론 예종은 수빈 한씨세력의 발호를 막기 위하여 다른 종실의 인사청탁을 불허하면서도, 수빈 자손의 가자(加資; 과거없이 관직을 제수하거나 매관하는 것)를 인정하는 등 유화책을 쓰기도 하였다.

그러나 결국 예종은 강력한 훈구세력의 지원을 받는 수빈 한씨를 당할 도리가 없었다. 그리하여 암살이라는 여운을 남기면서 예종은 요절했고, 자신의 아들(제안대군)이 있었음에도 수빈 소생인 자을산군(성종)에게 왕위를 넘길 수밖에 없었다. 불과 열두 살 남짓한 성종에게 왕위를 넘긴 것은 세조비 정희왕후의 권력욕이 개입된 것이기도 했지만, 죽음을 앞둔 예종이 자기 아들에게 닥칠 운명과 단종의 운명을 함께 떠올려 본 것은 아닌지.

수빈 한씨는 세조집권 초반까지 시아버지 세조에게서 많은 총애를 입고 있었다. 『조선왕조실록』을 보면 세조는 수빈의 소생인 월산군·자을산군에게 많은 토지와 농기구·콩 등을 자주 하사한 것으로 나타난다. 그러나 그처럼 총애를 입던 수빈은 결국 세조의 왕권주의와 다른 길을 가고 말았다. 그것은 남편 의경세자의 죽음을 계기로 수빈세력은 와해될 위기에 처했고, 권력에서의 배제라는 위기상황에서 수빈은 자신의 운명을 고민할 수밖에 없었기 때문이었다. 즉 가부장적이고도 유교적인 가치관에서 볼 때 왕권에서 배제된 적손자제가 천수를 다할 가능성은 적었던 것이다.

결국 수빈의 선택은 왕권주의에 저항한 훈구세력 즉 한명회·신숙주 등과 결탁하는 것이었다. 이는 세조 말년 훈구와 신진-청년관료 사이의 권력투쟁이 서릿발처럼 작열하는 속에서 수빈 한씨의 둘째아들 자을산군(성종)과 한명회의 딸(공혜왕후)의 결혼이 성사되면서 최고조에 달했고, 그 결과 수빈은 한명회의 정치력을 고스란히 자기 것으로 바꾸었다.

그리고 젊은 예종의 충직한 신료를 하나 둘 제거(남이의 옥사)하면서 세조의 유업을 좌절시키고 결국 자기 아들을 왕으로 만들었다. 결국 중전도 해보지 못한 그녀는 정치력만으로 대비로 전격 승차하여 왕실의 실권을 장악했다.

일단 정치적 권력을 장악한 인수대비는 기왕의 한명회·신숙주 세력을 배제하면서 왕권의 안정을 꾀한다. 그리고 '윤비폐출사건'과 같이 기왕의 훈구세력이 수세에 몰릴 때는 다시 훈구의 손을 들어 신흥세력을 퇴출시켰고, 훈구세력이 왕권을 위협할 때는 다시 막강한 왕실의 권위로 훈구의 전횡을 저지했다. 한명회와의 결탁과 제거과정은 그러한 시세와 정국의 변화에 달통한 인수대비의 탁월한 정치력을 보여준 것이다.

결국 인수대비가 추구한 길은 절대주의였다. 그것은 인수대비의 엄격한 교육 아래 연산군이 왕위에 오르면서 일단 빛을 보았다. 그리고 공신전을 폐하는 등 반귀족정책도 동시에 수행되었다. 그러나 몇 가지 엽기적인 스캔들로 귀족의 반격을 받아 그러한 시도는 훗날을 기약할 수밖에 없었다.

인수대비는 며느리 윤씨를 죽이는 등 이른바 인륜배반의 처세에 달통한 여인이었다. 그렇다면 유난히 인수대비에게만 인륜과 인정의 부족을 강조하는 것은 무슨 이유인가. 과연 역사 속에서 인정이란 존재하는가? 결론적으로 말해 역사 속에서 감정은 극히 제한적으로만 개입된다.

물론 세종대왕의 훈민정음 반포나 대동법 실시와 같이 왕실측이 백성을 아끼고 사랑한 나머지 실시한 진보적인 민본정책도 있었다. 그러나 그마저도 이반된 민심을 바로 하고, 왕조의 안정을 지속하기 위한 고도의 포석이었다. 그래서 한글이 나오면서 가장 먼저 한 작업이 『한글 용비어천가』였고 『삼강행실도』였다. 또한 대동법도 결과적으로 임진왜란 이후의 불안한 재정기반을 일원화하여 국고를 늘여주었고, 삼정의 문란은 대동법 이후 더욱 격심해진 것도 사실이다.

인수대비의 처세는 심각한 정치적 위기에 선 왕실, 취약한 왕실을 훈구세력과의 동맹을 통하여 구하고, 왕조의 안정적인 지속을 보장하려는 왕실측의 처세였다. 개인적인 원한 때문에 윤비를 폐출한 일도 있었지만, 왕권의 절대화를 지향한 연산군 시대를 만들었고, 결국 절대화한 왕권의 역공으로 죽음에 이른 비범한 정치적 인물이었다.

꼭 진취적인 여성은 정치적인 능력이 있어야 하는가를 반문할지도 모른다. 하지만 여성이 오랜 세월 온실의 화초처럼 보호받고 대상화된 성으로 버려진 이면에는 그들의 정치적 능력이 제거된 원인도 자리한다. 역사의 격랑 앞에 힘차게 몸을 던져 자신의 아들을 정상에 우뚝 세웠던 정열적인 조선의 어머니이자, 조선왕조 5백 년을 안에서 지킨 인수대비는, 양보와 자애를 강요당했던 진취적 현대 여성들이 배워야 할 진정한 조선의 여성상이라 할 수 있다.

2. 봉건적 신분질서의 재구성

양반불역 구조의 정착

양반은 시배신분 집단에서 최고의 위치를 점하고 있었다. 고려이래 문무를 의미했던 양반이 조선조에 이르면서 어느덧 배타적 속성을 갖는 중세적 지배신분으로 재구성되었다. 이 같은 양반층 밑에는 중인계층이 하급 지배신분 계급으로서 위계질서를 이루고 있었다. 다시 말해 조선의 양반은 경제적으로는 지주로서 양·천(良賤)의 농민을 지배하며, 정치적으로는 관료로서 중인을 사역하여 양반관료국가를 운영해 나갔다. 이렇게 보면 양반과 중인은 계급의 범주적인 측면에서 지배신분 계급인 셈이다. 그러나 신분계층으로서 상호이동이 전혀 없었던 것은 아니다.

양반은 고려시대 향리출신의 귀족을 말하며, 종실·왕족 등의 관료계급으로 과거에 응시할 수 있었고 과전과 노비를 받아 부유한 생활을 하였으며, 국가의 모든 특권을 광범위하게 독점하였다. 그들은 과거를 통해 관계에 진출하고 실권도 장악하면서 오로지 통치자로서의 유학적인 학문과 교양에 전념하면서 문무관료가 되었다. 이들은 서울의 경우 북촌(北村)과 남촌(南村)에 주로 거주했다.

이러한 특권을 누리게 된 양반은 자연히 배타적일 수밖에 없었다. 특권계급 가운데서도 적서의 차이는 극심하여 서얼계통은 사회적으로 천대받았고, 과거에도 응시할 자격을 주지 않아 문·무관에 오를 수 없었다. 이를 '서얼금고법'이라 한다. 그리고 문관이 무관보다 우대되었고, 향리층에 개방되었던 사회적 진출의 문은 점차 폐쇄되었으며, 만일 3대 이상 관리가 되지 못하면 토반(土班) 즉 지방양반으로 전락하였다. 대체로 이러한 사실은 양반관료국가체제의 단일성과 특권을 고수하기 위한 자기도태 작용이라 할 수 있다.

지배계급 내의 하급신분인 중간계층은 중인이라 불리는 신분집단으로 이루어져 있다. 그 명칭은 좁은 의미에 있어 서울의 중심지역에 모여서 거주한 사실에서 비롯되고, 넓은 의미의 중인은 기술관을 비롯하여 서얼, 경외(京外)의 서리·군교·토관 등이 포함된다. 후자의 의미로 중간계층은 다른 왕조에 비해 조선왕조 사회에 특유한 것이었다.

조선의 중간계층은 고려시대까지만 하여도 양반관료들과 비교해서 별다른 차별대우를 받지 않았다. 그러나 려말선초의 사회신분 재편과정에서 양반사대부 계층에 의해 배제되면서 사회적으로 차별대우를 받게 되었다. 이에 따라 이들은 그 사회적 신분지위가 양반보다는 낮은 위치에 있었고 양인계층보다는 높은 위치에 있게 되었다. 중간계층은 같은 지배신분에 들었다 하더라도 신분적으로 양반층과 혼용될 수 없는 폐쇄적인 신분층으로 고정되었고, 법제적으로도 양반에 비해 낮은 대우를 받을 수밖에 없었다.

이러한 중간계층은 대체로 각종 실용기술과 말단행정의 실무를 담당하고 있었으므로 조선왕조 사회를 실제적으로 운영하여 나간 자들이었다. 다시 말하여 양반을 정책입안자 층이라면 이들은 양반정치를 보좌하는 행정실무자 층이라 할 수 있다. 그런데 그들이 담당한 실무는 전문적인 지식을 요했기에 실용기술이나 행정실무직은 점차 세습되었고 아울러 신분도 세습화되어 갔다. 중간계층은 그 안에서도 상·중·하의 3계층으로 나누어진다. 상층은 문·무관 2품 이상의 양첩자손과 상급기술관인 역관·의관·천문관·지관이며, 중층은 3품 이하 6품 이상 관리의 양·천첩 자손 및 7품 이하 무직양반의 양첩자손, 토관·호장·녹사, 하급기술관인 산관(算官)·율관(律官) 등이 이에 속한다. 그리고 하층은 7품 이하 무직양반의 천첩자손·서리(書吏)·육방향리(六房鄕吏)·군교(軍校) 등이 속한다.

농민의 신분추락

조선왕조의 양민은 양인·평민·서민·상민 등 다양하게 표현되기도 하면서 최하신분층인 천민과 함께 피지배 신분집단이었다. 네 신분층 가운데 그 수가 압도적으로 많았다. 이는 조선초기 왕조의 기반을 늘리기 위한 양인 확대정책과도 관련이 있다. 양인과 천민 사이에는 신분은 양인이면서 천민이 지는 역을 수행한 신량역천(身良役賤)이라 불리는 중간층이 존재하였다.
　양인은 대부분이 농업생산에 직접 종사하는 농민이었고, 그밖에 상업과 수공업 등에 종사하는 자도 있었다. 아울러 국가에 대하여 조세·부역·공납 등의 부담을 실질적으로 짊어지고 있는 신분층이었다. 양민은 과거에 응시할 수 있고, 관직에 나아갈 수도 있었으나 여러 사회적 조건으로 인하여 그 길은 극히 제한되어 있었다. 그리고 그들은 토지에 긴박된 봉건적 예속농민이었으며, 대체로 토지소유의 유무나 많고 적음과 부과된 국역의 종류에 따라 양인은 다시 여러 계층으로 세분되었다. 상한층의 경우 가산이나 문벌에서 보통 양인과 같이 보지 못할 존재가 되어 있는가 하면 하한층의 경우는 거의 노비신분과 연결되기도 하였다.
　한편 양인농민은 사전을 빌려 경작할 경우 수확의 1/2의 전조는 물론 초(草)·탄(炭)·마량(馬粮) 등의 잡부(雜賦)도 바쳤으며, 자기 토지를 경작하는 경우에는 토지수확물의 일부를 국가에 바쳤다. 또한 그들은 지방특산물에 대한 현물세로서 상공(常貢)과 별공(別貢)을 납부해야 했고, 아울러 진상의 실제적인 부담자가 되었다. 공납은 양인농민에게는 가장 괴로운 부담이었다. 그리고 16세~60세의 장정(壯丁)은 군역과 요역을 담당해야 했다. 양인농민은 이러한 과중한 부담으로 인하여 토지를 이탈하거나 타인의 전호(佃戶; 소작인)로 전락하기도 하였다.
　천민은 그 중심이 되는 노비와 백정 등으로 구성되었다. 노비는 소유주의 유형에 따라 공노비와 사노비로 분류되고, 공노비는 일정기간 동안 관부의 노역에 종사해야 하는 입역노비와 일정한 신공을 바쳤던 납공노비 등으로 노역에 따라 구분하였다. 사노비도 공노비와 마찬가지로 주인집의 잡역이나 농경을 맡는 입역노비인 솔거노비와 일정한 신공을 바치는 납공노비인 외거노비 등의 두 유형으로 나뉘었다. 여기에서 솔거노비는 그 처지가 특히 열악하였는데 비하여, 외거노비는 독립된 가호와 가계를 유지하면서 자기 상전의 토지 이외에도 타인의 토지를 차경(借耕)하고 있어서 전호와 마찬가지 처지였다. 그러나 이들도 상전의 의사에 따라 가족이 이산될 수 있었고, 언제든지 솔거노비로 전환될 수 있는 위험을 항상 안고 있었다.

노비의 신분은 특수한 경우에 종부법(從父法)이 인정된 것을 제외하고는 노비종모법(從母法)에 의해서 모계를 따르도록 엄격히 규정되었고, 이들은 일종의 재산으로 취급되어 매매·양여·상속의 대상이 되었다. 매매의 경우 그 값은 노(奴)가 대체로 말 1필 정도였고 비(婢)는 이보다 헐한 값에 매매되었으며, 이 값은 이후 조금씩 상승하였다. 그러나 조선의 노비는 노예와 같이 완전히 비인간적으로 천시되지 않았다. 오히려 상전의 농장관리인이 된 노복은 상당한 권세와 재력을 가지는 예외적인 경우도 있었다.

노비 이외에 무당·광대·창기와 도살·갓바치·양수척 등의 직업을 세습하면서 특수부락을 이루고 사는 천민계급이 있었다. 이 가운데 가장 천시된 것은 고려시대에 양수척·화척 등으로 불리던 백정이 있었다. 정부는 원래 이민족이었던 이들에게 농토를 주어 농경법을 가르치고 백정이란 칭호를 부여하여 법제적으로 양인화했지만, 좀처럼 그 유습이 사라지지 않았다. 이와 함께 향·소·부곡 주민의 양인화정책은 상대적으로 천민의 지위를 향상시키는 의미를 지니고 있어서 주목된다.

조선초기 정치·경제의 구조개편은 수취제도의 개편으로 구체화되었으며, 이는 반드시 신분제의 구성과도 밀접한 관련을 가지고 있었다. 신분제사회라는 의미는 바로 이 점에서 역으로 전근대 사회구조의 성격의 한 단면을 파악할 수 있는 지표가 되기도 했다. 신분제는 근대사회로 이행하는 과정에서 해체된다. 또한 신분제는 당해 사회사상의 흐름과도 관련시켜야 하는데, 이러한 측면에서 조선초기 신분제는 중세사회의 중요한 통치이데올로기인 유교의 정착과 동시에 이해해야 한다. 당시 신분제도는 고려 이래의 전통적인 사회신분제 위에 유교적 신분사상이 가미되면서 성립되었다. 대체로 조선왕조 사회의 신분구성은 양반·중인·평민·천민 등의 체제였다. 그러나 이는 계층적 시각에 입각한 구분이고, 지배·피지배의 계급적인 역학관계는 반상(班常)과 양천(良賤)으로 구분된다.

　기왕의 연구성과를 보면, 먼저 양반관료제설의 토대를 이루는 양반-중인-상민-천인 등 네 종류의 신분체제로서 파악하고, 여기에 최고 지배신분으로 양반의 배타적 속성을 인정하는 설이 있다. 이는 사회통념상으로 최고의 신분인 양반의 지배자적 위치를 보다 더 부각시키려는 입장이다. 즉, 양반신분층의 성립을 양반관료체제 정립의 일차적 요인으로 보는 입장에서, 양반관료체제의 제도적 형식요건은 이미 고려왕조에서부터 성립되고 있었다. 때문에 그것을 토대로 고려말기에 이르면 양반신분층이 급격히 증가한다. 그리하여 조선초기는 신흥양반이라는 사대부들이 국가의 공권을 강화하기 위하여 양인확대정책을 취하는 한편 양반신분의 자기도태 작업, 다시 말하면 새 왕조에 협력을 거부하는 부류들을 이족(吏族)으로 격하시키는 정책을 취한다.

　양반신분층은 또한 관계조직상으로도 여타의 신분에게는 여러가지 제약요건을 마련하여 독점하며, 군역을 지는 데에도 양인들의 병종(兵種)에 입속하는 것이 아니라 별도의 특수군에만 입속하였다. 그리고 경제적으로도 제도적 시혜가 주어졌다. 그들은 대부분 지주로서 지주적 지위를 바탕으로 국가의 관료가 될 수 있었고, 국가의 권력을 이용하여 더 많은 토지를 소유할 수 있었다.

　다음으로 왕조 초기부터의 양반존재의 설정을 부인, 조선사회 신분을 아예 양인과 천민의 두 그룹으로 파악하려는 연구동향이 있다. 즉 양반·천인의 구분 아래 양반을 양인의 상단에 위치지어 양인 속의 계층적 유동성을 크게 부여하는 방향에서 새로운 설명을 얻고자 하는 견해이다.

　이에 의하면 최고신분층이라 하는 양반도 일단 양인신분의 범주에 속한다. 따라서 15세기까지는 양반이라는 배타적인 최고신분층이 설정될 수 없다는 것이다. 특권신분으로서의 양반신분층의 부각은 왕조의 지배체제가 일단락 지어지는 15세기 후반기에 이르러 문무관료들이 유학을 공부하고 경제적으로 여유를 가지면서, 지배계급 신분으로 그들의 신분적 기반을 견고하게 하기 위한 자기도태 작업을 통해서였다고 한다. 그리하여 16세기 비로소 최고신분 집단인 양반 그리고 중인-평민-천민 등으로 그 모습이 바뀌어진다고 하였다.

이상의 논쟁에서 특히 과거제의 응시자격 문제를 놓고 양반이 과연 독점 신분 계층인가 하는 것에서 주로 논란이 되고 있다. 그리고 현재의 학계에서는 전자의 입장이 일반론에 비교적 가까운 설로서 받아들여지고 있다. 아울러 전기사회를 계층간의 유동성을 인정하느냐의 여부, 즉 조선 전기사회를 개방적 사회로 볼 것인가 폐쇄적 사회로 볼 것인가에 관심이 집중되어 있다. 그리고 이 문제는 조선사회의 성격을 어떻게 볼 것인가와도 관련되는 중요한 문제이다.

3. 봉건적 토지지배 질서의 재구성

토지분급 구조의 재구성, 과전법

조선의 토지제도는 고려 말의 신흥사대부들에 의해 전개된 전제개혁에 그 기초를 두고 있다. 주자성리학을 표방하는 사회신분제에 토대를 두고 구축되어 있던 조선 역시 고려와 마찬가지로 지배신분인 양반에 대한 급전을 제도화해서 시행하였으니 이른바 과전법 체제가 그것이었다.

과전법 실시의 목적은, 첫째 과전의 재분배에 있었다. 즉 모든 토지를 국가가 직접 수조권을 행사하는 공전과 공역·공직 부담자가 국가로부터 수조권을 위임받아 행사할 수 있는 과전으로 각각 구분하여서 그 수조권의 귀속을 분명히 하려 했다. 둘째 수조율을 경감하는 등 수조권을 제한하는 데 있었다. 이는 농민생활을 안정시킴으로써 새 왕조의 정치적 안정기반을 마련하기 위한 것이었다. 뿐만 아니라 수조권을 제한함으로써 소유권에 입각한 지주제의 안정적인 성장을 기약하는 것이기도 하였다.

과전법체제 아래 양반관료들은 전임·현임을 막론하고 모두 18과로 나뉘어 최고 150결(結)에서 최하 10결까지의 과전을 지급받았다. 과전은 경기지방에 한하여 분급하였는데, 이는 모든 양반이 왕실을 지켜야 한다는 정치적 원리에서 나온 것이지만, 실제로는 경기 이외의 지방에서 사전이 성장하는 것을 방지함으로써 고려 말의 사전의 폐해를 수습하고, 지방세력의 성장을 억제하려는 의도에서 비롯된 것이었다.

과전은 세습의 불허가 원칙이지만 수신전(守信田)·휼양전(恤養田) 등은 명목이 변경되어 세습되었고, 공신전도 자손에게 세습이 가능하였다. 그밖에 중앙 및 지방의 각급 관아의 경비를 충당하기 위한 목적으로 각종 명목의 전지가 일정한 규정에 따라 지급되었다.

과전법의 실시로 인한 전조의 확정 등은 재정의 안정, 농민생활의 안정 및 농업생산력의 복구, 그리고 경작지 확대 등의 새로운 변화를 불러일으켰으나, 반면에 또 다른 폐단을 조성하기도 하였다.

과전법, 즉 수조권에 의한 토지·농민 지배는 15세기 말에 이르면 현저히 약화되었다. 양반층 내부에서 과전을 둘러싼 갈등이 팽배하고 전주와 전호 사이의 대립이 격심해졌기 때문이었다. 국가는 이 사이에 집권화를 더욱 추진하여 세조 12년(1466) 직전법을 실시함으로써 토지의 지급대상을 현직관리만으로 한정하였고, 성종대에는 관수관급제(官收官給制)를 실시하여 전주(田主)의 직접 수조를 지양하였다. 그나마 이 제도 역시 명종대에 가면 실행이 불가능해졌고, 임진왜란을 겪으면서 아예 소멸되었다. 이제 양반관료들은 녹봉만을 받게 되었으며, 한편으로는 이에 대신해서 사적 소유지로 집중될 수밖에 없음으로써 수조권·소유권의 대립 항쟁에서 마침내 소유권이 승리를 보게 된 것이다. 지주전호제는 이로써 안정적으로 성장 발전할 수 있었다.

● ● ● ● ● 토지세 지배를 향하여

　양반관료제 사회 성립의 경제적 기반은 기본적으로 토지경제에 의존하였다. 이는 토지경제에서의 조세수입을 통하여 국가운영의 물질적 기반을 마련할 수 있다는 점에서이다. 이를 위해 국가는 농본정책을 강화하면서 호패법의 제정과 오가작통제(五家作統制) 실시를 통하여 농민을 토지에 긴박시키는 방향에서 조세수입의 안정을 도모하였다.
　과전법의 시행과 함께 국가와 경작자 사이에 개재하는 중간착취를 배제하여 농민의 부담을 줄이고자 병작반수의 수조율을 대폭 경감한 것은 조선시대 수취제도의 원칙으로 특징적인 것이다. 전세의 경우 세종 26년(1444)에 이르러 공법을 마련함과 함께 토지 1결당 30말을 거두어들이던 것에서 4~20말로 인하되었다. 수확은 토질의 비척과 그 해의 풍흉에 좌우되므로 전분·연분에 따라 체감하여 징수토록 하였다. 전세의 수조율은 1/10에서 약 1/20로 격감하였으나 총 세수액은 오히려 증가되었으며, 전국적인 토지면적의 증대가 그것을 가능하게 하였다. 전세의 수납에는 수수료와 운송경비 등의 여러가지 부가세가 따르고 있었다.
　지방특산물을 현물로 바치는 공물과 진상농민에게 큰 부담이 되고 있었다. 공물은 지방특산물에 대한 현물세로서 궁과 관의 수요에 충당하기 위한 것이었는데, 각 지방의 사정에 따라 상납수량이 정해졌다. 각 지방에서는 다시 관내 가호별로 이를 할당하여 징수하였다. 농민은 농업생산물을, 어염업에 종사하는 자는 어염(魚鹽)을, 또 공장이(匠人)는 그 생산물을 부담하는 것이 일반적이었다. 지방수령은 배정된 공물의 종류와 성질에 따라서 혹은 현물로, 혹은 대가로서의 곡식과 옷감을 농민에게서 징수하였다.
　진상은 역시 토산현물을 상납하는 것으로서, 본래 세납의 의무이기보다

왕에 대한 외신(外臣)의 예물라는 의미를 지니고 있었다. 각 도에서 매월 궁중에 쓰일 물품을 이와 같이 조달하게 되었는데, 이 또한 각 지방의 일반민호의 부담으로 전가되는 것이기 때문에, 공물과 다를 바 없는 현물세의 한 형태에 속했다. 일반민호의 조세부담은 이밖에도 어염세·공장세(工匠稅)·상세(商稅) 등 각종 잡세로도 나타났다.

한편으로는 부역도 있었다. 부역은 국가가 민호의 노동력을 무상으로 징발하는 것으로서 일시적으로 토목공사나 기타 잡역이 있을 때마다 수시로 노동력을 징발하는 요역과 항구적인 신역으로 나누어진다. 먼저 요역은 사실상 신인(身人)·공천(公賤)이 그 의무를 부담하며, 요역의 차출은 초기에는 민호의 노동력의 다소를 기준으로 하였으며 점차 토지의 결수에 따라 배정하는 방식을 취하였다. 부역에 종사하는 동안의 양식은 역부 스스로 부담하였다. 또 노동일 제한규정도 제대로 지켜지지 않음으로써 민호에 적지 않은 부담이 되었다.

신역은 신분에 따라 상승하는 부역이 규정되었는데, 신분별로 양역과 천역, 부담하는 내용별로 크게 군역과 직역으로 분류될 수 있다. 이 가운데 가장 그 비중이 큰 것은 양역이었다. 양인의 군역부담은 정병·수군을 위시한 여러 병종으로 나타나는데 이들이 군복무하는 경우 봉족제가 적용되었으며, 세조대 보법으로 군역제가 크게 보강되었다. 그런데 후자의 실시는 국가의 군정확충에는 기여하였지만 민호의 노동력을 지나치게 차출하는 것이었기 때문에, 뒤에 군역은 큰 부담이었다.

••••• 억상주의와 어용상인에 의한 봉건상업의 전개

조선 초기 상업은 주로 국가에 장악되고 있었다. 따라서 관청이나 양반들의 수요에 충당하는 어용적인 성격이 강하였다. 특히 상업은 전통적인 무본억말책(務本抑末策)의 원리에 의해 다른 산업에 비해 상대적으로 정책적으로 억압되고 있었다. 이 점에서 조선후기의 상업에 비해 현격한 차이점을 보이고 있다. 그러나 16세기에 이르면 지방의 장시(場市)가 폭넓게 발생하면서 민간에서의 상업도 발전하게 되었으며, 이에 따라 전반적인 상업체제도 점차 변화했다.

초기상업은 중앙의 시전과 지방의 사상에 의한 장시의 전개 및 교역으로 나뉜다. 시전은 어용적인 성격을 많이 갖고 있었는데, 국가는 서울 종로를 중심으로 도로변에 행랑을 지어 관설상가를 만들고 상인들에게 대여하여 점포세와 상세를 거두었다.

시전상인들은 왕궁의 제사용품이나 관청의 수요를 공급하고 중국에 보내는 세폐(歲幣)를 조달하는 등 국가에 대해서 여러 부담을 졌으며, 그 대신 특정상품에 대한 판매의 독점권을 부여받았다. 이러한 시전중 가장 대표적인 것은 육의전으로, 이것이 가장 번창하였고 국가에 대한 부담도 가장 컸다. 이밖에 아무런 부담도 지지 않는 시전도 있었는데, 이것들은 대개 영세하였다. 국가는 경시서를 두어 시전의 감독 및 도량형의 검사와 물가조절 등을 관할케 하여 상업을 통제하였다.

지방에서는 사상에 의한 장시가 5일장의 형태로 정착되면서 발달하고 있었다. 15세기 후엽부터 발달하기 시작한 장시는 당시 농업생산력의 발달과 지주제의 확대에 힘입어 점차 성행하였다. 정부는 농민들이 토지에서 이탈하여 장시에 몰리는 것을 막고 또 어용상인에게 상권을 독점시키기 위해서 수시로 장시의 금지령을 내렸지만, 그 추세를 막을 수는 없었다.

16세기 전반 장시는 삼남지방에 두루 파급되었으며, 전통적인 억제책에도 불구하고 민간에서의 수요·공급의 요구에 따라 시간이 흐를수록 늘어났다. 이와 함께 조선 초기 이래 저조한 수준에 머물렀던 화폐유통도 비록 쌀이나 면포로서 임시 화폐의 기능밖에 안되었으나 차츰 화폐 본래의 기능을 나타냈다. 장시에서의 각종 물품은 견고한 조직을 가진 보부상에 의해 주로 유통되었다. 한편 수로를 통한 선상(船商)들의 상업활동도 있었지만 별로 활발하지 못하였다.

그리고 국제무역도 중국·일본을 중심으로 점차 성행했다. 이는 국내상업 발전의 외연적인 확대결과이다. 당시 국제무역은 공식적인 관무역이 중심이 되었지만, 사신의 왕래에 따른 사행(使行)인원에게 제한적으로 사무역이 허용되었다. 또 외국사신의 내왕에 따라 중국·여진과의 사이에는 각기 국경지대에서, 일본과의 사이에는 동래왜관(倭館)과 서울에서, 그들이 여분으로 가져온 물화 등으로 사무역이 행해졌다. 특히 사무역은 이 시기에 주목되는 것으로 당시 훈척세력들의 사치풍조와 무관하지 않았다.

••••• 전통기능기술의 전승과 관영수공업

수공업도 상업과 마찬가지로 정부의 통제를 받음으로써 여전히 발전이 제약되었다. 이 때문에 수공업 가운데 큰 비중을 갖는 것은 고려시대처럼 관영수공업일 수밖에 없었다. 그리고 일반농민들은 자급자족의 형태로서 필요한 물품을 생산하여 사용하는 가내수공업에 의존하였다.

관영수공업은 전문적인 수공업으로 공장이[工匠]에 의해 전개되었다. 원칙적으로 '공장이'는 모두 공조안(工曹案)에 등록된 관장(官匠)으로서 각급 관청에 소속되어 있었다. 중앙과 지방의 각급 관청에는 공장이의 정원이 정해져 있었고, 공장이들은 소속관청에서 필요로 하는 각종 제품을 제작·공급하였던 것이다. 이 때 중앙의 공조와 기타 관아에 소속된 사람을 경공장(京工匠), 지방의 각 도와 군현의 관아에 소속된 사람을 외공장(外工匠)이라 하였는데 전자의 경우 3천8백여 명이고 후자는 3천5백여 명이나 되었다. 이들 관장들은 대개가 공노비였고, 간혹 양인도 있었지만 그 수는 많지 않았다. 그러나 노비의 경우 독립된 가계를 영위하고 있었으므로 단순한 노예수공업자는 아니었다. 이에 양인공장이가 차지하는 비중이 점차 커져갔다.

또 관장들은 자신의 책임량을 초과한 생산품은 소정의 공장세를 납부하면 판매할 수 있었고, 관역에 동원되는 기간 이외에는 사영(私營)을 위한 생산의 여유가 있었으므로 점차 사영수공업이 발달했다. 이와 함께 관영수공업은 15세기에 들면 점차 붕괴하기 시작하였다.

사영수공업은 도시에서 전업적인 형태로 성장했다. 원래 공적(工籍)에 등록된 공장이라 하더라도 관역에 동원되는 때 이외에는 민수품의 제작이 가능했지만, 점차 순전히 사영수공업인 사장(私匠)도 등장했다. 이들은 양반들의 사치품을 주문받아 생산하기도 하였지만, 주로 백성들이 필요로 하는 생활필수품을 생산하여 시장에 내다 팔았다. 그러한 물품 가운데는 유기·갓·가죽신 따위가 있었다.

전문적인 공장수공업과 대비되는 것이 농가에서 자급자족의 형태로 이루어지는 가내수공업이었다. 가내수공업의 중심은 종래에는 견직·마직·모시 등의 직포업이었지만, 조선 초기 목면의 재배가 급속히 보급됨에 따라 면직이 대종을 이루었다. 이는 당시 면직물이 일반 의류로서만이 아니라 군용이나 대외무역품으로서 중요한 품목이 되어 국가가 이의 생산을 장려하고 납세 때 쌀과 콩 대신 면포를 거두기도 하는 등 '화폐기능'도 가졌다.

양반관료제 사회로 정착을 본 조선 전기의 경제구조는 고려 이래의 그것과 달리 여러 방면에서 발전적인 면모를 보였다. 조선시대 토지제도의 기초는 과전법의 성립으로서 종래에는 토지국유론에 입각하여 조선이 정체된 사회로 이해되어 왔다. 그러나 특히 1960년대 이후 토지사유론의 입장으로 연구시각이 전환되면서 조선사회의 정체론을 극복할 수 있게 되었으며, 여기에다 최근 농업기술의 발달에 따른 농업생산력의 증대 및 활발한 개간사업의 전개 등에 대한 관심이 고조되고 있다.

상업체제도 종전의 정책적 억압설에 기초한 연구방법론을 탈피하고 있다. 그것은 조선의 건국단계인 14·15세기에 이미 상당히 발전한 농업에 힘입어 성리학적인 질서가 정착되고, 사림정치가 전개되는 16세기에 이르러 활발한 상업활동이 전개되었기 때문이다.

이처럼 조선 전기에는 중앙집권체제가 강화되면서 국력이 신장되었으며 경제생활도 발전해 나갔다. 그리고 이러한 변화는 16세기에 이르러 사림과 훈구의 대립으로 구현되었다. 즉 새로운 사회경제적 변동에 따라 새로운 부가 창출됨에 이를 둘러싸고 정치적 동요가 발생하지 않을 수 없었다.

4. 사림세력의 등장 및 성리학의 융성

부국강병파의 부패

성종대 『경국대전』의 완성으로 정립된 조선의 문물제도는 16세기에 이르면서 큰 변화를 겪게 된다. 그 변화는 당시의 발전적인 경제변동의 구조적 산물로 나타났다.

16세기 사회의 가장 중요한 변화는 상품유통 경제의 발달이었다. 변화의 기저는 15세기에 이루어진 농업생산력의 신장에 있었다. 수리기술과 시비법을 개선하여 휴한농법의 제약을 극복하고 연작·상경의 집약적 농업이 실현되었을 뿐 아니라, 이미 일부지방에서 모내기법이 보급되는 등 농업기술의 면에서 괄목할 만한 성과를 거두었다.

유통경제는 이 같은 농업생산력의 발달에 의해 구매력이 증대됨으로써 지방에는 장시가 발달하여 16세기 중반에는 거의 전국적인 유통망이 형성되었다. 한편 대외무역에서도 사무역이 발달하여 종래의 공무역을 압도하는 추세가 나타나고, 그것은 다시 국내상업에도 큰 자극을 주었다.

이 때 훈신·척신 등의 권세가들은 이러한 경제변동에 편승하여 자신들의 부를 축적하였다. 당시 훈척은 세조의 왕위찬탈에 협조하여 정치적 실권을 장악한 공신들이었다. 그들은 경제적 실권까지 배타적으로 향유하고 있었으므로 자연히 보수적인 성향을 드러냈고, 특히 새로운 경제변동에 처해서는 온갖 비리적 수단을 동원해서 사사로운 이익을 취하였다.

훈척계열의 비리는 우선 토지의 집적과 농장의 확대로 나타났다. 이들은 개간·매득(買得) 등 합법적인 방법 이외에도 군현단위의 대규모 인원 동원으로 연해지역에 언전(堰田)을 개발하는 등 주로 권력에 의한 불법적인 방법으로 사적 소유지를 집적해 갔고, 이렇게 해서 얻어진 대토지는 외거노비나 전호에게 경작시켜 병작반수제로 경영하였다. 이는 곧 다른 한편에서의 토지상실을 의미하는 것이었으므로 토지를 빼앗긴 농민들은 유리하거나 농장에 모여들어 소작농인 전호로 전락하였다.

그리고 훈척계열의 특권적 비리는 공납제와 부역제의 변질을 초래했다. 공납제도는 농민소유 토지의 감축과 민호의 이산과 농민의 유망으로 말미암아 잔여농민들의 부담은 커졌고, 더욱이 방납(防納)이 행해지면서 부담은 가중되었다. 원래 방납은 15세기 중엽이래 이미 행해졌는데, 16세기에 들어서면 유통경제의 발달과 관련해서 방납이 더욱 성행했다. 특히 이 때 국내외의 상업을 통해서 부를 축적한 부류가 권세가와 결탁해서 방납을 독점하였으며, 또한 농민들에게 더 많은 액수를 부담시키는 등 그 피해는 대단히 컸다.

또한 토지와 인정에 대한 정확한 파악을 전제로 해서 가능하였던 부역제 역시 제대로 운영될 수 없었다. 군사들은 과중한 부담을 면하기 위하여 보법 실시 이래 보인에게서 받은 조역가(助役價)로 사람을 사서 대역시키는 방식을 취하였다. 그러나 이것이 실제로는 다른 사람, 수로 유민이나 노비를 대신하게 하는 수포대역·방군수포 방식으로 운영되었는데, 대립가(代立價)가 폭등하고 질이 떨어지는 악포(惡布)가 사용됨으로써 군역부담자들의 처지는 더욱 열악해졌다.

이상과 같은 변동은 어디까지나 당시의 사회-경제적 발달을 반영한 결과였지만, 여기서 전개된 제반 사회문제와 훈척계열의 특권적 비리행위는 새로이 대두하는 사림세력의 비판대상이 되었다.

부국강병과 이국편민의 기로에서

조선의 건국과정에 참여한 려말의 신흥사대부들이 누대에 걸쳐 왕조의 관인(官人)가문으로서 세습적 지위를 누리면서 훈신·척신으로 발돋움하고 경제적으로는 권력에 의지한 대지주로 성장한 반면, 역성혁명을 끝내 반대한 일부는 관직참여의 기회를 얻지 못하고 지방의 중소지주로 머물면서 향촌에서의 세력을 구축하고 있었다. 이 가운데 후자는 15세기 말 이후의 사회-경제적 변동에 직면해서 천방(川防)·보(洑)의 개발·보급 등으로 경제력을 축적하고 재지지주로서의 지위를 상승시켜 나갔다. 이들은 훈·척신의 특권적 비리행위를 비판하는 가운데 정치세력으로 성장해 갔으니, 곧 사림파이다.

사림(士林)의 본격적인 중앙정계 진출은 성종대 후반에 이르면서였다. 성종은 그간 지역기반을 바탕으로 꾸준히 성장해 온 지방의 사림을 정계에 진출시켰는데, 대부분은 길재(1353~1419)의 학풍을 이은 영남출신의 사림들이었다. 이들은 길재의 제자인 김종직(金宗直)이 출사한 것을 계기로, 이후 김종직의 제자들인 김굉필(金宏弼)·정여창(鄭汝昌)·김일손(金馹孫) 등이 그 뒤를 이음으로써 중앙정계에서 한 정치세력을 형성하였다.

이 때 이들의 가장 중요한 정치적 쟁점은 훈척계열의 비리에 대한 비판이었다. 이러한 비판의식은 그들이 주로 언관직을 장악하면서 시작되었는데,

사상적인 면에서 성리학의 도리론·명분론에 대한 확신과 자신들이 농촌에서 훈척신들의 비리행위를 직접 체험한 데에서 비롯되었다.

사화는 사림의 훈척계열에 대한 비판의 반대급부인 정치적 보복에서 시작되었다. 최초의 사회는 연산군 4년(1498)의 무오사화인데 그 동기는 세조의 즉위를 비난한 김종직의 '조의제문(弔義帝文)'을 트집잡아 사림에 가한 박해였다. 이 때 김일손 등 다수의 신진관료들이 사형·유배·파직을 당하였고 극히 소수만이 정계에 남을 수 있었다.

그 뒤 연산군 10년(1504)에 갑자사화가 일어났는데 이는 훈척 내부에서 연산군 생모인 윤비폐출사건을 계기로 발생하였다. 이로써 두 번에 걸친 사화에서 사림의 정계진출은 일단 제동이 걸린 셈이다. 사림의 진출이 재개된 것은 중종반정 이후의 일이다. 중종은 유교정치의 부활을 꾀하면서, 조광조(趙光祖)를 중심으로 한 사림으로 하여금 훈신의 비리에 대한 비판과 함께 도덕정치의 실현에 힘을 기울였다. 이 과정에서 향약보급과 현량과 실시 등으로 지방의 사림들이 대거 정권에 참여할 수 있었다.

그러나 이 같은 진출로 훈신과 마찰이 불가피하였고, 결국 중종 14년(1519) 사림측에서 훈신세력의 약화를 목적으로 제기한 위훈삭제건(僞勳削除件)을 계기로 훈신들은 일대 반격을 가하고 조광조를 비롯한 사림들을 축출하였다[기묘사화].

그 뒤 다시 명종 즉위년(1545)에 또 한 차례 사화가 있었는데, 즉 대윤(大尹)·소윤(小尹)의 외척 사이에 일어난 정쟁으로서 결국 소윤의 대윤에 대한 보복에서 발생한 옥사였다[을사사화]. 이 사건에 사림은 직접 관련되지는 않았지만 부수적인 피해가 막심하였다.

장기간에 걸친 네 차례의 사화로 사림은 그 때마다 큰 타격을 입었지만, 완전히 몰락한 것이 아니라 지방의 서원과 향약을 기반으로 잠재적인 성장을 계속했다. 특히 중종 이후 영남지방뿐 아니라 기호지방에까지도 사림세력이 확산되었으나, 이는 훈척계열의 비리행위가 심각해질수록 '도리론'에 입각한 이들의 비판적 자세가 지방의 중소지주들 사이에서 공감의 폭을 넓힐 수 있었기 때문이었다. 따라서 사림의 성장은 역사적인 추세였으며, 을사사화 이후에 이들은 다시 중앙정계에 진출하기 시작하여 선조대 결국 정계의 주류로서 위치하기에 이르렀다.

보수유학의 요새, 서원과 향약

성리학은 고려 말 신진사대부 계층에 의해 수용되면서 전통적인 지배체제를 비판하는 이론적 무기로 먼저 원용되었고, 왕조개창 이후에는 개창의 정당성을 부여하면서 새로운 교학(敎學)으로 활용되었다. 성리학의 발달은 사림의 정계진출과 매우 밀접한 관계를 가졌던 것으로 이는 수 차례의 사화 가운데 사림의 훈척계열에 대한 비판의 과정에서 특히 그러하였다. 즉 사림의 정치철학인 도(道)에 입각한 왕정을 구현하는 유교적 이상정치의 실현과 함께 인간의 심성에 대한 탐구를 심화시키는 측면에서 성리학이 발달했다.

성리학은 주리론(主理論)과 주기론(主氣論)의 두 계통으로 발달하였다. 주리론은 이기이원론(理氣二元論)의 입장에 서서 '리(理: 本質)'와 '기(氣: 現象)'는 서로 다른 것이면서 서로 의지하는 관계에 있지만 어디까지나 '리'가 '기'를 움직이는 본원이라 하는 견해이다. 이 학설은 이언적에서 시작되어 이황에 이르러 집대성되었다. 이황의 문하에서는 유성룡·김성일·정구 등이 배출되어 영남학파를 형성하였으며, 임진왜란 이후 일본유학에도 지대한 영향을 주었다.

한편 주기론은 서경덕이 이기일원론(理氣一元論)을 주장함으로써 비롯되고 이이에 의해서 대성을 보았다. 여기서 본연의 성(性)인 '리'는 기질의 성(性)인 '기'를 움직이는 단순한 법칙에 불과하다고 하고, '기'를 더 중시하면서 정치・경제 등 현실인식에 더 적극적인 자세를 취하였다. 이 학풍은 이이를 비롯한 성혼・송익필과 이이의 제자인 김장생・정화 등에게 이어져 기호학파를 형성하였다. 이후 영남과 기호의 두 학파는 학문적으로나 정치적으로 오랫동안 대립하면서 발전하였다.

성리학이 조선사회에 보다 더 정착되고 기능하기 시작한 것은 15세기 말과 16세기로 이어지는 사림의 성장과 더불어서였다. 그것은 국가정책의 차원에서 성리학이 응용되기 시작하고, 그것이 향촌사회의 모든 사회관계 재정비의 원리로 구체화되면서였다. 사림들은 15세기에 이미 사창제(社倉制) 실시와 유향소복립운동으로 성리학을 구체화시켜 나갔으며, 16세기에는 서원의 설립과 향약의 보급으로 그 성과를 거두었다.

서원은 고려시대 이래의 사학인 서재(書齋)에 선현을 봉사하는 사묘(祠廟)를 겸한 것으로서 주로 명유・선배의 연고지에 세워져 그 지방의 양반자제들을 교육하였다. 최초의 서원은 중종 38년(1543)에 세워진 백운동서원이며, 이것이 명종으로부터 소수서원(紹修書院)이라는 편액을 하사받아 소위 사액서원의 효시가 되었다.

이 때부터 서원의 건립은 지방의 유력한 양반들 사이에서 유행되며 선조대는 사액서원만도 전국에 1백여 개가 넘을 정도였다. 이들 사액서원은 국가로부터 서적・노비・토지를 지급받았을 뿐만 아니라 면세・면역의 특권까지 누렸으므로 관학인 향교를 학문에서만이 아니라 세력과 권위 면에서도 능가하였다. 또한 서원은 지방 중소지주층의 지식인을 중심으로 정치여론 집단을 형성하여 훗날 붕당정치의 기틀을 마련하기도 하였다.

한편 중종 이후의 향약보급운동은 향촌사회 관계의 재정비와 안정을 기하려는 사림파의 적극적인 노력으로 표출되었다. 훈척계열의 비리행위에 대한 비판의 대안으로서 사림들이 향약의 보급을 제안하였던 것이다. 그 내용은 덕업상권(德業相勸)・과실상규(過失相規)・예속상교(禮俗相交)・환난상휼(患難相恤) 등의 유교윤리를 향촌사회의 자치조직 속에서 실천함으로써 당시 소농민층의 유망을 방지하여 향촌의 근본적인 안정을 달성하고자 하는 것이었다.
　중종대에 조광조가 처음으로 이를 보급하다가 기묘사화로 일단 실패하였지만 그 뒤에도 각지의 사림들에 의해서 개별적으로 시행되었고, 사림정치가 구현된 선조대에 이르러 전국적인 시행을 보게 되었다.
　이러한 향약을 통한 자치제의 실현은 지방사림의 농민지배를 한층 강화시킬 수 있었다. 이에 따라 사림의 사회적 지위도 그만큼 견고해졌으니, 수차례의 사화에도 불구하고 사림이 계속해서 성장할 수 있는 원동력이 되었다. 이처럼 사림들이 향촌사회의 안정에 노력한 것은 중소지주로서의 기반을 가진 자신들의 처지를 유지하기 위한 것이었으며, 아울러 수탈 대상이었던 농민들에게는 이것이 그들의 부담을 덜어주는 것으로 받아들여졌다.

●●●●● 보수세력의 분화와 붕당

　지방에서 세력을 한 사림은 소윤(小尹)정권이 몰락하고, 16세기 이래 계속된 척신정치가 외형적인 종식을 고한 선조 즉위 이후 정계의 주류로서 정착한다. 그러나 아직 구신(舊臣)이 존속하고 있었기 때문에 정치의 주도권이 완전히 사림에 의해 장악되지 못하였다. 이에 사림 내부에서는 훈척정치의 척결을 둘러싼 이견이 노정되고, 이것이 분열하면서 이제는 사림 내부에서 붕당을 이루어 대치하는 양상으로 변모되어 갔다.
　여기서 '붕당'이란 일본학자들에 의한 부정적인 당파성이론으로 사용된 '당쟁(黨爭)'이란 용어와는 역사적 의미를 달리한다. 즉 '붕당정치(朋黨政治)'란 학연에 의한 붕당의 공존에 의해 주도되었던 성리학적인 정치운영 방식의 한 형태로서 조선말기의 '세도정치'와는 구별되는 발전적인 측면이 강조된 것이다.

　최초의 당파분열은 선조 8년(1575) 동인과 서인의 분열에서 비롯되었다. 이는 사림 내부에서 기성관료와 신진관료 사이의 분열에 뿌리를 두었는데, 표면적으로는 명종비의 친동생으로서 척신이었지만 사림에 대한 옹호의 입장을 지닌 심의겸(沈義謙)과 신진관료인 김효원(金孝元) 사이의 반목에서 비롯되었다.

　그러나 정국의 상황이 사림에 유리하게 전개되면서 굳이 심의겸에 의지하지 않더라도 관료가 될 수 있었던 신진사림들이 그와 기성관료들을 공격하게 되면서 결국에는 분당의 소지가 마련되었다. 마침 정5품의 벼슬에 불과했으나 관리의 인사권을 장악하는 청요직(淸要職)인 이조전랑 자리를 놓고 심의겸 중심의 기성관료를 서인, 김효원 등 신진관료를 동인으로 칭하여 붕당이 발생하였다.

　이상과 같은 전개양상은 현실정국에 대한 강온의 대립과 사림 내부에서의 엄격한 자체비판에서 유래했다. 분당정국은 이후 상호비판과 견제의 원리에 입각하여 본격적인 붕당정치의 전개가 시작된다.

　또한 정국의 붕당은 학연적 성격을 띠었다. 동인의 경우 이황과 조식의 문인이 많았고, 여기에 이이가 서인에 가담함으로써 학연에 의한 정파의 성격이 강했다. 이는 이전의 정치상황에서 볼 수 없었던 것으로, 그것은 궁극적으로 이황과 이이에 의해 성리학이 외래사상으로서의 한계를 극복하고 자기화에 성공한 가운데 전개된 것이다. 즉 이는 이황의 주리론에 입각한 원칙론적인 정치원리와 이이의 주기론에 기초를 둔 현실정치의 원리와의 상호대립에서 비롯된 것이었다.

　선조 초기에는 동인이 우세하였는데 선조 22년(1588) 동인인 정여립(鄭汝立)의 모반사건을 계기로 서인 정철이 집권하였다. 그러나 그가 실각하자 동인이 다시 집권하였다. 그런데 동인 속에서 다시 온건파 남인과 강경파 북인이 학파로서 이황계와 조식계로 각각 연결되면서 분당되었다. 이 같은 대립은 마침내 서인인 정철의 건저의(建儲議) 문제에 대한 처벌을 둘러싸고 표면화되어 북인은 중벌을 주장하였고 남인은 이에 반대하였다. 이로부터 서인·북인·남인이 정립하여 상호 비판·견제하는 가운데 본격적인 붕당정치가 전개되었다.

붕당정치는 선조-광해군의 과도기를 거치면서 서인·북인·남인으로 나누어져 전개되었다. 이후 복잡한 분당과정은 인조반정을 계기로 서인이 정국을 주도하면서 남인이 참여하는 양상으로 펼쳐졌다.

그 결과 서인과 남인 사이에 두 차례의 예송논쟁(禮訟論爭)을 거쳤으며, 정국형세도 자주 바뀌어 붕당정치는 성숙되어 갔다. 예송을 중심으로 한 붕당 대립이 전혀 무의미한 것은 결코 아니었다. 예의문제는 성리학을 지배이념으로 하는 사림정치에서 모든 사회질서의 기본적인 규범이었기 때문에 학연에 의한 붕당정치는 필연적이었다.

또한 아직은 사화와 같은 상대 당에 대한 적극적인 보복정치가 없었으며, 그 과정에서 오히려 소수 상대당의 존재가 허용되며, 그들에 의한 공개적인 비판과 견제가 가능했다는 점에서 붕당정치의 원칙에 충실할 수 있었다.

그러나 성숙된 붕당정치의 구현도 17세기 후반기에 접어들어 붕당간의 공존의식이 무너지기 시작하면서 어느 정파이든 간에 일당전제 성향을 발휘하여 정쟁이 격렬해지는 양상을 보이게 된다. 이 같은 변화는 사회-경제적으로 새롭게 전개되기 시작하였던 변동상황에서 비롯되었다. 즉 새로운 경제변동에 직면하여 명분론 위주의 종래 성리학적 정치운용이 한계에 부딪히게 된 것을 뜻했다. 탕평책과 세도정치의 전개는 이 이후의 일이었다.

조선의 개창 이후 본격적인 사림세력의 등장과 성리학이 정착되면서 더욱 발전하기 시작하였던 16세기 이후 17세기 전반기까지 기왕의 연구에서는 사회-경제적으로 발전이 거의 없었고 사화와 당쟁으로 점철된 정치사와 모순·혼란·외침의 무력한 역사상으로 이해되어 왔다. 이러한 역사해석은 당대 역사에 대한 적극적인 연구가 제대로 축적되지 못하였던 사실에도 기인하지만, 무엇보다 그 근본적인 이유는 일제 식민사관의 본질중 하나였던 당파성 논리의 확대에 따른 사화와 당쟁에 대한 부정적 인식의 소산이었다.

그러나 이러한 역사인식은 최근 강한 비판을 받고 있다. 그 요점은 사화·당쟁의 격렬성은 바로 사회구조의 변동이 그만큼 역동적이었던 사실이 정치적으로 반영되었기에 일어날 수 있었던 것이고, 그런만큼 사화와 함께 소위 당쟁을 긍정적인 시각으로 볼 수 있다는 것이다. 오히려 당시의 조선사회가 사회-경제적으로 정체된 것이 아니라 중요한 변화와 발전이 있던 시기로 이해하면서 특히, 상업의 발달이 17세기 이후부터 시작된다는 기존의 이해체계는 14·15세기 이후 농업생산력 증대가 상당하다는 측면에서 마땅히 수정되어야 한다는 것이다.

이른바 사화·당쟁은 바로 이와 같은 전체적인 측면 즉 역사발전의 종합사로서 파악되어야 비로소 그 본질에 접근할 수 있다. 다시 말해 이 시기의 정치사를 민족성과 결부시켜 이해할 것이 아니라, 그 현상 자체를 역사적인 현상으로서 이해할 필요가 있는 것이다.

쉼터 15

소나무와 우리 역사

소나무는 침엽수과 교목으로서 특히 조선소나무는 솔 또는 솔나무라고 부른다. 한 자로는 송(松)·적송(赤松)이라고 하는데 조선송은 가지가 많고 잎이 무성하여 잘 자라면 높이 35m, 지름 1.8m 정도나 된다. 우리 민족의 역사와 함께한 조선 소나무는 여러 가지 의미로 다가온다. 본래 조선송은 부정과 악귀를 쫓아 마을과 가정을 지키는 신이자 부귀영화와 자손번창을 누리게 해준다는 복스런 나무였다. 그래서 마을을 수호하는 동신목(洞神木) 중에는 소나무가 흔했고, 산신당의 신목은 대개 소나무였다. 제례 장소 주변에다 금줄을 칠 때 왼새끼에 솔가지를 꿰어두는데 이는 밖에서 들어오는 잡귀와 부정을 막아 제의 공간을 신성하게 하려는 수단이었다. 출산 때나 장을 담을 때에 치는 금줄에 솔가지를 꿰는 것도 잡귀와 부정(不淨)을 막으려는 것이다.

또한 소나무는 사람들의 꿈과 희망을 상징했다. 소나무를 꿈에서 보면 벼슬을 할 징조이고, 솔이 무성하게 나타나면 집안이 번창하며, 송죽을 그리면 만사가 형통한다고 해몽한다. 반대로 꿈에 소나무가 마르면 병이 난다고 한다.

이러한 우리 특유의 소나무에 대한 호의는 국가적 대사에도 큰 영향을 미쳤다. 예를 들어 태조 이성계가 1394년 송악(松岳:개성)에서 한양(서울)로 천도한 것은 당시 송악의 소나무가 벌레 먹고 말라죽은 것과 관련이 있었다. 뿐만 아니라 태종은 궐내 소나무가 마르는 것을 염려하여 인근의 가옥을 철거하라는 황당한 명령을 내렸으며 승추부로 하여금 아예 송충이잡이를 전담하라는 명령을 내리기도 했다. 세종 때 만들어진 '용비어천가'의 '뿌리깊은 나무'는 바로 소나무의 정기(뿌리)를 말한다. 그만큼 소나무는 왕조의 신성함과 전도의 길복을 상징하는 나무였다.

소나무가 왕실의 번영을 상징한다면 권력의 몰락은 소나무의 수난으로 표현되기도 했다. 『조선왕조실록』 태종조에 보면 함흥에서 한양에 돌아온 태상왕 이성계가 후비 신덕왕후 강씨의 무덤인 정릉에서 그칠 줄 모르는 눈물을 흘렸다고 하면서 당시 신하들이 정릉 백걸음 밖에서 앞다투어 소나무를 베어서 집을 지었다는 기사가 나온다. 정릉의 소나무가 훼손된 것은 이성계 권력의 종말을 상징하는 것이었다.

속리산의 어떤 소나무는 세조에게 앞가지를 열어주었다고 해서 정이품의 벼슬을 받았다고 하는데, 그것도 잠시 음미할 만한 대목이다. 즉 어린 조카 단종을 죽이고 왕위에 오른 세조는 늘 자기 권력의 부도덕성에 번민했을 것이다. 그러기에 그는 자연히 부도덕한 권력찬탈을 정당한 계승으로 합리화하기 위해 상징적인 조작이 필요했을 것이다. 이에 세조는 소나무가 자신에게 고개를 숙인다는 것으로 자기 권력의 정통성을 부각하여 자신의 부덕을 만회하려는 한 것이라 할 수 있다. 오늘날 속리산 입구를 장식하는 정이품송은 바로 그러한 세조의 정치적 목적과 긴밀히 관련되어 있다.

세조 이후 성리학적 세계관이 점차 강화되고 유교적 생활규범이 고착화되면서 소나무는 선비들의 지조와 절개의 상징이 되고 있었다. 사육신의 한사람 성삼문이 "이몸이 죽고 죽어 무엇이 될꼬 하니 봉래산 제일봉에 낙락장송되었다가…"라고 하는 시조를 읊은 것은 유명한데, 여기서 낙락장송은 이제 소나무가 권력의 상징이 아니라 선비의 지조와 절개의 상징으로 발전하고 있음을 말해 준다.

소나무는 오랜 동안 다방면의 쓰임새가 있었다. 먼저 건축자재로서 기둥·서까래·대들보나 관 혹은 조선용으로 쓰였다. 특히 경북 북부와 강원의 태백산맥에서 나는 춘양목(春楊木)은 재질이 우수하여 창틀·책장·도마·다듬이·병풍틀·말·되·벼룻집 등의 가구재 그리고 소반·주걱·목기·제상·떡판 등의 생활용품, 나아가 지게·쟁기·풍구·물레통·사다리 등의 농기구로 이용되었다. 현대에도 완구·조각재·가구·포장용 상자·펄프·합판 등 용도가 다양하다.

연료로도 주종을 이루었다. 온돌에 소나무 장작을 때었고, 취사용으로는 솔갈비가 가장 뛰어났으며, 조리할 때에도 송탄을 사용했다. 『경국대전』에는 지방 장정들을 징집해서 소나무로 숯을 구워 바치도록 했다는 기록이 있다. 또한 향탄산(香炭山)을 지정하여 주민으로 하여금 숯을 굽게 하고 상납하도록 했다. 소나무 줄기에 상처를 내어 채집한 송진은 용재·의약품·화학약품으로 이용되었고, 솔의 속껍질을 백피라고 하여 그냥 먹거나 송기떡을 만들었다. 또한 솔잎을 갈아 죽을 만들어 구황식품으로 이용했다.

소나무의 효용성은 군사적 측면에서도 여실히 나타난다. 조선시대 선박 특히 함선의 재료는 대체로 소나무였다. 세종 1년(1418)에 유학자 유정현은 "병선은 국가의 중한 그릇이라 배만드는 재목은 소나무가 아니면 쓰는 데 적당치 아니하고 그 중에서도 수십 년 자란 것이 아니면 쓸 수가 없는데 근래 각 도에서 여러 해 동안 배를 만든 까닭에 쓰기에 적합한 소나무는 거의 다 없어졌다"고 상소했다.

경기좌도 첨절제사였던 이각도 군선제작용 소나무를 비축하려고 관청에서 새로 짓는 청사나 백성이 거주할 집에도 소나무를 쓰지 못하도록 요청했다. 아울러 소나무가 있는 산 주변의 주민을 산지기로 삼아 역을 면제해 주고 오로지 소나무 보호에 전념하게 하였다. 또한 수령이 수시로 고찰하도록 했고, 관찰사는 봄과 가을 두 차례 사람을 보내어 살피도록 했다. 만일 말라죽거나 벤 흔적이 있을 때는 산지기와 수령 등을 중하게 논죄하고 해마다 근무성적을 평가할 때 소나무 상태를 점검하여 평점에 참작하자고 제안했다. 이에 당시 상왕이었던 태종은 적극 찬성했고, 그대로 시행했다. 이러한 조치를 바탕으로 태종은 소나무 함선을 가지고 대마도를 정벌했다.

본래 조선 수군의 주력함은 옥선(屋船)이었다. 그러나 명종시대를 전후하여 왜적이 옥선을 만들어 침범하자 이에 대처하여 종전의 평선(平船) 대신 배 위 네 귀퉁이에 기둥을 세우고 사면을 가려서 마룻대를 얹어 지붕을 덮은 판옥선을 제작했다. 판옥선은 1555년 을묘왜변 이후 조선의 주력함선이 되었고, 특히 임진왜란 때에는 거북선과 더불어 많은 활약을 했다. 당시 일본 침략군과 전투에서 조선 소나무로 만든 판옥선은 재질 면에서나 강도 면에서 일본군함을 능가하여 조선수군의 돌격작전에 큰 자신감을 불어넣었을 뿐 아니라 제해권 장악에 큰 역할을 하였다. 일본의 니키다송으로 만든 옥선이 여지없이 조선함대의 돌격에 풍비박산되었던 것은 조선소나무의 자랑스런 전통이었다.

•••••• Ⅵ. 북학이냐, 북벌이냐?

1. 임진왜란을 겪고서

　임진왜란이 일어난 16세기 후반 동아시아에서는 새로운 질서가 구축되고 있었고, 특히 동양3국은 중세 봉건사회가 서서히 해체되어 가고 상품유통경제가 획기적으로 발전하면서 상업자본이 크게 축적된 시기였다. 이러한 모습은 농촌시장의 발달과 화폐경제의 발달, 국제교역의 증대와 전쟁, 이에 따른 사상적 동요 등으로 나타났다. 이 시기의 특징은 경제적 일대 변혁기에 직면하여 정치적 상황이 각국마다 평온하지 않았다는 점이다.
　먼저 일본은 분열에서 통일의 시대로 나아가고 있었다. 전국시대 일본경제는 이미 크게 발달한 상태로서 농업생산력은 16세기에 이미 크게 향상되었고, 그에 따라 농업생산물도 초과상태에 있었다. 농촌의 가내수공업도 이미 독립수공업 단계로 발전하고 있었고 상품화폐경제도 발전하고 있었다. 이러한 상공업의 발전 위에서 도시가 생겨났고 대외무역도 크게 발전하였다.
　그러나 오랜 전쟁에 따른 각종 세금과 요역의 과도한 부과, 그리고 한창 발전하고 있던 상공업에 대한 국가의 일방적인 간섭 등 어려움에 봉착했다. 이에 국가통일의 요구가 강력하게 제기되었다.
　도요토미 히데요시(豊臣秀吉)는 바로 이러한 역사적인 상황하에서 1590년에 전국통일을 이루었다. 국가의 초보적인 통일이 이루어짐으로써 봉건적 상품경제는 국내시장을 넘어서 해외시장까지도 요구하게 되었다. 이러한 국내적 조건들이 도요토미가 전쟁을 일으키는 결정적인 계기였다.
　반면 명나라는 내우외환으로 국력이 쇠퇴하여 외국과 전쟁에서 다협적인 경우가 많았다. 명나라의 통치계급은 자신들의 기반을 공고히 하고자 무리한 세금징수 등을 통하여 백성들을 착취하였다. 또 변방에서는 이민족이 창궐하고 중앙정치는 부패할 대로 부패하여 농민봉기가 연달아 일어났다. 이러한 때 임진왜란이 일어나자 명나라는 적당한 선에서 타협에 급급하게 되었다. 그렇기에 조선이 원군을 요청하였을 때 명나라는 화의론자·주전론자로 나누어져 알력을 드러내기도 했다.

조선도 정치적으로는 16세기 전반부에 훈척정치가 종식되고, 이에 비판적인 사림세력이 정치적 우세를 잡아가던 시기로 신구요소가 혼재된 상황이었다. 경제적으로는 먼저 농업에서는 과전법체제가 붕괴되고 토지겸병이 크게 확대되었으며, 대토지 사유화와 지주소작 관계가 구체적으로 진행되었다. 상공업에서는 억압정책이 무너지면서 도시의 상업인구가 증대하고 농촌에서는 장시가 발달하였으며, 관청수공업이 붕괴되었다. 사회적으로는 군역제도가 문란해지면서 조선초기의 병농일치제가 붕괴되고 군포제가 시행되었으며, 이것이 신분제를 더욱 고정시켜 농촌사회를 동요시켰으며, 임진왜란 이후에는 용병제로 넘어가게 된다.

임진왜란이 일어났던 16세기 후반은 동양삼국에 있어 사회-경제적인 과도기였다. 그렇게 때문에 임진왜란의 극복의 동력이 된 의병활동도 시대상황을 배제하고서는 이해될 수 없는 문제이다.

그동안 임진왜란 당시에 활약했던 의병의 성격은 다양하게 이해되어 왔다. 무엇보다도 바른 접근을 위해서는 16세기 후반의 역사적 과도기성을 고려해야 한다. 16세기는 동양3국에 있어 사회-경제적으로 변화의 시기였으며, 이에 민의 성장도 가능한 시기였다. 그렇지만 민들이 적극적으로 사회변혁을 주도하지는 못했다. 이에 봉건사회의 향촌 지배세력으로서 민들의 호응을 받고 있던 사림과 향민이 외적의 침입에 저항한 민족운동이 의병활동이었다.

아울러 의병항쟁은 민족의식에서 촉발된 저항운동이지만, 동시에 사회변혁운동으로서의 이중적 성격을 가진 활동이었다. 특히 의병활동은 신분과 계급적 이익이 다른 상하계층의 결합으로 가능한 것이었기 때문에 이 과정에서 자연히 의병활동에 가담한 하층민들이 성장할 수 있었고, 이것이 사회를 변혁시켜 나가는 근본요인이 될 수 있었다.

또한, 임진왜란 때 의병구성에서 중요한 것은 상하계층의 결합이었다. 계급적·신분적인 이해를 달리하는 두 계층이 상호 결합할 수 있었던 요인은 충의적 측면도 있기는 하지만, 향보적(鄕保的)인 측면이 강하였다. 이러한 향토방위라는 측면은 국난에 즈음해서는 의병 상·하층 모두에게 절실한 것이었으며, 외침이 있자 서로 결합해서 저항하도록 만들었다.

한편 의병 상·하층의 결합은 촌락공동체의 유지라는 측면에서 촌계(村契)·동계(洞契)와 관련된다. 16세기의 사회-경제적 변화 속에서 향촌사회의 안정을 필요로 하는 사족들에 의해 시행된 향약류와 역사 이래 존재해 왔던 기층민의 촌계(村契)는 국난에 즈음하여 쉽게 상하 신분계층을 결합하게 하였다. 그리하여 사족들이 의병활동에서 큰 역할을 담당했던 민들을 향촌지배의 동반자로 인식한 것이 임진왜란 이후 상하합계의 보편화로 나타났다. 이는 임란 전부터 나타났던 동계(洞契)의 실시가 임란 뒤에 광범해진 것을 의미한다.

의병의 활동은 대부분 생활근거지 주변의 1일생활권이었다. 이는 의병의 전투요원인 의병구성원의 성격이 향병이었음을 말해준다. 아울러 당시 군현 단위의 방어체계도 지역방위군인 향병의 의미를 되새기게 해준다. 의병의 전술은 지형지물을 이용한 유격전이었다. 이밖에도 임진왜란을 극복할 수 있었던 요인은 이순신을 비롯한 조선수군의 승리, 명의 원군 등을 지적할 수 있다.

임진왜란이 동양3국에 끼친 영향은 국내외적으로 많은 변화를 가져왔다. 먼저 국제적으로는 동북아시아의 형세가 크게 바뀌었다. 명과 일본의 정치상황이 변하였다. 명을 대신하여 북방의 여진족이 급속히 성장하여 청을 건국하였다. 일본도 도요토미정권에서 도쿠가와(德川家康)정권으로 바뀌었다. 조선에서는 선조의 정권이 유지되었지만, 전쟁의 공과를 둘러싼 대립, 의병활동 주도문제, 전쟁의 종식과 화의문제를 둘러싸고 붕당간의 대립이 촉발되었다.

국내적으로는 조선후기의 사회-경제적 변화를 촉발시키는 계기가 되었다. 전쟁으로 인구가 격감되고, 농촌은 크게 황폐화되었다. 따라서 국가의 재정궁핍과 식량부족으로 공명첩이 발급되었다. '이몽학의 난' 같은 민란이 도처에서 일어났으며, 토지대장과 호적의 유실로 조세·요역의 징발과 신분의 구분이 모호해졌다. 이런 변화와 과정이 봉건사회의 해체를 촉진하였다.

쉼터 16

장희빈을 어떻게 볼 것인가?

우리가 5백 년의 조선역사 가운데 최고의 어머니와 최고의 여성상을 또한 사람 꼽는다면 그녀는 바로 장옥정 즉 장희빈이다. 특히 여성의 정치적·사회적 권리가 전혀 보장되지 못하고 정치적 훈련이 전혀 없던 시절 그래도 자식을 왕으로 만들고 정국의 주도권을 장악하여 남성인 국왕 못지않은 정치적 영향력을 후세에 남긴 장옥정이야말로 오늘날 다시 평가되어야 할 사람으로 보인다.

물론 대단히 정치적인 인상을 주는 여인 장옥정을 오늘날 한국 여성들이 본받을 만한 모델이라 단언한다면 혹시나 현대여성의 순수성을 모독하는 것은 아닐지 걱정된다. 그래도 장옥정은 시대를 바꿀 뻔했던 대단한 여성이었다. 그러면서도 안타깝게 권력의 주체가 되지 못하고 남인과 서인의 권력쟁탈에 운명이 뒤바뀌었고, 마침내 권력쟁탈의 희생양이 되고 말았다.

숙종이 사랑했던 세 여성이 있었다. 한 사람은 비천한 궁녀신분으로 왕의 총애를 받아 왕비자리까지 올랐던 장옥정(장희빈) 그리고 또 한 사람은 숙종의 첫번째 왕비인 인경왕후의 뒤를 이어 왕비에 올랐던 인현왕후였다. 그녀도 장희빈에게 왕비자리를 내놓고 쫓겨났다가 6년 만에 다시 복위되는 등 장희빈 못지않은 파란만장한 삶을 살았다.

또 한 여인은 김춘택 집안의 몸종출신인 최무수리로, 말년의 숙종에게 터프한 기쁨을 준 운좋은 여성이었다.

그런데 전해지는 이야기에 따르면 장희빈은 투기가 심하고 음모와 술수를 바탕으로 투기를 일삼는 악독한 요녀로 그려지는 반면, 인현왕후는 온화하고 덕스러운 사람으로 묘사된다. 그런데 『실록』에 의하면 악독한 요녀는 오히려 인현왕후였다. 숙종은 인현왕후 민씨를 폐하면서 다음과 같이 말했다.

"생각건대 연산군의 어머니인 윤씨가 잘못한 바는 단지 투기였는데, 죄상이 드러나자 성종께서 종사와 먼 앞날을 생각하시어 폐출시켰다. 더욱이 오늘날 민씨는 허물을 지고 범한 것이 윤씨보다 더하고, 윤씨에게 없던 행동까지 했으니 종사에 죄를 얻었다. 이에 폐하여 서인을 삼아 사저로 돌려보낸다."

『실록』에서의 기록은 인현왕후가 대단히 투기와 허물이 많았다고 전한다. 그렇다면 장희빈은 어떻게 해서 요녀라는 이름을 만세에 남긴 것일까? 숙종이 사랑한 장희빈은 단순한 여성으로서의 장옥정이었을까?

인현왕후 민씨는 당대 명문-귀족가문인 민유중의 딸로서 민유중은 노론(서인당파의 주류)의 핵심인물 가운데 하나였다. 그러니 인현왕후는 서인이 집권하면서 내세운 서인세력의 힘의 상징이었다. 반면 장희빈은 중인신분인 역관집안의 딸로서 남인계열의 지지를 받았고, 뒤에 왕비가 되었을 때 남인들이 그녀를 보위했다.

이처럼 인현왕후와 장희빈의 배후에는 당대정권을 놓고 경쟁하던 거대한 두 개의 당파가 건재하고 있었고, 이들 당파는 각종 복제논쟁이나 왕위계승논쟁·적서논쟁을 벌이며 정권의 부침을 거듭하는 상황이었다. 이른바 기사환국·경신대출척과 같은 환국상황이 계속되었지만 그래도 정치적 주류는 언제나 서인(노론)이었으며, 비록 남인이 정권을 잡는다고 해도 기존의 서인들의 물적 기반이나 조직력은 쉽사리 무너지지 않았다.

이미 서인은 전국에 걸쳐 지주제를 확립함으로써 기반을 확보했고, 이에 환국으로 인해 정권에서 잠시 내몰리더라도 자신의 기반을 이용해 언제든지 권력을 회복할 수 있었다. 그런데 장희빈의 등장은 이와 같은 정세에 일대 변화를 초래했던 것이다. 특히 장희빈이 숙종의 소생을 봄으로써, 그 동안 서인독재에 시달리던 왕권은 장희빈을 위시로 한 지지세력을 확보했고, 여기에 남인세력이 가세함으로써 왕권은 강화되는 한편, 인현왕후는 폐서인이 되었다.

장희빈이 왕비에 오른 4년 뒤 남인들은 한충혁과 김춘택 등 서인들이 폐비민씨를 복위시키려 한다고 고발하는 사건을 기화로 서인제거의 마지막 승부수를 띄웠다. 그러나 숙종은 남인과 서인의 적절한 견제를 통하여 조정자로서 왕권을 극대화하겠다는 입장이었기에 서인을 완전 제거하는 것을 달갑게 생각하지 않았다. 결국 숙종은 남인의 영수 우의정 민암을 사사하고 남인세력을 몰아내는 한편 소론인 남구만·박세채 등을 등용함으로써 서인에게 재집권의 기회를 주었다.

그 와중에 왕비 장씨는 다시 희빈으로 강등되었고 인현왕후가 복귀했다. 이른바 갑술환국의 와중에 두 여인의 운명이 또 한번 뒤바뀐 것이다. 그리고 세월이 흘러 인현왕후가 죽자, 가장 유력한 왕비후보였던 장희빈에게 또 한번 집권기회가 왔다. 그러나 서인정권은 그 기회를 주지 않았다. 인현왕후는 죽기 전에 다음과 같은 말을 했다.

"갑술년에 복위한 뒤 조정의 의논이 세자의 모친을 봉공하자고 했는데… 이 때부터 궁중사람들이 모두 희빈에게로 기울었다. 궁중법에 의하면 타궁의 시녀들은 중궁 근처에 오갈 수 없는데, 희빈에 속한 것들이 항상 나의 침전에 왕래했으며, 심지어 창에 구멍을 뚫고 엿보기까지 했다. 그러나 내 시녀들이 무서워 금하지 못했으니, 일이 너무나도 한심했지만 어찌할 수가 없었다."

죽음을 앞둔 인현왕후에게 장희빈은 매우 부담스러운 존재였을 것이다. 그것은 단순한 왕비자리를 놓고 벌이는 투기가 아니라, 정권을 놓고 벌이는 한판 승부였고, 이에 인현왕후는 장희빈을 껴안고 저승으로 감으로써, 서인들의 정치적 위기를 모면시켜 주었다. 즉 숙종은 장희빈이 신당을 차려놓고 인현왕후가 죽도록 주술을 했다고 하여 인현왕후의 염원대로 장희빈을 죽음으로 몰아갔다.

인현왕후와 장희빈 두 여성은 단순히 숙종의 여인이 아니라 남인과 서인 각 파가 벌이는 권력쟁탈의 상징이었다. 권력과 함께 그들의 운명은 부침했고, 그 과정에서 이들 여인들은 모두 권력의 희생양으로 혹독한 업보를 치르고 말았다. 요녀가 아니라 정객으로서, 나아가 미모보다는 시대를 넘보는 재주로서 장옥정은 자식을 왕으로 만들었고, 잠시 동안 정권교체라는 신선미를 역사에 남겨놓았다. 진정 멋진 여성의 운명은 미모보다는 시대와 역사 앞에 얼마나 정열적이었던가에 깊이 감응하고 있다.

2. 대동법과 균역법의 역사적 가치

●●●●● 조선 후기 최고의 정책변화, 대동법

조선왕조의 수취체제는 공부 · 전세 · 군역의 3가지였다. 이 가운데 각 지방의 특산물을 현물로 수납하는 공물은 정부수입 면에서 큰 비중을 차지하는 중요재원이었다. 공물은 국가에서 군·현 단위의 관부별로 부담액을 책정하면 다시 관부에서 민호에 부과하였다. 전세가 토지세, 군포가 인두세인 데 반해 공물은 호별세였다. 군현단위로 공물품목과 액수를 기재한 것을 공안(貢案)이라 하는데, 공물은 재해 때도 감면되는 규정이 없어 민에게는 큰 부담이었다.

공안의 공물은 처음에는 각 지방의 산출여부와 물량을 고려하여 부과되었으나 몇 백 년이 지나면서 특산물이 생산되지 않는데도 여전히 공물은 부과되어 이를 다른 지방에서 사다가 바치는 방납이 성행하였다. 방납은 민에게서 현물 대신 돈이나 쌀 혹은 베 등을 받아, 이를 가지고 공물을 다른 산지에서 사와 바치는 것이다. 방납은 처음에는 대개 공물각사(貢物各司)의 사주인(私主人)이 담당했으나 점차 양반·권세가·수령의 하인들이 장악하게 되었다.

그리고 방납의 폐단이 심해지면서는 그 지방에서 나는 산출물이 있는데도 구태여 방납을 하고 그 방납가를 시가보다 몇 배나 더 받아 농민의 부담을 가중시켰다. 또한 연산군 이후 정부수요는 더욱 늘어나 공물부담은 한층 심각해지고 있었다.

한편 임진왜란으로 토지가 황폐해져 전체 경작면적이 1/3로 축소되면서 전세수입은 줄어들었다. 이에 정부에서는 조세수입을 늘리기 위해 공물과 요역부담을 높였다. 그런데 정부에서는 지방 군현에 공부를 부과할 때는 각 군현의 경제적 조건이나 인구수를 거의 참작하지 않고 일률적으로 부과했다. 때문에 부유한 양반토호층이 많이 살고 인구밀도가 높은 대군현의 민호들은 그 부담이 가벼운 데 반해, 가난한 농민층이 대부분이고 인구수가 적은 소군현의 민호들은 그 부담이 자연 높을 수밖에 없었다. 한 군현 속에서도 양반토호는 수령에게 뇌물을 바쳐 공물부담에서 제외되거나 가볍게 부담했으므로 이들이 부담해야 할 공물은 빈한한 농민층에게 가중되었다.

과중한 공물부담과 방납의 폐단은 농민을 토지에서 유리시켰는데 이들은 조선왕조의 제도적 모순이 항거하는 도적이 되기도 하였다. 그 대표적인 경우가 명종대 활약한 임꺽정이었다. 이에 정부는 농민의 유리를 강제로 막거나 토지이탈의 근본원인인 세제 개혁하지 않을 수 없는 단계에 이르렀다.

대동법(大同法)은 농민의 토지로부터의 이탈을 막고 종래 폐단이 되던 방납의 모순을 제거하기 위한 것이다. 대동법은 호역(戶役)으로서의 각종 공물과 잡역을 토지세화하여 1년에 12말을 내는 것이었다. 12말 가운데 지방관부의 수용 및 군비에 필요한 일부는 지방관부에 유치하여 두고 나머지는 모두 중앙의 선혜청(宣惠廳)에 납부했다. 선혜청에서는 공물청부업자인 공인(貢人) 또는 시전인(市廛人) 등을 설정하여 공가(貢價)를 지불, 시전이나 생산지에서 공물을 사거나 직접 제조하여 상납했다.

대동법은 1608년 경기도에 처음 실시된 이후 1623년부터 강원도, 충청도, 전라도의 연해·산군(山郡), 함경도, 경상도로 이어져 실시되면서 1708년에 황해도까지 이어졌다. 대동법은 농민입장에서는 1결당 1백 두 이상의 공부부담에서 12두만 부담하게 되므로 적극적으로 환영했다. 그리고 국가재정면에서도 당시 긴급했던 군량을 충당하고도 남을 수 있는 수입이 보장되었다. 그런데도 전국적인 시행에 100년이나 걸렸던 것은 대토지 소유자인 양반·토호층과 방납인·지방수령 등이 적극적으로 반대했기 때문이었다. 호당으로 부과되면 권세나 뇌물로 부담에서 빠지거나 가볍게 부담할 수 있었던 데 비하여 토지결당 부과되면 지주층인 양반·토호층이 부담해야 하고, 수령·방납인들도 방납으로 인한 중간이익을 취할 수 없었기 때문이었다. 그리고 공부를 지세로 전환하는 데 필요한 양전사업이 경비조달 등의 이유로 시일 내에 이루어질 수 없었던 것도 대동법 시행지연의 이유가 되었다.

대동법이 경기도에서 가장 먼저 실시된 것은 경기민중의 공물부담이 커 민심이 동요하고 있었고, 또 실시효과를 가까운 거리에서 지켜볼 수 있었기 때문이었다. 민이 원하는 데도 불구하고 경기도 다음에 3남에 바로 실시하지 못하고 강원도에 실시했던 것은 대지주 층의 반발을 고려하여 지주가 적은 지역을 택한 때문이었다. 실시 당초에는 세액이 지방에 따라 달랐으나, 1708년 전국적 시행과 함께 토지 1결당 12말로 통일되었다.

실시 초기에는 중앙정부의 상납미에 비해 지방관아의 유치미가 더 많았으나, 18세기 중엽이후 부족한 중앙재정을 충당하기 위한 유치미의 일부도 상납되면서 점차 유치미의 비율이 낮아졌다. 때문에 모자라는 지방관청의 경비충당을 위해 저장미곡(儲置米)으로 이익을 뽑는 환곡이 운용되게 되어 농민수탈이 행해지게 되었다.

대동법은 재정 면에서 임진왜란 이후 거의 파탄에 빠졌던 재정사정을 일정하게나마 회복시켰다. 그리고 수탈로 거의 파국에 이른 농민경제를 안정시켜 농민을 토지에 긴박시킬 수 있었다. 대동세수는 쌀이 생산되지 않는 지역적 특수성이나 운반의 어려움 등을 고려하여 쌀로만 징수되지 않고 베나 돈으로도 징수했다. 이러한 대동전(大同錢)의 징수는 조세의 금납화를 촉진했다.

대동법 실시로 종래의 각사(各司) 사주인(私主人)이나 도시민이 대개 공인으로서 공물을 상납하게 되었다. 이들을 대별하면 물품구입시 유통과정에서 이윤을 꾀하는 상인적 공인과 물품을 직접 제조하여 이윤을 꾀하는 수공업자적인 공인으로 나눌 수 있다. 그러나 상인적 공인도 점차 산지의 농민에게 물가를 미리 주어 물품을 확보하거나 또는 수공업자를 휘하에 두어 공물을 직접 제작케 하는 등 생산과정에 관여하게 되었다. 이는 공인층이 단순한 국역 청부업자에 머무르지 않고 보다 적극적인 상업활동을 전개하는 면모를 보여주는 것이다.

대동법 실시는 수공업 분야에 획기적인 영향을 끼쳤다. 종래 각 관부에서 필요한 물자는 관부에 소속된 공장이가 제작하여 충당하도록 했는데 대동법 실시 이후 관장(官匠)은 점차 혁파되어 마침내 모든 물품을 공인에게서 구하게 되었다. 사장(私匠)이 공인(貢人) 및 시장생산에 종사하게 된 것은 도시수공업은 물론 농촌수공업에까지 상당한 영향을 끼쳤다.

한편 공가를 시가보다 후하게 받아 공물을 청부 상납하는 권리는 하나의 재산권으로 매매·상속되었다. 18세기 이후 매매과정을 통해 공인권은 양반·부호층·상인층에게 집중되었다. 공인권이 집중되어 많은 이윤을 혼자 독점할 수 없게 되자, 공물청부를 대신 거행하는 분주인(分主人)이 나타났다.

18세기 중엽 이후 정부재정이 악화됨에 따라 대동법 실시 초기와 달리 공가지불이 지체되어 갔으며 이에 공가 자체만으로는 이윤추구가 힘들게 되었다. 자연히 실시 초기의 시가보다 훨씬 높은 공가 자체에서 이윤을 추구하고자 했던 공인층에서, 정부에서 공인에게 보장하는 특권을 획득하면서 동시에 상업적 활동을 통해 보다 많은 이윤을 취할 수 있는 공인(貢人)형태로 변동했다. 호당 징수하였던 공납제가 결당 징수하는 대동법으로 변화된 것은 당시의 토지소유의 변화를 의미한다. 즉 종래의 양반-대지주 이외에 중소지주층이 성장·확대되고 있었다.

그동안 대동법에 관한 연구성과는 주로 각 지방별 시행내용이 연구되었고 공인(貢人)의 신분 및 기능과 공인자본의 형성여부가 검토되었다. 이러한 대체적 연구성과를 바탕으로 대동법 실시여부를 둘러싼 각 계층의 이해소재가 농민의 저항과 정치적 위기라는 새로운 시각하에 조명되었고 재정적 측면에서 본 대동법 성립의 의의도 밝혀졌다.

그리고 개별 공인·공계에 대한 사례연구가 이루어져 공인이 영향을 끼친 민간수공업의 발전과 상품유통경제의 전개에 대한 이해를 넓혔다. 최근에는 공물 청부업자의 공인의 권리가 18·19세기로 오면서 일종의 재산권으로 매매되어 집중되고, 아울러 공인이 초기와 같은 단순 국역업자가 아닌, 대자본을 소유하고서 상업활동을 하는 상인층으로 변화되고 있다는 관점이 제시되고 있다.

양반불역론을 꺾지 못한 균역법

　조선왕조는 건국초기 중앙에는 오위, 지방에는 진관체제를 바탕으로 하는 국방체제를 이룩하고, 호·보로 편제된 병농일치제를 실시했다. 이러한 중세적 병농일치제는 본래 토지제도와 연결되어 농민의 토지소유를 바탕으로 한 병역체제가 되어야만 성립기반이 확고할 수 있다. 그러한 토지제도였던 과전법은 군사제도의 기반이 되지 못하고, 16~60세의 정병에게 해마다 베 2필을 내어 현역병을 돕게 하는 보인 약간명을 지급하는 농병일치제에 그치고 말았다. 때문에 군보제도는 1세기도 못되어 심한 폐단을 낳았다.
　군역은 양반-지배계층과 그들의 사역인인 최하층의 천인은 제외되고 양정으로 일컬어지는 절대다수의 농민들만이 져야 하는 과중하고도 고된 양역으로 변했다. 토지경제에 기초하지 않은 군역은 농민에게는 가혹한 부담이었고 이를 감당하지 못한 농민은 피역으로 대항했으며, 다소 부유한 농민은 대역시키는 일이 늘어갔다.
　이에 16세기에는 방군수포가 일반화되었다. 국경지방의 군사지휘관들이 병역의무자에게서 베를 받아 착복하고 대신 현역복무를 면제해주는 데서 시작된 방군수포가 점차 확대되고 그 가격이 너무 높아 정부가 공정화하기에 이르렀다. 중종 36년(1541) 마침내 정부는 유명무실한 호포제(戶布制)를 혁파하고, 지방관이 관할 내 군역의무자의 현역복무 대신 바치는 값은 일괄적으로 포로 징수하여 중앙에 바치면 이를 지방의 필요한 군사기지에 보내 군인을 고용하게 하는 군적수포제를 정식으로 실시했다.
　이로써 조선왕조 초기에 수립된 중세적 농병일치제는 1세기도 못되어 무너지고 직업적인 군인을 고용하는 용병제가 실시되게 되었다. 그러나 임진왜란이 일어나기까지는 실제로 용병제가 시행되지 못했으며 군포수입은 정부의 일반재정에 충당되었던 것 같다.

　농병일치제가 무너지고 군포제가 실시되면서 나타난 용병제가 제 기능을 다하기 전인 군사적 공백기에 임진왜란이 일어나자, 선조 27년(1594)에 정부는 비로소 서둘러 용병제로의 계기를 만든 훈련도감을 설치했다. 임진왜란 이후 정부는 훈련도감 이외에 총융청·어영청·수어청·금위영 등을 설치하여 초기의 오위제도를 대신한 오군영 제도를 마련해 상비군제적 군사제도를 갖추게 되었다. 그리고 지방에서는 이전의 진관체제 대신 양인·천예(賤隷)를 모두 편입시킨 속오군(束伍軍)을 조직했다. 이 속오군은 점차 천예군 중심으로 변해 상비군적 성격으로 유지되지는 않았다.

　오군영을 용병제 상비군으로 유지하기 위해서는 막대한 군사비용의 조달이 필요했다. 그 유지비용의 충당이 어려워 훈련도감만이 토지세에 삼수미(三手米)를 부가징수하여 용병제 상비군영으로 삼았으며 나머지 4군영은 상비군과 농민 번상병(番上兵)의 혼합편성으로 유지되었다. 그럼에도 불구하고 군졸에게 급료가 제대로 지급되지 못하자, 17세기 후반경에는 그들에 대한 호구책을 위하여 군졸이 손으로 만든 수제품은 매매하더라도 난전율에 저촉되지 않도록 허가해 주었다.

　군포징수는 5군영의 군사비로 뿐만 아니라 일반경상비로서도 큰 재정적 역할을 했다. 군포징수는 단일관청에 의해 통일적으로 이루어지지 못하고, 5군영과 중앙정부기관은 물론 지방의 감영·병영에서도 군포를 징수하여 한 사람의 장정이 이중삼중으로 수탈당하는 경우가 허다했다. 군포의 액수 역시 소속에 따라 2필 혹은 3필 등으로 일률적이지 못했으며 1필의 길이도 5승포 35척·6승포 40척 등으로 일정하지 않았다.

　정부는 전국의 양정수(良丁數)를 정확하게 파악하지 못한 채 재정사정이 곤란해짐에 따라 각 군현단위로 포 징수량을 증액 배정했다. 이에 수령과 아전들의 토색으로 소위 백골징포(白骨徵布)·황구첨정(黃口簽丁)·인족침징(隣族侵徵) 등의 폐단이 일어났는데, 이러한 양역의 폐단은 삼정의 문란 가운데서도 가장 큰 것이었다.

17세기 말 이후 양역의 폐단이 격심해져 농민층이 유망하자, 수탈의 기반을 잃게 된 정부는 이를 금하고자 했다. 이런 분위기 속에서 '양역변통론'이 대두되었다. 우선 유형원 같은 실학자는 농민에게 일정한 농토를 지급하고 군역을 부담지우는 농병일치제를 주장했다. 이는 토지제도의 개혁을 전제로 하는 해결책이었으므로 지배층에게는 적절한 안이 되지 못했다. 토지제도의 개혁을 고려하지 않아도 되는 양역폐단의 해결책으로 국왕측과 일부 진보적 관료들이 제시한 방법인 호포론(戶布論)이었다. 이는 지금까지 양정에게만 개인단위로 부과하던 군포를 양반호와 상민호의 구별없이 전국호구를 단위로 일률적으로 부과하자는 것이다. 그러나 대부분의 양반관료층은 양반이 군역을 지는 경우 반상의 구별이 없어진다 하여 군포부담을 강력히 반대했다.

그리고 가난한 양반의 경우 자신에게 유리한 대동법 실시에는 찬성했으나 군포부담을 져야 하는 호포론에는 모두 반대하였다. 세상사람을 모두 양반으로 만듦으로써 양반이 없어지게 해야 한다는 진보적 사상을 가진 정약용(1762~1836)은 양반의 군역부담에 찬성했으나 이익(1681~1763) 같은 이는 양반의 군역부담에 반대했다.

대부분의 양반관료의 반대에 부딪힌 정부는 결국 호포법을 실시하는 대신에 1750년 농민들이 번상가로 매년 바치던 군포 2필을 1필로 감하고 그 결손을 결작미(結作米)·해세(海稅)·은여결세(隱餘結稅)·선무군관포(選武軍關布)에서 보충하게 하는 균역법으로써 양역을 변통했다.

결작미는 평안도와 함경도를 제외한 전국의 토지에 1결당 쌀 2두 또는 돈 5전을 부과·징수하는 것이며, 해세는 전국의 어장·염장 및 선박에서 거두는 어염선세를 말하는데 전에는 주로 왕족들의 사재로 들어갔으나 균역법 실시로 정부의 세원이 된 것이다.

은여결세(隱餘結稅)는 전국의 탈세전을 적발하여 수세하는 것인데, 종전에는 지방수령에게 파악되어 지방관청의 경비로 충당되던 것이다. 선무군관

포는 양민으로서 여러 방법으로 군포부담에서 벗어났던 사람들을 선무군관으로 편성하여 다시 걷는 것을 말한다. 균역법을 실시할 당시 이들 약 2만 5천 명을 재차 군적에 편입시켰다.

균역법은 토지개혁을 전제로 한 군역개혁론과 양반의 군역부담을 전제로 한 호포론이 집권양반층에 의해 거부되자, 양반지주층이 결작미를 부담하고 왕실이 해세를 내어놓고, 종래 군역부담에서 빠졌던 상층양인이 다시 부담을 지게 하는 등 여러 계층 사이의 이해를 절충함으로써 농민의 부담을 일시 해소한 정책이었다. 그러나 얼마 안 가서 토지에 부과되는 결작미 부담이 소작농민에게 돌아가고 정부의 양인수 책정이 많아져 농민부담은 다시 무거워졌다.

양역변통 논의시 납포대상자는 대개 30만 명으로 파악되었으나 균역법이 실시될 때에는 50만 명으로 증가했다. 이는 피역농민이 적발되었거나 두 사람 몫의 부담을 지는 농민이 다시 그만큼 많아졌다는 것이다. 19세기 세도정권기 군정의 문란은 민란을 일으키는 주요원인이 되었다.

균역법은 17세기 이후 꾸준히 논의되는 양역변통안 가운데 군역 면제자인 양반층과 부담자인 농민층의 이해를 절충한 타협안으로 제시된 수취체제이다. 균역법은 토지세화한 대동법과 함께 조선후기 봉건적 토지세 중심의 수취체제를 강화함으로써 토지를 통한 인간의 지배를 확대하는 기능을 수행했다.

쉼터 17

조선시대 남성은 대부분 귀고리를 했다(1)

젊은 세대는 주로 청년 또는 청년학생으로 불렸는데 언제부터인지 X-Y-N세대라고 부르게 되었다. 기성세대들은 그들의 독특한 문화를 우려 반 호기심 반으로 보게 되었고, 한때 머리를 노랗게 물들이거나 여성처럼 장발을 하여 머리띠로 묶고 다니는 젊

은 남성들을 보면서 혀를 차던 어른들은 이제 귀고리까지 하는 청년들을 보고는 아연
실색하기도 한다.
 그러나 곰곰 우리 역사를 반추하면 귀고리가 꼭 여성이나 왕의 전유물도 아니었고,
귀뚫기 문화가 서양의 것만은 아니었음을 알게 된다. 오히려 신체발부 운운하면서 머
리카락조차 자르지 않았던 조선시대조차 귀를 뚫고 귀고리를 하는 풍조가 일반적이었
으며, 그것을 착용한 사람도 주로 남성이었다. 임진왜란 때, 죽은 왜군과 조선군을 구
분하던 방식도 바로 조선인들의 귀고리와 귀고리를 달았던 구멍이었다.
 귀고리뿐만 아니다. 예로부터 한국사람들은 장발을 묶어 둥그런 방망이 모양으로
상투를 트는 전통을 가졌고, 오히려 서구적인 인상으로 머리를 짧게 깎는 전통은 1895
년 단발령 이후에 생긴 문화이다. 또한 머리염색 역시 옛날에도 옻을 가지고 염색이나
탈색했다는 기록이 남아 있다.
 특히 최근 꼴불견 젊은이의 대명사가 된 귀고리 문화도 알고 보면 조선중기까지는
조선인 남성일반이 행하고 있던 문화였다. 즉 최근의 청년문화는 단순히 서구문화에
대한 동경에서 발아한 것만은 아니라는 것, 그리고 우리의 전통에서도 그러한 문화를
받아들일 수 있는 요소가 있었다는 점을 상기할 필요가 있다.
 귀에 거는 장신구를 통칭하는 귀고리는 『고려사』나 『조선왕조실록』에서는 이식(耳
飾) · 이당(珥) · 이환(耳環)이라고도 쓰는데 귀고리는 글자 그대로 귀에다 다는 고리를
말하며 단지 귀에 거는 귀걸이와는 다르다. 원시사회나 고대사회에서 귀에 고리를 단
다고 하는 것은 귀를 뚫어서 고리를 끼운다는 의미인데 이는 장식용이 아니라 주술적
인 의미가 강했다.
 실제로 고신라 고분을 보면 귀에 거는 태환(굵은 고리) 귀고리보다 귀를 뚫어 끼우
는 세환(가는 고리)귀고리가 많이 출토된다. 그것은 비싼 금 혹은 은 또는 금속제의 귀
고리를 통하여 부족에게 닥칠, 나쁜 일이나 재앙을 막고자 하는 주술도구로 이용된 것
이었다.
 본래 고대사회에서는 천재지변과 각종 재난을 막기 위한 주술로서 다양한 통과의례
나 신체변형 등이 자행되었다. 예를 들어 가야지역에서는 편두라 하여 아기가 태어나
면 머리를 큰돌로 눌러 편편한 머리로 만들기도 하고, 발치(생이빨을 뽑는 것)하는 등 액
막이를 위한 다양한 신체변형이 이뤄졌다.
 서양에서도 예외가 아니어서 귀고리를 달면 시력이 회복된다는 믿음이 있었다.
또한 옛날에는 뱃사람들이 물에 빠져 죽지 않게 하는 액막이용으로 귀고리를 달았
는데, 귀에 구멍을 뚫지 않으면 시력회복이나 익사방지 등 액막이에 효력이 없다
고 하였다.
 최근 귀를 뚫어서 혈액순환이 좋아지고 미용과 건강유지에도 많은 도움이 되었다고

하는 여성들의 체험이 자주 잡지에 소개된다. 실제로 귀뚫기는 편두나 발치처럼 신체를 혹사하여 고통을 부르는 액막이 행위와는 달리 얼마간의 신체변형이 가해지면서도 그리 고통스럽지 않게 멋을 낼 수 있는 좋은 방안이기 때문에 많은 이들이 선호한다고 할 수 있다.

3. 자본주의 맹아의 성장과 내재적 발전

농업부르주아의 등장과 생산력 확충

17세기 이후 정부에서는 경지면적의 확대를 위해 개간을 개인에게 허가하였고, 기경지가 되면 일정기간 면세했다. 개간활동의 주체는 대개 재물과 물력이 넉넉한 왕실·각급 행정기구·양반관료·토호들이었다. 개간을 통해 궁방전(宮房田)·관둔전(官屯田)과 양반-토호지주의 민전이 증대되었다. 전쟁 이후 정부의 농경지 회복 내지 확장을 위한 개간사업은 기왕의 지주제를 현실적으로 긍정하고 나아가 봉건지주층을 적극적으로 후원하는 방향으로 추진되고 있었다.

농지개간이 봉건지배층에 의해서 토지집중의 일환으로 전개되고 있었던 데 반해, 농법개량은 주로 재지지주와 농민층에 의해 추진되고 있었다. 이러한 농법개량은 수전농업·한전농업 모두에서 일어났다.

우선 조선전기의 벼농사는 한전이나 수전을 막론하고 볍씨를 뿌린 땅에서 그대로 키우는 직파법(直播法)이 대부분이었고, 못자리에서 모를 길러 논에 옮겨심는 이앙법(移秧法)은 삼남지방 일부에만 보급되었을 뿐이었다. 그러나 후기로 오면서 농민은 정부의 금령에도 불구하고 이앙농법을 일반화시켜 나갔다. 그 이유는 이앙법이 직파법보다 노동력을 덜고 수확이 높았기 때문이었다. 즉 못자리에서 길러 논으로 옮겨 심으면 논에 직접 뿌리는 것보다 김매기 횟수가 줄어들어 노동력이 그만큼 절감되었기 때문이다.

당시의 기록에 의하면 직파법은 4·5차의 김매기가 필요하지만 이앙법은 2·3차면 족하다고 한다. 그리고 실학자 박지원이나 서유구가 지적하듯이 이앙법을 사용하면 모를 이식할 때 불량한 모를 제거하고 성성한 것을 취할 수 있으며 이토(二土)의 지력으로 한 모를 키우므로 생산량이 훨씬 증대된다고 믿었다.

이앙법 실시로 인한 가장 큰 효과는 노동력을 덜게 된 농민들의 1인당 경작면적이 증대되기 때문에 종전의 농가보다 광작을 할 수 있는 여건이 조성되었다는 점이다. 이앙법이 행해짐으로써 농민에게 유리하게 된 또 하나는 지금까지 밭농사에서만 가능했던 이모작이 조선후기 이앙법이 일반화됨으로써 논이 비어 있는 기간이 길어지고 주로 기온이 높은 삼남지방을 중심으로 겨울철의 논보리 농사가 가능하게 되었다. 즉 이전에는 보리농사가 모두 밭농사로, 그 가운데서도 가을 보리농사로 이루어졌으나 이앙법의 발달로 논에서 일찍 벼를 추수한 다음 보리를 심는 봄보리 농사를 꾀할 수 있게 되었다.

수전에서의 이앙법은 이처럼 농업생산력에 큰 발전을 가져왔다. 그러나 수리시설의 발달이 있지 않고서는 이앙법의 보급은 불가능했다. 정부에서 이앙법을 법으로 금지한 이유도 가뭄의 피해를 쉽게 입기 때문이었다. 그러나 농민들은 정부의 금령에도 불구하고 수리시설을 개발하면서 이앙법을 계속 발전시켜 나갔다. 수리시설의 개발은 대개 대규모의 저수지인 제언을 축조하는 방법, 작은 규모의 보를 쌓는 방법, 수차를 이용하여 물을 푸는 방법 등으로 이루어졌다.

제언을 쌓는 데에는 대규모의 노동력과 물리력이 필요했으므로 주로 관청이 주관했다. 금령에도 불구하고 이앙법이 점차 보급되는 추세에 부응하여 정부에서도 현종 3년(1662)에는 제언사를 설치하고, 정조 2년(1778)에는 제언절목을 발표하는 등 수리시설의 개발에 힘쓰기 시작했다.

그러나 제언축조는 농민들이 동원되어 사역하되 물의 이용은 양반토호·부농층에게 집중되게 되어 농민들에게는 별로 환영받지 못했다 이에 농민들은 주로 작은 규모의 보를 자체적으로 축조하여 수리시설을 확보하려 했다. 수차의 이용문제는 실학자들 사이에 많은 논의가 있었으나 제작기술에 한계가 있어 큰 효과가 없었다.

영농기술의 발달은 논농사뿐만 아니라 밭농사에서도 나타났다. 밭농사에서 주로 조나 콩을 심는 벼농사의 경우는 습기를 피하기 위한 농종법(壟種法)이 보리나 밀을 심는 겨울보리는 추위와 가뭄에 약함으로 밭고랑에 심는 견종법이 이용되었다.

그런데 조선후기 밭농사에서의 농업기술의 변화는 그루갈이를 하는 근경(根耕)이 간종작(間種作)으로 바뀌면서 1년 재종지(再種地)로 전환되어 토지생산력이 크게 증가했다. 이에 밭농사에서는 대체로 이모작이 가능하여 1년 동안에 보리와 함께 콩이나 조를 수확할 수 있었다.

조선초기에서는 경기도 지방농민의 1/3이 밭농사에서 이모작을 했고 남쪽에서는 대부분의 농가가 이모작 밭농사를 했다. 그러나 조선후기에서는 삼남지방의 보리생산 지대에서는 1년 2모작이 지배적이었고, 경기 이북의 조 생산지대에서는 1년 2모작과 2년 3모작이 지역에 따라 토착화해 갔다. 아울러 농법상 변화와 함께 시비법의 발달도 이루어졌다.

••••• 자영농층의 확충과 상업적 농업의 대두

농사기술이 개량되고 새로운 토지가 개간되자 농업생산력이 증대되었다.

이러한 생산력 발달로 사회분업이 확충되고 그에 따라 농업에서는 부분적으로 상품생산, 즉 상업적 농업이 대두했다. 상품화폐경제와 상품생산은 점차 자연경제하의 농촌사회에 침투하여 농민층 분해를 촉진시켰다. 이 시기 농민층 분해는 이전시기와는 달랐다. 즉 앞 시기에는 토지에서 유리된 농민이 다시 지주-전호 관계에 묶이거나 노비로 전락하였다. 그러나 이 때에는 토지에서 유리된 농민의 대부분이 다시 전호농이 되기도 하였지만 일부는 농업고용인으로서 지주 또는 부농의 농업경영에 고용되거나 광산·수공업 촌락의 임금노동자로 전락되고 일부는 도시에 유입되어 상업에 종사하거나 임금노동자가 되었다. 이러한 농업고용인이나 비농업 인구의 증가는 곡물과 면포의 상품화를 증대시키고 도시주변의 채소나 연초를 비롯한 기호품의 재배를 촉진시켰다.

조선후기 농민의 상품생산이 활발해져 간 사실은 농촌의 정기장시가 증가하고 또 그 곳에서 농산물 거래가 활발하게 이루어졌다는 사실에서도 알 수 있다. 1800년대 전반기 전국 장터에 출시되는 상품을 조사한 서유구의 『임원경제지』에 의하면 이 무렵 전국의 장터는 1,052곳이 있었는데 이 가운데 출시상품이 조사된 장터는 비교적 큰 장터로 316개이다. 18~19세기 초엽경에는 대개 대읍에서는 장시수가 감소하고 있었는데, 그 요인은 큰 장이 형성되면서 주변의 장을 흡수하거나 또는 소멸해 간 때문이었다. 반면 중소읍에서는 장시수가 신설·증가되었는데 이 신설된 장시는 시장권 형성 내지 지역 안 혹은 지역 간을 연결함으로써 상품화폐경제의 발달추세에 대응하고 있었다.

농민들이 생산한 특수작물 가운데 소득증대에 도움을 준 것은 담배였다. 16세기에 처음으로 전래되어 재배되기 시작한 담배는 국내의 수요가 증가되고 청나라에 수출하는 길도 열려 그 재배면적이 계속 늘었다. 18세기 말에는 연초산지가 호남의 진안·장수, 관서의 삼등·성천·강동·평양 등지를 중심으로 전국에 확대되었다. 소비인구의 증가와 상품화폐경제의 발전에 따른 유통망의 확대로 연초재배의 이익이 보장되자 연초재배를 전업으로 하는 농가가 나타났다. 그리고 점차 부농층이 재배하는 추세가 되었다.

생산된 연초는 서울에서는 17세기 중엽이후 엽초전이 판매를 담당하였는데 18세기 중엽이후 경기내 부상이 서울 밖의 집산지에서 연초를 집중시켜 판매하였다. 당시 상인들의 활발한 연초거래로 인해 돈의 품귀현상(錢荒)이 일어날 정도였으니 연초의 생산과 유통이 상당하였음을 알 수 있다. 그리고 지방장터에서의 거래도 활발하여 『임원경제지』에는 163개의 장터에서 담배가 거래되었다고 한다.

면화생산도 조선후기 농민의 소득증대에 큰 몫을 했다. 고려말기에 전래되어 남부지방에서만 재배되던 면화가 조선후기에는 거의 전국적으로 재배되었다. 이중환의 『택리지(擇里志)』에는 충청도의 금산과 옥천은 논이 적어 면화재배를 전업으로 하는 농가들이 있다고 했는데 이러한 현상은 다른 지방에서도 나타나고 있었다. 연초·면화 이외의 상업적 농업작물로는 배추·파·미나리 등의 야채와 고구마·약재 등이 있었다. 18세기 후반기에서 19세기 초엽에 생존했던 우하영은 『관수만록(觀水慢錄)』에서 도시주변의 농민들이 두 마지기 땅에 미나리를 심으면 벼농사 몇 마지기 땅에서 얻는 소득을 얻을 수 있고, 채소 두 마지기를 심으면 보리농사 열 마지기에서 얻는 만큼의 소득을 올릴 수 있다고 했다. 정약용은 『경세유표』에서 당시의 유명한 상업적 농업작물 생산지로 서북지방의 담배밭, 한산지방의 모시밭, 전주지방의 생강밭, 강진지방의 고구마밭, 황주지방의 지황밭 등을 들고 이런 농업에서 얻는 수익은 가장 좋은 논농사의 수익에 비해 10배 이상이 된다고 했다.

●●●●● 지대수취법의 변화와 이윤동기의 부여

조선시대에 지주가 작인에게서 받는 지대는 병작법과 도조법에 의해 수취되었다. 병작법은 해마다의 수확량을 지주와 작인이 절반씩 나누는 것이다. 도조법은 지주와 작인 사이에 일정한 지대액이 미리 정해져 있어 농사의 풍·흉에 관계없이 해마다 정해진 지대액을 바치는 정액지대법이다.

병작법의 경우 종자벼와 지세·대동세·삼수세(三手稅) 등의 토지세와 토지부가세는 모두 지주가 부담하고, 짚은 전세를 부담하는 자가 가졌다. 따라서 지주의 영농경비 부담률이 높은 데다가 작황에 따라 수익이 좌우되므로 지주의 농업경영에 대한 관여도가 높아지고 농민의 자유로운 영농이 제약되었다. 그러므로 작인이 소득을 높이기 위해 특수작물을 재배하려 할 경우 지주의 간섭과 제재를 피할 수 없었다.

반면 도조법의 경우에는 전세와 기타 부가세를 모두 작인이 부담하는 조건 아래 계약된 일정한 지대를 바치기만 하면 영농과정 전체와 일부 작물의 선택까지도 작인이 자유로이 할 수 있었으므로 농업경영에서 작인의 자율성이 보장되는 편이었다. 총생산량 가운데 계약된 지대액 이외의 분량을 자기 소유로 할 수 있게 된 농민들은 병작시보다 생산의욕이 훨씬 높아지게 되었고 지주는 계약된 지대만 수취하면 되므로 작인의 영농과정을 간섭할 이유가 없었다.

도조법과 같은 정액지대가 더욱 발전하여 작인의 토지사용권이 사유화된 영대(永代)소작 관계를 도지(賭地)라 하는데, 여기서 차츰 지주와 소작인의 관계가 가부장적 주종관계를 벗어나 계약관계로 발전하는 조짐을 띠게 된다. 도지권은 지주의 소유권과 분리된 경영권으로 작인의 필요에 따라 매매·전당될 수 있을 정도로 권리 면에서 발전하였다. 정액지대는 나아가 화폐지대로까지 발전하는데, 이러한 지대수취의 변화는 지주제의 변동에 필연적으로 수반되었으며, 농민경영의 변동을 촉진시키는 계기가 되었다. 나아가 일부지역에서는 집조가 형성되면서 조직적인 지주들의 소작미 축적이 가능하게 되어 지주에 의한 근대로의 이행 즉 위로부터 이행기운도 고조되었다.

농업기술의 발전에 따른 생산력의 증가와 상업적 농업의 성행, 지대수취법의 변화는 지주제의 변동과 밀접한 관련이 있다. 우선 역농적(力農的)인 농민들은 경영규모의 확대를 통하여 부를 축적할 수 있었다. 이들은 임금노동을 이용한 차지경영으로서 조선후기 지주제 아래서 농민으로서 성장한 범주의 계층이다. 이를 보통 경영형 부농이라고 한다. 봉건지주층의 농업경영이 일반적으로 노비노동에 기초한 자작이거나 소작경영인 데 반해, 경영형 부농은 직접 농업을 합리적으로 경영하여 부를 축적하는 층이다. 경영형 부농과 같은 범주로 달리 표현되는 것은 서민지주라는 개념이 있다. 이들 역시 직접 농사에 종사하여 부를 축적한 층으로 신분적으로는 주로 비특권층, 즉 양인농민을 일컫는다. 이들은 당시 지주전호제에서 신분적 예속성의 약화를 촉진시키고, 경제적 관계에 의한 지주제를 발전시켜 나갔다. 그러나 그 기본성격은 봉건국가에 기생·타협하여 새로운 사회를 지향하는 주체세력으로 성장하지는 못하였다.

경영형 부농·서민지주와 다른 범주인 양반-토호지주층도 점차 지주제의 변질에 부응하여 새로운 경영자로서 대두했다. 즉 이들도 경영형 부농, 서민지주와 같이 머슴(雇工)·일꾼(日雇) 등의 임노동층 또는 예속노동인 협호(狹戶)를 고용하여 직접 경영을 꾀했다.

아무튼 조선후기 사회경제의 발전은 봉건적 소유관계에 심각한 타격을 가했다. 먼저 토지소유관계 측면에서는 소유분화와 경영분화가 심화되었다. 농업의 발달이란 측면에서는 농업생산력의 증대를 위한 각종의 기술과 제도들이 적극적으로 도입되었다. 이런 측면에서 이 시기 농업발달은 조선 후기 사회가 봉건경제 구조를 극복하면서 자생적으로 근대사회로 진행할 수 있도록 한 원동력이기도 했다.

쉼터 18

조선시대 남성은 대부분 귀고리를 했다 (2)

원시사회를 지나 삼국시대에 들어서면서 귀고리는 차차 권력과 권위를 대변하는 장신구가 되었다. 특히 한사군 중 하나인 낙랑지역에서 중국제 귀고리가 유행하면서 이웃나라인 고구려와 신라에 전파되었다. 특히 신라고분에서 발굴된 여러 점의 귀고리는 모양이 매우 다양한데, 가장 화려하게 발달된 형식이 바로 경주 부부총에서 출토된 '금제태환귀고리(金製太環耳飾: 국보 제90호)'이다. 기묘한 누금기술과 세련된 모양으로 장식됨으로써 태환식 귀고리의 발전은 곧 신라국가의 발전, 왕권 및 중앙집권화의 단면을 보여준다.

고려시대나 조선시대 귀고리는 종래 왕실의 권위를 알리는 차원에서 점차 일반 사대부 자제들 특히 남성들의 사치와 과시 수단으로 전환했다. 조선초기의 기록을 보면 고려시대나 조선초기 귀족자제들의 귀고리 문화는 상당히 일반적임을 발견하게 된다. 오히려 국가적으로 장려된 느낌마저 받는다.

『조선왕조실록』 세종 1년(1418) 항목에서 세종은 "금·은은 본국에서 생산되는 것이 아니므로, 금후 진상용·궁내용 술잔 및 사신접대용 그릇, 관대·명부(命婦)의 뒤꽂이·사대부 자손들의 귀고리 등을 제외하고는 일체 사용을 금한다"는 조치를 내리고 있다. 이 말을 자세히 보면, 금은의 유출을 막고자 하는 세종의 고민과 더불어 명부(命婦; 여성계)의 뒤꽂이(머리핀)와 사대부 자손의 귀고리는 금은제 사용을 제한하지 않는다는 예외조항을 달고 있다..

언뜻 생각하면 머리털 하나도 훼손하면 안 된다는 성리학 사회에 남자가 무슨 귀고리냐고 반문하겠지만 실제로 조선초기 사대부 자제들은 귀고리를 통하여 자신의 신분과 권위를 과시했다. 그리고 세종은 이상적인 성리학적 사회의 기강을 확립하는 차원에서 사대부 자제의 금귀고리 사용을 용인했다.

사용연령층도 무척 어렸던 것 같다. 실록에 따르면 중종 26년(1531) 1월 항목에 서울 남대문 안에 열살 남짓한 귀고리를 한 아이의 머리가 자루에 넣어진 채 발견되었다는 기록이 있다. 즉 당시에는 나이 열살 남짓에 이미 귀고리를 했다는 것이다. 귀고리의 굵기와 귀고리 구멍의 넓이는 왕실의 핏줄을 증명하는 수단이기도 했다. 중종 8년(1513)에 당시 오늘날의 검찰청장인 판의금부사 이손이 양평군을 사칭하고 다니는 만손을 탄핵했다. 이 때 그는 본래 양평군의 이름은 강수아기(康壽阿只)이고, 중종반정 당시 그의 나이 9세였으며 큰 진주귀고리를 달고 있었다는 기억을 왕에게 말했다. 그리고 의금부 당상 김응기(金應箕)도 양평군의 용모는 "얼굴이 희고 귀고리 뀐 구멍이 넓고 크다"고 하면서 만손은 얼굴이 검고 귀고리 구멍도 없기에 가짜라 증언했다. 강수아기〔양평군〕가 했다는 큰 귀고리 구멍이 유전자감식법도 없었던 당시에 가짜 양평군을 밝히는 결정적인 단서가 되었다.

이처럼 귀고리의 굵기는 양반과 왕실이 자신의 권위를 밖으로 드러내는 수단이었다. 그러한 풍조는 16세기에 들어서면서 일반 조선인 남성사회에도 널리 전파되었다. 이후 성리학적 원리를 강조하는 사림파가 정권을 장악한 선조 때에 와서는 그러한 풍속이 거의 일반적으로 정착된 듯하다.

그리하여 조선정부는 귀고리 문화에 대해 강력한 제재를 가했다. 선조 5년 9월에 선조는 비망기를 통하여 "신체발부는 부모에게 물려받는 것이니 감히 훼상(毁傷)하지 않는 것이 효의 시초이다. 우리나라의 크고 작은 사내아이들이 귀를 뚫고 귀걸이를 달아 중국사람에게 조소를 당하니 부끄러운 일이다"라고 하며 귀고리 착용을 금하는 명령을 내렸다. 이는 당시 국가가 금령을 내릴 정도로 남성들의 귀고리 풍조가 일반화되었다는 사실을 말해 준다. 이 명령을 내렸다고 해서 귀고리 풍습이 한순간에 사라질 리는 만무했다.

선조 30년 10월이면 임진왜란 때의 일인데 당시 명나라 사신 접반사 이덕형이 경리 양호와 나눈 이야기 속에서 "근자에 조선군대가 군공을 다투는 과정에서 함부로 조선사람을 죽여 거짓으로 왜적인 양 꾸미는 일이 있다"는 추궁을 받았다. 이에 이덕형이 "가짜 왜적이라면 좌우의 귀를 살펴보아 귀걸이 구멍을 뚫은 흔적이 있으면 알 수 있다"고 대답했는데, 이덕형도 왜적과 조선인을 구분하는 유력한 단서로 귀고리 구멍을 들고 있다. 그만큼 당시 조선인들 특히 남성들의 귀고리는 일반적이었다.

또 하나 흥미있는 기록은 선조 38년(1605) 4월에 함경도 순찰사 서성은 여진족 건가퇴를 토벌할 때 당시 조선장수들이 생살의 원칙도 없이 군공을 세우기 위하여 백성을 마구잡이로 죽이는 폐단을 상주한 일이 이었다. 여기서도 귀고리를 한 백발을 풀어헤친 노파까지 죽였다는 내용이 있는데 당시 귀고리가 남성만이 아니라 백발성성한 노파까지도 착용하고 있었음을 알 수 있다. 즉 귀고리는 젊은 여성의 장신구라기보다는 남성이나 노인이 자신의 권위를 드러내는 수단으로 이용되고 있었다.

그 뒤에는 이런 습속이 뜸해져서 조선후기에는 상층계급의 부녀자들이 의식이나 혼례 때 착용하는 정도였다. 청나라에 대한 적개심에 불탔던 인조는 왕비를 맞을 당시에, 오랑캐풍속의 일종이라 하여 구슬귀고리는 예물로 주지 않았다는 기록도 있다.

오늘날 귀고리는 대체로 여성이 하고 있으며, 야간의 외출·연회 때는 반짝이는 보석을, 낮에는 반투명·불투명의 화려한 것을 사용한다. 반면 멋쟁이 젊은 남성들은 간단한 고리모양의 귀고리를 다는 것이 일반적인데 알고 보면 조선시대 남성들이 착용했던 귀고리 모양과 유사하다. 그리고 요즘 젊은 청년들이 머리를 말총모양 뒤로 묶고 헐렁한 바지를 착용한 것 또한 조선시대 상투 틀고 헐렁한 무명한복을 입은 모습과 일맥상통하는 점이 있다.

무조건 젊은 남성들의 귀고리가 서구에서 온 것이라고 보는 것은 무척 단견이다. 옛날 우리 민족은 각박한 성리학적인 굴레 속에서도 나름의 멋을 내면서 귀고리나 갖은 장신구를 몸에 지니고 다녔다. 단발령 때 보였던 민족적 반감은 어쩌면 머리카락을 자른 것에서 온 것이 아니라 일본침략에 대한 것이었다. 따라서 귀고리 문화의 전통을 알고서 귀고리를 하는 청년이 있다면 그 청년이야말로 조선시대 멋쟁이 사대부 청년의 전통을 계승한 민족문화의 수호자(?)일지도 모른다.

4. 억상정책하의 중상주의

어용에서 자유상업으로 -도가상업

조선 후기사회의 구조적 변화는 전쟁을 치른 뒤 본격화했는데, 특히 상공업계에서도 주목할 만한 변화가 일어났다. 대동법 실시로 전국에서 현물로 거두어들이던 관수품이 공인을 통해 조달됨에 따라 수공업·농업·수산업·광업 등 여러 부분에서 상품생산이 촉진되었다. 상품생산의 증대는 필연적으로 유통체제 및 상업자본의 형성에 변화를 일으켰다.

종래의 유통체제는 서울의 시전과 지방의 향시가 중심이었으나 상품생산의 증대와 함께 유통구조는 보다 복잡한 양상을 보였다. 종래의 상인층은 주로 정부에 대해 일정한 역을 부담하는 대신에 반대급부로 보호 및 특권을 받아온 시전과 공인, 그리고 시전체계 하에서 수세 및 물품거래를 알선하는 역할을 해온 여각주인·선상과 보부상 등이 주류였다. 그러나 상품화폐경제의 발전에 부응하여 새로운 유통망을 기초로 전국 산지와 소비자를 연결하는 사상층 대두와 함께 기존의 시전을 주축으로 하던 상업구조는 재편화되기 시작했다.

서울을 중심으로 하는 시전상업체제는 본래 조선초기에 완성되었다. 전형적인 시전체제는 서울 이외에 개성에서도 있었는데 시전상인들은 정부가 지은 시전건물에서 관청수요품을 조달하고 공물의 잉여분을 불하받아 처분하는 한편 도시민의 생필품을 공급했다. 초기에는 시전상인 이외의 상업인구가 많지 않았으며 시전들은 각기 독점물종을 가지고 있었기 큰 경쟁없이 유지될 수 있었다.

그러나 16세기경부터 농촌인구의 일부가 도시로 모이면서 도시의 상업인구가 증가했고 임진왜란 이후 많은 떠돌이[流離民]들이 도시로 모여듦에 따라 시전상업계 안에서도 변화가 일어났다. 서울의 경우 종루(鐘樓)와 광통교(廣通橋)를 중심으로 하는 시전상가 이외에 남대문 밖의 칠패(七牌)와 동대문 근처의 배오개[梨峴]에 새로운 시장이 형성되었을 뿐만 아니라 거리마다 난전이 생겨 시전의 전매품을 매매하게 되었다.

상인 사이의 경쟁이 치열해지자 종래 특권상인으로 이익을 독점했던 시전상인들은 큰 위협을 받게 되었다. 이에 이들은 독점매매권을 강화하였는데 이를 금난전권(禁亂廛權)이라 한다. 시전상인은 원래 정부와 밀착된 특권상인이었지만 처음부터 금난전권이 주어졌는지는 의문이다. 인조 이후 청에 대한 조공부담이 가중되면서 육의전이란 6개의 대규모 시전만이 국역부담 대신에 금난전권을 인정받았다. 이와 같이 금난전권은 처음 육의전에만 주어졌으나 다른 시전들도 매매를 독점함으로써 큰 이익을 얻을 수 있는 이 권리를 원했고, 정부로서도 금난전권을 가진 시전이 많아질수록 국역수입이 확대되므로 이를 계속 허가해 주었다. 또한 초기에는 시전수가 몇 개 되지 않았으나 새로운 물종이 시전의 상품으로 개발되면서 금난전권을 가진 시전도 증가했다.

　금난전권의 강화는 역설적으로 난전행위가 성행했음을 의미하는데, 실제로 난전은 17세기 후반 이후 끊임없는 논란의 대상이 되어 왔다. 17세기 중반의 군문의 삭미(朔米)가 지불되지 않는 군병의 생계를 위해 그들이 손으로 직접 만든 제품은 시장에서 팔더라도 난전으로 다스리지 않도록 허가해 주었다. 사실 군졸의 소소한 난전행위는 문제가 되지 않았으나 양반・세가의 노복이 행하는 난전행위는 시전상인들에게는 상당한 타격이었다.

　특권층과 결탁된 이러한 난전세력은 금난전권을 피하기 위해 신전(新廛)을 창설하여 스스로 금난전권을 획득했다. 이후 이들은 금난전권을 오히려 강화하여 생계에 허덕이는 소규모의 행상마저 난전으로 단속하였다. 그러자 도시빈민층・영세상인・소생산자들은 일용 소상품까지도 시전에서 고가로 구입해야 했기에 생활에 큰 곤란을 받았다. 금난전권이 큰 물의를 빚자 18세기에는 몇 번에 걸쳐 물종별로 통공발매(通共發賣)가 실시되었으나 시전의 반대로 무산되고 말았다. 그러나 정조 15년(1791)에 완전한 통공정책이 실시되었다.

　난전활동 중 신전을 창설하여 시전으로 편입되는 사상층 이외에 종래의 특권적 시전상업 체제에 대항하여 18세기 이후 새롭게 나타나는 층에는 경강주인・지방 포구주인 등과 여각주인, 선상과 소상품생산자인 공장이가 있다. 이들은 서울에서는 금난전권 때문에 활동하기 어려우므로 금난전권이 적용되지 않는 서울의 외곽지대에서 시전체제에 대항하여 상업활동을 벌였다.

　특히 경강상인이나 선상은 서울 외곽의 송파・동작진・누원점・송우점 등지를 거점으로 종래의 거래알선이나 수세 등의 단순 상행위에서 벗어나 직접 상품유통에 참가했다. 그리고 지방의 강이나 포구에서는 포구주인이 지역적 유통권을 형성하여 생산지와 장시를 연결하는 역할을 하고 있었다. 경강이나 지방포구의 주인권은 18세기 이후 일종의 재산권으로 매매되기 시작하여 19세기경에는 관방・양반・토호층이 장악해 가는 추세였다. 종래 제조한 물품을 모두 시전에 넘기거나 또는 아예 시전에 소속되어 물품제조를 맡았던 수공업자들도 시전을 거치지 않고 제조물품을 소비자에게 직접 판매함으로써 시전에 큰 타격을 주었다.

이러한 서울 상업계의 일련의 변화는 지방 상업계에서도 나타났다. 그 가운데서도 개성상인의 활동이 두드러진다. 조선왕조에 의해 권력권에서 격리되었던 개성지역의 지식층도 일찍부터 상업에 종사하는 경우가 많았다. 그 때문에 사개문서(四介文書)와 같은 부기법도 발명할 수 있었으며 전국을 연결한 조직적인 상업활동을 벌일 수 있었다. 이들 가운데 일부는 중국·일본을 연결하는 일종의 중개무역을 벌이기도 했다. 또 일부의 송상(松商)들은 국내의 중요 상업지에 차인(差人)을 파견하여 송방(松房)을 차려놓고 포목·담배·피물·인삼 등을 매점하기도 하였다. 개성상인은 인삼재배 특히 홍삼 가공업을 통하여 인삼무역을 독점하고 상당한 자본축적을 이루기도 했다.

조선후기 상업계의 변화를 요약하면 사상층이 종래의 상업체제를 재편하여 상업구조가 변화해 가고 있었다는 점과 자본의 축적과 아울러 도고(都賈) 상업이 성행했다는 점이다. 도고행위는 관상뿐만 아니라 사상에서도 활발했다. 도고행위의 대표적 일례를 들면 1833년에 일어난 서울의 쌀소동을 들 수 있다. 이는 경강상인이 미곡상과 공모하여 쌀을 매점매석하여 서울의 미가를 조종하자 서울의 하층소비자층이 반발하여 일으킨 사건이다.

한편 정조 15년(1791)의 신해통공(辛亥通共)은 도시의 소비자층과 소상인층을 보호한다는 명분 아래 금난전권이란 전매권, 즉 도고권(都賈權)을 가진 시전체제를 해체시킨 것이었지만, 현실적으로는 대자본을 소유한 사상인층의 경제적 실력행사에 의한 도고행위를 인정하는 또다른 국면을 초래했다. 결국 신해통공 이후에도 도고행위로 소상인 및 소비자층의 이익은 보장될 수가 없었던 것이다.

●●●●● 혁명적 근대화의 길
—관청수공업의 변화와 민간수공업의 발전

　조선의 관청수공업은 중앙의 30개 관청과 지방의 8도 감영에 소속되어 있었다. 이 관청수공업장에 등록된 약 6,600명의 공장이는 모두 부역제에 의해 등록된 기술인력이었다. 수공업자들은 관청수공업장에 동원되지 않는 기간에만 자기 생산에 종사할 수 있었고 장세는 부역에 동원되는 기간을 제외하고 부과되었다.
　그러나 공장이등록제는 16세기에 부분적으로 무너지고 있었다. 그 원인은 조선왕조의 지배체제가 해이해지고 재정사정이 악화되어 관청수공업장을 유지하기 어려워진 데도 있었지만 공장이들이 등록제를 기피한 데 큰 원인이 있었다. 즉 16세기경에 벌써 사장(私匠)이 생겨나고 또 관청수공업에서도 이들을 고용하게 되었다.
　왜란·호란 이후에는 관청수공업이 더욱 축소되고 등록제에 의한 공장이의 확보가 불가능해졌다. 『속대전』이 성립된 1746년경에는 공장이의 등록제가 이미 폐지되었으며 외공장(外工匠)도 18세기 중엽이후 감영에 등록하는 제도가 폐지되었다. 이와 같이 관청수공업이 축소되어 가는 것은 민간수공업이 발달하여 공장이들이 사영(私營)수공업에 종사할 수 있는 여건이 조성되었기 때문이었다. 즉 민간수공업의 발달로 관수품이나 지배계층의 생활품이 시장에서 구입될 수밖에 없었기 때문이다. 따라서 관청수공업은 무기제조 등의 특수부문에만 한정되어 갔다.
　관청수공업은 쇠퇴하면서 단계적 변화를 보이고 있는데, 첫째 관청수공업자인 관장은 부역제가 아닌 고용세로 바뀌어갔고, 둘째 사옹원·분원·조지서와 같은 대규모 제조장에 상인자본이 침투하여 차차 민영화되는 방향으로 나아간 것이다. 관청수공업장의 공장이가 부역제에서 고용제로 바뀐 것은 군역제가 개병제에서 납포제와 같은 모군제(募軍制)로 바뀌어 간 데서 그 계기를 찾아볼 수 있다.

장역제도 군역제의 변화와 같이 모든 공장이가 관청수공업장에 부역·동원되지 않고 장포만 바치는 납포장(納布匠)으로 변화되었는데, 관청수공업장에 고용된 관장의 임금은 납포장이 바치는 장포로 충당되었다. 17세기 초엽까지도 사옹원에 소속된 사기장을 관원들이 기한 안에 분원으로 인솔해 오지 않아 작업에 지장이 있다고 하는 기록이 보이지만, 17세기 말경에는 분원에 전속되어 임금을 받으면서 장인촌을 이루어 사는 사기장들이 생겨났다. 사옹원·분원·조지서의 수공업제품은 민간수요가 높은 것이어서 민영화할 가능성이 많았으며, 그것이 대규모 관청수공업장이었다는 점에서 민영화 경향은 사회-경제적으로 큰 의미를 지닌다. 왕실과 관청에서는 필요한 만큼의 사기와 종이를 만들 비용만 지급했지만 부역제가 아닌 고용제에 의해 일하는 공장이들은 상인의 청탁을 받아 민수용상품을 만들었다.

민간수공업 특히 도시수공업에 나타난 중요한 변화는 첫째로 관청수공업장에서 풀려난 공장이들이 상품생산 활동을 할 수 있게 되었고, 둘째로 이 때문에 시전상인들과의 시장활동을 둘러싼 치열한 경쟁이 일어난 점이다. 지금까지 관청수공업장에 동원되거나 주문생산에만 응하고 있던 도시장인의 생산활동이 상품생산으로 발전하게 된 사실은 그들이 시전을 개설한 데서도 찾아볼 수 있다. 17세기 후반에 치장(治匠)이 신철전(薪鐵廛)을, 상의원(尙衣院)에 소속된 도자장(刀子匠)이 도자전(刀子廛)을 개설한 사례가 그것이다.

18세기경 도시장인의 시전개설로 인한 시전의 타격은 컸다. 이에 시전측에서는 상업자본으로 장인을 지배하여 시전체제를 유지하고자 했다. 시전상인들은 우선 금난전권과 같은 특권을 이용하여 장인의 시전개설을 방해했으며 통공정책으로도 어렵자 우세한 자본력으로 장인들의 원료 혹은 제품을 매점하여 장인의 생산활동을 소비자에게서 격리시키는 방법으로 그들을 지배해 갔다. 따라서 수공업자의 직접 경영에 의한 공장제수공업이 발전할 가능성보다 오히려 상인자본에 의한 수공업자의 선대제적(先代制的) 지배가 발전할 가능성이 높았다.

근대공업화를 위한 보험, 조선후기의 광업

전쟁을 겪으면서 각 군영에서는 군수광업을 발전시켜 나간 반면, 호조에서는 전쟁비용을 확보하고 중국과의 외교비용에 충당하기 위한 은광개발에 주력했다. 은광개발의 경우 때로는 산지의 농민을 동원하고 채취하기도 했고 때로는 민간인으로 하여금 은을 채취하게 하고서 세를 바치게 했다. 그러나 농민들의 피역저항과 민간자본의 영세성 때문에 광산개발은 부진하였다.

이러한 문제점을 타결하기 위해 효종 2년(1651)에 호조에 의해 설점수세법(設店收稅法)이 제한적으로 실시되었다. 설점수세법은 영세한 민간자본이 광산개발이 참여할 수 있게 하기 위해 정부에서 제련장과 부대시설을 마련해 주며, 광물채취에 필요한 재목과 연료를 채벌할 수 있게 하고 노동자를 마음대로 고용할 수 있게 해주는 한편, 민간인이 광물을 채취하면 그 일부를 세금으로 바치게 한 것이다.

광산에서의 설점수세를 관리하기 위해 정부는 별장(別將)을 파견했다. 이들은 대개 서울의 부상대고나 권세가의 사인(私人)들로서 별장첩을 따내 설점수세 업무를 대행함으로써 광물생산량의 일부를 수취했다. 이들은 광산에 상주하지 않고 수세할 때만 내려가는 일종의 기생적 수세 청부업자였다. 광산의 실질적인 운영자는 20~30명으로 된 섬상(店匠)들이었으며 그 가운데에서 정해진 두목이 광물의 채취와 제련, 호조에의 납세 및 광꾼에 대한 임금

지급 등을 총괄했다. 두목과 점장에 의해 고용된 광꾼들은 대부분 농촌에서 유리된 빈민들이었다.

　이러한 설점은 18세기 후반 무렵 급격히 줄어든다. 별장을 파견하여 수세·관리하는 설점수세제가 쇠퇴하게 된 원인은 첫째로 지방의 토호나 부상대고들이 수령과 결탁하여 별장제에 대항하면서 광산의 사채 또는 잠채를 활발히 한 데 있었다. 둘째로 각 군영과 감영의 연광(鉛鑛)을 호조가 흡수하여 설점수세권을 독점함으로써 재정수입원을 잃은 군영과 감영들이 호조가 설점한 광산에 대해 풍로세(風爐稅)·혈세(穴稅) 등의 잡세를 부과하고 그 곳에 드나드는 상인들로부터 노세(路稅) 등을 강제로 징수한 데 있었다. 셋째로 각 지방의 수령들이 토호나 부상대고들과 결탁하여 설점수세제에 기생하면서 광업 이윤을 독점하는 별장제의 폐지를 획책했기 때문이었다. 결국 별장제는 영조 51년(1775)에 혁파되었다.

　설점수세제는 별장제가 혁파된 뒤 수령이 직접 수세하는 제도로 바뀌었는데, 이 수령수세제는 민간물주 즉 상업자본에 의한 광산개발을 한층 촉진시켰다. 수령수세제에 의한 설점수세 아래서의 광산경영은 자본가로서의 부상대고, 즉 물주가 채광시설과 자금을 투자하고 혈주나 덕대들이 직접 채광작업을 지휘했다. 이들은 광산에 대한 지식을 가지고 있었으나 호조의 설점 허가를 받아낼 만한 능력이나 경제력이 없어 자본가를 물색하여 그에게 예속된 것이다.

　광꾼들은 대개 농촌에서 유리된 농민들로서 농업을 겸한 계절노동자도 있었지만 전업적인 광산노동자도 있었다. 광꾼 숫자는 광산의 규모에 따라 다르지만 대체로 1백 명을 넘었고, 많을 경우 수천 명이 모여든 곳도 있었다. 광산이 납부하는 세금은 설점할 때 정한 원정세(元定稅)와 각종 잡세가 있었다. 원정세는 물주가 광산소재지 고을에 납부하면 호조로 보내졌고 광산소재지의 수령이 수취하는 잡세로는 풍로세·혈세·노세 등과 인총세·토세 등이 있었다.

요컨대 조선후기 광업은 기왕의 설점수세 방식에서 수령수세 방식으로 발전하며 민간자본의 참가가 확대되는 방향이었다. 상품경제의 발달에 상응한 금속화폐 및 광산물의 수요증가는 이후 근대산업혁명의 중요한 토대가 되었다.

5. 왜 실학(實學)인가?

성리학의 반역사성에 대한 도전

실학은 조선후기의 현실성을 상실한 학문을 바로잡고 자아에 대한 올바른 자각으로 우리의 실지실정(實地實情)에 입각한 실제적인 사고를 위해 일어난 학풍 및 사상체계를 말한다. 실학에는 여러 갈래의 계파가 있어 각기 학문의 분야를 달리 했음에도 불구하고 그 이념과 방법에 있어 모두 당시의 주자학적 세계관에 매몰되지 않고 새로운 차원을 지향해서 실용·실증을 창도했다는 점에 일치하고 있다.

새로운 학풍을 실학으로 인식하고 그 의의를 높이 평가하기 시작한 것은 근대계몽기의 박은식·장지연·신채호 등이었다.

실학사상은 주로 조선 후기사회의 내재적 요인에 의해 발생할 수 있었지만 거기에는 또한 외래적 요소도 작용하고 있었다. 실학사상이 발생하게 된 내재적 요인은 첫째로 조선왕조가 직면하고 있었던 통치질서의 와해현상에서 찾을 수 있다. 양란 이후 사회변동에 직면한 조선왕조는 전면적이고 본질적인 개혁이 요청되었으나 명확한 개혁방안을 내놓지 못했다. 이에 일부 진보적인 관료들과 재야의 지식인들이 국가체제를 강화하고 민생을 안정시킬 수 있는 새로운 이념을 제시하였는데 이 과정에서 실학사상이 형성될 수 있었다.

둘째로 조선왕조의 지배원리였던 성리학의 반역사성에 있었다. 즉 왕조운영의 지도원리였던 성리학이 17세기 이후 당쟁을 일으키는 원인이 되자 성리학에 대한 반성과 반발이 일어났다.

셋째로 조선 후기사회의 경제적 변화와 발전을 들 수 있다. 즉 농업경제 분야에서 새로 대두하는 상업적 농업경영자 및 경영형 부농의 이익을 대변하거나, 농민적 토지소유를 주장하거나 지주의 존재를 인정하면서 소작조건의 개선을 요구하는 등 농민 각 계층의 이해를 대변하는 사상으로서 실학이 형성되고 있었다.

넷째로 사회 신분질서의 변동을 들 수 있다. 양반층이 경제적으로 몰락하고 서민층이 신분상승하는 현실에 직면하여 실학자들은 하향과정에 있는 양반층의 생계대책과 함께 상향과정에 들어선 서민층의 이익을 보장하는 문제에 주목하였다

실학의 형성에 일정한 영향을 미쳤던 외래적 요인으로는 천주학즉 서학(西學) 및 청대의 고증학이다. 서학의 경우 17세기 이래 중국에서 간행된 각종 서적이 들어와 실학자들에게 읽혀졌으며 이로 인해 이들의 세계관이 확대되고 의식이 변화되었다. 특히 수학·천문학·농학과 같은 과학기술 계통과 천주교 교리서들이 학문적 연구에 자극제가 되었다. 그리고 시간이 지나면서 북벌론이 점차 지양되고, 청대의 고증학도 북학이라고 하여 18세기 이후의 실학자들에게 영향을 미쳤다.

실학은 조선후기의 독특한 사상체계를 의미한다. 왜냐하면 실학은 중세사회해체기로서의 조선 후기사회에서 형성되었지만 조선 후기사회의 개혁을 무엇보다도 중요한 과제로 삼고 있었던 학문이기 때문이다. 그러나 이전에도 실학이란 용어가 사용되기는 했다. 고려말기 주자학이 도입되면서 종래의 지식인들이 사장학(詞章學)에 치우치던 경향에서 탈피하여 수기치인(修己

治人)의 주자학을 실학이라 칭한 적이 있는데, 조선중엽 이후 이미 성리학은 실학의 의미를 잃어갔다.

이와 같이 이전시대의 모순을 바로잡으려는 실학은 어느 시대에나 있게 마련이나 이러한 모든 사상체계를 실학이라 볼 수는 없다. 그러므로 실학이란 용어는 중세사회해체기로서의 조선후기 사회의 역사적 소산물로 파악할 때 비로소 그 성격이 분명히 드러날 것이다.

예학·성리학이 조선 봉건사회의 상승기·안정기에서의 봉건지배층의 실학이었음에 반해 조선후기의 신학풍은 봉건사회의 하향기·해체기에 등장한 양심적 학자·지식층의 실학이었다. 비록 역사적 제약 때문에 근대라는 시대개념을 창조해 내지는 못했지만 그들이 지향하는 새로운 차원이란 바로 근대로 통하는 길이었다. 실학은 유학사상에 기초하고 유학과 긴밀한 관계를 가지고 있는 사상이기는 하지만 중세유학인 성리학과는 분명히 다른 학문체계로 파악되어야 한다.

성리학은 양반사대부 중심의 이론이었고 관념철학적 요소를 강하게 가지고 있었으며 방법론에서도 관념적 요소가 드러나고 있었다. 반면 실학은 학문의 목적과 연구분야 및 방법론에서 성리학과는 현격한 차이가 있었다. 즉 실학에서는 새롭게 등장하는 민중의 존재를 인식하고 이들을 위한 학문체계를 형성하고자 했다. 또한 실학은 관념철학적 성리학이나 사장학적 특성과 결부된 관료지향적 학문과 달리 연구분야가 백과전서적 경향을 띠고 있다.

실학은 현실개혁사상이었으며, 조선 후기사회의 발전에 직접적 영향을 줄 수 있었던 사상이었다. 사실 실학자들이 주장한 제도개혁론은 그 일부가 국가정책에 반영되어 민중생활의 향상에 이바지했다. 즉 노비종모법의 시행, 노비해방, 양역개편, 대동법 실시, 금속화폐의 유통 등에는 실학자들의 의견이 부분적으로나마 수용되었다. 그러나 실학자들이 제안했던 개혁안 가운데 정치와 토지경제에 관한 이론의 상당부분이 당시의 벌열정치(閥閱政治) 이래에서는 수용되지 못했다. 그러므로 실학사상의 현실개혁에 대한 기여는 제한적 의미로 파악되어야 한다.
　실학은 조선후기의 진보적 지식인들에 의해 창출된 사상으로 특정지역이나 신분 및 당색에 구애됨이 없이 폭넓게 전개되어 갔다. 그러므로 일부 특정계층이나 지역을 중심으로 실학이 가지고 있는 전체적 의미를 규정할 수는 없을 것이다.

●●●●● 토지개혁과 중상주의

　실학은 백과전서적 학문경향을 가지고 있었다. 이는 성리학 중심의 전통적 학문체계에 대항하여 다른 학문분야의 가치를 성리학과 대등한 수준으로 향상시키고자 했다. 실학자들이 집중적으로 연구한 분야는 현실개혁을 위한 사회-경제적 문제들이었다.
　우선 농업과 농민문제에 크게 관심을 보인 이는 유형원(1622~1673)이었다. 그는 일생동안 농촌에 살면서 농촌사회의 현실에 대한 지식을 기본으로 하여 토지제도와 수취체제, 행정 및 군사조직의 개혁에 관한 연구를 진행시켰다. 이러한 그의 연구는 『반계수록(磻溪隧錄)』에 집약되고 있다.
　유형원의 학풍을 이어받은 이익(1681~1763)은 토지제도의 개혁을 통해 소농민에게 균등한 토지소유를 보장해 줄 것을 강력히 주장하였다. 그는 17세기 이후 국가의 수탈이 가혹해지고, 상품화폐경제의 발달과 함께 상업·고리대자본이 농촌에 들어와 농민을 토지로부터 이탈시키는 광경을 직접 경기도 광주 등지에서 목격하였기 때문에 보다 현실적이고 근본적인 문제에 관심을 갖고 있었다.
　유형원·이익 등의 개혁사상은 정약용(1762~1836)에 의해 집대성되었다. 조선왕조가 배출한 최고의 학자로 평가되는 정약용은 '전론'이라는 글에서 농민의 이해와 직결되는 토지제도 문제를 본격적으로 연구했는데 그의 개혁안은 여전론(閭田論)으로 축약되고 있다. 여전론이란 한 마을을 단위로 하여 토지를 공동소유·공동경작하여 노동량을 기준으로 수확물을 분배하도록 한 개혁안이다. 유형원·이익·정약용 등의 실학자는 농업문제와 농민에게 관심을 두는 이들로 이른바 중농학파, 즉 경세치용학파(經世致用學派)라 불린다. 이들의 토지개혁론은 토지를 경작하는 농민을 위한 것으로서 토지소유와 경작을 일치시켜 독립된 자영농민을 기본으로 하는 이상국가를 건설하려 했다.

상공업 분야에 깊은 관심을 가졌던 일단의 실학자들이 있다. 유수원(1694~1755)은 『우서(迂書)』를 통해 정치·경제·사회·문화 전반에 대한 개혁안을 제시했는데 특히 특권상인의 존재를 인정하고 상업자본 축적을 꾀하고 있는 점을 주목할 만하다. 그리고 북학파 불리는 박지원(1733~1805)·박제가(1750~1806) 등은 청나라의 우수한 물문을 받아들여 조선의 후진성을 극복하려 했다. 이들은 상공업의 발전과 상품유통의 원활화, 기술혁신, 해외통상의 장려 등을 주장했다.

이들은 대개 특권층과 결탁된 서울의 육의전 등의 특권상인과 도고행위를 통한 대상인의 독점적 이익에 반대하고 대중의 소비생활에 직결된 소영업·소생산자들의 자유로운 활동과 성장을 옹호하는 입장이었다. 상공업 분야에 관심을 둔 실학자들은 이른바 중상학파 또는 이용후생학파라 불린다. 박지원은 문학예술운동을 통해 상인·수공업자를 중심으로 하는 서민의 세계를 신선한 구상과 대담한 사실적 수법으로 표현하면서 혁신적 기풍을 조성해 나갔다. 그러나 이는 정조시기 문체반정(文體反正)으로 탄압을 받았다.

정약용은 북학파의 기술혁신 문제를 수용하여 농구·직기·병기 등의 광범한 기술개발을 강조하였다. 때문에 그는 시기상으로도 늦지만, 농촌·농업 문제의 기본적 관점에서 기술개빌 문제를 수용하였으므로 흔히들 경세치용파와 이용후생파의 특징적 실학을 집대성하였다고 평가되기도 한다.

일단의 실학자들이 사회개혁과 현실문제에 관심을 두었던데 반해 김정희 등의 소위 실사구시파는 실증적 연구방법을 계승하면서 금석·전고에 대한 학문에 주력했다. 그는 청대 고증학의 성과를 받아들이면서 차차 고문학(古文學)에서 금문학(今文學)으로 관심을 넓혀 갔다. 특히 그는 오경석·이상적 등의 중인 지식인과 교류하면서 그들에게 일정한 사상적 영향을 끼쳤는데, 뒷날 이들이 개화운동의 중심인물로 활동하게 된다.

실학의 의의는 크게 세 가지를 들 수 있다. 첫째로 실학은 민중을 대변하는 사상이었다. 그들은 토지분배론이나 개혁론을 주장했으며 노비제도의 폐지, 신분차별 폐지, 군역개혁을 요구하기도 했다.

둘째로 어느 정도 한계가 있기는 하지만 민족적 자주성이 담겨 있는 사상이었다. 당시 성리학은 동양중세의 보편적 사상으로 집권양반층은 모화사상에 빠져 소중화적 관념에 사로잡혀 있었다. 그러나 실학자들은 우리의 문화·역사현실에 대한 자각을 분명히 하여 우리의 역사·지리·정치·경제 연구에 열중했다.

셋째로 실학의 근대적 지향성을 들 수 있다. 비록 실학자 자신들은 처음에는 동양 고대사회를 모델로 한 이상국가를 추구했으나, 개항이후 이들의 사상이 개화파들에게 접맥될 수 있었던 것은 바로 그 근대적 지향성 때문에 가능했다. 이러한 면모는 중세적 계급성의 해소, 상공업의 발달, 토지소유의 개혁 등의 여러 개혁안에서 찾을 수 있다.

실학은 해방후 식민사관을 극복하기 위한 시각에서 진척된 최초의 연구업적으로서 중요한 의미를 지닌다. 조선후기 봉건사회 해체기에서 근대로의 지향을 꾀하는 일련의 새로운 사상 및 학문에 처음 주목했던 것은 애국문화운동기의 학자와 그 이후의 민족주의 사학자들이었다.

그러나 이를 학문적으로 연구·체계화시키고 실학이란 역사적 용어로 정착시킨 것은 해방이후 사회-경제사학자들에 의해서였다. 무엇보다도 조선후기의 사회-경제적 변동 및 그에 따른 사상적 변화를 반영한다는 점에서 실학은 조선후기의 시대상황을 알 수 있는 기초분야라 할 수 있다. 아무튼 조선후기의 실학은 조선후기 사회가 이룩해낸 일정한 역사적 산물이었다. 그러므로 실학은 18세기에서 19세기 중반까지 조선사회의 변화에 대응하는 사상체계로서 지역적으로는 서울 및 경기지방에서 형성된 개량주의적 사회개혁론이고, 사상적으로는 관념론적 성리학에 대응하여 하학(下學)을 강조하는 개신유학(改新儒學)이라 할 수 있다.

6. 양반신분체제의 동요와 민중의 성장

●●●●● 신분질서의 변화와 해체

임진왜란 중 정부에서는 군인의 사기를 높이기 위해 천인이라도 관직에 나갈 수 있게 했다. 이와 같이 전쟁을 통해 천인신분이 비록 서반(西班)의 하위직이기는 하지만 양반신분을 얻고 벼슬에 오를 수 있게 되었음은 양반신분에 대한 권위가 크게 떨어졌음을 의미했다. 그리고 전쟁을 통해 재정적 타격을 받은 정부는 군량미 조달을 위해 납속보관(納粟補官)의 길을 넓혔으며, 이를 통해 서얼·향리층이 양반으로 많이 상승해 갔다.

임진왜란 중의 납속사목(納粟事目)에 의하면, 향리의 경우 30석을 바치면 역역이 면해져 7품 이하의 참하영직(參下影職)을 받을 수 있고 80석을 바치면 동반의 실직을 얻을 수 있었다. 서얼층은 18세기 후반기 정조대에 완전히 소통이 이루어졌다. 납속을 통한 비양반층의 양반으로의 신분적 상승은 서얼이나 향리에 한정되지 않고 양인은 물론 천인도 재력만 있으면 일단 속량

했다가 다시 양반신분으로 오를 수 있었다. 재정이 어려울 때마다 빈번하게 발매한 공명첩(空名帖)은 재력있는 비양반층이 양반신분을 얻는 가장 쉬운 길의 하나가 되었다.

이처럼 양반층이 경제적으로 몰락하거나 당쟁을 통해 도태되고 있었던 반면 기존의 비양반층들은 전쟁공로라든지 경제력을 가지고서 양반층으로 성장하고 있었다. 신분상승에 의해 전체적으로 양반층이 증가한 사실은 호적대장의 분석에서도 나타난다.

17세기 이후 양반계층은 자체적으로 분화되기 시작하는데 집권양반층은 벌열화(閥閱化)하여 정권을 농단하면서 귀족화했고, 정권에서 제외된 층은 잔반(殘班)이 되어갔다. 결국 19세기 이후 권력을 장악한 소수의 양반층은 세도정권을 수립하였고, 일부의 양반층은 토반(土班)이 되어 향촌사회의 실권을 쥐고 벌열정권을 뒷받침하면서 어느 정도 사회-경제적 지위를 유지할 수 있었다.

잔반도 경제적 처지에 따라 나눌 수가 있는데 자영농·전호, 혹은 그보다 더한 머슴의 처지로 전락하기도 했다. 몰락양반층 가운데 일부는 실학자와 같이 농촌의 현실에 대해 고민하고 그 타개책을 상소를 통해 정부에 건의하거나 저서로 남겼다.

이러한 지식층이 개량주의적 방법론을 제시하는데 그친 반면에, 일부 몰락양반층은 농민층과 함께 국가의 수탈체제에 항거하는 민란을 주도하거나 가담했다. 1862년의 진주민란을 주도한 유계춘은 양반출신의 농민이었고, 대원군 집정 때 진주·영해·문경 등지를 다니면서 민란을 일으킨 이필제와 정기현은 모두 몰락양반층이었다.

신분제의 동요는 노비해방에서도 나타났다. 당시 노비들이 합법적으로 해방될 수 있었던 길은 다른 노비를 대리충원시키고 자신은 면천되는 대구면천(代口免賤)과 훈련도감이나 속오군과 같은 군영에 들어가 면천될 수도 있었다. 사노비는 면천의 길이 상당히 제한되었으나 관노비의 경우에는 그 길이 훨씬 넓었다. 조선후기로 오면서 합법적인 면천의 길도 넓어졌으나 보다 쉬운 방법은 그들 스스로가 역을 피하거나 도망하는 길이었다. 관노비의 경우 전쟁으로 인한 노비문서의 소실과 통치체제의 이완으로 도망이 상당히 많았다.

한편 정부에서는 노비의 증가를 막고 군역을 부담할 양반층의 확보를 위해 종래의 천자종부모법을 폐지하고, 1731년 종모법(從母法)을 불변의 법으로 확정하였다. 이는 노비소유주들의 방해에도 불구하고 노비해방을 위한 단계적인 길이 열렸음을 의미한다. 즉 후기에는 관노 혹은 사노비까지도 외거노(外居奴)의 경우에는 농업생산력의 발전과 상공업의 발전에 의한 경제적 지위의 향상으로 양녀와 결혼할 수 있는 경우가 많았기 때문에 종모법의 실시는 신분해방의 중요한 계기가 되었다. 실학자인 유형원은 노비제도는 궁극적으로 폐지되어야 한다고 전제하고 그 하나의 단계로서 종모법 실시를 주장했으며 이익은 노비제도를 당장 폐지할 수 없다면 그들을 사고 파는 일만이라도 금해야 한다고 주장했다.

정부에서는 노비의 도망이 늘자 영조 31년(1755) 노비의 신공을 반으로 줄였으며, 영조 50년에는 비의 신공을 전면 폐지시켰다. 이는 균역법 이후 양인비부(良人婢夫)가 군포 1필만 부담하듯이 노비부부도 노공(奴貢) 1필만 부담하면 되었으므로 양인과 노비의 역부담은 사실상 같아지게 되었음을 의미하는 중요한 사실이다. 양인과 관노비의 역부담이 실제로 같아지자 두 신분을 분리해야 할 이유가 없어진 셈이다. 따라서 18세기 후반에는 아예 노비라는 명칭을 없애고, 보인(保人)·역인(役人)이라는 명칭으로 부를 것이 제안되기도 했다. 이는 노비라는 이름으로 두어 도망가게 하느니보다 양인으로 만들어 군포를 받는 것이 정부의 재정면에서도 유리하다는 입장이었다.

결국 정부에서는 더 이상의 노비추쇄가 어렵자, 순조 1년(1801) 관노비와 사사노비를 해방시켜 양인으로 만들었다. 비록 외거노비인 납공노비에 한정되었으나, 이 노비해방은 중요한 의미를 지닌다. 이러한 노비해방의 점진적 단계를 거쳐 고종 23년(1886)에는 노비의 신분세습제가 폐지되고 1894년 갑오경장 때에는 사노비까지 완전히 법제적으로 해방되었다.

양반층·노비층의 계층분화와 상승이란 사회적 분위기는 양민·농민층에게도 마찬가지였다. 농업생산력의 발전과 상품화폐경제의 대두로 농민층은 분화되기 시작했다. 즉 대개 자작농과 소작농으로 이루어졌던 농민층이 일부는 대규모의 차지경영이나 지주경영을 꾀하는 부농으로 상승하고, 일부는 토지기반을 완전히 잃고 토지에서 유리되어 상공업 인구가 되거나 광산노동자·농업노동자로 전락했다.

합리적인 농업경영을 통해 부를 축적한 양인·부농층은 그 재력을 바탕으로 하여 공명첩을 사거나 족보를 사서 양반신분을 얻어갔다. 이들이 양반신분을 얻는 것은 기존 양반의 수탈을 피하고 군역을 부담하지 않는 것 이외에 부를 축적하기 위한 경제활동에 편의를 얻을 수 있었기 때문이었다. 이들은 나아가 향안(鄕案)에 들어가 향직(鄕職)을 얻음으로써 농민을 다스리는 실권의 일부를 행사하기도 했다.

토지에서 유리된 농민중 일부는 임노동자로 전락했는데 이들은 일고(日雇) 이외에 일정기간 동안 고용되는 머슴이 되기도 하였다. 머슴이라 불린 고공은 조선전기의 농촌에도 있었으나 대부분 장기 고용된 고공들이었고 고용주에 대한 신분적 예속성이 비교적 높은 편이었다. 그러나 후기로 오면서 장기고공제보다 단기고공제가 일반화되고 자유노동자·계약노동자적인 성격이 훨씬 높아져 갔다.

노비층의 신분적 해방이 확대되면서 대신 고공이 그 노동력으로 충당되었다. 그러나 부농층에게 고용된 고공이라 하더라도 단기고공이 대부분이어서 예속성은 약화되어 갔고 양반·지주층이 아닌 일반농민층이 고공을 채용하는 경우가 많아져 고용주와 고공 사이가 신분적으로 대등한 관계로 되어갔다.

민중의 성장

사회-경제적 변화에 따라 농민층이 경제적으로 지위를 상승시켜 나가고 이와 함께 신분적 예속성이 약화될 때 농민층은 필연적으로 봉건정부의 모순에 대해 항거하게 된다.

그런데 특별히 주목해야할 것은 바로 이러한 민중운동이 조선후기 이후 사회경제적 발전을 뒷받침으로 하여 성장한 부르주아 계급의 지도에 의해서 수행되었다는 점이다. 평안도 농민전쟁은 농업부르주아 계급의 지도가, 임술농민봉기에는 진주주변의 토포생산 계급 즉 소생산자 계급이 나아가 동학농민전쟁에서는 상업자본의 역할이 특별히 주목되는 것이다. 부르주아 계급의 지도는 조선후기 민중운동의 근대성을 부여하게 되었고, 단순한 반봉건 항쟁이 아니라 근대화라는 큰 틀에서 설명될 민족운동적 성격도 내포하는 것이다.

순조 11년(1811) 마침내 평안도에서 홍경래가 주도한 농민전쟁이 발발했다. 당시 평안도 용강의 지사(地師)였던 홍경래는 관서·관북의 명사나 부호를 규합하여 오랜 기간 봉기를 준비했다. 그는 가산의 우군칙과 부호 이희저, 곽산진사 김창시, 부호 박성간 등을 동지로 얻고 가산 다복동을 봉기의 근거지로 삼았다. 4개월 동안 북방지역을 휩쓸었던 평안도 농민전쟁의 주도층은 주로 부에 의해서 상승하는 중간층과 몰락한 양반층이며, 신분적으로는 지사와 상인, 리정(里正)·약정(約正)·풍헌(風憲) 등의 향임과 천총(千摠)·별무사(別武士) 등의 무임(武任)이었다.

이들은 어느 정도의 부력이 있었기 때문에 일반농민보다는 상위층에 속하는 중간층이라고 할 수 있지만, 재력으로 향직에 올랐으므로 신분상으로는 일반농민과 다를 바가 없었다. 이들은 광산노동자층과 제휴하여 대지주층·

특권상인층과 결속하고 있던 봉건왕조에 대항하였다. 아울러 사상인들은 중앙의 상업정책에 불만을 갖고 있었고 스스로 지방의 중간층으로 향무·향임·향리층과 밀접한 관계를 맺고 있었다. 그리고 몰락양반층은 자신들의 경제적인 몰락이나 정치적인 소외를 평안도에 대한 차별이라는 문제로 일반화시켰다.

봉기군의 하부층을 이루는 군졸은 초기에는 운산금광의 노동자뿐이었으나 후기에는 주력이 일반농민으로 바뀌었다. 광산노동자는 본래 가난한 농민이었던 사람들로서 농민층 분해에 의해 토지에서 유리된 이들로 여기저기를 떠돌다가 광산지대로 들어와서 근근히 살아가고 있던 사람들이었다. 주도층이 광산노동자를 포섭할 수 있었던 것은 그들 자신의 처지에 대한 불만을 이용했기 때문이었다. 이후 난의 진행중 청천강 북부지방을 점령하면서 농민군이 규합되었고 정주성 패퇴당시에는 일부의 농민군이 봉기군에 가담했다.

평안도 농민전쟁에는 주도층의 의도와는 별도로 봉기군의 하층부인 농민군의 광범한 현실적 요구가 존재했다. 그럼에도 불구하고 삼정의 문란이나 토지개혁 문제가 강령으로 채택되지 못하고 정부의 서북지방인에 대한 차별대우가 강령으로 채택되었던 것은 주도층의 계층적·역사적 한계성을 보여주는 것이다.

평안도 농민전쟁은 조선후기 전통사회체제의 해체과정과 사회적인 혼란이라는 여건 아래에서 진행된 것이었다. 즉 단순히 오랫동안의 준비에 의해 계획된 고립적인 봉기가 아니었으니, 순조 11년(1811) 2월에는 이미 황해도 곡산에서 민중봉기가 발생하는 등 민란의 사회적 분위기가 배태되고 있었다.

평안도 농민전쟁이 진행되던 기간에도 황해도 황주(黃州)에서 두 차례나 민중봉기가 발생하고 있었다. 평안도 농민전쟁의 과정에서 나타난 지역적 국한성, 농민규합의 미숙성과 봉기강령이 현실성에 기초하지 않았던 점들은 임술농민봉기에서 극복된다.

철종 13년(1862) 2월 진주에서 발생한 농민반란은 삼남지방을 중심으로 전국적인 농민운동으로 확대되어 갔다. 임술봉기는 평안도 농민전쟁에서 볼 수 없었던 광범한 농민층의 참가와 이를 계기로 지역에 국한되지 않고 전국에 확산되었다는 점에서 주목된다.

1811년의 평안도 농민운동 이후부터 1862년의 진주봉기가 일어나기까지 전국 각지에서는 계속 민중의 항거가 발생했다. 예를 들면 1813년 11월의 제주에서의 민란계획, 1815년 용인에서의 봉기계획, 1833년 서울하층민들이 쌀값폭등에 항거하여 일으킨 사건 등을 대표적이다.

임술봉기의 도화선이 된 진주봉기의 직접적인 동기는 경상우병사 백낙신의 침탈과 도결·환포 때문이었다. 도결은 지방관리가 공전(公錢)이나 군포를 사사로이 이용한 다음 그것을 보충하기 위하여 결세(結稅)를 법정액수 이상으로 책정·부과하여 수납했다. 환포(還逋)란 지방관리가 환곡의 분급·수납 과정에서 얻는 이익을 말한다. 진주목에서는 백낙신이 수탈한 쌀 1만 5천 석과 도결 2만 8천 석, 범포환곡(犯逋還穀) 2천4백 석을 합한 총 5만 2천 석을 분담 상납하게 했는데, 이런 조처는 곧 농민의 파산을 의미했다.

진주봉기의 주모자는 지식양반층인 유계춘과 초군(樵軍) 이귀재로 이들은 통문을 돌려 장시일을 기해 거사했다. 이들의 봉기강령은 도결 등의 폐해를 제거한다는 것이었으니, 농민들의 현실적 요구가 봉기의 강령이었기 때문에 농민층은 쉽게 거사에 호응·참여했다.

2차에 걸친 진주봉기가 일단 가라앉을 무렵 화전세(火田稅)의 삭감, 내륙과 불평등 교역 해소 등을 내걸고 제주도에서 격렬한 민중봉기가 일어났다. 이 제주민란 이외에 경상도의 단성·함양·성주·선산·개령·인동·거창·밀양·울산과 전라도의 익산·함평·고산·부안·금구·장흥·순천, 충청도의 회덕·공주·은진·연산·청주·청안 등지에서 민란이 발생했다. 기록에 의하면 1년 동안 총 35개 지역에서 민란이 발생했는데 그 가운데 32개 지역이 삼남지방이었다. 봉기민중은 많으면 수만 명, 대체로 수천 명에 이르렀다. 민중의 요구조건은 모두 지배계층의 경제적 수탈(삼정문란)을 시정하는 데 있었는데 그 가운데 환곡에 관한 것이 가장 많았다.

　진주봉기가 전국적으로 확대되어 가자 단순히 안무책에 급급했던 정부에서도 근본책인 삼정이정책을 강구하게 되었다. 우선 지방관의 불법행위를 규찰하고 아울러 민정을 파악함으로써 사건수습에 관한 자료를 얻기 위하여 철종 13년(1862) 5월부터 8월 사이에 암행어사를 삼남에 집중적으로 파견하였다. 그리고 5월에 진주민란의 안핵사인 박규수의 건의에 따라 임시 특별기구로 이정청(釐整廳)을 설치하여 삼정의 폐해를 제거하고자 했다.

　이정청에서는 긴급대책으로 삼정에 따른 불법수탈과 각영·각사의 불법재정 지출을 없애고 장시·포구 등의 각종 무명세 엄금, 은여결에 대한 자수 권고 등을 행하였다. 그리고 삼정문란의 기본원인에 대한 대책을 세워 이를 절목으로 내었다. 그 절목은 전정 13조, 군정 5조, 환정 23조를 내용으로 했다. 삼정개혁의 핵심은 현행의 환곡제도를 혁파하고 환모 대신 전국의 시기결(時起結)에서 매결 2냥씩을 징수하여 이에 충당하는 조항이었다.

　이정청은 설치 4개월이 못되어 철폐되고 이후 삼정에 관한 이정업무는 비변사에서 담당하게 되었다. 그러나 비변사로 넘어간 지 2개월 뒤에는 다시 이정 이전의 삼정제도가 실시되게 되어 결국 삼정이정은 무효화되고 말았다. 따라서 삼정모순의 최대요인이 되는 환곡제도를 혁파하는 근본대책이 아닌 소극적인 삼정이정책은 농민의 요구에 부합되지 않는 것이었으므로 농민봉기의 근본요인은 제거되지 않았다. 고종 1년(1864) 정월의 황해도 풍천의 농민봉기 이후로 민란은 다시 확산되고 있었다.

　18세기 후반에 일어난 평안도 농민전쟁이 수년의 준비기간을 거쳐 중앙정부를 타도하려는 봉기였음에 비해 임술봉기는 비조직적인 시위행동으로 지배계층의 경제적 수탈을 제거하려는 것이었다. 임술봉기는 주도자가 사전에 계획했다고 하나 각 지역을 연결시킨 조직적 거사가 아니었으므로 그 배경에 깔린 공동적 유대감을 토대로 하여 일시적 전국적 거사가 될 수 없는 한계가 있었다. 이러한 제약은 갑오농민전쟁 당시 극복되어 민중적·민족적인 일치를 보였다.

이처럼 19세기에 집중된 농민층의 반봉건항쟁은 조선 봉건사회 모순의 귀결점으로서 조선후기 사회구성의 성격을 총괄적으로 반영하는 것이었다. 그러나 19세기 전반기 농민항쟁은 비록 실패했지만 개항 이후 제국주의 침략하에서 아래로부터의 근대변혁을 달성하려는 흐름으로 연결된다. 이 점에서 19세기 전반기의 반봉건 농민항쟁은 우리 역사에서 자주적인 근대화를 달성하려는 올바른 변혁노선이었다.

●●●●●● Ⅶ. 아래로부터의 길과 위로부터의 길

1. 절대주의를 향한 노력

● ● ● ● ● 대원군 정권의 등장과 그 역사성

지리상의 발견이래 서구세력의 동양진출은 시작되었으며 18세기 중엽에 일어난 산업혁명을 전후로 그 상황은 달라졌다. 즉, 서구열강들은 산업혁명 이전에는 중개를 위주로 한 무역형태로 서로 경쟁하였으나 그 이후에는 시장개척과 값싼 원료공급처의 확보를 위해 식민지 획득전쟁을 일으켰다. 서세동점은 극동의 3국 가운데 중국에 먼저 미쳤다. 즉, 1842년에 영국이 아편전쟁을 일으켜 도쿄조약을 체결하여 홍콩을 할양받고 꽝뚱·상하이 등을 개항케 했으며 곧이어 프랑스와 미국과도 조약을 체결하여 문호를 열었다.

그 뒤 1856년에 애로우호사건이 일어남을 계기로 영불연합군의 공격을 받은 중국은 다시 1858년에 텐진조약·베이징조약을 체결함으로써 결국 서구세력 앞에 굴복하였다. 다음은 동쪽에서 태평양을 횡단한 미국에 의해 일본이 개항되었다. 즉, 미국은 태평양의 진출에 문제가 되는 난파된 선원의 보호, 식량의 보급, 저탄소 설치의 필요에 의해 페리 제독으로 하여금 1853년에 일본을 개항시키고 다음해 가나가와조약(神奈川條約)을 체결케 하였다. 뒤이어 일본은 영국·러시아·화란 등과도 조약을 체결함으로써 17세기부터 2백 년간 견지하였던 쇄국정책을 완전히 버리게 되었다.

이에 비해 조선은 지리적으로 좀 떨어져 있고, 천연자원의 부족 등 서구세력의 관심을 끌 수 있는 요인이 없어 그들의 영향은 미미했다. 그렇다고 해서 완전히 서구세력의 관심 밖에 있었던 것도 아니었다. 18세기 이후 서구

선박이 주로 해상에 들어와 우리 해안에 대한 탐사와 측량을 하고 때로 통상을 요구하기도 하였다. 이에 대해 조선인들은 서양선박을 이양선(移樣船), 혹은 황당선(荒唐船)이라 부르고 의구심과 호기심이 엇갈린 눈길을 보냈다.

한편 19세기 중엽에 이르러 서구세력의 침투가 빈번해지자 정부에서는 이들의 침투로 천주교가 만연될지도 모른다는 의구심에 젖어 천주교 탄압에만 주력했을 뿐, 서구세력의 침투에 대한 특별한 대책은 강구하지 않았다.

이와 같은 대외적인 상황변화에 비해 19세기 전반기의 국내사정은 어떠하였는가를 살펴보면, 세도정치가 시작되어 왕위는 허기(虛器)에 지나지 않게 되고 견제와 균형의 조화는 깨어져 국정의 문란은 극도에 달했다. 즉, 매관매직이 성행하면서 인사행정이 문란해지고 그 결과 국가기강이 이완됨으로써 삼정은 문란해져 농민의 피해는 극심하였다.

삼정 가운데 전정이란 토지에 부과된 세이고, 군정은 장정에 부과된 군포이며, 환곡은 춘궁기에 가난한 농민에게 미곡을 빌려주었다가 추수기에 이자를 붙여 거두어들이는 것이었다. 전세나 군포도 농민에게 큰 부담이 되었지만, 특히 환곡은 고리대로 변하여 그 폐단이 삼정 가운데 가장 컸었다.

이와 같은 실정이므로 농민들은 유민이 되거나 집단을 이루어 반란을 일으키기도 하였다. 대체로 정권에서 소외되어 지방으로 낙향한 가난한 선비, 이른바 잔반에 의해 지도된 민란은 홍경래 난에 이어 철종 13년에는 전국 각처에서 대대적으로 일어나 왕조의 존립을 위협하였다.

이런 분위기 속에서 최제우(崔濟愚)가 20년간에 걸친 구도·방랑 끝에 철종 11년(1860)에 천주교에 대항한다는 의미에서 동학(東學)이라는 새로운 종교를 창도하였다. 사회가 불안하고 혼란해지자 민중은 종교에 의지하려는 마음을 갖게 되어 동학의 교세는 날로 확장되었다. 이에 정부는 철종 13년(1862) 말에 최제우를 혹세무민(惑世誣民)의 죄로 사형에 처하고 그 무리 10여 명을 유배시켰지만 일반민중 속에 깊이 침투된 동학의 교세는 쉽게 무너지지 않았다.

이와 같은 내외의 어려운 상황을 극복하지 못한 채 철종이 재위 14년 만에 후사없이 서거하자(1863) 왕위계승 문제는 정계의 관심을 집중시켰다. 이 문제에 대해 여러 세력 가운데 큰 관심을 가진 세력은 외척인 안동김씨와 풍양조씨였는데 결국 익종비(翼宗妃) 조씨의 작용에 의해 흥선군 이하응(李昰應)의 둘째아들 명복(命福)이 26대 국왕으로 즉위했다. 그의 생부 이하응은 관례에 따라 흥선대원군(興宣大院君)으로 봉작을 받았다. 즉위한 고종은 12세의 어린 왕이었으므로 조대비가 형식상으로 섭정에 앉고 서정을 총괄할 권한은 대원군이 장악했다.

　대원군의 부친은 남연군(南延君)으로서 인조의 왕자 인평대군의 5대손 승원(秉源)의 아들이었는데 장헌세자의 셋째아들인 충신군의 양자로 입양되어 가계를 계승하였다. 그는 4형제 가운데 막내로 태어나 헌종 9년(1846)에 군(君)으로 봉해진 뒤 종친부 유사당상·오위도총관 등의 한직에 임명되었고 세도측으로부터 항상 감시와 박해를 받았다.

　그런고로 그는 감시의 눈을 속이고자 시정잡배들과 어울려 놀았고 때로 곤궁함을 내세워 금품을 구걸하여 세도가들에게 궁도령(宮道令)이라는 별명을 얻었으며 조롱도 받았다. 이러한 어려운 상황에서도 대원군은 정계의 귀추에 깊은 관심을 가지고 있다가 조대비와 은밀히 접촉하여 정권을 장악한 것이다.

　대원군은 5척이 약간 넘는 단구였지만 용모는 맑고 깨끗했으며 성격은 호방한데다 기민하였다. 한말 교육선교활동을 40여 년간 벌여왔던 헐버트(H.B. Hubert)는 대원군에 대해 "그는 강한 성격과 오만한 의지의 소유자였다. 사람들이 그에 대해 증오하는 마음을 가지면서도 언제나 그를 존경하였다. 실상 그는 한국정계에 나타난 최후의 실력자였다. 진정으로 그의 특성이라 할 수 있는 것은 도덕이나 경제·정치 혹은 동족의 문제 등이 그의 앞에 놓인다 해도 거리낌없이 제쳐두고 목표를 향하여 돌진하는 불요불굴의 결의였다"라고 했다.

　이와 같이 개성이 강한 성격을 소유한 것으로 보아 그는 많은 정적을 양산할 소지를 안고 있었지만 어느 정도 근대적인 독재정치가의 풍모를 갖춘 인물이라 볼 수 있겠다. 그런데 그 자신의 교양과 지식수준은 동양정치의 근원이라 볼 수 있는 왕도정치를 최고신조로 삼고서 사대주의적 발상을 탈피할 수 없을 정도였다. 이러한 점은 대원군 정치를 이해하는 데 중요한 관건이 될 수 있을 것이다.

절대주의체제를 위한 도전

고종 3년에는 조대비가 수렴청정을 철회함에 국왕의 친정이라는 명목 아래 대원군이 더욱 확고한 실권을 장악했고, 그의 명령은 '대원군분부'를 통하여 일대 혁신운동이 단행되었다.

첫째, 인재등용을 들 수 있다. 지금까지 세도정치 아래에서 노론이 관직을 독점하다시피 한 것과는 달리 남인계라도 필요하다면 등용하였다. 또 조선 초 이래로 억압당하고 제외되었던 서북지방 인사와 송도 사람도 기용했으며, 심지어 평민이요 아전배라 하더라도 유능하다면 요직에 기용했다. 이와 같이 그는 당색·반상·귀천을 불문에 붙이고 적재적소에 인재를 기용하는 인사정책을 단행하였다. 그런데 이러한 인재들이 국내외의 급변하는 정세에 대처할 수 있는 참신한 인물이었는가 하는 물음에는 부정적이라고 볼 수밖에 없다.

둘째, 서원정리와 철폐를 들 수 있다. 서원은 17세기 이래로 학문 혹은 교육의 발전에 크게 기여했지만 한편으로는 지방양반의 세력확장에 기반이 되었다. 많은 전지와 노비를 점유하여 면세의 특권을 누릴 뿐만 아니라, 피역자의 소굴로까지 전락하였다. 이에 대원군은 고종 2년에 조대비의 전교로 먼저 만동묘의 철폐에 이어 고종 8년에는 8도에 명을 내려 선유(先儒) 1인에 대해 2개 이상 설립된 서원이나 향현사(鄕賢祠)는 비록 사액서원이라 하더라도 철폐케 했다. 그리고 선유라 하더라도 오로지 도학과 절의가 탁월한 사람들에 한해서 문묘나 향사에 모시도록 했다.

이러한 조치 결과 전국의 6백여 소의 서원 가운데 47개만 남게 되고 모두 철폐되었다. 이에 유생들은 분개하고 궐기해서 맹렬한 반대운동을 전개했으나 대원군은 "정말 백성을 해치는 자라면 공자가 다시 살아난다 하더라도 내가 용서치 않을 것이다"라고 하며 단호히 대처한 결과 마침내 유생들을 굴복시켰다.

그런데 이와 같이 그의 과감한 서원철폐의 목적은 서원이 점유하고 있는 전지와 노비를 몰수하여 지방양반과 유생들의 횡포를 막고 피역인을 쇄환함으로써 집권체제를 강화하는 데 있었다. 왜냐하면 서원철폐의 조치가 토착양반의 권력이나 양반지배체제 그 자체를 부정한 것은 아니었기 때문이다.

셋째, 경복궁의 중건을 들 수 있겠다. 경복궁은 임진왜란 때 타버린 뒤 국가재정이 어려워 270여 년간이나 폐허된 채 방치되어 있었다. 대원군은 이를 중건하여 왕실의 존엄성을 과시하고 왕권의 신장을 기도하고자 했다. 조대비의 적극적인 지원으로 고종 2년에 영건도감(營建都監)이 설립됨으로써 착수를 하게 된 것이다. 대원군은 재정 염출방안으로 정부관리와 왕실종친들이 솔선수범하기를 강조하였는데, 그 본보기로 내탕금 10만 냥을 내놓았고, 사서인(士庶人)에 대해서는 자진해서 헌납한다는 형식하에 원납전(願納錢)을 받되 많이 낸 자에게는 벼슬을 주든가 포상케 했다. 이렇게 하여 10개월 만에 총 4백96만 4백91냥의 자금을 모을 수 있었다.

한편 노역민(勞役民)에게는 하루에 1전씩의 위로금을 주고, 서울 근교 주민들이 매일 공사장까지 왕복하는 노고를 들어주기 위해 숙소를 제공했으며, 역군(役軍)의 사기를 북돋아 주고자 농악대도 동원하였다.

그런데 고종 3년 3월에 공사현장에 화재가 발생하여 가가(假家) 8백여 칸과 다듬어 놓은 목재가 모두 불타버렸다. 그러나 대원군은 거서을 채취하였으며, 농민에게 결두전(結頭錢)을 부가시키고 문세(門稅)를 징수하는 등 재정면의 비상대책을 세웠다. 이러한 조치에도 재정확보가 어려워지자 화폐의 가치를 하락시키고 물가고를 초래하는 신화폐인 당백전(當百錢)을 주조하여 유통케 했다. 이는 결국 자주적인 근대적 화폐제도를 수립하는 데 커다란 장애요인이 되었을 뿐만 아니라 국민의 생활도 크게 압박하였다.

넷째, 국가기구와 재정제도의 정비를 들 수 있겠다. 우선 국가기구의 정비부터 살펴보면, 비변사를 폐지하고 의정부와 삼군부의 본래의 기능을 부활시켜 의정부는 정치의, 3군부는 군사의 최고기관으로 조정하였다. 이와 같은 조치는 조선초기 통치체제로의 복귀를 의미한다기보다 명령체제의 단일화를 통한 왕권강화책이라 보여진다.

재정정책으로는 진전(陳田)이나 누세결(漏稅結)을 색출하고자 양전사업을 착수했다. 종래의 군포제 대신 호포제를 실시함으로써 기본세제에 중대한 개혁을 가했고, 종래의 환곡제 대신 5도에 사창제(社倉制)를 실시하여 관리의 부정을 막아 다수 농민의 부담을 경감시켰다. 이 가운데 호포제 실시는 종래 상민에게만 부과해 온 군포를 양반에게까지 확대하여 징수한 것으로 획기적인 조치였다.

그런데 양반계급이 납세할 경우 호주명으로 하지 않고 하인의 이름으로 납입하여 그 위신을 보전한 것을 보아 호포법 자체가 신분계층의 철폐를 뜻하는 것이라고는 볼 수 없다. 기타의 개혁으로는 서세동점의 위기상황을 극복하기 위한 국방정책과 군제개혁, 민의 교화를 위한 편찬사업, 국민생활의 근대화에 역점을 둔 풍속개량 등을 들 수 있겠다.

쇄국정책과 중상주의

19세기에 접어들자 서구인들의 조선에 대한 통상요구는 빈번하였고, 이는 천주교의 전파로 불안한 상태에 있는 조선에 커다란 위협이었다. 한편 청과 일본이 서구인들과의 충돌로 인하여 곤경에 처해 있다는 사실을 누구보다도 잘 알고 있는 대원군이 권력을 장악했으므로 조선이 쇄국정책을 쓰게 된 것은 당연한 귀결인지도 모른다. 대원군의 쇄국정책은 천주교의 탄압부터 시작되어 두 차례의 양요를 촉발했다.

먼저 천주교는 대원군의 집정 이전에 이미 유교적 전통에 반항하는 사교로 규정되어 순조 원년(1801)의 신유사옥, 헌종 5년(1839)의 기해사옥과 같은 대박해를 받아 많은 교인들이 희생을 당했다. 그러나 철종재위 때에는 리델(Redel)을 비롯한 프랑스 신부 12명이 입국하여 전도를 시작하면서 천주교는 다시 활기를 보였다. 그 결과 고종 원년에는 2만을 상회하는 교도가 확보되었다. 대원군은 불우한 시절에 남인계 인사들과의 교류를 통해 천주교를 다소 이해한 것 같고 그의 부인이 천주교를 믿었고 고종의 유모도 영세를 받고 있었던 것으로 보아 처음에는 천주교에 관대했던 것으로 짐작된다.

그런데 당시 대원군은 러시아의 남하를 알아차리고 이를 저지하려는 방도로 천주교를 이용하기로 작정하고 그 대가로 포교의 자유를 인정하려 했다. 이에 남종삼 등으로 하여금 베르누(Berneux) 주교에게 간접적으로 교섭하여 프랑스 세력을 끌어들이려 한 것이다.

그러나 선교사들은 정치문제에 간섭하지 않는다는 종교적인 입장을 견지하였고, 마침 청에서의 천주교 탄압에 대한 보도가 전해지자 대원군은 영상 조두순 등의 배외정책에 이끌려 천주교도를 대대적으로 탄압했다. 이것이 고종 3년(1866)의 병인사옥이다. 이로 인해 9명의 프랑스 선교사 및 수천 명의 국내 신도가 처형되었다.

병인박해 이후 서양과의 교섭은 경원시되고 청과의 통상만 인정되었다. 이렇게 쇄국정책을 표방한 대원군과 평화적인 교섭과 통상개국이 불가능하다고 판단한 서양세력들은 무력을 통하여 통상관계를 맺으려 했다. 이에 병인사옥이 도화선이 되어 프랑스와 병인양요가 일어났고 1866년 7월의 제너럴 셔먼호 사건이 문제가 되어 1871년에 미국과의 신미양요가 일어났다.
 두 차례의 전쟁으로 조선측은 많은 사상자가 나왔지만 양 세력을 퇴거시키는 데 성공했다. 이는 결국 대원군을 비롯한 정부인사들로 하여금 새로운 군사지식에 눈멀게 하고 승리감에 도취되어 쇄국논리를 더욱 고집케 하는 역효과를 가져왔다.
 사실 두 차례에 걸친 승리는 조선의 반항이 완강했다는 점과 함께 아직은 열강의 대조선정책이 소극적이라는 조건도 있었다. 당시 프랑스는 베트남 경영에, 미국은 남북전쟁 이후의 서부개척에, 영국은 인도의 내란수습에, 러시아는 연해주 개척에 여념이 없었기 때문에 조선에 대해 무력보다는 시위를 통하여 통상목적을 달성하고자 했다.
 한편, 일본은 미국뿐만 아니라 서양의 열강과도 화친조약을 체결하고 서양의 신문명을 적극적으로 받아들여 부국강병을 모색했다. 또 일면으로 조선에 대한 침략의 야심을 드러내고 있었다. 그런데 대원군은 개화한 일본을 서양세력과 같이 보고 경계하였다. 척왜책을 폈던 것이다.
 대원군 정치의 의미는 박제형이 『근대조선정감』에서 잘 지적해 놓았다. 즉, "만약 대원군의 노력이 위엄이 있지 않았다면 개화를 막고 전통을 고수할 수는 없을 것이고, 만약 대원군이 아니었다면 후일 또한 옛것을 고집하면서 개화로 나아가는 일이 어려웠을 것이다."

●●●●● 대원군을 어떻게 볼 것인가?

 대원군의 정책에 한 평가는 지금까지 상반되는 두 견해가 있다. 그 하나는 근대화와 전혀 관계없는 보수적이고 반역사적이기 때문에 시대역행적 정책이며, 대원군 정권의 긍정적인 면은 민란의 전리품일 뿐 안동김씨 세도정치에 이어 두번째 나타나는 반동정권이라는 견해이다. 이와 같이 대원군 정권을 봉건적 배외주의적 정권으로 규정한 것이 현재의 시각이다.

이에 대해 발전적 정권으로 규정한 것이 종래의 일반적인 시각이었다. 즉, 대외적인 민족위기에 즈음하여 민족의 주체성과 국가의 자주성을 견지하기 위해 과단성이 있게 대응한 정책이며, 내적으로는 상품경제의 전개를 자극했다는 점을 들어 대원군은 국정개혁의 선구자였다는 견해이다. 이렇게 본다면 대원군 정권은 종래의 수구적인 문벌-귀족세력을 중심으로 한 정권이었다기보다는 민족주의적이며 진보적이었다는 결론에 이르게 된다.

그렇다면 대원군을 어떻게 보아야 할 것인가.

물론 그의 개혁이 근대국가를 실현하기 위한 것이었다고는 볼 수 없지만 일방적으로 그가 국제정세에 어두웠다거나 역사의식이 보수-반동적이었다고 보는 것은 단견이다. 즉 그는 이미 집권하기 이전부터 연합군의 북경점령 등의 국제정세에 능통해 있었고, 천주교 세력과도 나름의 인간관계를 구축하는 등 열강의 침략에 대비한 소양을 가지고 있었다. 특히 시장을 전전하면서 장돌뱅이처럼 물화의 흐름을 꿰뚫고 있던 대원군은 조선산 인삼이 국제적으로 높은 호평을 받고 있다는 점에 착안하여 중국과 인삼무역을 확대하여 많은 이익을 남기기도 했다. 병인양요가 천주교 박해로 인해 발생한 것은 사실이지만, 안으로 들여다보면 조선산 인삼이 프랑스 시장을 잠식하면서 발생한 경제전쟁의 의미도 있었다.

열강의 무조건적인 침략 앞에서 과연 정권의 내일을 불투명하게 할 개항이 최선인가는 다시금 사고되어야 한다. 이 문제는 한국의 근대성이 무엇인가라는 근본적인 질문에 해당하는 것으로 쇄국은 악, 개국은 선이라는 단선적인 도식은 역사에서 현장감있는 해설이 아니다. 적어도 열강의 밥이 되는 1870년대 상황에서 대원군이 무조건 개항을 달성하기 위해서는 안으로부터 그것을 가능하게 하는 자본주의적 발전 혹은 개화인식의 보편화가 필요했다. 과연 그것이 있었다고 할 수 있을지는 의문이다.

요컨대 대원군에게 왜 쇄국을 했느냐를 묻는 것은 자주적 근대화의 실패를 흥선군 한사람에게 전가하려는 잘못된 인식이다.

2. 개항과 개화

●●●●● 개항과 세계자본주의로의 편입

개항은 근대 일본의 군사위협에 의해서 성립된 것이라는 견해는 바르지 않다. 조선에서도 통상개화론이 이미 19세기 초부터 있었다. 흔히 북학파는 청과 서구문명의 선진성에 대한 인식과 화이론을 극복하고 새로운 의식을 바탕으로 청나라뿐만 아니라, 일본이나 서양과도 통상의 길을 터야 국가가 부강해질 수 있다고 주장하였다. 이러한 주장은 박지원·박제가·정약용을 필두로 하고 이규경·최한기·김정희 등에 의해 면면히 이어져 왔다.

이들의 통상론은 단순히 무역에 의한 부를 얻자는 단계에 그치지 않고 서양의 과학기술인 기(器)를 도입하자는 데까지 발전했다. 그러나 이러한 자주채서(自主採西)의 개방론도 벽위론적(闢衛論的) 보수세력의 박해로 봉쇄되었다.

그런데 19세기 중기에 이르러 박규수·오경석·유홍기 등에 의해 통상론은 강력히 제기되었다. 박규수는 박지원의 손자로서 그 조부의 사상을 이어받고 서양의 신문물을 탐독하여 조선 내부의 봉건적 모순과 외세의 침략적 접근에 의한 위기상황을 타개하기 위한 방법으로 문호를 개방하여 서양의 문화를 적극적으로 수입할 것을 제창하였다. 오경석은 중인출신의 역관으로 직무상 자주 북경에 드나들면서 세계의 대세를 이해하고 『해국도지』·

『영환지략(瀛環志略)』 등의 서적을 구입하여 양무사상을 심어준 인물로 박규수와 친밀한 관계를 유지하였다. 유홍기는 그의 호가 대치(大致)라 하여 유대치라고도 불렸으며 의업에 종사한 역시 중인출신이었다. 그는 오경석과 가까웠으므로 그에게 서양문물에 관한 책을 얻어 읽고 통상과 개화를 주장하였다. 이 같은 통상과 개화를 주장하는 세력이 커짐에 따라 대외통상을 위한 국내적 조건이 성숙했다.

한편 강경한 쇄국자인 대원군이 최익현의 탄핵상소를 계기로 명성왕후 민씨의 집요한 조종에 의해 고종 10년(1873)에 드디어 정권에서 물러난 것도 대외통상을 위한 하나의 기회를 제공한 셈이었다.

●●●●● 자본주의화의 기점, 강화도조약

일본은 1853년 미국의 페리(perry) 제독에 의해 개항되고 1868년 메이지유신에 의해 왕정복고가 이루어지자 개화정책을 급속하게 강행했다. 그러한 여건하에 1869년 조선에 국교를 요청했으나 서계(書契)문제로 거부되자 일본 내에 정한론(征韓論)이 일었다. 이는 바쿠후체제에서 유신체제로의 급격한 전환으로 인해 몰락하게 된 여러 계층의 반정부 불평세력을 밖으로 축출하기 위한 호전적 군벌관료들이 제창한 것이다.

정한론은 일본이 현재 우선해야 할 것은 내부의 부국강병이라는 반대정객의 무마로 인해 실현되지는 않았지만 일본의 신정부는 사무라이 계층의 불만을 해소하고 일본이 구미열강과 맺은 불평등조약을 개정하기 위한 방법으로 다른 나라와 문호를 개방해야만 했다. 이러한 국내사정을 가지고 있는 일본은 1873년에 대원군이 하야하고 권력개편이 이루어지자 조선의 문호개방에 적극성을 띠면서 통상조약을 강요할 수 있는 절호의 기회로 삼았다.

이리하여 일본정부는 1875년 9척의 군함을 출동시켜 부산항 내에서 무력시위를 감행하였고 다시 운요호(雲揚號)를 강화해역에 출동시켜 초지진의 조선 수비병이 먼저 발포토록 유도하였다. 그리고는 침략의도가 없는 일본군함에 대한 불법발사라 주장하였다.

그러나 운요호사건은 일본정부에 의해 사전에 계획된 것이며 결국 우발적 사건이 아닌 명백한 영토침입이었다. 일본정부는 이 사건을 문제삼아 1876년에 구로다 기요마사(黑田淸隆)를 특명전권대신으로 임명하였고 함선 6척에 800여 군대를 대동시켜 강화도의 갑곶에 나타나 무력으로 담판을 강요하였다.

이에 조선정부는 박규수의 의견을 받아들여 통상수교의 방침을 결정하였다. 정부는 접견대관 신헌(申櫶) 및 통역관 오경석·강위 등을 파견하여 구로다와 협상케 하여 수호조약을 체결케 하였다. 이것이 조일수호조규로서 강화도조약 혹은 병자수호조약(丙子修好條約)이라는 것이다.

정부가 이 조약을 체결하게 된 것은 대원군 집정시 두 번의 양요와 토목공사의 강행으로 민중의 반발을 사게 됨으로써 일본과의 분쟁을 피하고 타협하는 것이 정권유지책이라는 발상에서 이루어진 것이며, 박규수가 조약체결을 강변하게 된 것은 현재 조선의 힘으로 일본의 무력침공에 대항할 수 없다는 판단에 의해서이다. 그렇다면 개항을 성사시킨 정권(민씨)은 진보적인 정권도 아니며 주체적인 준비를 갖춘 정권도 아니었다. 강화도조약의 핵심은 먼저 '조선국은 자주지방으로 일본국과 평등권을 보유한다'라는 첫 조목에서 드러나듯이 조선의 독립을 존중한다기보다는 청의 조선에 대한 종주권을 배격함으로써 한반도에서 일본의 야심을 용이하게 구현하는데 있었다.

둘째, 4·5조의 부산과 그밖에 두 항구의 개항(인천·원산), 제7조의 연해측량·해도작성권, 제10조의 일본거류민에 대한 치외법권의 약정 등에서 볼 수 있듯이 호혜적 내용을 찾아볼 수 없는 불평등조약이었다. 즉 일본정부는 자신이 서양 여러 나라로부터 강요당한 불평등조약을 국제법에 어두운 조선에 일방적으로 강요한 것이다.

　이와 같은 조약이 체결될 때 청국은 유럽 여러 나라에 외교문제로 시달리고 있던 때라 문제가 자기 나라까지 확대될 것을 꺼려 조선정부로 하여금 일본과 조약을 맺을 것을 권유했다. 또 미국을 비롯한 프랑스·영국·독일 등은 운요호사건의 책임소재가 어느 쪽에 있었는가 문제시하지 않고 다만 이 사건을 계기로 일본이 자신들을 대신하여 조선을 개항시켜 줄 것을 바라는 입장에서 일본의 정책을 적극적으로 지지했다.

　강화도조약의 체결에 뒤이어 양국간에 수호조규 부록이 체결되어 일본화폐가 조선에 유통됨으로써 일본의 경제적 침투는 합법화 되었다. 또 통상장정을 체결하였는데 여기서 조선은 일본과의 수호통상을 교제 또는 왜관무역처럼 여겨 일본에게 항세와 상품의 수출입에 세를 부과하지 않는 무관세를 약정해 두는 우를 범하고 말았다. 이는 조선정부의 외교적 무지의 소산이었지만 일본의 경제적 침략의도가 내포된 결과였다.

　아울러 일본이 동해안에 있는 원산만과 서해안에서의 서울의 입구인 인천을 개항시킨 것에도 두 항구를 무역항으로서가 아니라, 일본의 군사적·정치적 침략을 계획하고 일을 처리했음을 알 수 있다.

　그러나 일본의 이러한 일방적인 의도에도 불구하고 강화도조약은 조선이 국제무대에 처음으로 등장하는 계기가 되었을 뿐만 아니라 점차 서양열강과 문호를 개방함으로써 서양 신문명의 유입으로 조선이 근대화의 계기를 이루었다는 점에서 그 역사적인 의의도 자못 크다.

●●●●● 서구제국과의 연계

　일본과의 강화도조약의 체결과 세 항구의 개항은 서구제국의 통상열을 자극하였다. 조선은 1882년에 미국과 서양세력과는 최초로 수호통상조약을 체결하고 뒤이어 영국·독일 등과도 조약을 체결하였다. 이 세 나라는 청의 리홍장(李鴻章)을 비롯한 관리들에 의해 주선되었다는 특색을 지니고 있다. 청은 강화도조약 이후 일본세력의 한반도 침투를 견제하려 했는데 마침 북경주재 외국공사들의 수교 주선 권고가 있자 조선의 국제적인 개방의 주선을 자임한 것이다.

1884년에 체결된 한러수호통상조약의 경우는 청국의 주선 없이 직접 러시아와 조선정부가 교섭을 벌여 맺어진 조약이다. 청국은 러시아의 남하정책에 위구심을 품고 있었기 때문에 러시아의 주선요청을 거절하였다. 1886년에는 한불수호통상조약이 성립되었다. 프랑스와는 천주교의 포교승인 문제로 난항이 있었으나 조선정부의 개방정책에 의해 국교가 맺어졌고 이어 오스트리아·벨기에·덴마크 등 여러 나라와도 차례로 통상조약이 맺어졌다.

위에서 살펴본 바와 같이 서구제국과 개항은 청국의 주선도 있었으나 개화선각자들이 19세기 후반에 국제관계에서 널리 유행되었던 세력균형(balance of power)의 필요성을 인정하고 조선의 독립도 이 속에서 찾아야 한다는 주장이 반영되었다는 점도 간과해선 안 된다. 즉, 조선과 수교하기를 원하는 모든 나라와 관계를 맺어야만 국제적 세력균형이 조성되어 조선의 독립이 유지될 수 있다는 인식에서 지금까지 공포와 증오의 대상이었던 러시아와 프랑스와도 자주적으로 조약을 체결해야 한다는 것이다.

●●●●● 개화정책의 추진과 역풍

여기서는 강화도조약 이후부터 갑신정변 이전까지 소위 초기의 개화정책에 대해 기술하기로 한다. 강화도조약이 체결되면서 곧바로 조선은 김기수를 수신사(修信使)로 임명하여 일본에 파견하였다. 김기수는 돌아와 『일동기유(日東紀遊)』를 고종에게 바쳤다. 이것은 그 당시의 견문을 적은 것으로 본국의 부국강병의 필요성을 강조하면서도 신문명에 대한 조심스런 비판이 담겨진 것이었다.

그 뒤 2차 수신사로 김홍집이 1880년에 일본에 다녀오면서 청국 참찬관 황준헌으로부터 『조선책략』・『이언(易言)』을 얻어와 소개하면서 조선의 선각자들은 세계사정을 상세히 알게 되었다. 김홍집은 일본의 놀라운 발전상을 목도하고 중국공사와 접촉으로 세계정세에 대한 견식이 넓혀져 개화에 대한 의욕이 강해졌다. 『조선책략』은 황준헌이 지은 것으로 대내적으로는 서양의 제도와 기술을 배워 자강할 것과 러시아의 남침을 막기 위해서는 친중국(親中國), 결일본(結日本), 연미국(聯美國)하여 대외적으로 세력균형을 유지해야 한다는 내용을 싣고 있다. 『이언』은 중국인 정관응이 지은 것으로 국가를 부강케 하려면 기술뿐만 아니라 기술 뒤에 있는 정치제도 등도 서양의 것을 받아들여야 한다는 내용이었다. 이 책은 즉시 복간본이 간행되고 순한글의 번역본까지 간행되어 국민들에게까지 큰 영향을 끼쳤다. 조선사회 내부에 자강・개화의 분위기가 성숙되자 정부당국자는 개화의 방향으로 정책을 이끌어갔다. 우선 고종은 새로운 정세에 적합한 행정기구의 개혁에 착수하였다.

고종 17년(1880) 청의 제도를 참작하여 의정부 밑에 통리기무아문(統理機務衙門)을 설치하였다. 이 아문에는 사대・교린・군무・변정(邊政)・통상・군물(軍物)・기계・선함・이용(理用)・전선(典選)・기연(譏沿)・어학이라는 12사를 두어 각기 사무를 분장케 하였다.

한편 군제도 종래의 5영, 즉 훈련도감・어영청・수어청・금위영・총융청을 2영, 즉 무위영・장어영으로 개편하고 별도로 일본공사관 소속의 공병 소위 호리모토 레이죠(堀本禮造)를 교관으로 초빙하여 무위영 소속하에 별기군(別技軍)을 창설하였다. 이 별기군은 고종의 특별한 은혜를 받았으며 양반 자제의 연소하고 총민한 자 1백여 명이 뽑혀 사관생도라 명명되어 신식무예를 배웠다.

고종 18년(1881)에는 조준영·박정양·어윤중·홍영식 등 조사와 수행원·통사·하인까지 62명의 신사유람단이 일본에 파견되었다. 이들은 진정한 신문화를 수용하기 위한 전문가들로서 본격적인 시찰단이라 칭할 수 있다. 이들은 70여 일 동안 일본의 각지를 돌아다니면서 행정기관을 비롯하여 군사·교육·공업 등 상황을 살펴 보고서를 제출하여 정부의 개화정책 추진에 큰 도움을 주었다.

유람단의 수원으로 참가했던 유길준과 유정수는 경응의숙(慶應義塾)에, 윤치호는 동인사(同人社)에, 김양한은 조선소에 유학하였다. 이후 정부는 다수의 학생들을 연차적으로 일본에 유학시켰다. 개화선각자들은 짧은 시간내에 조선이 부국강병을 도모할 수 있는 첩경으로 메이지유신 이후 급속히 발전한 일본에 유학생을 파견하여 사관교육 및 기술연수를 행하는 것이라고 판단하여 이를 추진하였다.

또 고종 18년(1881) 통리기무아문에서는 청의 권고에 따라 김윤식을 영선사(領選使)로 삼아 38명의 양반출신의 학도와 수공업자를 청에 파견하여 신식 무기의 제조법과 군사관계의 기초과학을 배우게 하였다. 그러나 학도들은 근대적 기술에 대한 기본지식을 갖고 있지 못하여 학습을 제대로 받지도 못하였고, 또 이들에 대한 정부의 재정적 지원도 부족하여 1년 뒤에는 전부 귀국하였다.

그러나 김윤식이 청측에서 기증받은 다량의 과학서적은 「한성순보」에 그 내용이 전재됨으로써 개화사상을 전파시키는 데 큰 보탬이 되었고 종사관 김명균이 텐진에서 기술자를 데리고 와 기기창을 설치하는 등의 부수적인 성과도 있었다.

이 당시 유학자들은 강화도조약 자체에 대해 반대하였을 뿐만 아니라, 개항에 대한 척사운동도 일으켰다. 이렇게 되자 개화와 수구의 두 세력은 흥선대원군과 명성왕후와의 대립과 얽혀 정계의 혼란을 빚었다. 아울러 일본세력의 침투에 대한 민족적 반항심이 작용하여 1882년에 임오군란(壬午軍亂)이 발발하였다.

군란의 직접적인 도화선은 별기군에 비해 형편없는 대우를 받던 구식군인의 급료미에 불만을 품고 일어난 구식군인들의 폭동이었지만 홍선대원군이 가담함으로써 정변으로 확대되었다. 구식군인들의 첫째 불만은 18개월 동안 미지급 급료의 지연과 벼에다 겨를 섞는 불량미 배급에 원인이 있었지만 그 밑바닥에는 별기군을 창설하여 그들을 특별히 우대한 민씨정권의 개화시책에 대한 불만이 깔려 있었다. 나아가 일본상인에 의한 식량의 반출에 대한 불만 즉 일제의 경제침략에 대한 반감도 깔려 있었다. 그러므로 군란은 단순히 폭동으로 끝나지 않고 서울근방의 하층민의 호응을 얻어 반개화-반침략으로 확대될 수 있었다.

분개한 군졸들은 선혜청 당상 민겸호의 집을 습격하고 무기를 탈취하여 포도청을 피습하여 갇혀 있던 동료들을 석방하는가 하면, 일본인 교관 호리모토를 죽이고 일본공사관을 습격하여 방화하였다. 다음날은 궁성으로 달려가 민겸호를 죽이고 왕후 민씨를 찾았으나 민씨는 궁중수비병 홍계훈의 도움으로 겨우 탈출할 수 있었다.

왕명으로 권력을 다시 쥔 대원군은 군란을 진정시키기 위해 양영과 별기군을 폐지하고 5군영을 부활시켰으며 통리기무아문도 폐지하였다. 이로써 일단 군란은 진정되었고 개화정책은 이전으로 후퇴하고 말았다. 그런데 군란당시 청국에 체재하던 김윤식과 어윤중은 군란을 계기로 우리 정부가 일본의 무력진출을 우려해 청군의 간섭을 요청하게 되었다. 이에 긴급출동한 청국군에 의해 홍선대원군은 청국으로 납치당했다.

이렇게 되자 민씨정권은 청국군의 비호하에 다시금 정권을 장악하여 사대관계를 강화함으로써 봉건적 특권을 유지하기에 급급하였다. 한편 임오군란은 초기개화파가 강·온 양파로 나누어지는 결정적인 계기가 되었다.

현재 우리 역사학계에서는 개항을 보는 시각이 서로 상반되어 있다. 즉,

우리 근대사의 역사적 성격을 자본주의의 성립이란 측면에서 파악하려는 입장으로 개항은 한국근대화 내지 자본주의의 성립의 출발점이 되었다고 보는 경제사가들의 견해가 있다. 한편 이와는 상반된 견해로 개항의 의미를 정치·사상적 측면에서 민족분열과 정통성의 위기가 발달되고 그 정통성이 결국 일제의 한국병합에 의해 완전 소멸되었다고 보는 척사위정론적 입장에 선 견해가 있다.

그런데 그 당시 상황에서 보면 개항은 필연적인 것이었고 개항 그 자체가 바로 식민지화를 의미하는 것도 아니었다. 문제는 한국사회 자체에 근대화의 내재적인 동인으로 실학과 이를 이은 '자주개항론'이 대두되었음에도 그것이 제대로 정책에 반영되지 못하고 일본측의 포함외교와 외교적 술책에 유도되어 당시의 집권층이 조약의 불평등과 일본의 침략적 야욕을 충분히 간파하지 못한 데 있었다. 이러한 결과로 개항은 본원적 자본축적 단계에 있었던 일본의 침투와 이에 집권층의 대응력 부족으로 인해 반식민지화의 기점이 된 것이다.

3. 척사위정사상과 운동

벽이숭정, 존왕양이

19세기 서세동점 속에서 서구 제국주의의 팽창세력이 충격을 가해 오자 조선의 봉건적 제관계는 그 모순을 드러내면서 해체위기에 직면했다. 이러한 상황에서 외적의 침략을 막고 내부 모순을 제거하자는 전통유림들이 벌린 운동 또는 사조가 척사위정이다. 여기서 척(斥)의 대상은 서학 즉 천주교와 서양세력 및 그 사상 그리고 이미 서구식 방식을 채택한 일본까지 포함되는 포괄적인 것이었다. 정(正)의 대상은 정통유교적 가치질서이며 민족과 국가 그리고 전통유림을 가리킨 것이다.

사상적 측면에서 볼 때 척사의 이론적 근거는 정통유학의 이단론에 두고 있으며 역사적 측면에서는 공자의 존주론(尊周論)에 두고 있다. 즉, 전자의 측면에서 볼 때, 이단은 정통유학과 배치되는 것으로 선진유학(先秦儒學)에서 양자(陽子)·묵자(墨子)의 설을 위시하며 육상산(陸象山)·왕양명(王陽明), 불교·도교 등을 가리키며 정통유학은 공자·맹자, 정자·주자의 줄기를 말한다. 존주론은 공자가 춘추시대에 주왕조가 쇠약한 틈을 타서 제후들이 쟁패를 벌리는 것을 보고 주왕실을 높이자고 강력하게 주창한 데서 비롯되었다. 나아가 주자 한족(漢族)이 오랑캐라 일컫던 여진족의 금에 밀려 중원을 내주고 남쪽으로 쫓기게 되자 존주론을 존왕양이론으로 발전시켰다.

한편 사도(邪道)·사교(邪敎)·사학(邪學)의 거부에 의한 정도·정교·정학의 벽이숭정(闢異崇正)정신은 조선초기의 정도전에 연원하여 주자학적 가치질서인 화이론·정통론·명분론과 더불어 조선왕조의 지배이념으로 수용되었다. 이와 같은 지배이념을 유학자들은 청을 배척하고 중화를 높이고 이적(夷狄)을 물리쳐야 한다는 북벌론으로 발전시켰다. 나아가 조선조 말기에는 지배신분으로서의 유림이 서양세력의 도전에 대응하여 펼쳐낸 자기 보존의 보수적 논리로 이용하였다.

위와 같이 척사위정론은 역사적 조건의 차이와 변화에 따라 척사위정의 대상을 달리하여 계속 발양되었다. 조선 후기에서 서양식 가치질서를 '사'로 규정하고 이를 배척하기 시작한 것은 18세기말의 천주교 배척에서 시작되었다. 즉, 정조 15년(1791)의 진산사건(珍山事件)을 계기로 천주교가 사교로 규정되었고 아울러 척사위정이라는 용어도 벽이숭정론에 근기하여 처음 사용되었다. 이 사건 이래 19세기 전반기까지는 여러 차례 사상적인 측면에서 천주교가 척사의 대상이 되어 박해를 받았다.

●●●●● 척사위정론의 변질

척사위정론은 그른[邪] 것은 물리치고[斥], 바른[正] 것은 지킨다[衛]는 뜻에서 출발한다. 따라서 그것은 논리적으로 물리쳐야 할 그른 것에 대하여 지켜야 할 옳은 것이라는 격렬한 이분법적 인식을 전제로 하고 있다. 즉 화(華)와 이(夷), 정(正)과 패(霸), 정학(正學)과 이단(異端)의 구분이 그것이다. 우리 역사상 이러한 사상이 처음 등장한 것은 려말선초 배불운동이 효시였고, 영·정조 시대 이후에는 천주교 배격운동으로 나타났다.

바야흐로 19세기 중엽 외세의 압박이 강화되자 다시 고양되었다. 이 사상을 제창하는 데 선도자 역할을 한 인물은 이항로·기정진·최익현·김평묵·유인석 등 재야의 유학자들이었다. 이들은 인륜을 명백히 하는 유일무이의 정학인 성리학을 교학(敎學)으로 삼고 있는 나라만이 '화(華)'이며, 그밖에 나라는 '금수의 도'가 지배하는 이적의 나라라 하여 구분하였다. 따라서 오랑캐 나라인 서양제국과 수교를 하면 우리나라도 오랑캐화하고 짐승화가 되기 때문에 척화해야 한다고 주장하였다.

한편 이들은 유교의 오륜(군신·부자·부부·장유·붕우)·오상(인·의·예·지·신)을 최고의 도덕, 사회질서의 근원으로 삼고 있었기 때문에 천주교와 같은 서양의 종교사상이 침투하면 오륜오상이 깨어질 뿐만 아니라 왕조의 질서가 붕괴된다고 보았다. 그러므로 척사위정론을 강력히 제창한 것이다.

한편 이들은 명에 이어진 중화문화가 북적인 청이 침입하여 지배하게 됨으로써 중국에서는 단절되게 되었으나 다행히 우리나라에서는 송시열이 나서 소중화(小中華)문화로 명맥을 유지하였다는 등 정통론까지 펼쳤다. 그런데 이들이 자연스럽게 조선을 소중화 혹은 대명(大明)의 동병(東屛)이라 부르고 있는데서 이들의 화(華)와 이(夷)의 구별에는 중화사상과 더불어 사대사상이 짙게 깔려 있음을 볼 수 있다.

그러나 한편으로는 외세의 위험성을 경고하고 아무런 사전준비가 없이 외세와 손을 잡음으로써 나타날 피해를 내다보고 있었다. 따라서 국민들에게 내수외양(內修外攘)을 강조하는 한편 일단 유사시에는 총궐기할 것을 요청한 것이다. 그러므로 이 사상은 적어도 1880년 이전에는 국민들에게 주체의식과 외세에 대한 저항의식을 고취시킨 사상이었다. 즉 개화사상이 진보, 혹은 개혁을 강조했다면 이 사상은 자주, 혹은 주체를 강조한 사상이었다.

그런데 1880년대 이후에는 우리와 서양열강 사이의 통상조약이 널리 체결되자 척외-배타 일변도에서 벗어나 다소간 논리의 진전과 상황인식의 변화가 보였다. 그 첫째는 자기보존을 위한 내수(內修)의 주장이 보다 실천적 측면에서 척사의 한 방편으로서 서양기술 도입을 용인하려는 채서(採西)논리가 등장한다는 점이다. 이는 척사의 내수가 개화의 자강으로 연결될 수 있는 척사론의 사상적 확대와 발전을 의미했다. 둘째, 대외적 위기에 맞서 대응력이 부족한 권력에 대한 견제와 비판기능이 강화되었다는 점이다. 이는 척사론이 국내 정치권력의 정통성의 위기까지 저항하려는 척사사상의 의식적 심화를 보이는 증거였다.

오두는 가단이라도

19세기 중반이후 동북아의 정세는 긴박했다. 1842년의 난징조약, 1854년 미국에 의한 일본의 개항, 1860년의 러시아의 연해주 영유와 애로우호 사건을 계기로 한 영·불연합군의 북경점령 등이다. 이와 같은 서양세력의 침략행위가 있었다는 소식이 본국에 전해진 가운데 1866년의 프랑스함대의 직접 내침은 조선정부의 지배층에게 커다란 위기의식을 가져왔다.

이런 상황에서 이에 대한 정면도전과 쇄국양이의 강조한 병인척화상소가 올랐다. 그 대표자는 조선의 양대 거유인 기정진과 이항로였다. 이들은 병인 양요 내내 어양론(禦洋論)을 거듭 상소하여 개항기 위정척사사상의 원류를 이루었다.

먼저 기정진은 「척사상소 6개조」를 올려 서양의 통교요구는 정치 경제·사회적 침략을 내포한 것이기에 결단코 쇄국양이책을 고수해야 하며, 서양문물의 유입을 막고 국방을 강화하며 내수를 기하여 외양(外攘)해야 한다고 강조하면서 '결인심(結人心)'을 고창했다.

이항로는 주전을 주장하며 주화자를 이적자로 몰았고 민심을 규합하기 위하여 국정 개혁을 내세웠으며 양물의 거부와 통교의 거부만이 서양 적을 물리치고 국가를 태안케 하는 길이라는 상소문을 올렸다. 또 그는 척화를 주장하는 세력을 국변인(國邊人), 화의를 주장하는 세력을 적변인으로 보면서 우리 도를 지키고 종묘사직을 지키기 위해 척화를 강행해야 한다고 역설하였다.

이와 같이 병인척사론의 특징은 그 극단을 화이관에서 찾을 수 있으며 종래의 척사대상을 서학에서 한 걸음 나가 서구세력까지 포괄하는 것으로 나타났다.

한편 1876년 강화도조약이 체결되자 척사론의 제2기가 시작되었다. 이 조약은 일본의 강요에 의해 맺어진 것으로 통상을 전제로 한 개항이었다. 이에 이항로의 문도인 최익현은 본 조약이 체결되기 직전 '오불가소(五不可疏)'를 올려 일본이 구왜(舊倭)가 아니고 양적(洋賊)과 다를 바 없다는 왜양일체론을 들면서 개항에 반대했다.

그는 먼저 강요에 따라 무방비한 채 강화하게 되면 장차 일본의 탐욕을 견뎌내지 못할 것이며, 둘째로 일본의 문화는 사치품으로서 무한한 것이요,

우리 문화는 필수품으로서 유한한 것이다. 이 무한한 것과 유한한 것의 교역을 감당치 못할 것이며, 셋째로 왜양이 일체이어서 일단 국교를 열면 사학(邪學) 즉 천주학이 전국에 만연해질 것이며, 넷째로 왜가 상륙해 들어오면 재물은 물론 부녀자에 대한 약탈이 잇달아 인리(人理)가 탕연해지고 생민이 하루도 편히 살 수 없고, 다섯째로 전날 병자호란 때의 강화는 이적과의 결화요, 이적은 그래도 사람이지만 왜양은 금수이므로 금수와는 결코 화호할 수가 없다는 것이다.

이어 경기·강원의 유생들의 '절화소' 등이 잇달아 일어났다. 즉 병자척사의 주장에서 한 걸음 나아가 왜를 서양과 동일시하여 양왜의 침략성을 경고하고 있다.

이러한 척사론은 무력침략에 항거하는 국민감정과 결부되어 반침략·반제국의 민족운동으로 격동될 수도 있었다. 그런데 이들의 사상은 예의지국 조선과 금수지역 양왜는 일체화 될 수 없다는 기본논리에 바탕을 두고 있다. 이런 점에서 그들의 사상적 기반은 전근대적이었다. 그들은 국민인심의 결합에 의한 척왜양을 하는 방법으로 정통사상의 고수를 통한 정치질서의 확립과 경제생활의 안정을 내용으로 한 내수를 제창하고 있다. 그러나 그것은 성리학적 왕도정치의 실현에 초점이 놓여진 것이지 근대사회 건설을 목표로 한 것은 아니었다.

격렬한 개항반대운동에도 불구하고 개화정책을 취하게 된 정부는 장차 개항의 폭을 구미각국으로 확대하려는 구상을 가졌다. 이에 개항 이후의 일련의 개화시책과 일본세력의 진출로 위기심이 커진 유림세력은 1881년 수신사 김홍집이 가져온 『조선책략』의 내용을 둘러싸고 다시금 맹렬한 척사위정의 상소운동을 전개하였다. 이 책의 주된 내용은 러시아의 남하를 막기 위해서 '친중국 결일본 연미국'해야 한다는 것과 기독교의 수용을 권고한 것이다.

신사척사론은 이만손의 '영남만인소'로 신도되었다. 이를 이어 홍시중·김진순·한홍열 등의 척사상소가 계속 올려져 전국 유림세력을 들끓게 하였다. 이들은 아무런 적대관계도 없는 러시아를 막기 위해 같은 미국과 일본을 끌어들이는 것은 오히려 러시아를 자극하기에 그 침략을 자초할 위험이 있고 기독교를 수용하고 과학기술을 섭취하는 것은 고래의 양법선규(良法善規)를 해치는 일이라고 주장하였다.

　이에 정부는 척사윤음을 발표하여 정부의 기본방침을 밝히는 한편 척사상소에 대해 탄압을 가하자 홍재학은 김평묵이 기초한 상소문에서 국왕친정하의 일본과의 통상과 개항후의 개화정책을 비판하고 개항과 개화를 전면 취소할 것을 요구하다가 처형되는 비운을 맞게 되었다. 이러한 소용돌이 속에서 홍선대원군은 척사를 표방하여 민씨정권을 타도하고자 '이재선사건'을 야기했으나 민씨정권의 선제공격에 의해 무산되면서 신사척사운동은 완전히 진압되었다.

　한편 1881년 이후 본격적인 개혁의 조짐이 보이자 곽기락·고영문 등의 유생에 의해 오도이기론(吾道異器論)이 등장하게 되었다. 이는 동도서기사상을 배경으로 한 개화상소운동으로서 일종의 채서사상으로도 볼 수 있으며 벽이숭정·존왕양이의 기반 위에서 서양이 문물을 받아들이자는 주장이다.

　현실의 위기를 극복하기 위해 서양의 기술과 문명을 받아들이자는 것이기에 이들의 주장은 척사위정의 계열과는 상당한 거리가 있는 것으로 오히려 절충의 의미를 띄고서 개화파의 정신과 연결지을 수 있는 것이다. 즉 유생들이라 해서 모두 척사론자로 규정지을 수 없을 것이다.

　특히 을미년(1895) 명성왕후 시해사건에 이어 을미개혁이 진행되면서 단발령이 공포되었다. 더불어 양복의 착용, 국문의 사용, 단발령 등이 발표되자 오도(吾道)의 위기를 느끼고 격렬한 반대운동이 일어났다. 즉, 최익현은 "이적의 문물로서 중화의 문화를 변질시키며 인간을 낮추어 금수로 만드는 일을 능사로 삼고 이름하여 개화라 하니 개화야말로 나라를 망하게 하는 길"이라 주장하고, "내 머리는 잘릴 수 있어도 터럭 하나도 건드릴 수는 없다. 공자의 책이 아니면 읽지를 말고 요순의 정치가 아니면 행하지 말 것"을 제창하였다.

특히 이 시기의 척사운동은 존왕양이 춘추대의를 표방하고 개화반대와 명성왕후 시해에 대한 복수를 내걸어 의병운동을 일으켰으며, 1905년 을사조약 체결시 각지에서의 의병운동과 1907년 군대해산 당시 의병운동을 일으키는 사상적인 배경과 의병전쟁으로 행동화될 수 있는 실천력을 길러주었다는 점이 주목된다.

그러나 척사위정론과 의병운동과의 연관관계를 고려할 때 당시의 농민군은 아직 계급의식의 미성숙으로 인하여 조직성도 결여되었고 그들의 의식을 집약한 사상도 별도로 제시하지 못하였다. 이에 농민군은 반일이라는 투쟁대상의 부분적인 공유라는 점을 매개로 하여 척사론자들의 사실상 공인된 조직성, 공인된 사회적 영향력에 기대어 그 지휘하에서 당분간 의병운동 내지 의병전쟁을 전개해 나갔다. 그러므로 척사위정사상을 의병전쟁의 유일한 혹은 주도적인 사상이라 하는 데는 문제가 있다.

척사위정은 19세기의 침략세력에 저항한 많은 민족운동 가운데 한 갈래로 보거나 전통유림으로서 유가적 가치를 고수하려는 유림운동으로 이해하는 것에 그쳐야지 민족주체성의 중심세력이나 민족사상의 정통으로 보는 것은 이론적인 기반이 약하다고 볼 수밖에 없다.

척사위정사상 및 운동에 대해서는 현상윤이 『조선유학사』에서 "이 운동의 조선사상사에 미친 영향과 가치를 말하면 척사운동 가운데 일본을 배척하는 운동은 국권옹호에서 그 공적은 실로 파다하나, 그러나 기타의 운동에서는 즉 서양사상을 배척하는 것이라든가, 또 '구사상·구습관 지키기 운동' 같은 것은 최근 조선의 개화혁신에서 가장 큰 장애물이 되었다"라고 지적했다.

척사위정에 관한 연구의 시각은 대체로 두 가지 방향으로 요약될 수 있다. 먼저 이 사상은 의병운동과 근대민족주의와 연결되며 나아가서는 민족주체성 및 정통성과도 연결된다는 견해이다. 다른 하나는 봉건적 사유에서 출발한 보수적 입장이 있으므로, 근대민족주의와는 직접 연결되기 어려우며 오히려 봉건적 사회관계의 보존을 통한 자기보존의 논리를 추구할 뿐이라는 견해이다. 즉 전자의 입장에서 이 사상을 보는 학자들은 초기의 사상운동에서의 척사위정론은 척양척왜의 배외운동으로 변질되었고, 다시 이 운동은 척왜를 중심으로 한 민족주의 운동으로 발전함으로써 의병운동 등을 통해 밖으로부터 오는 침략세력에 저항하고 국권회복을 전제로 하는 민족해방투쟁으로 발전하였으며, 그 반침략성은 우리 민족의 근대 부르주아 민족운동의 중요한 사상적 기반을 형성했다고 주장하고 있다.

후자의 입장에서는 이 사상이 정치적 의미로는 새로운 세력 또는 사조에 대해 탄압을 전제로 '우리 도[吾道]' 보존과 민족의 방위를 기하려 하였고, 사상적 의미로는 새로운 사상 또는 경향에 대해 거부하는 기존가치를 고수하려 한 탓으로 배타적·폐쇄적 분위기를 조성하였다는 것과 척사론은 그 당시의 지배계층의 범주에 포함된 특정인사들에 의해 창도됨으로써 민족발전의 논리체계이기보다는 복고적이고 감정적 관념론의 영역을 벗어나지 못했다고 주장하고 있다.

그러면 척사위정론이 배격한 이질적 가치질서의 본질은 무엇일까? 그것은 제국주의의 침략세력이었다. 식민지화의 길목에서 제국주의의 침략에 대한 저항이야말로 당대 운동의 최고강령일 것이며, 비록 복벽적·봉건적 이해에서 탈각이 부족했다고 하더라도 그것은 제국주의 박멸과 신국가 건설과정에서 교정되고 개선될 여지도 많은 것이며, 특히 자주적·주체적 국가건설에서 그러한 봉건적 이해의 일부는 사회의 안정과 미풍양속의 의미로서 잔존할 이유도 있는 것이다.

봉건적인 것이 철저히 배격되어야만 근대적인 것이라고 말할 이유는 없는 것이다. 특히 근대적인 가치가 서서히 봉건적 가치를 압도하는 상황은 역사발전과 총체적인 운동역량에 따라 그 정도가 달라지는 것이다. 식민지 치하에서 많은 복벽운동가가 민족운동가로 변신하는 것은 역사발전과 근대적 가치의 확산과정에서 자연스러이 다가오는 것이다.

4. 개화논리와 반봉건운동

●●●●● 봉건사회에 대한 적개심, 개화론

　19세기 후반기 우리의 개화사상은 어느 시점에서 갑자기 나타난 것이 아니고 이전부터 그 맹아가 보였다. 이에 1880년을 전후해서 하나의 역사적인 세력으로 성장했다. 당시 개화파들은 개화에 대해 어떤 표현을 사용하는지 검토해 보면, 유길준은 '인간의 천사만물(千事萬物)이 지선극미(至善極美)한 영역'에 있다고 하고 '개화의 영역은 한정하기 불능'이라 하여 개화라는 목표는 그 끝이 없다고 했다.
　「독립신문」에서는 '개화의 개념을 실상대로 만사를 행해 보자는 것'이라 했다. 「대한매일신보」에서는 "무릇 개화는 편당도 없고 사정도 없으며 윗사람은 아랫사람을 학대치 아니하고 아랫사람은 윗사람에게 아첨을 아니하며 인류이 서로 밝고 상하가 속임이 없으며 법률을 각박히 아니하고 문화도 외식을 아니하고 각각 실업을 힘써 근검독실하는 것"이라 했다.
　좀더 고전적 해석으로 황현은 "개물성무(開物成務)하고 화민성속(化民成俗)하는 것"이라고 설명했는데, 개물성무는 『예기』에서 만물의 뜻을 개통하고 천하의 임무를 성취한다는 뜻에서 나온 것이며, 화민성속이란 『역계사(易繫辭)』에서 백성을 교화하여 선량한 풍속을 만든다는 뜻이다. 즉 개화는 개물화민(開物化民) 개념, 바꿔 말해 물적 개화로서의 '개물(開物)'과 인적 교화로서의 '화민(化民)'을 결합한 용어이다. 그런데 개화파에서의 '개물'이란 국내사원의 개발에 의한 산업의 근대화이며 '화민'이란 계몽과 교육에 의한 인간의 의식과 지식의 근대화를 말한다고 할 것이다.

개화사상 형성의 내적 요인으로 실학을 들 수 있다. 실학과 개화사상은 사상이나 인맥에서 상당히 밀접한 연관이 있다. 먼저 실학의 이용후생과 실사구시론・민족주의성・민권사상・통상개국론・영업자유론 등은 개화사상 형성에 영향을 주었으며, 실학자의 토지개혁론도 개화사상가에 의하여 일부 계승되고 있다.

인적 계보에서도 실학자 박지원의 사상을 발전시킨 박규수는 연암의 친손자로서 실학과 개화사상을 연결시켜 주는 교량적인 인물로 평가되고 있다. 그와 교류관계를 맺었던 인물로서 역관 오경석과 의관 유홍기 및 유길준 등의 개화파 청년들이 박규수의 사랑방에서 박지원의『연암집』을 읽으며 평등사상과 이용후생사상을 연구하였다. 김정희의 문하에 출입하던 신관호・강위 등은 실학과 '시무(時務)의 학(學)'을 배워 실사구시파와 개화사상을 연결시켰다.

실학을 집대성한 정약용의 문하에서는 정학연・이강회・초의선사 등의 사상가들이 배출되었고, 그들의 문하에서 남종삼・신정희・어윤중 등의 개화론자들이 배출되었다. 그런데 이러한 개화사상 형성에는 중인층의 역할이 중시되어야 할 것이다. 상기의 실학자들은 중인출신의 인재들과 교류하고, 또 그들을 지도해서 일정한 사상적 영향을 주면서 종래 양반층 중심의 실학사상은 중인층으로 넘어갔고, 이들은 훗날 개화운동의 실력자로 활동하게 되었다.

또 하나의 영향으로 청의 양무론 및 일본의 문명개화론을 들 수 있다. 위원의『해국도지』와 정관응의『이언』, 황준헌의『조선책략』등의 전래는 양무론의 영향을 짐작케 하며, 그밖에『만국공법』・『만국공보』・『영환지략』등의 영향도 지적된다. 그 결과 개화사상가 가운데 온건적 입장을 내세우는 민영익・김윤식 등의 친청세력이 등장하였고 이들에 의해 '동도서기론'이 전개되었다.

한편 일본의 메이지유신 이후 일본측에서 후쿠자와 유키치(福澤諭吉)의 『문명론 개략』·『학문의 권유』등의 영향이 지적될 수 있다. 이에 김옥균·박영효 등의 변법개화파가 형성되어 개화를 표방하는 사상적 전개를 보여주고 있다. 이러한 계열은 사상자체의 성격으로 보아 청의 양무운동보다 한 단계 높은 진보적인 변법논리로 무장하였고, 정치적으로는 친일입장을 견지했다.

이처럼 개화론의 형성에는 외적 요인도 특별히 고려되어야 한다. 개화사상이 발전과정에서 외래영향을 중시한다고 해서 결코 한국사의 타율적 성격을 강조하는 것은 아니다. 시대가 급변할 때는 많은 외래사상을 섭취하는 것은 당연한 것이기 때문이다.

개화사상은 후기실학사상의 근대지향적 맹아를 내재적으로 계승하고 19세기 후반이라는 역사적 상황에서 외재적 요인에 자극되어 근대적 변혁을 지향하는 민족사상으로 발전하였다. 요컨대 개화사상은 박규수에 의해 선포되고 오경석에 의해 촉진되었으며 유홍기에 의해 정치의식화 되고 김옥균에 의하여 정치운동화하였다.

●●●●● 개화세력과 부르주아사상의 전파

초기개화파의 형성에는 박규수의 역할이 지대하였다. 박규수는 1874년에 우의정을 사퇴한 다음 그의 사랑방에 출입하는 젊은 양반자제들에게 조부 박지원의 『연암집』을 강의하기도 하고 중국에 왕래한 사신들이나 역관들이 전하는 신사상을 알려주기도 하였다. 이 때 양반 소장파들로는 김홍집·김윤식·어윤중·민영익·김옥균·박영효·서광범·홍영식 등이었다. 그러나 박규수의 생존중에는 그 문하에 모인 양반소장파가 차차 사상적으로 결속되었지만 정치결사적 성격을 갖추지는 않았다.

박규수가 죽은(1877) 뒤 역관 오경석은 친구인 유홍기에게 북경에서 가져온 신서를 제공하여 세계의 새로운 동향을 연구시키고, 젊은 소장파에게 목적의식을 가지고 접근하여, 『해국도지』, 『영환지략』 등을 보급했다. 1879년에 오경석이 세상을 떠나게 되자 이제는 유홍기가 김옥균과 만나게 되고 그는 그 뒤부터 초기개화파의 사상적·정치적 지도자 역할을 수행했다.

한편 유홍기는 김옥균에게 봉원사의 승 이동인을 소개하는 한편 이들에 의해서 중인·무변(武弁)·승려 등 신분의 구애없이 사회의 각계각층이 참가한 근대적인 성격을 띤 집단으로 성장했는데, 이를 개화당 혹은 독립당이라 불렀다. 이들은 조속한 시일내에 국가를 근대적인 체제로 개혁해 보려고 여러 면으로 활동하였다. 또 외세의 도전에 대응하여 독립을 견지하기 위해서는 외교교섭이 있어야 한다는 것을 자각하고 열강의 외교사절들과 폭넓게 접촉했다. 그러나 그들의 활동에는 너무 급진적인 면이 많아 보다 사족출신 인사들과 갈등을 빚게 되었고, 지나친 외세의존적 태도로 민중의 지지도 받을 수 없었다.

1880년을 전후하여 많은 개화사상가 가운데는 개화의 방법을 두고 의견이 달라지게 되었다. 그 한 파는 온건적인 정책을 실시하고 점진적으로 개화해야 한다고 주장하는 '시무개화파'이며 다른 한 파는 당시 주로 20대 청년들로 구성되어 적극적이고 과격한 정책을 실시하여 급진적으로 개화되어야 한다고 주장하는 '변법개화파'이다. 시무개화파는 김윤식·유길준·김홍집 등으로 청과의 연계에 의한 청의 양무운동을 모델로 삼아 개화를 추진할 것을 주장하는 동도서기적이면서도 특히 동도에 매우 집착하고 있었다.

한편 김옥균·박영효 등 변법개화파들은 중인과 승려까지 포함한 개화집단으로서 일본의 메이지유신을 모델로 체제변혁을 획책하고 수구세력과의 결별을 명확히 했다. 이들은 집권수구파와 대결해서 군권을 장악하는 한편 변법을 지향하고 유교적 소양에서도 도(道)나 기(器)보다도 허와 실의 문제를 중시하면서 불교와 기독교의 수용에도 관대하였다.

전자를 대표하는 김윤식과 후자를 대표하는 김옥균은 청국 및 수구파에 대한 대결적 변법인가, 타협적 개량인가 하는 정치적 자세에서 점차로 차이점을 드러냈고, 그것이 결정적으로 표면화된 것이 1882년 임오군란이었다. 즉, 군란에 앞서 김윤식은 영선사로 청국에, 김옥균은 신사유람단 일원으로 일본에 갔었다.

그런데 임오군란을 계기로 일본의 압력이 강화되고 흥선대원군의 반개화정책을 억제할 필요에 의해 김윤식은 청에 무력간섭을 요청했다. 한편 김옥균은 박영효·서광범 등과 같이 흥선대원군의 납치와 청군의 주둔을 중대한 주권침해로 보고 변법자강에 의한 자주적 근대국가 건설의 의지를 표명하였다.

임오군란 실패 이후 두 파의 대립은 더욱 두드러져 시무개화파는 정부 안에서 점진적 개혁에 의한 개화정책을 추진하였고, 변법개화파는 1884년 갑신정변을 일으켜 혁명을 통한 근대국가의 건설을 획책하였다. 그러나 이 정변의 실패로 변법개화파는 거세되고 시무개화파에 의해 1894년 갑오개혁이 추진되었다.

결국 개화파가 내부적으로 분화하게 된 요인은 근본적으로 구체제에 대한 관심의 깊이가 반영된 것이었고, 근대화 모델에 대한 감각차이 혹은 외세 이용 방법을 둘러싼 이견 등을 지적할 수 있다. 그런데 무엇보다도 중요한 것은 그들의 인식이 민중측의 반외세론과 연대하지 못한 채 외세에 의존하는 기술적인 문제에 집착한 데서 관념과 이해의 차이는 곧 집단적 대립으로 발전했던 것이다.

●●●●● 개화파의 근대주의운동

갑신정변의 역사적 평가는 오늘날 한국근대사 연구에 있어서 커다란 쟁점으로 부상되어 있다. 갑신정변을 어떻게 볼 것인가에 대해서는 대체로 세 가지의 입장을 달리하는 견해가 있다.

첫째로 일본이 조선정부에 수구파를 축출하고 김옥균 친일정권을 수립하려고 책동했다는 이른바 외인론을 전제로 한 부정적인 평가이다. 둘째로 갑신정변의 위치를 당시 우리나라 사회의 내인적 근대화에의 발전과정 위에 설정하여 봉건제도의 부패와 민족적 위기를 해결하고자 한 진보적인 근대 부르주아 개혁 또는 부르주아 혁명의 최초 시도였다고 긍정적으로 높이 평가하는 견해이다. 셋째로 갑신정변이 그 주관적 의도와 동기는 긍정하되 그 방법과 수단의 미숙, 특히 국민대중에 의거하지 않고 외세'의존' 또는 '이용'으로 조급하게 거사한 점을 비판하면서도 봉건체제 그 자체에 반대한 근대적 개혁의 선구였다고 보는 양면적 평가의 견해가 있다. 대체로 오늘날 한국사학계의 일반적인 견해는 이 양면적인 평가로 기울어지고 있다.

임오군란으로 정부가 친청사대 경향으로 기울어져 청국에게 정치상 상업상의 특권이 크게 양여되자 청·일 사이의 대립은 첨예화했다. 이에 김옥균 등의 개화당은 국왕을 사적으로 알현할 수 있는 '별입시(別入侍)'의 특권을 이용하여 새로운 정치외교 활동과 부국강병을 위한 개혁운동을 전개하였다. 즉, 신군대 양성과 대일유학생의 파견, 최초의 근대적 신문인 「한성순보」의 창간 및 치도국(治道局)과 순경국(巡警局)의 설치 등을 들 수 있다.

이와 같은 국정개혁을 위한 자금을 김옥균은 그 당시 일본재야의 유력자이며 문명개화론자인 후쿠자와를 통해 일본정부 재정차관으로 충당하려고 교섭을 시도했으나 일본정부의 무성의와 재정사정으로 실패하였다.

그런데 1884년 청불전쟁으로 상황이 바뀌었다. 즉, 청의 패색이 짙어지자 일본은 개화당을 이용하여 조선에게 청국세력을 축출하고 일본세력을 부각시킬 수 있는 좋은 기회로 판단하여 다케조에(竹添進郞) 일본공사를 내세워 개화파에 대한 지원을 약속한 것이다.

이리하여 개화당은 1884년 8월 청불전쟁으로 서울에 주둔한 3천여 명의 청국군 가운데 약 반수가 본국으로 철수할 때를 이용하여 5백여 명의 개화당을 지지하는 친군영 군인과 일본공사관의 일본군 1백50명을 빌려 1884년 12월 4일에 우정국 개설축하연을 이용하여 무장정변을 일으켜 개화당정권을 수립함과 동시에 12월 6일 신정부의 정치강령인「갑신정강」을 발표하였다.

 그러나 개화당의 신정부는 청군의 간섭으로 삼일정권으로 끝나 홍영식·박영교 등의 많은 개화당 인사들이 희생되었고, 김옥균·박영효·서광범·서재필 등은 겨우 일본으로 건너가 생명을 보존할 수 있었다. 이렇게 실패하게 된 요인에는 정변의 주체인 개화당의 양반지주로서의 신분적인 제약과 사회-경제적인 기반의 취약성과 민중의 광범위한 지지기반을 확보하지 못한 채 외국세력 특히 일본의 군사적인 힘의 지원으로 소수 개화정객에 의한 쿠데타로 정권을 장악하려는 데 있었다.

 비록 이 정변이 실패하였지만 그것이 변법자강의 근대화운동이었음은 그들이 제시한 정강을 통해서도 충분히 파악될 수 있다. 즉, 대외적으로 사대외교의 폐지와 자주권의 확립 등의 민족적 측면을 제기하고 대내적으로 문벌의 폐지, 국민평등의 실현, 지조개혁 등 반봉건적 측면을 제기하고 있다. 또 국민생활의 개선, 군사·경찰제도의 개혁, 유학생의 파견, 군주전제권의 제한과 내각권한의 강화 등도 제시하고 있다. 이를 통해 볼 때 이들이 제시한 정강은 근대국가 근대사회의 구상이었음에 틀림없다.

 그러나 당시 한국사회의 근대화개혁에서 가장 기본적이며 핵심적 과제였던 지주-전호 관계로 집약되는 봉건적 토지소유 관계와 봉건적 신분제 폐지 등이 제기되지 않았다는 아쉬움을 남긴다. 이들이 제기한 정견들은 실시되지는 않았지만 그 뒤 근대화운동의 이정표가 되어 1894~1895년의 갑오개혁, 1890년대의 독립협회·만민공동회, 그 이후의 문화운동, 즉 일명 애국계몽운동으로 계승되었다.

 개화사상 및 개화운동에 관한 연구는 1960년대 이후 미교직 활빌히 전개되어 많은 성과가 이루어졌다. 그 가운데 특히 개화파의 역할이 종래 우리 역사의 타율성론 및 정체론에서 볼 수 없었던 변혁과 근대화라는 의미에서 평가되고 있다는 점이다. 하지만 개화사상의 발생 및 개화파의 형성, 분파시기 등에 대해 다양한 견해가 제시되어 완전한 일치를 보고 있지는 못하고 있다. 우선 개화사상의 형성시기부터 살펴보면 1850년대·1860년대·1870년대에 형성되었다는 설이 제기되고 있다.

1850년대를 주장하는 측은 1850년대부터 중인출신의 지식인들에 의해서 싹트기 시작했다고 보고, 1860년대를 주장하는 측은 중인출신의 지식인 유대치·오경석 등에 의해서 장기간의 연구를 통해 1860년대 전반기로부터 후반기에 걸쳐 형성되었다고 보고 있다. 위 주장들은 개화사상은 실학사상이 넘어설 수 없었던 한계를 넘어서서 자본주의적 관계를 대표하는 계층의 이익과 결부된 근대 부르주아 계몽사상이었다는 것을 전제로 하고 있다.

한편 1870년대를 주장하는 측은 『해국도지』의 내용 가운데 양이의 침공을 막는 해방사상(海防思想)과 해외지식을 소개하는 두 측면이 있다고 전제하고, 1860년대에는 구미열강의 무력침공과 관련하여 그 해방사상에 공감을 갖게 되었고, 1870년대 해외지식을 소개하는 측면으로 사상적인 전환을 하게 된 것이 개화사상 발생의 바탕이 되었다고 보고 있다. 개화사상에 의거해서 근대적 개혁을 담당하고 수행한 정치집단을 개화파라 규정한다면 그러한 정치집단의 형성시기에 대해서도 다양한 견해가 제기되고 있다.

첫째로는 1860년대 중기에 박규수의 사랑방을 중심으로 조선후기 실학서적들과 신서적을 공부하는 청년들이 모이게 되어 초기개화파가 형성되었다고 보는 측이다. 그 대표적인 인물로는 김윤식·김홍집·어윤중·김옥균·박영효·유길준 등을 들고 있다.

둘째로는 1870년대 초기에 김옥균이 유대치·오경석 등과 더불어 이미 개화사상에 공명한 선각자들을 결합해서 독자적인 정치적 세력으로서 개화파를 형성하였고, 1874년 이후 김옥균이 개화파의 수령으로서 개화운동을 지도하기 시작하였다고 보는 측으로 이는 『갑신정변과 김옥균』에서 "1879년에 국가의 정치를 개혁하기로 결심하였다"는 점을 내세워 1879년에 김옥균 등이 개화당을 형성하였다고 주장하고 있다.

셋째로는 개화당이 1879년경에서 1880년 초에 이르는 사이 서서히 성립되었다고 보는 견해이다. 또 개화파의 분파에 대해서도 1880년을 전후해서 개화의 방법을 둘러싸고 의견이 달라져 온건-개화파와 급진-개화파로 분리되었다고 보는 견해와 1882년 임오군란에 대한 양자간의 입장의 차이로 개량적 개화파와 변법적 개화파로 분리되었다고 보는 견해가 있다.

5. 동학농민전쟁이냐, 갑오농민전쟁이냐?

교조신원에서 반봉건 투쟁으로

동학은 철종 말년에 천주교 정착이라는 외적 충격과 권력가의 봉건수탈 정책으로 인한 횡포로 파탄지경에 이르렀던 농민을 '광제(廣濟)'한다는 목표를 내세워 최제우(崔濟愚)가 창도한 민족적 색채가 짙은 종교체계이다. 그가 동학을 창도할 무렵에는 민란이 전국적으로 확대되고 있던 시기였다. 이와 같은 시기에 그가 인내천(人乃天)사상을 핵심으로 광제창생(廣濟蒼生) 보국안민(輔國安民)의 기치를 내세워 동학을 창도하자, 실의와 자학에 빠져 있던 삼남지방의 농민들이 많이 호응하였다.

그러자 정부가 고종 원년(1864) 교조 최제우를 처형함으로써 동학은 큰 타격을 입었다. 그러나 2대 교주 최시형의 활동으로 다시금 기반을 굳힐 수 있었다. 최시형은 1870년대 후반부터 정부가 대내외적으로 어려운 국면에 부딪혀 동학에 대한 감시가 소홀한 틈을 타서, 충청도 출신의 후일 북접간부인 손병희와 전라도 출신의 후일 남접간부인 김개남 그리고 전봉준 등을 입도시키고 많은 신자도 확보하였다.

그는 이렇게 교세를 확장해 나가는 데 필수적이었던 교단의 조직과 경전의 편찬에 착수하였다. 즉, 교단의 조직으로는 교도의 1단을 포(包)로 하고 그것을 통솔하는 자를 접주, 또 각 접주를 통솔하는 자를 도접주로 하였다. 그리고 각 포에는 '6임(任)의 제(制)'를 시행하여 교장·교수·도집·집강·대정·중정의 여섯 임무를 분장케 하였고, 신자의 총집회기관인 법소(法所)는 충주에, 각지에는 도소(都所)를 설치했다. 또 경전으로『동경대전』과『용담유사』를 간행했다.

그런데 고종 29년(1892)부터는 동학교도에 대한 탄압이 강화되고, 이서·아전 등이 양민을 동학으로 몰아 침탈을 자행하자 동학의 간부들은 최시형을 설득하여 '교조신원운동'을 계획하고 교도들을 전라도 삼례역에 집합케 하였다. 곧 수천의 동학도가 모여들자 동학간부들은 전라관찰사에게 교조의 신원과 동학도에 대한 침탈을 금지해 달라는 탄원서를 제출하였다. 교조신원 문제는 지방관의 권한 밖이므로 처리할 수 없지만 교도에 대한 침탈문제는 금단토록 하겠다는 언약을 받고 삼례에서 일단 해산하였다. 이러한 집단시위운동이 어느 정도 성과를 거둠을 보고 동학교도들은 교조신원을 복합상소로서 국왕에게 직접 호소하였다. 그런데 정부에서는 소두(疏頭)를 체포하고 나머지 교도들은 강제로 해산시켰다.

복합상소가 실패하자 동학의 간부들은 운동의 방향을 교조신원이라는 소청에서 벗어나 정치적 항거의 성격을 띤 운동으로 바꾸었다. 왜냐하면 대부분 농민이었던 일반교도들은 소청이나 종교운동보다는 배외주의와 탐관오리의 숙청에 커다란 흥미를 가지고 있었기 때문이다. 그러므로 최시형은 1893년 충청도 보은에 동학접주들로 하여금 교도들을 집결케 했다. 이에 2만여 명이 모여 돌로 성을 쌓고 '척왜양창의'라고 쓴 대기와 각기 포명을 쓴 중기·소기를 세워 기세를 돋궜다. 여기서는 교조신원의 문구는 자취를 감추어 버렸다.

이렇게 되자 정부는 사태가 심상치 않음을 깨닫고 양도의 관찰사를 경질하고 호조참판 어윤중을 양호선무사로 삼아 동학도들을 효유하면서 동학간부들과 면담하고 해산을 권고하였다. 이에 동학도들이 불복하자 국왕은 윤음을 내리고 경군을 출동시켜 무조건 해산할 것을 명하였다.

그러나 동학도들은 척왜척양을 주장함과 동시에 관리들의 탐학불법을 논하였다. 그러다가 곧 교도들은 매일같이 호우가 내린데다가 모인 장소가 산간벽지였던 까닭에 식량도 부족하고 신식훈련을 받은 경군이 출동한다는 소식에 각 접주의 인솔하에 해산하였다. 여기서 주목해야 할 점은 보은에 모였던 사람들은 불평분자·극빈자·죄인·천민 등 모두 반정부적인 입장에 서 있는 사람들이었다. 그러므로 이들은 반정부세력으로 쉽게 결속되었다는 점이다. 또 충청도·경기도·전라도·경상도·강원도 등 광범위한 지역에서 동학교도만 해도 1만 2,403명이나 참여했다. 물론 전라도와 충청도 지방에서 참가한 동학도가 태반이었다.

그런데 충청도와 전라도 동학간부들과는 자주 의견대립도 있었다. 전라도의 동학도들은 매우 저항적이고 적극적인 반면 충청도의 동학도들은 타협적이고 소극적인 태도를 취하였다. 이러한 대립이 뒤에 동학이 북접과 남접으로 갈라지는 원인이 되었다. 전라도는 곡창으로 물자가 풍부한 곳이므로 조선후기에는 다른 지방보다도 궁방이나 관아에서 둔전을 설치하고 있었기 때문에 농민들은 항상 가혹한 수탈을 당하였다. 그런데다 개항 이후 대량의 미곡이 일본으로 수출되면서 경제적 압박은 가중되었다. 그러므로 전라도의 동학도들은 종교적인 면보다 정치적인 면에 더 관심이 많았고 현실의 고통을 제거해야 한다는 강한 의식을 가지고 있었다.

전라도 가운데서도 고부군은 가장 불만이 고조된 지역이었다. 당시 세도집안인 풍양조씨 일족인 조병갑이 군수로 부임해 갖가지 명목으로 탐학비행을 자행하였기 때문이다. 농민들은 조병갑의 극심한 탐학에 몹시 분개하였으나 힘을 갖지 못해 어떻게 할 수 없어 억울한 사정이라도 진정하기 위해 1893년 12월에 이 지방의 동학접주 전봉준에게 관에 올릴 진정서를 써줄 것을 부탁하였다.

전봉준은 태인현에 거주했고 향반으로서 그 지방의 훈장으로 있었다. 이에 전봉준은 2차례나 50여 명의 농민과 더불어 고부관아에 가서 조병갑에게 진정하였다. 그런데 오히려 전봉준은 장두(狀頭)라 하여 구속되기도 했다. 그러자 전봉준은 1894년 1월에 동지 김도삼과 1천여 명의 고부군민을 마항(馬項: 말목)장터에 집합시켜 고부관아를 습격하였다. 이를 흔히 고부민란이라 칭한다. 여기에는 동학도에 속하는 사람은 적고 대부분 일반농민들이었다.

고부민란은 조병갑의 학정에 대한 농민폭동으로 그 자체는 이전에 있던 민란과 크게 다른 것이 아니었다. 그러므로 단기간 내에 해산하고 정부의 사태수습을 기대했다. 그러나 정부에서 파견한 안핵사 이용태가 일체의 죄를 동학도에게 돌려 횡포만 더하자 전봉준은 1894년 4월에 동학접주에게 통문을 보내 보국안민을 위해 과감히 일어설 것을 요청했다. 이에 손화중·김개남 등 접주들과 동학교도들이 고부군에 있는 백산에 창의소를 설치하고 각지의 농민들이 집결하여 의거하였다.

동학농민군은 관군과 보부상부대를 황토현에서 격파한 뒤 동학창의의 취지를 천명하는 포고문을 발표하였다. 이에 정부는 홍계훈을 양호초토사로 임명하여 경군 8백여 명과 포 4문을 보냈다. 이들은 장성 남쪽인 황룡촌에서 동학농민군과 접전을 벌였으나 패배했다. 1894년 5월에 사기가 더욱 높아진 동학농민군을 이끌고 전봉준은 호남의 중심지인 전주를 점거하고 12개조의 「계령」을 발표하여 보국안민의 기치를 다시 한번 표방하였다.

한편, 최시형이 이끌고 있는 충청도 동학도들도 충청도 일원에서 전과를 올렸으나 곧 자진해산해 버렸다. 그 이유는 무력봉기에 반대하여 소극적 태도를 견지했기 때문인지, 아니면 다른 이유가 있었는지는 현재까지 확실히 밝혀지지 않고 있다.

반봉건 개혁의 추진

　고부민란의 폭발 이후 동학농민군이 제세안민 제폭구민을 내세워 반봉건적인 성격을 뚜렷이 하여 그 세력이 전라도 전지역으로 파급되자 민씨정부는 사태수습을 위해 청에 군사적 원조를 요청하였다. 이리하여 청군이 충청도에 상륙하여 진을 치게 되었고, 일본군도 1885년의 텐진조약을 내세워 조선정부가 요청하지도 않았는데 군대를 인천에 진주시킴으로써 양국 사이에는 점차 험악한 분위기가 조성되었다.
　일본군의 출병은 우리 주권을 무시한 일방적이고 불법적인 출병이었다. 이에 정부는 동학농민군을 하루 속히 회유시켜 해산케 할 필요를 느껴 휴전교섭을 제의하는 한편 홍계훈에게 효유문을 작성케 하여 동학농민군에게 전달하는 등 선무공작을 꾀했다.
　한편, 동학농민군은 경군의 포격을 받아 많은 사상자가 생겨 다소 전의를 잃었고, 고향에 돌아갈 경우 물침표(勿侵票)라는 통행증을 발부하여 안전하게 귀가할 수 있도록 해주겠다는 선무공작에 마음이 동요하고 있었다. 또 이 때는 농번기라 농민군들의 귀향심은 더욱 강하게 일어나고 있었다. 이에 전봉준은 동학농민군의 요구를 들어주겠다는 정부군의 제의를 받고 이는 소청에 의한 본래의 목적을 달성할 수 있는 기회라 생각했다. 그 결과 폐정개혁을 조건으로 1894년 5월에 이른바 전주화약이 성립된 것이다.
　이 때 동학농민군이 제시한 폐정개혁안은 일정한 안이 마련되어 있었던 것이 아니라 운동이 진전됨에 따라 첨가되고 수정된 것이었다. 그 조항은 크게 두 가지로 요약될 수 있다. 첫째는 탐관오리들의 부당한 가렴주구를 배격하는 것이고, 둘째는 외국상인들의 침투를 반대하는 것이었다.
　전주성에서 해산한 뒤 동학농민군들은 각기 자기 고향으로 돌아갔다. 그런데 동학농민군이 휩쓸었던 지역에는 치안과 행정이 거의 마비상태에 있었고, 또 그것은 간단히 복구될 것 같지도 않았다. 농민들은 들떠 있었다. 상당수의 수령들이 도피하고 없었기 때문이다. 그러므로 전라관찰사 김학진은 할 수 없이 전봉준을 불러 타개책을 협의하였다. 그리하여 전라도 53주·읍에는 집강소라는 일종의 민정기관을 설치하여 동학도들이 지방의 치안을 담당하게 되었다. 집강소에는 한 명의 집강과 그 밑에 서기 등 열 명의 임원이 있고 전주에는 집강소의 총본부인 대도소(大都所)를 두어 전봉준이 이를 총지휘하게 되어 있었다.

집강소 조직에서는 의결기관과 실무기관이 이원화되어 있었다는 점이 주목된다. 돌아온 수령은 형식상 자리에 앉아 있을 뿐이고 요직에는 행정에 대한 지식이 있는 잔반이나 향리들이 임명되었고, 모두 다 동학에 입적해야만 자리를 보전할 수 있었다.

한편, 집강소는 치안을 담당하였을 뿐만 아니라 폐정개혁도 추진하였다. 여기서 행해진 개혁의 요강은 12개 조항으로 되어 있다. 이를 요약해 보면 탐관오리·양반유림·토호들의 탄압과 경제적 수탈을 중지하고 신분상의 모든 차별대우를 폐지하며, 일본의 침략에 내통하는 자를 엄징할 것과 경작지를 농민에게 균분하여 그들의 생계를 보장해 줄 것 등이다. 이 같은 집강소를 통한 혁명운동은 농민들로부터 큰 환영을 받아 동학 세력은 남으로는 경상도까지 북으로는 함경도까지 미쳤다.

반침략투쟁으로 전환

전주화약 이후 동학농민 세력은 전라도 각지에 집강소를 설치하고 지방 행정과 치안유지를 담당하고 있었다. 그리고 이들은 청·일 양국군의 철수와 정부가 자기들의 요구한 개혁안을 실시해 줄 것을 기대했다. 그러나 청·일 양국의 개입으로 이제는 모든 사항이 순전한 국내문제로 귀결될 수 없게 되었다. 정부가 청에 원병을 요청한 이후 청군이 상륙했을 때는 이미 그 임무는 소멸되어 있었다. 즉, 동학농민군의 봉기를 진압하기 위해 파견되었으나 조선의 관군과 화약이 성립되어 동학농민군은 전주성에서 자진해산을 했기 때문이다.

한편, 일본은 청의 파병에 대해 예민한 반응을 보이다가 마침 당시 국내사정이 내각불신임과 의회해산 등으로 몹시 불안하자, 이러한 불안을 대외문제로 돌려 해소해 보려고 우선 혼성 1여단을 조선에 파병하였다. 또 일본의 군대를 파병한 데는 일본군부의 건의가 절대적으로 작용하였다. 즉, 참모본부에서는 동학농민군의 활동이 확대되자 독자적으로 정보장교를 보내 정보를 수집하였다. 그들은 동학농민운동을 계기로 병력으로써 조선정부의 개조를 단행하고 갑신정변 이후 부진한 일본세력을 회복해야 한다는 것을 내세워 강경하게 파병론을 주장한 것이다.

주한일본대리공사 스기무라 쥰(杉村濬)이 정부에 일본의 파병을 통보하자 정부에서는 강경한 항의를 하였다. 즉, 동학도의 봉기는 점차 평정되어 가고 있는데 일본군이 갑자기 들어오면 평지풍파만 일으키게 된다는 것이다. 이에 대해 스기무라는 제물포조약에 의거하여 공사관을 호위하기 위해 파병한 것이라고 변호하였다.

그리고 일본정부는 청국에 청·일 양국의 공동으로 조선의 병란을 진압함과 아울러 내정개혁하자고 제의했다. 이는 청이 거부할 것을 내다보고 부득이 일본 단독으로 조선의 내정을 개혁할 수밖에 없음을 전세계에 선전하기 위한 술책이었다.

청국정부의 회답은 일본측이 예기한 대로였다. 즉, 청국은 병란이 이미 진정되었으니 청·일 양국이 공동토벌할 필요가 없게 되었고, 내정개혁은 조선국이 자발적으로 할 문제라 하여 일본측 제안을 전면 거부하였다.

하지만 일본은 2대대의 병력을 서울로 진입시키는 한편, 오토리 공사는 고종에게 조선의 내정개혁을 강조하고 개혁안 조사위원을 임명하여 일본과 협의하라 강권했다. 이에 고종이 일본의 호의는 고마우나 일본군의 서울진입은 민심을 불안하게 하니 속히 철병하라고 요청했다.

이에 고종은 독자적으로 개혁을 실시코자 전·현직 대신 15명을 당상으로 임명하여 교정청(校正廳)을 설치하였다. 이렇게 되자 일본군 1894년 7월 23일 서대문으로부터 침입하여 경복궁을 점령한 채 조선군의 무장해제를 단행하고, 흥선대원군을 앞세워 신정권을 수립하였다. 그리고는 신정권의 명의로 기왕에 체결된 모든 조약의 폐기와 주둔군 철수를 청에 통보하고는 전투행동에 돌입하였다. 7월 26일을 기해 일본 연합함대가 충청도 풍도 앞바다에 주둔하던 청국군함에 기습포격을 가해 격침시키고 8월 1일 정식으로 선전포고하였으니 곧 청일전쟁이다.

전봉준은 일본군이 경복궁을 점령하여 민씨정권을 몰아내고 흥선대원군을 세워 신정권을 세웠다는 소식을 접하자 일본군을 축출하기 위한 궐기를 결심했다. 전봉준이 접주들에게 통문을 띄우자 집강소를 통해 연락이 이루어져 전라도 각 읍의 동학농민 10만여 명이 삼례역에 집결하였다.

이에 대해 교주 최시형을 받들고 있던 충청도의 북접은 처음에는 종교적 입장을 고수하여 남접의 무력투쟁에 반대했었다. 그러나 오지영 등의 조정책이 성공하여 항일구국투쟁이라는 명분 앞에 대동단결하기로 하고, 손병희 지휘 아래 10만 명의 북접 동학농민이 모이자, 곧이어 남·북접 20만의 동학농민군이 논산에 집결하였으며, 여기서 전봉준은 강렬한 척왜정신에 입각한 축멸왜이를 내세워 구국정신을 고양시켰다. 남·북접군이 논산에서 집결할 무렵 그밖에 여러 지방에서도 산발적으로 동학농민군의 항일투쟁은 벌어졌다.

일본군은 청군과의 전투를 위해 개항장을 비롯한 내륙 주요지역에 병참기지를 마련하여 병력을 배치하고 부산과 서울 사이를 연결하는 군용전신선을 가설하였는데 동학농민군은 병참기지를 습격하고 전신선을 절단하여 작전을 교란시켰다. 이에 일본정부는 별도로 독립 제19대대를 급파하여 동학농민군 토벌임무를 부여하였다. 이 때 일본의 주력부대는 청과의 전투로 압록강 넘어 만주에 있었기 때문에 조선에는 없었기 때문이다.

일본군은 조선정부군을 앞장세워 동학농민군을 공격하고 추격하였다. 동학농민군과 일본군의 결정적인 전투는 공주의 우금치전투였다. 6·7일간에 40·50여 회의 공방전이 전개될 정도로 처참한 전투였지만, 현대무기로 무장한 일본군과 관군에 동학농민군은 전라도 지역으로 후퇴하여 재기를 계획했으나 12월 30일 순창에서 전봉준이 체포되면서 운동은 막을 내리게 되었다.

전봉준은 즉시 일본군에 넘겨져 서울로 압송되고 재판을 받은 뒤 사형을 당했다. 이후 일본군은 황해도를 비롯한 전국을 수색하여 동학농민군을 철저히 섬멸하였다. 이로 인해 막대한 재산 및 인명피해를 입은 것도 사실이다. 이로써 '축멸왜이 진멸권귀'의 구호 아래 반침략·반봉건을 내세웠던 동학농민전쟁은 무산되었지만 그들의 봉기는 헛되지는 않았다. 그들의 폐정요구가 그 뒤에 추진되었던 갑오개혁에 반영되었고 각처에 산재해 있었던 동학농민군이 다음해부터 전개되는 반일의병운동에서 중요한 역할을 담당하였다.

동학농민군은 전주화약으로 인해 외국군을 끌어들일 수 있는 시간적 여유를 정부에게 주었고, 타도대상을 권귀에 한정했으며, 봉건체제 자체를 부정하지 못한 정치의식의 한계성을 드러냈다. 그러나 폐정개혁의 내용과 구국투쟁의 과정 속에서 반봉건·반침략의 성격을 아울러 지니고 있기 때문에 갑오농민전쟁의 역사성은 뚜렷이 부각될 수 있는 것이다.

일제시대의 동학에 대한 연구는 대체로 식민지 통치의 참고자료로서 연구되어 동학은 수준미달의 유사종교이며, 이 유사종교 단체가 일으킨 종교운동이 소위 동학란이라 규정지었다. 또 동학란 성격도 지극히 우발적이며 지향성이 성격이 결여되어 있다는 것이다. 이는 식민주의 사학자들이 동학과 동학란을 한국사의 내재적 발전과정에서 대상화하지 않은 식민주의적 사관에 입각한 연구태도에 기인한 것이다.

그러나 당시 일부 학자들은 동학란을 식민지화의 위기, 봉건말기적 위기 속에서 일어난 농민혁명으로 추적하기도 했다. 이들의 연구시각을 해방후 기본적으로 계승하고는 있지만 한국사회의 정체성론을 완전히 벗어나는 성과는 거두지 못했다. 그러다가 1950년 이후 동학란을 반봉건·반침략의 농민전쟁으로 파악하기도 하고, 근대 지향의 동학혁명으로 보는 시각이 나왔다. 이러한 연구성과는 대체적으로 동학과 농민혁명운동의 관계에 논의의 초점이 모아졌다.

첫째로 동학은 그 자체로서 혁명의 원리이며 따라서 동학의 전제 없이 농민전쟁이 발생될 수 없다는 주장이다. 즉 동학농민혁명론이다. 둘째로 동학은 농민혁명운동의 원리가 될 수 없고, 본 농민운동의 이념은 그들의 계급적 이익에 바탕이 된 것일 뿐이라는 주장이다. 즉, 갑오농민전쟁론이다. 셋째로 동학과 농민혁명운동을 유기적인 관련 속에서 파악한다. 즉, 동학사상 그 자체로서는 혁명·전쟁의 원리가 될 수 없으나 교문의 운동을 통하여 혁명운동의 주체세력이 형성되어 갔고, 그 사상은 혁명사상이 될 가능성도 있었으며, 그것이 현실화 될 계기도 사상 자체에 있었다는 주장이다. 따라서 동학란의 성격은 동학농민전쟁 혹은 동학혁명으로 귀결되어야 한다는 것이다.

그렇다면 동학사상이 농민혁명운동의 지도원리로 전파될 수 있었던 것은 무엇인가? 그것은 인내천사상과 후천개벽의 사회적 구현과 동학의 조직화였다. 그것을 매듭지은 인물이 전봉준이었으며, 그것은 전봉준이 동학사상을 실천적으로 해석하고 현실적으로 적용하였기 때문에 가능하였다.

6. 근대주의적 개혁의 시금석, 갑오개혁

●●●●● 갑오농민전쟁의 결과물

갑오개혁의 직접적인 배경은 우선 내적으로 문호개방 이전부터 줄기차게 이어져 온 민중의 개혁의지가 집약되고 강화된 갑오농민혁명군의 개혁요구에 있었다. 조선후기 봉건체제에 대해 비교적 체계적인 개혁안을 제시한 사상가 집단이 실학자군이다. 이들은 농민적 토지소유를 위한 토지개혁·계급타파 등을 주장하였고, 그러한 개혁요구는 한때 갑신정변에서 어느 정도 정책화되었다. 군민공치(君民共治), 문벌폐지, 인민평등권의 제정, 국가재정의 호조전관, 지조개정, 재능에 의한 인재등용 등의 개화당정책은 실학자들의 개혁요구와 본질적으로 일치하는 것이었다.

갑신정변이 좌절되어 개화정책은 일시 주춤했지만 갑오농민전쟁 단계에는 보다 강력한 개혁이 요구되었다. 농민전쟁 이전에도 중앙정부의 부패와 지방관리의 착취에 항거한 봉기로서 민란이 각처에서 일어나고 있었다. 동학농민군의 개혁안은 노비문서의 소각, 천인의 대우개선, 문벌타파에 의한 인재등용, 토지의 평균분작, 무명잡세의 폐지, 공사채의 일체무효 등으로 실학자와 민란의 개혁요구 및 갑신정변 당시 개화당의 개혁정책이 보다 집약되고 진전된 것이었다.

한편, 외적인 것으로 일본정부의 강요를 들 수 있다. 일본정부의 강요는 조선의 내정개혁보다는 행정 및 사회-경제체제를 침략에 알맞게 개편하고 청과의 이권경쟁에서 우위를 취한 수단으로 삼으려는 데 근본 뜻이 있었다.

일본은 갑오농민전쟁과 같은 민의 봉기를 예방하려면 내정을 개혁해야 하고, 조선에서 민의 봉기를 막지 못하는 한 동양평화는 불가능하다는 논리를 앞세웠다.

　이와 같은 허울좋은 선전구호로 일본은 개항 이후 대내적인 필요성에 따라 주체적인 내정개혁이 계속 강조되고 있던 당시의 현실적 여건을 배경으로 하면서 조선에서 청 세력을 완전히 격퇴하고 궁극적으로는 조선의 식민지화를 위한 기반을 구축하고자 조선정부와 청의 반대를 무릅쓰고 조선의 내정개혁을 적극 추진했다.

●●●●● 갑오개혁의 추진과정

　청과의 전쟁에 박차를 가해 오던 일본측은 그들이 제시한 5개 조항의 내정개혁을 실시할 것을 요구하였고, 이에 조선대표 3명과 일본공사 사이의 회담이 있었다. 여기서 일본측은 전문5조 28항목으로 된 「내정개혁세목강령」을 제시했는데 조선정부는 우선 일본군 철수를 요구하였다. 동시에 일본측의 개혁안은 대개가 이미 조선의 헌장과 같을 뿐더러 새로운 사항은 이미 설치되어 있는 교정청에서 독자적으로 실시하고 있다는 이유로 거절하였다.

　사실 교정청은 당상 15명, 낭청 2명으로 구성되었는데, 이는 내정개혁을 강요하는 일본측의 강권을 방비하기 위하여 조선정부가 취한 주체적인 내정개혁 기구였다. 그런데 교정청 총재관으로 임명된 전·현직 대신들이 대부분 병환을 빙자하여 참석하지 않았기에 성과를 거둘 수 없었다.

　일본은 원래 조선의 내정개혁을 구실로 청과 개전하려는 의도였다. 또 이권에 더 관심이 있었다. 이리하여 일본측은 군대를 출동시켜 경복궁을 점령함과 동시에 반일적인 민씨정권을 타도하고, 대원군을 수반으로 새로운 정권을 수립하여 제1차 개혁을 시작했다.

그런데 대원군과 일본측은 민씨정권을 타도한다는 점에서는 이해가 일치되었지만, 민씨정권 이후의 양자의 대립과 갈등은 염두에 두지 못했다. 보수·반일적인 점에서 민씨파에 못지 않았던 대원군이 정권을 장악하고 있는 이상 일본측이 의도하는 내정개혁은 물론 청과의 전쟁을 수행하는 데도 장애가 될 수밖에 없었다. 그러나 일본측은 자기들이 내세운 대원군을 곧 정권에서 배제하는 것은 명분상 곤란한 것이었기 때문에 '초정부'적 존재인 군국기무처라는 새로운 기관을 설치하고 중요한 정치문제를 처리하게 하여 대원군의 실권을 배제했다.

군국기무처는 일체의 정사·군사 등 국정을 최종적으로 심의·결정하는 합의제적 최고정책 결정기관으로서 서구식 위원회제를 모방한 것이다. 군국기무처는 김홍집을 총재관으로 하고 17명의 회의원으로 구성되었으며 회의에서 가결된 안건은 총재에 의해 대원군에게 상신되고 국왕에게 계언하여 재가를 받도록 되었다. 17명의 구성성분은 민씨파·친일파·중립파·대원군파 등의 연합이었지만 유길준·안경수 등 일본세력을 배경으로 하는 친일파가 중심이었다.

사실 군국기무처는 외관상 서구의 의회제 형식을 모방했지만, 그 실체는 조선주재 일본외교관과 친일개혁파를 중심으로 하여 다수결의 원리를 가장한 운영이었으며, 집단의 힘으로 대원군을 견제하는 데 있었다. 그러한 상황이었으나 4개월여 만에 208건에 달하는 근대적 개혁안을 의결했기 때문에 성공했다고도 볼 수 있다.

그러나 조선의 개혁파와 일본파는 반보수적 성격이라는 측면에서는 일치했지만 개혁파들도 일본의 침략적 정책에 잘 순응하지 않았고 특히 대원군의 방해로 군국기무처는 일본측이 의도한 기능이나 개혁안의 실현을 볼 수 없었다.

군국기무처를 중심으로 한 제1차 내정개혁이 답보상태에 이르고 국왕과 왕비파가 친일파와 획책하여 대원군을 거세하려 하자 일본 조야에서는 그에 대한 책임을 거론하며 당시 일본공사였던 오토리에 신랄한 비판과 공격을 가했다. 결국 청일전쟁의 일본측 승세와 더불어 추진시킬 대조선정책을 이미 퇴색한 오토리에게 맡길 수 없다는 판단 아래 현역 내무대신인 이노우에 가오루(井上馨)를 공사로 파견했다.

그는 부임하자마자 내정개혁의 필요성을 말하고 개혁은 자국의 정략과 일본인의 상업적 이익을 위하여 필요하다는 점을 밝혔다. 아울러 대원군 세력의 제거를 꾀했다. 이어서 이노우에는 군국기무처 중심의 개혁을 비판하고, 무력을 동원하여 제2차 개혁을 강요했다. 10월 23일 국왕을 다시 알현하여 정부 각 대신이 참석한 어전회의에 미리 초안한 「내정개혁강령 20조」를 제출하여 그 실시를 강권했다. 이 개혁안은 국왕의 수락으로 11월 21일에 성립된 김홍집·박영효 연립내각에서 추진되었다.

한편 국왕은 12월 12일에 왕비·왕세자·대원군 및 문무백관을 거느리고 종묘에 나아가 정치의 기본강령으로서 「홍범 14조」를 선포하고 자주독립국과 내정개혁의 실시를 선포했다. 「홍범 14조」의 내용은 일본공사가 제시한 「내정개혁강령 20조」를 기초로 하여 그것을 요약한 것이었다. 비록 「홍범 14조」의 선포가 일본의 간섭 아래 이루어지기는 한 것이지만 우리 최초의 헌법적 의의를 가지고 있으며 거기에는 전통적인 관인지배체제를 근대적인 통치체제로 전환시키려는 국가적 목표가 표방되었다는 데에 시사점이 있다.

「홍범 14조」의 발표 이후 계속하여 여러가지 제도개혁이 추진되었지만, 청일전쟁과 정부재원의 부족으로 내정개혁은 일시 중단되었다. 이후 연립내각의 갈등과 재정문제를 둘러싸고 일어난 내각내 혁신파와 수구파 사이의 분규로 역시 개혁의 전망은 흐렸다. 마침 삼국간섭으로 일본이 요동반도를 청에 환부하자 인아거왜(引俄拒倭)의 기풍이 조선정계에 감돌았다. 이에 초조해진 일본은 비상수단으로 일본세력을 회복하고자 1895년 10월 8일 일본공사 미우라 고로의 지휘아래 명성왕후를 시해한 이른바 을미사변을 도발하였다. 이후 다시 집권한 친일내각에 의해 을미개혁이 단행되었다.

근대주의 개혁의 내용과 역사성

왕실과 국가의 분리, 입헌주의로의 꿈

군국기무처를 중핵체로 하여 실시된 갑오개혁은 정치제도의 개혁부터 시작되었다. 제1차 내정개혁에서는 의정부관제와 궁내부관제를 구별하는 중앙관제의 개혁을 우선하였다. 이는 우선 국왕의 권한을 제한하고 왕실과 국가의 한계를 확실히 하기 위해 제도적으로 궁중과 부중을 구별하고 종래의 국왕직속 기관들을 궁내부에 이속시킨 것이다. 제2차 개혁에서는 종래의 의정부를 내각으로 개칭하고 의정부 밑에 있던 아문을 부(部)로 개칭하는 한편 종래의 8개 아문을 7개 부로 개편했다. 이는 종래의 의정부 기구를 대폭적으로 통·폐합한 것이다.

한편 제1차 내정개혁 과정에서 사법제도는 의금사 이하 재판소는 정부에 부속시켜 행정관으로 하여금 재판업무를 겸임케 하였다. 그러나 제2차 내정개혁에서는 재판소 구성법을 공포하여 형식상이나마 사법권을 행정권에서 분리시켰다.

또한 중추원은 내각의 자문에 응하여 법률칙령안과 내각의 자문사항을 심의·의정하도록 했다. 중추원이 비록 적극적인 기능을 발휘한 예는 없지만 일종의 입헌군주국가의 내각책임제도 아래에서 관선입법부라는 의미를 가졌다. 아울러 제1차 개혁에서는 문관품계와 육군계급품계가 개정되었으며 제2차 내정개혁에서는 품계에 따른 월봉제도가 수립되었다. 이로써 종래의 현물로 녹봉을 주던 것에서 품계에 따라 화폐로 지급하게 되었다.

또한 전통적인 과거제를 폐지하고 각종 고시에 의한 근대적인 관리임용제를 채택했다. 양반이나 상민을 불문하고 문·무반의 구별없이 관리에 임용될 수가 있었다. 이 개혁은 성과를 거두지는 못했지만 근대적인 행정체계를 구축하는 데 한 획을 그었다.

마지막으로 종래의 8도를 23부로 개편하고 부 밑에는 한결같이 군을 두어 지금까지 복잡하던 행정체제를 간소화하였다. 대지역주의에서 소지역주의로 변화한 것을 의미한다. 또 지방관의 사법권과 군사권을 박탈하였다. 이 개혁은 지방관의 봉건적 절대권력을 근본적으로 폐기하여 지방관의 횡포와 부패를 막고 지방행정체제를 중앙에 예속시켜 근대적 관료체제를 확립하려는 것이었다.

부르주아적 축적기구의 수립좌절

갑오개혁에서 가장 주목되는 것은 봉건적 자본축적기구[토지를 통한 인간의 지배체제]를 해체하고 상공업을 중심으로 한 부르주아적 축적기구를 확립하는 것이었다. 그것을 위해서는 국가재정의 일원화와 자본축적을 원활히 하는 은행제도 및 금본위제도의 확보가 필요했다. 일단 국가재정은 탁지아문으로 일원화시켜 왕실이나 기타 기관이 직접 수세하는 폐습을 막았다. 갑신정변 때의 정강에도 일체의 국가재정을 호조가 관장하게 하고 기타의 수세기관을 폐지한다는 조항이 들어 있었지만 정변의 실패로 이 때 처음 실시된 것이다.

그러나 종래의 왕실소유의 유리한 재원이 탁지아문에 이관되고 왕실이 정부의 재정적 지배를 받게 되자 그에 대한 대응조치로 왕실은 궁내부에 내장원(內藏院)을 신설하여 금·인삼 등 주요자원을 관장함으로써 재정의 일원화는 실패하게 되었다.

한편 신식화폐장정에 의하여 은본위제를 채택하고 상평통보 25개 가치의 백동전, 5개 가치의 적동전 등을 만들어 유통시켰다. 본위제 채택은 당연히 은행의 성장과 자본축적기구의 조성이 필요했다. 하지만 은행의 성장은 더였는데, 이는 실물가치의 성장이 뒷받침되지 못한 탓이었다. 나아가 상공업의 종합적인 발전계획이 없는 과정에서 단순한 제도의 근대화는 오히려 당대 실물경제의 혼선과 재화유통의 어려움을 더하였다.

게다가 신식화폐조례에는 같은 가치의 외국화폐도 사용할 수 있다는 단서를 붙여줌으로써 일본화폐의 국내유통의 길을 본격적으로 열어놓은 결과를 초래하였다. 그러나 경제개혁에서 실학자 및 동학농민군이 요구한 토지소유 문제가 전혀 반영되지 않았다는 점이 문제로 남는다. 단지 갑신정변 때의 정강에 있었던 지조법(地租法)의 개혁은 일부 이루어졌다고 볼 수 있다.

징병제 실시의 실패

본래 군사력의 근대적 개혁은 절대주의시대의 상비군제를 국민개병제로 전환하여 외세의 침략을 저지하는 한편, 초기 부르주아정권의 안정판 구실을 위한 반봉건적 무력으로 전환하는 것이었다. 일제는 조선에서 실시되는 그러한 국민개병제는 당연히 반대하였고, 고비용 비효율적인 신식직업군의 육성에 관한 계획서만 남발하였다. 일단 개항 이후 조선정부는 강병책으로 청과 일본제도를 도입하여 여러 차례 군사제도의 개편을 시도했으나 별 성과를 거두지 못했다.

제1차 갑오개혁을 시도하기 이전의 군제는 5위를 근간으로 하여 국왕의 친위군을 포함한 형식으로 그 병력은 약 6천 명에 불과하였다. 이것도 임진란 이후 의무병제를 용병제로 개편한 이래의 세습적으로 직업화된 장정들로 구성되었다. 그러다가 제1차 개혁시 의정부 관제중에 군무아문을 설치하였다.

군무아문의 직능은 전국의 육·해군을 통합하고 군인·군속을 감독하여 관내 재무를 통솔한다는 것이었다. 그리고 아문 밑에 8국을 두고 직으로 내신·협판·참의·주사 등을 임명하였다. 그러나 일본군에 의해 경복궁이 점령된 이후 무장해제 되었기에 친위영을 설치하는 이외에는 사실상 군대없는 군정이 이뤄지고 있었다. 이에 정부는 일본측의 주권침해에 대해 묵과할 수 없어 일본군의 왕궁철퇴와 군대의 재무장을 주장하게 되고 마침 구미외교사절이 동조함에 따라 일본측의 동의하에 교도중대(敎導中隊) 규모의 형식상의 군비를 갖추게 되었다. 이 교도중대는 일본군과 합동으로 동학농민군을 진압하는 전투에 참여하였다.

어쨌든 제1차 개혁에서는 일본측이 조선군의 재무장이나 군사제도 개혁을 저지하는 입장을 고수하였으므로 군사제도의 개혁은 미완성 부분으로 남게 되었다. 그러던 것이 김홍집·박영효 연립내각이 성립되면서 제2차 개혁에 가서는 육군장관직제와 군부관제를 공포하여 훈련대가 설치되었다. 974명에 달하는 훈련대는 박영효의 지휘하에 들어갔다. 이를 계기로 그는 종래의 2대대의 훈련대를 6대대로 확장하는 것과 훈련대 이외에 특과대(特科隊)를 설치·편성하는 것과 장교양성을 위한 훈련대 사관양성소 관제를 공포하는 등 다시 과감하게 군사제도 개혁을 추진하였다. 그러나 이 개혁이 추진된 지 얼마 안되어 박영효가 반역음모 혐의로 일본에 망명하면서 실질적인 군사제도의 개혁은 수포로 돌아갔다.

봉건질곡의 타파

갑오개혁의 수행과정 중에 정치·경제제도의 개혁과 더불어 두드러지게 나타난 것은 사회제도 개혁이었다. 특히 제1차 개혁에서 조선왕조의 전통적인 사회제도 전반에 걸치는 대대적인 개혁이 시도되었다. 즉, 반상의 계급타파, 과거제 폐지와 능력에 의한 관리등용, 공사노비의 법전혁파, 과부의 재가허용, 연좌법 폐지, 조혼금지, 의복제도의 간소화, 양자제도의 개선, 승교(乘轎)에 관한 규정 등이다. 이는 양반체제하 신분제도의 붕괴를 의미하는 것이다.

이들 문제의 대부분은 일부 실학자들이 거론하였고, 갑신정변의 정강에도 포함되었으며 동학농민군이 주장하고 제시했던 폐정개혁 12개조 내용이 대부분 포함되었다. 이렇게 보면 갑오개혁에서 사회제도의 개혁은 전통적인 조선사회의 근대화를 위해 절실히 요구되는 것이었다.

갑오개혁의 한계

갑오개혁의 추진과정에서 시무개화파가 개혁담당 정치세력으로 참여하여 실학자들과 민란·갑신정변·갑오농민전쟁 등에서 요구되었던 개혁안이 어느 정도 반영되었지만 그 한계도 뚜렷하다. 즉, 정치적인 면에서 볼 때 갑신정변시는 입헌군주제를 지향하는 군민동치(君民同治)의 정치관을 제시했는데 반해, 갑오개혁에서는 군민동치가 시기상조라 하고 다만 군주의 전제권을 견제하는 데 머물렀다.

경제적인 면에서 보면 경제적 근대화에 가장 중요한 관건이 되고 농민들에게 가장 절실하여 동학농민군이 요구했던 농민적 토지소유제가 갑오개혁에서는 전혀 논의되지 않았고 단지 지세금납화에 머물렀다. 그러므로 갑오개혁은 개혁 이후 그 개혁의 혜택을 누려야 할 민중에게보다는 일본측의 한반도 침략을 본격화하는 데 도움을 주는 제도적 개혁이 되고 말았다.

일반적으로 넓은 의미의 갑오개혁이라 하면 1894년 7월 27일 군국기무처가 설치되어 개혁안을 심의한 이후 1896년 2월 11일 아관파천 직전까지 이뤄진 근대적 제반 개혁을 총칭한다.

갑오개혁의 연구에서 가장 중요시된 점은 역시 타율성과 자율성의 문제이다. 먼저, 타율론은 종래 일본의 관학자들이 주로 제창했는데, 갑오개혁이 청일전쟁 이전에 일본측이 제안한 「내정개혁세목강령」을 지도원리로 하고 일본의 후견에 의해 진행되었다는 것이다. 이는 일본이 한국의 근대적 개혁에 공헌하였다는 '시혜적' 역사인식에서 비롯된 전형적인 식민사관이다.

둘째로 자율성론은 당시 갑오개혁이 한국사회의 내재적 발전의 요구를 반영했다는 면을 중시하여 그 진보적 역할을 적극적으로 평가한다. 즉 내외의 위기상황 속에서 소위 시무개화파가 일본의 내정개혁안을 지표로 삼지 않고 갑신정변 이래의 개화파의 국정개혁안을 지표로 삼았으며, 갑오농민전쟁을 대처하는 과정에서 농민측의 요구를 반영하겠다고 한 약속을 시행하기 위해 위로부터의 개혁을 시도한 주체적 개혁이라는 견해이다.

셋째로 갑오개혁의 제1단계에 해당하는 제1차 김홍집내각의 개혁만을 한정시켜 평가하는 이른바 한정자율론이다. 즉, 일본측에서 내정개혁의 분위기를 마련했지만, 실제로 이를 실천할 구체적인 의지와 관심을 결여한 채 이권확보에 급급했으며, 시무개화파 정권이 러시아를 비롯한 제3국과 결탁할 것을 우려해 일본측은 가급적 내정간섭을 삼가는 방관정책을 취했다는 견해이다. 그러니까 제1차 김홍집 내각이 군국기무처(7.23~9.18)를 통해 수행한 개혁은 기본적으로 시무개화파 인사들에 의해 자주적으로 진행되었다는 논리이다. 그러다가 9월 18일 이후부터는 신정권의 정치적 알력과 관련하여 일본측이 적극간섭으로 변질되었다는 분석이다.

넷째로 양면평가설은 갑오개혁이 한국사회의 내재적 발전을 반영하고 있는 측면을 높이 평가하면서 아울러 개혁주체가 외압에 대한 방어장치를 탈락시키고 있는 측면을 간과할 수 없다는 견해이다.

이상의 갑오개혁에 대한 평가에서 주목되는 점은 종래 우리의 진보적 개혁을 친일적 종속과 동일시하는 감정적인 베일을 벗어나 역사를 주체적으로 재구성하고 객관적으로 재검토하려는 의지가 커진다는 점이다.

7. 독립협회와 대중민주주의의 확대

●●●●● 독립협회의 성립

갑오농민전쟁이 외세의 무력개입으로 좌절되었고 청일전쟁에서의 승리로 일본이 기세를 올렸으나, 곧 3국간섭으로 러시아의 한반도 진출이 현저해졌다. 이를 저지하기 위한 일본의 책동으로 명성황후시해사건이 벌어졌다. 이렇듯 국내정세는 급변해 가고 있었는데, 이 와중에 갑신정변 뒤 미국에 망명했던 서재필이 의사가 되어 1895년 말경에 서울에 돌아왔다.

유길준을 비롯한 시무개화파 정부의 강력한 권유에 의해 중추원 고문이 된 그는 신문발간의 위한 정부의 재정적 지원을 약속받았다. 그럼에도 일본측이 일본인 간행의 「한성신보」만으로도 충분하다는 반대에 맞닥트려 위기를 맞았지만, 박정양 내각이 간행을 위한 정부보조금을 약속하면서 마침내 「독립신문」이 발간되었다(1896. 4. 7). 여기서 「독립신문」의 창간에는 서재필의 개인업적도 중요하지만, 사실 국내의 시무개화파가 국민계몽을 위하여 자금 및 시설과 인력을 공급했기 때문에 가능했다.

이 신문은 4면으로 되어 있는데 1면에서 3면까지는 순한글로, 4면은 영문으로 논설을 비롯하여 국내의 정치활동을 소개하였다. 「독립신문」이 역점을 두었던 것은 민권·법치주의와 나라의 주권수호 등이었다. 나아가 독립협회와 만민공동회의 사상형성과 그 운동을 지원하는 데 큰 역할을 하였다.

한편 서재필은 팽창하는 대외세력과 무능한 정부의 실정을 규탄하고 시정을 촉구하기 위해서는 결속된 집단적 힘이 필요함에 절감했다. 그는 당시

주한외교관들의 한 친목단체였던 정동구락부(貞洞俱樂部)에 출입하는 조선인들과 더불어 독립 의지를 집약적으로 나타내는 파리의 개선문 같은 상징적인 건물인 독립문의 건립을 합의하고 이를 추진하기 위한 핵심체로 독립협회를 발족했다(1896.7.2).

독립협회는 시무개화파로서 갑오개혁을 주도했던 건양협회계(建陽協會系), 조선주재 외교관들과 교제폭이 넓었던 정동구락부계 관료, 실무자급 중견관료층인 독립파 관료계 등이 주요 구성원이었다. 회장은 안경수, 위원장은 이완용이 맡았으며 서재필은 고문으로 초대되었다. 그리고 서울에 본부를 각 도에 지회를 두어 전국적인 조직을 구성했다. 처음에는 비정치적인 것이면서 사회적으로 영향력있는 계층이 그 추진세력으로 등장하였고, 독립협회가 주장한 독립이념도 사회 전반의 지지와 환영을 받았기에 출발은 대단히 순조로웠다.

●●●●● 근대부르주아 대중운동의 논리

자주독립을 위하여

독립협회의 운동론은 세 가지 사상적 계보를 들 수 있다. 첫째로 서재필·윤치호 등에 의해 도입된 서구 시민사상의 영향을 받은 사상적 경향을 들 수 있다. 이들은 개항 전후의 초기개화파의 영향을 계승하면서 서구시민사상을 적극적으로 도입·수용하여 「독립신문」을 매개로 이를 소개한 것이다.

둘째로 개항 직후의 소위 동도서기파의 범위에 속해 있으면서 개신유학적 학풍을 배경으로 하여 국내에서의 전통적 교육과 신교육을 함께 받고 형성된 사상적 경향을 들 수 있다. 남궁억·정교 등으로 독립협회 안에서는 중간간부 계층을 형성하면서 「황성신문」을 통해 서구시민사상 가운데 우리에게 필요하다고 생각되는 요소만 선택·수용하자는 주장이었다.

셋째로 당시 우리나라의 사회-경제적 발전을 반영한 사상이다. 개항 이후 새로이 대두한 시민계층·농민층·신지식계급 등 각계의 사회세력은 열강의 침략에 크게 위기의식을 느꼈고, 사회문제에 대한 해결방법을 체계화했다.

이러한 사상형성에 가장 큰 영향을 준 것은 실학사상 같은 내재적 발전의 흐름이었고, 또한 서구시민사상이나 동학과 기독교의 영향도 무시할 수 없다.

독립협회는 열강의 침탈을 이기고 독립의 기초를 확고히 하려면 민권신장이 무엇보다도 우선이라 여겼다. 독립협회는, 당시 수구파 관료들이 민권이 신장되면 군권(君權)이 위축되므로 군권을 확립하려면 민권을 억압해야 한다는 주장에 대해, 민권이 성장해야 나라가 부강해지고 군권이 확립된다고 했다. 결국 독립협회는 군권의 개념을, 대외적으로 국가의 주권과 부강의 상징으로 그 개념을 좁혀 보고, 대내적으로는 민권을 신장하면 주권이 강화되고 군권도 강화된다고 보았다.

또한 독립협회는 국민의 애국심은 천부지성(天賦之性)이며 자주국권을 지키는 정신적 원동력이라 하여 국민의 애국심을 매우 중시했다. 왜냐하면 봉건질곡으로 인한 독립상실을 국가의 상실로 생각지 않고 조선왕조의 멸망으로만 보는 감정이 지배하게 되어 국민의 반침략 의식이 약화되었다는 논리이다. 그리고 당시 조선이 직면한 위기가 왕조말기적 위기가 아니라 민족적 위기임을 제창하고 나라를 사랑하는 계몽운동에 전력하려 했다. 이에 독립협회는 자주국권론 이외에도 이권반대론·중립외교론·개화자강독립론·민족문화론 등을 주장했다.

자유민권과 자강을 위하여

국가의 구성요소는 국민이기에 국가가 자주독립을 하여 부강히려면 국민 각 개인이 자주독립하여 부강해야 하며, 이를 위해서 국민의 권리를 보장해야 한다고 보았다. 독립협회의 민권사상은 첫째로 전통적인 지배계층의 전근대적 수탈에서 민중을 보호하기 위한 신체와 재산권의 보호라는 측면이다. 그리고 기본권으로서 언론・결사(結社)의 자유권을 보장하며, 이를 위해 연설회・토론회・협회 및 민회의 조직 등을 제시하고 있다. 또한 인민평등권을 전제로 신분제도 폐지와 남녀평등을 논하고 있으며, 인민의 자유론과 평등론에 기초하여 인민이 나라의 주인이며 권력이 국민에게서 나온다는 소위 인민평등권론을 전개했다.

아울러 인민주권론에 기초하여 적극적인 인민참정권론을 전개했는데, 인민참정권을 제도로서 실현시키기 위해 우선 지방관의 선거제도를 통한 선출을 구상하였고, 나아가 중앙정치의 차원에서는 의회를 설립하여 전제군주제를 대의군주제로 개혁할 것을 주장하였다. 그런데 독립협회의 인민주권론은 군주가 다만 상징적인 존재로만 있고 주권이 완전히 국민에게 돌아가는 완전한 입헌군주론과는 거리가 멀었다. 그리고 인민참정권론도 국민의 정권담당 능력을 완전히 인정하고 있지 않다.

한편 독립협회는 자주국권을 지키기 위해 자유민권에 기초를 둔 자강·개혁사상을 전개하기 위한 구체적인 방안으로 정체는 전제군주제를 지양하고 삼권분립이 실현될 수 있는 근대 국민국가체제를 확립하고자 했고, 의정부를 내각책임제로 개혁하여 강력한 자강내각을 구성할 것을 구상하였다. 이러한 자강정책의 시행을 위한 기초작업으로서 우선 행정과 재정제도의 전면적이고 근대적인 개혁을 구상하였다.

다음으로는 신교육 진흥이 자강개혁정책의 실현을 위해 근본적인 사업이란 전제 아래 학교의 설치와 여성교육의 중요성을 강조했다. 또한 산업개발을 통한 국방정책과 사회관습정책론안도 제시하고 있다. 그런데 독립협회가 제시한 국방론은 국민혁명 달성을 위한 국민병이 아니고 황제권을 지키기 위해 동학군이나 의병을 탄압할 목적으로 양성하는 군대, 즉 절대군주의 용병과 같은 역사적 성격의 군대를 양성하고자 했다는 데 그쳤다.

독립협회의 종말

만민공동회는 두 가지 형태가 있었다. 그 하나는 독립협회가 주최하고 조직하는 독립협회의 민중동원집회이며, 다른 하나는 독립협회와는 관계없이 일반민중들이 자발적으로 조직하는 만민공동회였다. 만민공동회는 만민소(萬民疎)와 같은 다수 명의의 상소운동과는 달리 민중들이 직접 참여하는 대중적 정치집회이다. 따라서 국정개혁의 기본방향인 이른바 6개조로 된 「인민헌의안」을 국왕으로 하여금 재가하게 하고 「중추원장정」 제정·실시 등 국가의 중대정책을 변경토록 요구하였다.

이는 광범한 민중들이 개화운동의 전면으로 등장한 것과 관련이 있다. 즉, 독립협회와 만민공동회가 정부에 제시한 중추원개혁안은 반관반민의 대의정치의 과도적 형태이지만 지금까지 유명무실했던 중추원을 민의를 반영할 의회로 개혁할 것을 요구한 것이다.

한편, 고종은 민심에 영합하여 자주국가체제를 취하고자 국호를 대한제국으로 고치고 광무라는 연호를 세웠으며 왕의 호칭을 황제라 변경했다. 또한 독립협회와 만민공동회의 건의를 받아들여 중추원을 개편하는 등 이른바 광무개혁을 추진했다. 그러나 이는 기본적으로 군권위주의 전제국가임을 전제로 황제권·입법권·행정명령권 등의 국가권리를 규정하고 있어 독립협회와 만민공동회가 예상하는 국가와는 거리가 멀었다.

결국 정부는 고종에게 독립협회와 만민공동회의 자주민권운동을 공화체제지향의 국가전복 음모라고 보고하여 독립협회의 중심인물을 검거하고, 전국 보부상들로 조직된 황국협회를 동원하여 독립협회에 테러를 감행했다. 나아가 1898년 12월 25일을 기해 군대를 풀어 독립협회를 강제로 해산했다. 이로써 만민공동회도 자동적으로 해산되고 말았다.

독립협회는 그 운동방법을 언론과 집회에 한정한 탓으로 수구파의 폭력에 대해서 유효하게 대처할 수가 없었고, 그 운동이 주로 서울에 한정되어 어용단체인 보부상 집단의 황국협회의 폭력을 지방으로 분산시킬 수 없었으며, 사회·경제 기반의 미숙, 러시아 방어를 위하여 러시아의 남하정책을 견제하고 있던 미·영·일의 외교노선에 동조하였던 점 등의 한계성을 드러냈다. 그러나, 독립협회의 운동은 우리 역사상 최초의 대중운동일 뿐만 아니라 근대 민족주의운동의 새로운 전기를 마련했다는 점에 의의가 있다.

독립협회 관련연구는 해방 이후 한국인 학자들에 의해 활발히 연구되었다. 갑신정변 및 갑오개혁 등이 위로부터 개혁운동이었기 때문에 개화독립사상과 국민대중이 결합되지 못했는데 독립협회 운동에 의해 이 양자가 결합할 수 있었다는 데까지 연구가 진전되었다.

그런데 독립협회의 활동기간인 광무연간의 개혁운동 주류를 광무정권과 독립협회의 어느 쪽으로 보아야 할 것인가에 대해 상반된 견해가 대두했다. 그 하나는 광무개혁의 주체는 당시 권력을 담당하던 지배층이었다는 견해이다. 이들은 광무정권의 근대적 토지소유의 지계제도를 채택한 양전사업, 왕권을 절대화하기 위한 대한국국제(大韓國國制) 반포 등을 예로 들어 광무개혁은 신구사상을 절충한 가운데 종래의 개혁방안을 조정하고 근대화 작업을 제도적으로 마무리지었던 지배층 중심의 개혁이었으며, 독립협회의 사상과 활동이 광무개혁의 뒷받침이 되었다고 주장하고 있다.

한편 광무연간의 개혁운동의 주류를 독립협회·만민공동회로 보는 견해에서 보면, 이들은 당시의 지배층은 복고적인 수구정책으로 일관하여 아래로부터의 개혁운동을 탄압하고 민중수탈에만 급급하여 개혁다운 개혁은 하지 않았고 양전사업도 토지개혁이 아니라, 조세수탈정책이었다고 주장하고 있다. 이러한 견해는 결국 광무개혁의 개혁 자체를 인정하지 않고 또 그 역사성도 부인한다. 그런데 대한제국기에는 경제적·사회적 개혁이 다소 이루어졌다는 점에 대해서는 인정되어야 할 것이나 본질적인 개혁이 이루어지지 못했으므로 개혁의 역사적 의의는 그만큼 감소될 수밖에 없을 것이다.

쉼터 19

우리나라에 왕이 없는 이유

대원군 정권기간 동안 전에 없는 국정개혁과 적폐해소를 통하여 민중의 지지를 끌어내는 데 성공함으로써 조선왕조의 체제 내 위기는 어느 정도 진정국면에 접어들었다. 그러나 서원철폐를 기점으로 대원군 정권에 대한 양반계급의 역공이 시작되었다. 서원철폐는 결국 많은 유학자들을 반대세력으로 만드는 결과를 가져왔다. 이에 대원군은 재야 유학의 거두 화서 이항로를 중용하는 등 초야의 선비를 예우하는 한편 이른바 유학진흥정책도 추진했지만, 고종 10년 1873년 최익현의 상소를 계기로 유학자들의 대원군 공격은 불을 뿜었다.

이 시점에서 흥미로운 것은 바로 고종의 행적이다. 고종은 대원군을 강경하게 반대하는 최익현을 승정원 동부승지로 임명함으로써 그의 주장이 조정에서 공론화되도록 조장했다. 상소가 올라오자 고종은 때를 만난 듯 "그대의 상소문은 실로 간절하고 애틋한 마음에서 나온 것이라 극히 가상한 일"이라 칭찬하고 그를 호조참판으로 승진시켰다. 이는 대원군에 대한 정면도전이었다. 이후 고종은 친정을 서둘러 1873년 11월 3일 친정을 선포했다.

또한 고종은 조정의 대원군 인맥을 제거하는 한편 박규수 등 개화를 지지하는 진보적인 인사들을 중용하여 대원군의 쇄국정책과 대비된 정책을 모색했다. 아울러 자신의 친정을 뒷받침할 척족 민규호(1836~1878)를 이조참판에 조대비의 조카 조영하를 금위대장에 발탁하여 각 정치파벌의 세력균형을 통한 친정강화를 꾀했다. 특히 대원군 제거의 공이 큰 유학계급의 이해를 반영하여 각종 세금을 감면하고 당백전 유통을 정지했으며 대외정책에서도 쇄국을 기반으로 한 대일타협 및 화해노선으로 전환했다.

결국 양반의 양보와 쇄국을 통해 국가적 위기를 극복하려 했던 대원군의 노력은 순식간에 민씨 일문에 의해 파기되었고, 그것은 고종이 권력을 얻기 위해 지불한 크나큰 역사적 손실이 되었다.

고종이 개화와 위정척사라는 두 가지 흐름에 대하여 취한 자세는 명백했다. 그는 어느 쪽이든 '반(反)대원군 노선'이면 좋았다. 대원군의 쇄국에 대해서는 개국정책으로 대응하여 일면 진보성을 보였으나, 양반계급의 기득권을 보장함으로써 다시 봉건악습을 재현했다.

고종은 천성이 우유부단하고 사물에 잘 현혹되었으며 공사의 구별이 없었다. 개화기 정치사가 친러·친일·친미니 하는 '낙지형' 정치관을 꾸린 것도 고종의 변덕과 밀접한 관련이 있다. 그러한 변덕은 소신의 부족에서 초래된 것이고, 소신의 부족은 지조와 의리를 중시하는 유학자나 노련한 경륜을 가진 양반관료에게 이용당하는 결과를 초래했다. 때문에 고종 초기의 개화정책은 일관성과 지속성이 거의 없었고, 대중적 지지기반도 없었다.

그러한 고종의 성향은 재위기간 동안 여러가지 크고 작은 문제를 일으켰다. 한때 개화정책을 시작하면서 고종은 식산흥업 즉 공업화 혹은 산업화를 실시하려고 러시아로부터 뽕나무를 수입한 적이 있었다. 같은 기간에 일본도 뽕나무를 수입했는데, 조선에 온 뽕나무는 후속조치가 없이 길거리에 방치되어 결국 말라죽었다. 그러나 일본으로 간 뽕나무는 일본 제사산업 발전에 크게 기여하여, 일본을 1930년대 세계 제1위의 방직공업국으로 만들었다.

또한 1884년에 영국이 러시아를 견제한다는 이유로 우리나라 남해안 거문도를 점령했으나 당시 고종과 측근신료들은 거문도 점령사실을 몇 달이 지나서야 중국으로부터 통고를 받고 알게 되었다. 그런데 더욱 기막힌 것은 당시 국왕과 측근 신료 가운데 누구도 거문도가 어디에 있는지조차 몰랐기에 우리 영토가 점령당한 사실이 없다고 역으로 중국에 통고하기조차 했다. 당시 위정자들의 근대적 국토의식이 얼마나 취약했는지를 보여주는 단적인 예이다. 당대로선 초고급인 3000톤급 구축함을 구입하여 결국 사용하지도 못하고 고철화 하고 말았던 그 기막힌 이야기는 고종의 개화논리가 얼마나 형식적이고 피상적인 것이었는지 잘 보여준다.

고종은 1864년부터 1907년까지 약 44년 동안 재위에 있었지만 제대로 실권을 장악한 것은 1873년 이후의 잠시 동안과 대한제국 초기(1897~1899) 정도였다. 초기에는 대원군에 의해서 그리고 중기에는 민씨 일족과 청나라의 간섭으로 말기에는 일본의 침략으로 실권을 행사할 기회가 거의 없었다.

이렇듯 실권을 행사할 기회를 얻지 못한 그는 자연히 기존 엘리트 양반관료세력에 대한 적개심이 커져 비천한 가문 출신의 측근세력을 양성하고 소심한 성격으로 인해 기회포착에 능한 명성황후의 정략에 대체로 놀아나는 형세였다.

고종과 명성황후는 둘 다 사치와 잡기를 즐겼다. 어느 왕인들 사치와 잡기가 없겠는가만 특히 이들의 사치는 호사스러웠다. 전통적으로 조선의 왕과 왕비들은 나라가 흉하거나 가물 때 민중과 백성의 아픔을 같이 하려는 제스처를 써왔다. 흉년에는 찬을 줄이고, 낡은 옷을 입는 등의 검소함은 왕의 미덕으로 오랫동안 전승되어 왔다. 일례로 성종은 누더기가 된 옷을 꿰매 입었고, 영조는 가뭄이 들면 간장만으로 수라를 받았다.

그러나 고종과 명성황후는 달랐다. 고종은 자동차에, 명성황후는 보석에 많은 관심이 있었다. 자신이 다스리던 지역에서 생산되는 금을 꼬박꼬박 잘 바쳐 출세가도를 달렸던 무식쟁이 이용익 이야기는 그들의 사치가 어느 정도였는지 말해 준다. 보석과 사치를 위해 명성황후가 유용한 금액은 전 국가재정의 6분의 1에 달했다.

운산금광 채굴권을 미국에 팔아 넘길 때의 일화는 더욱 기가 막힌다. 당시 운산금광의 채산성은 대체로 4000만 원 정도로 추산된다. 1907년 당시 우리 국민들이 일본에 진 빚을 갚아서 식민지에서 벗어나자는 이른바 국채보상운동을 벌일 때 일본에 진 빚이 총 1300만 원이었다. 산술적으로 보면 운산금광 하나만 잘 지켰어도 식민지로 전락하는 비운을 막거나 늦출 수 있었다는 것이다. 그런데 고종은 그 운산금광 채굴권을 단돈 2700원에 미국에 팔아 넘겼고, 그 돈으로 신식 자동차를 구입했다. 그 자동차는 지금도 창덕궁에 관광용으로 전시되어 있다. 아주 자랑스럽게….

그렇다면 다시 원점으로 돌아가 우리나라에는 왜 왕이 없을까 하는 질문에 답을 찾아보자. 의외로 그 해답은 간단하다. 적어도 일본의 왕은 근대사회로 접어드는 거친 격랑 속에서 왕이 주체가 되고 모범을 보여 근대화를 추진했다. 이른바 명치유신을 통하여 봉건 막부사회를 청산하고 일본을 근대 제국의 반열에 올려놓았다. 유신단계에서 명치천왕은 국가의 백년대계를 위해 아버지 효명천왕을 죽이는 만행까지 저지른다.

그런데 조선의 왕은 누란의 위기에 처해 무력한 개항을 꾀하여 국망의 싹을 틔웠고, 친러·친미·친청을 전전하다가 결국 남의 공사관에 몸을 기탁하는 신세가 되어 왕의 존엄성을 스스로 실추시켰으며, 기묘한 서구문물에 눈이 멀어 나라의 중요자원을 단돈 몇 천 원에 팔아 넘겼다. 이러한 왕으로서의 무능과 몽매함은 민중의 외면을 자초했고, 때문에 누구도 왕의 존엄과 존재가치를 인정하지 않게 되었다.

왕정이 좋은지 공화정이 좋은지에 대해서는 서구국가에서도 왕이 있으니 말할 수 없겠지만, 적어도 조선에서는 임금이 스스로 할 일을 못했고 나라를 망쳤다는 이유 때문에 1919년 대한민국임시정부는 왕정이 아닌 민주공화정을 표방했다.

최근 고종과 그 측근 관료들이 주도한 대한제국의 개혁(이른바 광무개혁)이 근대화 정책이었다는 평가가 나오고 있다. 물론 당시의 정책이 전 시대에 비해 '근대지향적'이었고, 그 결과물로 많은 조선인 자본가가 등장하고 기업이 발흥했으며 사회의 변화와 새로운 기풍이 나타난 것은 부정할 수 없다. 또한 대한제국의 근대화 정책은 자주적이고 주체적인 개혁을 통해 이뤄져야 한다는 문제의식 아래 일부의 고종측근인사들이 그 사실을 간파하여 상비군 육성이나 중앙은행 설립 등 탈식민지화 노력을 아끼지 않았다.

그러나 그 중대한 시점에서 고종은 무당을 궁중에 불러들여 죽은 명성황후의 혼령을 불러내는가 하면, 정부재정을 왕실 내장원 금고에 쌓아두면서 국가재정의 자립을 저해했다. 식산흥업 정책은 건강한 근대적 자본가를 육성하는 정책이 아닌 귀족 측근세력의 치부수단으로 전락했다. 아울러 관료제는 부정부패의 고리로 연결되어 있었고, 사회운용시스템은 극히 불합리했다.

따라서 당시 대한제국의 근대화를 주장하는 사람치고 고종과 그의 측근들이 추진하던 광무개혁정책에 고무된 사람은 없었으며, 안으로 근대화의 출로를 찾지 못했던 일부 관료들은 일본을 통한 근대화를 꿈꾸게 되었다. 일본 자본주의를 대한제국의 근대적 모델로 설정하려던 이완용·이지용·송병준 등 외세의존형 근대주의자들은 바로 그러한 광무개혁의 미숙함을 매국의 이유로 합리화했다.

1919년 고종의 죽음이 임박했을 당시 일제는 조선인을 대상으로 고종의 죽음을 어떻게 생각하는지 여론조사를 한 적이 있다. 이 조사에서 절반 이상의 조선인들은 고종의 죽음에 애도하기보다는 나라를 망치고 민족을 도탄에 빠뜨려 왜적의 노예로 전락시킨 장본인으로 대답했다. 물론 이 조사는 우리나라 강점을 정당화하기 위한 수단으로 실시한 것이지만 당대인들이 고종을 어떻게 생각하는지를 잘 보여주는 중요한 근거이기도 하다. 이러한 정황으로 미뤄보아 1919년 한국인들은 조선이 아닌 조선왕조에는 거의 미련이 없었음을 알 수 있다.

8. 의병전쟁과 반제-반침략운동의 확산

반침략 의병투쟁과 반봉건운동의 결합

구국의병전쟁의 출발(1895.10~1896.5)

갑오농민전쟁이 실패한 뒤 한때 흩어졌던 농민군은 명성왕후시해사건·

단발령 등에 자극이 된 유생들이 의병을 일으키자 이에 호응했다. 결국 척사위정사상의 흐름을 계승한 애국적 유생을 지도층으로 하고 동학농민군의 잔존세력이 힘을 실었다.

당시 가장 두드러진 활동을 전개한 것은 선산에서 일어난 허위 부대, 제천에서 거병한 유인석 부대, 춘천에서 거병한 이소응 부대 등이었다. 이들 부대는 공격대상을 일본의 동료패거리로 지목되던 왜 관찰사(倭觀察使)·왜 군수(倭郡守)로 삼아 지방 곳곳에서 국수보복(國讐報復)이라는 운동목표를 내세워 싸웠다.

그러나 아관파천으로 친일정권이 무너진 뒤 국왕의 회유정책에 의해 일단 해산하였다. 그렇지만 그 하부조직으로 생각되는 일부 세력은 '화적'·'활빈당'이라는 이름으로 다시 조직되어 부자의 재물을 빼앗아 빈민들에게 나누어주었고, 사전(私田)의 혁파, 철도부설권의 양여반대 등을 주장한 「국정민원(國政民寃) 13조」를 발표하면서 러일전쟁이 일어날 무렵까지 항쟁을 계속하였다.

이 시기 의병운동에는 척사위정사상이 지닌 대외적·반침략적 성격과 함께 보수적 성격이 농후했다. 아울러 양반·유생 출신 의병장들이 가지는 척사위정사상 가운데 반외세가 잔존 동학농민군의 요구와 일치되면서도 반봉건문제는 공감할 수 없었다. 왜냐하면 척사위정론과 운동은 서양 및 일본의 침략에서 나라를 지키려는 이론 및 행동이긴 하지만 본질적으로는 전제군주체제와 양반중심의 사회체제를 그대로 유지하려는 이론이며 운동이기 때문이었다. 그러므로 밖으로는 외적의 침략을 물리치고 안으로는 봉건적인 지배질서를 무너뜨리려는 농민군의 생각과는 커다란 차이가 있었다.

반일 애국전쟁의 진전(1905.4~1907.7)

러일전쟁 이후 일본의 독점적 지배와 1905년 11월의 '을사조약'을 계기로 서울을 중심으로 하는 유생의 항일상소와 분사, 시민의 대중적 봉기가 「황성신문」・「대한매일신문」 등의 지원 등으로 광범위하게 전개되었다. 이에 양반유생을 지휘부로 삼아 농민층의 의병운동이 전국적으로 확산되었다.

강원도 원주의 원용팔 부대가 제일 먼저 거병하였다. 뒤이어 충청도 홍주의 전참판 민종식 부대가 일어났는데 총기를 가진 군사가 6백여 명이나 되었고 6문의 화포도 갖추어 한때는 홍주성을 함락시켰다. 전라도 태인 무성서원에서의 전참판 최익현 부대는 9백여 명이나 되었으며 일본의 「기신배의십육죄(棄信背義十六罪)」를 발표하고 태인・순창・곡성을 공격하였다. 또 경상북도 영해의 평민출신 의병장 신돌석 부대는 3천 명의 군세로 경상도 동해안을 중심으로 일본군의 수차에 걸친 대토벌에도 불구하고 유격전을 벌였다. 경상도 영천의 정용기 부대는 흥해・영덕・청송 일대에서 활약하였다.

여기에서는 '국권회복'을 전면에 내세워 투쟁목표를 일본과 그 매판관료로 삼았다. 그리고 종래 유생지도층의 지배 아래 있던 농민군이 평민출신 의병장에 의해 독자 부대를 형성하여 활동을 전개하였다. 평민출신 의병장이 지도하는 부대의 특징은 기동력이 있는 유격전술이었다.

그리고 의병운동이 반침략과 반봉건을 결합함으로써 농민대중 속에 깊이 뿌리를 내렸으며 이로 인해 의병항쟁이 대중성을 띠면서 공간적인 면에서 전국적으로 확대되었다. 특히 평민출신 의병장 신돌석이 의병을 규합하여 독자적인 의병부대를 편성한 뒤 철저한 항전을 전개한 것은 이 단계의 의병전쟁의 성격을 잘 보여주고 있다. 하지만 전체적으로는 여전히 근왕운동적인 성격을 완전히 벗어나지는 못했다.

한국군의 참여(1907.8~1909.10)

이제 의병전쟁은 소위 국권방위전쟁의 성격을 띠게 되었다. 특히 한국군의 해산을 계기로 종래 의병을 탄압하는 대립적 측면에 있던 관군이 의병부대에 합류함으로써 의병전쟁은 그 규모와 성격에서 전환기를 맞았다.

군대해산에 반대하면서 제일 먼저 항일전에 나선 것은 원주 진위대와 강화도 분견대 장병들이었으며 수원·진주 진위대의 장병 등이 그 뒤를 이었다. 이들 장병들은 무기를 가진 채 주변의 의병부대에 투신하였기 때문에 의병전쟁 전체에 커다란 활기를 불어넣었다. 해산된 한국군이 각지의 의병부대에 가담하고 무기와 병력이 크게 강화되자 전국의 의병부대들은 마침내 서울진격을 목표로 연합전선을 형성하였다. 이인영이 13도 총대장에, 허위가 군사장이 되어 관동·교남·관서·호남·호서·진동·관북 등 전국의 의병대장이 인솔하는 약 1만 명의 병력이 양주에 집결하여 서울 30리 밖까지 진출하였다.

한편, 이인영은 각국 영사관에 사람을 보내 의병부대를 국제공법상의 전쟁단체로 인정해 줄 것을 요구하는 조치도 취했다. 그러나 이인영 부친의 사망으로 인한 군사지휘권의 양여와 각 부대 사이의 연결미비, 잘 훈련된 일본군의 완강한 저항으로 후퇴할 수밖에 없었고, 마침내 의병부대는 분산되고 말았다. 그리고 1909년 여름부터 일본군의 소위 '남한대토벌작전(南韓大討伐作戰)'에 의해 의병전쟁은 점차 약화되었다. 나머지 잔여의병들은 만주지방으로 망명하여 무장독립군에 가담하였는데, 이 시기 약 5만 명의 의병들이 전사하였다.

이 시기 의병전쟁의 성격은 첫째, 일본침략자와 민중의 민족적 모순이 한층 선명하게 첨예화하게 되었다. 이는 종래 의병운동을 탄압하는 데 이용되었던 관군이 의병전쟁에 합류함에 따라 더욱 확실해졌다. 아울러 의병전쟁에는 종래 동요하던 보다 광범한 계층이 참여하게 되었다. 양반·유생·농민·사병(士兵)·화적·사냥꾼·광부·장교 출신 등 다양하였다.

둘째, 해산된 군대가 의병에 합류함에 따라 종래 전술과 화력면에서 크게 열세였던 의병부대가 한층 우수한 전투능력과 장비를 갖추게 되어 일본군경에 대한 타격력이 한층 강화되었다. 그리고 해산군대는 의병장·부장 또는 의병부대의 핵심세력으로 활약함으로써 지휘관 문제가 해결되었고, 지휘와 명령계통이 체계가 잡혀 강인한 저항력을 발휘할 수 있었다.

셋째, 일본군경의 교활하고 세련된 토벌전술에 능숙하게 대처할 수 없었던 유생출신 의병장이 대부분 전사·체포·은퇴 등으로 이탈한 것에 반해 군출신 및 평민의병장이 등장하여 의병전쟁의 민중적 성격이 한층 강화되었고, 전법면에서도 유격전술을 기본으로 끈질긴 생명력을 보여주었다. 1908년과 1909년에 걸쳐 일본군이 조사한 전국의 의병장 및 그 부장 255명의 출신신분을 보면 25%에 해당하는 64명 만이 양반·유생 출신이고 그밖에는 평민출신이었다.

넷째로 의병전쟁의 참가인원수와 일본군과의 교전횟수가 급격히 증가했다는 사실이다. 구한국정부 경무국 조사에 의하면 1908년 후반기에만도 교전 1900여 회 참가의병수도 8만3천 명에 달했다고 되어 있다.

독립군으로 전환(1909.10~1914)

일본의 무력에 의해 한국이 식민지로 전락하면서 전후의 의병부대는 한층 힘든 항쟁을 계속해야했다. 그러나 잔존 의병부대는 일본군의 국지·집중적인 포위공격에 의해 1914년까지 지속되다가 유인석(柳麟錫)의 '북변지계(北邊之計)'에 고무되면서 항쟁기지를 중국 동북지방 및 러시아령 연해주로 이동하였다.

이 곳에서 활약한 구의병장으로는 간도의 홍범도(洪範圖)·차도선(車道善)·이동휘(李東輝), 연해주의 이범윤(李範允) 등을 들 수 있겠다. 여기에서 이들은 국권회복을 위한 의병군이 아니라, 독립성취의 무장독립군으로 광복투쟁을 전개함으로써 독립운동의 큰 전환기를 맞이하게 되었다.

의병전쟁의 실패원인 및 의의

　의병전쟁이 격렬했던 만큼 소기의 효과가 적었던 이유는 먼저, 의병의 기본세력이었던 농민의 반봉건적인 계급적 요구를 정치구호로서 전면에 내세우지 못했다는 점이다. 그렇기 때문에 국권회복의 요구가 일반 의병들의 계급적 요구와 결합되지 않아 반봉건적인 민중의 역량을 철저하게 의병운동 속으로 흡입하지 못했다.
　둘째, 의병집단인 농민·상인·수공업자·유생에 대한 통일적 지도가 보장되지 않아 지역간·의병장간, 또는 같은 부대내의 알력, 특히 유생과 농민의 위화감이 노정되었고 전술·장비에서도 청일전쟁·러일전쟁에서 승리하여 잘 지휘되고 통제되어 끊임없이 전술을 변화시켜 가는 일본군을 압도할 수 없었다. 당시 한국군의 장비는 화승총이었는데, 사정거리는 10보밖에 안되었으며 비바람이 일면 사용이 불가능했다. 이것도 10명에 2명 정도 소지하는 형편이었다.
　셋째, 의병전쟁은 국제적으로 고립된 상황 속에서 국제적 침략자에 대한 규탄과 외국의 군사원조가 절실히 필요한 시기에 이들의 지원을 얻을 수가 없었다. 이는 당시 외교권이 박탈된 상황과도 연결되지만 제국주의 열강이 분할점령이 거의 완료되었던 국제정세의 변화와도 관련이 있었다.
　넷째, 의병전쟁은 기성사회체제를 부정하고 새로운 사회체제를 이룩하려는 혁명이 아니라 도리어 개화라는 혁명의 배신에 대한 반혁명전 성격에서 크게 벗어나지 못한 점이다.
　그럼에도 불구하고 의병전쟁은 적어도 20세기 초반의 시점에 있어서 세계의 민족운동상에 유례가 없을 정도로 장기간 광범한 민중을 동원한 전국적인 무장투쟁이었다. 이러한 투쟁정신은 동학농민군에서 의병으로, 다시 무장독립군으로 연결되어 우리 민족운동사의 큰 줄기를 이루었다.

의병군은 일본의 군사적 폭력에 패배하여 식민지로 비록 전락했지만 도의적으로는 굴하지 않았으며, 이와 같은 자기희생적 애국주의는 일본 제국주의자들에게 공포의 대상이 되었으며, 한국병합을 그만큼 지연시켰다고 볼 수 있다.

9. 구한말 문화운동은 과연 반침략·반봉건운동이었는가?

●●●●● 문화운동의 맥락

1898년 12월경 독립협회와 만민공동회가 해산되자 한국사회에서의 정치활동은 잠시 휴면상태에 빠졌다. 그러다가 1904년에 러일전쟁이 발발하자 그해 7월 송수만·심상진 등이 서울에서 '보안회(保安會)'를 조직함으로써 정치활동은 재개되었다. 이 회를 조직하게 된 직접적인 동기는 일본인들의 황무지개척권을 반대하기 위한 운동의 전개였다. 이 단체는 일인들을 굴복시켜 황무지개척권을 철회시키는 데는 성공하였지만 그 뒤 곧 강제로 해산당했다.

다시 독립협회 계통의 인사들에 의해 '협동회(協同會)'·'공진회(共進會)' 등이 조직되어 설치와 해산을 거듭하다가 1905년 5월에 윤효정·이준 등에 의해 '헌정연구회(憲政硏究會)'가 조직되었다. 헌정연구회는 제왕이나 정부라도 헌법과 법률에 따라야 하고 국민은 법률에 규정된 권리를 자유로이 누려야 함을 주장하면서 의회제도를 연구·실천하는 데 목적을 두고 활동하였다. 그러나 얼마 뒤 을사조약이 체결되고 통감부가 설치되면서 대중적 정치집회가 금지되어 헌정연구회는 합법적인 정치활동을 할 수 없게 되었다.

그러나 1906년 4월에 장지연·윤효정 등이 발기인이 되어 '대한자강회(大韓自强會)'를 조직하였다. 이 회는 정치운동이 금지되었으므로 우선 산업을 진흥시키고 교육을 보급시키는 사회-문화운동을 전개하였다. 국권을 회복하려면 교육·산업을 일으켜야 한다는 기치를 내걸고 전국에 25개의 지회를 두어 월보를 간행하는 한편 연설회를 개최하여 그 영향력을 넓혀나갔다. 자강회 활동이 활발해지고 영향력이 커지자, 통감부는 불안을 느끼게 되었다. 여기에 더하여 고종양위와 정미7조약 체결에 대한 반대운동이 가열되면서 1907년 8월 마침내 강제로 해산되었다.

그 해 11월에 장지연·오세창 등의 발기로서 김가진을 회장, 오세창을 부회장으로 하는 '대한협회'를 발족시켰다. 대한협회도 역시 자강회의 사업을 계승하여 회보도 발간하고 전국 각지에 70여 지회를 설치하여 수만 명의 회원을 확보하였다. 그러나 통감부의 감시와 제재가 날로 강화됨에 따라 합법운동의 한계성이 노출되어 적극적인 활동을 전개하지 못했다.

이러한 실정에서 일부 지도자들은 비밀단체를 조직하기에 이르렀다. 안창호·양기탁·신채호·이동녕·이승훈 등 언론인·군인·실업인이 중심이 되어 '신민회'를 결성했다. 신민회는 민족의식과 독립사상의 고취, 청소년 교육기관의 설치, 상공업체의 운영을 통한 국민적 부의 증진, 공화주의 정체 수립 등을 활동목표로 삼아 실제로 평양에 '대성학교(大成學校)'·'태극서관(太極書館)'·'자기회사'를 설립하여 운영하였다.

그런 신민회는 한때 회원이 8백여 명까지 증가하였으나 운동방법을 두고 크게 두 계통으로 나뉘었다. 즉 미국에서 활동하다 귀국하여 신민회에 참가한 안창호 등은 계몽운동·실력양성운동을 주장했고, 이동휘 등은 무장저항운동을 주장하였다. 그에 따라 한일병합이 되면서 안창호는 미국으로 건너가 1913년 5월에 '흥사단(興士團)'을 조직하여 실력양성운동을 실천했고, 이동휘 등은 간도·시베리아 등지에서 항일운동을 전개하였다.

한편 국내에 남아 있던 세력은 병합 직후인 1910년 12월에 일본당국이 조작한 소위 '105인 사건'으로 크게 탄압받아 활동이 거의 중지되었다. 그럼에도 신민회의 일부세력은 은밀히 활동을 계속하면서 3·1운동에도 참가하였다.

이들 정치단체의 활동과 병행하여 사회운동으로 국채보상운동이 대대적으로 전개되었고 이 운동은 전국민의 호응을 얻어 금연운동 등을 통해 많은 의연금을 모금하였다. 또 다수의 학회가 창설되어 정치·사회운동을 전개하였다. 즉, '서우학회'·'한북흥학회'·'기호학회'·'관동학회'·'교남학회' 등이 설립되었고, 국내학회의 설치에 자극을 받은 일본유학생들도 '대한유학생회'·'태극학회'·'대한학회'·'대한흥학회' 등을 조직하였다. 이들 국내외 학회는 군단위로 지회를 두고 월보 같은 기관지를 발간하여 계몽활동을 활발히 전개하였다.

문화운동의 사상적 맥락

구한말 문화운동은 실학사상-개화사상-독립협회사상의 맥락을 잇고 있다. 먼저 실학의 정치사상에서는 군주는 민중의 지지를 얻지 못하면 민중에 의하여 교체된다고 하여 군주의 절대권을 일부 부인했고, 개화사상에서는 군민공치(君民共治)하는 것이 가장 좋은 것이라 하여 입헌군주제도 조심스레 타진되었다. 이어서 독립협회에서는 국민의 참정에 의한 입헌대의군주제론까지 성장하고 있다. 이 사상의 흐름을 이은 문화운동기 정치사상은 이전보다 발전적인 면이 엿보인다. 즉, 이 시기의 민족국가론은 군주입헌국을 중심으로 하되 일부 군주권을 거부하는 방향도 나타난다는 점이다.

둘째로 실학자들은 정덕(正德)중심의 도덕사회를 이용후생 중심의 경제

사회로의 이행과 이의 바탕이 되는 선진기술문화의 수용을 제창했다. 이어 개화파들은 근대적 회사설립을 요구하는 단계까지 발전하고 있다. 나아가 독립협회 단계에 이르면 회사설립을 촉진하는 산업개발론까지 성장하고 있다. 이에 문화운동기 단계에는 국민경제육성론으로 발전했다. 즉, 국민경제 육성론은 당시 제국주의적 침탈에 맞서 제시된 민족경제의 보호·육성을 위한 의식체계였다. 이에 문화운동가들은 이를 위해 세 가지 방안을 제시하고 있다. 첫째로 안일하고 게으른 국민성을 쇄신하여 근로생활이 국민자유·국가자유의 기초임을 깨달아 국민이면 누구나 생업을 가지도록 할 것, 둘째, 국민경제에 활기를 불어넣기 위해서는 과학기술의 혁신과 식산흥업이 신장되어야 할 것, 셋째, 국민경제를 지원·보호해 줄 국민정부가 설립할 것 등이었다.

그들의 식산흥업론은 물산을 증식시켜 부국강병을 도모한다는 데서 나온 것이다. 그러나 당시는 국가의 조직력·재정력을 대대적으로 동원하는 식산활동은 불가능한 일이었다. 그러므로 소규모적인 민족산업의 육성을 강조했으며 물산을 풍부케 하는 방침으로 기술혁신을 역설하고 있다.

한편 실학의 사회사상에서는 양반중심의 신분질서를 사농합일(士農合一)의 새로운 신분질서로 재편성 노력이 있었고, 개화사상에서는 사람된 이치는 천자로부터 필부에 이르기까지 조금도 차이가 없다는 천부인권론으로 발전되었으며, 독립협회 단계에 이르면 '신분제폐지론'·'사회관습개화론'으로 사회사상이 성장하고 있다.

이러한 맥락을 이어 문화운동기에는 애국계몽사상의 사회사상이 어떠했는가는 신민사상론(新民思想論)과 대동사상론(大同思想論)으로 발전하고 있다. 즉 신민사상은 근대시민의식의 체득강화와 함께 그 계몽을 위해 진작된 사상체계인 것이다. 이는 근대 자유-민권-자강사상을 한데 묶어놓은 것이다. 신민사상은 사회신화론적 역사인식을 받아들여 국민들로 하여금 을사조약 이후 절망적 시대분위기를 헤치고 근대 국민국가의 바탕이 되는 새 시민사회의 시민상을 정립시켜 준 데 큰 기여를 했다. 아울러 대동사상은 당시 상황에서 자유민권의 새 시민의식보다는 민족대동의 새 국민의식이 더 요구되었기 때문에 강조된 사상이다. 그 내용은 첫째, 국가주의의 고취, 둘째, 집단적 사회의식의 강조, 셋째, 단체주의 등을 강조하고 있다.

실학의 교육사상에는 주체적인 민족역사의 교육과 실업교육의 강화를 내포하고 있다. 개화사상에 이르면 실학사상에서 내포하고 있었던 것을 표면에 내세워 적극적인 장려책까지 논하고 있다. 독립협회의 사상에 이르면 신교육의 학제를 도입하여 이를 실시하자는 단계에까지 이르고 있다.

이러한 맥락 위에 문화운동기의 국민교육론은 열강의 부강은 경제력을 바탕으로 한 기술문명의 발달에 기인되며, 기술문명의 발달은 국민지식 보급의 성과이고, 국민지식의 보급은 국민교육으로부터 선도되었다는 인식을 형성하고 있다. 그래서 국민교육의 목표는 국권회복과 인권신장에 두며 국민교육의 당면과제로는 국가주의 교육에 두었다. 국민교육의 정신은 '국혼(國魂)'·'국수(國粹)'로 설명하고 있으며 국민교육의 내용으로는 역사교육의 강화를 특별히 내세웠다. 아울러 그들의 교육구국론은 교육을 통한 구국의 방법을 제시한 것이다. 그들은 정신교육을 교육의 본질이라 규정하는 위에 새로이 정치교육과 역사 교육의 필요성을 제시하고 있다. 또한 가정교육의 기초를 공고히 하기 위한 방편으로 여성교육의 중요성을 강조하고 사범교육의 필요성을 제시하고 있다. 나아가 국민보통교육과 의무교육의 실시도 주장하고 있었다.

문화운동

당시 문화운동의 국권회복을 위한 기본구상은 국내에서는 국민의 애국주의와 신지식으로 계발하고 청소년을 국권회복운동의 새로운 민족간부로 양성하며 내부실력을 양성하는 것이었고, 국외에서는 독립군 기지를 설치하고 독립군을 양성하는 것이었다. 그러다가 일본 제국주의가 더욱 팽창하여 중일전쟁·미일전쟁 또는 기타 일제가 감당하기에 힘겨운 다른 전쟁이 일어나는 절호의 기회가 오면 독립군이 국외로부터 국내로 침공하여 '독립전쟁'을 전개하고, 국내에서는 그 동안 준비한 실력으로 총단결하여 봉기해서 내외가 호응하여 우리민족의 실력으로 일거에 일본 제국주의를 구축하고 국권을 회복한다는 것이었다. 이러한 전략에 따라 전개된 몇 가지 운동을 살펴보면 다음과 같다.

첫째, 신교육구국운동을 들 수 있다. 대한자강회의 신교육운동과 학교설립 호소에 민중들이 적극적으로 참여하여 1907년에서 1909년 4월까지의 짧은 기간 동안에 사립학교 수가 무려 3천여 학교에 달했다. 교육운동에는 자연스러이 언론계몽운동이 동반되었다. 「대한매일신보」·「황성신문」·「제국신문」·「만세보」·「대한민보」 등의 신문과 『소년』을 비롯한 각종 학회보를 중심으로 하여 전개되었다. 한편, 민족산업진흥을 위하여 각종의 근대회사 설립과 한국인 상공회의소 및 경제단체와 실업장려운동 등이 창설되었다. 이러한 경제력 성장을 바탕으로 국채보상운동을 전개했다. 즉, 일제가 침략정책의 일환으로 준 차관 1천3백만 환을 국민의 금연을 통하여 절약한 돈으로 상환하여 재정적 독립을 강화하자는 운동이었는데, '국채보상기성회'·'단연회(斷煙會)' 등의 결사단체를 통해 전개되었다. 이에는 해외유학생들도 적극적으로 호응했다. 또한 국학운동을 추진하여 한국의 국사·국어국문·지리 등의 근대적 학문체계를 수립하려는 노력으로 근대국사학·근대국어국문학·근대한민족지지학 등을 비롯한 국학연구에 매진했다. 나아가 일제 통감부가 대한제국의 종교계를 친일화하려는 공작으로 동학(東學)에 대해서는 '일진회'를 조직하여 지원하였고 유교계에 대해서는 '공자교'를 조직하여 유 림들을 친일파로 전환시키려 했다. 이에 대해 '천도교'·'대종교'가 민족주의자들에 의해 창건되어 교도들은 국권회복운동에 참가하였다. 마지막으로 이단계의 운동은 독립군기지창건운동으로 나타났다. 이 운동은 개화자강파의 무장투쟁을 위한 무력양성운동으로서 '신민회'가 주체가 되어 추진한 운동이었다. 이 운동이 본격적으로 논의된 것은 의병운동이 전환기에 들어가기 시작한 1909년부터였다. 국외에 적당한 후보지를 골라 독립군 기지를 만들어 무관학교를 설립하고 독립군사관을 양성하여 현대전에서 승전할 수 있는 강력한 독립군을 창건하기로 결정된 운동이다.

1910년부터 만주일대를 최적지로 보고 독립군 기지건설을 위한 단체이주를 시작했으나, 1911년 '안악사건' 등으로 운동가 6~7백 명이 체포되어 정지상태에 빠졌다. 그러나 이러한 일제의 탄압에도 굴하지 않고 1911년에 '신흥무관학교', 1913년에 '대전사관학교' 등의 무관학교가 만주에 설립되어 일제시대의 독립군 무장투쟁의 기지가 되었다.

독립군창건운동은 종래의 갑신정변·갑오농민전쟁·독립협회와 만민공동회의 운동을 비판적으로 검토하고 문화운동과 의병운동의 실제의 경험을 변증법적으로 지양하여 한 단계 발전시킨 운동이었다.

한말 문화운동의 개념정의에는 다소의 상반된 견해가 있다. 첫째로 광의적으로 해석하여 개화당이나 독립협회가 격렬하게 추진하였던 개화·민권자강·자주투쟁도 본 문화운동에 포함시켜야 한다는 견해이다. 둘째로 문화운동은 단순히 문화투쟁적인 민족운동에 국한할 것이 아니라, 의병운동의 무력투쟁을 내포시켜 보다 그 개념을 확대해서 파악해야 한다는 견해이다. 셋째로 일제침략에 대한 한민족의 감정적 반발의 소위로 보거나 심지어 망은폭려(忘恩暴戾)도당들의 준동으로 규정한 일제침략자의 터무니없는 견해이다.

당시의 상황에서 국권을 되찾는 것은 대단히 어려운 과제였기 때문에 국권회복수호운동은 처음부터 장기전을 전제로 한 운동일 수밖에 없었다. 장기전을 위해서는 힘의 축적이 필요하였으며 힘의 축적은 실력양성운동으로 나타났다. 그럼에도 근대와 민족의 기로에서 구한말 애국세력은 결코 민족문제와 침략문제를 경시하지 않았다는 사실을 굳이 재론할 것도 없을 것이다. 문화운동은 결국 문화운동이었을 뿐이었다.

쉼터 20

근대 우리나라 여성 문제의 해법(1)

『삼국지』 '위지 동이전'에 의하면 고려 이전사회에서의 여성은 비교적 남녀간의 행동이 자유스러웠으며 제약을 받지 않았던 것으로 나타난다. 삼국시대에 온달과 평강공주와의 신분을 초월한 목가적인 로맨스라든지, 선덕여왕과 천인인 지귀(志鬼)와의 비극적 사랑 같은 사례에서도 그런 면을 엿볼 수 있다. 고려시대에도 『고려도경(高麗圖經)』에 의하면 남녀교제와 성의 개방성이 자연스러웠다고 한다. 그리고 고려시대 후기의 속요인 「쌍화점」・「동동」 등에는 나라의 풍기와 기강을 문란케 할 정도로 남녀관계가 방만하게 표현되어 있다.

이러한 두 시대는 불교가 정치・사회를 지배했던 사회라는 데 주목된다. 그러나 자유분방한 남녀간의 교제습속은 고려말기 주자학의 전래로 제약을 받았고 주자학의 이데올로기를 건국의 이념으로 삼은 조선시대에는 『주자가례』에 엄한 강령이 법제화되어 철저한 통제와 구속을 받게 되었다.

특히 여성에 대하여는 열녀・정부(貞婦)・수절 등 독특한 용어가 정착화 되기에 이른 것이다. 이를 구현하기 위해 여성들은 『명심보감』 부행편에 따라 몸가짐이 얌전하고 복종적일 것, 집안에서 남성들이 먹는 음식・의복 등을 만드는 것을 낙으로 삼으며, 정치는 물론이거니와 사회 일에는 일체 관심을 갖지 말고 가정 내에서 활동하도록 교육받았다. 이로써 유교의 남존여비사상은 전통적・이상적 윤리관으로 확립되었다. 이러한 윤리관은 사대부 집안의 여성들에게는 철저하게 강요된 반면 평민층 이하의 여성들에게는 비교적 관대했다.

이러한 윤리가 지배한 조선사회에서의 여성은 남성의 예속물에 불과했으며, 남성의 생활에 간여할 권리가 없었고, 거처는 가정에 국한되어 가사를 돌보는 범위를 벗어날 수 없었다. 그리고 여성의 최대 의무는 자식, 특히 남아를 낳아 기르는 일이었고 그의 최고의 미덕은 시부모와 남편을 섬기며 그 명령에 복종하는 일이었다.

　종래에는 한국여성의 근대화 과정은 전적으로 기독교의 영향이라는 관점이 지배적인 통설이었다. 그런데 최근에는 한국 여성근대화의 내재적 역량을 밝혀 지금까지의 통념을 크게 수정했다. 요컨대 한국 여성근대화의 여명은 이미 실학이 발달했던 18세기 후반부터 19세기 중엽에 걸쳐 여성들에 의하여 주체적으로 그리고 내재적으로 역동되었다는 것이다. 이에 대한 예증으로서 문학적으로는 사인층(士人層)이 거의 독점했던 문필활동에 사녀(士女)들이 적지 않게 참여했고 경제적으로는 농업 및 상공업이 발달되는 과정에서 이재(理財)의 능력이 우수한 여성들이 상업자본을 축적했고, 사회적으로는 조선후기의 보수적 유교이념을 극복하고자 하는 여성들의 천주교신앙운동이 활발히 전개되었음을 들 수 있다.

　특히 여성들의 천주교신앙운동은 유교지배체제에 여성들이 반기를 든 것이며 여기에는 사대부 집안의 여성들이 앞장서고 있다는 점을 주목해야 한다. 이는 여성들의 사회진출에 혁신을 뜻하는 괄목할 변화를 시사하는 것이며, 여성의 사회적 참여를 암시함과 동시에 여성개화와 근대화의 여명을 의미해 주고 있다. 여성들이 천주교 신앙운동에 투신한 것은 인간은 나면서부터 평등하며 천당에 가서는 영생을 얻을 수 있다는 교리해석에 있었던 것 같다.

•••••• Ⅷ. 근대와 민족의 기로에서

1. 부르주아민족운동의 전개

●●●●● 3·1운동의 역사성

　3·1운동을 어떻게 보아야 하는가에 대한 여러가지 논의가 있지만 전통적인 논의에서 3·1운동이 일어나게 된 근본적인 원인은 물론 일제의 조선강점과 무단통치, 무자비한 수탈로 파악하는 것이 일반적이다. 이른바 수탈론적인 견해이다. 여기서는 3·1운동을 일제의 억압과 조선민중이라는 시각에 입각하여 억압의 대극에 우리의 주체적 조건으로서 1910년대의 국내외 민족운동과 독립운동을 설정하고 강조하기도 한다.
　이에 1910년 이후에도 산발적 항쟁을 지속한 의병운동과 1911년 '105인사건' 이후 만주·시베리아 지역으로 옮겨가 독립운동기지 건설을 주도한 애국문화운동 세력의 역할이 비중있게 다뤄지고 있다. 실제로 의병과 애국문화운동을 주도한 계열은 장기 대일항전을 벌이기 위해 만주·시베리아 지역으로 이동하여 그 곳의 이주민을 기반으로 독립군 양성에 힘을 쏟으면서 국경지대의 일본기관을 습격하는 활동을 지속했다.
　또 하나 주체적 조건으로 민중의 자발적 저항측면이 강조된다. 실제로 10년대 조선농민들은 토지조사·임야조사 사업과 강압적 농업정책을 통한 수탈강화에 저항했다. 1912년에서 1918년 철원군 마장면 농민 5백여 명의 면사무소 습격사건, 남원군 농민폭동, 춘천군 농민 350여 명의 면사무소 습격, 문천군 농민의 헌병대 분견소 습격은 그 좋은 보기이다.
　노동자의 파업건수도 해를 거듭할수록 늘어났다. 1912년에는 6건에 참가자 1,500여 명이었으나 1918년에는 50건, 참가자 6,105명에 달했다. 그것은 생존권 수호투쟁이었지만, 반제적 성격을 띠고 있기도 했다.

대외적 조건으로 1917년 러시아혁명이 강조되기도 하며, 제1차세계대전 직후 미국대통령 윌슨이 표방한 민족자결주의의 영향도 강조된다. 이러한 대내외적 조건 아래서 1919년 초 고종독살 소문과 동경 유학생들의 2·8독립 선언을 시점으로 3·1운동은 범민족적으로 진행되었으며, 그 와중에 종래 애국문화운동을 주도한 민족세력이 종교조직을 매개로 특별한 역할을 한 것으로 설명하고 있다.

그런데 이러한 전통적인 관점을 넘어서 좀더 과학적인 인식을 기반으로 3·1부르주아혁명운동의 역사성을 설명하기도 한다. 즉 3·1운동이란 1910년대 일제의 무단통치는 일본 자본주의 및 통치질서가 조선에서 전면적으로 관철되지 못한 상황에서 조선 부르주아계급의 자생적 발전을 저지하는 각종의 억압정책에 대응한 조선 부르주아계급의 혁명운동이자 자립적인 민족경제를 확보하고 안정적 이윤추구의 장을 획득하려는 부르주아민주주의운동이었다는 측면이다.

이를 위해선 민족지도자라는 33인의 행적에 주목할 것이 아니라 오히려 조선후기 이후 자본축적의 탈출로를 모색하던 당시 조선 상공업계와 부르주아 계급이 자신의 축적기반이 일제에 의해서 파괴되어 가는 상황에 대한 저항이라는 측면에서 3·1운동의 역사적 의의를 찾아야 한다는 것이다. 실제로 3·1운동 과정에서 피검자수를 살펴보면 확연해진다. 즉 전 경제인구의 1%에 못 미치는 조선 상공업자 가운데 전체 피검자의 23%에 달하고 있다. 3·1운동은 근대공업화의 미발로 인해 아직은 미약하지만 부르주아계급의 반제·반침략 민족의식이 강건하게 남아 있다는 점을 보여준 사건이었다.

실제로 1910년대 일제의 무단정치는 헌병경찰로 특징지어지는 폭력과 억압을 통하여 내재적인 자본주의로의 진화력을 식민지 자본주의적인 그것으로 변질시키는 것이었다. 회사령과 토지조사사업을 필두로 그 과정은 본격화되었고, 그 과정에서 조선인 자본의 축적기반이 현저히 손상을 입는 대신 일본자본의 투하기반은 조금씩 정비되어갔다. 아울러 조선인 자본의 자유로운 자본이용이 어려워지게 되었다.

회사령에서 조선인회사에 대하여 출자자본의 내역과 소유자 그리고 임원의 재산상태까지도 신고하도록 한 것은 조선인 자본의 주체적 성장력을 총독부가 통제되는 한편, 일제에 저항하는 민족자본 혹은 독립운동자금화를 막고자 하는 저의였다. 1910년대 조선인 자본가 계급은 주체적 근대와 식민지 근대의 기로에서 고뇌했지만, 대체로 일제의 무단통치에 의해서 철저히 주체적 근대화의 잠재력을 파괴당하고 자신의 축적기반을 상실하고 있었다. 그러므로 3·1운동은 부르주아 헤게모니 관철을 통한 부르주아 혁명적 성격을 가진 것이라 할 것이다.

일단 3월 1일 파고다공원에서 시작된 운동은 독립선언문 낭독 및 만세시위라는 과정을 통하여 대대적인 집회와 시위의 연쇄반응을 일으켰고, 3월 상순까지는 기독교·천도교 주도로 경기도·황해도 등 북부지방에서 일어났으나, 중순 이후에는 남부를 포함하여 전국으로 확산되어 3월에서 5월까지 전국 230여 개 부와 군에서 1,491건의 만세시위가 잇달았고, 시위인원은 2백만을 넘었다.

이후 운동은 도시에서 농촌으로 확산되었다. 도시의 운동은 학생과 노동자·상인층이 주도했으며, 장날을 택해 일어난 농촌에서는 농민들이 앞장섰다. 운동의 지역적 확산은 그 계층적 확대를 수반하여 투쟁형태도 집회·시위 이외에 노동자의 파업, 학생들의 동맹휴교, 상인들의 철시, 하급관리와 일인회사 사무원의 퇴직 등으로 다양화되었다.

시위의 전국적·거족적 확산으로 두려움에 휩싸인 일제는 조선 내의 헌병과 군대는 물론 일본 안의 경찰과 군대까지 동원하여 유혈탄압에 나섰다. 평화시위 군중에 대한 무차별 실탄사격이 자행되었고, 마을사람들을 교회당에 감금하여 총격을 가한 뒤 불을 질러 학살하고 온 마을을 불태워 버린 수원 제암리 사건과 같은 피비린내 나는 만행이 잇달았다.

일제의 유혈탄압으로 말미암아 노동자·농민의 투쟁은 폭력적 양상을 띠기에 이르렀다. 농민들은 농기구 등으로 무장하여 헌병주재소·면사무소·토지회사·친일지주 등을 습격했으며, 민적부(民籍簿)·과세대장·소작계약서 등을 소각하였다. 일시적이나마 몇몇 지방에서는 농민들이 일본인 관리를 내쫓고 자치행정을 실시할 정도였다. 노동자들도 공장시설 점거, 헌병주재소, 일본인 상인·감독의 습격에 나섰다.

이런 국면에서 부르주아민족주의 지도자들에게는 대중투쟁을 더욱 고양시켜 나갈 방침이 없었다. 그들의 이목은 파리평화회의에 쏠려 있었다. 그러나 파리평화회의는 피압박 민족들의 의지를 깡그리 무시하고 제국주의 사이의 세력권 재분할로 끝났다.

비조직적이며, 무장력을 갖지 못한 민중의 투쟁은 일제의 유혈탄압 앞에 수많은 희생자를 낸 채 삭으러 들었다. 3월 1일에서 5월 말 사이에 7,509명이 살해되고, 1만 5,961명의 부상자, 4만 6,948명의 검거자가 발생했다.

그러나 3·1운동의 실패원인은 일제의 탄압만이 아니라, 주체적 결함에도 있었다. 먼저 그것은 강고한 지도조직을 가지지 못했다. 이는 민족부르주아지와 노동자 계급의 미성숙을 반영한 것이었다. 또한 민족부르주아지 계급이 민족의 자력투쟁에 중심을 두지 않고 제국주의적 국제질서에 대해 환상을 품어 운동을 청원주의·무저항주의의 방식으로 이끈 것도 운동의 발전을 크게 제약했다. 하지만, 이 운동이 민족해방운동사 속에서 가지는 의의는 참으로 큰 것이었다.

첫째로 3·1독립운동은 일부 친일파를 제외한 거족적 항일투쟁이었으며, 오랜 민족해방운동사의 일대 절정이었다.

둘째로 민족해방운동의 주력이 민족부르주아지에서 노동자·농민으로 변화되는 계기가 되었다. 운동의 과정에서 애초에 선두에 섰던 민족부르주아지는 한계를 드러낸 반면, 노동자·농민의 역할은 증대했는데, 이러한 모습은 1920년대를 통해서 더욱 뚜렷한 모습으로 나타난다.

셋째로 연설·신문·선언서 배포 등 다양한 형태의 선전·선동을 대중을 동원 지도하였던 청년·학생층 속에서 민족운동의 새로운 활동가가 다수 배출되었다.

넷째로 3·1독립운동은 만주·연해주의 무장투쟁에 거대한 활력을 불어넣었으며 상해 임시정부의 수립을 가져왔다.

다섯째로 미국을 비롯한 서구 제국주의 열강에 대한 기대가 환멸로 바뀌고, 러시아혁명과 소비에트에 대한 관심이 고조되는 계기가 되었다.

여섯째로 일제 식민지 지배정책의 후퇴를 가져와 무단통치가 '문화정치'로 바뀌었는데, 제한된 범위에서나마 합법공간을 획득한 것은 민족운동의 발전에 유리한 조건을 만들어 주었다.

한편, 3·1운동은 1차대전 이후 식민지 국가에서 일어난 최초의 민족해방운동으로서, 특히 아시아 반제운동 앙양의 선구가 되었다.

민주공화국에 의한 조국해방, 임시정부

3·1독립운동을 전후하여 서울에 한성정부, 상해에 대한민국 임시정부, 연해주에 대한국민의회가 만들어졌다. 그리고 그 해 9월 이 3개의 정부가 상해에서 통합하여 대한민국 임시정부를 발족시켰다. 임시정부는 극소수의 왕정복고론을 물리치고 민주공화제를 표방하였다. 또한 연통제를 실시하여 상해와 국내·만주를 잇는 연락망을 확보하려 했으며, 민족운동의 최고지도기관임을 자임했다.

그러나 결성당초부터 임정 안에는 민족운동의 방법을 둘러싸고 외교독립론과 무장투쟁론의 대립이 있었으며, 전자가 우세하였다. 그리하여 열강을 상대로 한 의욕적인 외교활동이 펼쳐졌다. 그러나 1919년의 파리평화회의에서는 물론 1921년 말 워싱턴회의에서도 환멸만이 돌아올 뿐이었다.

이렇듯 임정이 외교활동에만 매달리고 그나마 아무런 성과를 거두지 못하자 실망한 민족운동가들은 하나둘 임정을 떠났다. 게다가 대통령 이승만의 국제연맹위임통치론은 임시정부를 걷잡을 수 없는 내분상태로 몰아넣었다. 1923년 1월 70개가 넘는 각 지역 민족운동단체의 대표 100여 명이 국민대표회의를 열어 대책을 논의하였으나 민족운동의 최고지도기관을 새로 만들자는 창조파와 임정을 개조하는 데 그치자는 개조파가 맞서 회의는 결렬되었다. 이후 임정은 일개 민족운동단체로 전락하여 겨우 명맥만 유지할 따름이었다.

쉼터 21

만해 한용운의 고민

민족주의는 허상의 민족을 마치 있는 것이라 설정하여 민족국가를 건설하고자 하는 가공의 논리이자 '상상의 공동체'를 설정하려는 이념이다. 영국과 프랑스의 부르주아 계급은 실제로 민족주의를 창도하여 프랑스혁명·시민혁명을 달성하고 민족국가를 건설하는 데 이용했다.

하지만 대부분의 후발자본주의 국가 내지 전근대적 체제에 머무르던 조선·중국과 같은 아시아 제국은 '주체적' 자본주의 발전, 근대로의 '내재적 발전'을 달성하지 못한 채 제국주의 침략에 당면했다. 이에 조선·중국과 같은 아시아 제국은 일면 봉건체제를 타파하여 사회적 근대화를 달성하고, 제국주의의 침략을 저지하여 자립적 민족 경제육성을 도모해야 할 중차대한 귀로에 처했다.

따라서 식민지 내지 반식민지 속의 민족주의는 선진국가의 민족주의와는 달리 민족국가 건설에 필요한 강인한 반침략적 민족주의를 고양시켜야 했다. 왜냐하면 부르주아 계급의 독자적 발전이 차단당했기 때문에 침략에 저항적일 수밖에 없었다. 조선·중국과 같은 식민지·반식민지 국가의 경우에는 민족국가 건설에 필요한 부르주아 헤게모니가 그 역사적 의미를 상실했기 때문이다. 즉 선진자본주의 국가의 경우 민족국가 건설에 주체의 문제가 그다지 중시되지 않았으나, 식민지·반식민지 국가의 경우에는 주체의 문제는 중요했다.

주체에 대한 고민, 민족국가 건설의 주역이 되어야 할 주체의 올바른 설정문제가 한용운과 같은 비타협적 민족주의자의 절체절명의 과제가 되었다. 이와 같이 민족주의 좌파들의 우리의 주체에 대한 고민은 한용운에게도 마찬가지였다. 따라서 여기에서는 한용운이 생각한 주체란 무엇이었는지를 살펴보고자 한다.

한용운은 한 민족은 다른 민족에게 절대로 동화되지 않는 자존성을 갖고 있다고 보았다. 그러므로 한 민족이 다른 민족의 간섭을 받지 않으려 하는 것은 인류가 공통으로 가진 본성이라는 것이다. 그러므로 이 자존성은 항상 탄력성을 가져 독립자존의 길에 이르지 않으면 멈추지 않는 것이라 했다. 이는 한용운이 각 민족이 가지는 본성인 자존성을 민족을 구성하는 요소로 보았으며, 민족주의 좌파로서 민족주체의 한 요소를 민족의 자존성에서 찾았다는 것을 알 수 있다.

또한 한용운은 인간에게는 민족자존성 이외에 그 근본을 잊지 못하는 '조국사상(祖國思想)'이 있다고 했다. 그러므로 반만년의 역사를 가진 나라가 오직 군함과 총포의 수가 적은 이유 때문에 남의 유린을 받을 수는 없다고 했다. 이것은 우리 민족의 역사가 단절없이 계승되어야 한다는 역사적 사명을 강조했다. 그에게 조국사상은 주체적 민족주의에서 중요한 내용 즉 민족정신 내지는 민족전통 바로 그것이었다. 한용운은 이러한 조국사상을 민족 동질성의 원리이자 민족정신의 원류로 파악했다.

한용운에게 있어 국가는 모든 물질문명이 완전히 구비된 뒤에라야 꼭 독립되는 것은 아니라고 했다. 즉 일본이 항상 조선의 물질문명이 부족한 것을 말머리로 잡는 것에 대해, 독립할 만한 자존의 기운과 정신적 준비만 있으면 충분하다고 했다. 즉 조선인은 당당한 독립국민의 역사와 전통이 있으므로 현대문명을 함께 나눌 실력이 있다는 것이다.

이는 한용운이 문명의 형식을 물질에서만 찾는 것에 대해 반대하고 정신적인 실력, 즉 하나의 민족에게 있어서의 역사와 전통의 중요성을 강조했다. 이것은 또한 독립할 만한 실력이 구비된 이후에 독립하고자 하는 실력양성론에 반대하고 즉각적이면서도 완전한 독립을 주장한 것이라 생각한다.

"국가는 반드시 물질상의 문명이 일일이 완비한 후에 비로소 독립함이 아니라 독립할 만한 자존의 기운과 정신상의 준비만 유하면 족하니 (중략) 일본인은 매매 조선의 물질문명이 부족함으로 화병을 작하나 조선인을 우매케 하고 야비케 하고자 하는 학정과 열등교육을 폐치 아니하면 문명의 실현은 일이 무할지니 차가 어찌 조선인의 소질이 부족함이리요. 조선인은 당당한 독립 국민의 역사와 유전성이 유할 뿐 아니라 현세 문명에 병치할 만한 실력이 유하니라(『한용운전집』)."

이러한 역사와 전통에 대한 애착은 민족주의 좌파들이 가지고 있는 공통점이라고 생각한다. 대표적으로 박은식과 신채호에서도 이러한 주체의 문제는 중요한 요소였다. 박은식은 민족의 일체감과 정체성을 나타내는 민족문화 내지는 민족정신으로서의 국혼을 내세웠다. 그는 국가의 형성요소를 정신적인 '혼(魂)'과 물질적인 '백(魄)' 둘로 구분하여, 국혼(國魂)이 망하지 않는 한 국백(國魄)도 망하지 않는다고 했다. 즉 그가 한국의 형상으로서의 '국백'이 죽었음은 인정하나 한국 문화민족의 역사와 전통의 위대성에 대한 절대적 믿음 위에서 한국민족의 '국혼'마저 죽은 것은 아니며 결코 죽을 수가 없다고 했다.

신채호는 한국민족의 전통사상으로서 낭가사상(郞家思想)을 발굴 정립했다. 이를 통해 그는 민족공동체의 통합의 원리와 민족문화의 전통성과 우수성에 대한 자긍심을 제시했다. 그리하여 광복독립의 동력을 발굴·창출하는 민족의 구심체로서 기능·발전토록 했다.

한용운의 근본을 잊지 못하는 정신 즉 조국사상은 일제의 동화정책을 근본적으로 부정하는 것으로 연결된다. 즉 일본이 조선민족을 몰아내고 일본민족을 이식하려는 몽상적인 식민정책은 절대 불가능하다고 했다. 그러므로 어느 민족을 막론하고 문명정도의 차이는 있을지언정 피가 없는 민족은 없다고 보았다. 즉 한용운이 각 민족에게는 피가 있다고 한 것은 그 민족의 정신 또는 전통이라고 볼 수 있으며, 그러므로 각 민족은 동화되지 않는다고 보아 민족을 이식하려는 식민정책은 불가능하다고 주장할 수 있었다.

"조선민족의 독립자결은 세계평화를 위함이요, 차 동양평화에 대하여는 실로 중요한 관건이 되느니 일본이 조선을 합병함은 조선 자체에 대한 이익 즉 조선민족을 방축하고 일본민족을 이식코자 할 뿐 아니라 만몽에 일보를 나가 중국 대륙을 몽상함이니 일본의 야심은 명약관화했다. (중략) 조선의 독립은 곧 동양 평화가 될지라"

한용운이 일제의 동화정책을 근본에서 부정한 것은 일제의 야심을 잘 파악한 것이었다. 즉 일제는 대륙침략을 감행하면서 동화정책인 '내선일체' 또는 '황국신민화'를 내세워 우리 민족을 그들의 침략의 희생물로 삼으려 했기 때문이다.

또한 일본의 야심은 만주와 몽골을 탐내고 중국대륙까지 꿈꾸고 있으므로, 조선민족의 독립자결은 동양평화 또한 세계평화를 위해서도 중요한 열쇠가 된다고 한 것은 앞으로 있을 만주사변과 중일전쟁을 예언한 것이라고 볼 수 있다. 게다가 세계평화를 위해서도 조선의 독립자결이 중요한 것으로 인식한 것은 일제가 대동아공영권이라는 미명하에 그들의 야심을 위해 세계전쟁을 일으킬 것임을 예측한 것이었으리라 생각된다.

요컨대 한용운이 말한 다른 민족과 동화될 수 없는 자존성·조국사상은, 당시 민족주의 좌파지식인·역사가들이 파악한 전통=주체의 핵심으로써 조상의 노력과 자주독립을 향한 열정을 민족정신의 요체로 파악했다.

2. 문화정치와 식민지 지배체제의 재편

문화정치의 본질

1919년부터 1920년을 분기점으로 하여 일제의 조선지배는 새로운 방식으로 전환되었다. 정치적으로는 1910년대의 무단적인 지배정책이 3·1운동으로 인해 한계를 드러냄에 따라 통치방식의 새로운 전환이 불가피하였다. 또한 경제적으로도 일제는 제1차 세계대전 직후 직면한 내외의 모순과 위기를 벗어나기 위해서 식민지 수탈을 강화할 필요가 있었다. 제1차 세계대전 중 농공간의 불균등 발전에 기초한 일본 자본주의의 급속한 성장은 마침내 1918년 '쌀소동'을 야기시켰다. 여기에 제1차 세계대전이 끝나고 국제시장이 축소됨에 따라 국내적 모순과 위기는 더욱 격화되었다.

이러한 상황에서 충실한 식량·원료 공급지 및 자본투자시장으로서의 식민지 조선에 대한 경제적 지배강화는 일본 자본주의의 사활이 걸린 문제였다. 그러나 이러한 목적을 달성하기 위해 일제는 1910년보다 안정적인 지배체제를 구축해야만 했다. 그것은 조선민중의 민족해방투쟁이 무단정치의 탄압하에서 오히려 강화되고 광범위하게 전개되었기 때문이었다. 이리하여 일제는 조선 내부에 자신들을 대행할 수 있는 구조를 갖추어 나가는 것이

유리한 책략이라고 판단하고, 소위 '문화정치'를 내세웠다.

문화정치는 1910년대부터 형성시켜 온 식민지체제의 궤도 위에서 '발전'을 표방하면서 유화정책을 실시하고 민족의 붕괴 및 민족해방운동의 분열과 개량화를 기도하였다.

문화정치 시기는 1919년 8월 일본의 해군대장 사이토 마코토(齊藤實)가 조선총독으로 부임하면서 시작되었다. 문화창달과 민력의 충실이라는 슬로건을 내걸고 추진된 문화정치의 정책들은 ① 총독부 관제개편과 헌병경찰제도의 폐지, ② 조선인 관리의 임용과 대우개선, ③ 언론·출판·집회 등을 통한 민의의 창달, ④ 교육·산업·교통·경찰·위생·사회의 개선, ⑤ 지방자치 실시를 위한 조사연구 등이었다.

그러나 이러한 정책들은 식민지 지배를 강화하고 그것을 은폐하려는 허구적인 주장에 불과하였다. 예를 들면, 총독부 관제를 개편하여 문관출신도 총독으로 임명될 수 있다고 했지만 실제로 일제가 패망할 때까지 문관출신의 총독은 단 한 명도 없었다. 헌병경찰제도 역시 폐지되었다고 하지만, 이전의 헌병을 경찰로 바꾸는 데 지나지 않았을 뿐만 아니라 실질적으로는 경찰병력이나 기구를 증가 내지 강화시켜 폭압적 지배체제는 이전보다 훨씬 강화되었다.

언론·출판·집회 역시 일제의 지배정책에 부합되는 범위 내에서만 허용되었기 때문에 집회규제·신문압수·기사삭제가 다반사였다. 교육제도의 개선이라는 것도 '일시동인(一視同人)'·'내지연장주의(內地延長主義)'라는 이름 아래 수행된 식민지 노예교육의 강화였다. 1922년 발표된 신교육령 이후 식민지 통치를 용이하게 하는 하급실무자를 양성하는 소학교와 실업교육기관만 증설하였던 것은 교육제도 개선의 중점이 어디에 있었던가를 여실히 보여주고 있다.

한편, 문화정치는 이와 같은 기만적인 정책 이외에 교활한 민족분열정책도 실시하였다. 즉, 3·1운동까지 민족운동의 지도적 역할을 했던 민족 부르주아지의 요구를 일정하게 받아줌으로써 이들을 개량화시켜 민족해방운동의 역량을 약화시키려 하였다. 조선총독 사이토는 '조선민족운동에 대한 대책'에서 친일분자를 육성하는 방안으로, ① 귀족·양반·부호·실업가·교육가·종교가 등에 친일단체를 조직할 것, ② 수재교육의 이름 아래 조선청년을 친일분자로 양성하며, 학식있는 유지출신에게 관직을 줄 것, ③ 조선인 부호 및 자본가에 대하여 일본자본가와 연결시켜 줄 것, ④ 민간의 유지에게 수제회(修齊會)를 조직하게 하여 농촌지도를 담당하게 할 것 등을 제시하고 적극 추진하였다.

이러한 민족분열정책은 어느 정도 효과를 거두어 민족 부르주아지 가운데 일제와 타협하거나 조선독립의 시기상조를 내세우는 민족개량주의자들이 등장하였다. 이러한 민족개량주의운동은 일제의 정책적 조장에 의해 민족해방운동의 전선을 혼란시키고 완전독립에 대한 열망을 왜곡시키는 역할을 하였다.

이와 같은 문화정치는 폭압적인 식민지 지배의 본질을 그대로 유지하면서 기만적인 융화정책으로 민족해방운동을 분열시키려는 식민지 지배강화정책이었다. 이러한 문화정치는 식민지경제정책의 재편성과 결합되면서 조선사회 내부의 모순을 심화시켜 갔다.

● ● ● ● ● 산미증식계획과 농촌지배의 강화

무단통치가 문화정치로 전환된 것과 짝하여 1920년대 조선경제는 일본경제와 본격적으로 결합되어 전형적인 식민지적 경제구조로 재편되어 갔다. 농업방면에서 일제는 조선에 대한 식민지 지배와 본격적인 증산수탈을 위해 식민지 농정의 성격을 전환할 필요가 있었다. 1910년대의 농정은 조선인 사회 내부에 기반을 두지 못하고 헌병 등을 동원한 외부적인 강제와 '지주회' 중심의 유명무실한 농정으로 무단적인 색채가 강화하였다. 그러나 일제는 3·1운동에 농민이 적극적으로 참여하는 것을 보고 농촌지배의 취약점을 보완하는 한편, 쌀소동을 빚은 일본국내의 식량문제, 특히 쌀공급 문제를 해결하기 위해 조선에 대한 농업지배를 강화하지 않으면 안되었다. 1920년부터 시작된 산미증식계획은 이러한 문제를 해결하기 위해 입안된 식민지 농업정책이었다.

일본 자본주의는 제1차 세계대전을 거치면서 급속히 성장하였으나, 농업생산은 정체되어 구조적으로 고미가(高米價)현상이 일반화되었다. 저임금·저미가의 기조를 전제로 유지되던 일본 제국주의의 모순이 드러난 것이다. 이리하여 일제는 저미가를 유지하기 위해 폭리단속·물가조정령·쌀수출금지 등을 실시하였지만, 구조적인 고미가는 해소되지 않고 마침내 '쌀소동'까지 일어났다. 그리고 외국쌀의 수입이 증가된 결과 일본의 국제수지도 약화되었다. 이에 일본은 적극적인 산미장려정책을 실시하지 않을 수 없었으며, 식민지 조선에서도 '산미증식계획'을 수립하게 되었다. 즉, 산미증식계획은 일본 자본주의의 존립에 불가결한 저임금의 유지를 위한 미가정책·식량대책이자 국제수지대책이었으며, 조선을 식량 공급기지로 확정하는 식민지농업정책이었다.

산미증산계획은 품종개량 및 경종법개선 등의 농사개량과 함께 대규모적인 수리관개 개선 등 토지개량을 중심으로 수행되었다. 산미증식계획은 처음에는 전체 계획기간을 30년으로 정하였으나, 예정된 성과를 다 이루지 못하고 1920년~1925년의 1차 계획과 1926년~1934년의 2차 계획을 끝으로 중단되었다. 이 계획이 기대한 만큼의 성과를 거두지 못한 이유는 수리관개 공사를 위한 조사의 미비와 농업금융제도의 부실 등도 있었으나, 가장 본질적인 원인은 토지개량이나 농사개량에 자본을 투입하는 것보다 토지를 매입하여 경영하는 것이 더 높은 이윤을 얻을 수 있었기 때문에 지주들은 '계획'

자체에는 소극적일 수밖에 없었다. 결과적으로 산미증식계획의 중심사업이었던 수리사업도 토지개량을 통한 미곡증산보다 일본인 농업회사나 지주들의 토지겸병을 더욱 촉진시켰다.

산미증식계획이 일본의 농업공황 등으로 인하여 1934년 당초의 계획에는 전혀 미달된 채 중단되기는 했어도 처음 의도했던 일본에의 식량공급 목적은 상당히 달성할 수 있었다. 그것은 토지개량 및 농사개량이 진전됨에 따라 쌀 생산량이 증대하기도 하였지만, 일본에의 수출량이 조선에서의 증산율을 훨씬 상회하였기 때문이었다. 결국 산미증식계획의 궁극적인 목표가 일본 식량문제의 해결에 있었던만큼 그 역할을 확실하게 완수하였다고 할 수 있다.

산미증식계획은 조선쌀의 일본수출을 증가시켰을 뿐만 아니라 식민지 조선의 지주제를 재편·강화하는 역할도 하였다. 토지개량의 중심사업인 수리조합이 지주를 중심으로 운용되어, 지주들은 저리의 농업금융 혜택을 받을 수 있었다. 이 시기 일본자본의 새로운 투자분야로서 조선에 대한 농업금융이 확대되면서 산미증식계획은 정부알선의 저리자금이나 국고보조금을 지원받아 시행되었고, 지주들은 이 자금을 대부받는 혜택을 누린 것이다.

1926년 발표된 '조선농회령'은 지주주도의 조선농회를 설립하여 농사개량 저리자금의 알선·융자 사무를 농회가 장악하게 하기 위해 제2차 산미증식계획의 실시를 앞두고 갑자기 결정되었던 것이다. 이러한 토지투자 지주경영을 통해 일본인 대지주나 조선인 대지주의 토지집적이 급속하게 진전되었다.

또한 산미증식계획으로 조선의 쌀 수출량이 급증함에 따라 쌀의 상품화 욕구가 높아진 지주들은 쌀의 집중에 몰두하였다. 이들은 한편으로 농업금융을 이용하면서 고율의 현물[쌀]소작료나 고리대 등으로 지주경제를 강화시켜 나갔다. 지주경제의 강화는 지주의 농민지배를 강화시켜 소작권에 대한 지배력을 증대시켰다.

그리하여 소작권은 상대적으로 불안정해졌고, 지주들은 소작권을 마음대로 이동하였으며, 나아가 이것을 빌미로 소작료를 인상하였다. 즉, 쌀의 상품화에 대응하여 소작인의 농업생산에 대한 지주의 규제와 개입이 강화되었다.

이와 같이 산미증식계획 기간을 경과하면서 조선의 지주는 성장하였다. 이들은 이제 일제의 식민지 지배를 위한 사회적 기반으로 기능하기 시작하였다. 즉, 일제의 적극적인 육성정책과 식민지 지배체제의 담당자로 편입되어 갔던 것이다.

이에 대하여 중소지주·자영농·소작농들은 농업금융에서의 배제, 수리조합비의 부담, 고율의 소작료, 고리대 등에 의해 생산·분배·유통의 세 가지 측면에서 상업적 농업을 전개할 가능성을 완전히 저지당했다. 뿐만 아니라 농가경제의 궁핍화는 더욱 심화되어 쌀 소비량도 격감하고 수많은 농민은 춘궁상태에 빠지게 되었다. 특히 토지를 상실한 소작농이 증대하여 농촌사회에는 방대한 과잉인구가 퇴적되었고, 지주-소작관계는 급격한 대립양상을 띠게 되었다.

일본자본의 유입과 노동자의 실태

제1차 세계대전을 통하여 비약적으로 자본력을 축적한 일본 자본주의는 1920년부터 조선에 대한 자본진출을 급격히 증대해 나갔다. 일제는 일본자본의 조선침투 조건이 성숙되자 조선의 민족자본에 대한 억압책의 하나였던 '회사령'을 철폐하였다. 이제 조선의 산업은 일본자본의 압도적 우위에 의존한 식민지 공업구조로 편성되어 '발전'의 길을 걷게 되었다.

일본자본의 침입이 증대됨에 따라 조선의 전 산업은 외견상 점진적으로 발전하여 갔다. 1921년부터 1930년까지 10년간 조선에 설립된 회사수는 약 4배 정도 증가하였다. 그러나 자본면에서는 겨우 1.4배 증가하였으며, 한 회사당 평균자본액은 오히려 저하한 것처럼 영세한 중소기업이 주종을 이루고 있었다. 그리고 공장의 규모도 5~49명의 노동자를 고용하는 소규모 공장이 대부분이었다.

1920년대 조선의 공업은 규모의 영세성 이외에도 공업구조가 불균형적이고 파행적이었다. 즉, 조선의 공업은 당시 일제의 식민지정책을 반영하여 중화학공업은 매우 미약하고 경공업의 비중이 높았다. 그 가운데도 정미공업・고무공업・방직공업 등 제1차 가공부문이 압도적인 비중을 차지하고 있었다. 1920년대 조선공업의 발전, 일본자본의 유입과정은 조선의 경제구조 및 계급구조에 지대한 영향을 미쳤다.

첫째로 조선인 자본가 내부에서도 몰락하는 계층과 성장하는 계층으로의 분해가 나타났다는 것이다. 식민지 지배에 들어가면서 조선의 토착공업은 일본자본의 침략과 지배에 의해 '민족자본'으로의 발전을 저지당하여 영세수공업・중소기업으로 일본자본에 종속적인 존재로 재편성되어 위험에 직면하였다. 따라서 1920년대 조선인 자본은 약간의 성장을 보이지만 일본자본의 증대와는 비교할 수도 없을 정도로 미약하여 영세한 수공업이나 중소공업에 머물고 있었다.

이러한 상태에서 조선의 자본이 '자본'답게 성장하기 위해서는 일제의 통치체계와 그 자본에 밀착하지 않을 수 없었다. 일제 또한 민족[계급]분열책의 일환으로 조선인 자본가 가운데 일정부분에 대한 비호를 아끼지 않았다. 이와 같이 일제의 비호 아래 육성되는 자본은 예속성을 강하게 띠지 않을 수 없었으며, 일제의 수탈구조에 편승하여 성장해 갔다. 한편, 일제의 비호로부터 탈락한 자본가[중소자본가]는 거대자본에 의해 몰락하여 갔다.

이와 같이 조선인 자본은 정치-경제적 취약성 때문에 일본자본에 대해 저항적이면서도 동시에 예속성을 벗어나기 어려운 이중성을 가지고 있었다.

따라서 1920년대 조선인 자본은 일본자본에 예속되어 전면적인 종속의 길을 추구할 것인가, 아니면 자립적인 발전의 길을 추구할 것인가의 갈림길에 서 있었다. 이 시기 민족해방운동에서 조선인 자본가들이 취한 행동양식은 이러한 정치-경제적 구조와 현실상황 논리에 좌우되고 있었다.

둘째는 노동자의 증가이다. 1920년대 공업의 발달은 결과적으로 조선인 노동자의 양적인 증가를 낳았다. 그러나 식민지 공업구조의 파행적·기형적 성격과 농촌에서의 부단히 창출되는 농촌과잉인구, 즉 임금노동자의 격증은 이 시기 노동자 계층의 구성에 커다란 영향을 미쳤다. 즉, 충분한 산업시설이 설비되지 않은 상태에서 증가하는 임금노동자를 수용하지 못함에 따라 노동자 계층의 핵심이 되는 공장노동자의 수는 적은 반면, 토목·막노동꾼 등 자유노동자의 수가 압도적으로 많았다.

또한 공장노동자도 기술과 숙련을 요구하는 중화학 공업에 종사하는 노동자보다는 여성노동이나 미숙련노동이 가능한 식료품, 방직공업 등에 종사하는 노동자가 훨씬 많았다. 그밖에도 종래의 수공업적 기술에 의존하는 노동자가 아직도 광범하게 존재하고 있었다.

그러나 1920년대에는 비록 기형적·파행적인 산업구조이기는 하였으나 조선의 공업이 발달함에 따라 이전에 비해 많은 수의 공장노동자가 성장하였다는 점은 특기해야 할 것이다. 이들은 일제와 자본의 식민지적 초과이윤 획득을 위해 기아적인 저임금과 장시간의 노동을 강요당했다. 이들의 처지는 일제의 지배가 자본주의적 관계를 통해 관철됨에 따라 일제와 자본에 대해 가장 저항적이었다. 또한 공장노동자들은 노동현장에서의 기술습득과 장기복무 등으로 조직적인 집단행동을 하기가 쉬웠다. 이러한 근대적인 공장노동자의 증가는 1920년대의 노동운동을 급격히 성장시킨 기반이 되었다.

쉼터 22

근대 우리나라 여성 문제의 해법(2)

여성근대화 의식의 태동은 19세기 중엽 이후 서양세력의 충격에 대응하려는 새로운 사상체계인 동학사상·개화사상에서 찾을 수 있다. 즉, 1860년에 만민평등을 종지로 창도된 동학은 그 주된 사상체계 속에 인간평등의 실현을 말하면서 여성인격성론을 강조하고 여성도 능력을 개발하면 사회의 지도자가 될 수 있음을 역설했다. 나아가 유교 사회체제의 강력한 지렛대 역할을 했던 열녀관을 혁파하는 과부재가론을 주창함으로써 한국적 여성해방사상을 성립케 하는 데 기틀을 마련했다.

한편, 개화당의 핵심인물인 박영효는 1888년에 개화상소를 통해 여성의 인격존중과 학대·멸시의 금지, 여성의 노예화 금지, 교육의 남녀평등, 과부재가의 허용과 남성의 축첩금지 등을 주장했다. 이는 종래의 여성을 속박했던 일체의 폐습을 타파할 것을 제창한 것이며, 여성교육의 중요성을 강조한 것이다. 이와 같은 그의 상소는 여성의 개화의식 태동에 일대전환점을 가져오게 한 사건으로 보아야 한다.

동학사상과 개화파 인사들의 여권론 제창으로 인해 서서히 여성근대화에 대한 의식이 여성들 사이에 일깨워지자, 1896년에 조직된 독립협회는 「독립신문」을 통해 여성교육론을 강변하여 여성들을 분발케 했고 나아가 이는 사회여론으로 확산되었다. 이렇게 여성근대화의 필요성이 다각도로 논의되고 그 지위와 사회활동 참여에의 분위기가 성숙되자, 1898년 9월에 서울 북촌의 양반부인 4백여 명이 결집하여 남녀동등권을 주장하는 '여권통문(女權通文)'을 반포하고 이를 실천화하기 위해 국왕에게 관립여학교를 설립할 것을 청원하기에 이르렀다.

그러나 이는 수구파 관료들의 반대로 일단 좌절된다. 그러나 이들은 이에 굴복하지 않고 자발적으로 우리나라 최초의 사립여학교인 순성여학교(順成女學校)를 설립했으며, 또한 최초의 여성단체인 찬양회(贊養會)를 조직하여 1년여 동안 활동했다.

이와 같은 여성들의 활동은 이미 1898년에 한국여성들이 자발적이고도 주체적인 근대여권운동을 태동시켰음을 의미한다. 이렇게 여성의 근대화운동은 1890년대에 여성교육기관에서부터 싹트기 시작하여 여성단체의 결성을 성사시킬 수 있을 정도로 그 필요성과 당위성이 인정되었다. 그러나 이 시기에는 일반사회의 지속적인 관심의 결여와 학교 및 단체를 지탱할 재력과 인력의 부족으로 여성들의 근대화운동은 크게 활성화되지는 못했다.

1905년에서 1910년까지 망국의 위기에서 국권회복을 위한 애국계몽운동이 광범위하게 추진되자 구국적 측면에서 여성교육의 절실함이 새롭게 인식되어 많은 여성교육 단체들이 조직되어 활동을 전개했다. 당시 여성 교육단체를 세 가지 유형으로 분류해 보면 남성들에 의해 조직된 서울의 여자교육회·부인학회, 선각적인 여성들에 의해 조직된 진명부인회·김해부인회, 황실의 지원에 의해 조직된 대한여자학회, 친일적인 한일부인회 등이 있었다.

이와 같은 여성교육운동은 여성교육을 제도화 교육으로 끌어올렸다는 데는 큰 의의가 있었다고 볼 수 있으나 여성교육 단체의 수적 증가 그 자체를 평등적 여권의 신장으로 결론지어서는 안되며, 오히려 그 교육내용에서는 가부장적 질서를 옹호하려는 경향이 농후했던 점을 간과해서는 안될 것이다.

1905년 이후 여성근대화운동의 전개는 여성교육 단체의 설립뿐만 아니라, 구국적 차원에서 보다 광범위한 부분에서 추진되었다. 예컨대 비록 그 수가 많지는 않았지만 직접 부녀들이 여성의병단을 조직하고 의병전에 참여했으며, 1907년의 국채보상운동에는 경향의 부녀자들이 연령·신분·지방색을 초월하여 적극적이고도 자발적인 자세로 참여했다. 특히 국채보상운동에의 여성참여는 개별적 참여도 적지 않으나 보다 주목되는 것은 여성들 자신의 조직을 통하여 참여했다는 사실이다.

여성의병단이나 국채보상을 위한 여성단체가 궁극적으로 목적하는 바는 국권회복과 더불어 남녀평등권을 실현이었다. 요컨대 동등한 민족구성원으로서의 역사적 소임을 다한 뒤 '남녀동등권'을 획득하겠다는 의지가 담겨 있었다.

그러나 차후의 시기는 국권상실의 암흑기였으므로 남녀동등권의 확보보다는 구국항쟁이 더욱 절실한 과제가 되어버렸다. 즉, 지금까지 추구해 왔던 이념 중 하나를 유보할 수밖에 없는 특수상황이 도래해 버린 것이다.

일제치하에서는 한말 여성근대화운동의 맥을 이어 항일 여성운동 단체가 보다 조직화되었다. 그런데 초기단계에서는 그 단체가 주로 38선 이북지방에 산재해 있었고, 또 개인적인 신분으로는 기독교계가 8~9할을 차지했다. 그러나, 1924년 이후부터는 앞 시대와 다른 양상을 띠게 된다. 예컨대 지방 여성단체들의 기독교계 일색화 경향이 크게 감소되었다. 전국적으로 여성의 사회참여가 이루어졌고 전문직 여성단체가 조직되었으며, 식민지 침략적 자본주의에 대항하는 여성단체가 급격히 증가했다. 나아가 사회주의 여성단체의 조직과 활동으로 종래의 여성운동에 큰 충격을 주었다.

한국 최초의 사회주의 여성단체는 1924년 5월에 조직된 조선여성동우회였으며 그 선언문과 강령에는 여성해방을 위한 사회주의 투쟁성을 강하게 주장했다. 이 운동단체는 YMCA운동을 위시한 민족주의운동을 부르주아운동으로 매도하고 독자적 운동을 전개함으로써 여성의 항일민족운동은 분열의 위기에 처했다. 이에 국내외에서 분열된 민족역량을 결집하자는 민족유일당운동의 일환으로 1927년 5월에 근우회(槿友會)를 창립했다.

근우회 창립이념은 봉건적인 구래의 인습과 일제치하의 질곡이라는 이중적 압박으로부터 해방되기 위하여 전체여성이 굳게 단결하여 여성의 지위를 향상시키는 것이었다.

그러나 근우회운동의 추진과정에서 우파인 기독교계 여성들이 종래의 민족주의적 여성운동을 견지한 반면 좌파계열의 여성들은 사회주의적 색채가 강한 노농 여성대중 중심의 운동으로 전환함에 따라 균열이 생겼다. 그러다가 결국 1931년에 신간회의 해산과 더불어 근우회도 흩어지고 말았다. 이후 여성운동은 일제의 강력한 탄압책으로 인하여 새로운 방향을 찾지 못한 채 기독교계 여성을 중심으로 농촌계몽운동을 꾸준히 추진하는 정도였다.

일제하 여성의 사회참여운동은 저변에는 민족운동과 독립운동의 성격이 있었기에, 일반적인 여성운동이 아니라 한국사회의 특수여건 속에서 나온 애국운동의 일환이었다. 따라서 당시 여성운동은 단체의 창설과 운영에서 있어 남성에 대한 의존도가 높았다. 물론 그 가운데는 독립적인 조직체도 있었으나 대개의 단체가 남성들의 권유와 지도에 의해 조직·운영되었다. 이 점이 서구의 여성운동과 크게 대조되는 특징이라고 볼 수 있다.

요컨대 서구 여성운동의 본질이 여성의 정치적·경제적 권리신장을 위한 대 남성투쟁이었는 데 비해 한국의 근대여성운동은 남성과의 대립이나 대결보다는 오히려 개화된 남성들과의 유대와 협조를 기반으로 했다.

남성이 추진했던 개화운동·근대화운동·항일구국운동 이외에도 여권신장운동을 병행하며 전개하였던 우리 근대사에서의 여성의 근대화운동은, 서구의 여성운동이 남성과의 대립적 관계에서 비롯된 데 반해 남성과의 협조적인 관계에서 출발했다는 특징을 갖는다.

3. 민족운동의 성장

문화주의운동의 확산과 부르주아민족운동

국내에서는 3·1독립운동의 성과로 확대된 합법활동 영역을 이용하여 대중을 조직 계몽함으로써 민족운동의 기반을 두텁게 하려는 실력양성운동이 일어났다. 전국 각지에 노동자·농민·청년·여성 등 계급별·계층별로 다양한 단체가 우후죽순처럼 조직되었고, 그것은 다시 전국적 단위로 결집되어 갔다[조선청년회연합회·조선노동공제회 등]. 이들 단체는 대중계몽활동에 주력했는데, 특히 노동야학이 도시와 농촌에 널리 보급되어 노동자·농민과 그 자녀를 대상으로 민족의식을 고취했다.

부르주아민족주의 세력은 「동아일보」·「조선일보」·「시대일보」 등의 한글 신문과 『개벽』·『신생활』·『동광』·『선지광』·『신천지』 등의 월간·주간지를 발간하여 이러한 다양한 운동의 선전기관 역할을 수행했다.

그러나 자본주의 문화의 건설을 통한 실력양성을 목표로 내건 이 운동은 당시 일제의 자본제적 침탈로 신음하고 있던 근로대중 속에 뿌리내리기에는 뚜렷한 한계를 지닐 수밖에 없었다. 게다가 이 운동을 주도해 나갔던 민족자본의 극도의 취약성으로 말미암아 강력한 추진력을 살릴 수 없었다. 이 운동은 1923년의 민립대학설립운동과 물산장려운동으로 절정에 올랐으나 참담한 좌절로 벽에 부딪치고 말았다.

이후 민족주의 계열 가운데 김성수·송진우 등의 동아일보계와 최린 등의 천도교 신파는 독립이라는 목표를 당분간 유보하고 일제통치 틀 속에서 타협적 형태의 운동, 나아가 자치를 추구할 것을 제기하고 나섰다. 이들 타협적 민족주의자들은 당시 민족개량주의 운동의 대두 속에서도 「조선일보」·「중외일보」계와 천도교 구파 등은 일제와의 타협을 단호히 거부했다. 이들 비타협적 민족주의자들은 사회주의자와 결합함으로써 민족주의 좌파로 불리기도 했다.

사회주의운동의 진전

1920년대에는 부르주아 민족주의운동이 쇠퇴한 반면, 러시아혁명의 영향으로 사회주의 사상이 널리 퍼져나갔다. 당시 소련은 반제국주의 세계혁명을 내걸고 코민테른을 결성한 뒤 식민지 민족해방운동 지원을 천명하였다. 한편, 파리강화회의와 워싱턴회의 등에서 제국주의 열강의 본질과 민족자결주의의 허구성이 드러났으며, 3·1운동과 '문화주의운동'을 통해 부르주아민족주의운동의 한계성이 뚜렷해졌다.

또한 일제의 가혹한 식민지 통치로 말미암아 민족적·계급적 모순이 첨예화된 가운데 3·1운동을 전후하여 자연발생적인 노동자·농민쟁의가 급격히 고양되고 있었다. 이러한 배경 속에서 청년·지식인들에게는 소련의 지원, 일본을 비롯한 제국주의 국가의 노동자 계급, 중국을 비롯한 피압박 민족과의 연대를 업고 국내 민중을 혁명의 기본동력으로 하여 민족모순과 계급모순을 척결하려는 사회주의 노선이 유일하게 올바른 것으로 받아들여졌다.

사회주의 수용은 1918년 연해주에서 한인사회당을 조직한 전투적 민족주의자 이동휘 등으로부터 시작되었다. 그들은 러시아혁명을 체험하는 가운데 사회주의 사상을 자기 것으로 받아들였다. 당시 국외의 전투적 민족주의자들이 소련에 얼마나 큰 관심을 가지고 있었던가는 1922년 모스크바에서 개최된 동방근로자대회에 조선대표가 57명으로 최대다수였던 것으로도 알 수 있다.

3·1운동 이후 이동휘는 상해로 활동의 장을 옮겼으며, 연해주에서는 또 다른 사회주의 그룹이 조직되어 1921년에 각각 고려공산당을 조직했는데, 전자를 상해파, 후자를 이르크츠크파라 불렀다. 이들은 앞다투어 국내에 사회주의 사상을 전파하는 데 힘을 쏟았다. 한편, 사회주의 사상은 유학생들을 통해 일본으로부터도 유입되어 들어왔다.

그리하여 사회주의는 부르주아 민족주의 퇴조의 뒤를 메우며 신흥사조로서 '전염병처럼' 전파되어 갔다. 그 결과 1920년대 전반기에 국내에서는 합법·비합법의 숱한 사회주의 사상단체가 조직되었다. 사회주의자들은 이합집산을 거듭하여 서울청년회계와 사상단체가 조직되었다. 사회주의자들은 이합집산을 거듭하여 서울청년회계와 화요회계의 양대산맥을 이루었다. 또한 이들은 대중운동의 지도에 주력하여 조선노농총동맹과 조선청년총동맹이라는 전국단일의 대중조직체를 건설하기에 이르렀다.

1925년 4월에는 이들 사상단체 및 대중단체를 기반으로 조선공산당과 그 청년조직인 고려공산청년회가 꾸려져 코민테른의 지부로 승인을 받게 되었다. 조선공산당은 노동자계급해방운동의 최고지도기관임을 자임했다. 따라서 그 창건은 민족해방운동 발전에 큰 추진력이 되었다.

조선공산당은 1926년 6월 10일, 순종 장례 때 3·1운동과 같은 대규모 반일운동을 일으키고자 서울을 중심으로 6·10만세운동을 준비하였다. 일제는 3·1운동의 경험에 비추어 전국에 삼엄한 경계망을 펼쳐 투쟁지도부를 사전에 검거해 버렸다. 그러나 조선공산당 산하 학생지도부의 손으로 제한된 범위에서나마 준비가 지속되어 6월 10일 서울과 인천 등지에서 만세시위가 벌어졌다. 이 운동은 소수학생의 시위에 그쳤으나 조선공산당에 의한 최초의 대중적 반제투쟁이었다. 또한 조선공산당은 비타협적 민족주의자와 힘을 합치는 민족협동전선을 꾀했다. 그 결과 1927년 2월에 신간회의 결성을 보게 되었다.

그러나 조선공산당은 1925년에서 1928년까지 네 차례에 걸친 대탄압을 받아 수백 명의 당원들이 체포되면서 조직이 약화되었다. 그 이유는 일제의 간악한 탄압 때문이기도 했지만 그에 못지않게 파벌투쟁을 극복하지 못하고 노동자·농민대중 속에 튼튼히 뿌리박지 못한 내부적 유약성 때문이기도 했다. 이런 상황에서 코민테른은 1928년에 이르러 조선공산당 승인을 취소하면서 분파투쟁을 불식하고 노동자·농민을 중심으로 당을 재건하라는 지시를 내렸다[12월테제].

계급투쟁의 확산과 대중적 사회운동

1920년대에는 각계각층의 대중들이 3·1운동을 통한 민족적 자각의 고양, 사회주의 사상의 확산, 합법적 공간의 확대 등의 조건을 이용하여 자신의 처지와 이해를 기반으로 한 대중조직을 만들어 민족해방운동 대열에 참가했다. 거기에는 사회주의자의 지원이 크게 작용하였다. 그들은 대중의 단결된 조직력만이 일제와 착취계급에 맞설 수 있다고 생각하여 조직화에 힘을 기울였다.

1920년에 최초의 전국적 노동자 조직으로서 조선노동공제회가 결성되었다. 이 단체는 처음에는 노동자들의 상호부조를 목적으로 내걸었는데, 1922년에는 노동해방을 앞에 내건 조선노동연맹회로 탈바꿈했다. 나아가 1924년 4월에는 전국 174개 노동자·농민단체를 망라한 조선노농총동맹이 결성되었다. 각 지방에서도 노동단체의 결성과 그 발전이 급속히 이루어졌다. 최초의 합동노조에서 직업별 노조로, 다시 직업별 노조의 지역연맹체로 발전했고, 나아가 산업별 노조로의 개편을 꾀해 나갔다.

이러한 조직성의 강화는 먼저 노동쟁의 건수와 참가인원의 증가로 나타났다. 또한 노동자들의 요구조건도 전반기에는 임금인상 및 임금인하 반대가 주종이던 것이 후반기에는 8시간노동제·단체교섭권 등 제도개선 요구가 많아졌다. 아울러 파업기간이 몇 개월에 걸치는 완강성·지구성, 자위조직인 규찰대를 조직하여 일제경찰에 맞서는 전투성, 동일직종, 동일지역 노동자가 동맹파업을 전개하는 계급적 연대성이 발휘되었다. 그 가운데서도 1929년 1월에서 4월까지 원산노동연합회의 지도로 그 산하 24개 노조의 3천 명 이상의 노동자가 참가한 원산총파업은 가장 두드러진 사례였다.

노동운동과 함께 농민운동도 지속적으로 발전했다. 일제시기 농민은 8할

이 소작농이었으므로 농민운동도 주로 소작농을 중심으로 전개되었다. 농민단체는 노동공제회와 노농총동맹의 영향을 받으면서 급격히 늘어났다. 1927년에는 노동총동맹이 노동총맹과 농민총동맹으로 분리되는데, 이와 함께 각 지방의 소작인 조합은 자작농을 포함하는 농민조합으로 확대 개편되었다. 따라서 농민운동도 소작쟁의만이 아니라 수리조합 등 일제의 농민 수탈기구와 농업정책에 반대하는 투쟁으로 나아갔다.

농민단체가 성장하면서 일본인과 조선인 대지주를 상대로 한 소작쟁의가 전국 곳곳에서 터져나왔다. 1923년 말에서 1924년 8월까지 일제시기 농민운동의 전형을 만들어낸 암태도소작쟁의, 일제의 농민수탈 기구인 동양척식주식회사에 맞서 싸운 1924~1925년의 황해도 재령군 북률면 소작쟁의, 1927년부터 1932년까지 7년간 지속된 평북 용천군 불이(不二)흥업 서선(西鮮)농장의 소작쟁의가 그 대표적인 사례이다.

학생들도 식민지 차별교육 철폐, 조선어·조선사 교육의 실시 등을 요구하며 동맹휴교 투쟁을 벌였다. 특히, 광주학생운동은 그 절정이었다. 광주의 조선인 학생과 일본인 학생 사이의 충돌에서 발단된 이 운동은 순식간에 전국으로 확산되어 갔으며, 학생들은 민족차별 철폐, 약소민족 해방, 제국주의 타도를 외쳤다. 이 운동에 참가한 학교는 194개교, 학생은 5만 4천 명에 달하였으며, 퇴학·정학처분자 3,800여 명, 피검자 1,642명을 헤아렸다. 이 운동은 3·1운동 이후 일제시기 최대의 민족운동이었다. 한편, 사회적으로 천대받고 있던 백정도 조선형평사를 조직하고 백정해방운동(형평운동)을 벌였다.

통일전선운동과 신간회

부르주아민족주의운동이 타협적인 민족개량주의 운동과 비타협적 운동으로 나뉘게 되고 사회주의 운동이 급성장하여 조선공산당이 결성되고 노동운동이 활발히 전개되자 사회주의 계열과 비타협적 민족주의 세력 사이에는 일제뿐 아니라 민족개량주의 운동에 대해 공동투쟁을 전개하려는 기운이 고조되었다. 특히, 1926년 6·10만세운동과 그 해 11월의 정우회선언으로 이러한 기운은 더욱 고양되어 갔다.

그리하여 1927년 2월 조선일보사의 이상재를 회장으로, 천도교 구파의 권동진을 부회장으로 하는 신간회가 창립되었다. 신간회는 강령으로서, 1) 우리는 정치적·경제적 각성을 촉진함, 2) 우리는 단결을 공고히 함, 3) 우리는 기회주의를 일체 배격함 등을 채택했다. 신간회의 중앙간부는 비타협적 민족주의 명망가가 차지한 반면, 사회주의자들은 지방지회 설립에 주력하였다. 그 결과 군단위 지회는 141개, 그 회원은 4만에 이르렀고, 일본과 만주에도 지회가 조직되었다. 또한 신간회의 자매단체로서 근우회가 조직되어 여성운동을 통일적으로 지도했다.

일제의 탄압으로 전국대회가 개최되지 못하는 상황에서 신간회 운동은 지회를 중심으로 전개되었는데, 각 지회는 노동·농민운동과 학생운동을 지원했으며 일제식민지 지배정책에 대항하여 민중의 정치의식을 고양했다.

일제는 신간회의 급속한 발전에 당황하여 탄압의 고삐를 죄어 1929년에 11월 광주학생운동을 지원하고 민중대회를 준비하던 허헌 등 중앙지도부 40여 명을 체포하였다. 이러한 탄압 속에서 신간회 내부에 와해의 조짐이 나타났다. 허헌 집행부의 뒤를 이은 김병로 집행부는 합법주의와 타협적 태도를 표명하였다. 이로 말미암아 사회주의자가 지도하는 지회와 중앙본부 사이에 마찰이 빚어졌다. 게다가 중국의 장개석 쿠데타에 따른 제1차 국공합작의 실패경험을 반영하여 코민테른은 민족부르주아지와의 연대에 부정적인 방침을 내놓았다. 아울러 1920년대 말과 1930년대 초 노동자·농민의 혁명적 진출과 일제의 폭력적 단압은 민족해방운동의 새로운 발전을 요구하였다.

쉼터 23

식민지근대화론의 함정

1920년대부터 조선에도 일본재벌이 주도한 가운데 약간의 공장들이 건설되었지만, 아직 조선은 공업제품 생산지라기보다는 일본제품의 소비시장이라는 의미가 지배적이었다. 그렇지만 1930년 전후의 세계대공황을 탈출하려는 일본 독점자본이 조선의 노동력과 전력을 겨냥하여 조금씩 침투하기 시작하더니 일본군부가 동북전쟁(만주사변)·중일전쟁·태평양전쟁과 같은 침략전쟁을 확대하자 그 틈을 타서 전시특수를 기대한 많은 재벌자본이 조선에 침투하여 대규모 공장을 조성했다. 이처럼 조선공업의 규모가 커진 것은 일본독점재벌 때문이었고 재벌자본의 조선침투를 결정적으로 도와준 것이 바로 일본군부가 주도한 침략전쟁이었다.

당시 조선에 침투한 일본자본의 규모는 1931년 18~21억 원 정도에서 1936년에는 72~75억 원으로 8·15 때까지 약 100억 원 정도였으리라 추정되는데, 1941년도의 경우 총투자액 가운데 39억 원 정도가 광공업 방면에 집중투자된 것으로 조사된다.

재벌자본의 침투분야는 시기별로 다른데, 만주사변(동북전쟁)부터 중일전쟁까지 (1931~1936)는 조선의 소비재 수요를 겨냥한 방직·제사업 방면에, 중일전쟁 단계 (1937~1941)는 전쟁에 필요한 군수원자재 비축을 추진한 총독부의 공업정책에 부응하여 인조석유·전력·대용품 등 수이입대체품업 방면에 자본이 투하되었다. 그리고 태평양전쟁단계(1941~1945)는 일본이 연합군과 전쟁을 유지하려고 전쟁무기 생산에 전력을 다하는 상황에서 조선은 중요원자재인 경금속·철강·석탄 등 이른바 '중점산업' 방면에 침투했다.

그렇지만 조선인이 주체적으로 나서서 '공업화'를 추진하지 못한 상황에서 조선공업계 전반에 걸쳐서 '식민지적 특성'이 남아 있게 되었다.

먼저 조선의 공업구조는 당시 일제가 침략전쟁과 연관된 공업만을 선별 육성하는 정책을 시행한 결과로 '조선내의 자립적인 산업연관을 가질 수 없었을 뿐만 아니라 토착의 수요·공급에 기반을 두지 못하고 엔블록이라 하는 범일본제국 경제의 일부로서만 의미를 가지게 되었다는 점이다. 당시 일제가 조선에 조성한 대규모 공업단지는 조선서부공단(관서지방)·조선북부공단(관북지방) 그리고 조선남부공단(경인지역) 등 세 군데를 들 수 있는데 하나같이 중국이나 만주 그리고 북일본·동남아와 연계되도록 설계되었을 뿐 남·북한 사이의 경제적 연관이나 조선내 산업의 유기적 관련성은 완전히 상실했다.

둘째로 조선에 아무리 큰 공장이 들어섰다고 해도 고도의 첨단산업이나 기계공작산업은 모두 일본 내 공장이 독점하고 있고, 조선에는 겉으로 보는 공업규모와는 어울리지 않게 단순가공을 위주로 초보적인 원자재 생산능력밖에 가질 수 없었다. 그러다 보니 겉으로는 20억 원이 넘는 공업생산을 기록하면서도 조선에서 조립에서 완제품까지 생산하는 공장은 일부에 불과했고, 공업화의 핵심 산업인 기계공작산업의 자급률은 1940년도 현재 24.7%에 불과했는데, 그나마 정밀기기 분야는 14.2%였고, 자급이 안 되는 것이 대부분이었다. 그나마 통계치가 그만큼 달한 것은 영세 조선업을 통계에 합하여 과대평가를 한 결과였다.

셋째로 철저한 일본의존형 공업을 만들다보니 남겨진 일부의 공업시설도 해방 후에는 무용지물로 변하는 경우가 허다했다. 또한 대규모 공장이라고 하더라도 조선인이 운영하거나 조선인의 자체적인 경영아이디어로 만들어진 것은 무척 적었다. 뿐만 아니라 기업운영에 절대 필요한 자금을 대는 은행도 모두 총독부가 지정하는 곳으로만 지원하게 되어 많은 부채를 지고 있는 조선인 자본은 일본인 기업에 비해 열악한 상황에 놓일 수밖에 없었다. 즉 당시 조선공업은 양적으로 팽창했지만 '내실있는 발전'과는 거리가 먼 모습이었다.

그렇다면 과연 이러한 조선공업의 당시 모습을 경제발전이라 볼 수 있을까? 본래 '공업화(industrialization)'라는 것은 국민경제의 활발한 발전을 기대할 수 있어야 한다. 왜냐하면 생산만을 많이 한다고 해서 국민경제의 발전이 오는 것이 아니기 때문이다. 오히려 만들어진 생산품이 산업의 혈맥이라고 하는 각종 금융기구나 토착시장에서 상품이 잘 순환하여 많은 부가가치를 만들게 되면, 그것이 국민경제권 안의 구매력을 확대시키고 생산에 재투자될 자본규모를 확대해 주며 나아가 산업기술력도 매우 높아지게 된다. 이것이 엄밀한 의미에서의 기술적 근대화이고 '공업화'인 것입니다. '공업화'가 정상적으로 수행되면 경제발전은 물론 국민의 삶의 질을 일정하게 높여준다는 것은 많은 나라의 역사적 경험 속에서 증명된다. 물론 공업화가 인간의 진정한 행복을 완벽하게 보장해 준다는 뜻은 아니다.

그런데 당시 조선공업은 전쟁경제와 일본경제의 보완을 위해 만들어진 것이었기에 조선인 자본가들은 전혀 공업화 계획을 입안하거나 수행할 기회를 박탈당했고, 그저 일본의 필요에 따라 침략전쟁에 참가하여 부를 축적하는 방식을 택할 수밖에 없었다. 따라서 외관상 그럴듯하게 공업이 양적으로 팽창하고는 있었지만, 한쪽에서는 격렬한 배급통제·소비제한·소비금지 등이 자행되어 대부분의 조선사람들은 생존선 아래의 매우 고달픈 일상생활을 해야 했고, 그 과정에서 자본의 국내적 순환을 촉진하는 내부시장이나 공산품의 내부 소화능력은 완전히 붕괴되고 말았다.

또한 조선 내에서 자본을 축적할 수 없었기 때문에 조선인 자본가들은 제아무리 민족을 생각하려고 해도 일본제국의 뒷받침이 없거나, 침략전쟁에 일익을 담당하지 않으면 전혀 돈을 벌 수 없었던 상황이었다. 그러니 자연히 흥아보국단·임전보국단 등을 만들어 전쟁에 협력하는가 하면, 이윤의 대부분을 항공기 만드는 데 헌납할 수밖에 없었고, 일본이 전쟁에 이기기를 바랄 수밖에 없었다.

나아가 식민지인이라는 열등의식이 교차하면서 더욱 광적인 '제2의 일본인화'를 주장했다. 조선인 자본가들이 일제의 식민통치와 침략전쟁에 기여했다는 것은 엄연한 역사적 사실이다.

물론 일부에서는 조선사람이 전통적인 상품시장을 기반으로 해서 운영하는 회사나 개인공장도 있었다. 1939년경 총 5억 원 규모, 약 4천 개 공장이 조선인 소유로 되어 있었다고 추정된다. 여기에 조선인 가내공업자는 1943년까지 약 36만 명 정도로 보인다. 이들은 전통적으로 조선의 내부 시장요인에 의해 발전한 것으로 보이지만 전시경제 아래에서 더 이상 종전의 방식을 고수할 수 없었다.

특히 일본 대자본이 들어오면서 부속품·원자재를 생산하는 하청공업으로 전환하여 국가의 시책에 협력하는 것만이 살아남을 수 있는 유일한 방법이었다. 일본의 대공장이 침투하면 수많은 일본내의 부품업체들이 곧바로 들어오지 못했기에 자연스럽게 조선 내 중소공장을 하청공장으로 만들어가려 했던 재벌측 요구와 부합된 경우이다.

그러나 이들도 일본이 과달카날섬에서 패전한 1943년 이후 항공기·선박 등 '초중점 산업'만을 일방적으로 육성하는 상황이 되자 하청공장으로서의 이용가치마저도 사라지게 되었고, 마침내 44년에 들면 대대적인 기업정비·현원징용으로 명맥을 잃고 말았다. 이제는 소수 조선인 대자본만이 겨우 남은 생명을 유지할 뿐 완전히 일본 재벌자본의 독무대가 되었다. 8·15 때 조선 안에서 일본인 자본지배율이 94%에 이른다는 사실은 당시 조선공업의 현실을 잘 설명해 주고 있다.

따라서 당시의 공업현상을 식민지시대 관학자들이 말했던 '조선공업화'·'군수공업화' 혹은 조선개발정책으로 보는 것은 사실과 전혀 부합되지 않는 생각이라 할 수 있다. 굳이 당시의 공업현상을 이름하자면 '물자동원기지화(정책)'라고 하는 것이 사실에 가깝겠다. 실제로 공업확대를 가져오는 생산력확충계획은 독자적으로 운영된 것이 아니라 물자동원 계획의 하부단위로 되었다. 따라서 전쟁상황이 변하면 물자동원 계획도 변하고 이에 생산력 확충도 취약해지면서 배급·소비제한·공정가격·공출·시설징용·금속회수와 같은 물자통제라는 방식으로 필요한 물자를 동원했다.

물자통제라는 말은 조선사람들의 먹을 것 입을 것을 제한하여 전쟁에 동원한다는 말이다. '내핍에 의한 물자동원'만이 조선경제의 존재이유였던 것이다. 자연히 경제개발이라는 말은 먹혀들 수 없었다.

요즈음 일부 연구결과에 의하면 1930년대 이후 일본제국주의가 대륙침략에 나서면서 한반도를 병참기지화하려 했고, 그 과정에서 상당수의 공업시설이 건설되고 노동자가 배출되면서 해방후 한국경제의 놀라운 발전에 이바지했다는 의견이 나오고 있다. 이른바 식민지개발론이라는 시각이 그것이다.

일제가 조선을 강점한 지 어언 반세기 넘었다. 식민지시대사를 이제 어떻게 보아야 하는가. 이제는 객관적·과학적으로 봐야 한다. 마치 자기 가문의 역사를 쓰는 듯한 극히 주관적인 감정개입이나 획일화된 목적지향적 역사인식은 어느 정도 제한되어야 마땅하다고 본다.

그리고 역사는 역사학자만이 평가할 수 있는 특권이라는 사고에서 벗어날 필요도 있으며, 대중과 사회의 요구에 적극적인 대응을 할 필요가 있다. 물론 학문적 양심을 꺾는 현실과의 타협을 말하는 것이 아니며, 가치중립 혹은 몰가치적 입장을 견지해야 한다는 것이 아니다. 방법론적으로 기왕의 정치-경제사 일변도의 연구에서 보다 사회문화적인 측면의 의미도 분석되어야 하고 무엇보다도 삶의 실상을 적나라하게 보여주는 다양한 연구방법론을 수용하는 데 꺼려해서는 안 된다는 사실이다. 또한 시야를 확대하여 세계사적인 영역에서 식민지경제의 위상이나 역할을 분석하고 이해할 필요가 있다.

제국주의 일본과 식민지 조선 사이의 지배·수탈 일변도의 역사인식은 많은 중요한 역사적 의미를 놓칠 수 있다는 것이다. 역사학은 종합적인 학문이며, 그 목적이 작게는 개인의 지적 호기심에 기인한 것이기도 하지만 크게는 민족문제의 영역을 넓혀 인류의 보편적인 삶에 내재하는 진리조차도 관심에 두어야 한다. 한국인만을 위한 한국사가 아니라 과연 우리 역사가 세계사에 어떤 의미가 있는지 고민할 필요가 있다.

4. 전시파쇼체제와 조선사회의 파탄

침략전쟁과 파쇼통치

1929년 가을 미국에서 시작된 세계공황을 겪으면서 일본경제는 농업공황을 수반하는 미증유의 대공황에 돌입하였다. 일본은 이 파국적인 경제공황의 돌파구를 제국주의적 팽창정책, 일본 독점자본의 군사적 재편성, 식민지정책의 강화, 중국대륙의 침략 등에서 찾아 나갔다. 즉, 미국·영국 등 선진자본주의 국가들이 공황에 대처하여 보호무역주의의 일종인 블록경제권을 형성하는 것에 대응하여 후발자본주의 국가인 일본은 기존시장에의 의존도가 낮은 군수물자의 생산에 주력함으로써 과잉자본의 문제를 해결하려 했다. 그리고 군사력의 강화를 통하여 식민지체제의 확대재편을 도모하고자 하였다. 이는 일본 독점자본의 군사적 재편성에 기초한 국가독점자본주의·군국주의화의 길이었다.

그리하여 1930년대 이후 조선은 독점자본을 통한 군사적 재편성과 관련하여 일본자본의 투자지로서, 중국 침략전쟁의 전진기지=대륙병참기지로서의 성격이 강화되었다. 당시 조선은 1920년대에 이미 닦아놓은 산업기반 위에서 일본의 공장법과 같은 노동자 보호입법도 전혀 없었으므로 노동력의 무제한 수탈이 가능한 곳이었다. 또한 독점자본의 투자가 중국침략을 위한 군수물자의 생산과 결합하고 있었으므로 조선은 지리적·군사적으로 가장 적합한 중국침략의 병참기지가 될 수 있었다.

이러한 사정에 의해 1930년대 이후 일제의 조선에 대한 식민정책은 식민지 조선산업의 군사적 재편성과 견고한 대륙병참기지 건설을 위한 군사적 파쇼통치체제로 전환되어 갔다. 이 시기는 1920년대 활발히 전개된 민족해방운동을 통해 조선민중의 반일적·변혁적 의식이 고양되어 있었다.

따라서 조선민중에의 광범한 착취를 전제로 일본자본의 지배력과 병참기지의 안정성을 확보하기 위해서는 조선민중의 반일저항을 철저하게 탄압할 필요가 있었다. 나아가 조선해방에 대한 의지를 말살하여 조선민중이 군국주의 침략전쟁의 충성스럽고 선량한 신민이 되도록 하는 것도 식민지 통치의 주요과제로 부각되고 있었다.

그리하여 일제는 1920년대 사용하였던 '문화통치'라는 미명의 탈을 벗어

던지고 노골적인 파쇼통치를 강화하기 시작하였다. 일제는 먼저 파쇼통치의 도구로서 군사력과 경찰력을 증강하였다. 경찰관서와 경찰인원을 늘리는 한편 해외의 민족해방운동과의 연계를 차단하기 위해 국경경비를 강화하였다. 특히, 비밀고등경찰·헌병스파이·경찰보조기관인 경방단 등을 두어 조선민족의 일거수 일투족까지도 감시하였다. 이렇게 강화된 경찰제도에 의해 수많은 애국지사와 저항적인 민중들이 검거·투옥·학살당하였다.

파쇼체제 강화의 또 하나의 방법은 철저한 사상통제로 나타났다. 대부분 항일운동 관련자인 치안유지법 위반자를 감시하기 위해 1936년 조선사상범보호관찰령을 실시하여 서울·평양·대구 등 7개소에 보호관찰소를 설치하였다. 중일전쟁을 도발하면서는 조선중앙정보위원회(1937)를 두고 지식인에 대한 개인적 정보를 수집하는가 하면 사상전향자들의 단체인 시국대응전선사상보국연맹(1938)을 만들어 반일사상의 박멸을 선전케 하였다.

태평양전쟁 시기에 들어서면서 사상통제는 한층 더 강화되었다. 1941년에는 전향하지 않은 사상범을 사회로부터 격리시키기 위하여 조선사상범예방구금령을 제정하여 서울서대문 형무서 안에 예방구금소를 두고 이들을 강제 구금시켰다. 또한 '조선임시보안령(1941)'을 공포하여 전시하의 언론·출판·집회·결사 등에 대한 초비상시적인 단속을 강화하고 태평양전쟁 말기에는 조선전시형사특별령(1944) 등을 만들어 재판을 모두 2심제로 바꾸었는데, 특히 국정변란죄에 관한 형벌규정을 강화하였다.

또한 일제는 파쇼적인 침략사상을 주입시키면서 국민생활 전반을 철저히 통제하였다. 1938년부터는 중일전쟁을 도발한 뒤에 만든 국가총동원법이 조선에 적용되었고, 중일전쟁 발발 1주년을 맞아 국민생활 통제의 모체인 국민정신총동원조선연맹(1938.7)이 결성되었다. 이 연맹은 도(道), 부(府)·군(郡), 읍(邑)·면(面), 동(洞)·리(里) 등 연맹의 지방연맹과 관공서·회사·공장·상점 등의 각 직장연맹으로 조직되었다. 지방연맹 밑에는 10가구를 단위로 '애국반'을 만들어 세대주가 반원이 되게 하였다.

이 애국반은 정기적인 반상회를 열어 일장기 게양, 일본천황의 궁성을 향한 배례와 신사참배·일본어 사용·방공방첩·애국저금 등을 강요하였다. 전 조선민중은 애국반 조직을 통해 식민지 지배체제 아래 완전히 장악되어 갔다. 학교교육도 황민화 교육을 위해 국체명징(國體明徵)·내선일체(內鮮一體)·인고하련(忍苦鍛鍊)의 3대 강령을 내걸고 1938년 조선교육령을 개정하여 획일적인 일본인 교육을 실시하였다.

한편, 총독부는 1920년대부터 효과를 보이고 있던 민족[계급]분할통치정책을 강화하여 식민지 민족해방운동의 개량화를 목적으로 한 간접통치책도 병행하였다. 총독부는 치열해지고 있는 노동자·농민·청년학생의 비합법 운동에 대해 극단적인 탄압을 가하는 한편, 개량적인 노동자 및 농민단체·모범청년단·향약·교풍회·산업조합·소비조합 등 민족개량주의 운동단체를 설립하여 '사회운동의 안전판'으로 활용하려 하였다. 또한 지방자치제 실시,「매일신보」의 민간이양, 궁민구제용 토목공사 시행, 자작농창정계획 등을 통해 식민지 민중들의 혁명성을 일정하게 거세시키려 하였다.

대공황과 식민지 농정의 변화

세계대공황이 일본의 농업공황을 동반함에 따라 산미증산계획에 의한 조선의 식량공급지정책은 차질을 빚게 되었다. 일본은 농업공황을 타개하기 위해 외국쌀 수입을 제한하고, 조선총독부에 대하여 조선쌀의 증식계획을 중단하도록 종용하였다. 한편, 산미증식계획을 통해 조선농민의 몰락이 급증하고 농업공황의 여파까지 겹쳐 조선의 농가경제는 극도로 궁핍화되었다. 궁핍화의 심화에 따라 무산화한 소작농민들의 소작쟁의, 혁명적 농민조합운동이 활성화되어 식민지 지배의 안정을 위협하고 있었다.

이러한 상황하에서 만주사변(1931.9)을 시발로 일제의 대륙침략이 본격화되었다. 그에 따라 조선총독부 측은 내외의 제문제를 해결하기 위하여 조선에 대한 농업정책을 수정하게 되었다. 1930년대에 들어 조선총독부는 농민의 식량자급과 경제적 향상을 도모한다는 명목 아래 전작개량증식계획 및 농촌진흥운동을 수립하고 조선소작조정령 및 조선농지령을 발표하는 한편, 산미증식계획을 중단하였다.

이러한 일련의 조치들은 지금까지의 지주적 농업정책에서 농민적 농업정책으로의 전환을 표방하였으나, 본질적으로 식민지 지주제를 골간으로 하는 정책에는 변함이 없었으며, 농민의 빈곤화 몰락을 촉진시켜 소작쟁의를 증대시키는 결과만 초래하였다. 그렇지만 전체적으로 보면 지주제 특히 식민지 지주제의 운명은 사멸의 길로 들어선 것으로 판단할 수 있다. 그것은 조선에서 지주를 배제하더라도 기왕에 성장한 독점자본이 직접 소농의 생산력을 통제하고 지배할 수 있는 구조가 확보되었다는 표현이기도 하며, 독점자본이 지주의 중간이득을 배제함으로써 효과적인 자본축적이 가능해진 상황을 표현하는 것이기도 했다. 이후 자작농창정계획과 부재지주 배제 등 소농육성 정책이 진행되고 있었다.

한편 '춘궁퇴치'·'자력갱생' 등의 슬로건을 내세우고 전개된 농촌진흥운동은 '갱생'을 강조하였지만, 사실은 농촌의 궁핍화로 치열해진 농민의 저항운동을 통제하고 침략전쟁을 뒷받침하기 위해 조선농촌을 재편성하려는 것이었다. 이 운동의 수행과정을 보면 갱생지정농가를 대상으로 '농가경제갱생5개년계획'을 세우고 읍 및 면·경찰·관헌·학교 등은 물론이고, 농회나 금융조합 등이 농민지도에 직접 관여토록 하였다. 특히, 하급관리나 경찰관이 중심이 되어 치안정책과 농업정책을 일치시켰다.

조선총독부는 농촌진흥운동을 펴는 한편, 조선소작조정령(1932)을 공포하여 자본가·지주·금융조합 간부를 중심으로 구성된 소작위원회에서 소작쟁의를 조정하도록 하였다. 당연히 소작쟁의의 조정은 지주측에 유리하게 진행되었고, 소작권 문제는 하등의 근본적 해결을 보지 못한 채 오히려 이 때문에 소작쟁의가 더욱 빈발했다. 이에 총독부는 1934년 4월 조선농지령을 제정하여 수습에 나섰다.

조선농지령은 농민의 소작권을 확립한다는 명목 아래 마름을 단속하고, 농지의 소작기간을 정하여 소작기간의 갱신에서 지주에게 제한을 가하고 소작권을 인정하는 것 등을 결정하였다. 그러나 실제로는 그대로 실행될 수 없었다. 또 소작권 이동의 금지는 농민의 소작권 취득이나 확대를 곤란하게 하여 가족노동을 완전히 소비할 수 없는 많은 영세농에게는 생활개선에 도움이 되지 못했다.

이러한 조선농지령은 역설적인 두 가지 목적을 동시에 가지고 있었다. 즉 한편으로 소농의 안정을 꾀하여 독점자본과의 직접적인 연결을 꾀하는 것이기는 해도 기왕의 식민지배의 협력세력인 지주에 대한 철저한 부정까지는 가지 못했고 결과적으로 영세농의 불안정성을 개선하는데 한계에 달했다. 그러한 개량농정의 근본의도에 관해서 당시 총독 우가키 가즈시케(宇垣一成)는 "단지 소작인만의 이익을 보호하려는 것이 아니고 지주의 정당한 이익을 충분히 옹호하여 지주 · 소작인의 협조 · 융화정신 아래 농사의 개량 및 농가경제의 진전을 기하고자 할 뿐"이라 했다. 즉 조선농지령은 독점자본의 이익과 소농의 안정 그리고 지주계급 사이의 협력이라는 식민통치의 전체적인 구상에서 발생한 것임을 보여주고 있다. 그 결과 농지령 시행 뒤에도 소작쟁의는 한층 더 증가하여 연 3만 건에 달하였다.

한편, 중일전쟁과 태평양전쟁으로 침략전쟁이 확대되면서 식량의 수요가 증대하자 다시 미곡증산 계획이 수립되는 한편, 쌀의 배급 · 공출제도가 실시되었다. 1940년부터는 신조선미곡증식계획을 실시하여 생산목표가 각 도에서 각 부락 및 각 개인에게 할당되었다. 1939년에는 조선미곡배급조정령을 제정하고 1940년에 임시 미곡배급규칙과 미곡관리규칙을 실시하여 미곡은 모두 공출제가 되었다. 처음에는 쌀의 생산의욕을 높이기 위해 생산자 값을 소비자 값보다 높게 책정하고 또 지주층의 소작료를 중심으로 공출제도가 실시되었으나, 전쟁확대로 재정 및 식량사정이 점점 악화됨에 따라 공출제도는 쌀뿐 아니라 잡곡으로, 그리고 소작농민에게로 확대되었고, 할당제 및 부락책임공출제가 강행되었다. 결국 농촌진흥운동·조선농지령 같은 표면적인 회유정책도 침략전쟁이 본격화함으로써 모두 있으나마나가 되고 공출제도와 같은 철저한 수탈정책이 강행되었다. 이와 같이 수탈이 강화될수록 총독부의 미곡통제책의 혜택이나 구제금융정책의 배려를 받은 소수의 대지주를 제외한 대부분의 중소지주·자작농·소작농들은 몰락의 길을 걷지 않을 수 없었다.

한편, 일본 독점자본의 과잉자본투자와 대륙병참기지로서의 중요성이 강조됨에 따라 '농공병진'의 슬로건 아래서 공업화정책도 적극 추진되었다.

중일전쟁과 조선공업의 전시재편

1930년대 전반기의 공업화정책에 있어서 선결요건이 된 것은 동력원의 마련이었다. 조선공업화의 기초적 준비과정으로서 조선 내 전력자원개발이 1931년 '발전망계획 및 송전망계획'에 의해 구체화되었다. 이러한 전력개발사업은 1930년대 후반기 전기화학공업을 중심으로 하는 군수공업 전개의 기초를 마련했을 뿐만 아니라, 일본독점자본의 조선에 대한 지배력을 확립하는 과정이 되었다. 경제공황으로 이윤의 저하에 고민하던 일본 독점자본은 저렴하고 풍부한 자원과 노동력을 이용할 수 있고, 또 운임·세금 관계에서 유리한 소비지이며, 나아가 중국시장으로의 진출도 유리하다는 조짐 때문에 보다 많은 초과이윤 획득을 목표로 하여 식민지 조선에 적극적으로 진출하기 시작했다.

1930년대 후반기 일제의 침략전쟁이 확대되자 조선은 군수품 공급지로서의 성격이 강화되고, 군수산업은 발전하였다. 일제는 일본 독점자본의 적극적인 진출을 보장하기 위해 1937년 중요산업통제법을 개정하여 조선에까지 적용범위를 확대하였다. 1931년 경제대공황에 직면하여 제정된 중요산업통제법은 국가권력에 의한 카르텔 강제를 내용을 한 법률로서, 일본 내에서만 적용되었고 조선에서는 효력이 없었다. 1937년의 개정은 기업의 신설 및 생산설비의 확장을 허가제로 하고 경쟁력을 국가가 규제하려는 것이었다. 아울러 식민지 조선의 중요산업에까지 규제를 강조했다. 그러나 이 법의 조선에서의 적용은 시멘트업에 국한되어 실효를 거두지 못했고, 조선에서는 여전히 총독부자체의 산업통제가 진행되었다. 이에 자연스럽게 일본 재벌자본의 본격적인 유입을 초래하였다. 즉, 미츠이(三井)·미츠비시(三菱)·노구치(野口) 등이 방직·식료품·화학·기계·금속공업·요업·광업부문에서 크게 진출했다.

　또한 공업의 군사적 재편성을 위해 조선의 금융 및 재정기구도 재편성하였다. 1937년의 임시자금조정법이나 1939년 '조선식산은행의 조선 중요 산업자금 공급에 관한 조치' 등을 통해 금융기관의 군수공업에 대한 자금지원을 강화하였으며, 자금원천 확보를 위해 저축조합을 중심으로 한 국민저축운동을 강제하였다.

　이러한 일련의 공업화정책에 의해 조선의 전 산업은 대규모의 일본 독점자본에 예속되었고, 그 생산배치 역시 일본에 예속적인 형태로 전개되었다. 즉, 흥남을 중심으로 한 북부공업지대, 평양·신의주를 중심으로 한 서부공업지대, 서울·인천을 중심으로 경인공업지대가 형성되었는데, 각 공업지대 내의 공장들은 상호간의 연관성은 별로 없이 일본 독점자본의 직접적인 예속 아래 놓여 있었다.

　일본 독점자본은 군수공업의 원료인 철·석탄·알루미늄·마그네슘 등의 확보와 전기산업 부문 및 그와 결합된 화학공업·경금속공업·철강업 등에 그 진출을 집중하였다. 일본 독점자본의 진출분야는 침략전쟁에서의 기축부문이었기 때문에 총독부로부터 일관된 보호와 장려를 받았다.

한편 이러한 조선공업의 발전은 조선인 자본의 일정한 증가를 초래하였다. 당시 경공업 중심의 영세 중소기업인 조선인 자본은 일본 독점자본과의 경쟁에서 열세에 처했지만, 총독부의 생산력확충계획에 적극 편승하거나 물자통제를 이용하여 다양한 업종에서 조선인공업이 증가하고 있었다. 특히 침략전쟁에 필요한 물자지원이나 독점자본의 하청을 통하여 상당한 자본축적을 꾀하기도 했다. 그러나 태평양전쟁시기에 도달하면 기왕의 '조선인 중소기업 육성정책'이 포기되고 금융지원에서도 조선인 중소기업은 거의 배제되었으며, 결국 활동영역이 축소된 중소기업들은 대부분 휴업상태에 빠지게 되었다. 총독부는 중소기업들로 하여금 '전업'을 유도하기도 하였으나, 이러한 전업은 사실상 아무런 보장도 전제되지 않은 허구적인 것이었다. 결국 총독부는 중소기업에 대한 억압책을 기조로 하여 '기업정비령(1942)'을 실시하였다.

한편, 일부 조선인 자본가들은 일제의 비호를 받으며 일본 독점자본에의 예속을 심화시키면서 발전해 나갔다. 이들 예속자본가들은 일제의 군수공업에 편승하여 한강수력전기주식회사・조선석유주식회사・조선제철주식회사・조선비행기주식회사 등 새로운 기업까지 설립할 정도로 성장해 갔다. 이는 일제 파쇼체제가 강화되면서 몰락의 길을 걷고 있던 대다수의 노동자 및 중소자본가의 모습과는 대조적이었다.

●●●●● 태평양전쟁과 북방권의 물동기지화

태평양전쟁이 발발하자 일본본토는 1941년도 4/4분기의 물동계획부터는 비군수용 물자의 배당감축, 수입대체품공업 확대, 산업물자 회수 등을 강조하고 물동계획의 기준도 종래 외화보유량에서 사용가능 선박량으로 전환하는 등 중요물자의 자급을 위한 여러가지 조치를 입안했다.

그러나 태평양전쟁 이후 각종 운송수단의 징발에 따른 수송력 감소로 북방 엔블록이나 동남아 원자재의 조달이 힘들어지면서 일본본토의 물동계획은 예정대로 진행될 수 없었다. 이에 1942년 2월중 일본본토의 군수품 동원 상황을 보면 폭약보급은 예상의 50%에 불과했고 항공기 정비는 8,417대 예상에 실적은 6,365기였다. 또한 생산력 확충도 철강이 부족하여 철강을 증산하려면 석탄이 부족하고, 석탄을 증산하려면 수송력이 부족하였다. 생산력 파탄으로 인해 증산과 수입을 기반으로 책정되었던 물동계획도 1943년 4/4분기부터 완전히 정지되었다.

이에 총독부도 '영·미에 일방적으로 의존하는 물동구조에서 탈각'을 목표로 가공산업의 확장을 꾀했다. 그럼에도 전쟁수행에 흡족할 만큼 생산력을 확보할 수 없었다. 왜냐하면 당시 조선의 중요물자 150종에 대한 자급률은 25%에 불과했다는 점에서 조선의 공업화는 여전히 일본본토의 원자재를 기반으로 존립하는 것이었고 결국 수송력 격감은 일본 본토경제에 의존하는 조선경제에 치명타를 가하게 되었다.

이처럼 일본의 물동계획이 파탄에 직면하고 군사적으로도 1942년 6월의 미드웨이해전을 기점으로 일본군이 전선에서 후퇴할 조짐을 보이면서, 일본본토는 군수물자 확보를 위한 조선경제의 재편대책을 강력히 요구하였다. 즉 일본의 입장은 종래의 엔블록 공업화 전략이 "블록 전체의 생산력 확충이라는 관점에 출발했기에 전체적인 생산력의 확대는 가능해도 일본본토가 구체적인 전쟁수행에는 도움이 적다"는 것이었다. 이에 조선의 동아경제조선간담회(1942.9)에서는 "대동아 자주경제 건설을 위한 산업배분" 차원에서 조선이 식량·전력·철강·화학공업 등의 확충에 솔선할 것을 요구하였고 제2회 대륙연락회의(1942.11)에서도 "전쟁완수는 대일기여의 확대에 의한다"고 하여 '조선의 역할'을 요구했다.

그 결과 총독부의 공업정책도 대일 의존물자의 자급화 수준에서 이제는 일본경제에 적극적으로 기여한다는 것으로 전환했다. 1942년 4월에 미나미 총독이 발표한 '생산력확충 4대시책'에서도 "철광석·텅스텐·몰리브덴·아연·운모 등을 위시한 군수광물자원의 획기적 증산. 조선 서북부의 풍부한 전력을 기반으로 한 화학공업의 확충, 미곡 3천4백만 석의 식량증산과 인적자원개발 등으로 일본본토경제에 적극적으로 기여"하자고 한 데서도 나타난다. 고이소 총독도 "조선에서는 단순한 경제력 향상에 앞서 적과 자웅을 겨룰 수 있는 생산력의 급속한 증강이 필요하다"고 하고 이를 위해 무연탄제철·소형용광로보급·중요광물증산·염전확장 등을 강조했다. 도지사회의 (1943.4)에서도 고이소 총독은 "동남아 물자를 이용할 수 없는 상황에서 이를 일·만·중국 단위로 확보할 것"이라 하여 북방 엔블록 중심의 자급을 강조하고 구체적 방책으로 '전력증강 8대시책'을 통첩하기도 했다.

아울러 생산면에서도 종래까지 조선의 지하자원은 일본내 증산을 위해 개발되면 곧바로 본토공장으로 이전되었으나 이제는 조선의 자원으로 직접 조선에서 완제품을 생산하여 일본경제에 기여하자는 논리로 전환했다. 그것은 당시 총독부 기획부장이었던 시오타(鹽田)의 언급에서 "조선의 산업배분은 전력의 유리성을 기반으로 제1차 가공공업을 하는 것이고 제2·3차 가공공업은 일본본토에서 해야 한다는 생각이 있었다. 조선이 원역의 중핵체로서 산업개발상 제1차 가공공업을 고려해야 하겠지만 대륙전진병참기지로서 가능한 한 속히 제2차 가공공업으로 이행하는 데 노력해야 한다."

따라서 이후의 총독부공업정책은 중화학공업에서 풍부한 전력을 기반으로 급속한 제2차 가공공업을 확대하고, 경공업 부분에서는 '엔블록의 생필품 보급지'라는 미명하에 소비제품을 증산하여 일본경제의 결손을 보충하는 의미에서 수행되었다. 이에 조선의 물동계획도 '일본 본토경제에 대한 기여'라는 틀 속에서 구체화되었다. 즉 일본에서는 1941년 이후 자재부족·수송력감소 때문에 석유정제업·무수알코올·펄프·시멘트·철도차량·자동차 분야의 생확계획이 중지되었지만, 1942년도 조선의 물동계획(1942.5)에서는 종래 대체품 공급중심에 머물던 경금속공업의 확대를 비롯하여 몰리브덴·니켈·코발트·흑연 등 특수광물, 전력 및 카바이드에 의한 합성화학, 인견·펄프·화학비료·경화유·화약·무수알코올·인견사·스테이블바이버 등의 화학공업, 시멘트·내화벽돌 등 요업, 밀가루 등 식료품공업, 제철·조선·공작기계·자동차·항공기 공업 등의 종합적인 '육성대책'이 천명되었다.

아울러 일본본토에서 철강·석탄·경금속·비철금속 등 이른바 '중점산업의 육성'이 강조되자 총독부 기획위원회 간사회도 이들 중요물자의 증산을 위한 '생산력확충추진운동실시요강'(1942.10.20)을 발표하였다. 특기할 점은 일본본토의 생확계획이 1942년 10월부터 5개년으로 단기계획으로 입안된 반면, 조선은 태평양전쟁이 종료되는 때까지 10년이든 20년이든 계속하기로 한 것이었다.

조선은 종래까지 미미한 액수나마 대외무역으로 석유·인광석·생고무 등 중요물자를 공급받았으나 1943년 이후 무역로가 두절되면서 물자부족을 비롯하여 기술자·숙련공 부족, 운송력 하락, 석탄감산, 설비결함 및 설비지연 등으로 증산계획은 큰 차질을 빚었다. 또한 물자통제면에서도 배급통제와 사용제한이 강화되면서 기존설비 이상으로 원자재를 사용할 수 없게 되어 효과적인 물자동원을 더욱 어렵게 했다.

이에 총독부는 배급통제를 강화함으로써 원자재 부족에 대처하고, 기술인력할당제와 일본본토에서 기술자를 수입하여 숙련노동력의 부족을 극복하며, 선박·철도·자동차·우마차 등의 해육운송 확충과 항만정비로 운송난을 해결하고자 하였다. 특히 부족물자는 배급통제 이외에도 기업정비·생산책임제·'군수회사법' 등 기존설비 안에서 생산수량만을 확대하는 정책을 통하여 해결하고자 하였다.

따라서 이후의 생산력 확충계획은 기존 설비내에서 추진하고, 그래도 부족한 물자는 증산이 아닌 국민의 내핍에서 염출한다는 것이었다. 이에 1943

년도 물동계획(1943.6)에서는 "재고물자와 유휴자재를 적극적으로 이용 등 생산력 앙양과 철·석탄·경금속 등 산업물자의 급속한 증산에 경제적 제요소를 집중할 것"이 강조되었다. 또한 배급통제의 내용도 종래 설비·제조 분야에서 가공·수선 분야까지 확대되었다.

이러한 단기적·설비내적 증산논리가 강조되었지만 일본본토로서는 장기적인 생산력확충계획도 유지해야 하였다. 1943년 10월에 일본본토는 장기적인 물동계획으로 "국토방위·일본민족 강화, 중화학공업의 비약적 확충, 식량확보 및 수송력 강화"를 목표로 15년계획의 '중앙계획소안요강안'을 입안하였다. 그러나 이 계획도 1943년 말부터 남양군도가 차례로 실함되어 일본본토의 고립이 심화되자 실현될 수 없었다. 급기야 일본의 물동계획도 1943년 말부터 정지되었고, 이에 '결전비상조치요강'(1944.2.25)을 통하여 단기적인 물자약탈에 의한 전면적인 전쟁동원을 획책하게 되었다.

총독부도 '총력전'이라는 미명하에서 사무기구 간소화, '전시관리복무령' 제정 등 통치구조의 정비와 전시 교육비상조치에 의한 학생동원, 교육기관의 증산기구화·청년특별연성·기업정비·국민징용·생산책임제·운송기구통폐합·징병제 등을 실시하였다. 특히 단기적·설비내적 증산논리는 행정구조면에서 종래의 기획원과 상공성의 중공업 업무부분을 일률적으로 장악하는 군수성(1943.11)을 새로 설치하는 한편, 실질적인 생산력 확충을 실현하는 법적 조치로서 '생산책임제실시요강'(1944.3.13)과 '군수회사법'(1944. 10)을 공포하는 것으로 구체화하였다.

●●●●● 조선인 자본의 전시경제 참여와 침략전쟁의 첨병화

1930년대 후반기 조선인의 '공업화 인식'을 '일선공생론'으로 정의한다면

1940년대에 들면 이제는 침략전쟁에 적극적으로 참가함으로써 일본본토의 운명과 자신의 운명을 일체화하는 이른바 '제2의 일본화론'·'침략전쟁동반론'으로 변화하였다. 그러한 인식은 조선공작주식회사 사장 하준석이 이 회사를 설립할 때 행한 창립연설에서도 나타난다.

"중일전쟁은 이미 1개년 여를 경과하여 제3기 작전에 이행하여 피의 장기항전에 대응하기 위하여 군수자재의 제조확충은 더욱 간절하다. 우리 조선은 대륙의 일부로 지리적으로 만주국·화북을 접하여 전시는 물론이요, 평시에 있어도 각종 기계류의 많은 수요에 응하지 않으면 안된다. 이 때 전시·평시를 불문하고 금후 우리 조선에 약속된 역할은 비상히 중차대하다. 나는 여기에 감한 바 … 전시중에 있어서는 제국전투 능력의 확충강화에 공헌하며 평시에서는 중요산업의 진흥발전에 기여코자 하는 바이다.[『삼천리』]"

그것은 침략전쟁을 자본축적의 기반으로 삼겠다는 것이었고 그것을 위하여 적극적으로 증산에 매진하겠다는 것이었다. 이러한 차원에서 군수산업 방면이나, 만주로 진출하는 조선인 자본가가 증가하였다. 예를 들어 민규식의 동방식산주식회사, 이병철의 삼성상회, 경성방직의 남만면업, 박흥식의 조선비행기공업주식회사(1944. 10. 26) 등이 그것이었다. 중소자본가도 개성지역 사례처럼 자발적으로 합동하여 송도항공기주식회사를 설립하고 조선비행기주식회사의 하청공장이 되기도 했다.

특히 태평양전쟁이 기정사실화 되는 가운데 개별적 전쟁참가가 아니라 이제는 조선인 자본이 집단적으로 전쟁에 참가했다. 이러한 움직임은 '반도의 완전한 병참기지화'·'반도의 무장화'를 표어로 한 임전보국단(臨戰報國團)·흥아보국단(興亞報國團) 결성으로 나타났다.

이들 조직이 조선인 대자본의 경제적 이해를 그대로 대변하는 것은 흥아보국단의 발기인으로 김연수·박흥식·고원훈 등 조선인 대자본가가 주도하였던 점에서도 나타난다. 아울러 임전보국단 창립취지문에서도 "반도가, 특히 물심 공히 병참기지 됨의 진가를 발휘하는 것은 이 기회를 놓치고는 재차 얻지 못할 것"이라고 하여 조선의 병참기지화라든가, 조선인의 전쟁참가는 조선인의 자본축적에 천재일우의 기회가 될 것이라고 한 데서도 나타난다.

나아가 친일문학가 이광수(李光洙)도 대동아공영권 건설에 적극적으로 복무하는 것은 "조선인이 황국신민으로 주인이 되고 지도자가 되는 것이며 동아민족의 도사(導師)가 되는 것"이라 하여 침략전쟁에 적극적으로 협조함으로써 엔블록 다른 식민지에 비해 우위에 서자고 강변하였다.

결국 일본이 패망할 때까지도 일본의 침략전쟁에 적극적으로 기여하는 것에 의해 '제2의 일본인'으로, '대동아의 지도자'로 거듭나자는 인식은 큰 변화가 없었다. 그것은 1944년 말 평안북도 상공회의소 부회장이었던 김동원(金岡東元)이 "지원병제로부터 최근에는 학도지원병제, 다시 징병제에 열렬한 충실을 바치엇으며 군수물자 기타 식량증산에 또 근로보국에 정성을 바쳤다. 그러나 이와가치 충성을 다하는 것은 '대동아 십억민족의 지도자'가 된다는 데 그 단순한 목표를 둔 것은 아니다. 오직 황국신민으로서 마땅히 할 바를 한다는 그것뿐으로 거기에는 티끌만한 사심이 있을 리 없다"라고 언급한 데서 더욱 분명해진다.

이것은 비록 일제가 패망하는 상황에서도 그들과 단절되고서는 재생산이 불가능했던 당시 조선인 자본가의 현실을 대변하는 것이다. 실제로 1940년 이후 중국에서 남경괴뢰정부가 수립되자 이러한 분위기를 틈타 상해·남경 등지로 다수의 조선인 기업가가 침투하였다. 당시 중국에 침투한 조선인 자본에 대하여 대동아사(삼천리사)의 화중특파원 박거영은 다음과 같이 묘사하였다.

"여기 상해에도 우리의 반도동포가 각 부문에 걸쳐서 활약하는 것이 적지 않다. 가령 거대한 아파트에 사무실을 정하고 수십 명의 외국인을 사무원으로 이용하며 수백만 원의 융통자본을 가지고 운용하는 회사도 섬해져서 실제적으로 국책에 응하여 산업경제 방면에 위대한 업적을 이루고 있어 진실로 기쁘다"는 것이다. 즉 중국에 침투한 조선인 자본가들이 일제 금융자본의 후원을 받고서 중국침략에 적극 가담하고 있었다는 것이다.

당시 중국 남경・상해 지역에 조선인 자본가들이 이주한 시기를 보면 주로 1935~1936년과 1938~1939년경이었다. 그것은 일본이 중국침략을 음모하거나 중일전쟁 이후 일본이 본격적인 점령정책을 시작한 시기와 일치한다. 또한 자본가들의 출신지역은 평양・정주・태천・선천・의주 등 조선 서부 지역이었다. 그것은 '시국대책조사회(1938)'에서 북중국과의 경제적 연계가 강조되고, 특히 1940년대 이후 총독부가 조선 서부의 공업력과 중국의 원자재를 결합하려는 공업정책을 계획한 것과 관련이 있다고 여겨진다. 이들의 정치적 역할과 관련하여 의미있는 것은 임승업・이태현・장승복・임광정 등의 움직임이다. 그들은 회사를 운영하는 자본가로서 중・일합작사업을 확대하고 정치적으로도 '대동아공영권 수립공작'에 적극적으로 참가하여 중국 재계와 정계에 영향력을 행사하는 등 전형적인 침략전쟁의 '전위대(前衛隊)'로 활동한 인물이었다.

특히 임승업이 경화산업을 운영하는 데 총독부 사무관 하라다(原田一郎)의 적극적인 지원이 뒷받침되었다는 사실에서 볼 때 조선인 자본의 중국침투는 단순한 자본가의 자본축적욕에 의해서 진행된 것이 아님을 확인할 수 있다. 또한 유수영(柳本壽泳)도 미쓰비시재벌로부터 금융자본을 융통하여 복기양행 남경지점장으로서 미곡이나 식료업 등에 관여하는 등 해당지역으로 일본 재벌자본이 침투하는 데 첨병역할을 하고 있었다.

또한 김인호(金仁湖)는 불과 5천 원의 자본으로 출발하여 일본 재벌자본과 연계하여 전당포와 인쇄업을 운영하여 막대한 자본을 축적했고, 야마다(山田啓男)의 남경 피복공장도 군수지정 공장으로서 노동자 1백 명, 미싱수 5백여 대의 대규모 공장으로 팽창하는 등 침략전쟁과 연관된 산업분야에서 조선인 자본은 막대한 자본축적을 하고 있었다.

요컨대 조선인 자본가의 중국침투는 거의 일본의 중국침략과 때를 같이

하였고 일본의 국책사업이나 원자재 확보, 운송업에 투신하면서 자본을 축적하는 한편, 정치적으로도 일본이 추진하던 '대동아공영권 수립공작'에 적극 가담하여 일본의 침략전쟁을 측면에서 지원하고 있었다.

쉼터 24

해방후의 식민지공업화의 유산

적어도 태평양전쟁 단계의 조선경제는 외형상 거대한 생산력을 확보하고 엄청난 자본이 동원되면서, 자본주의로의 물적 기반은 확대했지만 식민지 사회의 '내실있는' 발전을 보장하는 것은 아니었다. 단적인 예로서 1940년대 일본본토에서 크게 확충된 항공기산업은 전후 '신간선' 등 교통산업 발달에 일정하게나마 기여한 반면, 조선의 경우는 전혀 해방후의 산업발전과 결합되지 못하였다. 그것은 식민지경제의 양적 팽창이, 결코 해방후 조선경제의 '내실'있는 발전과 결합되지 못하였던 것을 보여주는 한 사례라 할 수 있다.

한편 당시 일부 조선인 자본가들은 침략세력의 일원으로 중국과 조선민중의 고혈을 착취하는 '제2의 일본인화' 경향을 보이고 있었다. 따라서 조선인 자본가로서는 해방의 감격이 박흥식의 조선비행기주식회사의 도산과 김연수의 남만면업의 폐점으로 귀결되는 것이기에 마지막까지 일본 독점자본과의 '동맹'을 끊을 수 없었다.

일면 전쟁동원정책에 의한 것이기는 하지만 조선에서 소비재 및 생산재의 생산력이 어느 정도 상승한 것은 사실이었다. 따라서 해방후 공업화의 주체들은 이러한 통제경제를 보다 차원 높은 계획경제로 전환하여, 생산력 측면에서 남겨진 적산(敵産)을 국민경제의 토대로 전환시킬 필요가 있었다.

이를 위해서는 국가적 차원에서 '산업의 계획적 육성'을 도모하고 중요산업을 국유화함으로써 산업개발을 국가주도형으로 유도할 필요가 있었다. 단순히 자유주의적 시장원리로 통제를 일거에 해체하는 것, 바꿔 말해 해방후의 조선 공업경제가 민간주도의 자유주의적 경제체제로 다시 복귀한다는 것은 하나의 모험이라 여겨진다. 오히려 전시 통제경제의 유산을 무차별적으로 자유주의적 체제로 재편한다는 것은 일부 소수의 친일자본가들을 일거에 독점재벌 자본으로 부활시키는 데 결정적으로 기여했을 뿐이었다.

그리고 이것은 오늘날의 한국경제가 재벌독점체제의 비탄력적 운용과정에서 혼란을 겪게 되는 중요한 역사적 기원이 되는 것이다. 아울러 해방직후 급속한 자유시장경제체제의 도입은 투기와 정상모리배들의 매점매석 등 투기성 단기차익의 제공처와 같은 역기능을 초래할 것이 명약관화한 것이었다. 그런데도 초기 미군정의 경제정책은 그러한 통제구조를 자유화하는 데 초점이 맞춰진 것으로 보인다.

이러한 이유로 해방후 조선경제는 천문학적인 인플레이션・실업률과 아울러 상품생산 및 유통의 건전한 발전이 모리성 상업과 투기성 자본에 의해 파괴당하는 결과를 초래했다. 그 와중에도 1949년부터 경제안정 15개원칙이 제시되면서 비로소 정부에 의한 경제계획이 추진되기 시작했으나 제스처 수준에 끝나고 6·25는 그 길마저 차단했다. 1950년대 전후 복구과정에서 미국은 한국에 대하여 '안정' 중심의 경제정책만을 일방적으로 강요하였다. 그 당시로서는 '계획경제'라는 말조차 '사회주의적'이라 하여 차마 입에 담지도 못하던 시대였다. 따라서 한국의 계획적인 경제개발은 새 시대가 도래할 때까지는 또 많은 시간을 기다려야 했다.

5. 민족해방투쟁의 확산

혁명적 노조·농조운동

민족개량주의자들이 민족운동선상에서 광범위하게 이탈하는 가운데 노동자・농민을 비롯한 민중은 1930년대 그 어느 때보다도 힘차게 민족해방운동에 나섰다. 1930년 초입 부산의 조선방직공장・신흥탄광・평양고무 파업 등 폭동형태를 수반한 격렬한 파업이 잇달았다. 또한 농민운동에서도 특히, 함남 단천군의 2천여 농민은 단천농민동맹의 지도로 일제의 산림정책에 반대하여 면사무소를 점거하고 나아가 군청을 포위 습격하는 등 투쟁강도가 높아졌다.

하지만 파쇼정치의 강화속에서 합법형태의 운동은 일제의 강고한 탄압으로 지속되기 어려웠다. 특히 노동총동맹과 농민총동맹은 물론 기존 노동자·농민 조직은 일제의 전면적 탄압으로 유명무실화되었다. 그에 따라 사회주의자와 노동자·농민은 혁명적 노조·농조 건설을 시도했는데, 이는 한편으로 노동자·농민 속에서 사회주의운동의 기반을 넓혀 해제된 조선공산당을 재건한다는 목표도 함께 있었다.

혁명적 노조는 공장신문·전단을 배포하여 각종 기념일[5·1노동절, 8·1반전의 날, 11·7러시아혁명기념일 등]에 8시간노동제·최저임금제·동일노동·동일임금·구속자 석방, 나아가 일제의 만주침략 반대, 만주·조선주둔 일본군의 철수, 중국혁명 지지, 소련사수 등을 선전했다. 혁명적 노조운동은 공업시설이 집중된 흥남·함흥·원산 일대에서 가장 활발하게 일어났다. 1931년에서 1935년까지 혁명적 노조운동으로 검거된 건수는 70여 건, 피검자는 1,759명이나 되었다.

혁명적 노조운동의 영향으로 1930년대 노동자의 파업투쟁은 격렬하게 진행되었다. 1931년 평양의 평원고무공장 파업, 1932년 제주도 해녀들의 주재소 습격 해상시위, 1933년 평양·서울·부산 등의 고무공장 파업, 1934년 흥남제련소 파업, 1935년 일본광업주식회사 남포제련소 파업 등이 꼬리를 물고 일어났다.

도시의 혁명적 노조운동이 일제의 치밀한 치안망 때문에 소수의 선진적 노동자 중심의 협소한 범위 안에서 전개된 데 반해, 혁명적 농조운동은 빈농을 중심으로 1930년대 후반까지 크게 발전해 갔다. 특히, 함경도 일대의 혁명적 농조는 군-면-리의 정연한 조직체계를 갖추고 수백 명 규모의 대검거를 몇 번이나 당하면서도 그 때마다 재건될 정도로 강고한 기반을 갖고 있었다.

예컨대 함남 정평군의 경우, 전체 소작농의 53.7%가 조합원이었으며, 전체 216개 리 가운데 133개 리에 농민조합의 기초조직이 꾸려져 있었다. 이들

지역의 마을공회당에서는 마르크스와 레닌의 사진이 걸려 있기도 했으며, 한 군에 수십 개나 되는 야학에서는 사회주의 사상을 강의하거나 사회주의 서적을 비치·열람·대출했고, 마을 어린이들은 혁명가를 소리 높여 부르고 다녔다. 농민들은 소련의 콜호즈를 모델로 한 초보적 공동경작을 시도했으며, 조합에서는 지주로부터도 조합비를 세금처럼 징수할 수 있었고, 지주들로부터 빚 문서를 압수·소각하기도 했다. 일경과 관헌은 혼자서는 마을에 들어가지 못하는 상황이었다.

그 가운데에서도 함남 영흥군·홍원군과 함북 명천군 농조의 투쟁은 가장 치열했다. 1937년까지 강력한 투쟁을 지속한 명천군에서는 농민들이 마을마다 계엄대·규찰대·동지탈환대·연락대 등을 조직하여 일제의 탄압과 검거로부터 자신들을 지켰다. 또 산 속이나 동굴 등 주요지점 35곳에 비밀아지트를 만들어 갖가지 무기와 식량을 비축하고 회의를 하거나 인쇄물을 만들었으며, 간부의 은신처로도 이용했다.

이들 지역에서는 이중권력이라 할 수 있는 상황이 존재했다. 표면적으로는 일제의 통치가 구석구석까지 미치고 있는 것처럼 보이는 상황 속에서 '보이지 않는 해방구'를 창출하는 데까지 이르렀다. 이들 혁명적 농조에서는 일제타도·치안유지법 철폐 등과 함께 "토지는 경작하는 농민에게"라는 토지혁명의 슬로건을 내걸었다. 혁명적 농조는 전국 80여 개 군에 조직되었으나, 일제의 철저한 탄압으로 1931년에서 1935년 사이에 43건이 발각되고 4,121명이 검거되었다.

일제가 1937년 중일전쟁, 1941년 태평양전쟁을 도발하여 조선 내에 철저한 전시통제를 실시하고 노동자·농민의 항쟁에 대해 무자비한 탄압을 가하게 됨으로써 혁명적 노조·농조운동은 침체에 빠져들게 되지만 일제패망의 그날까지 비밀리에 지속되었다. 일제패망 이후 40여 일 만에 조선노동조합전국평의회라는 전국 단일산별노조가 건설되고, 전국 각지에 인민위원회가 건설될 수 있었던 데에는 이러한 혁명적 노조·농조운동의 경험이 깔려 있었던 것이다. 실제로 인민위원회를 설치하여 통치기능을 행사한 지역과 일제시기 혁명적 농조가 조직되었던 지역은 거의 일치했다.

한편 이런 혁명적 노조·농조운동을 토대로 하여 사회주의자들의 조선공산당재건운동도 힘차게 전개되었으나, 소규모 비밀결사형태를 벗어나지 못하고 일제경찰의 물샐틈없는 치안망에 걸려들었다. 그 가운데 특히 이재유 그룹을 이은 박헌영 등의 '경성콤그룹'은 1940년대 초까지 지하활동을 계속했다.

쉼터 25
일제하 조선인 노동자의 고단한 삶(1)

◎ 인신매매와 팔려가는 아이들

서울은 1930년대 이후 조선 안에서 가장 중소기업이 비약적으로 발전한 도시였다. 그리고 당시 확대일로에 있던 서선지역이나 북선지역의 공단과는 다른 각종 소비재·자본재 공업이 발달했다. 나아가 전쟁 이후 일제가 조선인 자본을 적극적으로 동원하고자 하는 생산력 확충계획을 추진하면서 조선인 경영 공장도 덩달아 급증했다.

그러한 서울지역 공업팽창은 중일전쟁 이후 일제가 북방 엔블록의 자급정책을 강화하면서 중국과의 경제적 연계가 강조된 이유도 있었는데, 이러한 전략은 이미 30년대 초반부터 '경성시가지계획' 등을 통해 준비되고 있었다. 1934년에 작성한 경성시가지계획에 입각하여 총독부는 30년대 말부터 용두(청량리·왕십리·뚝섬 사이 60만평)와 사근지역(50만 평)에 대공장 전용공단을 조성했다. 한편, 외곽에도 시가지계획에 입각하여 구로의 173.6만 평을 확대하는 등 소사·시흥·부평·서곶·계양·양천 등지를 망라하여 총 998.4만 평의 공단용지를 확충하는 등 생산력 확충을 기했다.

이러한 공장확대는 당시 북부나 서부지역 공업확충과는 달리 주로 개인 중소기업이 많았다. 중일전쟁 이후 불과 2년 만에 서울의 개인공장은 1,100여 개 확대되고 그 대부분이 개인 중소공장이었다는 사실을 이를 입증한다.

한편 1940년 이후 생산력확충정책이 강화되면서 조선에서도 생산현장에 소요되는 숙련노동력뿐만 아니라 미숙련노동력이 절대적으로 부족했다. 하지만 조선의 경우 미숙련노동력이 필요했던 것은 일본처럼 기계화에 의한 단순가공 기능이 강조된 것이 아니라 공업시설이 저급하고, 기계화가 미진한 상황에서 미숙련노동력을 기계 대신 충당함으로써 식민지 초과이윤을 겨냥했기 때문이었다.

실제로 총독부는 저임금에 기초한 조선의 노동시장을 구축하고자 했고 구조변화가 추진되었다. 그러한 변화의 골자는 종래 자연전입 및 지역연고 중심의 자유고용체제에서 벗어나 총독부가 직접 노동시장을 간섭하고, 점차 강제동원하는 수순을 밟는 것이었다.

그 내용을 보면, 첫째로 노동력 수급 면에서 남부의 노동력과 북부의 공장지대를 결합하고, 둘째로 종래 특정지역·인원의 부정기적 노동력 동원이 '국민개로주의'에 입각하여 전면적인 동원으로 확대하는 것이었다. 나아가 종래에는 '황국신민의 도'를 일깨우는 이른바 정신훈육적 의미가 강한 근로동원에서 생산력 확충이 지상과제가 되면서 중요산업체로의 직접동원을 획책했다.

이러한 상황에서 관청알선 및 업자모집을 장려하고자 총독부는 '직업소개령'(1940.1)을 공포하여 직업소개·노동력공급·노동자모집 등의 사업을 인·허가제로 하여 총독부가 직접 관장하기로 하고 서울지역에 있던 공영소개소를 국영으로 이관하는 조치를 취했다. 나아가 1941년까지 각 도에 1개소씩 국영소개소를 확보하였다.

그러나 모집이라 하더라도 자유계약의 원칙을 빙자한 '인신매매' 성격이 강한 것이고, 농촌의 궁핍한 현실을 기반으로 재생산되는 또 하나의 '강제동원'이었다. 당시 소련영사 부인인 샤브쉬나의 수기는 서울지역에서 자행된 노동력 모집에 관한 가슴 아픈 기억을 담고 있다.

"지혜[서울 어느 미장원의 여주인]는 흐느끼며 다음과 같이 말했다. 여동생이 열네 살이었을 때 서울의 방직공장에서 모집자가 내려왔다. 배고픈 여섯 식구를 거느리고 있는 가난한 소작농인 아버지에게는 달리 방도가 없었다. 그는 7년 예정으로 계약을 맺고 선불을 받았다. 동생은 모집자와 함께 서울로 갔다. 우리는 계약기간이 끝나면 돌아오지 않겠느냐며 말했다. 그러나 우리는 지혜의 답을 듣고 경악을 금치 못했다. 아버지가 받았던 돈은 반드시 몸으로 갚아야 합니다. 그래서 첫 2년간은 아무런 보수도 없지요. 그 때까지는 일당이 20전이었다가 그 다음에는 30~40전으로 계산되지요. 그러나 여자노동자들은 주인에게 식비·의복비·집세[가건물 숙소]를 내내 물어야 해요. 어떻게 헤어나올 수 있겠습니까."[『식민지조선에서』]

북방의 민족해방구 건설과 항일무장투쟁

　만주와 연해주에 근거를 둔 독립군은 러시아혁명과 3·1운동으로 마련된 유리한 조건에서 1920년경에는 전성기에 올랐다. 연해주의 독립군과 조선인 빨치산부대는 1918년 일본군의 시베리아 출병[러시아혁명에 대한 일제의 간섭전쟁] 이후 소련 적군(赤軍)의 지원을 받으며 그들과 함께 일본군과 싸웠다.
　만주지역에서도 3·1운동을 계기로 민족운동이 크게 활기를 띠었다. 서간도의 서로군정서와 대한독립단, 북간도의 대한국민회와 북로군정서 등 항일무장단체가 50개가 넘었고, 그 전투원은 5천 명을 넘어섰다. 그들은 압록강과 두만강을 끼고 국경지방에서 격렬한 무장투쟁을 벌였다. 1920년 6월 봉오동전투와 그 해 10월 청산리전투는 대표적인 사례였다. 복수심에 눈먼 일제는 만주에 대규모 병력을 투입하여 조선인 마을에 삼광(三光 : 모조리 죽이고 빼앗고 불태워 버린다)작전을 감행, 1920년 10월 5일부터 11월 23일에 걸쳐 조선인 농민 2,873명을 살해했다[경신참변(庚申慘變)].
　일제의 야만적 보복작전은 재만독립군에게 큰 타격을 입혔다. 각 부대는 새로운 항쟁의 길을 찾아 연해주로 후퇴하여 전열을 재정비하고자 하였다. 그러나 일본군과 출병교섭을 벌이고 있던 소련측은 이들 독립군의 지원에 소극적 태도를 취했으며, 연해주 무장부대와 통합이 추진되는 과정에서 주도권을 둘러싼 내분에 휩싸여 무력충돌[자유시사변 : 1921.6]까지 빚게 됨으로써 그 세력은 크게 약화되었다. 그 뒤 만주의 민족운동 단체는 참의부·정의부·신민부로 통합을 보기는 했으나, 1920년 시기의 무장투쟁 역량을 회복하지는 못했다.
　만주지역의 무장투쟁 단체인 정의부·참의부·신민부는 1920년대 말 민족유일당운동을 거치면서 다시 한족총연합회·혁신의회·국민부로 재편되었다. 1931년 말의 만주사변 발발은 만주지역을 조선·중국 민중과 일제가 격돌하는 최전선으로 만들었다.

만주사변 이후 일본군은 만주를 점령하고 대대적 토벌을 감행했다. 한족총연합회의 한국독립군은 이청천 등의 지도로 중국 항일부대와 협동작전을 전개하며 북·동만주 일대에서 활약했으나 일제의 대공세를 이겨내지 못하고 1933년경 중국본토로 퇴각했다. 이에 반해 국민부의 조선혁명군은 남만주 일대에서 양세봉의 지도로 1930년대 후반까지 활약했다.

한편, 간도에서는 1931년 가을부터 1932년 봄에 걸쳐 소작료 인하를 요구하는 가을봉기[추수폭동], 춘궁기 식량탈취를 취한 봄봉기[춘황폭동] 등을 통하여 중국인 지주·봉건군벌·일제타도 투쟁을 벌였다. 이 과정에서 일제의 대탄압으로 4만명 이상의 조선인이 희생되었다. 그리하여 농민봉기는 자연스럽게 무장투쟁으로 발전했다.

1932년 봄 안투·왕청·옌지·훈춘·화룡 등지에서 항일유격대가 조직되었다. 유격대는 1932년 하반기에서 1933년 봄에 걸쳐 산간지대에 소규모이지만 8개의 유격근거지 즉 해방구를 만들어 자치정부를 세우고[처음에는 소비에트정권이었으나 뒤에 인민민주주의정권으로 개편] 토지개혁 등 사회개혁을 실시했다. 1928년 조선공산당 해체 이후 코민테른의 일국일당원칙에 따라 만주의 조선인 사회주의자들은 중국공산당 만주성위원회에 가입해 있었다. 1933년 9월 만주성 위원회에서는 동북인민혁명군을 조직하여 만주지역에 산재한 무장부대를 통일했는데, 조선인 항일유격대는 그 속에서 주력을 이루었다.

일제는 항일유격대에 토벌을 집중했으며, 농민과 유격대를 분리하기 위해 '집단부락'을 설치하고 일반농민들을 강제로 수용했다. 또한 조선인과 중국인을 이간질하기 위해 '민생단'을 만들기도 했다. 민생단 자체는 대단한 영향력은 없었으나 그에 대한 중공 만주성위의 잘못된 대응[조선인을 일률적으로 간부에서 제외한 것 등]이 해방구 내부에 동요를 야기했다. 1934년부터 1935

년에 걸친 일본군의 대토벌 속에서 유격대는 해방구를 포기하고 남·북만주로 진출하여 유격투쟁을 확대하였다.

1935년 7월 코민테른 제7회 대회에서는 파시즘의 대두에 대응하여 반파쇼인민전선과 식민지민족통일전선 방침을 제기했다. 곧이어 중국공산당도 '8·1선언'을 발표하여 국민당에 대해 내전중지와 항일통일전선 결성을 호소했다. 이에 따라 동북인민혁명군도 동북항일연군으로 개편되었고, 항일통일전선체로서 재만한인조국광복회가 1936년 5월 5일에 결성되었다. 조국광복회는 창립선언문과 10대 강령을 통해 당면과제인 일제타도를 위해 모든 반일세력이 단결하여 투쟁할 것을 호소했다.

조국광복회는 국내에서도 조직을 확대해 나갔다. 함남 갑산일대에는 조국광복회의 지부격인 갑산공작위원회가 조직되어 있었는데, 1937년 2월에는 민족해방동맹으로 개칭되었다. 항일유격대는 민족해방동맹과 합동으로 국내진공작전을 감행했다. 1936년 6월 4일 밤 김일성이 이끄는 동북항일연군 2군 6사 유격대 80여 명이 갑산군 혜산면 보천보를 무력 점령하여 경찰주재소와 면사무소 등을 불태우고 돌아갔다. 유격대는 뒤쫓아오는 일본군경을 장백현 간삼봉에서 다시 물리쳤다. 이 보천보전투는 1939년 5월의 무산전투와 함께 국내에도 보도되었다.

일제는 1937년 10월부터 2차례의 토벌을 감행하여 739명을 검거했다[혜산사건]. 이로 말미암아 민족해방동맹 등의 조국광복회 조직이 파괴되고 말았다. 일제는 관동군과 만주군 수만여 명과 항공기까지 동원하여 1939년 후반부터 1940년에 걸쳐 동계대토벌에 나섰다. 이로 인해 동북항일연군의 활동은 위축되어 대부대 활동이 곤란해짐으로써 유격대는 소부대 활동으로 전환하여 시베리아로 북상해 갔다. 이들은 1945년 8월 10일경 소련군이 만주와 국내로 진격할 때 소련군과 함께 국내로 진격하여 일본군 소탕전에 참가했다.

중국관내 항일 무장세력의 동태

1935년 7월 김원봉의 의열단과 만주에서 후퇴한 무장세력을 중심으로 민족혁명당이 조직되었다(주석 김규식). 민족혁명당은 1938년 10월 중국국민당의 도움을 받아 조선의용대를 편성하여 중일전쟁에 참여했다. 그러나 곧 그 주력부대는 항일전쟁에 소극적인 국민당의 노선에 반대하여 최전선인 화북지방으로 이동하여 1941년 6월 중국공산당 군대인 팔로군 전방총사령부가 있는 연안 동부 산서성 태항산맥에 진지를 구축하고 화북조선청년연합회를 결성했다.

이 조직은 1942년 화북조선독립동맹으로 확대 발전했다(주석 김두봉). 조선의용대는 팔로군과 협력하여 호가장전투(1941.12)와 반소탕전(1942.5) 등에서 큰 전과를 올리고 1942년 8월에 조선의용군(대장 무정)으로 이름을 고쳐 해방까지 일제에 대한 무장항쟁을 계속했으나 중국공산당의 원조에 전적으로 의존해야 했고 대중적 기반도 취약하여 크게 확대되지는 못했다.

한편, 김구의 노력으로 겨우 간판만 유지하고 있던 임시정부는 일제에 쫓긴 국민당정권을 따라 중경으로 이동했다. 임정은 1940년 4월 같이 쫓겨온 군소당파를 끌어들여 한국독립당을 만듦으로써 우익의 통일전선을 완성하고, 1940년 9월 한국광복군을 창설했다(총사령 이청천). 화북으로 가지 않은 김원봉 휘하의 조선의용대 일부도 여기에 가입함으로써, 임시정부는 좌익도 포함하는 거국적인 연합전선정부가 되었고, 그것에 따른 조국해방의 방법론도 변화했다. 이른바 조소앙 등이 기초한「건국강령」은 해방후 재건될 조국은 사회주의적인 경제체제와 생산관계를 형성하는 토대 위에 민주주의 정치제도를 수용함으로써 좌우 어느 일방에 의한 독점적 체제의 형성에 반대했다.

그러한 연합전선의 형성과 맞물리면서 1941년 12월 태평양전쟁이 발발하여 국민당정부가 일본에 정식 선전포고를 하자 12월 10일 임시정부도 대일 선전포고를 하는 등 민족해방투쟁에 정규군을 통한 무장항쟁 노선을 분명히 했다. 이에 1943년 광복군 8명이 영국군을 도와 미얀마전선에 파견했고, 1945년 4월 미국전략공보처(OSS) 지휘하에 국내 침투훈련을 받았으며 같은 달 마침내 중국군의 직접통제장치인 행동준승에서 벗어난 광복군은 본토진공작전을 벌이고, 웨더마이어 장군과 함께 광복군의 본토투하를 준비하던 중 일제의 항복소식을 듣게 되었다.

광복군의 깃발은 전장에서 비록 나부끼지 못했지만, 임정이라는 임시적 주권 대행기구에서 발족한 지난날 독립군과는 차원이 다른 정규군에 의한 무장항쟁 조직이었다는 점에서 의의가 각별하다.

쉼터 26

일제하 조선인 노동자의 고단한 삶(2)

◎ 기만과 고난의 노동시장

1940년대 조선공업은 기술자 감소와 유년노동력의 증가라는 토양 위에 비로소 존립할 수 있었다. 따라서 일본본토가 증산을 강요하면 할수록 기술향상이나 숙련노동의 충용에 의한 증산 대신에 미숙련·유년 노동력의 무제한 수탈과 필요노동까지도 침범하는 생산구조를 강화했다. 물론 1940년 이후 노동력 동원이 주로 생산력 확충산업에 집중된 상황에서 총독부는 그것을 뒷받침할 기술인력의 양성이 필요했다.

먼저 총독부는 1930년대 후반부터 중견기계공을 양성하기 위해 조선노무협회 아래에 '중견노동자지도훈련소'를 확장하고 '공장사업장기능자양성령'을 공포하여(1939. 6. 12) "총독이 지정하는 노동자 2백 명 이상을 사용하는 공장(2백 인 미만의 지정업체 포함)은 국민등록이 가능한 기능인을 노동자수의 100분의 6까지 양성하고 지정공장 및 사업장 등 업종 22종과 직종 65종을 선정한다"고 했다. 그러나 이러한 기술인력의 양성이 실제 효과를 발휘했는지는 의문이다. 즉 조선인 기술자수는 1941년 1,215명이었지만, 1944년에는 오히려 1,080명으로 줄고 있었다.

이와 같이 전시 이후 기술인 혹은 기능공양성정책이 총독부에 의해 표방되고 있지만 실제로 노동력의 질적 성장을 동반한 것이 아니었다. 그것은 이른바 '보조적 기술인력' 이상은 아니었던 것이다.

한편 서울지역 공장이 주로 경공업 혹은 중소기업이 중심이었던 까닭에 노동과정에서 유년노동자의 비율이 급증했다. 경성부의 『산업요람』에 의하면 1932년 7.6%였던 유년노동자의 비율이 1937년에는 11.8%에 달하며, 여성노동자도 1932년 48.5%에서 1937년 68.5%로 증가했다. 그리고 1943년 6월 당시의 상황을 보면 전체 노동자 가운데 유년노동자는 10.3%를 차지하고 있으며 그 가운데서도 노동자가 30인 이상인 공장은 그 이하 공장보다 유년노동력 특히 유년-여성노동력의 비중이 높았다. 당시 유년노동자와 및 계약여공의 참상은 형언할 수 없었다. 그 때의 기억을 보면, "우리는 작업교대시간경에 상당수 아이들이 일하는 서대문가의 금속공장에 몇 번인가 다가가 보았다. 가슴이 옥죄어 들었다. 생기 없는 눈동자, 가느다란 '노동자들의' 팔, 기진맥진한 얼굴들… 그들은 말없이 떼를 지어갔다. 한참 뛰놀고 공부할 나이인데. 그들은 집에서도 힘들었다. 힘겨운 장시간 노동에 반기아상태라니."[『식민지조선에서』]

당시 여성·유년노동자는 방직·식료품·화학공업 등 일부업종에 집중되었으나 남성·유년노동자는 전업종에 걸쳐 분포했다. 즉 남성·유년노동자의 경우 성년노동자가 일하는 대부분의 업종에서 일하는 반면, 여성·유년노동자는 고무제품 제조업이나 제빵 등 노동과정의 일부에 기계가 도입되어 손쉬운 공정이나 허드렛일에 사용되었다.

반면 남성·유년노동자는 수공업적인 방식으로 작업이 이뤄지는 소규모 작업장이 많았다. 주물제품·건축용-가정용 금속제품 등을 생산하는 철공소는 특별히 이들을 허드렛일 혹은 견습이나 도제로 사용하기도 했다.

당시 조선방직 계약여공의 참상은 말로 다할 수 없었다.
"계약은 6년 내지 10년 동안 체결되었는데 선금은 18원 내지 20원이었다고 한다. 첫 2년 동안 그녀들은 공짜로 일하고 그 이후 주인은 그들에게 20전의 임금을 주기로 구두계약을 했다고 한다. 그러나 그녀들이 손에 쥔 것은 아무것도 없었고 주인의 영원한 채무자로 취급되었다. 전쟁시기에 이 소녀들의 하루 노동시간은 17시간에 달했다. 그들은 실제 개인의 자유를 박탈당했던 것이다. 그들은 공장숙소에서 살았고 한 달에 한번만 시내에 나갈 수 있었는데 그것도 감시자의 동반하에서였다."[『1945년 남한에서』]

이처럼 일제자본가 측은 엄격한 노동규율, 분화된 위계조직, 포상제도, 기숙사제도 등을 미숙련 여공의 관리통제를 위하여 도입했다. 엄격한 관리 아래서 여성 그리고 유년노동자들은 17시간 이상의 장시간 노동과 더불어 불과 30분 정도의 점심시간을 제외하고는 어떠한 자유시간도 용납되지 않는 감옥과도 같은 상황에서 노동했다.

총독부의 노동력관리대책은 '근로관리요강'에 입각하여 겉으로나마 명목임금을 인상하고 "각종 생산력 확충산업에 종사하는 노동자에게 식량배급이나 작업복 및 기타 작업용 생필품을 우선적으로 배급하여 근로의식을 함양하고, 특별히 봉사대 등을 조직하여 사업주 이하 직원 및 노동자를 일관해서 '황국근로관'을 함양함으로써 생산력 확충에 매진"하도록 했다. 그러나 노동자가 처한 근로조건을 볼 때 이 같은 총독부의 정책은 매우 기만적이었다.

예를 들어 총독부는 공장법의 일부로 '공장취업시간제한령'(1939. 8. 1)을 공포하여 하루 12시간 이상의 노동을 금지했다. 특히 조선에는 일본본토와는 달리 '제한령' 제9조에 입각하여 적용대상을 '만16세 이상의 성인남자' 대신 '직공'이라 하여 유년노동력이나 여성노동력의 취업시간도 법적으로 제한했다. 그것은 식민통치의 안정과 조선인 노동자의 증산의욕을 고취하려는 책동이었으나 위의 인용문처럼 취업시간의 제한은, 지켜지지 않는 사문화된 법령일 뿐이었다.

또한 계약여공들은 농촌의 궁핍을 기반으로 채무노예적 방식으로 공장노동자가 되었다. 그리고 계약제, 2년간의 무임금노동, 저임금 등의 불평등 계약관계 아래에서 기본적인 채무관계에서 벗어나는 것도 불가능한 형편이었다. 그나마 '제한령'도 '공장법 전시특례'에 입각하여 1943년 7월에 폐지되고 말았다.

아울러 복지제도 측면에서, 예를 들어 1940년을 전후하여 50인 이상 노동자를 사용하는 공장에서 의료시설이 있는 것은 12%, 기숙사가 있는 곳은 33%, 목욕탕이 있는 곳은 34%에 불과했다. 그나마도 서울지역의 여성노동자들은 값비싼 의료비·집세·의복비·숙식비마저도 스스로 감당해야 했다.

그 때문에 공장이재율과 노동자이동률은 관변통계만 보아도 심각한 지경임을 알 수 있다. 예를 들어 1944년을 전후한 조선내 36개 기계공장에서 노동자 이동상황 조사에 의하면 이동원인은 가정형편(18.9%)·질병(13.9%) 등 개인사정이 수위로 나타난다. 그러나 구체적으로는 임금불만(3.7%)을 비롯하여 전직(12.6%), 형편부득(7.5%), 적응의 한계(10.1%), 탈주·무단결근(12.6%) 등 가혹한 근로조건에 의한 것이 대부분이었다.

물론 생산능률과 품질향상을 위하여 개근·상여·근속상여·생산상여·품질상여 등 각종 포상제도를 실시했다. 그러나 그것은 종연방적 경성공장의 사례에서 보는 것처럼 기숙사제도나 상여제도가 여성노동자의 종합적 복지라기보다는 주야교대제로 여공의 노동력을 수탈하여 생산능률의 강제적 상승을 위한 조치일 뿐이었다.

1940년 이후 일제의 침략전쟁이 태평양 전역으로 확대되면서 물자부족 사태가 격발되었고, 마침내 1941년 이후 쌀·고무신·면포 등 생필품에 대한 전면적인 배급제도와 배급증제도가 실시되었다. 극심한 물자부족에도 불구하고 1944년 말에 와서는 그나마 배급도 '단발구입증'을 통한 배급을 제외하면 전면 중지된다. 예를 들어 1944년 말 서울·경기 지방의 섬유제품 배급상황에 대한 다음과 같은 기록이 있다.

"백화점의 단골판매 및 소매상의 연고판매를 시정하기 위해 부내에 소매업자 가운데 가장 신용력있는 포백이나 메리야스·화장품상 139개 점포(백화점 5개), 견봉사 및 편모사상 22점포, 양말상 134점포(백화점 5개), 일반 직물 61점포, 일본식 생활자 대상 섬유상 47점포, 조선산 버선상 35점포를 선발하여 그것을 직접 동회와 연결하여 단발구입표로 배급하기로 했다. 그리고 특별히 일본식 생활자에 대해서는 섬유품 구입장을 배포하고, 원칙적으로 일반을 대상으로 한 직물제품의 배급은 정지하기로 했다. (『식은조사월보』)."

이처럼 가중되는 조선인의 생활고에 대하여 사브쉬나는 다음과 같이 기록한다.

"태평양전쟁 전에 한 사람당 쌀 수요량이 일본본토의 5분의 1 정도였다면 전쟁이 진행되던 그 때 조선에는 허기를 채울 수 없을 정도의 음식물이 배급되었다. 말을 막 배우는 아이의 첫마디와 죽어가는 노인의 마지막 말, 그것이 '하이큐(배급)'라는 말을 우리는 조선인에게서 수없이 들었다. 배급표로 지급되는 쌀, 정확히 말해서 대체물(옥수수·수수)은 아무리 길어도 2주일을 넘기지 못했다. 생선·달걀, 그밖에 다른 식료품은 일본인에게만 지급되었다. 채소도 조선인들에게 부정기적으로 배급되었다. … 서울에서 대부분의 가게와 수리점이 문을 닫았다. 배급소 근처에는 헤아릴 수 없을 만큼 많은 사람들이 줄을 서 있었다. 사람들은 굶주림뿐만 아니라 추위에도 고통을 당했다. 1944~1945년 겨울에 거의 모든 집이 불을 때지 못했다. (『식민지조선에서』)

그것은 당시의 물자부족은 단순한 가격폭등·암거래 등 통제기구의 파탄에 그치는 것이 아니라 조선인의 생존마저도 심각하게 위협했고 특히 배급에 생활의 모든 것을 맡기고 있는 서울지역 노동자들에게 더욱 가혹했다. 그나마 유지시켰던 말단 소매기구를 점포재배치라는 명목으로 정비하면서 특히 1945년 5월 15일부터 서울에 '종합배급표제'가 실시되면서 모든 물자에 대한 '단발배급표제'가 적용되었는데 그것은 사실상 물자배급의 정지를 의미하는 것이어서 서울지역 노동자의 삶은 더욱 고단했다.

1930년대 이후 총독부는 서울지역을 생산도시로 전환하는 조치를 감행하여 각종 공단을 확충하는 상황에서 중소공업과 경공업이 크게 증가했다. 그 과정에서 많은 조선인 노동자들이 배출되었으며, 필요한 이윤획득을 위하여 모집 알선을 명분으로 강제동원과 노동력 수급을 강화했다. 그리고 근로의욕 감소를 저지하고자 공장법의 일부로 공장 취업시간 제한이나 공정임금의 개정, 생필품 우선배급 등을 선전했다. 일부 공장의 임금도 오르고, 중요산업장의 물자배급은 중점배급이라고 하여 비교적 풍부하기도 했다.

그러나 대부분 경공업이나 개인공장에 취업하던 조선인 노동자의 삶은 고단했다. 취업시간 제한은 실제로 지켜지지 못했고 결국에는 폐지되었다. 60~70%를 웃도는 여성노동자와 10~20%대에 달하는 유년노동자들이 생산현장을 담당했고, 1백 만이 넘는 전국의 노동자 가운데 조선인 기술자는 1천 명에 불과했다. 이들 유년노동자·여성노동력은 견습과 도제 나아가 수련을 이유로 아무런 법적 보호도 받지 못한 채 17시간의 노동을 감내해야 했다. 반면 성년노동자는 경비절감·현원징용 등의 방식으로 생산현장에서 구축되면서 서울지역의 노동시장은 식민지적 탈구성을 더욱 노골화했다.

일부 노동자 임금이 상승한다고 해도 서울의 경우 유년노동자·여성노동자가 지배적인 상황에서 공정가격이 지켜질 수 없었던 것은 자명했다. 그나마 일제가 식민지 조선의 노동력 개발을 선전하면서 육성했던 기술인력도 1940년대에는 오히려 감소세로 돌아서고 있었다.

이처럼 서울지역 노동계의 1940년대는 미숙련·여성·유년 노동력의 증가와 기술 및 숙련인력의 퇴조라는 뚜렷한 대비 속에서 노동력의 질은 하락했고, 수탈의 강도는 증대했다. 그것은 일제의 조선공업화 정책이 기계화보다는 무제한의 노동력 수탈에만 의존하려 한 결과였고, 이른바 식민지 공업화는 삶의 질의 상승이 아니라 오히려 노동력의 절대적 마모를 초래한다는 '반역사성'을 극명히 드러내었다.

● ● ● ● ● ● Ⅸ. 자주화와 세계화의 길목에서

1. 분단국가의 형성

8·15는 해방인가, 분단인가?

1945년 8월 15일 일본이 연합군에게 패하고, 결과적으로 우리는 '해방'을 맞았다. 물론 이러한 광복의 이면에는 온 민족의 꾸준한 항일투쟁이 배경이라는 점은 분명하다. 하지만 이 해방은 완전한 민족해방이 아니었으며, 오히려 우리에게 새로운 과제를 안겨주었다. 그 첫째 과제는 자주적 통일독립국가의 건설이었으며, 둘째는 일제의 잔재를 청산하고 사회의 제반 민주주의적 개혁과 민족경제의 건설을 이룩하는 것이었다. 그러나 이러한 과제의 실현은 '해방'의 역사적 한계 때문에 좌절되지 않을 수 없었다.

8·15가 우리 민족에게 새로운 민주주의 사회를 건설할 수 있는 기회를 제공할 수 있었던 것임에도 불구하고 현실적으로 그것은 미·소 양군의 군사적 점령과 점령군의 지배를 의미하는 것이었다. 이는 미·소 양국이 이미 카이로선언(1943.12) 이후 얄타비밀회담(1945.2)과 포츠담선언(1945.7) 등을 통해서 확인되어 온 조선의 독립보장에 대한 약속을 유지하긴 하되 현실적으로 확보된 지역만이라도 자국의 이해를 관철시키려는 미·소 양국의 대한반도정책에서 기인한 것이었다. 즉, 당시까지 진보적 민주주의 세력으로 비쳐졌던 미·소 양국이 점차 화해할 수 없는 냉전상태로 빠져들면서 각자 자국에 유리한 체제를 남북한에 수립하려는 방침에 따라 남북의 체제구축에 각자 강력한 영향력을 행사하게 된 것이나. 또한 그에 못지않게 중요한 것은 국가재건을 둘러싸고 우리 민족 내부에서 커다란 대립이 점차 두드러졌다는 사

실이다.

　실제 이 두 문제는 상호 관련되면서 나타났다. 후자는 전자의 형식에 따라 달라지고 있었다. 당시 남·북을 막론하고 거의 전 사회계층은 통일국가 건설과 제반 민주개혁이 조속히 실현되기를 열망했다. 그것은 일제하 민족해방운동의 역사적 귀결점이자 해방 이후 각 정파들의 주장에서 나타난 일관된 구호이기도 했다.

　그러나 그 과정에서 남북 사이에도 일정한 차이가 있었고 그 내용도 상당히 왜곡되기도 했는데, 여기에는 미·소 양군의 주둔과 양국의 정책이 결정적 영향을 미쳤다. 북에서는 소련군이 초기에는 행정권을 지방인민위원회에, 그리고 곧 이어 북조선임시인민위원회에 이관하였던 데 비해, 남한에서는 미군이 군정을 선포하고 공식적으로는 어떠한 세력도 남한을 대표하는 것으로 인정하지 않았다. 따라서 남한에서는 미군정의 역할이 결정적이었다.

　물론 외세의 강한 영향 속에서도 당시에 우리 사회 내부에서 민족문제의 해결을 위한 노력은 지속되었다. 8월 15일 전후로 하여 국내에서 가장 먼저 활동을 개시한 것은 여운형 중심의 건국준비위원회였다. 건준은 이전 건국동맹(1943)이 모체가 된 '통일전선체' 조직이었고 대중적 기반도 광범위했다.

　건준은 1945년 8월 말까지 전국적으로 145개소의 지방지부를 설치하여 치안유지 등 활발한 활동을 전개하고 8월 25일에는 '완전독립'·'진정한 민주주의의 확립'·'대중생활의 확보' 등을 골자로 하는 선언과 강령을 발표하였다. 그러나 내부구성의 다양성과 입장의 차이를 발전적으로 지양할 수 있는 계기를 확보하지 못한 채, 부위원장이었던 안재홍의 탈퇴로 상징되는 민족주의 계열의 탈락과 조선인민공화국의 조직 문제로 말미암아 9월 7일 발족한 지 20여 일 만에 사실상 해산되었다.

　건준이 해체된 이후에 조선인민공화국 주도세력이 좌익화하고(1945.9.6) 그에 대립하여 우익계가 한국민주당을 중심으로 활동하면서 좌·우익의 분열이 가시화되었다. 당시 남한에서 한민당은 건준에 참여를 거부하고 '임정봉대(臨政奉戴)'를 명분으로 국민대회준비위원회를 준비한 송진우 계열이 주축이 된 정파로서 기본적으로 식민지시대 지주계급의 입장을 대변했다. 인민공화국이건 한민당이건, 초기에는 모두 통일전선노선에 따를 것을 표방하였으나, 구체적인 입장에서 큰 차이가 있었다.

이와 같은 상황을 더욱 악화시킨 것이 미군정이었다. 국내상황에 대하여 예비지식이 없었던 미군은 군정을 선포하고 건준이나 임시정부를 불문하고 어떠한 정치세력도 인준하지 않았다. 대신 식민지시대에 성장한 관료 및 경찰조직을 그대로 접수하여 운영했다. 이에 한때 미군정이 좌우합작운동을 지원하고 이 세력을 중심으로 한 임시정부 수립을 구상하기도 하였지만 결국 일제잔재의 청산과 사회민주주의 실현을 위한 우리의 어떠한 노력에도 응답할 수 없었다.

좌우대립 격화

1945년 12월 27일 모스크바 3상회의에서 한반도 문제에 관한 3개국의 공식입장이 정리되고 그 결과가 28일 워싱턴·런던·모스크바에서 동시에 발표되었다. 그러나 그 결정내용은 국내에 커다란 파문을 일으켰고, 결과적으로 민족통일전선의 형성에 큰 악영향을 주었다.

미국의 한반도 신탁통치안은 이미 1942년경 제시되었는데 이후 카이로선언이나 포츠담회담에서도 신탁통치계획이 은연중 드러나고 있었다. 그리고 1945년 12월 26일 모스크바에서 미·영·소 3국 외상회담을 통하여 그 결정을 보게 된 것이다. 3상회담에서 결정된 내용은 임시정부를 구성하기 위한 방안으로 신탁통치를 최장 5년간 실시하면 그 실무기구인 미소공동위원회를 설치한다는 것이었다. 즉 핵심내용은 임시정부 수립문제였지만, 12월 28일부터 알려진 것은 신탁통치 문제만 특화되어 국내에 알려지게 되었다. 즉 언론 보도에 따르면 '미국은 신탁통치를 반대하여 조선의 즉각적인 독립을 주장했지만 소련이 신탁통치를 주장하여 어쩔 수 없이 신탁통치안이 결정되었다'는 오보였다. 이로 인해 좌우를 막론하고 처음부터 전국적인 반탁열기를 불러왔다. 그것은 당시 오랜 식민지배로부터 벗어난 조선민중들의 절대독립에 대한 조급한 마음도 원인이 있었지만, 국제정세의 변동에 어두웠던 당시 우리 지도층의 현실인식에도 여러 한계가 있었기 때문이었다.

반탁 주도세력은 김구와 이승만 세력이었다. 특히 김구세력은 대한민국 임시정부의 법통을 내세우면서, 신탁통치반대국민총동원위원회를 열고 전국적인 운동으로 비화하고자 했으며, 미군정에게 임정승인과 중요 관부의 임정 접수를 선언하기도 했다. 아울러 이승만은 1946년 2월 비상국민회의를 계기로 반탁운동의 전면에 등장하였고, 이 기구의 최고정무위원회가 나중에 미군정의 자문기구인 남조선대표민주의원(1946.2.14)으로 바뀌는 등 미국측에 의해 반탁운동은 반공기제로써 음으로 양으로 고무되었다.

반면 좌파전선에서는 비상국민회의에 대응한 민주주의민족전선(1946.2.15)을 결성하고 임시정부 수립과 그 과정에서의 신탁통치 문제를 적극 찬성하는 노선을 분명히 했다. 조선공산당 등 좌파진영의 찬탁운동은 그 동안 쌓았던 사회주의에 대한 국민적 신뢰를 크게 손상하는 계기가 되고 이후 친일-매국세력보다 훨씬 가혹한 국민적 불만을 한몸에 받게 되었다. 물론 조공지도부 등은 찬탁운동이라기보다는 임시정부의 수립에 대한 적극적인 지지의 표현이기도 했지만, 결과적으로 민중에게서 급격하게 유리되는 결정적인 계기가 되었다. 이후 민족운동전선은 민족과 반민족의 구도가 아닌 찬탁진영[좌익]과 반탁진영[우익]의 대립구도로 급선회하면서, 지하에 숨었던 많은 친일-매국세력이 반공과 반탁을 명분으로 지상에 드러나 애국자인 체하는 현상이 만연하게 되었다.

우리 근대사의 비극 즉, 민족세력과 반민족세력 사이의 투쟁이 간절한 시점, 그리고 민족자주화의 필요성이 그 어느 때보다 절실한 시점에서 반탁이니 찬탁이니 하는 소모적인 논쟁에 휘말려 버렸다는 점이 우리 역사의 가장 뼈아픈 장면이라 할 것이다. 결국 임시정부 수립을 위해 열린 미소공동위원회(1946.3.20)는 협의대상단체 선정문제에서 미·소 사이의 이견이 엇갈려 휴회되고 말았다.

미소공동위원회가 반탁단체와의 협상문제를 놓고 지지부진하던 차에 이승만은 정읍발언(1946.6.3)을 통해 '단독정부론'을 주창했다. 이에 한독당 등은 반대하고 나섰지만 미국의 대소봉쇄를 위한 트루만독트린(1947.3)으로 냉전이 표면화되면서 이에 따른 미국의 대한정책도 급격히 '단정수립'으로 가닥이 잡혀갔다. 아울러 제2차 미소공동위원회마저 원활히 운영되지 못하자, 미국은 수적 우세를 기반으로 한 유엔에 한국문제를 이관했고, 유엔은 인구비례에 따른 남북총선거를 결정하여 유엔한국임시위원단을 파견했다(1948.1.8).

이러한 단독정부 수립방침이 굳어지자, 이승만과 한민당을 제외한 김구·김규식 등 민족주의 세력은 격렬히 반대했다. 이에 임정을 끝까지 사수한 김구나 좌우합작의 우측 대표였던 김규식은 민족분단의 위기에서 이른바 남북협상을 추진하는 등 단독정부 수립에 마지막까지 항거했다. 좌익전선도 격렬히 이에 반대했고, 민중들의 단독정부수립 반대투쟁도 고양되었다. 2·7구국투쟁·3·22총파업·제주도 4·3항쟁·5·10단선단정반대투쟁 등은 자주적 통일국가 수립과 단독정부 반대를 위한 처절한 투쟁이었다. 특히 4·3항쟁은 수만 명의 희생자를 낼 정도로 무자비한 토벌작전이 감행되었고, 5·10선거조차 실시되지 못했다.

결국 5·10선거로 소집된 제헌국회는 그러한 민족세력과 좌익 그리고 민중 측 요구에 일정하게 타협하지 않을 수 없었기에 중요산업국유화 및 의무교육 혹은 집회결사사상의 자유항목 등을 제헌헌법 만들 때 고려하였지만, 결국 초대 대통령은 이승만을 선출함으로써 분단의 고착화 가능성을 높여주었다.

단독정부 수립의 주역이었던 이승만은 1946년 6월의 이른바 '정읍발언'에서 확인되듯이 초기부터 좌우합작에 의한 임시정부 구상과 통일정부의 수립에 대하여 부정적인 입장을 견지했다. 더욱이 이승만 정권은 북조선 임시인민위원회에 우익의 입장이 거의 배제되었던 것과 대조적으로, 좌익은 물론 기왕의 중도좌파마저도 배제한 극우적 성격의 정권이었다. 그것은 미군정으로부터 물려받은 경찰·관료·군대조직에서 그대로 반영되고 있었지만, 역시 군정으로부터 받은 적산의 불하과정에서도 관철되고 있었다.

한편 미군정은 지방인민위원회를 중심으로 하는 농민들의 소작료 인하투쟁이라든가 토지개혁 요구, 자생적 노동자조직의 적산공장에 대한 자주관리운동 등을 사회주의자들에 의해 조종된 것으로 파악했고, 그것을 적극 저지하는 정책에 일관했다.

그렇다고 해서 이들을 위한 어떠한 정책대안을 가진 것도 아니었다. 따라서 민중측은 자신의 생활상의 욕구를 어느 정도 반영하던 인민위원회나 좌우합작 추진세력에 대한 기대가 그 어느 때보다도 컸다. 초기 민중들은 조선노동조합전국평의회[전평]나 전국농민조합총동맹[전농] 등 사회주의자들에 의해 주도되는 단체와의 관련 속에서 자신들의 주장을 구현하기도 하였지만, 때로는 그것을 벗어나 폭력으로 문제해결을 기도하기도 했다. 1946년의 '9월 총파업'이나 '10월 인민항쟁' 등이 그것이었다.

한편 국내에서 대중적 지지를 받고 있던 조만식(曺晚植)이 이른바 '신탁통치'를 반대함에 따라 그는 모든 공직에서 물러나고, 1946년 2월에 결성된 북조선임시위원회에서 제외되었을 뿐만 아니라 그가 당수로 있던 조선민주당의 임원 가운데 공산주의계를 제외하고는 전원이 월남했다. 이후 북한에서는 소련군의 지원 아래서 북조선임시인민위원회[위원장 김일성]를 중심으로 도위원회가 제기한 문제들을 처리해 나갔다. 북한을 이른바 '혁명적 민주기지'로 만들기 위한 '민주개혁'은 인민민주주의 노선에 입각하고 있었는데, 그것은 토지개혁에 대한 법령(1946.3.5), 노동법령(1946.6.24), 산업·교통·운수·체신·은행 등의 국유화에 관한 법령(1946.8.10) 등을 통해서 추진되었다. 이로 인해 북측 사회의 계급구조는 크게 변화하게 되었다.

북한의 토지개혁은 '무상몰수·무상분배'의 원칙에 의해 일본인·친일파뿐 아니라 5정보 이상 지주의 토지를 몰수하여 70여만 호의 농민에게 분배했고, 산업국유화에 의해 많은 자본가·지주 등이 자산을 잃었다. 따라서 북한의 급속한 민주개혁은 많은 무산계급의 지위를 향상시키는 데 일단 성공하였다. 그러나 개혁대상인 수많은 지주·자산가·종교인·지식인들이 남한으로 내려와 대한민국의 반공핵심세력으로 자리잡게 된 것은 남북분단을 고착화하는 또 하나의 요인이 되었다.

6·25전쟁과 분단의 고착화

분단국가 수립 이후 북한은 민주기지 노선을 표방하고 북조선을 해방구로 하여 혁명을 남측까지 확장시키는 전략과 더불어 무력에 의한 통일을 구상했다. 물론 월북 국내파 공산주의자들에 의해서 총선거론이 제시되기도 했지만, 기본적인 통일방향은 무력통일안이었다. 이에 따라 오대산·태백산·지리산 등지에 활동하는 빨치산의 편제를 일신하고, 1949년에는 소련과 경제문화협정을 체결하는 한편 1950년 4월에는 중국군에 속해 있던 조선의용군을 인민군에 편입시켰다. 북한은 이미 북조선 임시인민위원회 시기부터 제반개혁을 추진하여 사회민주주의체제를 강화해 나갔다.

한편 남한의 정치적 혼란과 경제적 불안은 이승만정권에 대한 비판으로 나타났다. 즉, 1950년 5월 30일에 실시된 제2대 국회위원 선거에서 이승만 지지세력이 참패를 당하고, 무소속 후보들이 대거 당선된 것은 이러한 상황에서 기인했다. 남한에서는 정부가 '반공'에만 촉각을 곤두세우고 좌익은 물론 일반민중들의 욕구분출을 억누르는 데 온 힘을 쏟고 있었다. 더구나 난립하고 있던 각 정파들은 대립과 분열을 거듭하고 있었다. 이승만 옹립에 결정적인 역할을 했던 한국민주당 계열과 이승만계열과의 대립은 그 단적인 예라 할 것이다.

이러한 내외정세와 함께 이미 1949년부터 38선을 경계로 전운이 감돌고 있었다. 1949년 한 해만도 약 874회에 달하는 무력충돌이 있었고, 마침내 1950년 6월 25일 인민군의 남침으로 본격적인 전쟁이 발발하였다. 당시 무쵸 주한 미대사는 "6월 25일 6시경에 북한군이 웅진·개성·춘천에서 38선을 돌파하였고, 일부가 동해안의 강릉 남쪽에 상륙하였다"고 보고했으며, 6월 26일 김일성은 평양방송을 통해 "이승만 군대가 38선 이북으로 진공을 감행하였으므로, 그것을 막아내고 결정적인 작전을 개시하여 적의 무장력을 소탕하라"는 명령을 내렸다고 발표하였다.

급속히 남하한 인민군은 6월 28일 서울을 점령하고 7월 말까지 낙동강까지 내려왔다. 남한 1,526개 면 가운데 1,198개 면에서 토지개혁이 실시되었고, 당과 인민위원회가 조직되어 반혁명분자에 대한 처형이 시작되었다.

한편 후퇴하는 남한정부는 전국 각 경찰서·군부대에 명령을 내려 그 동안 보도연맹으로 가입된 좌익경력자에 대한 무차별적 학살을 지시하여 수십만의 좌익전향자를 학살했는데 그 과정에서 양민과 좌익을 가리지 않은 비인간적인 학살행위가 자행되었고, 거기에서 피해를 입은 양인이 실제 좌익전향자보다 훨씬 많았다.

한반도에서의 전쟁발발 보고에 접한 트루먼정부는 즉시 유엔의 안전보장이사회를 소집하였고, 안전보장이사회는 공산군의 철퇴를 명령하는 동시에 군사제재를 결의(6.28)하는가 하면, 큐슈에 주둔중인 미공군을 한반도로 투입하고, 군사원조와 유엔군 파견을 주도했다. 이어서 7월 7일 통합군사령부설치안이 가결되어 역사상 초유의 '유엔군'이 형성되고, 유엔군은 9월 15일 인천상륙작전을 시도하였다. 이미 7월 2일 미 지상군이 전선에 출동했는데 인천상륙작전을 계기로 전세는 급격히 역전되었다. 이에 유엔군이 38선을 넘어 북진을 계속하였고, 10월 말에는 압록강까지 진격하였다.

그러나 중국의 참전(1950.10.8)으로 6·25전쟁은 자본주의 진영과 사회주의 진영 사이의 전쟁으로 비화하는 등 국제전의 성격마저 띠게 되었다. 실제로 전쟁의 초반 내전단계에는 급박한 후퇴와 반전이 거듭되는 상황에서 물적·인적 피해는 오히려 경미했지만 미국과 중국군대가 참전한 이후 우리 동포의 피해는 비약적으로 커졌다. 특히 중국군의 참전에 따른 맥아더의 만주폭격이나 장개석군 참전 등 이른바 확전론이 힘을 얻어갔고 일부에서는 소련군대와 일본군이 비밀스럽게 전쟁에 참가하는 등 점차 '세계대전화'하는 경향마저 보였다.

이미 1951년 6월부터 소련에 의해 휴전협상안이 제기되고 7월부터 휴전회담이 열렸다. 하지만 작전권이 없는 한국이 참여하지 못하고 이승만 대통령의 휴전 반대주장도 무시되었다. 휴전회담은 포로 송환문제가 가장 쟁점이 되어 2년여를 지지부진하다가, 스탈린 사망, 미국 공화당정권의 등장으로 1953년 4월 다시 재개되었다. 이승만은 계속해서 북진통일을 주장하였고, 반공포로 2만 5천 명을 석방하는 등 휴전을 방해하였으나 1953년 7월 27일 휴전협정이 체결되었다.

휴전에 반대하는 한국정부에게 미국은 미군의 계속 주둔과 한미상호방위조약 체결, 경제원조 및 한국군 증강을 약속하여 이승만의 동의를 얻어냈다. 휴전협정은 유엔군 대표 해리슨 해군준장과 공산군 대표 남일 사이에 조인되었고, 여기에 유엔군 총사령관 클라크 대장과 조선인민군 총사령관 김일성, 중화인민해방군 사령관 펑더화이가 각각 서명하였다. 휴전선에는 스웨덴·스위스·폴란드·체코 등 중립국감시위원회가 설치되어 남북 긴장완충 기능과 불의의 전쟁발발을 감시하도록 했다.

1950년 6월 25일을 계기로 하여 전면적으로 확대된 3년간의 '6.25전쟁'은 한국민족에게 엄청난 희생을 강요하였다. 남한의 경우 전황에 따라 피점령지와 점령지가 교차되면서 이념차이를 핑계로 한 양민학살이 대규모 그리고 조직적으로 군이나 민병들에 의해서 자행되었다. 게다가 1백만 제2국민병을 굶주림으로 몰아넣은 국민방위군 사건으로 후방에서의 국민피해도 막대하고 잔혹하기 이를 데 없었다. 남한은 생산기반의 절반 이상이 파괴되었고, 정부가 집계한 총 피해액 30억 32백만 달러는 전쟁전 국민소득의 2배가 넘는 규모였다. 월남자 수는 2백만을 넘었고, 3백여 만의 사상자가 발생했다. 전쟁 이후 공업생산력은 전쟁 이전의 절반, 농업생산력은 1/4로 주는 등 이후 재건에 심각한 타격을 가했다.

　수백만 명 이상의 인명피해를 포함하여 전국토의 황폐화를 가져온 것은 말할 것도 없거니와 전쟁을 겪고 살아남은 많은 사람들 사이에 서로 화해할 수 없는 적대감이 형성된 것은 이후 민족의 발전에 크나큰 굴레로 작용하였다. 해방 이후 민족이 그토록 열렬히 원해 왔던 자주적 통일독립국가의 수립은 더욱 요원해졌다.

　6.25전쟁을 계기로 하여 남·북한 내부의 역학관계는 현저하게 변하였고, '반공 이데올로기'는 당분간 그 누구도 깨뜨리지 못할 성역으로 간주되었다. 결국 6.25전쟁은 '분단체제'를 고착시키는 결정적 계기였던 것이다.

　6·25전쟁을 어떻게 볼 것인지에 관해서는 여러가지 입장이 있으나 적어도 이 전쟁이 한반도의 '내전론'만으로는 설명할 수 없음은 분명하다. 이 전쟁은, 태평양전쟁 이후 동북아의 동서간 세력균형이 일시 와해되는 과정에서 모순이 한반도에 집중 배치되고 결국 그 과정에서 비극이 잉태되고 있었다는 점이다. 미국의 동북아정책과 소련의 아시아태평양정책이 결절점인 한반도에서 민족자주화보다는 우익인가 좌익인가를 먼저 묻는 아쉬운 우리의 대응자세는 두고두고 동족상잔의 비극을 가져온 우리의 과오로 기억될 것이다.

2. 분단체제의 형성과 민주민족운동의 고양

●●●●● 분단극복가능성의 실패- 좌우합작·남북협상의 실패

　1945년 12월 말 모스크바 3상회의의 결정에 따른 신탁통치와 임시정부 수립문제는 국내에 잘못 인식되면서 좌·우 대립국면은 더욱 격렬해졌다. 이러한 위기국면에서 분단위기를 감지한 일부 정당은 좌우합작을 통하여 좌·우 대립국면을 탈출하고자 했다. 일단 1946년 1월에 공산당·한민당·인민당·국민당 등 4당 대표가 정당통일운동을 전개했지만 실패했다. 또 1946년 5월 8일 제1차 미소공동위원회가 결렬됨에 따라 임시정부 수립에 대한 전망이 흐려지고 각 정파의 견해가 분립되는 가운데 김규식·여운형 등은 미군정의 일정한 지원하에 좌우합작운동을 전개하였다.
　좌우합작위원회는 미소공위 재개, 친일파 민족반역자 배제 등을 합의했다(1946.7.25). 이에 대해 민주주의 민족전선은 북한의 민주개혁에 영향을 받아 무상몰수 무상분배의 토지개혁 실시, 친일파 처단, 인민위원회로의 정권이양 등을 요구하는 좌우합작 5원칙을 제시했다. 우익에서도 임시정부 수립 뒤 특별법 제정에 의한 친일파 처단, 신탁통치 문제에 유보적인 입장 등을 담은 좌우합작 8원칙을 제시했다. 이에 토지개혁 시행과 입법의원 설치 등을 내용으로 한 좌우합작 7원칙(1946.10.7)을 발표하였다.
　그러나 찬·반탁을 둘러싼 대립이 첨예화되고 합작운동을 지지하는 정치세력의 입지기반이 취약해지면서 미군정은 곤경에 빠지면서 단독정부로의 방향을 분명히 하게 된다. 이에 대해 1946년 9월의 총파업이나 10월의 '인민항쟁' 등 민족운동은 거세졌고, 좌우합작운동이 설자리는 점점 좁아지고 있었다. 결국 여운형이 좌우합작위원회에서 빠진 채 김규식 등 중도우파가 주도했지만, 영향력은 크게 반감되었고, 그나마 여운형마저 암살되면서 좌우합작운동은 사실상 종언을 고하게 되었다(1947.7).

이후 남한에서는 여러 민족·민주세력의 위축을 가져왔고, 다른 한 측면에서는 보수적 극우세력이 다시 활동할 수 있는 여건을 조성해 주었다. 우익은 이 기간 동안 '반탁'이라는 명분으로 입지를 강화하면서 그 동안의 열세에서 서서히 벗어나 각종 권력기관을 장악하고 단독정부 수립의 기반을 구축하고 있었다.

하지만 민족주의 세력은 이에 굴하지 않고, 1948년 들어 단정반대. 미·소 양군철수와 남북협상에 의한 총선거를 주장하면서 북한 지도자에게 남북협상을 제안했다. 그 결과 김구·김규식 등이 참가한 전조선 정당사회단체 대표자 연석회의(1948.4.19~26)가 평양에서 개최되었다. 남북 56개 정당·사회단체 대표 659명이 미·소 양군철수, 외국군 철수 뒤 내전발생 부인, 남북총선거의 실시와 정부수립, 남한 단독선거 반대를 주장하는 공동성명서를 발표했다.

그러나 5·10선거는 강행되어 남한 단독정부가 구성되었고, 김구·김규식 등이 남북협상에서 선언한 남북불가침이 결과적으로 사문화되면서 남북협상 또한 실패로 돌아갔다. 미소공동위원회의 좌절, 좌우합작운동의 좌절, 남북협상의 좌절, 그리고 세계사적인 차원에서의 동서냉전의 강화과정에서 이제 남·북한의 합의에 의해 통일국가를 추구하는 것은 불가능하게 되었으며 그 결과는 남·북에 두 개의 정부가 수립되는 비극으로 나타났다. 진정한 민족해방은 단순한 남북분단의 해소를 의미하는 것만은 아니었다. 그것은 일제의 잔재를 철저히 불식하고 사회의 민주주의적 개혁과 자주적 민족경제의 수립을 담보하는 것이어야 했다.

그러나 분단으로 인하여 이러한 내용을 확보할 수 있는 형식마저 갖출 수 없었던 것이 당시 현실이었다. 바로 이러한 점에서 민족의 진정한 자주독립을 가로막았던 그 원인의 일차적 책임이 외세에 있다고 할 때 특히 이 분단현실의 극복은 당시 초미의 과제였다고 하겠다. 그리고 그 과제를 올바로 수행하기 위해서는 전국적 차원에서의 지도부의 형성과 올바른 지도이념의 설정이 뒷받침되어야 했다. 당시의 국제정세, 그 결과로서의 남북분단이 민족사의 정상적인 발전을 위협하는 상황 아래 지도부가 차지하는 비중은 매우 큰 것이었다.

●●●●● 이승만 독재와 4·19혁명

1950년 '5·30선거'에서 결정적으로 패배한 이승만은 임시정부 출신의 이범석이 결성한 민족청년당을 중심으로 자유당을 조직(1951. 11)하고, 이를 이용하여 재집권을 획책하였다. 이에 1952년 5월에는 대통령직선제로의 헌법개정을 획책하면서 부산일원에 계엄을 선포하고 깡패 등을 동원하여 야당을 위협하는가 하면, 야당의원 47명을 국제공산당 자금을 받았다는 혐의를 씌워 체포·감금하는 등 부산정치파동을 일으켰다(5·26정치파동). 그 결과 1952년 8월 다시 대통령 권좌에 오를 수 있었다.

그런데 3선 혹은 종신집권을 획책한 이승만 일파는 다시 초대대통령에 한해 3선을 할 수 있도록 한다는 이른바 '발췌개헌안'(1952. 7.4)을 통과시켰고, 이후 사사오입개헌(1954.11.28)을 통하여 부결된 개헌안을 우격다짐으로 통과시키기도 했다. 이러한 독재체제의 연장은 철저한 미국에 의한 권력의 종속을 초래했고, 결국 동북아의 불안을 감지한 미국의 원조감소 조치와 그에 편승한 실업급증 등 경제불안은 가중되었다.

이어서 1958년 1월에 소위 신보당사건을 일으켜 조봉암을 처형한 것을 비롯해서 언론과 지식인을 탄압하기 위해 국가보안법 개정안을 야당의원들을 국회지하실에 감금한 가운데 전격적으로 통과시켰다(2·4파동 : 1958.2.24). 또한 1960년 3월에 실시된 제4대 정·부통령 선거에서 야당후보였던 조병옥이 급서하는 바람에 이승만은 무난히 당선될 수 있었지만, 부통령에 이기붕을 당선시키기 위해서 극심한 부정선거를 자행하였으니, 이것이 바로 3·15부정선거였다. 이에 마산 학생·시민들이 시위한 뒤 김주열의 처참한 죽음이 발견되면서 4·19혁명의 도화선이 당겨졌다.

이승만정권은 공산당의 선동에 의한 시위라 하여 무력진압을 주장했지만 시위는 점차 가열되었다. 결국 4월 18일 고려대 학생들의 시위에 깡패들의 습격에 이어 4월 19일에는 전국적인 시위가 진행되었다. 4·19시위 이후 학생의 피에 보답하라는 대학교수들의 시위(4.25)를 계기로 결국 이승만은 하야성명을 발표했다(4.27).

이승만정권의 몰락은 3·15부정선거에 대한 '민심'이반 때문으로 볼 수도 있지만, 관료·경찰·군대로 무장하고 부정축재 등의 방법으로 부를 축적한 관료재벌에 물적 토대를 둔 이승만체제에 대한 민중적 차원의 저항이 그 주된 원인이었다. 그것은 4·19혁명에 적극 참가한 계층이 학생 이외 광범한 도시빈민 계층이었다는 점에서도 그러하다. 즉 희생자 총 186명 가운데 절반을 넘는 94명이 하층노동자 또는 무직자였다. 즉 '4·19'가 젊은 학생들의 주도하에 부분적인 성공을 거두었다고 평가됨에도 불구하고 가장 먼저 나와 가장 끝까지 거리를 지킨 이들은 노동자계급이었다.

이승만의 하야에 이어 허정 과도정부가 구성되었고, 질서유지와 평화적 정권교체, 부정선거 책임자 처벌, 경찰력의 정치적 중립 등을 약속했으나 결과는 지지부진했다. 이에 다시 국회해산과 즉각총선, 발포책임자 처벌을 요구하는 학생시위가 계속되었다. 점차 정권교체에 이어 사회전반에 걸친 변혁을 요구하기 시작했다.

그렇지만 당시의 민족·민주세력의 힘은 여전히 취약한 상태였다. 역으로 말한다면 분단을 강요했던 외세와 그 보호 속에서 자신의 안전을 도모하며 민족의 통일은 물론 사회의 민주화에 적대적이었던 세력의 힘이 여전히 맹위를 떨치고 있었다. 이승만체제 아래에서 조장된 '반공이데올로기'가 그것을 사상적으로 뒷받침하고 있었다. 정치적 공백을 이용하여 군대가 정권을 장악함(5·16군사정변)에 미쳐서 구 지배세력이 상당한 타격을 입게 되었던 것은 사실이었지만 그 기본구도가 바뀌어진 것은 아니었다. 오히려 기존의 '체제수호'세력들을 5·16 이후에 군사정권과 더욱 밀착하여 독점자본가로서 그 지위를 더욱 공고히 해나갔다. 이에 따라 운동의 침체국면이 당분간 지속되었다.

●●●●● 6·3한일협정 반대운동

4·19혁명 이후 사회전반에 걸친 민주화 요구에 당면한 장면정권은 이승만정권 때 수립한 경제개발계획을 기반으로 국토개발사업을 진행하는 한편, 체제안정을 위한 각종 제도개혁을 추진하였다. 하지만 5·16군사정변으로 8개월이라는 아주 단명으로 끝나고, 박정희 군사정권이 들어섰다.

군사정권은 미국의 지지를 얻기 위해 기존 이승만정권의 '멸공통일론'을 그대로 계승하는 한편 '선건설 후통일' 논리를 내세우면서 다급한 경제문제 해결을 통하여 정권의 신선미와 쿠데타정권의 한계를 극복하고자 했다. 이에 1962년 11월 중앙정보부장 김종필은 오히라 일본외상과 밀회를 통해서 무상 3억 달러, 차관 2억 달러 상업차관 1억 달러(정식체결 땐 2억 추가)를 제공한다는 비밀합의를 체결했다.

그러나 식민지 35년간 일제의 가혹한 지배의 대가로 보기에는 전혀 국민들의 동의를 얻어낼 수 없는 터무니없는 것이었다. 아울러 제1차 경제개발계획에 따른 내자확보가 사실상 어려워진 상황에서 지나치게 차관확보에 급급한 나머지 졸속으로 식민지 문제를 차관 몇 푼에 일괄해결을 약속함으로써 두고두고 군사정권의 한계를 드러내는 굴욕외교로 비판받아야 했다. 이에 군사정권의 무능에 항거하는 수만 명의 학생시위(1964.6.3)가 전개되었고, 야당은 '대일굴욕외교반대 범국민투쟁위원회'를 결성했다.

시위는 65년에 들어 크게 확대되었고, 점차 파출소 공격 등 격렬해졌다. 이에 박정권은 계엄령과 위수령을 발동하고 군경을 동원하여 시위를 막는 한편, 동베를린간첩단사건을 조작하여 진보적인 인사들을 검거하는 등 탄압을 강화하였다. 그 와중에 국군의 월남파병 문제(1964.7.30)가 불거져 나왔다.

●●●●● 유신반대운동

박정희는 경제개발계획의 일정한 성공에 힘입어 1967년 7월 제6대 대통령 재선에 이어 1969년 10월 17일 '3선개헌'을 통한 장기집권을 모색하기에 이르렀다. 대통령선거에서의 국론분열[영·호남간의 지역감정 격화], 북한의 남침위협 등 대내적 명분과 미국의 대아시아정책의 변화, 오일쇼크 등의 대외적 위기상황을 강변하면서 3선개헌의 정당성을 주장하고, 마침내 3선개헌에 성공했다. 이에 1971년 7월 제7대 대통령에 당선되자 마침내 1972년 국회 및 정당해산을 발표하고 전국에 계엄령을 선포한 뒤 '통일주체국민회의'에서 대통령을 선출하는 「유신헌법」을 제정해 제8대 대통령으로 선출되었다.

대대적인 국민저항을 예상한 박정권은 장기집권의 토대를 강화하고 일정한 통치성적을 과시하기 위한 '새마을운동'을 펼쳤다. 1971년에 제창된 새마을운동은 '조국근대화'라는 표어를 내세우고 '근면·자조·협동'에 의한 의식개혁과 생활개선을 통하여 국가발전과 민족중흥을 기할 수 있다는 주장을 내세웠다.

새마을운동은 농촌·도시·학교·공장을 불문하고 전국적으로 진행되었고, 관의 지도와 아래부터의 주민의 자발적 참여라는 양면전략이 강조되었지만 기본적으로 자발적인 참여보다는 정부의 적극적인 개입에 의한 강제성을 띠었다. 그런 과정에 유신시대를 통해 절대빈곤은 해결되었지만 날로 심화되는 빈부격차와 장기집권에 따른 정치적 부작용 및 국민들의 민주화 요구로 국민의 지지가 약화되자 '긴급조치' 발동으로 정권을 근근히 유지해 갔다.

그러나 장기집권과 반민주적 통치를 반대하는 학생·지식인·종교인·정치인의 민주화운동과 고도성장의 경제적인 분배에서 소외당한 근로자·농민·도시빈민의 생존권 요구를 긴급조치로 억압함으로써 국민의 저항에 부딪쳤다. 1970년 11월 청계피복노조 근로자 전태일 분신사건은 민족·민주운동에 충격을 주었고 이후 운동을 고양하는 중요한 계기가 되었다.

여기에 국제정세의 변화도 중요한 역할을 하였다. 월남전에서 패배한 미국이 중국과 우호관계를 맺는가 하면, 중소분쟁은 사회주의권 내부의 구도에도 큰 영향을 미쳤다. 이러한 상황이 남북간의 대화를 촉진시키는 계기가 되었고, 1972년 '7·4공동성명'은 평화통일과 자주통일 민족적 대단결이라는 역사적 과제에 남북이 공동의 이해를 모은 역사적 쾌거였다.

'남북대화와 통일을 위한 체제의 정비'라고 하는 명분하에 단행된 1972년 10월의 이른바 '10월유신'과 그 뒤의 일련의 조치들이 그것을 증명해 주었다. 긴급조치가 1호에서 9호까지 발표되었고 수많은 민주인사들이 체포 구금되었으며, 정국은 계속 경색되어 나갔다. 역으로 그 과정에서 민주화에 대한 절실한 요구들이 사회적으로 확산되었다.

1970년대 후반의 반독재-민주화운동과 민중운동은 유신체제의 구조적 위기를 증폭시켜 제도권 야당과 집권 공화당의 정치적 대립, 권력 하부기관 속의 마찰, 미국의 박정권에 대한 지지의 철회를 가져오게 하였다. 유신체제가 몰락하게 된 직접적인 계기는 1979년 9월 이후의 전국 각 대학에서 전개된 시위와 그 연장 위에서 발생한 부산·마산 지역에서의 시민항쟁이었다. 그에 앞서 8월 9일 YH여성노동자들의 신민당 농성과 연행과정에서의 김경숙의 사망사건도 신민당과 공화당간의 극한적 대립을 유도하여 유신체제에 대한 민중들의 불신을 일반화시켰다. 이러한 민중들의 저항에 의해 정권 내부의 갈등이 심화되어 결국 박정희는 중앙정보부장 김재규(金載圭)의 총탄에 의해 10월 26일 사망하였다[10·26사태]. 김재규는 곧 체포되고 전국에 비상계엄이 선포되었다. 최규하 대통령권한대행은 유신헌법하에서 대통령을 선출한다는 방침을 천명하고 집권당인 공화당에서는 김종필을 후임총재로 지명하여 유신체제의 존속의지를 분명히 하였다.

유신체제의 현상유지 의도를 간파한 민주세력들이 '유신철폐'와 '계엄해제'를 요구하였으나 계엄군에 의해 심한 탄압을 받았다. 박정희 사망 이후 국가권력의 이완과 각계의 민주화 요구에 두려움을 느낀 군부 안의 강경세력은 12·12쿠데타를 감행하여 이러한 분위기에 찬물을 끼얹고 정국의 주도권을 장악하였다.

●●●●● 광주민주화운동

20여 년간의 군부통치에 억눌려온 민중의 민주화 욕구는 사회 각 부문에서 걷잡을 수 없이 분출되었다. 민주화운동의 주도세력인 학생들은 80년대 초 학내민주화운동을 중심으로 학생대중의 의식성을 높이고 그 조직성을 담보하기 위한 데 치중하였고, 4월을 계기로 점차 사회민주화 투쟁으로 전환해 나갔다. 학생들은 5월 2일 서울대집회를 계기로 점차 사회민주화 투쟁으로 전환해 나갔다. 서울대집회를 계기로 학생들은 정치투쟁의 포문을 열었고, 5월 15일에는 '계엄철폐'·'유신잔재청산'을 외치면서 가두로 쏟아져 나와, 물경 10만 명의 학생이 서울역에 집결하였다.

한편, 1978년부터 두드러진 경제성장의 둔화, 실업의 증가, 공장가동률의 저하현상은 1980년에 와서 더욱 심화되어 근로자들의 생활조건은 악화되었다. 사회전반의 민주화 열기에 편승하여 각 단위사업장에서의 노동쟁의도 폭발적으로 증가하였고, 노동운동의 지역적·전국적인 연대가 모색되기도 하였다. 특히, 4월 21일부터 사흘 동안 지속된 사북광산 노동자들의 항쟁은 절망적 상황 아래 신음해 온 광산노동자들의 분노였다. 그 규모와 격렬성에 비추어 이 사건은 이전의 노동쟁의와는 사뭇 다른 것이었고, 1980년대 노동운동의 변화를 예고하는 사건이었다.

보수야당을 비롯한 중산층은 평화적인 방법에 의한 민주화가 곧 실현되리라는 환상을 품고 있었으나, '안개정국'으로 지칭된 현상적인 권력배후의 군부의 움직임은 대다수 민주화 세력으로 하여금 낙관적인 판단을 유보시키기에 충분했다. 최규하정권은 '이원집정부제'개헌을 검토중이라고 발표하여 국민들의 의혹을 샀고, 소위 신군부세력의 중심인물로 등장한 전두환(全斗煥)이 중앙정보부장을 겸임함으로써 이러한 의혹을 가중시켰다.

결국 사북광산 노동자들의 항쟁을 계기로 한 민중운동의 가열과 민주화 세력의 전면공세가 예상되는 5월 말을 앞두고 이들 신군부 세력은 1980년 5월 17일 비상계엄을 선포하여 많은 민주인사를 체포하는 등 전국을 공포 분위기로 몰아갔다. 특히, 막강한 계엄군의 통제 아래서도 꾸준히 민주화 시위가 확대되어 가던 광주에서는 5월 18일 오전 전남대 정문 앞에 집결한 학생들을 공수부대원들이 가혹하게 진압함으로써 학생과 무장계엄군 사이의 대립이 격렬해졌다.

'화려한 휴가'라고 지칭된 1차 작전에서 '충정'이라 불린 5차까지의 임무를 부여받은 공수부대원은 시민들을 무자비하게 살상함으로써 시민들을 공포와 분노에 띠게 하였다. 19일 오전부터 시위의 중심은 학생에서 일반시민으로 확대되었고, 5월 21일에는 전두환 군부세력에 대한 엄청난 분노와 김대중 체포에 대한 좌절감, 지역적 소외의식이 혼연일체가 된 시민들의 자체무장에 의한 저항으로 계엄군은 도청을 버리고 후퇴를 하게 되었다.

시위는 목포·함평·무안·나주·영산포·영암·강진·해남·장흥·화순 등 거의 모든 전남지역으로 확대되면서 5월 22일부터 27일까지 광주시는 시민들에 의해 장악되었다. 그러나 '현정부퇴진'·'계엄령해제'·'학살원흉처단' 등을 주장하면서 도청을 장악하고 마지막까지 결사적인 항쟁을 준비하였던 시민군들은 5월 27일 새벽 계엄군의 진압에 의해 패퇴하고 최후까지 저항하는 시민군 가운데 상당수는 사망하였다. 정부의 공식통계에 의하면 2만 5천 명 정도의 군을 투입한 무력진압에서 사망 191명, 부상자 852명 등 1천여 명의 사상자가 났다.

광주민중항쟁은 4·19 이후 최대의 반독재-민중항쟁이었다. 특히, 이 계기를 통해 군사정권의 폭압적 성격에 대한 범국민적 인식도가 심화되었고, 국군통수권을 실질적으로 장악하고 있는 미국에 대한 새로운 인식이 제고되었다고 하는 점은 광주민중항쟁의 큰 의미라 할 수 있다. 신군부 세력 또한 이 사건에 대한 상당한 부담을 안고서 5공화국을 출범시켰다.

아울러 이 사건을 계기로 한국의 사회운동은 1970년대 지식인 중심의 운동에서 민중운동으로 변화했고, 국민들의 미국에 대한 인식변화와 함께 사회운동의 목표로 민족해방·사회주의 등이 본격적으로 거론되는 기점이 되었다.

●●●●● 6월항쟁과 6·29선언

광주 민중항쟁 이후 일반 지식인·노동자 계급의 민주화 투쟁은 지하로 들어간 대신에 학생운동은 오히려 급속히 조직화되고 있었다. 특히 1982년 미문화원 방화사건 이후 전두환 군사정권의 비정통성에 대한 인식이 사회에 확산되었고, 전정권의 1983년 학원안정법 제정기도 또한 백골단을 동원한 탄압에도 불구하고 학생들의 끈질긴 반대시위로 결국 법 자체가 폐기되었다.

이어 1985년에는 전국의 대학생을 총망라한 전국학생총연합회[전학련]가 조직되었고, 이러한 전국조직을 기반으로 하여 미문화원 점거농성(1985.5.21)은 결정적으로 전두환정권 축출구호가 본격화되고 광주항쟁 진압에서 미국의 책임문제가 제기되었다.

학생운동의 고양과 발맞춰 1985년 2·12총선거에서 김영삼·김대중이 이끄는 신한민주당의 급부상으로 전정권은 점차로 궁지에 몰렸다. 이어서 김영삼·김대중 등 양김씨와 재야세력은 전두환정권에 맞서 단결을 도모하고 민주화운동의 주도기구를 창출하고자 소위 민주화추진협의회[민추협]을 결성하는 한편 1986년에는 1천만 명 개헌서명운동을 전개하였다.

이러한 위기에 맞서 전정권은 북한의 금강산댐 건설이 남한을 수몰하기 위한 책략이라 선전하면서 대응댐인 '평화의 댐' 건설을 추진하여 전국적인 반공열풍을 조장했다. 아울러 전국노동자연맹 추진위원회 사건, 마르크스-레닌주의당 결성사건, 반제동맹당 사건을 발표하여 관련자를 구속하였고 민통련을 비롯하여 14개 노동단체에 해산명령이 내려졌다. 결국 10월 28일 건국대에서 열린 전국 반외세반독재애국학생투쟁연합[애학투]의 발족식을 4일 동안 포위하여 1,525명을 연행하고 1,290명을 구속하는 대대적인 탄압을 하였다. 아울러 10월 14일 유성환 국회의원을 통일국시 발언으로 구속하였고 '김일성사망설'을 유포하는 등 반공 이데올로기를 매개로 한 정권안정 책동은 지속되었다.

마침내 1987년 벽두에 터진 박종철 고문치사사건이 신문에 대대적으로 보도되면서 그간 전정권의 권위주의에 지지를 보내던 보수층마저 등을 돌리게 되면서 전정권은 궁지에 몰렸다. 게다가 4·13호헌조치는 민간정부를 구성하여 군사정권을 종식하려는 국민적 여망과는 거리가 먼 정권연장 음모였다. 4·13호헌조치에 대하여 전국경제인연합회 등 경제단체와 범여권 민간단체들은 이 조치를 구국적 선언으로 환영했지만 변호사·종교인·교수·문인 등 지식인들의 여론주도로 각 계층의 호헌반대선언이 발표되었다.

특히 4월 21일 천주교 광주교구 신부 12명이 직선제 개헌을 위한 단식농성을 시작한 이래 단식농성은 각 교구로 확산되었고 고려대 교수 30명의 시국성명과 재야인사 28명의 무기한 농성은 호헌반대투쟁을 더욱 고조시켰다. 그리고 4월 22일 이후 직선제 민주헌법 실현을 위한 서명운동에 광범한 계층이 동참하였다.

4·13호헌조치 반대와 직선제 쟁취투쟁은 5월 18일 천주교 정의구현사제단에 의해 박종철 고문치사사건이 조작되었다는 성명이 발표되면서 전두환정권 퇴진운동이 본격화되었다. 이에 통일민주당과 재야가 연대하여 호헌반대 민주헌법쟁취 국민운동본부를 결성하고, 민정당 대통령후보 선출일인 6월 10일 기하여 범국민대회를 개최했다. 국민대회 이후 운동은 전국적으로 확대되었고, 6월 26일 국민평화대행진으로 절정에 달했다.

결국 민주헌법 쟁취를 위한 수많은 희생을 바탕으로 전정권은 대통령직선제를 수용하는 소위 6·29선언을 발표하고 정권의 평화적 교체를 약속함으로써 일단 시위는 진정국면으로 들어갔다. 민간정부와 민주정치에 대한 국민들의 염원은 문민대통령을 탄생시키려는 노력으로 이어졌다.

하지만 김영삼과 김대중이 독자출마를 선언하자, 민주화 세력은 다시 양김파와 민중후보파로 나뉘면서 분열하게 되었다. 결국 1987년 12월 대통령선거에서는 36.6%의 지지를 받는데 그친 노태우 후보가 당선되면서 군사정권의 완전한 종식이라는 국민적 여망은 그 실현이 유보되었다. 하지만 이전과 다른 국민투표를 통한 대통령 선출과 그에 따른 평화적인 정권교체라는 역사적 의의는 큰 것이었다.

쉼터 27

F-15K와 군축의 역사성

1990년대 이른바 율곡사업이라 하여 무릇 10조 원대 예산을 놓고 차세대전투기 구매사업을 벌였다. 당시 공군에서는 F-16보다는 F-18을 구매해야 한다는 의견을 국방부에 올렸다. 그러나 공군의 염원과는 달리 노태우 정권은 F-16을 선정했고, 공교롭게도 그에 반대하는 공군총장이 독직혐의로 구속되고 말았다. 많은 염문을 낳은 이 사업은 예후마저 좋지 않아서 고가로 구입한 F-16은 우리 공군의 주력기종이 되기는 했어도 '팽물전투기사건'을 비롯하여 각종 니어미스나 시스템 불량, 혹은 의문의 추락사건이 해마다 끊이지 않아 국방행정에 대한 항간의 불신을 가중시켜 왔다.

이제 세월이 흘러 지난 30년간 미공군의 주력기인 F-15를 한국형으로 교체하여 구매하는 문제와 관련하여 여론의 동향도 예사롭지 않게 악화된다. 물론 국방행정과 무관한 사람이 그러한 여론이 잘잘못을 논하는 것은 도를 넘는 일이다. 그런데 본 F-15 문제를 둘러싸고 빚어지는 우리 국민들의 찬반논쟁 가운데는 역사연구자로서 침묵할 수 없는 몇 가지 문제점이 내포되었다는 점을 지적하고 싶다.

2000년 동계올림픽에서 김동성 선수의 금메달 탈취사건 그리고 미행정부의 F-15 강매발언 등으로 그 동안 우리 국민의 뇌리에 잠재하던 반미감정이 크게 표출되고 있다. 그러다 보니 항간에는 왜 하필이면 미국제품이냐 라팔이나 유로파이터가 나을 것이라는 등의 '대안론'이 나오는가 하면, 반대로 일부는 기존 한국공군의 주력기가 보잉사의 F-○○계열이니 그 동안 우리 군의 운영체계를 보존할 수 있는 F-15가 현실적이라는 '옹호론'도 적지 않다.

F-15K 구매를 둘러싼 찬반론이 격돌하는 상황을 보면서 하나 아쉬운 것은 설사 옹호론이 우세하든 대안론이 우세하든 우리 민족의 미래와 관련하여 그러한 논쟁들이 바람직한 결과를 가져오겠는가 하는 점이다. 한때 우리 사회일각에서는 우리도 핵무장을 해야 한다고 하면서 마치 핵능력이 선진국 혹은 강대국으로 가는 지름길인 양 여기는 경향들이 있었다. 덕분에 박정희 정권 말년의 핵무장계획을 영웅시하는 소설이 밀리언 셀러가 되기도 하고, 이스라엘이 핵무기를 가진 것을 부럽게 여기기도 했다. 과연 핵무장은 필요했을까?

우리는 해방정국에서 민족을 두 동강이 낸 신탁통치 찬반문제를 놓고 생각할 것이 있다. 많은 사람들은 찬탁이 옳았다고 말하기도 하고, 어떤 사람은 반탁이야말로 애국과 독립의 지표라고 말하기도 한다. 그런데 찬·반탁을 통해서 우리가 얻었던 것은 민족의 분열이었고, 반민족 세력(소위 친일파)이 당당하게 남한사회에서 활보하게 만든 비참한 결과만 남았을 뿐이었다.

한때 반탁이 바른 길이라고 보기도 했고, 한때 우리도 핵무장을 해야 한다고 믿었던 적이 있었다. 그러나 그런 세월을 지나 곰곰이 돌아보면 핵을 가진다고 혹은 찬탁이나 반탁을 한다고 한들 우리 역사의 얽힌 매듭을 푸는 데 별반 도움이 되지 못했다. 역사적 정답에 가까운 길이 있었다면, 찬탁이니 반탁이니 하는 열강들이 만든 무대에 꼭두

각시 춤을 추는 것이 아니라, 민족주의이든 사회주의이든 민족자주 세력이 대동단결하여 일제에 협력한 친일매국 세력을 축출하고, 더불어 통일임시정부를 구성하는 이른바 민족자주화운동을 벌여나가는 길이 긴요했다.

아울러 국가보위는 단순히 군사력이나 화력만이 담보되는 것이 아니라는 사실이다. 핵이 있다고 해서 수백 수천 개 핵을 보유한 열강들과 힘으로 대적할 수는 없을 것이다. 진정 외세로부터 우리를 지키는 길은 민주적인 사회운영 원리와 경제적 평등이 보장되는 가운데 해당구성원들이 자신의 나라에 대한 애정을 쌓아 가는 것에서 비롯된다.

그것은 자본의 폭정에서 벗어난 바람직한 공동체의 확충이자, 부정과 투기로 만연된 사회체제를 개혁하여 국민본위의 사회정의를 실현하는 데 있다. 그것을 통하여 민중 삶의 질이 향상되는 한편 양질의 사회정의가 사회운영의 기폭제가 될 때 비로소 강한 국가보위력을 가질 수 있다는 말이다.

만약 우리가 F-15를 보유하게 된다면, 북한의 경우 다시 북한민중들의 고혈로 군비증강을 기획해야 한다. 그렇다면 다음 차례는 우리가 보다 고급의 기종으로 바꿔야 한다. 결국 한반도의 군비증강은 남한은 혈세로 북한은 고혈로 소중한 국민들의 피와 땀을 전쟁무기화 하려는 위험한 책동이다.

혹자는 100년 전 우리가 군비가 모자라 군대가 약해서 일제의 식민지가 된 것처럼 생각하기도 한다. 하지만 그것은 철저한 착각이다. 군비가 모자라서가 아니라 당시 조선은 국가의 주권이 왕에게 일임되고 전제주의적 봉건통치 위에 군림하는 왕실만 구워삶으면 총칼로 쉽사리 한반도 병탄이 가능했기 때문이다.

대한제국이 당시로는 거대한 3천톤급 구축함을 도입했던 사실을 아는 사람은 극히 드물다. 하지만 빈약한 봉건정부는 그것을 운영할 능력도 없었고, 결국 고철로 처분되고 말았다. 만약 당시 국가운영권이 국민의 손에 달려 있고, 민의를 바탕으로 한 근대민족국가가 조속히 우리 힘으로 달성되었다면 강한 군비보다 훨씬 쉽게 식민지를 피할 수도 있었다고 본다. 물론 고가의 구축함도 제기능을 발휘했을지도 모른다.

수십 년 식민지를 겪었고, 아직도 자기 조국의 운명을 스스로 책임지지 못하는 약소국의 청년들은 자기도 모르게 책임져야 할 묘한 소명 같은 것이 있는 듯하다. F-15구매와 관련한 청년학생의 역사인식은 바로 불평등한 사회구조를 탈바꿈하고, 올바른 민족의 자주의식을 함양하여 자신의 운명을 스스로 관장할 수 있을 때 다시는 '군비증강에 의한 전쟁억지론' 같은 파시즘적 발상이 발호하지 않을 것이라는 점이다. 우리는 군비증강을 반대할 필요가 있으며, 군축을 향한 역사적 요구가 가일층 간절해지는 시점에 서 있음을 자각할 필요가 있다.

3. 분단체제하 사회-경제적 발전

●●●●● 적산의 재구성과 농지개혁

해방 이후 한국경제가 당면했던 문제들은 생산감축, 높은 인플레이션, 대량실험, 식량부족, 저임금의 압박 등이었다. 그것은 식민지 경제구조가 남긴 산업구조의 파행성에 기인한 것이었다. 이러한 상황에서는 일본인이 소유했던 토지와 공장 등 각종 재산을 회수하여 자립적 민족경제를 건설하기 위한 민족자본의 축적기반으로 전화시켜야 했다.

해방 당시까지의 한국은 경제의 압도적인 부분을 농업에 의존하고 있었고 농업인구가 전체인구의 7할 이상을 점하고 있었다. 농업상황을 보면 1942년 현재 총 경지면적의 58%인 261만 정보가 전 농가호수의 3%인 지주에게 소유되어 있었고, 농민의 80%에 달하는 대부분의 농가가 소작농으로서 그 가운데서도 60% 이상이 1정보 미만의 영세농이었다. 특히 이들 영세소작농은 5할 내지 7~8할에 달하는 고율소작료에 시달리고 있었는바, 이러한 상태에서 농업의 근대화란 기대하기 어려운 일이었다.

해방이 되자 농민적 토지소유를 실현하려는 농민들의 움직임이 본격화되었다. 일본인 소유가 되었던 토지는 지방인민위원회가 주체가 되어 분배하였으며, 전국에서 300만 이상의 농민들은 자신의 이해를 관철시키기 위하여 각지에서 농민동맹·농민조합·농민위원회 등을 조직하였으며, 전국적으로는 전국 농민조합총동맹을 결성했다(1945. 12.8). 그러나 미군정은 농민이 접수한 일본인 소유농지를 군정청에 이속시키고 소작료를 3·1제로 하는 정도의 당시 농민들의 입장에 비하여 소극적인 농업정책을 실시하였다. 그리고 귀속농지는 신한공사(1945.11.12)에서 관리하게 함으로써 농민적 토지소유를 위한 농민들의 노력을 좌절시켰다.

또한 공업부문 역시 식민지적 성격을 탈피하지 못한 채 크게 왜곡되어 있었고, 150만 이상의 노동자들은 기아상태의 임금조건과 장시간의 노동, 살인적인 노동재해에 시달리고 있었다. 이러한 조건 속에서 민족기업의 성장이란 기대하기가 곤란하였다. 산업구조의 측면에서 건실한 기업이 그다지 많지 않았으며 그것도 분단으로 인하여 그러한 기업들이 지역적으로 편중되었다.

더욱이 해방과 더불어 광범위하게 전개되었던 노동자들의 자주관리운동을 미군정이 부정하였던 점, 미군정의 귀속재산 처리과정에서 불하재산의 주요 매입자가 주로 과거 친일파 관리자였다는 점에서 식민지 경제구조는 더욱 척결되기 어려웠고, 따라서 민족자본의 축적은 요원한 실정이었다. 이러한 조건 때문에 해방을 맞이하여 사회 내부에서는 일제의 잔재를 청산하고 진정한 근대 민족경제의 수립을 지향하는 목소리들이 터져나왔고, 결국 일제가 남기고 간 적산의 이용과 친일파 및 민족반역자의 재산환수를 통한 식민지 경제의 청산을 강조하는 한편, 그것을 바탕으로 민주주의적 민족경제의 건설을 추구하였다.

그러나 남한에 새로운 정부가 들어섰음에도 불구하고 민주적 개혁이나 대중생활의 개선을 위한 적극적인 정책은 추진될 수 없었다. 토지개혁이 계속 지연되는가 하면 친일파 민족반역자 처벌을 위한 반민족행위특별조사위원회(반민특위)의 활동은 사실상 무위로 돌아갔다. 귀속재산은 체제에 영합하는 일부 관료·매판자본가의 수중으로 들어갔고, 우여곡절 끝에 1950년 3월 공포되어 6·25 직전에야 실시된 '유상몰수·유상분배'원칙의 농지개혁도 지가보상의 부실과 인플레이션 등으로 인해 종래의 소작인은 자작농이 되자마자 또다시 소작인으로 전락했고, 많은 중소지주들 또한 몰락을 면할 수 없었다. 대다수 새롭게 형성된 자작농들의 생활 역시 지가상환의 부담과 고리대·조세부담 등으로 인해 곤란한 형편이었다.

●●●●● 이승만정권의 경제성장론과 경제개발계획

1945년 이후 우리 민족의 과제는 자주적 통일독립국가를 수립하는 것이었고, 그것은 그 동안 침체되었던 생산력을 발전시키고 이를 뒷받침할 수 있는 제반 민주주의적 개혁의 추진을 중심내용으로 하는 것이 아닐 수 없었다. 그러나 그 같은 과제해결을 위한 노력이 부분적인 성과를 거둔 바가 없지 않았으나, 6.25전쟁은 그나마 형성되고 있던 민족경제의 기초를 철저하게 파괴하였고, 그 발전을 위한 민주개혁의 폭을 절대적으로 제한하였다.

전쟁 이후 남북한 공히 가장 시급히 해결해야 했던 문제는 복구사업을 통한 대중생활의 안정이었다. 초기에 남한의 경우 휴전과 동시에 발표된 아이젠하워정부의 경제원조계획에 의한 원조 등 미국의 원조물자에 크게 의존하지 않을 수 없었다. 뚜렷한 계획 아래 복구작업이 추진되지 못하고 주로 미국 잉여농산물의 도입에 의해 기본적인 요구들이 해결하고 있었다는 점은 이승만정권이 갖고 있었던 한계였다.

농촌의 피폐와 과잉인구 누적, 실업 등은 시급하게 해결되어야 할 숙제들이었다. 1955년 2월 한국정부는 부흥부(復興部) 설치를 확정하고 8월에 공식 발족시키면서 '부흥계획시안'을 만들었는데 1956년에는 '경제개발 7개년계획 중 전반 3개년계획'을 발표하는 등 계속해서 계획안을 발표하였지만 그 시행은 보류되고 있었다. 반면에 북한에서는 외국원조에 일정하게 의존했지만, 전후 복구건설 3개년계획에 의거하여 1956년까지 공업과 농업부문에서 어느 정도 전쟁 이전수준을 회복했다고 발표하였다.

장면 정권의 경제개발계획

이승만정권이 자주적 민족경제 건설의 과제해결에 실패하고 3·15부정선거를 계기로 하여 실각하자 그 과제는 다음 집권한 민주당정권으로 이관되었다. 민주당은 1954년 사사오입개헌에 반대하여 결성된 호국동지회를 모체로 해서 결성된 정당이었다. 이 때 민주당 내에는 한민당에서 민주국민당으로 이어지는 보수계열과 흥사단·원내자유당 계열이 섞여 있었는데, 전자가 김성수(金性洙)·신익희(申翼熙)·조병옥(趙炳玉)·윤보선(尹潽善)·김도연(金度演) 등으로 대표되는 구파[김도연 등의 일부가 신민당을 결성하여 탈당]였고, 후자가 장면(張勉)으로 대표되는 신파였다.

민주당정권은 이승만의 사당화한 자유당정권이 남긴 파행적 경제구조를 바로잡는 것도 문제이거니와 현실적으로 대중생활을 압박하고 있던 물가고와 실업자의 문제를 처리하는 것이 시급한 과제였다. 따라서 민주당정권은 경제제일주의를 표방하고 국토건설계획의 발표를 통해 실업자 대책에 제일 먼저 착수했다.

그러나 이를 추진할 수 있는 정치·사회적 기반의 취약성으로 인하여 발표된 어떠한 계획도 구체적으로 집행을 보지 못하고 5·16군사정변을 맞게 된다. '반공'을 명분으로 한 자유당과 민주당정권 아래에서, 우리 사회가 안고 있던 근본적 사회문제를 해결하고자 하는 모든 민주세력이 좌절할 수밖에 없었던 결과였다.

박정희 정권의 경제개발정책과 중화학공업화

쿠데타로 집권한 군부는 일단 대중들의 경제상의 욕구를 해결하는 것으로서 자신의 정치적 정당성을 확보하고자 하였다. 쿠데타 성공 이후 박정희는 국가재건최고회의 의장으로서 경제기획원을 새로 설치하고 이를 중심으로 '경제개발계획'에 착수했다. 본 경제계획은 1950년대 이승만정권과 그 뒤의 장면 내각에 의해서도 입안되었는데, 6·25전쟁으로 인한 피해복구에 중점을 두고 미국의 무상원조를 바탕으로 수입대체산업을 건설하겠다는 정도였다.

이에 비하여 경제개발 5개년계획은 외국자본을 적극적으로 도입하여 공업부문을 집중지원해 공산품을 수출한다는 불균형 성장전략을 채택하였다. 그것의 이면에는 선진국의 경제발전 모델을 수용하는 등 후발성의 이점을 활용한 발전전략이 깔려 있었다.

일단 박정권은 군부내의 반대파를 제거하고 4·19 이후 드러난 혁신세력·학생들을 검거하는 한편, 국가재건비상조치법·반공법·노동자단체활동에 관한 임시조치법 등을 제정하여 집권기반을 다지고 '개발계획'에 착수하였던 것이다. '자립경제의 달성'을 목표로 한 '제1차 경제개발5개년계획'(1962~1966)이 '민족적 숙원인 승공통일을 기약'하기 위한 것이라는 점에서 당시 경제개발이 가지는 정치적 함의를 읽을 수 있다. 그 뒤 한국경제는 경제개발정책에 의하여 성장·발전을 거듭하였는데 4차례의 5개년 계획을 성공리에 마쳤으며, 전두환정권 시기에 시작된 제5차(1982~1986)부터는 경제-사회발전 5개년 계획으로 명칭을 바꿔 추진했고, 1991년에 제6차(1987~1991)로 마무리되었다.

제1차 계획은 농업생산력의 향상과 소득증진을 통한 경제구조의 불균형 시정과 공업화의 준비단계로서 동력자원의 확보와 기간산업의 확충을 시도했는데, 핵심은 수입대체 효과를 지향하는 소비재공업 중심의 개발이었다. 여기에는 막대한 자본이 필요했는바, 당시 국내자본 조달의 한계라든가, 미국의 대한 원조의 감소 및 성격변화 등과 같은 요인으로 외자유치가 동시에 추구되고 있었다.

실질적으로 정권을 장악한 박정희가 미국의 일정한 조정 아래 많은 반대를 도외시하고 '한일회담'과 '월남파병'을 추진하였던 것은 경제개발을 통해 정치적 정당성을 확보하려던 그의 의도와 미·일의 입장이 맞아떨어진 데서 가능한 것이었다. 그러나 초기 수입대체 효과를 노린 개발정책은 국내시장의 취약성과 산업구조의 변동, 자본주의 세계경제의 영향 등으로 인해 이후 방향은 수출주도형 경공업개발과 중화학공업개발정책으로 점차 바뀌어 나갔다. 이후 4차 계획까지는 기본목표를 자립경제 구조의 실현에 두었고, 제3차 계획부터 지역개발의 균형을 이루고자 했으며, 제4차 계획부터는 사회개발을 촉진하고 공업화에 따른 빈부격차를 해소하려 했지만 별로 성과를 거두지 못했다.

1960년대 섬유 및 경공업 중심으로 선진국의 사양산업을 이전받던 수출산업육성정책은 급속한 경제성장은 가능하게 했지만 고성장 정책에 따른 자본재와 원자재 수입의 증가를 수반했고, 국제수지 적자를 급증시켰다. 이에 1970년대부터는 원리금 상환부담을 덜기 위해 외국기업의 직접투자를 촉진하기 위하여 수출자유지역을 설치하는 한편, 1972년에는 기업의 사채를 동결하는 8·3조치를 통하여 기업특혜를 부여했다.

또한 미국 등 자본주의 진영이 첨단산업 중심으로 전환하고, 노동집약도가 높은 중화학 공업을 신흥공업국으로 이전하는 상황이었다. 아울러 동남아 등 신흥개발도상국의 등장으로 경공업중심체제를 더 이상 지속할 수 없게 되었다. 이에 박정권은 중화학공업을 중심으로 한다는 정책선언을 내놓게 되고(1973) 이후 중화학공업에 대한 막대한 투자가 이뤄졌다. 그 산물로서 창원기계공업단지가 건립되어(1973) 기계공업 육성을 본격화하고, 포항제철을 중심으로 한 소재공급력 확충계획이 진행되면서 자본재 산업이 급성장했고 부품자급률도 성장하였다.

1962년 이후 경제개발정책의 결과는 대단히 역동적이었다. 경제기획원의 통계에 따르면 경제활동 인구에서 농림어업 인구가 차지하던 비중이 1965년에 63.5%이던 것이 1970년에는 47.8%, 1975년과 1980년에는 각각 45.9%,

34.0%로 줄고, 1987년에는 21.9%로 파악되고 있다는 점이 그 단적인 증거라 하겠다. 반면, 같은 기간에 광공업 및 '사회간접자본 및 기타'부문의 인구는 각각 9.2%와 27.3%에서 28.1%(이 가운데 제조업 27.0%)와 50.0%로 증가한 것으로 나타난다. 이를 국민총생산에서 차지하는 비중의 면에서 살피면 농림어업의 경우 38.0%에서 13.5%로, 광공업의 경우 21.7%에서 31.5%로 바뀌었고, 사회간접자본 및 기타 서비스업의 경우에는 40.3%에서 57.1%로 증가한 것으로 파악된다.

'성장'위주 경제정책으로 인해 국민총생산(GNP) 성장률은 매우 높아 불변가격 기준으로 기간평균 5.8~10%를 실현하였고, 그 규모를 경상가격 기준으로 살펴보면 제1차 계획기간 말인 1966년 말의 37억 달러에서 1991년 말의 292억 달러로 25년간 7배 가까이 늘어났다. 1인당 국민총생산 역시 같은 기간에 125달러에서 6,757달러로 53배나 격증하였다. 이러한 경제성장은 수출신장에 힘입은 바가 큰데 수출규모는 1966년 말의 2억 5천만 달러에서 1991년 말의 718억 7천만 달러로 286배나 폭발적으로 늘어났다. 특히 1970년대 중화학공업중점정책으로 인해 급속도로 중화학공업 비율이 증가하여 1970년에 공업생산 비중에서 38%인 것이 1979년에는 53%로 높아졌다.

그러나 경제개발과정은 많은 문제를 포함하고 있었다. 먼저, 저임금·저곡가정책 및 특혜금융 등에 의한 정부주도의 수출드라이브정책은 국가권력과 결탁한 독점재벌을 비대화시켰다. 즉 시장규모가 크고 수익성이 높은 독과점 상품은 대부분 재벌에 의해 장악되었고, 역으로 노동자·농민의 빈곤과 중소기업의 계열화와 파산을 불러왔고 농촌의 황폐화를 초래하였다.

둘째로 그것은 자본과 기술의 대외의존 위에서 추진되었기 때문에 전반적으로 우리 산업의 대외의존성을 심화시켰다. 그 결과 1970년대 중화학공업 육성을 추진하는 과정에서 과도한 생산투자와 중복투자가 문제로 드러났으며, 대체로 자립적 기술을 바탕으로 한 중화학공업화였기에 필요한 설비를 해외에 의존하는 등 설비 및 자본재의 해외의존도는 더 한층 높아지게 되었다.

결국 중화학공업 방면의 대규모 기업부실을 초래하는 등 박정권의 말로를 재촉하는 중요한 원인이 되었다. 하지만 박정권 때 형성된 중화학공업은 이후 전두환정권 아래서 수출주도산업으로 성장하면서 1980년대 호황을 불러오는 역할을 했다.

전두환·노태우 정권의 경제안정론과 거품경제

박정희정권의 성장전략은 몇 가지 과제를 남겨주었다. 그것은 첫째 민간자본이 축적될수록 국가주도의 필요성은 줄게 되고, 경제가 확대되고 복잡해질수록 관료가 그것을 통제하기 힘들어졌다는 점이다. 둘째로 선진국과 임금과 기술의 격차가 축소되면서 후발성의 이점을 누리는 전략의 유효성을 점차 약화되었다는 점. 셋째로 상의하달식 실적위주의 군사독재 문화는 공업화 초기의 자원동원과 성장목표 달성을 위한 추진력을 강화했지만 민간부분의 자율성과 창의성을 저해했다는 점. 마지막으로 후발자본주의 국가에서 고용안정의 견인차가 될 중소기업의 실질적인 성장은 좌절되고 재벌형 독점자본이 경제성장을 추진하면서 중간재와 내구재를 생산하고 독자적인 기술을 축적한 중소기업의 성장이 저지되었다는 점 등이다.

이는 명백히 1970년대 박정희정권의 경제개발정책의 전면적인 구조전환을 요구하는 것이었고, 이에 전두환정권은 기존의 경제개발보다는 경제안정과 중산층의 확대 그리고 안정적 보수세력의 확산을 통해 군사정권의 비정통성을 만회하려는 전략을 추진하였다. 이에 경제안정 문제가 제5차 경제개발계획의 기본목표로 제시되었고, 제6차 계획은 경제선진화와 국민의 복리증진을 기조로 삼았다.

그런 안정화 전략은 3저 호황국면에서 경제성장이 다시 고도화 물결을 타게 되면서 힘을 받게 되었다. 결국 86년은 무역수지가 흑자를 기록했으며 노태우 정권시기인 1989년까지 이어졌으나 그 뒤에는 과소비 풍조의 만연과 복지에 대한 욕구가 늘어나 수입이 수출을 초과하였다.

하지만 1980년대 무역흑자는 우리 경제에 특별한 의미를 가져다준 것이었다. 일단 30년간의 군사정권이 추진해 온 외형적 성장전략이 일정한 결실을 남겼다는 점이다. 내자확보가 불가능한 상황에서 외자에 의존하여 효율적인 산업생산 구조를 확립하고 수출을 확대하여 외채를 상환하는 한편, 국내저축을 확대함으로써 점차 내자확보의 통로를 열었다는 점이다.

남한경제는 일단 선진국의 공업기술과 기업경영을 내면적으로 잘 소화해 내면서 수출을 늘이고 외채위기를 극복해냈다. 즉 수출내용을 보면 1960년대에 합성섬유·화학섬유 등 소비재가 주로 수출되었으나 차츰 중간재와 시설재의 비중이 늘어났으며 제6차 계획기간 말에는 경공업 제품과 중화학공업 제품의 수출액 비율이 38:62로 역전되었다. 산업구조도 1차산업[농림·어업] : 2차산업[광업·제조업·건설업] : 3차산업[사회간접자본]의 비율이 1962년의 36.6 : 6.3 : 47.1에서 1991년의 7.7 : 42.9 : 49.4로 변화해 30년 동안 광공업의 비중이 크게 늘어난 반면 농림·어업은 현저하게 줄어들었음을 보여준다.

그러나 이러한 경제성장에도 본질적인 문제는 여전히 남았다. 먼저 높은 경제성장과 산업구조의 고도화를 이루기 위해서 필요한 자본과 기술을 해외에 의존했기 때문에 총외채는 1991년 말 391억 달러에 달해 원리금을 갚아야 하는 부담을 안게 되었다. 결국 외채상환과 이자의 부담으로 외환보유고가 줄어 1997년경에는 1,500억 달러를 넘어섰고, 급기야 IMF체제 아래서 국민생활은 많은 어려움을 겪게 되었다.

둘째로 한국의 경제성장은 단지 요소투입의 증가에 동력이 있었던 반면, 생산성 향상을 그다지 수반하지 않았다는 점이다. 외국설비를 도입하여 선진기술을 학습하고, 저임금 노동력에 의존하는 공업화가 지배적인 상황에서 어쩔 수 없었다고 하더라도 자체 독자적인 기술개발에 소홀했다는 점은 부정할 수 없다. 예를 들어 1980년대 한국경제는 여전히 일본에서 고부가가치의 자본재와 중간재를 수입하여 상대적으로 저부가가치의 내구소비재와 비내구소비재를 만들어 미국으로 수출하는 무역구조를 유지하였다. 세계 모든 나라에 일방적인 무역흑자를 고스란히 일본에 대한 무역적자로 채우는 '가마우치형 경제구조'는 여전히 시정되지 않았다.

셋째로 1960~1970년대 국가의 후원 아래 급성장한 독과점기업과 그들을 거느린 재벌은 여전히 경제성장의 견인차가 되면서, 이들에 의한 폐해가 날로 심각해졌다는 점이다. 1993년 4월 30대 재벌은 모두 604개의 계열기업을 거느렸는데, 당시 정부가 지정한 시장지배 품목 140개 가운데 30대 재벌이 참여한 것은 106개로 76%을 차지하고 있었다. 아울러 1978~1987년간 중소기업의 하청계열화 비율 또한 16~49%로 급증했다.

결국 군사독재정권이 추진한 경제정책은 광범한 중산층, 즉 사회기간 계층을 확대재생산하는 한편 부르주아 자유주의의 확산을 초래하고, 정부개입에 대한 염증을 일으키는 바탕 위에 독재정권에 대한 비판의식을 높여가게 되었다. 나아가 국민의 열정적인 경제활동에 비해 지나친 빈부격차와 소득불균형은 독재정권에 대한 민중의 적개심을 고양하였다. 결국 군사정권은 정권 내에 파고든 민주화 세력에게 권력을 잠식당하고 결국 문민정부의 탄생으로 이어졌다.

●●●●● 김영삼·김대중 정권의 시장경제중심정책

1990년대 한국경제는 비대해진 경제규모만큼 국제적인 무역질서에 순응해야 하는 문제가 발생했다. 크게 보면 우리 역사에서 자주적인 통일국가 수립과 자주적인 사회체제를 구축해야 하는 역사적 과제와 더불어 세계자본주의의 흐름에 나름의 대응과 순응도 함께 해야 하는 이른바 자주화와 세계화의 길목에 서서 우리 민족의 운명을 저울질해야 하는 복잡한 상황으로 접어든 것이다.

그러한 역사적 과제 앞에서 첫째, 우리 경제도 먼저 사회주의체제의 변화와 붕괴에 따른 기왕의 사회주의권과의 관계개선과 교류확대를 도모해야 했고, 일면 중국 및 동남아지역의 후발성에 고전해야 하는 문제가 중요한 당면 과제가 되었다.

둘째로 선진국의 배타적 무역장벽과 기술독점에 대응해야 하는 문제였다. 신자유주의 경제질서라고 평가되는 엄격한 21세기 국제 자본주의는 20세기 전반기의 폭력적 제국주의는 아니지만 아닌 자본과 기술 그리고 지적소유권 등 첨단기술의 배타적 소유를 매개로 한 선진국의 또다른 세계재패전략인 것이다. 이제 기술은 단순한 선발자본주의 국가의 숨은 실력이 아니라 후발세계의 역동성을 잠재우고 안정적인 자본축적과 세계자본주의의 계열화를 촉진시키고 후진국의 민주발전과 경제발전을 통제하는 수단으로 기능하게 되었다.

그리고 선진국에 의한 하이테크의 장악과 배타적 블록의 형성과정은 후발자본주의국인 한국경제의 대외종속 성격을 변화시켰다. 그것은 이전과 같은 단순한 대일·대미 경제의존이라는 단선적 도식이 아니라 기술과 자본을 배타적으로 소유한 거인 '기가스'블록을 깨뜨리는 작은 아르테미스의 신통력에 한 가닥 기대해야 하는 힘겨운 상황을 말하는 것이다.

셋째로 무엇보다도 정보통신산업과 금융산업의 발전 등은 국제경제 교류가 세계시장의 통합을 새로운 차원으로 심화시키는 상황에서 낡은 금융질서와 비효율적 정보관리시스템을 극복하고, 지구단일권화(Globalization)시대에 적응하는 세계화 문제의 해결이 시급한 상황이었다.

하지만 1980년대 후반 호황이 3저현상이라는 외부적 조건에 크게 힘입었음에도 불구하고 우리 사회는 대호황에 도취하여 경제체질 변혁을 도외시한 채 비효율적 구조의 지속으로 1989년 이후 다시 무역적자가 누적되고 국제경쟁력이 급속히 약화되는 사태에 직면했다. 약화된 국제경쟁력과 침체된 국민경제의 회복이라는 과제를 안고 출범한 김영삼정부는 우루과이라운드의 타결과 세계무역기구의 창설이라는 '국경없는 무한경쟁시대'에 적응하고 대처하기 위하여 세계화 전략을 추진했다. 대내적으로는 경제활동에 대한 규제를 철폐하고 재벌과 금융개혁 및 노동시장의 유연화를 추구하며, 대외적으로 개방확대를 가속화하고 경제협력개발기구(OECD)에 가입하였다.

마침내 우리 자본주의에서 국가주도주의 이념은 종언을 고하고, 시장경제 중심주의로 전환하고 말았다. 이는 전면적인 대외개방경제의 출현과 시장을 둘러싼 세계자본주의라는 현장에서 신흥개발도상국인 우리 경제는 당연히 시련을 당할 수밖에 없었다. 하지만 김영삼정부 아래서도 기업경영의 불투명성, 금융의 불건전성, 정치권과 관료의 부당한 기업간섭, 만연한 관료들의 도덕적 해이 등으로 시장의 공정성과 효율성을 저해하는 요소는 여전히 남았다. 더불어 강력한 재벌의 저항과 자금배분 기능이 사실상 마비된 금융시장의 개혁 또한 여의치 않았다. 여전히 기업과 재벌은 기술혁신이나 전문화 방향보다는 문어발식 양적 팽창주의에 경도되었고, 실물경제의 안정에도 불구하고 금융시장의 도덕적 해이는 날로 심각해지면서 이른바 거품경제의 최종단계로 달려가고 있었다.

1990년대 중반(1994~1995) 반도체 부문을 중심으로 한 호황에도 불구하고 차입은 증대하고, 수출은 급증해도 그에 상응한 자본재 및 설비수입이 눈덩이처럼 불어나는 현상 속에서 호황에도 불구하고 한국경제의 부실은 여전히 해소되지 못했다. 실제로 호황의 내용을 보면, 반도체 등 특정부분은 호황을 구가해도 대부분의 중소기업은 만성적인 불황에 시달리는 속에서 제조업의 매출경상이익률은 오히려 감소했고 1997년에는 오히려 마이너스였다. 당시 한국경제를 주도하던 30대 재벌기업은 이러한 상황에도 양적 팽창노선을 계속했다. 즉 1995년 총 계열사가 623개였던 것이 1997년 말에는 819개로 증가했고, 차입경영을 더욱 확대하면서 부채비율도 1995년 348%에서 1997년 말에는 519%로 급증하였다.

여기에다 무역적자는 해마다 증가했으며, 자금난 때문에 기업은 다시 무리하게 해외차입을 증가시킴으로써 한국이 짊어진 총외채는 1993년 말 439억 달러에서 1996년 말에는 1,047억 달러로 증가했으며, 그 가운데 단기외채는 43.7%에서 58.2%로 상승하였다. 설상가상으로 한보사태(1997. 1)·기아사태(1997.10) 등으로 국제신인도가 추락하고, 결정적으로 홍콩주가의 폭락에 이은 아시아권의 경제붕괴가 이어지면서 외국자본의 철수가 폭주했다. 1997년 10월 말 가용 외환보유고는 223억 달러였으나 불과 한 달 만에 73억 달러로 격감하면서 국가적인 부도사태가 초래되었다.

이에 12월 1일 국제통화기금(IMF)의 구제금융을 신청했고, 구제금융의 수입에 따른 이행조건으로 긴축적 거시정책, 구조조정 및 대외개방 확대를 주문받았다. 그것은 김대중정부가 그 동안 주장했고, 지향이 예고되었던 '대중경제중심론'을 사실상 좌절시켰다. 오히려, 철저한 비교우위와 시장경쟁을 강조하는 신자유주의적 경제질서의 실현을 강조하는 상황이 되고 말았다.

긴축과 구조조정 그리고 대외개방의 확대는 한국자본주의의 자립보다는 세계경제 질서에 순응하는 세계불황의 방파제로서 세계경제 위기를 대신 떠맡도록 한국경제를 재편성하려는 선진제국의 전략이 깔려 있는 내용이었다. 21세기는 국가주도형 재벌중심 경제성장 전략은 시장중심·전문기업중심 경제내실화 전략으로 나아가도록 요구하고 있지만, 여전히 왜곡된 기업경영의 의사결정 기구와 비효율적인 재벌체제 및 부의 세습은 대다수 민중의 생활향상에 대한 기대와 근로의욕을 좌절시키면서 '내실있는' 국가경쟁력 향상을 저지하고 있었다.

물론 1981년부터 시행된 독점규제 및 공정거래에 관한 법률이 점차 재벌의 독과점책동을 저지하는 방향으로 개정되고 손질되어 왔다. 또한 1987년부터는 30대 재벌의 여신한도 규제가 도입되고 또 지속적으로 강화됨에 따라 은행대출금의 점유율은 1988년 23.7%로부터 1993년 15.6%로 하락하였다.

그런데 1991년부터는 재벌의 문어발식 팽창이 국제경쟁력을 약화시킨다는 여론에 밀려 주력업체 제도를 도입하려 했지만 재벌들의 반발로 실패하고 말았다. 1994년부터 재벌의 업종전문화정책을 대대적으로 확대 개편하고, 1996년에는 재벌경영의 투명성을 높이기 위하여 상호 지급보증을 해소하고 지배주주의 횡포를 견제하는 등의 '신재벌정책'을 추진했지만, 그마저 실패하고 말았다.

1997년 말에 맞은 외환위기는 외부충격과 정부의 실책만으로 설명하기보다는 재벌중심 경제질서 자체가 지극히 비효율적이었다는 점에서도 원인이 있다. 특히 재벌과 기업의 불투명한 기업경영을 정부가 효과적으로 관리하지 못한 채 급속한 금융시장 개방을 추진한 결과 국민경제 전체에 닥친 혼란은 큰 것이었다.

결국 재벌에 의해 초래된 기업부실과 국민경제의 부실은 철저한 노동착취와 고용인력 감축과 같은 극단적인 방법을 통하여 일반 민중과 노동자에게 전가되면서 빈부격차는 물론이고 민중경제의 전면적인 동요와 파탄에 이르게 되었다.

●●●●● 북한의 경제개발과 경제난

해방직후 북한에서는 인민민주주의라는 과도적 단계를 거쳐 사회주의로 이행하려는 전략을 수립했다. 인민민주주의는 제국주의에 저항하거나 반제국주의적 성격이 강한 민족자본에 대한 배려와 일정기간 자본주의적 경제요소를 포함한 혼합경제 구조를 유지하는 것이며, 자연스러이 시장을 통한 경쟁질서도 온존되는 것이었다.

　1945년 해방직후부터 북한은 일제・친일파・월남자의 토지를 수용하고 농민에게 경작권을 분배하는 등 토지개혁을 실시하고 있었다. 1946년 2월에 수립된 북조선임시인민위원회는 소련고문단이 지도 아래 3월에 토지개혁법령을 공포하고 6월에 노동법, 7월에 남녀평등법, 8월에 중요산업의 국유화법을 정비하여 인민민주주의 혁명의 경제적 기반조성 계획을 수립하였다.

　북한의 토지개혁은 세계사에 유래 없이 급속하고도 철저한 것이었다. 1946년 3월 5일부터 약 20일간에 걸친 개혁을 통하여 무상몰수 무상분배의 원칙이 지켜지고, 일본인 소유지와 조선인 지주의 소작지 등 100만 정보를 몰수하여 농지가 없거나 적은 농민들에게 분배하였다. 여기서 핵심적인 토지개혁 담당기관은 농촌위원회로서 고농・빈농 중심의 5~9인의 위원으로 구성되어 일체의 사무를 관장하였다. 한편 '중요산업국유화령'에 의하여 일본인과 친일인사 및 매판자본가가 소유하던 1,034개의 중요 산업시설이 일거에 국유화되었다. 이러한 과정을 거쳐 북한은 농업의 협동화와 개인 상공업의 개조를 통하여 사회주의적 개조를 표방했지만, 6・25전쟁으로 그것은 잠시 유보되었다.

　한편 생산력 진흥을 위하여 1947년 인민경제의 부흥발전계획과 1948년 인민경제계획을 집행하였으나. 1949~1950년 계획은 전쟁으로 진행되지 못했다. 이에 북한의 경제성장은 크게 진작되어 북한의 발표에 의하면 1949년 알곡생산량은 1944년에 비해 9.8%. 늘어났고, 공업생산은 1946년의 3.4배 증가하여 해방 이전수준을 회복했다고 한다. 그 과정에서 소련의 경제・기술원조, 산업설비 및 풍부한 전력・비료 등의 자원은 남한에 비해 산업생산의 회복에 유리하게 작용하였다.

　6・25전쟁은 남북 모두에게 엄청난 피해를 입혔고, 특히 북한은 8,700여 개의 공장이 파괴되고 37만 정보의 전답이 손상된 것으로 발표했다. 북한은 1953년 이후 복구건설 사업의 방향을 둘러싼 당내의 반발을 제거하고 이후

독자적인 노선을 추구하는 한편 북한경제의 사회주의적 개조에 착수하였다. 이에 1953년 8월 당 중앙위원회에서 '인민경제복구발전 3개년계획' 수행을 결의한 다음, 1954년 4월 최고인민회의에서 법령으로 채택하였다.

또한 1956년 4월에 개최된 조선노동당 제3차 대회에서는 제1차 5개년 계획기간 중에 농업협동화를 완성한다는 방침을 세웠고, 농업협동화와 함께 개인 상공업의 사회주의적 개조를 1958년 8월에 완수했다고 천명했다. 그런데 실질적인 개조는 대단히 어려웠다. 그나마 8월 종파사건[연안파 숙청]으로 실행이 지연되고 있었으나 1958년 6월에 겨우 인민경제발전 제1차 5개년계획(1957~1961)이 실질적인 법령으로 채택되는 상황이었다.

한편 1959년 4월부터 '천리마작업반운동'을 적극 추진하고 이를 사회주의 건설에서의 '당의 총노선'으로까지 격상시켰던 점 등이 그 같은 사실을 반영하는 것들이었다. 그 바탕 위에서 북한은 7개년계획(1961~1967), 6개년계획(1971~1976), 2차7개년계획(1978~1984) 등을 추진해 오면서 사회주의 공업화의 완수와 인민생활의 향상, 인민경제의 현대화에 주력했다. 7개년계획의 목표를 '사상혁명'·'기술혁명'·'문화혁명'의 결합을 통해서 추진한 바 있고 이 '3대 혁명노선'이 이후에도 그대로 관철되는 가운데 그 위에 '자주노선'이 더 추가되었다. 이는 북한이 인적·물적 자원의 결핍 속에서 사람과 목적의식적 활동을 사회-경제발전의 기본동력으로 파악하고 있음을 보여주는 것이다.

1960년대 이후 북한의 경제관리체계는 소위 청산리 방법의 원리로 운영되었다. 청산리 방법이란 윗조직이 아랫조직을 잘 도와주고 문제해결의 올바른 방도를 알려주는 데 대해 대중의 자각적인 열성과 창발성을 동원하는 생산력진흥론이었다. 이에 공업부분은 대안의 사업체계를, 농업부문은 군 협동농장경영위원회를 기본으로 하는 새로운 농업지도체계를 도입하였다.

아울러 1960년대 북한은 중공업과 경공업, 공업과 농업 사이의 심각한 불균형을 시정하는 데 중점을 두기로 하고 경공업과 농업의 동시발전 전략을 채택했다. 이에 제1차 7개년계획 기간은 경공업 및 농업투자를 증가시켰다. 아울러 지방공업의 육성을 독려하였다. 이에 1961~1971년간 지방공업, 기업소는 수적으로 2배, 생산액은 3배 증가하였으며, 그 결과 1957~1970년까지 공업생산은 연평균 19.1% 성장하여 1970년의 공업총생산액이 1956년의 11.6배로 되었으며, 공업비중도 1956년 25%에서 1969년 65%로 높아져 사회주의 공업국가로 발돋움했다고 북한당국은 공포하였으나 실제성과는 그보다 못 미친 것으로 나타난다.

1960년대 이후 북한의 산업생산이 점차 위축되는 이유는 대체로 과도한 군사비 지출과 소련에서의 원조격감 등에서 찾을 수 있다. 특히 국방비는 북한 세출예산에서 항상 30% 이상을 차지하고 있다는 점에서도 알 수 있다. 또한 중소분쟁의 여파로 사회주의권의 원조가 격감하는 상황은 더욱 상황을 어렵게 했다. 이런 상황에서 중·소 사이의 등거리전략이 강조되고 대내적으로 주체사상이 완성을 보게 되었다.

한편 1970년대에 들어선 북한정권은 사회주의제도를 더욱 공고히 하며 공업의 주체성을 더욱 강화한다는 입장에서 새로이 6개년계획(1971~1976)을 입안하고, 사회주의 공업화의 완성과 그것을 진작시킬 기술혁명의 필요성을 표방했다. 즉 중노동과 경노동 사이의 차이해소, 농업노동과 공업노동 사이의 차이해소, 여성의 가사노동에서 해방 등을 등 3대 기술혁명을 통하여 모든 부문에서 근로자를 힘든 노동에서 해방시킨다는 취지였다. 아울러 사회주의 시장 이외에도 자본주의 시장에 적극 진출이 강조되면서 대서방 접근이 추진되고 실제로 북한의 대외무역 가운데 선진 자본주의국 사이의 무역이 급증하고 있다[20~37%].

1970년대 초반 잠시 활로를 얻던 북한경제는 다시 70년대 중반의 오일쇼크 여파와 주력수출품인 비철금속 가격의 급락, 나아가 자본재 수입의 급증 등으로 타격을 받게 되고 차관의존율을 높여갔다. 이러한 어려운 국면을 타개하기 위해 1973년 이후 대학생·당 간부 등을 생산현장에 동원하여 3대혁명을 지도하는 3대혁명 소조운동을 전개하고, 1974년 2월에는 '온사회의 주체사상화'를 당 최고강령으로 선포하는 한편, 1975년 12월에는 새로운 집단적 혁신운동으로 3대혁명 붉은기쟁취운동을 개시하였다.

1978년부터 착수된 제2차 7개년계획의 기본과제는 인민경제의 주체화·현대화·과학화를 통하여 사회주의 경제제도를 더욱 강화하고, 인민생활을 한 단계 높인다는 것이었다. 대체로 농공비율은 1953년도에 각각 41.6%와 30.7%인데, 그것이 1983년도에는 각각 10.1%와 66.0%로 크게 바뀐 것을 조사된다. 하지만 1980년대 초반 이후 계획은 지지부진하였고, 실적 또한 북한당국이 구체적으로 밝히지 않을 정도로 성장이 둔화된 것으로 보인다.

1980년대 북한의 과제는 지금까지 견지해 오던 바대로 농공의 결합을 더욱 긴밀히 하고 더 높은 기술혁명을 통하여 주민복지를 만족할 만한 수준으로까지 끌어올리는 데 두고 있었으나 자본축적의 부족과 기술의 낙후성, 그리고 과도한 국방비의 지출 등으로 경제발전에 어려움을 겪고 있다. 심각한 경제침체에 처한 북한은 80년대 중반부터 각 기업별 독립채산제를 강화하고, 연합기업소체제를 도입하는 등(1985) 계획관리체제의 문제점을 개선하고자 했다. 하지만 중앙관리구조가 전혀 바뀌지 않은 상황에서 기업별 자발성을 끌어내기란 대단히 힘든 것이었다.

또한 그 동안 중공업우선정책이 지속됨에 따라 생활필수품 관련소비재의 절대적 부족현상이 가시화되었다. 이에 북한정권은 1984년 이후 '8·3인민소비품 생산운동'을 전개하여 소비재 생산을 확대하는 정책을 추진했다. 이에 1984~1989년간 이 운동에 따른 판매 판매유통액은 매년 평균 20.8%가 성장하였다.

1987년부터 착수된 제3차 7개년개획은 인민경제의 주체화·현대화·과학화를 계속 힘있게 다그쳐 사회주의의 완전승리를 위한 물질 기술적 토대를 마련하는 데 기본목표를 두고 공업생산은 1.9배, 농업생산은 1.4배, 국민소득은 1.7배의 달성을 목표로 삼았다. 하지만 1980년대 말 이후 소련과 동구 사회주의권의 붕괴로 인해 대외수출입 활로가 막히자 대외무역이 격감했다. 특히 사회주의 구상무역제도 대신에 구소련 등이 현금결제 방식을 요구하면서 북한의 타격은 더욱 컸다.

이런 경제적 위기를 극복하기 위하여 북한은 외국인 투자를 적극 유치하기 했다. 이에 1991년 12월에 나진·선봉지역을 자유경제무역지대로 운영할 것을 선포하고, 1992년 10월에는 외국인투자법·외국인기업법·합작법 등을 제정하고, 1993년 1월에 외국인 투자기업 및 외국인세금법·외화관리법·자유경제무역지대법 등을, 1994년 1월에는 합영법을 제정함으로써 투자유치계획을 구체화하였다. 하지만 1993년에 종료된 제3차 7개년계획은 북한당국이 자인한 것처럼 위의 목표를 달성하기 역부족이었다.

쉼터 28
독점체제의 종말을 위하여

한국경제의 문제를 가장 극명하게 드러내는 것은 무엇일까. 최근 한국경제의 문제점에 대하여 학문적으로 여러 가지 논의가 나오고 있다. 근대화론·주변부자본주의론·제3세계론·세계체제론 같은 거시적인 측면에서 한국경제를 보려는 경향이 있는 반면, 기업신용 하락·부실금융·부실경영 등의 계량적 측면에서 모순을 지적하는 논의가 있다.

그러한 면과 더불어 보다 역사적인 측면에서 오랜 기간의 군사독재라든가 재벌의 방만한 선단식 경영 혹은 과도한 외채문제나 중앙집중적 관료주의적 정책결정 구조, 대외여건의 변화 등이 강조되기도 하고, 그 해법으로는 기업 구조조정 문제니, 인력감축이니, 국가경쟁력 등이 열거되기도 한다.

그러한 모순에 대한 인식이 심화되는 것은 사실이지만 그러한 계량경제학적 논리는 결코 한국경제의 선진화나 건실한 발전을 초래할 기본적인 요소가 아니라는 측면에서 한국경제의 기본모순인 독점체제에 대한 인식과 그것의 타파에 의한 내실있는 민족경제의 육성이라는 측면이 강조되어야 한다.

태평양전쟁 이후 미국의 적극적인 개입에 의해서 세계경제체제 안으로 한층 강하게 편입된 한국자본주의는 1970년대 중반 이후 형성된 신국제분업 질서 속으로 재편되면서 그에 조응하는 산업구조의 재조정을 추진했다. 특히 70년대 두 번에 걸친 석유파동을 계기로 하여 기왕의 고에너지 의존산업 중심구조에서 점차 반도체·유전자·우주항공산업 등 과학기술혁명에 기반을 둔 첨단산업이 확산되었고, 그 과정에서 한국경제도 세계경제의 피조물로서 새로운 국제분업체제로 전환했다.

그것은 미국은 첨단군수산업, 일본·유럽은 첨단민수산업, 그리고 한국 등 신흥개발국들은 첨단산업의 하청 및 재래식 중화학공업으로 특화된 것이었다. 가마우치 낚시법의 비유와 같이 이러한 분업질서는 한국경제의 외형적 성장을 촉발하기는 했지만 이윤은 늘 선진자본주의 국가의 자본과 기술의 통로를 통하여 선진국에 이전되는 결과를 초래했다.

아울러 대내적으로 몇몇 기업이 발빠르게 첨단-외국상품의 부품공장 혹은 조립공장화하는 속에서 그에 상응하는 자본의 집중과 집적이 강화되었고, 여기서 일부 대기업 등이 정경유착을 통하여 국가로부터 특혜적 지원으로 투자재원을 확보하는 한편 중소기업들의 자립적 성장을 저해하면서 이들을 독점자본의 지배틀 속으로 묶는 패권주의적 독점자본주의체제를 구축했다.

그 과정에서 국제경쟁력보다는 저가노동집약적인 저부가가치 상품의 해외수출정책이 강화되면서 한국 자본주의의 구조적인 모순에서 발아한 저임금 노동력의 확산과 그것의 고착화가 한국경제의 내실있는 진로를 방해했다.

그러한 파시즘적 공업화정책 아래서 신음하던 국민들은 마침내 1987년 6월 항쟁을 겪었고, 뒤이은 노동자계급의 투쟁은 저임금 노동자 계급의 현실에 대한 각성을 심화시켜 나갔다. 그 어느 시기보다 자본과 노동 사이의 자본주의적 기본모순은 더욱 심화된 것이었다. 이러한 과정에서 임금부문에서나마 어느 정도 노동자측의 이해가 관철되는 듯싶더니 90년대 가마우치형 한국경제가 안고 있는 외연적 모순인 외채문제가 결정적인 변수가 되어 IMF가 초래되었다. 이후의 일련의 과정은 여러가지 평가가 있을 수 있지만 적어도 외연적 모순인 외채문제만큼은 해소되었다는 평가가 지배적인 것으로 여겨진다. 하지만 한국 자본주의가 안고 있는 기본적인 모순구조는 과연 해결이 되었다고 볼 수 있는가. 현시점에서 본다면 오히려 한국 자본주의의 기본적인 모순구조는 더욱 심화되고 있다는 평가하는 편이 좋을 법하다.

오늘날 한국자본주의는 태생적으로 안고 있는 문제점 즉 좋게 말해서 대외지향성, 나쁘게 말해 선진자본에 의존한 예속적 자본축적 논리가 조금도 시정되지 않고, 오히려 시장경제를 명분으로 더욱 강화되고 있다는 점이다. 그것은 대체로 다음의 두 가지 측면에서 그 모순성은 증폭된다.

우선, 오늘날 한국경제의 모순은 최근 김대중 정부가 보여준 현대사태 해법에서도 나타나듯이 독점자본의 이해는 시간이 흐를수록 또한 정권의 진보성 여하에도 불문하고 여전히 철저히 관철되고 있다는 점이다. 실제로 대중경제를 표방하는 현정부의 경제정책이 현재 기왕의 패권주의적 독점자본·재벌체제를 완화 혹은 해체하여야 한다는 진보성과 개혁수행에 필요한 혹은 통일준비를 위해 필요한 막대한 재원이나 기술염출을 위해 기왕의 독점자본에 비굴한 손을 내밀고 있다는 모순을 정확히 바라볼 필요가 있다.

결국 한국경제의 모순 한가운데 북한문제가 존재하며, 대북투자사업은 그 동안 진보를 표방한 정권의 서슬 퍼런 개혁의 칼날을 비껴나갈 수 있는 절호의 기회가 된다. 통일문제를 여기서 자세히 논급할 필요가 없을 것이지만 경제문제와 관련하여 한 마디만 한다면 적어도 자본의 논리에 입각한 통일은 어쩌면 남한의 근로대중과 서민 그리고 북한의 자립적인 산업구성의 완전하고도 철저한 추락을 초래할 것이다. 즉 자본의 논리에 의해 북한을 개방한다는 것은 남한 자본주의의 내적 모순을 은폐하고 국민의 고혈을 빨아 북한지역에서 이윤을 확대하고자 하는 자본축적의 논리 그 이상이 될 수 없을 것이다.

통일지상주의적 외침이 커질수록 순수한 민중의 통일염원이 강조될수록 독점자본의 자본축적욕은 더욱 광식증에 걸리리라는 예측은 결코 틀리지 않을 것이다. 물론 통일의 문제는 좀더 높은 차원에서 설명되어야 한다. 하지만 적어도 남한식 자본주의, 패권주의적 선단식 독점자본주의 형태로 통일되어서는 안 된다는 것이다. 특히 권위주의체제에 단련되어 있는 북한주민에게 자본의 힘에 대한 굴종을 가르치는 일일 것이며, 민족분단보다 더욱 심각한 민족내부의 빈부와 계급의 모순을 심화시키게 될 것이다.

물론 남한주민에게는 수많은 일자리를 앗아가게 되는 생활상의 중요한 문제에 봉착하게 될 것이다. 물론 경원선·경의선의 개통 같은 사회간접자본이 간접적으로 한국경제에 주는 이익은 적지 않을지도 모르지만, 그 이상의 영역에서 독점자본이 북한경제의 기반을 잠식하여 불황을 벗어나기 위한 새로운 시장으로 전환하고자 하는 음모는 진정한 민족통일을 저해하는 자본의 논리라는 생각을 깊이 가슴에 새겨야 한다.

그것을 막기 위해서라도 북한과의 경제제휴는 전문화된 기술과 숙련성 그리고 소규모 자본에 의해서 건강한 민족경제의 토양을 비옥하게 하는 정책으로 가야 한다. 북한 서해공단을 만든다고 해서 삼성반도체나 고용효과가 높은 대규모 경공업을 남한에서 이전하는 방식이 아니라 북한 땅을 창조적으로 인식하고 새로운 각도에서 건강한 민족경제를 만들 수 있는 이른바 벤처형 중소기업들이 북한으로 진출해야 한다.

두번째 문제는 기존의 모든 개혁정책이 탈구된 선진국의존형 산업구조의 근본적인 재편을 고민하기보다는 시장경제라는 미명 하에 강자와 약자가 뒤범벅이 된 채 무조건의 국가경쟁력만을 강조한다는 점이다. 따라서 독점자본의 해소라든가, 기업전문화와 같은 근본적인 처방 대신에 단순한 산업구성의 재조정 즉 업종간의 통폐합(이른바 기업 정비), 혹은 노동력 감축 등을 마치 진정한 의미의 산업구조라는 듯 착각하는 미국식 계량경제학식 처방만 골몰했다. 외국돈도 우리나라에서 돌면 우리 돈이라는 식의 경제이론은 자본의 불평등 이외에는 모든 것이 자유라는 근대주의자들의 자본주의 찬미론과 하등 다를 것 없는 거짓말이다.

물론 한국돈이 미국에서 돌면 미국돈일 수 있을 것이다. 자본은 생명력을 가진 화폐로서 화폐와의 궁극적인 차이는 그 자체로 새끼를 친다는 것이다. 자본의 유기체성은 결국 자본에 의한 사회구성이며, 자본에 의한 패권이다. 우리 땅에서 미국돈이 도는 것은 일정 정도 국가경제에 도움이 되는 것은 사실이지만 장기적으로는 국가잉여의 완전한 이전을 말한다. 그것은 외국의 대단한 문화를 소화할 만한 우리 문화에 대한 식견이 요구되는 것과 흡사하다.

혹자는 자원도 없는 나라에서 대외지향적 수출드라이브는 중요한 정책과제가 될 수 있으며 후진국가 가운데 우리나라만큼 선진기술의 흡수능력이 뛰어난 후발-자본주의국은 없었다면서 필자의 생각을 반박할지도 모르겠다. 물론 내실 있는 산업구조를 바탕으로 한 한국경제의 대외지향성은 잘못되었다고 볼 수 없다. 문제는 내실이고 주체적인 의사결정이 가능할 만큼 산업구조가 전문화되고 자본의 총체적 모순체인 재벌체제의 변혁을 통해 균형있는 국민경제를 건설할 수 있는가의 문제이다.

여기서 '내실(內實)'이라는 표현은 보는 각도에 따라서 사회주의적인 전통과도 결합될 수 있는 것이며 또는 우리식 자본주의의 필요성에 관한 담론일 수도 있겠지만 간단하게 말하면 '산업의 전문화'이자 재벌을 대신한 벤처형 국민기업의 육성이라는 측면에서 이해해 주기를 바란다.

그렇다면 한국경제의 희망은 있는가. 반드시 그렇다고 대답할 수 있다. 그것은 민족경제의 자립성과 내실을 높여줄 많은 한국형 경제이론가들의 등장 그리고 대단한 한국 어머니들의 교육열, 그리고 무엇보다도 무언가 목적이 주어지면 확실히 끝을 보는 민족적 전통이 존재하고, 더불어 우리 스스로 우리식 발전모델을 가지고 미래를 설계할 만한 제3의 세대들이 점점 커오고 있기 때문이다.

찾아보기

ㄱ

가나가와조약(神奈川條約) 301
간석기[마제석기] 55
갈문왕(葛文王) 99
갑사(甲士) 218
갑산공작위원회 433
「갑신정강」 333
갑신정변 314
갑오개혁 12, 345
강동6주 190
강조(康兆)의 정변 190
강화도조약 312
개물성무(開物成務) 327
개신유학(改新儒學) 289
개조파 386
개항기 35
개화당 330
개화사상 321
객관적 진실 20~21
거란족 79
건국동맹(1943) 444
건국준비위원회 444
건저의(建儲議) 244
검은모루동굴 55
결두전(結頭錢) 305
결전비상조치요강 421
경신참변(庚申慘變) 431
경저리(京邸吏·京主人) 217
경제개발계획 471
경제제일주의 470

경제협력개발기구(OECD) 478
계급 23
계급모순 401
계루고지 101
계루부(桂婁部) 89
계수관(界首官) 151
고 아시아족(Paleo Asiatics) 62
고려공산청년회 402
고부민란 338
고인돌 74
고추가(古雛加) 89
골품(骨品)제도 93
공동체 문화 63
공명첩 254
공물각사(貢物各司) 257
공산주의자 43
공안(貢案) 174, 257
공음전시법 148
공인(貢人) 258
공진회(共進會) 370
공화주의 38
과전법(科田法) 34, 205
관념적 민족주의 23
관료전 126
관반제(官班制) 131
관수관급제(官收官給制) 230
『관수만록(觀水漫錄)』 270
관음신앙 118
광군사(光軍司) 190
광무개혁 360
광제창생(廣濟蒼生) 335

광주학생운동 405
교관검수(敎觀兼修) 182
교정도감 163
교정별감 164
교정청(校正廳) 342
교조신원운동 336
9서당(誓幢) 100
9월 총파업 448
구상무역제도 485
국가재건비상조치법 471
국가주의 30
국고보조금 393
국공합작 405
국내성(國內城) 80
국민대표회의 386
국민대회준비위원회 445
국민방위군 사건 452
국민부 432
국민저축운동 416
국민정신총동원조선연맹 411
국수주의 30
국자감(國子監) 152
「국정민원(國政民寃) 13조」 365
국제연맹위임통치론 386
국제평화 36
국채보상운동 372
국체명징(國體明徵) 412
국토건설계획 470
고 협동농장경영위원회 482
군국기무처 347

군국주의 28
군무아문 351
국민운동본부 464
군반(軍班)씨족 156
군부관제 352
군수회사법 420
군적수포제 261
굴지구(掘地具) 58
궁방전(宮房田) 266
권문세족 199
귀법사(歸法寺) 163
근우회 405
근친원교(近親遠交) 36
금굴유적 55
금난전권(禁亂廛權) 276
「기신배의십육죄(棄信背義十六罪)」 366
기업별 독립채산제 484
기업정비령 417
기요마사(黑田淸隆) 312
기인제 152
긴급조치 459
길랴그(Gilyak)어 63
김개남 336, 338
김일성사망설 463

ㄴ

남부여(南扶餘) 84
남북협상 447
남조선대표민주의원 446
남한대토벌작전(南韓大討伐作戰) 367
납속보관(納粟補官) 289
납속사목(納粟事目) 289
납포장(納布匠) 280
내선일체(內鮮一體) 412
내수외양(內修外攘) 321

내원성(來遠城) 190
내장원(內藏院) 350
내정개혁 341
「내정개혁강령 20조」 348
내지연장주의(內地延長主義) 390
널무덤[土壙墓] 74
노관(盧綰) 73
노비안검법(奴婢按檢法) 145
녹과전 200
녹봉 200
농가경제갱생5개년계획 413
농민적 토지소유 284
농민조합 404
농병일치제 261
농업공황 393
농업혁명 56
농종법(壟種法) 268
농지개혁 468
농촌진흥운동 413
능문능리(能文能吏) 183 200

ㄷ

다루가치(達魯花赤) 194
단군조선 10, 69
단독정부론 447
담로제(擔魯制) 84
당대등(堂大等) 146, 151
당백전(當百錢) 306
당의 총노선 482
대구면천(代口免賤) 290
대당(大幢) 94
대대로 90
대도소(大都所) 340
대동법(大同法) 258
대륙연락회의 418
대립가(代立價) 237

대명(大明)의 동병(東屛) 321
대성학교(大成學校) 371
대승교학 110
대위(大爲) 161
대일굴욕외교반대
대한국제(大韓國國制) 360
대한국민의회 385
대한국민회 431
대한독립단 431
대한민국 임시정부 385
대한자강회(大韓自強會) 371
도고(都賈)상업 278
도방(都房) 164
도병마사(都兵馬使) 149
도작 57
도접주 336
도쿄조약 301
도평의사사(都評議使司) 200
독립군 39
독립운동 36
독주주(獨奏州) 102
돌널무덤[石棺墓] 58
돌화살촉 59
동검 59
『동경대전』 336
동계(洞契) 253
동관진(潼關鎭) 54
동녕부(東寧府) 199
동도서기 324
동맹외교 36
동방근로자대회 401
동베를린간첩단사건 458
동북인민혁명군 432
동북항일연합군 433
『동사강목』 69
동삼동 조개더미 56
동촉 59
동학(東學) 302

동학란 343
동학혁명 344
두골장경(頭骨長徑) 62
두루봉동굴 55
둔전병 157
뗀석기[타제석기] 55

ㄹ·ㅁ

람스테드(G.J. Ramstedt) 63
랑케 17
러시아혁명 385
러일전쟁 365
마르크스-레닌주의당 결성사건 463
마름 414
만민공동회 359
만부교(萬夫橋) 190
만선사관(滿鮮史觀) 60
말법사상(末法思想) 184
매일신보 412
머슴[雇工] 272
메이지유신 329
멸공통일론 457
명도전(明刀錢) 73
묘청(妙淸)의 난 160
무상몰수·무상분배 449
무신양반급군인전시과 170
무측천(武則天) 101
문객과 가동(家僮) 164
문신월과법(文臣月課法) 153
문하시중(門下侍中) 149
물산장려운동 400
물침표(勿侵票) 339
미국전략공보처 435
미륵신앙 111
미문화원 방화사건 462
미소공동위원회 447

미시사(微時史) 18
민립대학설립운동 400
민무늬토기 57
민본사상 18
민본적(民本的) 33
민생단 432
민전(民田) 172
민족 부르주아지 391
민족개량주의운동 391
민족모순 401
민족분열정책 390
민족사학 30
민족유일당운동 431
민족주의 23
민족주의 좌파 400
민족청년당 455
민족해방동맹 433
민족해방운동 28, 39
민족혁명당 434
민주개혁 448
민주주의 23
민주주의민족전선 446
민주화추진협의회 463
민중-민족주의 31
밀교 118

ㅂ

박종철 고문치사사건 463
반공 이데올로기 452
반달돌칼 57
반민족행위특별조사위원회 468
반소탕전 434
반외세 36
반외세자주화운동 30
반제동맹당 사건 463
반침략 36
방군수포(放軍收布) 218

237~261
방납(防納) 237 257
방령(方領) 93
방사선탄소 연대측정 56
백운동서원 241
백의민족 60
벌열정치(閥閱政治) 285
범국민투쟁위원회 458
변법개화파 329~330
변증법 19
병마절도사[兵使] 218
병인사옥 307
병인척화상소 322
병자수호조약(丙子修好條約) 312
병작반수 231
보국안민(輔國安民) 335 338
보법(保法) 215
보안회(保安會) 370
보천보전투 433
보편성 23
보편적 기준 24
보현원(普賢院) 162
복합상소 336
본토진공작전 435
봉건사회 37
봉건적 자본축적기구 350
봉오동전투 431
봉족(奉足) 218
부락책임공출제 415
부르주아민족운동 381
부르주아민족주의 31
부병제(府兵制) 164
부자상속제 79
부흥부(復興部) 469
북로군정서 431
북변지계(北邊之計) 368
북조선임시인민위원회 444

북진(北鎭) 190
북진통일 451
북한산주(北漢山州) 86
분단체제 452
분주인(分主人) 260
불균형 성장전략 471
불타신앙 110
불평등조약 312
붕당정치(朋黨政治) 241~242
브레이드우드(Braidwood) 56
비민(備民) 126
비상국민회의 446
비타협적 민족주의자 400, 402
비파형 동검 58
빈공과(賓貢科) 104
빗살무늬토기 55
빨갱이 43

ㅅ

4·13호헌조치 463
4출도(出道) 102
사개문서(四介文書) 278
사관부재(史觀不在) 25
『사기(史記)』 18
사대등(仕大等) 99
사료 24
사림원(詞林院) 203
사실(事實) 19
사심관 151
사영(私營)수공업 279
사전 172
사주인(私主人) 257
사창제(社倉制) 241
사회-경제사학 30
산미증식계획 392
3·15부정선거 456, 470
3·1운동 28, 381

3대 기술혁명 483
3대 혁명노선 482
3대혁명 소조운동 483
3변수당(邊守幢) 100
3선개헌 458
3시기법(Three Age System) 53
삼경제(三京制) 91
삼광(三光) 431
삼국간섭 348
『삼국사기』 101
『삼국유사』 69, 186
삼론학(三論學) 110
삼별초(三別抄) 165
삼정이정책 296
상경용천부(上京龍泉府) 101
상대등 94
상대주의 20
상피제(相避制) 217
새마을운동 458
생각하는 학문 24
생산사회 10, 53
생존권(Lebens Raum) 79
샤자뗀(夏家店) 70
서구중심사관 36
서로군정서 431
서명학파(西明學派) 117
서양사학 18
서얼금고법 224
서울청년회 401
서희(徐熙) 190
석장리 55
선건설 후통일 457
선사시대 54
설점수세법(設店收稅法) 281
성균관 219
성상겸학(性相兼學) 182
세계사의 발전방향 27
세계사의 방향 26

세계사적 보편성 26
세계주의 30
세도정치 242
세조(歲租) 126
소고구려국 101
소배압(蕭排押) 191
소비에트 385
소손녕(蕭遜寧) 190
소작인 조합 404
소중화(小中華) 320
속전법(贖錢法) 75
손병희 336
손화중 338
송상(松商) 278
수기치인(修己治人) 285
수령수세제 282
수로왕설화 109
수리조합 393
수신사(修信使) 315
수입대체산업 471
수전농업 266
수조권(收租權) 170
수출자유지역 472
수포대역 237
숙신(肅愼) 61
순도(順道) 109
순환사관 18
승공통일 471
승리산동굴 55
승화후(承化侯) 온(溫) 195
시국대책조사회 424
시대성격 25
시대정신 20
시라무렌(Sira Muren)유역 79
시무개화파 330
시위부 100
식민사관 30
식민사학 30

신간회 402
신교육령 390
신돈(辛旽) 204
신량역천(身良役賤) 226
신미양요 308
신민부 431
신변잡기 19
신사유람단 316
신사척사론 323
신석기혁명(Neolithic
　　Revolution) 56
신식화폐장정 350
신식화폐조례 351
신유식학(新唯識學) 117
신조선미곡증식계획 414
신탁통치반대국민총동원위원회
　　446
신한공사 468
신한민주당 463
신해통공(辛亥通共) 278
실증사학(實證史學) 30
실증주의 25
실학자 33
심양왕 198
10월 인민항쟁 448
10월유신 459
12·12쿠데타 460
12월테제 402
쌍성총관부(雙城摠管府) 199

ㅇ

IMF구제금융 21
IMF체제 475
아도(阿道) 109
아편전쟁 301
안전보장이사회 450
애국반 411

애니미즘(Animism) 75
애로우호사건 301
야요이(彌生)문화 57
양규(楊規) 191
양무사상 311
양식생산단계(Food-production)
　　54
양식채집단계(Food-gathering)
　　54
양역변통론 263
양호초토사 338
어양론(禦洋論) 322
어윤중 337
역사 발전법칙 25
역사 창조 25
역사(歷史) 17
역사가의 도덕성 23
역사관 23
역사기록 20
역사상(歷史像) 26
역사서술 18, 19
역사성 18
역사의 다양성 20
역사의 현재성 30
역사의식 19
역사적 판단 25
역사주의 17
역성혁명파(易姓革命派) 205
연통제 385
연합기업소체제 484
영남만인소 323
영남학파 240
영선사(領選使) 316
예맥(濊貊) 61
5·10선거 454
5·16군사정변 457
5·26정치파동 455
오가작통제(五家作統制) 231

오도이기론(吾道異器論) 324
오부제(五部制) 79
오위도총부(五衛都摠府) 217
오일쇼크 458
완안부(完顔部) 192
왕정복고론 385
왕토사상 124, 172
왜양일체론 322
외사정(外司正) 99
『용담유사』 336
용병제 261
우금치전투 343
우역제(郵驛制) 85
운명의 공동체 63
웅녀(熊女) 69
워싱턴회의 386
원교근공(遠交近攻) 36
원산노동연합회 403
원융(圓融) 117
월남파병 458
위만조선 73
위훈삭제건(僞勳削除件) 239
유망(流亡) 132
유신헌법 458
유엔 447
유엔군 450
유엔한국임시위원단 447
유향소복립운동 241
6·25전쟁 449
6·29선언 464
6임(任)의 제(制) 336
육군장관직제 352
육의전 276
육조직계제(六曹直啓制) 214
윤비폐출사건 239
을파소(乙巴素) 79
음서제(蔭敍制) 148, 153
응방(鷹坊) 199

의무교육 447
의병 39
의흥삼군부(義興三軍府) 213
　217
이광수(李光洙) 423
이기일원론(理氣一元論) 240
이르크츠크파 401
이몽학의 난 254
이앙법(移秧法) 266
이양선(異樣船) 302
이인영 367
이재선사건 324
이조전랑 243
인간해방 26
인내천(人乃天) 335
인두세 91
인민경제발전 제1차 5개년계획
　482
인민경제복구발전 3개년계획
　482
인민민주주의 노선 448
인민주권론 358
인민평등권론 358
인아거왜(引俄拒倭) 348
인천상륙작전 450
일꾼[日雇] 272
일리천[善山] 143
일본민족 28
일본제국주의 43
일선동조동근론 60
일시동인(一視同仁) 390
임시자금조정법 416
임시정부 445
임오군란(壬午軍亂) 317
임전보국단(臨戰報國團) 422
임정봉대(臨政奉戴) 445
입당구법순례행기 103
입헌군주제 353

ㅈ

자립경제의 달성 471
자유경제무역지대 485
자유시사변 431
자은학파(慈恩學派) 117
자작농창정계획 412
자주관리운동 448
자주노선 482
자주성 26
자주적 역사의식 26
자주적인 역사관 24
자주채서(自主採西) 310
잔무늬거울[細文鏡] 58
잔반(殘班) 290
장두(狀頭) 338
장자상속제 101
재상지종(宰相之宗) 201
저고여(著古與) 194
적고적 132
적자생존논리 35
전국경제인연합회 463
전국농민조합총동맹[전농] 448
전국학생총연합회 463
전민변정(田民辨整) 202
전민변정도감 204
전봉준 336, 342
전사국가(戰士國家) 78
전사법(佃舍法) 125
전시과(田柴科) 34
전제왕권 18
전제적 군사국가(Despotic
　Militar State) 78
전조선 정당사회단체 대표자
　연석회의 454
전중시(殿中寺) 102
전태일 분신사건 459
전후 복구건설 3개년계획 469

절대군주 31
절화소 323
점말동굴 55
정동구락부(貞洞俱樂部) 356
정동행성(征東行省) 199
정미7조약 371
정방(政房) 164
정사암(政事岩) 92
정안국(定安國) 189
정약용 270
정우회선언 405
정읍발언 447
정의부 431
정창원(正倉院) 127
정치도감(整治都監) 203
정토신앙 118
정한론(征韓論) 311
제국주의 28
제너럴 셔먼호 사건 308
제물포조약 341
제석환인(帝釋桓因) 69
『제왕운기』 69, 186
제헌헌법 447
조광조(趙光祖) 239
조국광복회 433
조국통일 26
조병갑 337
조선공산당 402
조선교육령 412
조선노농총동맹 402~403
조선농지령 413
조선미곡배급조정령 414
조선사상범보호관찰령 411
조선소작조정령 413
조선의 동아경제조선간담회 418
조선의용군 434
조선의용대 434
조선인민공화국 444

조선임시보안령 411
조선전시형사특별령 411
조선청년총동맹 402
조선총독부 413
조선혁명군 432
조선형평사 404
조어(祖語) 63
조위총(趙位寵)의 난 163
존왕양 325
존주론(尊周論) 319
종모법(從母法) 291
종속시(宗屬寺) 102
종합학문 25
좌수 217
좌우합작 5원칙 453
좌우합작운동 445
좌우합작위원회 453
좌익 43
주기론(主氣論) 240
주리론(主理論) 240
주자가례 185
주자학 283
주체사상 483
주체적 역사관 26
주체적 역사인식 10, 29
준왕 71
중국중심의 역사관 36
중립국감시위원회 451
중방(重房) 156
중세부재론 30
중소분쟁 459
중심이론 18
중요산업국유화 447
중요산업국유화령 481
중요산업통제법 416
중위제(重位制) 95, 131
중정대(中正臺) 102
중종반정 239

중폐비사(重幣卑辭) 143
중화사상 61
지관(止觀) 182
지리도참설 161
지방인민위원회 448
지순도림(支遁道林) 109
직산관각품전시과(職散官各品田柴科) 169
직전법(職田法) 215
직파법(直播法) 266
진관체제(鎭管體制) 217
진국(震國) 101
진대법 126
진보당사건 455
집강소 340
집단부락 432
집사부(執事部) 94 98
징병제 351

ㅊ

차일드(Childe) 56
참의부 431
창원기계공업단지 472
창의소 338
창조파 386
채도문화(彩陶文化) 56
채집사회 10, 53
척사윤음 324
척왜척양 337
천개(天開) 161
천견충의군(天遣忠義軍) 161
천리마작업반운동 482
천리장성 191
천명 18
천불신앙(天佛信仰) 111
천자종부모법 291
천주교 정의구현사제단 464

천태종(天台宗) 182
철기시대 54
첨의부(僉議府) 198
청년문화 42
청동기시대 54
청산리 방법 482
청산리전투 431
청요직(淸要職) 243
청일전쟁 342
청청암동굴 55
초과이윤 396
촌계(村契) 253
최시형 335
최치원 103
축멸왜이 342
춘추필법(春秋筆法) 18
치외법권 312
친위영 352
7·4공동성명 459
칭기즈칸(成吉思汗) 193

ㅋ · ㅌ

카아(E.H. Carr) 17
코민테른 401
탁지아문 350
탈역사화 19
탐라총관부(耽羅總管府) 199
태극서관(太極書館) 371
태양신 75
『택리지(擇里志)』 270
턱자귀[有段石斧] 58
텐진조약 339
토지국유론자 171
토지조사사업 382
톰센(C.J. Chomsen) 54
통공발매(通共發賣) 277
통리기무아문(統理機務衙門)

315
통상개화론 310
통일주체국민회의 458
퉁구스(Tungus)족 설 60
트루만독트린 447
특과대(特科隊) 352

ㅍ

파고다공원 19
파리평화회의 384
8·1선언 433
8·3인민소비품 생산운동 484
8·3조치 472
8월 종파사건 482
팔로군 434
평화운동 36
평화의 댐 463
폐정개혁 353
포스트모더니즘 17
포항제철 472
품주(稟主) 94

ㅎ

한국광복군 434
한국독립군 432
한국독립당 434
한국문화 10, 40
한국민주당 444
한국사학 10, 25
한러수호통상조약 314
한미상호방위조약 451
한불수호통상조약 314
『한성순보』 316
한씨조선(韓氏朝鮮)설 71
한인사회당 401
한족총연합회 432

해동성국(海東盛國) 101
해동화엄 117
해방사상(海防思想) 334
해상동굴 55
향안(鄕案) 292
향약 239
향직(鄕職) 146
향청(鄕廳) 217
향학(鄕學) 153
헌정연구회(憲政硏究會) 370
헤이안 37
혁명적 노조 427
혁명적 농조 428
혁명적 민주기지 448
현량과 239
현재성 19
현재주의 17
협동회(協同會) 370
형질인류학 62
혜량(惠亮) 111
혜산사건 433
호가장전투 434
호장(戶長) 146, 151
호포제(戶布制) 261
호헌반대 민주헌법쟁취
홈자귀[有溝石斧] 58
홍경래 293
「홍범 14조」 348
홍적세 54
홍패(紅牌) 153
화려한 휴가 461
화룡출병(和龍出兵) 80
화백제도 95
화북조선독립동맹 434
화북조선청년연합회 434
화요회 402
화이론 310
환웅(桓雄) 69

황국협회 359
황당선(荒唐船) 302
황무지개척권 370
황민화 교육 412
회사령 382
후발성의 이점 471
후쿠자와 유키치(福澤諭吉) 329
훈련대 352
휴한농법 236
흑수말갈(黑水靺鞨) 101
흥선대원군(興宣大院君) 303
흥아보국단(興亞報國團) 422